U0582346

本书系2007年立项的国家社会科学基金重点项目（批准号07AZS001）《中国近代慈善事业研究》系列研究成果之一
本书获湖南师范大学中国近现代史学科出版资助

近代中国慈善论稿

中国慈善研究丛书

周秋光 著

人民出版社

目　录

关于慈善事业的几个问题(代序)

中国大陆在1998年夏季发生的一场特大洪灾，给人们带来了慈善的话题。慈善在救灾中的巨大作用开始为人们所认同和关注。但是，慈善究竟是什么，慈善行为与政府行为有何区别，慈善之心怎样培育，慈善资金如何运作以及慈善机制如何运行，人们还不甚明了甚至产生误解，有必要从理论上加以阐示和解析。现就上述问题略抒管见，识者正之。

(一)慈善的概念与定位

慈善二字，在中国的传统文化典籍中被解释为“仁慈”、“善良”，包含有“恩被于物，慈爱于人”，“老其老，慈其幼，长其孤”的意思。慈善行为亦常被喻为“积德行善”，用今天的话说就是“献爱心”。

慈善的动机应当是“为人”与“无我”，必须是一种无私的奉献。如果含有任何功利目的，算不得真正的慈善。也就是说，慈善纯粹是一种付出，不求回报。

慈善作为一种观念，是发扬人道主义精神，作为一种事业，就是调节、补救、福利人群与社会。因此，慈善事业是人道的事业。

对于慈善，中外文化有着共同的认识和理解。中国的大慈善家熊希龄曾经这样说：“孔教言仁，又曰博施济众；耶教言博爱，又曰爱人如己；佛教言慈悲，又曰普度众生。”总之，“无论为何教何学，无不以人道为重”[1]。可见，发扬人道，救人济世，乃是中外以及人类共通的理念。慈善无国界。

慈善事业在传统的中国社会本是受人尊重的事业。民国时期许多在朝在野的官绅,亦无不以兴办慈善事业为荣。可是到了新中国成立后,受极"左"思潮的影响,人们却一度对它产生误解和偏见。众所周知,由于建国前的慈善事业,曾经有一部分是外国传教士创办,因此人们都本能地将慈善与帝国主义的对华文化侵略政策画等号。不少人认为外国传教士打着"慈善"的招牌,实际上是充当了"殖民主义的警探和麻药"。[2] 而另一部分由国内自办的慈善事业,又因为创办者多为社会名流与上层人士,在"文革"的年代里,人们满脑子里都是阶级斗争和路线斗争学说,凡人与人之间都以阶级和路线划线,所信之不疑的是这世间"没有无缘无故的爱,也没有无缘无故的恨",不相信那些属于统治阶级和剥削阶级营垒中的社会名流与上层人士会真心实意地关心贫寒的劳苦大众,认为他们的办慈善不过是用来"钻名钓誉","为统治阶级服务",是"欺骗"和"伪善"。[3] 此外,还有这样一种看法,认为新中国所要突出的是社会主义制度的无比优越性,而慈善事业恰恰是与贫穷、灾难和不幸联系在一起,如此宣扬了慈善,岂不是给社会主义制度抹黑吗?就是在如上这种思想和观念的支配下,慈善——这一古已有之的救人济世的事业,在新中国建立后的将近半个世纪,也就失去了它在社会中应有的位置。

上述思想观念当然是不正确的。虽然不能否认,外国传教士当中的确有充当"殖民主义的警探和麻药"者,但也同样不能就此认定,外国传教士当中就没有真正办慈善之人。即使那些传教士全都是"警探和麻药",也无法否定他们所办起来的慈善事业客观上给中国社会所带来的好处,如救灾办赈的团体、机构、医院、学校、育幼场所等等。至于说国人自办的慈善事业,就更加没有理由否定了。例如曾经担任过国务总理的湖南人熊希龄,辞职下野后办了20年的慈善,仅他首创的北京香山慈幼院就培养了数以千计的孤苦儿童,能说这是"伪善"吗?到了晚年,他甚至将全部家产,计大洋27万多元、白银6.2万两,全部捐献出来办理慈幼事业,有这样的"伪善"吗?

其实,慈善是一种有益于社会和人群的社会公益事业,无论谁来办,都会给社会带来好处。那种认为宣扬了慈善就是给社会主义制度抹黑,是根本没有道理的。慈善是社会不可缺少的组成部分。"积德行善"作为一种社会互助行为,它体现了中华民族的优良传统和凝聚力。世界上任何国家(包括发达国家)都离不开社会慈善。社会生活中如果缺少了慈善,社会就会是冷漠的和不健全的,本身就不足取。过去,我们自认为在社会主义国家不应当有慈善,把凡是社会中需要救助的困难群体都由政府的福利事业包起来,结果日久天长,政府便感独力难支,不得不向民间求助。上个世纪九十年代中期以来,我国因为频遭各种自然灾害的打击,开始重视慈善事业。赵朴初说:“社会主义的本质就决定它是最人道的社会制度。在社会主义国家,特别是在社会主义的初级阶段,应该大力发展慈善事业。”此话打破了过去人们头脑中的极“左”观念,得到了许多人的赞同。1994 年,朱镕基作出批示:“我完全支持这项事业。”李瑞环也指出:“社会需要慈善。”1995 年,民政部崔乃夫等人在北京创立了中华慈善总会,以此为标志,慈善事业在社会主义的中国大地首次由官方出面扶持兴办。政府重视慈善事业,这是完全正确的思路,也是一种历史的必然。

（二）慈善行为及其参与者

在 1998 年的抗洪救灾中,政府出面组织社会各界捐款捐物,实施救济灾区灾民,故而有人认为慈善是一种政府行为,这种看法模糊了政府与慈善的关系和界限。

慈善不是政府行为。政府救人扶贫,是它应尽的一种职责。因为政府向人民征税,理所当然地要保护纳税人的生命财产及其安全。同时,政府要维护自身的和社会的稳定,也需要举办一些社会福利事业,如残疾院、敬老院、孤儿院等等,收容社会中的无告之民。政府的目的是尽可能减少各种灾害的发生,而一旦灾害发生,则尽可能地去实施救助,以此来证明其良好的政治修为。

确切地说,慈善是一种社会行为,是指社会中的个人与团体对社会中遇到灾难的人,不求回报地实施救助的一种高尚无私的奉献行为。

需要特别指明的是:虽然保护人民是政府应尽的责任和义务,但政府的能力也是有限的。例如像 1998 年中国几个省区发生的特大洪灾,就不是政府独力所能担负的,更不是某一个地区独力所能承担的,它需要民间的个人与社团发挥出慈善行为，来帮助政府解决问题，渡过难关。所以说慈善行为可以看作是政府行为的一种补充。政府平时举办的各种社会福利事业，更是需要这种补充的。从这个意义上说，社会中的个人与社团要尽可能地帮助政府，而政府也要尽可能地提倡和扶持民间发展慈善救助事业。

要发展民间的慈善事业，需要钱和物的捐献，于是有人认为，捐钱捐物，那是有钱人的事。那么慈善是否就是有钱人的事呢？答曰是的，却又不仅仅是。之所以说是的，因为你有钱人之所以有钱，离不开这个社会。你是靠这个社会才发的财，也可以说你是得到了这个社会的厚爱你才有钱，并不单纯是你聪明、能干和有能力。所以你应当回报这个社会，应当拿出你的钱来救助别人。

从另一个角度来说，如果你富了，别人都穷，那么你也未必能够富得安稳。如果社会上只有一小部分人富，大部分人都穷，当那些穷人穷得无法活下去的时候，就会闹事，铤而走险，就会夺富人的财物为已有。这样的事例在中国历史上有许多。例如 1910 年湖南长沙就曾经发生过一场“抢米风潮”，饥民把长沙所有的米店、粮仓都抢了，还火烧了巡抚衙门。所以说富人要想富得安稳，必须不让别人太穷，必须救济穷人，救济穷人也就是保护自己。

慈善之所以又不仅仅是有钱人的事，是说单靠有钱人还不行，必须全社会人人参与。这不仅是因为全社会的人都参与了，众人拾柴火焰高，慈善所发挥出的作用力会更大；而且就全社会的每个人来说，他的确是需要去参与的。因为每一个人都是社会的人，每一个人都需要社会的帮助。你今天去救助了别人，说不定明天别人就会来救助你。因此不要一味地只等待别人来救自己，与其说等待别人来救自己不如自己先去救别人，这样当别人来救自己时，自己的内心也许安然一些。从这个意义上讲，参与慈善是每个社会成员人人都应尽的一份社会责任。

（三）慈善之心的呼唤与培育

慈善之心，用今天的话说就是奉献爱心。当今的时代是亟须呼唤爱心大奉献的时代。我国过去不大重视生态环境的保护，各种自然灾害的发生率逐年增长。1998年的一场特大洪灾的发生，已经使越来越多的人们感觉到了呼唤爱心——即呼唤社会慈善救助行为的重要和刻不容缓。以湖南省为例，这一年该省的直接经济损失高达329亿元。长沙市的经济损失亦达7718万元。湖南省是自然灾害的多发区——几乎每年都有水患发生。长此以往，政府的资力是有限的。如果不能唤起民间的个人与社团奉献爱心，捐款捐物，与政府共渡难关，政府的负担越来越重，其前景也就不容乐观。而呼唤爱心，发挥民间的慈善救助行为，也不仅仅只是减轻政府的经济负荷，还有利于维护社会稳定，以及有益于社会主义的精神文明建设。

呼唤爱心重要的是培育爱心。人从娘胎里出来时，其本性无所谓好坏，无所谓善恶。也就是说，人的善恶不是先天的赐予，而是后天的养成。这就要求我们应该在培育上多下功夫。我们的社会是十分重视爱心培育的。在我国的传统文化典籍中，已不乏这方面的内容。如《礼记》中就有“仁者，莫大于爱人”的说法。《论语》中亦有“泛爱而亲仁”之说。朱熹解释：“仁心，爱人之心也。”孟子则云：“人皆有不忍人之心”，而“恻隐之心，仁之端也”。孔子将仁归纳为恭、宽、信、敏、惠五者，其中的惠即“施惠于人”。墨子在他的菱中提出“兼爱”的口号，要求人们“爱无差等”，“远施周遍”，简直与基督教文化中的“博爱”如出一辙。道家要求教徒“自奉清俭”，主张“损有余而益不足”。至于佛教，认为人世间充满着苦痛，主张悲悯众生，布恩拔苦，其说词就更多了。其实，又岂止中国文化如此？在培育爱心上，中外文化是相通的。正因为如此，慈善也就没有人种与国界之分了。

奉献爱心将是一个永恒的社会主题。一位外国哲人说过：“当你努力奉献自己的时候，你便是善。”引申之，当你不择手段地寻求私利以获得满足的时候，你便距离恶的深渊不远了。善与恶，往往也在一念之间。选择善行，其实就是一种人生态度。人与人生在这个世界上，应视作一种缘分，如果人人都献出一片爱心，都做慈善的参与者，那么这个世界就会少有仇恨与罪恶，那么这个世界就会变得更加美好。中国人的慈善行为源远流长。在今天建设有中国特色社会主义精神文明的现实条件下，我们应当多发掘传统文化中那些有价值、有意义的优良传统，使之发扬光大，适合现实的需要，构筑新型的社会主义文明行为与道德规范。

（四）慈善资金的运作

办理慈善，最重要的是要有资金来源。不少人认为慈善资金应主要依靠政府拨款，这种看法也是不正确的。如前所述，政府拨款可以用来办理社会福利和社会公益事业，但这种行为并不是慈善行为。慈善行为是一种非官方的社会行为，它的资金应主要来自于社会，来自于民间的各种捐献。当然，这样说并不意味着慈善就完全拒绝政府的拨款。政府在允许的情况下拿出一些资金来帮助慈善机构的开办，来扶持慈善事业的运行，也是可以的。

慈善的资金应如何筹措？通观中外各慈善团体的一些作法，它要有如下几种方式：

一是接受国内外各种社会团体和个人的捐献。无论是捐钱还是捐物，这是被视作最正规最主要的一条渠道。因为面宽、范围广，也是收取资金最多的一条渠道。

二是有些无主的银行存款（如有的存款者死亡，无人继承或办理合法转让），一些被查抄罚没的犯罪分子的资金和财物，一些因各种原因（如毁坏资源、破坏环境等等）造成的对于社会公共事业的赔偿等等，都可以成为慈善资金的来源，但必须办理合法的捐献手续。

三是可以适当采取一些商品与票证加价的办法。如人人都要吃盐，可适当将食盐的价格提高一点点，就会是一笔很大的数目。其他如一些商场的销售量很大的商品，还有汽车、火车、飞机、轮船等客票的价格，都可以采取类似的办法。不过实行这种办法，必须是在特殊的非常的时期，例如发生了特大的自然灾害之后，而且务必征得民意的允许和政府的批准，不是慈善团体说办就能办的事。

四是可以抽取慈善资金中的一部分去购买股票或办一些实体，经营一些高新产业、服务业，还可以经营商业和交通运输业（如长沙的彭立珊车队），以其赢利所得，增加慈善资金的积累。

五是通过合法手续在社会上办一些有奖证券和福利彩票。但此类行为不可过多过滥，否则刺激人们的投机心理，也会给社会带来负面影响。

六是组织一些著名的影视明星和艺人义演，以及组织一些著名的书画艺术家的作品义卖。此外，也可以通过广泛地发展慈善会团体与个人会员收取会费，还可以开展多种形式的群众性募捐活动，如一日捐、月月捐、街头捐、流动捐、学生捐、青年捐、行业捐等等。

如上这些方式，都是曾经在中国历史上，特别是近代以来普遍使用过的。如果运用得法，可以聚集大量的资金，有效地解决许多问题。

然而，有了这些筹款的渠道和方式，不等于资金就到手了。“劝捐”与“征信”这两种手段是必不可少的。所谓劝捐，就是利用新闻媒体，向外界（包括国内国外）发布劝捐的函电、公告和启事。劝捐的言词务必恳切、真诚、感人，否则不能激发人们的爱心，也就达不到劝捐的目的。与劝捐相对的是派捐。派捐带有强制性，不到万不得已的时候应尽可能不用。如果派捐的数目大，就容易引起人们的反感，产生逆反心理，把事情弄糟。所以派捐不是高明的办法。

征信，这是指慈善团体接受外界的捐款捐物后，必须如实地将数目刊布出来，以求取信于人。传统中国的做法是印成一本本小册子，名之为《征信录》，内容除了刊登捐献人名和捐献数目，还要把所有支出的内容记述清楚，这样让社会各界放心，也激发人们以后再踊跃捐献。

慈善资金积有相当数目，除了特大的灾害需要专款专用，平时应当将其作为基金存储银行生息，以息金所入作为开支，办理各类慈善事业。在近代中国的办赈经验中，有效的运作是“以工代赈”这种方法，即组织灾民中的青壮，进行筑堤、修路等各项工程项目，既解决了灾民的就食就业问题，又为国家和地方添造了建设，可谓一举两得。此外，为解决贫苦失学儿童所办的慈善教育之类，有效的措施也不仅仅是教他们学习一些文化课程，而主要的还应当是教育他们习得一、二门技艺（即职业技能培训），以为将来择业与自立谋生之计，以免再重新沦为贫困，再重新接受赈济。总之，慈善资金在运作方面也要尽可能地发挥积极的作用，而不仅仅是消极的一般性救助。

(五)慈善机制的完善

我国慈善目前还处于刚刚起步的阶段,欲使其机制走向完善,对照我国传统的以及国外的作法,有三个目标是需要努力去达到的:

一是使慈善完全走向民间。中国古代和近代,办慈善完全是民间的事,政府只处在倡导、扶持和保护的位置。国外也是一样,绝大多数的慈善事业都是教会在办。传教士们把办慈善与传教联系在一起,除了在本国办,也在国外(包括中国)办。不是传教士和教徒的外国人,热心慈善的也十分普遍。1997 年我在美国一年,经常看到我周围的朋友把自己多余的衣、物及其用品给附近的教会和慈善团体送去;也经常看到在许多公共场所,放置许许多多的衣物用品,让贫穷的路人自己去取用。在那里很能感受到一种社会的关爱与温暖。

慈善完全民间化有一个好处,就是吸收捐款容易。在国外,如果听说慈善是官方在办,那民间的个人与团体是不愿意捐款的。他们会认为救济贫穷是你官方应该去做的。你官方向人民征收了税,干吗还要人们捐款?另外,由官方去办慈善,人们也有些不大放心,担心所捐的款项是否真正用于了慈善。这种心理在目前中国人中间也是普遍存在的。

我国目前因为慈善还刚刚起步不久,慈善事业还处于一种半官方的状态,即无论全国的中华慈善总会还是各省各市的慈善会,都是附设于民政部门,这作为临时性的扶持是可以的,长此以往则不可,因为这不符合办慈善的宗旨与发展方向。

二是允许和鼓励民间广泛设立慈善团体和机构。慈善事业要发展和在社会需要中充分发挥作用,不能只有一家或几家,应当有许多,有一大批才行。中国近代史上全国各地有数不清的慈善团体和机构,既有中国人自办的(包括绅商各界以及宗教团体),也有外国人创办的(包括传教士和领事)。如果创办的团体多,各团体都通过自己的途径去吸收捐款,比单纯一个或几个团体吸收的款项自然要广泛得多。同时允许广泛设立慈善团体,也可以充分调动人们办慈善的积极性。特别是对于那些有较多钱财的大富翁,让其担任某个慈善团体的会长或董事长,会更加增添他们对于社会的责任感,这样的成功范例在中国近代史上也有很多。中国近代史上天灾人祸可以说达到了极点,然而绝大多数的人们最终能够从死亡线上走过来,其中主要依靠的并不是当时的政府,而是社会上大批的慈善家和慈善机构的救助。

当然,慈善团体机构过多,各自去募款和救灾扶贫,会难免有重复和偏轻偏重的现象。借鉴中国近代史上成功的作法,是政府出面立法规范募款和捐助行为,全国成立慈善团体联合总会,各省也相应成立联合分会,由各慈善家分任各会长与副会长等职,平时多所联系,每年或间隔一二年召开慈善团体联合会议或慈善领袖会议,交流情况,总结经验,在发生灾害的时候,统一调配,实施赈救,这样做会有很好的效果。

三是参与办理慈善的职任人员应当是义务的。慈善既然是一种无私奉献的高尚行为,那么,和捐献者一样,参与办理慈善的职任人员也应当是义务的。即不向慈善团体收取任何报酬(指不取薪水,但为慈善事业去调查、放赈等等公务差遣,可由慈善团体开支)。中国民间向来有这样一句话:“有钱出钱,无钱出力”,那些没有钱物捐献的人,就可以通过出力这种方式,即帮助慈善机构、团体去干一些具体的公务,作“义工”,以此来表现自己对于慈善的热心与真诚。当然,愿意出钱又愿意出力的人,是更为可贵的。

如果说上述三个目标能够达到,那么慈善的机制应当说基本完善。政府站在保护、扶持和提倡慈善的位置,我以为有一件事情是值得努力去做的,就是拨出一定的款项,交由慈善会设立慈善教育培训中心(不足资金由慈善会自行筹措)。各省各市都可以设立。该中心既可自办,也可以与相关的职业培训学校联合办理。到该中心来任教的师资,可以采取征求不取报酬的“义工”的做法。这种做法在国外十分普遍。慈善教育培训中心可以进行如下三个方面的免费培训:

一是培训因受灾或各种变故而失学的孤贫儿童、残疾人以及各有关的社会成员,使其学得一定的文化知识,特别是掌握一定的谋生技能;

二是培训下岗失业人员再就业,使下岗者能经过培训重新参与就业竞争,减少社会中的不稳定因素;

三是培训从事慈善事业的职任人员,让他们熟悉办理慈善的业务,义务地服务于社会慈善事业。

此外,慈善教育培训中心也可以附设一宣传研究部,邀请和组织一些专家学者,研究与宣传古今中外的慈善事业的历史、办法和经验,资助出版这方面的书刊,为我们今天的办理社会慈善事业提供借鉴,并营造良好的人心向善的慈善氛围。

(刊《求索》1999 年 5 期;该文内容曾分别以《慈善的概念及其定位》、《慈善行为的参与者》、《慈善资金的运作》、《慈善机制的完善》为题,连载于《长沙晚报》(理论版)1999 年 1 月 5 日、1999 年 1 月 12 日、1999 年 1 月 19 日、1999 年 1 月 26 日;该文中主要内容又曾以《积极发展慈善事业》为题,刊《光明日报》1999 年 1 月 29 日"理论与实践"栏)

注　释

1 周秋光编:《熊希龄集》下册,湖南出版社 1996 年版,第 1389 页。

2 《陈旭麓学术文存》,上海人民出版社 1990 年版,第 135 页。

3 关端梧:《解放前的北京香山慈幼院》,全国政协《文史资料选辑》总第 31 辑。

一　论传统文化中的慈善思想

中国传统文化博大精深，源远而流长。近二十年来，学术界对传统文化展开了多层次、多角度的广泛而深入的研究，取得了丰硕的成果。但以往研究中对于传统文化中的慈善思想的探讨还很少有人涉足。[1] 其实，中国古代慈善事业的较早产生及其蓬勃发展，[2] 与中国传统文化内蕴的慈善思想息息相关。诚如民国年间大慈善家熊希龄所言："吾国立国最古，文化最先，五千年来养成良善风俗者，莫不由于儒、释、道之学说所熏陶。"[3] 质诸史册，先秦时期的孔、孟、老、庄诸子对此即有精辟的阐述，随后的佛教、道教典籍里亦有关于慈善的论说。譬如，儒家讲"仁爱"，佛教讲"慈悲"，道教讲"积德"，墨家讲"兼爱"，各流各派虽在表述上不尽相同，然义理相近，都含有救人济世、福利民众等诸多丰富的慈善理念，构成了中国社会慈善事业兴起、发展的思想渊源和理论基础。基于此，本文拟对以儒、释、道为主的传统文化做一系统梳理，以期能较完整地阐析其所包含的丰富慈善思想的内涵。

（一）儒家文化与慈善思想

儒家思想形成于春秋战国时期，它是中华民族两千多年来绵延不断的文化主流之一。儒学的思想内核就在于"仁"，讲求由仁而趋善，由此，儒家文化中的慈善观就是以"仁爱"为中心而展开的，构筑起包括大同思想、民本思想在内的十分丰富的慈善思想体系，并对中国后世慈善事业的发展产生深远的历史影响。

1. 仁爱思想

“仁”是孔孟儒家思想的核心内容。不过,早在孔子之前的上古时代,“尚仁爱、重人本”的踪迹即隐约可见,《诗》、《书》等典籍中已不乏有“仁”的记载。这表明,社会的进步已初步孕育了慈善思想的内涵。只是到了春秋末年,周室式微,礼崩乐坏,孔子乃损益典籍,发古今之微言大义,将“尚仁爱”的理论进一步系统化,大力倡导“仁”与“义”,儒家慈善思想的内涵由此彰显得更丰富和厚重。

从儒家的观点来看,善即为仁,而仁就是爱人。《论语·颜渊》云:“樊迟问‘仁’。子曰:‘爱人。’”孔子从道德感情的基础出发,以“爱人”来解释“仁”,提出了“仁者爱人”之说,并将“爱人”作为人的本性。这可视为原始的古朴的人道主义观念的阐发,也为儒家慈善观的形成奠定了理论基础。

孔子所提出的“仁”是一个道德感情和伦理规范相结合的范畴。为实现“仁”,人们须扬善止恶,加强人格与道德的修养。孔子认为,“仁者爱人”应从“孝悌”、“忠恕”开始,实现道德践履。孝悌是为仁之本,从孝顺父母的人伦道德中引申出爱民守礼的善念和品质。忠恕之道是个人为仁成圣之法,它从内心反省来处理人际关系,协调社会,强调与人为善,做到利人利他。所谓:“夫仁者,己欲立而立人,己欲达而达人。能近取譬,可谓仁之方也已。”[4] 又云:“己所不欲,勿施于人。”[5] 这表明:“仁”是一种责任,一种义务,更是一种推己及人的利他风尚和助人为善的精神。后代的儒士多以此关心同胞的疾苦、乐行善举。

儒家的仁爱慈善观在孟子的学说中得到进一步张扬。孟子因孔论仁,并没有墨守其义,满足于一般地讲“仁者爱人”,而是透过“爱人”的表象进行深层次的探讨,在一定程度上发展了儒家慈善观。我们知道,孟学的内在精神在于求善,孟子主张先天性善,并提出人性固有的四个善端:恻隐、羞恶、辞让、是非。这四种善端,是引导人们扬善抑恶,布善祛恶的力量之源。其中,“恻隐之心,仁之端也”,正是人们从事各种社会慈善活动的动机所在。我们可以从孟子论及人之善端中窥知大略:“人皆有不忍人心者,今人乍见孺子将入于井,皆有怵惕恻隐之心。非所以内交于孺子之父母也,非所以要誉于乡党朋友也,非恶其声而然也。由是观之,无恻隐之心,非人也;无羞恶之心,非人也;无辞让之心,非人也;无是非之心,非人也。恻隐之心,仁之端也；羞恶之心，义之端也；辞让之心，礼之端也；是非之心，智之端也。人有是四端也，尤其有四体也。”[6]

在孟子看来，人们所有仁爱之行、慈善之举都发自内心深处，所谓“仁，人心也”[7]。当人们突然看到一个蹒跚学步的孺子将要坠入深井时，心中油然而生怵惕、恻隐之情。人们经历这种情绪体验，不忍幼小的生命坠溺而亡，自然而然就会采取行动去拯救孺子于危境之中。这一系列意识、情感及其行动就是“仁”，即“爱人”。缘于此，人们才相互爱护，尊老慈幼。孟子的“仁”也就由恻隐之心的道德感情直接发展成道德行为，并且，孟子把仁与礼各自建立在“恻隐之心”和“辞让之心”的道德基础上，使之成为一种趋善的道德价值。这种求善的内在精神，是孟子慈善思想中所蕴含的独特之处。

在我们中华民族的传统伦理道德中，骨肉亲情为人间第一情，父母之于儿女有抚育之恩，儿女之于父母有孝顺之义。“仁之实，事亲是也。”[8]孟子所提倡的“仁”与“爱人”，即以此为始基向更广大的非血亲人际关系层面推衍，“仁”由“亲亲”而推及“仁民”。援引孟子的原话，就是：“君子之于物也，爱之而弗仁；于民也，仁之而弗。亲亲而仁民，仁民而爱物。”[9]从“亲亲”而向仁民的推衍，也是一种恻隐之心的产生，是善心慈爱的萌发。它不独提倡骨肉亲情的赡养扶助，亦要求非亲非故的人们之间的相助相睦。“老吾老以及人之老，幼吾幼以及人之幼”，[10]正是要求人们以博大的胸襟、仁爱的心胸去爱世间一切，“爱屋及乌”，实现从“仁民”向“爱物”的扩展。当然，这种道德价值在人际关系中也是相互的，彼此作用。即所谓：“仁者爱人，礼者敬人。爱人者，人恒爱之；敬人者，人恒敬之。”[11]这种观念在很大程度上影响了后世的士子儒生，他们多以此相劝勉，竭力兴办慈善事业。

通观上述关于“仁”的论析，不难看出，孔子是将设身处地为他人着想、宽怀容人、恩惠助人等当作“仁”，孟子固然也提倡如此做法，但他更注重解人危难，救人性命，在很大程度上从人的本原——生命的角度来探寻“仁”的新内涵。他以“不忍人之心”来怜恤生灵，把爱护生命当作至仁，滥杀无辜当作非仁。这样，从孔子的仁者爱人的仁爱思想，再到孟子的“不忍人之心”的仁政主张，儒家思想里所包含的慈善理论逐渐丰富和完善起来，为后世的慈善机构提供了有价值的思想渊源。而民间社会正是由这种仁爱慈善观衍生出尊老爱幼、孝慈为怀、邻里相帮、济人危难、助人为乐等中华民族优秀的道德品质，进而促成了中国民众乐善好施习尚的形成。同时，这种习尚还对中国慈善事业产生了持久而深远的影响，由此在一定的历史时期出现了不胜枚举的慈善家群体和连绵不绝的慈善活动。

2. 民本思想

民本思想萌芽于殷商时期，其时各部落酋长已初步具有了“民为邦本”的思想观念。由于“天命靡常”[12]，常随民心、德行而转移，周公旦为政时又进一步提出要敬天、明德、保民。即所谓：“天畏颙忱，民情大可观，小民难保。”[13]他认为受命天子应以民为本，顾念和养恤万民，这样王祚才会长久。及至春秋，敬畏民心、注重民事已然成为当时社会的普遍思想。这在《左传》、《国语》等典籍中多有反映。如《左传·庄公三十二年》：“国将兴，听于民。”而《国语》里也有“夫惠本而民归之志，民和而后神降之福”之说。[14]孔孟也接受了这种观念，并且有更深刻的阐说，从而使民本思想成为儒家学说中非常重要的内容。孔子在回答季康子问政时所说：“子为政，焉用杀？子欲善而民善矣。君子之德，风；小人之德，草。草上之风，必偃。”[15]此外，《论语·宪问》又有云：“修己以安百姓。”也就是说，统治者须以民为本，修仁政，关心和体恤民瘼，“节用爱民”。而后孟子更是明确地主张“民为贵，社稷次之，君为轻”[16]。在孟子的基础上，荀子则更进一步提出：“君者，舟也，庶人，水也；水则载舟，水则覆舟。”[17]民贵君轻、君为舟庶人为水思想的提出，一方面表明它与儒家的仁爱观有着紧密的关连，另一方面，也标志着春秋战国时期儒家民本思想已经发展到一个新的高度，内涵已十分丰富和完备。

孔孟儒学中这种民为邦本的思想，反映到社会慈善观方面，就是主张君主要“惠民”，实施仁政。孔子论述说：“有君子之道四焉：其行己也恭，其事上也敬，其养民也惠，其使民也义。”[18]在这里，“其养民也惠”，即能够施惠于民，被视为“君子之道”的表现之一。而孟子则充分阐析了“惠民”与“得天下”的关系。他说：“得天下有道：得其民，斯得天下矣；得其民有道：得其心，斯得其民矣；得其心有道：所欲与之聚之，所恶勿施尔也。”[19]即通过采取“与之聚之”的惠民举措，予民众以福利，这样，“民之归仁也，犹水之就下”[20]。百姓支持，万民归附，自然而然就会定鼎中原，一统九州，赢得天下。如何实施惠民政策呢？孟子还从当时农业社会的现状出发，提出要为民制产。即：“五亩之宅，树之以桑，五十者可以衣帛矣。鸡豚狗彘之畜，无失其时，七十者可以食肉矣。百亩之田,勿夺其时,八口之家,可以无饥矣。"[21]从这里不难看出孟子的主张,只要为政者惠民爱民,让其拥有恒产,勿夺农时,无失农时,"使仰足以事父母,俯足以畜妻子;乐岁终身饱,凶年免于死"[22],使人民能够安居乐业,生活得到保障。与此相呼应的是,荀子亦基于君为舟庶人为水的民本思想,提出了"收孤寡,补贫穷"的具体善举,并特别强调:"节用裕民,而盖藏其余,岁虽凶败水旱,使百姓无冻馁之虞"[23]。由此,人们心目中"老者衣帛食肉,黎民不饥不寒"[24]的理想社会也将因重视民本、普惠民众而可能实现。

综观中国慈善事业的发展历程,我们很容易发现,儒家的民本思想推及于社会生活,便成为历代王朝统治者实行种种惠民政策的文化基础和思想渊源。每有巨灾奇祲发生,统治者都谨奉"民为邦本"的古训,通过施粥、赈谷、调粟等多种慈善救济措施来赈恤众多灾民和流民,以期达到"博施于民而能济众"[25]的慈善事业的最高境界。唐宋明清诸朝的一些统治者在很大程度上即受到这种传统民本思想的影响,力行仁政,敬德保民,兴办或扶持慈幼局、养济院、普济堂等各类慈善机构,中华的慈善事业也由此相承弗衰。

3. 大同思想

大同思想亦是儒家学说体系的一个重要组成部分,同时又是儒家文化中最具理想主义色彩的内容;它对后世的社会慈善事业产生了极大的影响。我们可以从孔子、孟子的有关言论中寻觅到儒家大同思想的精华。

儒家大同思想的形成,应该说,与孔子主张财富均分,反对贫富悬殊有关。《论语·季氏》云:"闻有国有家者,不患寡而患不均,不患贫而患不安。盖均无贫,和无寡,安无倾。"在孔子看来,一个安定和谐的社会,财物分配平均是最重要的,物同一体,便无贫富差别,人人才会和睦相处,则可以让"老者安之,朋友信之,少者怀之"[26]。这也许就是孔子对大同之世的最初设想。后来,他又具体描绘了令世人心驰神往的大同世界:"人不独亲其亲,不独子其子,使老有所终,壮有所用,幼有所长,鳏寡孤独废疾者皆有所养;男有分,女有归。"[27]稍后,孟子也提出了一个"出入相友,守望相助,疾病相扶持,则百姓亲睦"[28]的理想社会,它与孔子的"大同"之说交相辉映,一起构成儒家大同思想的精华内容。总之,这种"天下为公"的大同思想,在中国历史上思想界影响极其深远。如东晋时期的陶潜将之引申而著《桃花源记》,展现出一幅同耕共织、安居乐业的世外桃源的生活画卷。及至近代，洪秀全则以之为蓝本试图创建一个有田同耕、有饭同食、有衣同穿的太平天国；康有为亦素王改制，传《大同书》于世。可以说，大同思想为后世举办慈善事业指明一条通往美好前景的路径，使得许多乐善好施的仁者以“人饥己饥、人溺己溺”的精神，孜孜不倦地致力于济贫弱、助危困的社会慈善活动，以期天下成为一家。

除仁爱、民本和大同思想为儒家的三大慈善理论渊源外，义利观也是儒家文化中蕴涵着的慈善思想的一个方面。孔子认为：“君子喻于义，小人喻于利。”[29]又言：“君子义以为上。”[30]只有君子才能超越眼前的利益而成为道德的典范，甚至将道德与利益的关系进一步提升到对人的生命终极关怀的高度。所谓：“志士仁人，无求生以害仁，有杀身以成仁”，[31]为追求仁义而不惜付出生命。这也使得后来者在义和利之间抉择时，无不敦诚信义，舍利而取义。所谓“不义而富且贵，于我如浮云。”[32]正是受儒家义利观的熏陶，古代众多儒者大都重义轻利，不言名利，孜孜致力于开展救困扶危的慈善事业。“商”在古代虽为四民之末，然亦有不少商人自幼习儒，不以利害义，在经商致富之后，乐输善资。由此，散财种德、市义以归亦成为中国古代商人立身宏业之基，乃至成了传统社会一些商人的慈善观。[33]明清时期，随着商品经济的发展及其影响力的不断扩大，商人便自觉地加入到社会慈善活动中，并扮演着极为重要的角色。诸如，这时期著名的徽商、晋商以及宁绍、洞庭等商帮，都有一批商贾好善而尚义，舍财捐资创办起会馆、行会，为贫病的乡党进行慈善救济，或报效社会，积极参与灾荒赈济，从而大大地推动了民间慈善事业的发展。

4. 汉唐时期儒家慈善观的传承

继孔子的“仁爱”和孟子的“仁政”之后，儒家文化中关于慈善的理念得到进一步阐发，其内容也更为丰富多彩。

西汉时期，董仲舒提出“罢黜百家、独尊儒术”，孔孟的慈爱观得到统治者的重视，宽政恤民政策也在后来的朝代有所实行。儒家思想开始成为中国数千年封建社会的正统思想。董仲舒又作《春秋繁露》，提出：“仁者，恻怛爱人”，在新的大一统时期进一步阐述了儒家的仁政爱民思想。董明确主张，作为帝王，应该“内爱百姓，问疾吊丧”[34]；作为百官，应该为万民“供设饮食，候视疢疾，所以致养”[35]。董还仿上古顺时布德政之法，以五行学说陈述其行惠政的观点。凡“木用事”时,“则行柔惠,存幼孤”;而“土用事”时,“则养长老,存幼孤,矜寡独,赐孝弟,施恩泽”。待至“金用事”时,即要“存长老,无焚金石”[36]。显然,五行中金、木、土用事施惠时,已经包含有存孤幼、矜寡独、养长老等相关的慈善内容。董仲舒还通过对性三品的论述,主张用心的主观意识来教化,抑制恶的一面,发扬善的一面。

及至唐代,韩愈在其《原道》中云:“博爱之谓仁,行而宜之之谓义。”韩愈于此将仁者爱人的思想发扬光大,却不再同于传统意义上的“爱有等差”,而主张“博爱为仁”了。这种“仁爱”的慈善观也出现在宋代思想家张载的《正蒙》等著作中。张将“老吾老以及人之老”思想推而广之,表达了他有关“乾坤父母”、“民胞物与”的看法,使得儒家的慈善伦理得到进一步扩充。张载说:“乾称父,坤称母;予兹藐焉,乃混然中处。故天地之塞,吾其体;天地之师,吾其性。民吾同胞,物吾与也。……尊高年,所以长其长;慈孤弱,所以幼其幼。圣其合德,贤其秀也。凡天下疲癃残疾茕独鳏寡,皆吾兄弟之颠连而无告也。于时保之,子之翼也;乐且不忧,纯乎孝者也。”[37]不难看出,张载所说的尊爱高年,慈爱孤弱,是基于“长其长”、“幼其幼”的原则,并在此基础上又有新的发展。即他把恤老慈幼看作是每个人天经地义的责任与义务,而所谓的“民胞物与”更直接宣示了其天下一家的传统观念。无疑,从这之中依然可以见到新儒家大同思想的影子。明清之后,每每灾情严重需行赈济,善人总以“民胞物与”来劝募集资,广施善举。

由上观之,从董仲舒的“怛怛之爱”到韩愈的“博爱”,再到张载的“民胞物与”,仁爱思想始终一脉相承,发扬光大,对中国传统社会的慈善伦理的构建和慈善事业的实践都产生了不可低估的作用与影响。

5. 儒家礼俗的慈善思想

儒家文化中慈善思想的另一重要源头是《礼记》、《周礼》。其中关于古代礼仪的记载成为后世慈善组织的理论源泉。钩沉史籍,我们发现早在成周之初就设有遗人、蜡氏等职,专司惠恤之政。遗人负责管理国家的余财,以赏赐困济之民、老弱眷属和流寓之客。以下简要论及与后世慈善事业紧密相关的丧葬、养老礼俗。

(1)丧葬礼俗与慈善思想

《周礼·秋官》中有关蜡氏的记载:“蜡氏,掌除骴……凡国之大祭,令州里除不蠲;若有死于道路者,则令埋而置楬焉。书其日月焉。其衣服任器于地之官以待其人。”周朝设蜡氏,可见丧葬为人生大事,其礼仪颇为重视。蜡氏负责除腐尸,掩埋毙于路旁的死者,并立桩标记,写上日期,将死者衣裳器物待家属认领。与此相近,《礼记》里也有“掩骼埋胔”之文。[38]这些记载便成了宋代漏泽园、义冢(园)和明清“掩骼会”、“白骨会”、“施棺会”等丧葬善会等慈善机构的思想之源。这种慈善思想经文人儒士宣扬后,普遍渗透到广大民间社会。人们对遇难丧故的贫人,无以入殓时,便施舍棺材;或舍资立会社,掩瘗遗弃骸骨。此类善行义举在明清民间慈善事业兴起后十分普遍。

(2)养老礼俗与慈善思想

敬老、恤鳏寡的慈善思想渊源甚远。据《左传》记载,早在西周及春秋时期,一些诸侯国就实行了“老有加惠”的恤老、敬老政策。君主对上年纪的老人均要特别赏赐,即所谓“高年授鸠杖”。若是“老幼孤独不得其所”,则被视为“大乱之道”[39],这是不仁政的表现。《礼记》还对先秦时代的养老惠政作了回溯:“凡养老:有虞氏以燕礼,夏后氏以乡礼,周人修而兼用之。”[40]又言:“有虞氏养国老于上庠,养庶老于下庠,夏后氏养国老于东序,养庶老于西序;殷人养国老于右学,养庶老于左学;周人养国老于东胶,养庶老于虞庠,虞庠在国之西郊。”[41]清人孙希旦注解说,这是国家对老年人矜恤敬重,供以糜粥饮食,用燕、享、食三礼养之。即使是残疾的盲人,也一视同仁。而在周朝,盲人乐师还颇受礼遇与善待,往往被安排至周庙演奏音乐。如《诗经》云:“有瞽有瞽,在周之庭。”[42]再据《周礼》言,都城中设官员专司“养疾之政”。[43]并将“养老”,“宽疾”作为保息养民中的两个重要方面。《左传·文公十八年》也有载录:“振糜同食”,由此可见,恤老慈济思想产生甚为久远。这与“老吾老以及人之老”的思想相呼应,至唐初始设悲田养病坊,下历宋元明清,又先后设福田院、济众院、养济院、普济院,使敬老的慈善组织趋于完善,并相沿弗衰。养老敬老便成为中华民族的传统美德,如今弘扬传统文化精华,更有利于重铸民族的道德精神,有利于促进社会主义精神文明建设。

(二)道家文化与慈善思想

道家文化是中华传统文化中的重要一脉。“道家之源,出于老子”[44]。先秦时期,道家即是以老庄为代表而形成的一个重要的思想流派,为诸子百家中的显学之一;及至东汉后期,道教正式创立,它是中国土生土长的一种宗教。道教创立之初,即奉老子为教主,尊其著作《老子》(《道德经》)为元典,后来又将道家另一代表庄周的著述《庄子》列为道教经典之一,改称《南华真经》。之后,《老子》、《庄子》及其他的道家(教)文化典籍,蕴含了十分丰富的人文伦理思想,诸如"清静无为"的人生哲理及"赏善罚恶,善恶报应"等道德观念;它们成为古代中国传统慈善事业发展进程中又一个重要的思想源头。

1. 先秦道家思想的慈善渊源

道家学派于春秋末期由老子创立,其代表作是《道德经》。该书中主要述其"自然天道观",强调法效"道"。在政治上,提倡"使人无争"、"无为而治";在伦理道德上,主张"清净无欲,独善其身"的人生观。这对后世的慈善思想产生了一定的影响。

老子作为先秦道家的创始人,对"善"、"恶"有着独特的看法。《道德经》第七十九章云:"天道无常,常与善人。"在老子看来,"道"是天地万物之源,不可名状,亦无法察知,却可赏罚应时,使善人得福,恶人遭祸。由此,他提出尘世间应依照、遵循"道"的规律,人人向善,善待芸芸众生。"善者吾善之,不善者吾亦善之,德善"。[45]这样,以善意对待不善良的人,结果就会使他也变得善良,社会走向至善。这种观点、看法经过进一步的引申与升华,便成为后人劝善去恶的慈善道德基础。庄子的思想是老子思想的继承与发展。"无为而尊者,天道也"[46]。又言:"技兼于事,事兼于义,义兼于德,德兼于道,道兼于天。"[47]由此,人们可以通过修养得"道"升天,得"道"之人就是"真人"。得道之法即是做善事。"为善无近名",只要做善事顺应自然,就"可以保身,可以全生,可以养亲,可以尽年"[48],让善人修身颐养天年,高寿善终。可见,善恶自有报应,庄子与老子有着共同的主张。

善恶报应是一种必然的伦理律令,在道家经典中得到反复的申述。如:"积功累仁,祚流百世"、"施恩布德,世代荣昌";"人行善恶,各有罪福,如影之随形,响之应声"等等。其实,这是殷商时代就有的"积善余庆"、"积恶余殃"之说的进一步阐述,并使之世俗化。如《易传·坤·文言》云:"积善之家,必有余庆;积不善之家,必有余殃。"又《尚书·商书·伊训篇》:"惟上帝无常,作善降之百祥,作不善降之百殃。"上古时期提出的善恶观念,一一被道教(家)所继承和发扬,并屡屡论及。如此一来,道家的善恶观便深深地影响了中国民众的善恶选择和善恶行为,并衍生为中土根深蒂固的慈善伦理传统。

老子心中的理想社会是一个"无为而治"、民风淳朴的乐土。他对严苛的政治给予了抨击,认为"民之饥,以其上食税之多,是以饥";"民之轻死,以其上求生之厚,是以轻死"[49]。正是由于统治者"损不足以奉有余",遂造成了老百姓生活的艰难困苦。他提出应当改变这种不合理、不平等的社会现状,效法自然界"损有余而补不足",学有道的贤者圣人"能有余以奉天下"[50]。只有人们都清心寡欲,"圣人不积,既以为人";"圣人之道,为而不争"[51],毫不利己地尽全力去帮助他人,不与人争,"甘其食,美其服,安其居,乐其俗"[52]的理想社会就会来临。至于庄周,他长期过着息影林泉的隐居生活,追求一种与天地万物游的自然和谐的理想社会。他亦主张"富而使人分之"[53],救济贫者,这颇有其可取之处。此外,他以为今之为政者养育百姓,应"爱人利物",应效法"古之畜天下者,无欲而天下足,无为而万物化,渊静而百姓定"[54]。老庄这种思想对道教的发展产生了不可估量的影响,即使西汉初年"黄老无为"的治国方略的制定以及后世慈善事业的发展也与之不无关系。

2. 早期道教的慈善观

东汉顺、桓之际,道教正式诞生了。它从先秦时期的道家,历经数百年沧桑的历史衍化又直接吸取了战国邹衍方仙之术、西汉董仲舒的天人感应说以及随之而来的谶纬神学,孕育成道教的早期胚胎——黄老道。这个早期道教组织很快又分化为两大派别:五斗米道和太平道。它们都接受了其早期经典《太平经》的思想,反映了早期道众的济世观:替天行道与除恶扬善。

《太平经》,又称《太平清领书》,其作者和成书时间已不可考。据有关史料分析,它至少于东汉顺帝时期即已成书流播。[55]《太平经》一书的内容体系尤为纷杂,糅合了先秦儒、道、阴阳诸家思想,企图通过神道设教的方式来宣扬善恶报应等思想观念。从某种意义上说,《太平经》为我们研究早期道教文化中的慈善思想提供了丰富的史料。

《太平经》提出了建立"太平世道"的设想,描绘了公平、同乐、无灾的理想社会蓝图。为实现太平社会,它要求道众敬奉天地,遵守忠、孝、慈、仁等宗教伦理道德,提出了“乐生”、“好善”的教义。这就是说,道教对世俗民众也深怀仁慈爱意;在施爱于他人中体验幸福的境界,才能长生不老,羽化成仙。

《太平经》认为天地的一切财物都是天地中和之气所在,不应被私人所独占,所谓:“此财物乃天地中和所有,以共养人也。此家但遇得其聚处,比若仓中之鼠,常独足食,此大仓之粟,本非独鼠有也,少(小)内之钱财,本非独以给一人也;其有不足者,惠当从其取也,遇人无知,以为终古独当有之,不知乃万户之委输,皆当得衣食子是也。”[56]由此他提出了“乐以养人”、“周穷救急”的慈善观,若是“积财亿万,不肯救穷周急,使人饥寒而死,罪不除也”。[57]

《太平经》的“承负说”亦成为后世慈善活动的依据。“承负说”是在“积善余庆、积恶余殃”的善恶报应论和天人感应思想的基础上发展而来的。它认为,任何人的善恶行为不仅在自身遭报应,而且对后世子孙也产生影响;而人的今世祸福也都是先人行为的结果。如果祖宗有过失,子孙也要承负其善恶的报应。至于善恶相承负的范围是:承负前五代,流及后五代。《太平经》卷三十九对此解释说:

> “承者为前,负者为后。承者,乃谓先人本承天心而行,小小失之不自知,用日积久,相聚为多,今后生人反无辜蒙其过谪,连传被其灾,故前为承,后为负也。负者,流灾亦不由一人之治,比连不平,前后更相负,故名之负。负者,乃先人负于后生者也。病更承负也,言灾害未当能善绝也。”

“承负说”还提出,如果自身能行大善,积大德,就可避免祖先的余殃,并为后代子孙造福;如果从恶不改,神灵将依据人的行为,赏善罚恶,毫厘不爽。同时还为人们指明了行善积德,可免余孽的行动方向。这种思想,在以血缘关系为纽带的中国封建社会,对于提倡扬善惩罚自有其特殊意义。在民间社会,人们暗暗地做好事、修阴功,其慈善活动的思想渊源即可上溯于此。由此而论,“承负说”的提出,不仅推动了后代道教众徒力行善事义举,而且在中国民间社会也产生不少影响。

进入魏晋，由于统治者的雅好和上层士族的信崇，道教获得了大发展，道教的思想理论包括慈善思想，也得到进一步丰富。葛洪作为道教发展史上一个承前启后的人物，也不乏有关于慈善方面的论述。

葛洪著有《抱朴子》一书，其中“内篇”(20卷)蕴含着早期道教的积善修德的思想，这也是道教文化中慈善思想的理论精蕴。葛洪宣扬一种极端神秘色彩的因果报应思想，并将儒家的纲常名教与道教长生成仙的教义相结合。“若德行不修，但务方术，皆不得长生也”[58]，告诫道众欲想长生成仙，不能光靠内修外养等方术，还须积善立功，为人多谋利益。正如他所言：“欲求长生者，必欲积善立功，慈心于物，恕己及人，仁逮昆虫，乐人之吉，愍人之苦，赈人之急，救人之穷，手不伤生，口不劝祸，见人之得如己之得，见人之失如己之失，……如此乃为有德，受福于天，所作必成，求仙可冀也。”[59]换言之，他是要求所有信奉金丹道教的人在处理人与人的社会关系时，都要做到“乐人之吉，愍人之苦”，周急救穷，见到别人受损失如同自己受到损失，见到别人有所得如同自己得到一样，推己及人，自觉去为，求仙而行“善”。为此，葛洪还设计了行善成仙的具体做法。他说：仙有地仙、天仙之分，“人欲地仙，当立三百善；欲天仙，立千二百善”，而且都必须连续立善，不能稍有疏忽。比如要成为天仙，“若有千一百九十九善，而忽复中行一恶，则尽失前善，乃复更起善数耳”。如果“积善未满，虽服仙药，亦无益也”；相反，如果不服仙药但行好事，“虽未便得仙，亦可无卒死之祸矣”[60]。相比之下，行善比服用丹药更重要，更能得道成仙。后来，人们将《抱朴子·内篇》中的《对俗》、《微旨》的内容进一步阐发，改编成通俗的道教劝善书，对后来民间慈善事业的发展产生了深远的影响。葛洪所设计的这些道德行为的准则相承日久，至明清之际就发展成为影响甚广的功过格。

3. 唐宋道教的慈善观

唐宋是道教的鼎兴时期。由于两朝皇帝对道教的尊崇，奉道之风发展到极至，道观几乎遍及名山幽谷。同时还涌现出孙思邈等著名的道教学者，辑录了一些道教经籍，如《道藏》、《太上感应篇》。这些道学者和经籍，无疑是进一步丰富了道教的思想宝库。我们从中亦可觅见此时期道教文化中所内含的慈善思想。

唐代道士孙思邈在其影响深远的医著《千金要方》中就提出，医家须具备“人命至重，有贵千金”的医德，还应当“志存救济”，有慈济救人的普爱之心。[61]“若有疾厄来求救者，不得问贵贱贫富，长幼妍蚩（媸），怨亲善友，华夷遇智，普同一等，皆如至亲之想，亦不得瞻前顾后，自虑吉凶，护惜生命”[62]，对病者要一视同仁，竭力抢救。这种以医济世的慈爱对后世设立惠民药局、医治所等慈善救济机构颇有启发，使民间善士施医给药的善举，频频可见。可以说，此为其端倪，其他道教学者如成玄英、司马承祯等人在修行崇道中，也时时留意对道教信仰及善恶观的宣传；希冀人们在尘世积功累德，行善乐施以感动太上，死后升入神仙之列。

再来看看《太上感应篇》。《太上感应篇》是依道教经籍辑录的一部著名的劝善书，大致编纂于北宋末年，至南宋初年已广泛流传于社会。它以道司命神“太上君”规诫的方式，宣扬善恶报应，并列出了种种善举恶行作为人们趋善避恶的标准。其善举主要是指符合人伦的行为，诸如：“不履邪经，不欺暗室，积德累功，慈心于物，忠孝友悌，正己化人，矜孤恤寡，敬老怀幼”，等等。所谓恶行，主要是指“暗侮君亲，慢其先生，叛其所事”；“恚怒师傅，抵触父兄”、“违父母训”、“男不忠良，女不柔顺，不和其室，不敬其夫”这类有悖于传统伦理道德行为。“善恶之报，如影随形”。如果人们笃行善事，那就“人皆敬之，天道佑之，福禄随之，众邪远之，神灵卫之，所作必成，神仙可冀”。反之，若犯有恶行，司命神定将“依人所犯轻重以夺人算，算减则贫耗，多逢忧患，人皆恶之，刑祸随之，吉庆避之，恶星灾之，算尽则死”。简言之，“积善天必降福，行恶天必降祸”。《太上感应篇》通篇千余字，全都借助神道说教来扬善止恶，“施恩不求报，与人不追悔”，并谆谆相诫不要“非义而动，背礼而行”，不应“以恶为良，忍作残害，阴贼良善”。这种以行恶遭祸减算、损害现实利益的劝诫，对注重现世利益，希求福寿的中国人来说，具有很大的吸引力。由于文字浅显，通俗易懂，很快就在民间传播开来。绍定六年（1233年），宋理宗在卷首御书“诸恶莫作，众善奉行”，这更加促进了《太上感应篇》的流布。大约在同时期，道教的另一部重要的劝善书《文昌帝君阴骘文》也刊行于世，民间行善之举渐蔚然成风。应该说，两宋时期慈善活动的普及、发达，这与《太上感应篇》、《文昌帝君阴骘文》等道教早期劝善书有割不断的思想渊源。及至明清诸种劝善书的风靡，其源亦应溯于此，可见其影响之长久。

（三）佛家文化与慈善思想

佛教原本为诞生于古印度的一种宗教，及至西汉末年，始由西域传入中土。佛法东传后，受到中国传统伦理思想特别是儒家思想的影响，形成了以善恶观、人生观为主要内容的中国佛教伦理思想。由于佛教在中土的发展中，一直伴随着对现实生活至善的追求和传统伦理的不断融合，这使得中国佛教善恶观及劝善理论特别丰富。正缘于此，佛教在中国本土化之后，它的社会功能也就趋向一种劝善化俗之道，以通俗的教化劝导人们止恶从善，避恶趋善。佛教寺院的慈善活动乃应时而起，至唐达到兴盛。下面将详论佛教教义及典籍中意蕴丰富的慈善思想。

1. 修善功德观

善恶是中国佛教文化中关于心性论的一对范畴。在印度佛教中，它原指心性的净染。《大乘义章》卷十二有言："顺理为善，违理为恶。"[63]《成唯识论》卷五也说："能为此世他世顺益，故名为善"，反之，违损此世他世则恶。[64]由此看来，佛教最初的善恶观是以能否契合佛理为标准，凭净染来作为善恶的尺度。具体而言，顺应佛法、佛理是善，心地清净无染是善；违理背法是恶，烦恼痴迷是恶。"善恶是根，皆因心起"。于是佛教就制定了一系列戒律约束众徒，以断恶修善。佛门认为，只有不断改过，心地才能恢复清净，才能修成善果。因此，佛门中有"十善十恶"之说。所谓"十恶：杀、盗、淫、妄言、绮语、两舌、恶口，乃至贪、瞋、邪见，此名十恶。十善者，但不行十恶即是也"[65]。这样，佛徒以十善十恶为准尺，明善辨恶并求改过积德，产生一种崇贤尚善的力量。佛法对于修行实践的佛徒要修善方面还有更高的要求：即"修三福"，"持五戒"。修三福的具体内容有：一是奉事师长，慈心不杀，修十善业；二是受持众戒，不犯众仪；三是发菩提心，深信因果，读诵大乘，劝行善事。五戒，即戒杀生，戒偷盗，戒邪淫，戒饮酒，戒妄语，这与十善颇有相通之处，只是佛门中人将其奉为戒律并身体力行，视作功德无量。这种佛教的修善功德观推动了南北朝以来中国慈善活动的开展。后世人们不杀生而行放生，建放生池立放生会，不偷盗而行施舍，设善堂建义局，类此种种善行就是佛教教义中三福、五戒、十善中蕴含着的慈善思想外在的具体表现。

至于行善的方法，佛家也有其特别的论述，诸如："修福田"、"布施"等。所谓福田，就是行善有如农民播种于田，必有秋收之获，多行善事于前，将会受诸报于后。福田说即以此为譬，劝导世人多行善举，多积功德。这成为佛教教义中最有影响力的慈善思想内容。唐宋时的悲田养病坊、福田院之名就直接源于此。至于布施，大乘佛教就认为："以己财事分与他，名之为布；己惠人，名之为施。"它还将布施分为财布施、法布施和无畏布施三种。财布施是施舍财物，济人贫匮之苦；法布施是讲授正法，破迷开悟；无畏布施是帮助他人免除畏惧，使之身心安乐。除布施外，佛教还讲爱语与利行，以此度众生。爱语是以善言相劝谕，并以众生平等之心，亲近众身，随机教化。利行则是笃行诸种善举，以利众生；这就是说，佛徒应该与众生结缘，同舟共济，同甘共苦，逐渐指引他们修德行善，劝勉佛教众徒"诸恶莫作、众善奉行"，使芸芸众生逃脱劫难度向来世。这种自利利他，自觉觉人的行愿精神，不仅对出家僧尼和在家居士有着向引意义，而且对广大群众也产生一种世俗伦理和舆论习尚的约束力，使人们慈心向善，慈心行善。久而久之，乐善好施，济人贫苦就成为一种社会风尚，也成了中华民族传统美德的一个重要内容。

2. 因缘业报说

基于上述的这种善恶观念，中国佛教为实现劝善化俗的目的，还提出了因缘业报说，也称作"果报论"。这也是佛教慈善思想的内容之一。佛教认为："业有三报：一现报，现做善恶，现受苦乐。二生报，今生作业，来生受果。三后报，或今生受业，过百千生方受业。"[66]善恶行为的潜在力量在时空中承续相沿，生起一种"业力"，它将带来或善或恶、或苦或乐的因果报应，由前世引发至今世，并延伸至来世，便形成善业善果、恶业恶果的业报轮回。这种业报轮回之说，给人以这样的启示：今生修善德，来世升入天界；今生造恶行，来世堕入地狱。由此看来，佛门的因缘业报说可谓独具特色，有别于道教的"承负说"，更能自圆其说。[67]佛教这种业报轮回说，一经传入中土便同中国早已有之的"积善余庆"、"积恶余殃"的思想相合拍，因而使善恶果报理论更加丰富。"倾家财，发善意，其功德巍如嵩泰，悠悠如江海矣。怀善者应之以祚，挟恶者报之以殃，未有种稻而得麦，施祸而获福也。"[68]像这样的善恶果报之说，十分通俗，在佛教经卷中比比皆是，更容易为下层民众所接受，也便于行善。

佛教的因缘业报说渗透到社会生活中，唤醒了众多人的道德自觉与自律，使人们意识到“善恶报应也，悉我自业焉”[69]，并且认识到“思前因与后果，必修德行仁”[70]。从某种意义上说，因缘业报说更具威慑力地规范着人们的善恶行为，并进一步充实了中国民间社会的伦理观念。诸如“救人一命，胜造七级浮图”，“放下屠刀，立地成佛”等劝善箴言，妇孺俱晓，童叟皆知。缘于对来世受苦受难的恐惧，人们注重对自身的修养，广结善缘，尽量地积善积德，踊跃参加修桥补路等活动，使民间慈善活动和社会公益事业持续不衰。

3. 慈悲观念

慈悲观是佛教教义的核心，同时也是佛教慈善渊源中最重要的内容。在梵文中，“慈”含有纯粹的友爱之情，“悲”为哀怜、同情之意。对于奉佛信众来说，欲成圣佛，即须胸怀慈悲，以慈爱之心给予人幸福，以怜悯之心拔除人的痛苦。佛门还进一步讲“大慈大悲”，把慈悲扩大到无限，扩大到一切众生。《大度智论》云：“大慈与一切众生乐，大悲拔一切众生苦。大慈以喜乐因缘与众生，大悲以离苦因缘与众生。”佛的这种慈悲是深厚的，清净无染的，视众生如己一体。正如《大宝积经》里所讲的“慈爱众生如已身”，知其困厄，如同身受，由此而生成了“众生度尽方成正觉，地狱不空誓不成佛”的菩萨人格。

佛徒要摆脱轮回，出离三界，应怀慈悲精神，以正、悟、智、善的慈航普度众生，实行“与乐、拔苦”的义举，为一切众生造福田。《大宝积经》云：“能为众生作大利益，心无疲倦”，“普为众生，等行大悲”。佛法这种不舍世间，不舍众生的利他精神也同样在《法华经》中得到揭示：“大慈大悲，常无懈怠，恒求善事，利益一切。”所以，佛教高僧都深怀大慈大悲之心，把赈济、养老、育婴、医疗等救济事业看成是慈悲之心的外化表现。同时，又时时以“慈悲喜舍”的四无量心善待众生，以宽宏的胸襟劝谕世人发慈悲之愿而生救世之心，广行善举，求得菩提的佑护。

综上所论，我们认为已本土化的中国佛教实际上是一种劝导人们止恶从善，避恶趋善的伦理宗教。它以兴善止恶，改恶迁善为佛法之大端，要求断一切恶,修一切善,这即是在慈善的伦理价值的层面上规范人们的心理动机和行为倾向,敦促人们在社会生活和个人生活中内省律己,克服私欲,去恶从善,培养高尚的人格情操。在佛教慈悲观和世俗道义的影响下,佛门弟子以度人为念,愍念众生之苦,甘愿为十方人作桥,度脱一切。这样佛教的慈善情怀与儒家仁爱之心有了相通之义。或许如此,唐宋以降,即使在儒学居统治地位的封建盛世,佛教也能摄儒入佛得以发展,并实现儒佛交融。民国有慈善家对此评论道:“儒学盛兴之极,乃有佛教,儒、释、道相互传衍,数千年来深入人心,成为风俗。”[71]由此,我们就不难理解明清时期的劝善书、功过格往往是融汇儒佛道诸家的慈善思想,大力地对普通民众宣讲积德行善,或进行劝募劝捐,以便形成仁风善俗。

4. 两晋南北朝佛教慈善思想的丰富与发展

以因缘果报论为基础的佛教劝善理论是伴随着佛教的中国化而渐趋丰富的。两晋南北朝之际,佛教在中国得到进一步传播,佛学也有了空前的发展。于是这时期也产生了大量的劝善典籍,既有佛门疑伪经,又有释氏辅教书之类的志怪小说、佛经应验记及变文、俗讲,还有与儒道两家劝善书相近的佛门劝善书。北魏时,昙靖作《提谓波利经》二卷,以善恶报应宣扬持斋修行、止恶行善,成为高僧以造经作论的形式劝导民众的宗教善行的典范。此外,《佛说父母恩重经》、《善恶因果经》、《劝善经》等代表的劝善疑伪经,都是借佛教经论向世俗社会进行劝诫,化导民众,并将善恶果报论贯穿其中。[72]南北朝之际,善恶果报等思想已深入中国民众的观念之中。为辅助教化,劝善理论还与文学艺术形式相结合,产生了志怪小说、佛经应验记(鲁迅称之为“释氏辅教书”,见其所著《中国小说史略》)。《观世音应验记》就是当时佛门感应记的代表之作,以叙述佛教的神异及善恶报应的真实灵验和人们现实中的祈福禳灾为主题,与志怪小说类的“释氏辅教书”相呼应,为佛教的震耸世俗、止恶扬善起了极大的作用,也推动了同时期佛教寺院慈善事业的发展。

北魏文成帝时,始建“僧祇粟”之制,划出一部分民户作僧祇户。每逢灾荒时,即以施粥发粟的形式来济贫赈灾。这种佛寺举办的慈善活动在南北朝时十分普遍,许多僧人都舍身于这一领域,《魏书》记载:“僧祇户、粟及寺户遍于州镇。”[73]尔后,僧尼还主持收养无力自养残疾鳏寡的六疾馆、孤独园。

唐宋时期的悲田养病坊和福田院等慈善机构，最初也是由佛寺掌管，普施善行。这与唐代俗讲、俗唱、变文等通俗形式的佛教劝善理论的盛行不无关系。中国佛教的劝善理论，正是通过俗讲、变文等宣传配合，发挥了良好的社会作用，吸引并劝化了众多的善男信女。人们在听讲佛经中，渐渐受到劝善理论的熏染，自然而然地汲取慈善观念，播下善种，长成善根。从某种意义上言，劝善理论是佛寺对慈善事业的宣传，是一种行善的功德论。中国佛教独有内容和形式的慈善理论，也昭示着佛教的入世行善倾向。

（四）墨、法诸子与慈善思想

先秦诸子百家中，除儒、道之外，管子以及墨家、法家也蕴涵了内容丰富的慈善思想，它们构成了中国慈善思想宝库中最早、比较完善的思想体系。

1. 管仲的"九惠之教"

管仲是春秋时期著名的政治家和思想家，曾任齐相四十余年，辅佐齐桓公内肃朝政，外修会盟，最终"九合诸侯，一匡天下"[74]，成就了齐国的霸业。现所留存的《管子》一书，记载了管仲一生的主要业绩和思想。其中的《牧民》、《入国》等篇，虽是载录他辅佐齐桓公时所采取的政治、经济方面的措施，但从中亦反映出他丰富的慈善思想。

管仲的慈善思想涉及十分宽泛，概言之，"九惠之教"的思想是其最集中的体现。管子认为：君上为政，应以安定社会，教化百姓为主要任务。国君在临民之初，即应发政施仁，"行九惠之教"。所谓九惠之教："一曰老老；二曰慈幼；三曰恤孤；四曰养疾；五曰合独；六曰问病；七曰通穷；八曰振困；九曰接绝"。[75]从这"九惠"的内容来看，它基本上包括了对老人、儿童、穷人、病者等所有弱势群体的慈善救济，即使与现代社会实施的福利保障措施也相差无几，可见管子慈善思想的宏富和全面。更可贵的是，管子还进一步提出了如何来施行这些慈善之举。其具体措施、办法有：对于年长者，国、都均由专门人员执掌，月赐酒肉，死予棺椁，并"劝子弟，精膳食，问所欲，求所嗜"，让老人安享晚年；慈幼之政亦在国、都设职掌管，适当免征"子有幼弱不胜养为累者"的赋役、兵役，还对多子的家庭额加给食照恤。"所谓恤孤者，凡国、都皆有掌孤,士民死、子孤幼,无父母所养,不能自生者,属之其乡党、知识、故人",并派人探视询问,"必知其食饮饥寒身之膌胜而哀之"。对于收养孤儿的人家,亦可适当免除征役,使其有能力抚养孩童。管子还提出:对那些聋、盲、喑、哑、跛者,国、都照例应设官收而养之,给衣食;至于合独,则食由掌媒"取鳏寡而合和之,予田宅而家室之"[76],让孤老有伴,度过人生中最后一段美好的夕阳时光。问病即是遣医对患病者一日或数日一问,做好康复服务。他以为:这些慈善措施的推行,将可避免"强者凌弱,老幼孤独不得其所"[77]。管子的慈善思想还非常重视赈穷济困问题,采取了切实措施来解决穷困者的生活。即:"衣冻寒,食饥渴,匡贫窭,振罢露,资乏绝。"[78]他还提出:"凡国、都皆有掌穷,若有穷夫妇无居处,穷宾客绝粮食,居其乡党以闻者有赏,不以闻者有罚"。也就是说,敦促乡党参与本地的贫困救助,弄清贫困户的基本情况,上报官府,以便"散仓粟以食之"[79]。

管子的慈善观还反映在要求统治者体恤民瘼,厚施薄敛,裕民厚生。他说:"凡农者,月不足而岁有余者也,而上征暴急无时,则民倍贷以给上之征也"[80],这样必然会导致国贫民弱,逃亡者众,不利于长治久安。"地之生财有时,民之用力有倦,取民于无度,用之有止。"[81]为政者应该"量委积之多寡,定官府之计数",并用委积之财来"养孤老,食常疾,收孤寡"[82]。管子说:"事先大功,政自小始",为政者要多体察民情,了解民风。这即是他所言的"问事":"问死事之孤,其未有田宅者有乎?""问死者之寡,其饩廪何如?""问独夫、寡妇、孤穷、疾病者几何人也?问国之弃人何族之子弟也?""问邑之贫人债而食者几何家?"[83]由此,推行这些爱民、惠民政策才能取悦于民,还信于民。这也是同他主张的"兴德六策"相一致的。[84]在管仲看来,实行了这些措施,百姓就得其所欲,"夫民必得其所欲,……然后政可善为也"。[85]

2.墨家文化与慈善思想

墨子是墨家学派的创始人,他提出了"兼爱"的学说,即"兼相爱,交相利"。这是墨家思想文化的核心和精华,也是墨家济世救人的良方。由此,墨家成为孔儒之后很有影响的一个学派,其慈善思想也有着广泛的影响。

墨子"兼爱"思想的提出是有其历史背景的。当时,"国之与国之相攻,家之与家之相篡,人之与人之相贼",天下处于乱世之时。在墨子看来,天下之乱皆起于不相爱。如何才能"除去天下之害",结束纷乱之世呢?墨子认为不分人与我,爱人如己,人们互惠互利,才可致平安盛世。他相信“天下兼相爱则治,交相恶则乱”。因此,他向人们广为提倡“兼相爱,交相利”的主张。即:“天下之人皆相爱,强不执弱,众不劫寡,富不侮贫,贵不傲贱,诈不欺愚”,并希望人们“视人之国,若视其国;视人之家,若视其家;视人之身,若视其身”[86]。

墨子把“爱”和“利”相统一,认为“兼而爱之”,就是“从而利之”[87],“兼相爱”等同于“交相利”。在墨家思想体系里,利与义具有一致性,重利也就是贵义,利天下乃是最大的义。墨子讲“交相利”,主要是指人与人应互帮互助,不能损人利己,只顾自己不管别人,“亏人自利”。为“兴天下之大利”,其具体做法是“有力者疾以助人,有财者勉以分人,有道者劝以教人”[88];“财多,财以分贫也”[89]。换言之,每人应发挥所长,竭尽其能,从体力、财力、智力各方面帮助别人,去实践“兼爱”的理念,惟有如此,“则饥者得食,寒者得衣,乱者得治”[90]。由此可见,墨家的兼爱思想充满着乐善好施、广济天下的精神。他还提出若以“兼为正(政)”,则“老而无妻子者有所侍养,以终其寿,幼弱孤童之无父母者有所放依,以长其身”。[91]作为一个“兼士”(信奉兼爱学说的人),看到朋友饥饿,就给他食物吃,寒冷就给他衣穿,有病就前去照顾,殁亡就为他入殓,即“退睹其友,饥则食之,寒则衣之,疾病付侍养之,兼士之言若此,行若此”[92]。这体现了古代劳动人民助人为乐的道德品质和扶困济危的精神风尚,对后世影响深远。

墨子的“兼爱”慈善思想还具有平等性和普遍性,墨家主张“爱无差等”,不受礼的约束,也不拘所关爱对象的社会等级,“使天下人兼相爱,爱人若爱其身”。[93]“为其友之身若为其身,为其友之亲若为其友亲。”[94]相比之下,儒家的“仁者爱人”却有亲疏厚薄之分,有尊卑贵贱之别,讲究施由亲始。墨家则认为兼爱应该“远施周遍”,不分远近,不受地域的限制。他列举出许多这样的例子作为典范,希望人们应像文王那样“兼爱天下之博大”,应像日月普照天下那样无私。墨家这种兼爱无私的观点,极力提倡个人的奉献精神。总之,墨家认为爱应该是利他的,不包含着利己的动机。后期墨家著作《小取》就说:“爱人,非为誉也。”关爱他人,帮助他人,并不一定期待获得回报,或博得好名声。这种施仁义而不图报恩者,其心其德弥足宝贵,其人也更令人敬仰。

基于"兼爱"这一人伦思想,墨子还提倡"非攻",他认为人与人相斗,家与家相侵,国与国相攻,"春则废民耕稼树艺,秋则废民获敛。今唯毋废一时,则百姓饥寒冻馁而死者,不可胜数"。[95]他要求"处大国不攻小国,处大家不乱小家,强不劫弱,众不暴寡,诈不欺愚,贵不傲贱"[96],勿杀无辜,矜恤弱寡。他由此而把"兼爱"上升为天的意志。"强暴寡,诈谋愚,贵傲贱"是"天下之所欲也"。而天之所欲是"人之力相营,有道相教,有财相分"[97]。这种思想反映了墨子对互助共济的人类早期社会的向往,同时也流露出墨子欲建立一种"兼爱交利"的理想天堂。墨家摩踵而利天下的精神对后世慈善事业产生过积极的影响。在历史上,下层群众中互爱互助的行为从未停止过,一人有事,众人相帮,一方有难,八方支援。慷慨解囊,急公好义之士屡屡见于史志杂录。

墨家文化中还强调粮食积贮对救灾备荒有极其重大的意义。这也是墨家慈善思想的重要内容之一。墨子先引述《周书》说:"国无三年之食者,国非其国也;家无三年之食者,子非其子也,此之谓国备。"他进而提出:"故备者,国之备也。"[98]五谷为防范饥荒的必备物质,不可不备,亦不可不节用。"凡五谷者,民之所仰也,君之所以为养也。故民无仰则君无养,民无食则不可事。故食不可不备也,地不可不用也,用不可不节也。"[99]重视粮食储备,方可国泰民安。这亦成为后来义仓、常平仓积谷备荒的理论依据和思想渊源,在长期的慈善救济过程中发挥了重要作用。

综上所论,墨家兼爱、贵义、互助、共济的慈善观构成了古代中国传统慈善思想的一部分,也不失为人类的高尚道德理想,时至今日,"兼爱天下"仍未失去其现实意义。

3. 法家文化与慈善思想

法家也是春秋战国时期诸子百家中重要的一派,其主要代表人物有商鞅、李斯、韩非等,他们共同的观点即主张以刑赏为治国方略。在法家丰富的思想体系中也蕴涵着一些慈善方面的内容,亦多为后世所借鉴。

在仓储备荒的救济措施上,商鞅、李斯和韩非三位重要的法家代表人物都存有相同的看法,比较重视农耕,发展生产,丰仓裕廪。如商鞅就说:"民之欲利,非耕不得。"[100]国家应采取措施来满足或保障农民的利益以达到强国富民,抵御贫困的目的。这种发展生产,注重仓储的备荒做法实际上对于后来的官府和民间推行慈善事业、稳定社会秩序很有积极意义。

不过，在济贫的措施方面，他们的观点却不尽相同。商鞅主张由政府来调节贫富悬殊，以图强国。“治国之举，贵令贫者富，富者贫。贫者富，富者贫，国强。”[101]这种让“贫者富，富者贫”之举，大概就是指国家倡导富者散利施财，对贫者进行慈善救济，让贫者逐步摆脱困境，从而实现社会的安定，国家的富强。它与《周礼·天官》所载大司徒保六息的“安富”有相似之处。这种济贫主张对后来者的慈善行为也产生了一定影响。

对于社会救助，韩非则提出了不同的见解。从政治的角度讲，他亦主张国君为获取民心，采取“惠民”政策，施惠于民。《韩非子》中就载有齐景公前往晋国，问政于师旷，师旷三次均答之以“君必惠民而矣”。而后，齐景公返回国都，乃“发廪粟以赋众贫，散府余财以赐孤寡，仓无陈粟，府无余财，宫妇不御者出嫁之，七十受禄米，鬻德惠施于民也”[102]。然而，韩非反对以向富者征收重赋的方式救济贫者，认为这样是劫富济贫，而且容易滋生贫者的惰性，会出现养懒汉的消极现象。他说：“今上征敛于富人以布施于贫家，是夺力俭而与侈惰也，而欲索民之疾作而节用，不可得也。”[103]在韩非看来，由国家将勤劳省俭的人所纳之赋供给救济闲散惰民，只会助长其淫佚懒惰的心理，滋长养懒汉的现象。如果民众致力于农耕稼穑，垦荒拓殖，就不会挨饿受饥，遭遇贫困了。由此，他认为那些平时不努力生产而无积贮的人，不应当得到救济，反而要受以刑罚，即“贫者益之以刑则富”[104]，通过强制手段促使其辛勤耕作，消除冻馁之虞。韩非子的这种担心也并非多余，在封建社会历朝的慈善救济中由于缺乏必要的制度规范，也确实产生了一些消极的影响。如宋明时期的居养院、栖流所、养济院等官办慈善机构，因救济形式单一，只是单纯的给粟施物，享其所成，且有冒领冒养的弊端，故曾被人指责为养惰民之所。宋王朝的慈善事业亦被讥称：“不养健儿，却养乞儿。”后来，人们渐渐注意到这种侈惰的现象，认识到韩非子有关言论的价值，汲取他的若干观点，对传统的慈善救济方式进行改革，出现了以工代赈的新的积极的慈善救济方式。我们不难发现，在宋明之后，人们已经较为注重工赈措施在慈善救济中的作用和地位了。在灾荒之年，民间或政府往往选择一些灾情最重的地区，通过筑堤固坝、开渠浚河、修桥铺路、营建城垣和衙署等工程，开工施赈，以钱、谷、粟、麦或织物等支付工钱，结算款项来救济灾民。到了近代,人们在慈善救济过程中注重“养”的同时,亦更加重视“教”的问题,即二者并重,教养兼施,向受助者传授一些基本生产技艺,使其最终能够自谋生计,自食其力,以避免韩非子所虑的惰淫情况的出现。由此看来,韩非的有关济贫的思想恰是从另一个方面提出了慈善事业发展过程中应注意的问题,颇有借镜的作用和意义。

(五)结语

千百年来,传统文化塑造了我们民族的性格,也铸就了我们民族的精神。可以说,传统文化树立起我们民族文化的主体地位,同时亦是新时期发展民族新文化的逻辑起点。在当今社会主义现代化建设的进程中,传统文化仍将产生其积极或消极影响,或成为发展的动力,或变成因袭的重负。以我们今天的眼光来审视,传统文化中的儒、释、道、法诸家学说还存在着不少封建道德的说教和鬼神迷信的宣扬,但其蕴涵极为丰富的慈善理论却并非糟粕;它闪耀了中华民族在长期的社会福祉事业发展过程中熠熠不灭的智慧之光。因此,我们不能因噎废食,而应该历史地辩证地对待传统文化,应充分挖掘出其精华。

综上所论,儒家的仁爱、民本、大同等思想,对中国传统社会的慈善理论的构建和慈善事业的实践都产生了不容低估的影响。尤其是民为邦本、仁政爱民的思想观念,成为了先秦以降历代统治者实行种种惠民施济的文化基础和思想渊源。唐宋明清各朝在灾荒年景官方和民间都通过施粥、赈谷、调粟等多种慈善救济措施来赈恤众多灾民和流民,或创兴慈幼局、养济院、普济堂等各类慈善机构,以期“博施于民而能济众”[105]。佛教的“果报论”、慈悲观和善恶功德观以及道教的“承负说”,不仅推动了众多的僧尼道仙力行善事义举,而且在中国民间社会也产生不少影响,促成了中国民众乐善好施习尚的形成与普及,中华的慈善事业也由此相承弗衰。而管仲、墨翟、韩非等先秦诸子提出的“九惠之教”、兼爱非攻及仓储备荒等主张,亦可为当代慈善事业的发展提供有益的借鉴。“千吹万漉始见金”。在世界文化交流、融汇日趋紧密的今天,我们应努力挖掘、继承中国传统文化中的优秀部分,对其中蕴涵内容丰富的慈善思想应予大力弘扬，古为今用，使之在现代社会产生更为持久而深远的影响，为社会主义精神文明建设服务，为社会主义先进文化增添新的内容。

（该文系出席2004年8月18－20日在湖南吉首大学召开的“第一届中国近代思想史国际学术研讨会”论文，与曾桂林合署。其中曾以《儒家文化中的慈善思想》为题，刊《道德与文明》2005年第1期；以《道家、佛家文化中的慈善思想》为题，刊《道德与文明》2006年第2期；又简略以《中国慈善思想渊源探析》为题，刊《湖南师范大学社会科学学报》2007年第3期）

注　释

1 据笔者所了解，目前仅有邓拓、王卫平等个别学者涉足于此，但亦缺乏完整、系统的论述。参阅王卫平：《论中国古代慈善事业的思想基础》，载《江苏社会科学》1999年第2期；陈采勤、朱晓红：《论先秦诸子的抗灾赈济措施》，载《史学月刊》2000年第3期。此外，在1930年代，邓拓的《中国救荒史》（上海书店1984年影印本）第一、二章也有若干论述。

2 据文献记载，早在西周时期就设立了专门官职来施予惠政，救济贫病之民。《周礼·地官》载：“司救，……凡岁时有天患民病，则以节巡国中及郊野，而以王命施惠。”此后，善行义举在历朝历代皆有，相续不绝。相比之下，欧洲文明的发祥地古希腊、古罗马在公元前3世纪才始有类似的慈善之举。稍后，随着基督教的诞生，宗教性质的慈善事业在西方社会渐渐得以发轫与发展。由此可说，中国是世界上最早倡行与发展慈善事业的国家。

3 周秋光编：《熊希龄集》下册，湖南出版社1996年版，第2002页。

4 《论语·雍也》。引文所据本为杨伯峻译注：《论语译注》，中华书局1980年版，下同。

5 《论语·颜渊》。

6 《孟子·离娄下》。引文所据本为杨伯峻译注：《孟子译注》，中华书局1982年版，下同。

7 《孟子·尽心下》。

8 《孟子·离娄上》。

9 《孟子·尽心上》。

10 《孟子·梁惠王上》。

11 《孟子·离娄下》。

12 《诗经·大雅》。

13 《尚书·康诰》。

14 《国语·周语》。

15 《论语·颜渊》。

16 《孟子·梁惠王上》。

17 《荀子·王制》。

18 《论语·公冶长》。

19 《孟子·离娄上》。

20 《孟子·离娄上》。

21 《孟子·梁惠王上》。

22 《孟子·梁惠王上》。

23 《荀子·王制》。

24 《孟子·梁惠王上》。

25 《论语·雍也》。

26 《论语·公冶长》。

27 《礼记·礼运》,引文据沈啸寰、王星贤点校:《礼记集解》,中华书局1989年版。下同。

28 《孟子·滕文公上》。

29 《论语·里仁》。

30 《论语·阳货》。

31 《论语·卫灵公》。

32 《论语·述而》。

33 参见龚汝富:《中国古代商人的善德观与慈善事业》,《江西财经大学学报》2001年第4期。

34 《春秋繁露·竹林》。

35 《春秋繁露·天地之行》。

36 《春秋繁露·五行》。

37 《正蒙·乾称》。

38 《礼记·月令》。

39 《礼记·正义》。

40 《礼记·王制》。

41 《礼记·王制》,又见《礼记·内则》。

42 《诗经·周颂·有瞽》。

43 《周礼·天官》。

44 《魏书·释老志》。

45 《老子·第四十九章》。引文据《老子·庄子·列子》,张震点校,岳麓书社1989年版。下同。

46 《庄子·在宥》。引文据《老子·庄子·列子》,张震点校,岳麓书社1989年版。下同。

47 《庄子·天地》。

48 《庄子·养生主》。

49 《老子·第七十五章》。

50 《老子·第七十七章》。

51 《老子·第八十一章》。

52 《老子·第八十章》。

53 《庄子·在宥》。

54 《庄子·天地》。

55 参见卿希泰、唐大潮著《道教史》,中国社会科学出版社 1994 年版,第 367 页。

56 王明:《太平经合校》,中华书局 1960 年版,第 60 页。

57 王明:《太平经合校》,中华书局 1960 年版,第 60 页。

58 《抱朴子·内篇》卷三,《对俗》,中华书局 1980 年版。

59 《抱朴子·内篇》卷六,《微旨》,中华书局 1980 年版。

60 《抱朴子·内篇》卷六,《对俗》,中华书局 1980 年版。

61 《千金要方·序》。

62 《千金要方》卷一。

63 转引自王月清:《中国佛教伦理研究》,南京大学出版社 1999 年版,第 27 页。

64 转引自王月清:《中国佛教伦理研究》,南京大学出版社 1999 年版,第 26 页。

65 尚海、傅允生主编:《四大宗教箴言录》,中国广播电视出版社 1993 年版,第 322 页。

66 尚海、傅允生主编:《四大宗教箴言录》,中国广播电视出版社 1993 年版,第 316 页。

67 参阅本文第二目所论。"承负说"是一人作恶,殃及子孙;一人行善,惠及子孙,其范围为前后五世。儒家的"积善余庆,积恶余殃"思想是属于单线的报应论,局限于一个人的今生。而佛教的因缘业报论是一个人的前世、今世和来世的业力轮回,有其理论的圆通性。

68 尚海、傅允生主编:《四大宗教箴言录》,中国广播电视出版社 1993 年版,第 316 页。

69 智圆:《闲居编》之《四十二章序》,见石峻主编《中国佛教思想资料选编》第三卷,中华书局 1987 年版。

70 《印光集》,中国社会科学出版社 1996 年版,第 20 页。

71 周秋光编:《熊希龄集》下册,湖南出版社 1996 年版,第 2003 页。

72 王月清:《中国佛教伦理研究》,南京大学出版社 1999 年版,第 48 - 51 页。

73 《魏书·释老志》。

74 《管子·小匡》。引文据赵守正:《管子通解》,北京经济学院出版社 1983 年版。下同。

75 《管子·入国》。

76 以上所引皆见《管子·入国》。

77 《管子·君臣下》。

78 《管子·五辅》。

79 《管子·入国》。

80 《管子·治国》。

81 《管子·权修》。

82 《管子·幼官》。

83　《管子·问》。

84　管子认为德有六兴，即厚生、输财、遣利、宽政、匡急、振恤。“凡此六者，德之兴也”。在这六德之中，“匡急”、“振恤”即属于慈善的内容，“养长老，慈幼孤，恤鳏寡，问疾病，吊祸丧，此谓匡其急；衣冻寒，食饥渴，匡贫窭，振罢露，资乏绝，此谓振其穷”。（《管子·五辅》）其他四端也于民有利。

85　《管子·五辅》。

86、87　《墨子·兼爱中》。引文据孙诒让：《墨子间诂》，中华书局1986年版。下同。

88、90　《墨子·尚贤下》。

89　《墨子·鲁问》。

91、92、94　《墨子·兼爱下》。

93、96、97　《墨子·天志中》。

95　《墨子·非攻中》。

98、99　《墨子·七患》。

100　《商君书·慎法》。引文据高亨：《商君书注译》，中华书局1974年版，下同。

101　《商君书·说民》。

102　《韩非子·外储说上》。引文据陈奇猷：《韩非子集释》，中华书局1961年版，下同。

103、104　《韩非子·八说》。

105　《论语·雍也》。

二　论近代慈善思想的形成与发展

自19世纪中叶开始，由于中西文化的接触与交融，中国社会各个方面都或快或慢地随之发生变化，这就是陈旭麓先生所言的“近代中国社会的新陈代谢”。在这一过程中，中国原有的慈善思想因受外力的冲击和影响，也由传统向近代嬗变，并促使存续上千年之久的中国慈善事业发生变化并走上发展。

（一）西方慈善思想在近代的传入

1840年的鸦片战争，全面开启了西学东渐、西俗东移的帷幕。此后的百余年间，中西两种异质文明发生了更为激烈的碰撞与融汇，对近代中国社会产生了极其深远的影响。西方社会的各种理论学说、思想观念纷至沓来，并日趋走强，其慈善思想也随这股潮流涌入我国，渐渐传播开来。受此影响，中国传统的慈善思想在近代激荡迭宕的社会变迁进程中，自然而然发生了嬗变，由旧趋新，兼纳中西，最终形成了顺应时代要求具有崭新内涵的慈善思想。

中国近代慈善思想的形成，是接受了西方社会慈善福利思想的若干影响。具体言之，主要有教会慈善事业、西学报刊、国人海外见闻三个方面。

1. 教会慈善事业的影响

教会在华兴办的慈善机构，是中国人了解西方社会慈善事业最直接的一条途径。随着鸦片战后西教的深入，一些传教士或教会在通商口岸及内地兴办了育婴堂、孤儿院、诊所、医院等育婴与医疗慈善机构。1846 年，基督教会即在上海租界设立仁济医院，“以外国法治病，伤科尤妙”。设馆以来，用西医西药兼为贫民减免费看病，“活人无算”，[1] 在慈善医疗方面发挥了一定的作用。

开办于同治年间的上海虹口养育堂，在当地也有广泛的影响。该堂也是一个慈善性西医院，由西方医生董其事。虹口养育堂主要靠西方教会捐款维持运转，收治中西病人。据该堂对其 1871 年的统计，该年总共收捐款洋 1580 元(其中上海道宪捐助洋 100 元)，开支 1427 元。共收治病人 17644 人，其中西方人 321 人，余皆中国人。由此，当时社会舆论对于该堂的西医治病之法亦大为赞叹："西医治病之法最齐者，凡遇受重伤之人，已不可治，则割去所伤之肢体，用药敷之，使能保全性命，否则其人必不能生。其人愈后往往废弃无用，西人又能赠钱以终其身。夫设立医馆，固为一大善举，况又于其中行此美法焉，其为功德不大矣哉！"[2] 从上海虹口养育堂已可看出，当时西方人在中国所设立的西式医院由于西医的便捷灵验，以及它对中国广大民众免费治疗的现实效应，即具有慈善性质，对国人极具吸引力，也最易获得国人的认同，因而在社会上产生了广泛的影响。中国传统社会虽然也有施医局、惠民药局等专门性施医机构，但时至近代已大多颓废，即便仍有存在，其效用也大大减弱了。更何况，中国传统施医机构从无常年开办者，而是多选在夏秋疫疠高发期，其余则归于停顿。这根本不能满足人们的现实需要。所以，同治以后，在教会慈善机构的影响下，在开风气之先的沿海通商各埠，一些开明的绅商便纷纷联络西方人士，着手开办医院诊所。例如上海，“均系中西客商捐赀建造”的西式医院在当地次第涌现，并且对危苦之人“不费分文”即可享受医治。[3] 于是，具有中西联合性质的医院诊所，也就成了近代中国受教会慈善事业影响最早而设立的慈善组织。

另外，教会还着力经营了育婴慈善事业，比较著名的慈幼机构有上海徐家汇圣母院育婴堂、上海土山湾孤儿院、浦东唐桥墓女孤院、汉口孤儿所等。[4] 有的地方还创办了安老院、孤老院等慈善机构。教会慈善事业的成功举办，很自然地受到一些思想开明、热心社会福祉的人士的关注。张謇在清末民初之交就通过各种渠道了解教会在华东地区创办慈善机构的一些情况，还亲自参观了上海教会慈善机构，并深有感触。清末南通旧育婴堂建于城西隅，地庳屋隘，既有碍卫生又不利于婴儿成长。1903年，张謇从沪上了解到徐家汇圣母院的育婴事业后，遂决定将之迁建于一新址，新育婴堂渥宇轩豁，空气流通。而后，他“复与同人力去普通婴堂腐败之陋习，参用徐汇教会育婴之良法，开办一载，活婴千余”。[5] 不难看出，“西方教会育婴事业的传入，对中国旧有的育婴堂等传统慈善机构产生了强烈刺激，使之除弊兴利，自觉或不自觉地借鉴西方育婴事业的成功之处”。[6] 辛亥年间，张謇又得知“比年耶教会设安老院于上海”，觉得颇有孔子“老吾老以及人之老”的美意，于是“莅而观之，养男女老者，凡百七八十人。行其庭穆然，洞其室涓然，辨其事秩然，相其人温然。尸其事者弗受给，而更迭募资以赡院之用；受其养老弗役人，而各任所能以尽人之宜。退而思之，惘惘然，恤恤然，我中国未尝有也”。归来之后，即在1912年自己六十寿辰时，“乃先期告朋好，以觞客之资，营养老院于南通”。[7] 他在南通创办的狼山盲哑学校，也缘于此。“法兰西人于十八世纪始，创凸字以教育人，其后传衍于巴黎盲学校乃寖广。西班牙人又创记号法，至德意志人创发语法，始详于教哑，乃有聋哑学校。我国北京、上海、烟台等处，虽亦有盲哑学校，然皆基督教会所设立”。[8] 而尚无一所属国人自办，于是创办了狼山聋哑学校，为近代慈善教育之楷模。

此外，教会赈灾慈善活动也对中国的慈善事业产生了影响。“丁戊奇荒”发生之初，传教士李提摩太即首先联络外侨于1877年3月在上海成立山东赈灾委员会。随着灾情的日趋严重，传教士开展的灾荒救济规模也不断扩大。1878年1月，传教士在原来山东赈灾委员会的基础上成立了中国赈灾基金会，在北方诸省开展西赈，其赈灾分为募捐、解赈、放赈等几个相对独立机构，各有专人负责，分工协作，形成了一种全新的救灾机制，并取得相当大的成效。这些西方传教士主持的西赈，对正在兴起的有近代民族意识的中国绅商无疑也产生了一种强烈的刺激。这正如郑观应在《筹赈感怀》一诗中揭露清代一些墨使贪官借赈敛财、鲸吞善款之后，所喟叹的：“且为异族诮，抚膺诚可差。何如行善举，慷慨法欧洲。筹赈设公所，登报乞同俦。乞赐点金术，博施遍神州。”[9] 正缘于此，郑观应遂联合经元善、李金镛、严佑之等绅商在上海创设筹赈公所，仿传教士在华设赈委会的办赈模式，开展了大规模的义赈，救济北方各省的亿万灾黎。由此可见，在开风气之先的上海等通商口岸，西人的慈善赈济活动已然对国人产生了潜移默化的影响，促进了中国近代慈善观念的产生。

2. 西学书报的流播

鸦片战争结束后不久，外国人在宁波、上海、广州等通商口岸开始设立印书馆，刊印和散发宗教宣传品和西学书刊。后来，又建立一些翻译机构，编译报刊，传播西学。影响较大的翻译机构有外国传教士在上海设立的墨海书馆。洋务运动兴起后，洋务派也先后在上海、北京创设了江南制造局译书处、同文馆，以中外人士合译的方式翻译西书。一些西方人士如艾约瑟、傅兰雅、林乐知等人都对此作出了重要贡献。由此，近代报刊的创办是西学在中国传播的一条重要途径。“据不完全统计，到20世纪初共译出自然科学著作、教材与普及读物323种，应用科学294种”。[10]尽管大多数译书为科技图书，但也有一些书籍介绍了西方各国的史地、政情、民俗和社会状况，自然也涉及一些西方国家慈善事业方面的载录。而这时期外国人创办的报刊对西方传教士举办慈善医药、育婴、赈灾活动也有报道。甲午战后，随着维新运动的兴起，国内外人士对西方慈善事业的介绍达到了高潮，使更多的中国人对西方慈善事业有了进一步的了解。这时期中国人自办的报刊也参与其中，广泛介绍西方各国的社会制度，当然，也介绍了一些慈善福利制度。如《知新报》，更是频频报道了欧美国家关于盲、聋、哑等弱势人群的慈善救济之法：“英国山域地方，有盲人学校，收留贫乏无依盲人，兼教学习手艺工夫。”盲人通过在校学习，掌握一定的技艺，“所造各物，甚为齐整，一年造物者二十六人，共获工银八百三十镑”、“凡盲者在此学成一艺，可外出以谋活计，不须倚靠别人”。[11]欧美诸国也积极探索对聋哑人的教育之法。“聋哑之人，近代更出新法，教之能言。欧洲各国，生而聋哑之孩子，俱学用其口音，虽其自己不闻声，而旁人闻之，不似哑者，清晰如常人”。[12]此外对西方新发明的为聋昏者提高听力的助听器作了介绍，并附有插图说明助听器的工作原理，使国人对西方各国慈善福利事业有了清晰的了解。[13]

甲午战争中，中国人第一次感受到红十字组织在战争救助中所具有的不可替代的作用。此期间，日本赤十字社数万人赴辽东战场进行抢救。他们严守中立，不分畛域，不仅救护日本人，也救护中国人。赤十字社这种行为感动了中国人。战后，中国人开始重视红十字会，国内各大报纷纷刊登介绍和论述红十字会组织的文章。1898－1899年，《申报》就先后刊登了《创兴红十字会说》、《红十字会历史节译》、《中国亟宜创红十字会说》等三篇文章。这些文章从不同的角度介绍了红十字会的历史、功能，并呼吁中国尽早建立这样的组织。其文称：红十字会是“泰西各国施医疗疾之善举”，“其滥觞于瑞士，各国闻此义举，无不仿而行之”。[14]并详细介绍了其职能，澄清了一部人对于它的误解：“人但知两国交争，例由红十字会中人奔赴沙场，医疗被创军士，开设临时医院，施以药饵，供其衣履糗粮，殊不知平时遇有疹疗天花，或则洪涛漭漭之中，轮船失事，会中人亦皆得施其神术，以拯生灵。”[15]“凡军士之受伤者，苟抛弃所持军器，则敌国红十字会亦一律疗治，盖以人之爱生恶死具有同情也”。[16]通过上述各篇文章，使中国普通民众对红十字会这个人道主义组织的情况有了初步认识，为中国近代慈善事业的新的发展铺垫了一定的社会基础。

3. 国人海外见闻的影响

19世纪中叶以后，中国人始得以有机会走出国门，远涉重洋来到异邦。然而，当时“华夷之辨”依旧甚浓，出洋的人只有寥寥数人而已，如容闳、黄宽、黄胜等。他们当中，惟有容闳影响最大，对西方社会了解亦最深。他早年归国后就曾言：“美国有富翁积财数千万，尽行拨作各种善举者。”[17]然而近代早期人们对西方慈善事业的了解并不多，其载录也多语焉不详。随着中国对西方列强的全面开放，中西双方的交往在逐年加深。从19世纪60年代开始，清政府派出了一批官员赴英、法、美、俄等国，交涉外交事务。随后，又有更多的中国士大夫、留学生出洋，他们将所见所闻记录下来，写成了日记或游记。这些记录以中国人自己的眼光好奇地看待西方社会的一切事物，也包括各国近代慈善事业的相关情况。这些著述大多在当时都已付梓刊印，流传于社会之后，对中国正在兴起的近代慈善事业也有相当大的社会影响，加快了中国传统慈善思想近代化的趋向。

据我们检阅文献所知，同光年间，李圭、郭嵩焘、张德彝等人出使欧美各国，在其著述中均对这些国家的慈善事业有或详或略的记载。[18]1866年，志刚初使泰西，即已注意到美国的育婴慈善事业。他在敖拜尔育婴堂内，见“男女童约二百余。男女皆读书，女兼针黹”。十年后，李圭游历美国，就更详细介绍了纽约育婴堂的情况：“育婴堂屋共一百余间，间各宽敞。现在男女自初生至七八岁者约六百名，有时多至三千人。每楼设十六榻。每二榻相并，一卧二婴儿,一卧乳媪。帏帐、被褥、衣裤俱洁净。厨房、浴室亦然。”[19]为周全照顾好幼儿,皆选恪守清规、专事认真的教会修女任总管、司事。除养育之外,育婴堂对“教”亦甚尽心尽力。“男女四五岁,即使认字读书,并教作小玩物,如纸叠方胜、同心结、泥土人物,以开其心思。又一室甚大,坐二三百人,皆六岁至八岁。女师教以歌诗并和舒气血各法。男女各立一旁。另一女师居中鼓琴和之,步伐声韵都凑拍。俟其及岁时,各量材荐事去。”每年经费大约花费26.1万元,善款“半出公家,半出善士”。[20]人们通过以上所述对美国育婴机构教养并重之法及经费来源都一目了然,令人称羡。中国第一位驻外大使郭嵩焘于1877年4月参观伦敦一些慈善机构之后,在日记中写道:“此间善堂繁多,应接不暇。新闻报善堂为管理新闻报者,或老病不能自给,敛费以善之也。”[21]此外,又有织绣院,“多世家妇女贫者,以手工自食其力。国人醵金为院,使习艺其中。询之,妇女通计百五十人,分六院。其一专司绘写,大小异式,分送各院织绣”。[22]随郭嵩焘出使英国的翻译官张德彝,也多次参观了伦敦的孤儿所、养老院、教会医院等慈善机构设施。他还特别提到了英国慈善医院善款的来源。“楼房皆巨室捐建,或就地醵金为之。各项经费,率为富绅集款。间有不足,或辟地种花养鱼,或借地演剧歌,纵人往观,收取其费,以资善举”。[23]这即是近代慈善事业募捐常用的义演筹款之法。此外,他还介绍英国慈善医院其他募集善款之法,诸如义卖。即劝示通城仕商男女捐陈杂货,如针黹书画、笔墨纸张、首饰玩物、花木巾扇,以及银瓷玻璃各种器皿陈设,聚集一处,请人前往观看。“当肆者皆富家少女,货倍其值,往者必购取数事而后可。亦有设跳舞会者,茶酒小食,仍为商贾捐助,饮用值亦加倍,即以其所入惠病人。如是捐来货值为一倍,售去获利又一倍,两倍相并,则所敛者更足矣”。[24]这种以义演、义卖的形式来筹集慈善经费,这对晚清的中国而言,可以说是前所未闻的新鲜事儿。国人以其亲身见闻并对西方慈善事业运作机制,特别是慈善捐助机制的介绍,使人们认识到西方各国确实发展到一个较高的水平。这将与中国传统的慈善事业构成鲜明对比,对推动中国慈善事业向近代的转变具有重要意义。

在19世纪八九十年代以后,由于西方慈善事业通过以上三个途径得到了广泛的介绍与传播,中国人对西方近代慈善事业有了更深的认识。一些人已经深入到西方社会的制度层面上去认识它,认为西方慈善事业是其国家较完备的制度的一部分，是与西方社会习俗相吻合的。郑观应在《盛世危言·善举》中对西方近代慈善事业有一精到的评析："夫泰西各国乞丐、盗贼之所以少者，岂举国皆富民而无贫民哉？好善者多，而立法綦密，所以养之者无不尽，所以恤之者无不周耳。"[25]在他看来，西方慈善事业对其国家、社会的稳定和发展起到了至关重要的作用。西方人的宗教、信仰等传统因素促成了他们乐善好施的社会风气。泰西各国"常有达官富绅独资捐数十万，以创一善举。西人遗嘱捐资数万至百数十万者颇多。闻英人密尔登云：英国有富家妇，夫亡遗资甚多，其创立大小学堂、工艺书院，及置穷人贩卖零星物件之地，共费银一千五百磅。中国富翁不少，虽身受国恩，而竟未闻遗嘱有捐资数万至数十万创一善事者，宁愿留为子孙花费，殊可慨也"。[26]因此，他认为，"立法綦密"的西方社会慈善事业制度是值得中国借鉴学习的。这种看法，在19世纪末的晚清社会具有相当的普遍性。东南沿海地区的一些仁人善士就或多或少地受到了西方慈善事业及其影响的影响，在办理各项慈善活动中也渐渐透露出一些新变化。

（二）先进中国人的慈善福利观

鸦片战争以后，中国社会发生了天翻地覆的变化。一批先进的中国人开始睁眼看世界，积极向西方寻找救国救民的真理。这批先进的中国人当中，其杰出代表有洪仁玕、康有为、孙中山等。他们在向西方学习的过程中，都提出了要在中国发展资本主义的改良维新或革命的社会思想，并将西方社会的制度体系系统全面地介绍传播进来，以推动中国社会的前进。他们在介绍西方社会制度体系的同时，有意或无意地以之为新的参照系，形成了自己的慈善福利观。尽管他们在探讨中国社会的有关问题时，仍然用了"大同""均平"等传统概念，但由于借鉴和融入了西方社会的若干理念，因而这时期先进的中国人的慈善福利观也呈现出古今贯通，中西汇聚的特点，并逐渐向制度化与近代化迈进。

1. 洪仁玕的慈善观

洪仁玕，字益谦，广东花县人。他是太平天国领袖洪秀全的族弟。金田起义爆发后，洪仁玕未能及时与洪秀全联系，赶上太平军；后又遭清廷官府的通缉，遂于1852年逃往香港。居港期间，他亲眼目睹了西方资本主义入侵后香港所发生的变化，并与瑞典传教士韩山文过从甚密，开始努力学习西学，由此眼界大开。1858年，洪仁玕离开香港，奔赴天京，受到天王洪秀全的器重，被封为干王，总理朝政。1859年，洪仁玕向洪秀全提出了《资政新篇》，主张取法欧美资本主义发展的成功经验，学习西方技艺，全面改革朝政。

《资政新篇》是太平天国继《天朝田亩制度》之后又一个重要的建国纲领，其核心内容就是在政治、经济、文化和外交等方面进行改革，全面学习西方资本主义，走出天京事变后的危局困境，实现国家的近代化。在洪仁玕看来，一个真正的近代化国家，除了建立起近代的工业、农业、交通、金融之外，还应该有完善的社会慈善事业，使老有所养，幼有所教，矜寡孤独废疾者皆有所依。因而，洪仁玕在《资政新篇》中不仅阐述了其政治、经济纲领，还介绍了西方社会福利事业，并形成自己具有鲜明时代特色的慈善福利观。

在《资政新篇》所提出的一套极具资本主义色彩的改革方案中，洪仁玕积极主张学习西方资本主义国家的社会慈善制度，在中国慈善发展史上第一个提出了具有近代意义的社会慈善思想。具体言之，有以下几点：

其一，仿西方国家举办近代慈善事业。洪仁玕认为，“治国必先立政，而为政必有取资”。在天京事变后革命形势逆转的现实境况下，太平天国应改革成法，向西方学习，大力发展资本主义工商业，大力创设近代慈善机构。在洪仁玕的规划中，兴建近代医院，引进西医，以减轻百姓的病痛之苦；兴建跛盲聋哑院，作为慈善教育机构，使残疾人不因其丧失劳动能力和生活能力而遭社会遗弃；兴建鳏寡孤独院，收容百姓中的贫苦无依者，使老有所归，幼有所养，少有所教。

其二，慈善经费来源于民间社会，慈善事业应具有民办性质。洪仁玕参照西方资本主义社会慈善事业由民间主办的一般模式，提出：“兴医院以济疾苦，系富贵好善”，“兴鳏寡孤独院，准仁人济施”；“兴跛盲聋哑院，有财者自携资斧，无财者善人乐助”。[27]换言之，他认为创办医院、跛盲聋哑、鳏寡孤独院等慈善机构，其善款主要不是由国家出资，而要靠民间社会乐善者捐赠襄办。这就与太平天国前期的纲领《天朝田亩制度》所提出的鳏寡孤独废疾者皆由圣库抚恤养济是完全不同的，它体现出近代慈善事业是民间性的事业这一基本特征。洪仁玕还提出:如果有民间人士捐资兴建医院、学馆、养病院等慈善公益设施,为政者应予以褒扬,以推动社会向善风气的形成。

其三,建立士民公会,加强对慈善机构的监督。洪仁玕先介绍了西方国家对慈善活动进行监督的机构——"士民公会"。这种机构通过一系列的调查、评估来避免善款被那些"一味望恩,不自食其力"的游手好闲之人冒领,以保证慈善经费切实用于诸项善举,不被滥用。洪仁玕对这项举措十分推崇,认为太平天国在建立慈善机构的同时也应仿设"士民公会",以监督社会慈善事业的正常进行。

此外,洪仁玕还提出要注重社会教化,设立学馆等慈善教育公益机构,除旧布新,推动中国社会的移风易俗,形成良好的社会习俗风尚。

从整个近代发展的进程来看,洪仁玕上述主张无疑是代表着社会前进的方向,虽然他设计的这个美好的慈善事业的蓝图没有付诸实践,但它毕竟在一个政权的纲领性文献上提出了发展近代慈善事业,这正是其价值所在。

2. 康有为的慈善公益观

康有为(1858 - 1927),字广厦,广东南海人。在19世纪末的维新变法运动中,他继承了中国古代传统的政治思想,学习、借鉴西方的民主政治理论,系统地提出了变法救亡的理论。另外,他还将古代大同思想与西方民主人权等思想结合在一起,撰述成《大同书》,提出了崭新意义上的"大同世界"。在这个大同世界中,他构想出"公养"、"公教"、"公恤"的带有浓厚理想色彩的慈善公益体系,这也是康有为慈善观最全面的体现。

《大同书》源于康有为于1885年撰成的《人类公理》,在戊戌变法失败后,康有为周游欧美各国,他乃将所思所想陆续补充进去,最后在1902年左右修订定稿。因而,他的慈善观主要反映他戊戌前后的一些内容,这对于我们了解近代中国慈善思想的演变脉络是有帮助的。

早在1895年公车上书时,康有为就提出:"恤穷"与务农、劝工、惠商为救国养民的四大策,救国须从"扶贫济弱"开始。[28]在中国这样土地广袤、人口众多的国度里,如何来"扶贫济弱",以求博施济众呢?康有为认为,其措施有三:一是各州县设警惰院,收容无业游民和有劳动能力的乞丐,传授一些基本的技艺,使其能够自谋职业,自食其力。二是各州县、市、镇协助善堂善会,筹措善款,救助社会上的鳏寡孤独、跛癃残疾、盲聋喑哑、断者侏儒等特殊群体,解决其生活困难。三是由国家组织移民至地广人稀的蒙古、东北、西北诸省,这既可开发边疆,又可恤养贫民。[29]他坚信,只有国民摆脱了穷与弱,国家才会变得强大起来。不难看出,"恤穷论"体现出康有为早期的慈善救济思想。

在《大同书》中,康有为在批评中国传统宗族慈善模式的基础上,进一步发挥了他的恤穷慈善观,描绘了大同世界中慈善福利事业的美好蓝图。

中国传统的宗族慈善模式是指以族田义庄为基础,对宗族成员济贫施困、襄助婚丧、奖掖义学的一种社会救济模式。固然,它有着温情脉脉的一面,同时也有其狭隘的一面。即所谓人各私其家,"则无从以私产归公产,无从公养全世界之人而多贫穷困苦之人";"则不能多抽公费而办公益,以举行育婴、慈幼、养老,恤贫诸事"。[30]也就是说:宗族慈善事业一般只局限于捐屋置田设义庄、义田来恤贫兴学,所惠泽的范围只是本宗本族,而别族之人难以受其惠,抚恤对象是宗族而非全体国民。这自然是受传统的宗法观念的影响,以至中国人重宗族而轻国家,手足不能相救。西方人则不然,他们重国家轻宗族的观念,对西方社会慈善事业发展产生了重大影响。正因如此,所以欧美各国才有富豪乐意捐献千百万资财,建立众多的学校、医院、恤贫、养老等慈善公益机构,惠泽遍及于整个国家的全体贫民。康有为由此评论说:"就收族之道,则西不如中;就博遍之广,则中不如西。是二道者果孰愈乎?夫仁者,小不如大,狭不如广。以是决之,则中国长于自殖其种,自亲其亲,然于仁狭矣,不如欧美之广大矣。仁道既因族制而狭,至于家制则亦然。"[31]这就反映出他激进的破除宗族、家庭之界而求公众的大福利的思想。他进而提出,慈善福利事业应该无宗族与家国之界限,全由"公养"、"公教"、"公恤"等慈善公益机构来承担。他具体的设想是:大同世界里,成年男女自由婚配,无病苦及身后之忧,"长有专门生计之学,老疾皆有所养"。[32]妇女怀孕后,送入公立的"人本院"赡养,进行胎教;婴儿出生后则由公立的育婴院、慈幼院负责养育。公教机构由小学院、中学院、大学院等公共机构组成。大同世界的儿童六岁入小学院,十一岁入中学院,十六岁入大学院,皆为免费的义务教育,接受良好的文化素质教育和专门的技能训练。至二十岁毕业后,则用其所学、用其所长为社会服务。如果人们因工作受伤致残或患病不能工作,均可得到社会举办的医疾院的精心治疗,尽早康复。人到老年,还可以进入养老院、恤贫院，安享晚年，接受公恤。[33]通过上述公养、公教、公恤等社会慈善公益机构，人类就可以达到孔子所言的“老有所终，壮有所用，幼有所长，鳏寡孤独废疾皆有所养”的大同之世。如今看来，康有为的慈善观不免带有乌托邦式的理想主义色彩，但亦反映了晚清社会一些先进中国人在以西方慈善事业为鉴的基础上建立中国近代慈善事业的构想和不懈的追求，对清末民初的慈善事业产生了一定影响。

3. 孙中山的慈善福利观

孙中山(1866－1925)，是中国资产阶级民主革命的杰出领导者。他的历史贡献不独在于推翻了清王朝，建立起中华民国，亦在于他提出一套系统的资产阶级革命理论，即三民主义。辛亥革命成功之后，三民主义成为了民国政府的施政纲领，对20世纪的中国产生了十分深远的影响。民生主义作为孙中山最具特色的一部分，孙中山从民生问题出发，也阐述了他的基本的慈善福利观：“家给人足，四海之内，无一夫不获其所。”[34]

孙中山的民生论是其慈善福利的基石和出发点，它最初的思想来源就是中国古代的大同思想和均平思想。后来，孙中山也吸纳了西方各种流派的非科学社会主义的思想，因而它显得十分繁复、杂糅。孙中山慈善福利思想的最早萌芽，大约是在甲午战争前后，他于斯时在《致郑藻如书》、《上李鸿章书》中，已初步提出了济穷养民的一些思想。1895年，他手订的兴中会章程更是明确提出要“兴大利以厚民生，必使吾国四百兆生民各得其所”，[35]即注重为广大民众谋最大福利。后来，他又从“养民济民”的民生论出发，提出了很多颇具新意的慈善福利主张。这些主张有：一是采取社会救济措施，改善工农大众的苦难生活。如1924年1月通过的《中国国民党第一次代表大会宣言》就强调：“工人之失业者，国家当为之谋救济之道。”[36]二是“安老怀少”的慈善思想。孙中山十分推崇天下为公的大同世界，并多次书写“天下为公”的条幅，以明其志。他认为：“大同世界即所谓‘天下为公’。要使老者有所养，壮者有所营，幼者有所教。”[37]他并将它作为自己终生奋斗的社会理想：“实现社会主义之日，即我民幼有所教、老有所养、分业操作，各得其所。”[38]这种“安老怀少”的慈善观，实际上是对中国传统慈善观的继承和在新时期的发展。孙中山还从制度上对安老怀少的慈善事业作了具体的设计：“男子五六岁入小学堂，以后由国家教之养之，至二十岁为止，……二十以后,自食其力;……没有不幸者半途蹉跎,则五十以后,由国家给予养老金。”“如生子多,凡无力养之者,亦可由国家资养”。[39]各项善政的经费皆系将土地、山川、林泽、矿产等收入收归政府所有,“而用以经营地方人民之事业,及育幼、养老、济贫、救灾、医病,与夫种种公共之需”。[40]也就是通过土地回收国有,而后平均地权以达到社会的全体民众享有平等的福利。在孙中山眼里,救济贫民这种慈善事业已不是不平等的施舍,而是现代政府应担负的责任。就其总体情况而言,它仍和康有为的《大同书》所蕴含的慈善观一样,带有浓浓的乌托邦色彩,但它作为一种制度设计,确实在民国政府中产生了一些积极的影响,由此而论,孙中山的慈善福利观在中国慈善思想史上仍占有极其重要的历史地位。

(与徐美辉合署,刊《湖南师范大学社会科学学报》2005 年第 5 期)

注　释

1 [清]葛元煦:《沪游杂记》卷一,上海古籍出版社 1989 年版。

2 《虹口养育堂记》,《申报》1872 年 6 月 24 日。

3 《论西国医药》,《申报》1873 年 12 月 16 日。

4 [法]史式徽:《江南传教史》(第一卷),上海译文出版社 1983 年,第 178－180 页。

5 南通市张謇研究中心:《张謇全集》第四卷,江苏古籍出版社,第 338 页。

6 周秋光、曾桂林:《近代慈善事业与中国东南社会变迁(1895－1949)》,《史学月刊》2002 年第 11 期。

7 《张謇全集》第四卷,第 341 页。

8 《张謇全集》第四卷,第 104 页。

9 夏东元:《郑观应集》(下),上海人民出版社 1988 年,第 1278－1279 页。

10 张岂之主编:《中国历史:晚清民国卷》,高等教育出版社 2001 年版。

11 《知新报》第 30 册。

12 《知新报》第 37 册。

13 《知新报》第 46 册。

14 《中国亟宜创兴红十字会说》,《申报》1899 年 4 月 10 日。

15 《中国亟宜创兴红十字会说》,《申报》1899 年 4 月 10 日。

16 《红十字会历史节译》,《申报》1898 年 5 月 30 日。

17 夏东元编:《郑观应集》(上),上海人民出版社 1982 年版,第 534 页。

18 志刚:《初使泰西记》,“走向世界丛书”合刊本,岳麓书社 1985 年版,第 277 页。

19 李圭:《环游地球新录》,“走向世界丛书”合刊本,岳麓书社 1985 年版,第 274 页。

20 郭嵩焘:《伦敦与巴黎日记》,岳麓书社 1984 年,第 181 页。

21 郭嵩焘:《伦敦与巴黎日记》,岳麓书社 1984 年,第 182 页。

22 郭嵩焘:《伦敦与巴黎日记》,岳麓书社 1984 年,第 182 页。

23 张德彝:《随使英俄记》,“走向世界丛书”合刊本,岳麓书社 1985 年版,第 427 页。

24 张德彝:《随使英俄记》,岳麓书社 1985 年版,第 427 页。

25 夏东元编:《郑观应集》上册,上海人民出版社 1982 年,第 528 页。

26 夏东元编:《郑观应集》上册,上海人民出版社 1982 年,第 526 页。

27 中国近代史资料丛刊:《太平天国》(二),神州国光社 1954 年版,第 527 页。

28 中国近代史资料丛刊:《戊戌变法》(二),上海人民出版社 1961 年重印版,第 140 页。

29 中国近代史资料丛刊:《戊戌变法》(二),上海人民出版社 1961 年重印版,第 140－141 页。

30 康有为:《大同书》,上海古籍出版社 1956 年版,第 189 页。

31 康有为:《大同书》,上海古籍出版社 1956 年版,第 173 页。

32 康有为:《大同书》,上海古籍出版社 1956 年版,第 280 页。

33 康有为:《大同书》,上海古籍出版社 1956 年版,第 280－283 页。

34 《孙中山全集》第 1 卷,中华书局 1981 年版,第 297 页。

35 《孙中山全集》第 2 卷,中华书局 1982 年版,第 22 页。

36 《孙中山全集》第 9 卷,中华书局 1986 年版,第 124 页。

37 《孙中山全集》第 6 卷,中华书局 1985 年版,第 36 页。

38 《孙中山全集》第 6 卷,中华书局 1985 年版,第 523 页。

39 《孙中山选集》上卷,人民出版社 1956 年版,第 89 页。

40 《孙中山选集》下卷,人民出版社 1956 年版,第 570 页。

三　试论近代慈善事业兴起的社会历史背景

中国的传统慈善事业,可远溯汉魏南北朝,中经唐宋,至明清时已相当发达。"迨雍乾而后,治洽隆平,金革之事不兴,四民之居益适,不以菀显而遗枯晦,不因私谊而废公情。于是士不吝财,人能宏道,慈善事业之兴办久而弥光"[1]。由于官府的大力倡导和民间的积极参与,入清以来从京师到各府州县无不广立善堂,普施义举,即一乡一镇之间亦莫不结善会以行善举,或育婴,或养老,或恤嫠,或施棺,或散药,慈善活动非常活跃,形成了中国慈善事业发展史上的一个高潮。但是,步入近代以后,中国社会遭遇了千年未有的剧烈变革,各省曾经遍设的善堂善会等传统慈善机构,大都也因社会环境的变迁而走向困顿以至形同虚设,所谓:"各行省善堂有名无实者甚多,即名实相副,其功德所被亦殊不广耳。"[2] 传统慈善机构由是日趋式微,社会影响日渐消退。到19世纪中后期的晚清社会,中国慈善事业已面临着从传统向近代转型、在新的历史条件下再度兴起与发展的问题。尽管史学界近年来关于近代中国慈善事业已有不少成果,但对于近代慈善事业兴起与发展的各种因素、背景却不甚明晰,鲜有著述论及。有鉴于此,本文试对近代慈善事业兴起的历史背景作一综合、全面和较为深入的考察。

（一）频发的自然灾害是中国近代慈善事业兴起的主要客观因素

中国自古以来就是一个多灾的国家。民国年间，邓云特在其专著《中国救荒史》中指出："我国灾荒之多，世罕其匹，就文献所可征言，则自西历纪元前十八世纪，直至纪元后二十世纪之今日，此三千数百余年间，几于无年无灾，从亦无年不荒；西欧学者，甚有称我为'饥荒之国度'（thelandoffamine）者，诚非过言。"[3] 由于政治、经济、军事多重因素交相作用，晚清及民国时期更是中国历史上灾害频发的时期，李文海等编著的《近代中国灾荒纪年》、《近代中国灾荒纪年续编》对此有较详尽的记述。可以毫不夸张地说：鸦片战争后的一百余年里，中国是年年遭灾荒，岁岁成灾年，不仅灾区广，而且灾情重。

灾荒作为一种消极的破坏力量，一旦发生，往往直接导致财物毁坏、人口伤亡、灾民流离等一系列严重后果。更有甚者，灾荒还将危及社会秩序，酿成社会动荡。

在各种自然灾害中，水灾是最常见且危害最深的一种。中国的水灾主要集中于黄河、长江、淮河、永定河等流域，珠江、闽江及江浙海塘也常因风潮侵袭，时有溃决泛滥而成灾。民谚有云："华夏水患，黄河为大。"晚清时期，河工废弛，黄河更是洪涛肆虐，屡屡漫决，其中以1855年于河南铜瓦厢决口危害最烈。"黄水漫溢，直注东省，穿过运河，漫入大清河归海，菏泽、濮州以下，寿张、东阿以上，尽被淹没。他如东平等十数州县，亦被波及，遍野哀鸿"[4]，"灾民待赈孔殷"[5]。至于长江，虽水患程度要轻于黄河，但在近代也多次发生洪灾。"数十年间，告灾不辍，大湖南北，浮田舍，浸城市"[6]，数以千万计的灾黎嗷嗷待哺，亟需救济。旱灾由于历时持久，灾情往往要经数月乃至更长时间才能显现，其危害也不亚于水患。如近代史上著名的"丁戊奇荒"，鲁、豫、晋、陕、直等华北五省数年持续亢旱，以致赤地千里，为百余年来未有之大灾奇祲。其他如风、虫、震、疫各灾在近代社会也相踵而至，某些年岁甚至数灾并发，防不胜防，使灾民的生产生活雪上加霜。清末有报章称："近十年来,中国之民亦至可哀矣。闽粤灾于水,淮徐海灾于霖,直鲁晋豫灾于旱。蝻蝗在野,鱼鳖在水,虫沙夕化,饥鸿旦号。……嗟民力之几何,胡昊天之不恤。东南之元气未复,西北之饥馑又闻。同胞绝塞穷乡,况有未亡之冤魂。"[7]灾情如此频仍惨烈,若不及时救济,无数灾民势必流离失所,辗转沟壑,最终陷入死亡之深谷。然而,自道光、咸丰以来,兵革屡兴,浩繁的军费支出已使清政府国库空虚、财政困窘,战后巨额赔款更让清廷无以为措,遑论赈济!况且时届晚清,传统的荒政已彻底走向衰败,蠲免和官赈大抵也徒具形式,无甚实效。这样,就为民间社会力量介入到地方灾荒救济、开展慈善活动提供了一个活动空间,成为其发挥作用的"公共领域"。故而"地有广狭、灾有大小、帑项有不济之时,施放有难缓之虑,于是四方绅富乐善君子慷慨解囊,以辅官赈之不足"[8]。由此,从首善之区的京城到贸迁之地的沪渎,一些仁善之士便慨然以赴,本着己饥己溺、民胞物与的慈善情怀,筹资办赈,募款救灾,欲拯民出水火,减轻广大灾民的流离之苦。

如前所述,国库早已支绌,值此灾荒连年、灾民遍野而灾款浩繁之际,有识之士纷纷提出借助民间资源,兴办善举。"若不借民间捐助之款互相挹注,恐遍野灾黎仍不免于沟壑者"[9]。唯有社会有力者"各出巨资络绎相济,则义浆仁粟,流泽孔长,灾害虽深而绥安有望"[10]。晚清及民国年间,绵绵不绝的自然灾害,在酿造无数灾民的同时,也促成了上海协赈会、华洋义赈会等众多赈灾慈善组织的产生。传统的荒政体系废弛之后,这些慈善组织以全新的赈灾模式投入了赈济灾民的慈善活动中。从某种意义上言,愈演愈烈的自然灾害虽不是文明社会的福祉,却是近代中国慈善事业兴起的条件和背景。正由于灾荒的客观存在与大批灾民的产生,才使得慈善救济成为必要和可能。

(二)惨烈的兵燹匪患,救济灾黎难民是近代慈善事业兴起的另一个因由

近代百年,外患日亟,兵连祸结,战争频仍。两次鸦片战争、中法、中日甲午战争、八国联军侵华战争、日本侵华战争等等,给中国民众带来了无穷

无尽的灾难。与此同时，国内战事也频繁发生，如太平天国运动、捻军等全国各地的农民起义，清政府曾举全国之兵力进行围剿，由此神州遍地硝烟战火，绵绵不绝。本来，中国传统农业的生产力就极其低下脆弱，经不起自然灾害的袭击，而今又迭遭如此频仍惨烈的战乱兵燹，不少地区的居民死伤转徙，十室九空，以至于出现了灾民遍野、饿殍塞道的悲戚景象。屡经战争破坏之后，中国社会各阶层普遍趋于贫困化，处在社会最底层的广大农民更是生计窘促。有史料载："自甲午庚子两次赔偿兵费以来，岁去之款骤增四五千万，虽云未尝加赋，而各省无形之搜刮实已罄尽无遗。……在富饶者力可自给，中资之家无不节衣缩食，蹙额相对；至贫苦佣力之人，懦者流离失所，强者去为强盗。"[11]一些人被生计所迫，或背井离乡，沦作流民，或铤而走险，成为盗匪。由此，兵灾导致了匪患，匪患加剧了兵灾，使得社会更加骚动不安。动荡的社会、悲苦的民众自然需要慈善救济，让其生产生活渐渐得到恢复。1900 年八国联军入侵京津地区后，施子英、严信厚、顾肇熙即在上海招商局附设协赈所，筹济京畿兵灾。他们还在《申报》刊出劝赈公启，广募善捐，谓："顺直独受兵灾，孑遗实难存活，刻下各属黄青不接，民不聊生，尤甚于昔。办理赈抚善后，甚非容易。……伏冀海内君子及时行善，踊跃乐输，推饥溺之仁怀，响应捷于桴鼓。"[12]

频仍的兵燹战事，在客观上也促进了专事兵灾救济的慈善组织的产生。20 世纪前后的中国，每遇战争爆发，不独兵士备受干戈之戕害，普通民众亦惨遭锋镝之苦，即使不死于战时的兵燹，亦殁于战后的瘟疫与饥荒，甚干天地人和。尽管旧时中国因救荒赈灾而成立的善会、善堂很多，但从无如红十字会之类专事兵灾救护的慈善组织。1894 年甲午之役爆发，清军士卒在战争中伤亡惨重，同时许多无辜平民也遭战火殃及。可是清军医不敷调遣，将帅彷徨，束手无策。而日本赤十字社随军赴辽东战场的救护人员多达数万，"于营口设立医院，疗治病兵"，并严守中立，不分畛域，除救护日本人外，"吾军士之受彼拯救者，难可缕数"。[13]这给国人很大震动，创办中国红十字会的呼声响彻朝野上下。上海《申报》接连刊登《创兴红十字会说》、《红十字会历史节译》、《中国亟宜创兴红十字会说》等文，对国际红十字会的历史、基本宗旨、权利义务及救护方法各方面作了介绍，并论述了我国创设红十字会的必要性和可能性，为推动中国近代慈善事业兴起与发展进行了广泛的舆论宣传。但后因戊戌年间政治风云突变，百日维新失败，遂使中国红十字会的诞生放缓了进程。不过，此后的义和团运动、八国联军侵华战争及日俄战争的爆发，对近代慈善事业的发展却产生了不小的影响。

1899 年春，上海绅士汪炳等人，经苏松太道批准，初创中国施医局，拟仿照红十字会章程办理，救济军士与贫民。翌年，八国联军入侵京津，为了救护伤兵，赈济难民，江浙绅商严信厚、庞元济、施则敬等人，在上海成立了中国救济善会。虽然以上救护团体还具有旧式善堂的性质，但其做法已是完全仿照国际红十字会的规则运作，救护对象不分中外，从事战地救护，促成了近代新型慈善机构的产生。1904 年日俄战争爆发，"烽火仓皇，田庐灰烬，匪徒肆掠于先，盗骑追袭于后，身家性命之不知，父母妻子之罔顾，青白骨，心惊鹤唳之声，雪窖冰天，肠断哀鸿之响"。沈敦和、任锡汾、施则敬等善士"念我东人，乃遽殃及，骨肉摧残，风云愁惨"，[14]义愤满怀，遂决定联络同志，于 3 月 3 日在上海发起成立了东三省红十字普济善会，并延请中西大善董就近开办，"力筹赈救北方被难民人之策"[15]。其后，中、英、法、德、美五国人士又合办上海万国红十字会，成为中国红十字会的先声，成为中国近代慈善事业兴起与发展进程中的一个新起点。

民国以后，军阀混战，民生凋敝，也为更多的慈善团体参与社会救济提供了广阔的空间。而在癸丑之役、护国战争、护法战争、北伐战争、淞沪会战等数十次重大战事中，伤员救护与平民遣移，更是须臾不能离开中国红十字会等慈善组织的参与。1918 年 4－5 月间，南北军阀在湖南醴陵展开激烈交战。"五月七日，北军进据醴陵，饱掠数日，临行纵火，全城烬焉"[16]。民房顿成瓦砾，无数百姓无家可归，无食可充。红十字会长沙分会、上海济生会等慈善机构闻讯后，即"派员下县散赈，四城建筑难民所"[17]，为罹遇兵燹的无辜平民提供及时的慈善救济。这样，兵灾匪患也成了近代慈善事业崛起与存在的一个因由。

（三）近代经济环境的变动、都市工商业的繁荣为近代慈善事业的产生及其募集善款提供了物质基础

西方资本主义的入侵，使中国经济社会发生了一系列重大变化。其中最引人注目者，当属自然经济的解体。这种传统经济结构的崩溃瓦解，剪断了耕织结合的纽带，造成了中下层民众的经济状况日益恶化。中国传统的善堂善会原本就依靠普通商民的捐资挹注，这时遂面临善源枯竭的窘境，“捐输因之日少，致善堂不废而常若废”[18]。更为甚者，因农村经济的凋敝，贫民日增、失业日众的情况出现了。这样，他们当中不少人由原来的慈善捐献者也成了需要社会救济的对象。从社会需求的层面上言，近代经济环境的变动，使慈善救济更有必要成为近代慈善事业产生、存在的一个因素。

如果我们换一个角度来看经济环境变动的话，那么，近代资本主义这一新的经济形态在中国的产生与发展，在客观上则为中国近代慈善事业的兴起创造了有利条件。自1842年开埠后，上海以其特殊的地理位置，很快取代广州、汉口等地，成为中国新的工商业中心，贸易繁华，十倍于昔。光绪间，有商界人士称：“溯自海禁大开，欧风美雨之浸淫于我东亚大陆者，盖有日矣。我上海扼全国商业之中枢，尤为五洲商战之争点，试朝步浦江之滨，则帆樯千列；夕游商贾之市，则灯火万家。是可知四方人士之操奇计赢于是土者，盖不可以更什数。”[19]一些新兴的富有阶层，如充当中外贸易中介人的买办，即是伴随着这种新经济因素的产生而出现的。除商业之外，洋人亦利用特权在上海、广州等沿海商埠直接开办了船舶修理厂和出口产品加工厂，使之成为中国最早的近代资本主义工业。在机器化大生产的西方近代工业的示范下，中国人也自办了火柴厂、缫丝厂、面粉厂等企业，中国民族工业由此缓慢起步。19世纪60年代初，洋务运动兴起，安庆内军械所、江南制造总局等军用工厂先后创设。而后，上海轮船招商局、上海电报局等一批民用企业也相继兴办。这标志着中国产业技术革命和中国经济近代化的开端。而轮船、铁路、电报等近代交通通信工具恰是近代慈善事业在救济过程中有别于传统善举所应用的新手段与技术。在李鸿章、左宗棠等洋务大臣的罗致下，

许多买办、绅商纷纷进入到洋务企业。他们资财雄厚,既投资近代新式企业,又捐资兴办各种社会公益事业。有记载称:“叶澄衷,商也;杨斯盛,工也,以寒微致富,自痛其少贱失学,叶捐数十万,杨捐十数万,亟亟兴学。”[20]此外,虞洽卿、王槐山等绅商也多有义行善举,在社会上有着广泛的声誉。在近代史上,盛宣怀、周学熙、张謇等人则有着多重身份:既涉足政治,沉浮宦海,又经营或创设铁路、煤矿、纺织、农垦等多项官办和民营企业,融官、绅、商于一体,一身而三任。同时,他们也热衷公益、关心桑梓,屡屡用其实业所得盈余赞襄慈善事业。这以张謇最为典型。甲午战败,国难方殷,民生日蹙,状元及第的张謇却毅然走上了实业、教育、慈善三结合的救国之路。他于1896年在通州开始创办大生纱厂,获得成功后,又陆续开办通海垦牧公司、广生油厂和天生港轮步公司等企业,形成了庞大的大生集团。在实业蓬勃发展之时,张謇乃用企业的部分盈余以及他个人的捐资在南通等地相继创办了通州师范、女子师范、幼稚园等十余所慈善教育机构,以及海门溥善堂、南通养老院、贫民工场、盲哑学校、残废院、更俗剧场、博物苑、公园等慈善公益设施。这使得南通的地方慈善事业在清末民初的中国社会卓尔不凡,产生了广泛的社会影响。由此不难看出,近代经济因素对于慈善事业在近代社会的兴起、发展起着至关重要的作用。而这些新经济因素又多产生于近代都市中,城市工商业日益繁荣,为募集充裕的善款提供了良好的经济基础,使慈善事业的发展具有了物质条件。从某种意义上说,经济环境变动最剧烈的城市不仅是近代慈善事业的主要舞台,而且是“慈善事业近代化启动的动力源”。[21]

绅商及其经营的近代工矿企业成为了近代慈善事业发展的重要善源之一。“在上海各业及织布、纺纱、轧花等局,凡遇本省、外省被灾,无不急公好义,踊跃乐输”[22]。而19世纪80－90年代大规模的义赈活动的兴起,更是依靠江浙一带绅商经元善、谢家福、盛宣怀、李金镛、严佑之、施则敬、李秋坪等人率先以倡,慷慨解囊,踊跃倾箧,发起成立了上海协赈公所。随后,他们又凭借其广泛的社会联系向全国各地的士绅商民劝捐,为慈善事业吸纳和集聚了新经济体的不少资财。尤其是中国近代经济中心的上海,为慈善事业的兴起和发展贡献了巨大的财力。“沪上为货财荟萃之区,曩者一有捐输,不难立集”[23],上海申报馆协赈所自成立以来,即“随诸君子后襄办有年,蒙四方善士源源接济，得以集腋成裘”[24]，在清季三十余年间赈济了全国各地众多的灾黎。此外，澳门、香港、绍兴、宁波、汕头、汉口、烟台、牛庄等商贸较活跃的埠口也设有募捐点，为义赈筹募善款。经过绅商们的倡导，义赈活动取得了一呼百应的效果。有学者就指出，中国近代工业化在江南的初兴、落实，新兴因素遂在义赈中弥散，义赈社会基础发生演变，形成具有近代特征的募捐机制，反映了中国近代工业化与义赈的互动关系。[25]再如1897年淮徐海等府属发生的灾荒，需款甚多，沪上各商会、行业也广为筹募捐输。进入民国以后，企业同样为慈善机构筹措善款、办理善举所倚重。1919年，江苏、浙江、安徽等地阴雨逾月，“灾情奇重，待赈孔殷”，汉冶萍公司接到劝募函后，便“苏、浙、皖三省赈洋五千元，务祈查明灾区轻重，择尤散放，以慰鸿嗷”[26]。通观各次灾时及其稍后刊印的征信录，我们可以看出，近代慈善机构所募善款中有相当大的份额均来自那些殷富的绅商阶层，他们的捐助成为近代慈善事业兴起和发展的一个非常重要的经济基础。

当然，除了绅商阶层外，平民百姓的捐赠尽管数额较微，但聚沙成塔，集腋成裘，这部分捐输也是近代慈善事业兴起、发展不可或缺的经济来源。而且，由于广大普通民众的热心善举，涓涓细流，绵绵不绝，使得近代慈善事业的发展更具有可靠的社会基础。诚如时人所云：“连年以来，灾荒迭见，赈款浩繁而国库又值支绌之时，苟不藉民间之互相挹注，何以拯彼哀鸿，共登衽席？”[27]晚清及民国社会，正是许多仁慈之士各出其资，络绎相济，才使得义粟仁浆流泽孔长，为近代慈善事业的兴起、发展提供了可靠的经济源泉。

（四）中西慈善文化的冲突与融合催生了新型的近代慈善组织

自明朝中后期利玛窦等传教士相继东来，近代西方文化始传入中国，开启了西学东渐的帷幕。但及至清初，由于闭关政策的推行，西学东渐一度中断。直到鸦片战争爆发，中西关系发生剧变，中国被迫向西方世界开放，西学东渐之潮复以涌动，由此对中国文化乃至社会历史都产生了深远的影响。在这急剧的社会变迁中，中国传统的慈善事业也受到了西方教会慈善事业的强劲冲击。中西慈善文化在晚清时期不断遭遇强烈的碰撞与冲突，最后又渐趋融合，导致中国社会产生了近代意义上的慈善组织、慈善事业。

中国最早的近代意义上的慈善机构，是传教士凭借条约所赋有的特权在通商口岸和东南沿海地区兴办的育婴堂、孤儿院以及含慈善性质的诊所、医院。《申报》的一则报道反映出这段历史："自中西通商以来，凡泰西诸国医士接踵而来，药材齐集而至。如上海一区，西医之设立已有数处，……无论中西富贵贫贱之人，均可就医于各馆，富贵者求医不求药，贫贱者则医药皆出之馆中，甚至贫苦无告之人，沉重难治之症，并令住宿馆中，供其饮食，遣人扶将，病愈即行，不费分文。"[28]其他如厦门、北京等在五六十年代以后也设立西式医院，兼为贫民减免费看病。1861年，伦敦会雒魏林在北京开设了第一家基督教会医院（即北京协和医院之前身），亦施药救济疾苦贫病者，同样具有慈善医疗性质，产生了广泛的社会影响。西方教会在办理慈善医疗机构的同时，还着力经营着育婴慈善事业，比较著名的慈幼机构有徐家汇圣母院育婴堂、浦东唐桥墓女孤院等。随着基督教势力的不断扩展与深入，内地许多府州县也出现了教会兴办的各类医疗卫生机构和育婴慈幼机构，对中国传统的惠民药局、接婴局、保婴会及育婴堂等善会善堂构成了强烈冲击。由于晚清时期，中西文化在习俗观念等方面尚存在较大差异与隔膜，遂使得教会慈善机构（尤其是育婴堂）成了近代教案繁兴的一个诱因。从这方面来说，教会慈善机构的出现对中国传统的慈善事业无疑具有很大的破坏性，但不能不看到，它在客观上也对中国慈善事业由传统走向近代产生一定的刺激作用，成为中国近代慈善事业兴起的重要背景。

随着西方文化的逐步输入，中西文化在发生全面冲突的过程中也在不断走向融合，有关慈善文化与慈善理念亦如是。19世纪70年代后期兴起的义赈活动，在某种程度上也借鉴了西方传教士的"洋赈"的运作模式和管理经验。[29]它既以善堂、善会、会馆、行会等传统组织为依托，又突破了以往狭隘的乡土、地域观念，始在全国范围内开展大规模的劝募与救济活动，最终形成了网络化的义赈。义赈的兴起，可以说是中国近代慈善事业产生的一个重要标志，在近代慈善事业发展史上具有里程碑的意义。在西方慈善思想与文化的影响下，中国许多传统善堂也都在改弦更张，扩充传统慈善活动的内容和服务范围。

西方国家的慈善事业进入中国人的视野，据现有资料来看，大概是始于《海国图志》。据魏源介绍，欧洲各国信奉基督教甚笃，民众“俱喜施舍，千余年来，未有因贫鬻子女者，未有饥饿转沟壑者”。教民临终“悔过祈赦”时，往往“分析产业，遗一分为仁用，或以救贫乏，或以助病院”。[30]除记载西方民众对慈善事业的捐赠善举外，《海国图志》还提到欧美各国政府对慈善事业的资金投入、机构设置与救助办法等情况。如：在善款来源上，英国即开征特殊税种以专赡“瞽目废疾”；[31]在机构上，法国有救济贫民的“养济院”；[32]英国有由“公正之人董理”的贫院、幼院、病院；[33]美国也有救济贫人的“济贫院”、救助孤儿的“育婴院”。[34]在救助对象与方法上，欧美等国的“贫院”不独供给衣食，还会教给贫民谋生技能，“处其中者，又各有业，虽残废之人亦不废。如瞽者运手足，痺者运耳目，各有攸当，务使曲尽其才，而不为天壤之废物”[35]，俾其能自食其力。美国还设有为残疾人服务的慈善教育机构。《海国图志》的刊行及其相关介绍，使国人对西方慈善事业有了一个初步的认识。60年代，冯桂芬亦介绍荷兰、瑞典等国的贫儿院等慈善机构。[36]随后，清朝一些出洋的官员和外交使臣在其著述中亦对此陆续有所记载，进一步开阔了国人对于西方慈善文化的了解。及至80年代，西方慈善事业也更为国人所关注。郑观应在《盛世危言·善举》中就全面介绍了英、法、美、俄等国的慈善机构，认识也更透彻，并称赞说：“泰西各国以兼爱为教，故皆有恤穷院、工作场、养病院、训盲哑院、育婴堂。善堂之多不胜枚举，或设自国家，或出诸善士。常有达官富绅独捐资数十万，以创一善举。……而思虑之周密，规制之严明，有远非今日各省善堂所及者。”[37]他认为这些国家慈善事业之发达，就在于“好善者多，而立法綦密”[38]，这很值得中国借鉴，用以去杜绝传统善堂善会中的贪污侵蚀之弊。1893年，上海格致书院春冬两季的课艺也以《西方养济院》、《中国能否以及如何开设恤贫院》为题，要求应试者就所见所闻将西方诸国慈善机构的比较美善的章程、筹款办法切实指陈，以备采择。[39]这从一个侧面反映出社会各界人士对西方慈善事业给予了极大的关注，希冀借此推动与革新中国的传统慈善机构，发展近代慈善事业。与此同时，京、津、沪等地的各大报刊也为之鼓与呼，对西方慈善事业作了较为深入、全面的介绍，并提出应注重取长补短，借鉴其成功的经验为我所用。这对中国近代慈善事业的兴起、发展起了推波助澜的作用。如1897年，上海影响最广的报纸——《申报》就连续刊发了《安置流民议》、《效法泰西以行善举议》和《沪上宜广设义塾》等文。文章称：现在事事仿行西法，慈善事业“亦宜师西法而变通之”[40]；“各善堂而欲息浮言，非仿行泰西良法不可”[41]。而此时，随着西方慈善文化思想的传入，有关专事兵灾救护的慈善组织红十字会的译介文字也屡屡见诸报端，呼吁我国应及早创设红十字会，为推动中国近代慈善事业产生与发展进行广泛的舆论宣传。1904 年 3 月 10 日，由中、英、法、德、美五国人士在沪正式创立了上海万国红十字会，这成为中国红十字会的先声。由此看来，中国红十字会组织的成立，正是中西慈善文化相互交流与融合的产物。

小　结

揆诸史实，近代慈善事业的兴起不仅有客观的自然环境因素，还有着深刻复杂的社会历史背景。它与晚清以来中国社会政治、经济、文化等各方面的变迁有着紧密的联系。由于近代以来，水旱各灾与兵燹战火较以往各时代更为频仍、更为惨酷，酿成的灾黎难民数目也更为庞大，动辄以千万计。受灾荒战祸所害，他们缺衣乏食、无家可归，被迫流离失所，迫切需要急赈与其他形式的救济，这就使得慈善事业须臾不可或缺。同时，社会环境的变动，出现了新的经济因素，都市工商业渐趋繁荣，这也为慈善事业所需善款提供了主要的经济来源。中西慈善文化的冲突与融合，自然而然使近代新型慈善组织应运而生。

（与曾桂林合署，刊《湖南师范大学社会科学学报》2008 年第 4 期）

注　释

1　刘谦：《醴陵县志 · 政治志》，长沙湘行印刷厂 1948 年铅印本，第 48 页。

2　虞和平：《经元善集》，华中师范大学出版社 1988 年版，第 246 页。

3　邓云特：《中国救荒史》，上海书店 1984 影印本，第 1 页。

4　李文海等：《近代中国灾荒纪年》，湖南教育出版社 1990 年版，第 160 页。

5 李文海等:《近代中国灾荒纪年》,湖南教育出版社1990年版,第162页。

6 中华书局编辑部:《魏源集》上册,中华书局1983年版,第388页。

7 《劝赈甘肃荒灾说》,《申报》1909年6月17日。

8 《综纪戊戌年本馆协赈所筹赈事略》,《申报》1899年3月4日。

9 《综纪丁酉年本馆协赈所筹赈事略》,《申报》1898年1月3日。

10 《劝赈说》,《申报》1897年4月5日。

11 李文治:《中国近代农业史资料:第一辑》,三联书店1957年版,第913页。

12 《筹解顺直善后赈捐》,《申报》1901年5月18日。

13 中国红十字总会:《中国红十字会资料选编》,南京大学出版社1993年版,第5页。

14 《东三省红十字普济善会章程并启》,《申报》1904年3月3日。

15 《普济群生》,《申报》1904年年3月11日。

16 刘谦:《醴陵县志·政治志》,长沙湘行印刷厂1948年铅印本,第49页。

17 刘谦:《醴陵县志·政治志》,长沙湘行印刷厂1948年铅印本,第49页。

18 《论清查善堂事》,《申报》1897年3月15日。

19 上海博物馆图书资料室:《上海碑刻资料选辑》,上海人民出版社1980年版,第413页。

20 张謇研究中心、南通市图书馆编:《张謇全集·第四卷》,江苏古籍出版社1994年版,第73页。

21 周秋光,曾桂林:《中国近代城市与慈善事业》,载李长莉,左玉河编:《近代中国的城市与乡村》,社会科学文献出版社2006年版。

22 《书劝赈札文后》,《申报》1898年3月3日。

23 《综纪丙申年本馆协赈所筹赈事略》,《申报》1897年2月12日。

24 《综纪丙申年本馆协赈所筹赈事略》,《申报》1897年2月12日。

25 朱浒:《地方性流动及其超越——晚清义赈与近代中国的新陈代谢》,中国人民大学出版社2006年版。

26 《汉冶萍公司捐助赈款》,《申报》1919年9月9日。

27 《综纪丙申年本馆协赈所筹赈事略》,《申报》1897年2月12日。

28 《论西国医药》,《申报》1873年12月16日。

29 夏明方:《论1876至1879年间西方新教传教士对华赈济事业》,《清史研究》1997年第2期。

30 魏源:《海国图志》,岳麓书社1998年版,第1100-1111页。

31 魏源:《海国图志》,岳麓书社1998年版,第1434页。

32 魏源:《海国图志》,岳麓书社1998年版,第1217页。

33 魏源:《海国图志》,岳麓书社1998年版,第1434页。

34 魏源:《海国图志》,岳麓书社1998年版,第1638-1639页。

35 魏源:《海国图志》,岳麓书社1998年版,第94页。

36 冯桂芬《收贫民议》一文中载:"法苟不善,吾斥之。法苟善,虽蛮貊,吾师之。尝博览夷书而得二事焉,不可以夷故而弃之也。一、荷兰国有养贫教贫二局。途有乞人,官若绅辄收之。老幼残疾入养局,廪之而已。少壮入教局,有严师。又绝有力量其所能为,而日与之程。不中程者,痛责之。……以是,国无游民无饥民。一、瑞颠(典)国设小书院无数。不入院者,官必强之。有不入书院之刑,有父兄纵子弟不入书院之刑。以是,国无不识字之民。”参见冯桂芬:《显志堂稿》卷十一,见沈云龙主编:《近代中国史料丛刊续编》第79辑,台北文海出版公司印行,第1019页。

37 夏东元:《郑观应集》上集,上海人民出版社1982年版,第526页。

38 夏东元:《郑观应集》上集,上海人民出版社1982年版,第528页。

39 熊月之:《西学东渐与晚清社会》,上海人民出版社1995年版,第381-382页。

40 《安置流民议》,《申报》1897年4月22日。

41 《效法泰西以行善举议》,《申报》1897年5月31日。

四　晚清时期中国近代慈善事业的兴起

中国具有近代气息的慈善事业是从晚清光绪初年民间大规模兴起的义赈开始的,尔后又有戊戌时期各地的慈善公益事业以及新政期间地方自治中的慈善活动。而1904年成立的上海万国红十字会更是在中西慈善文化交融影响下诞生的一个全新的民间慈善组织,它在恤兵救灾等方面发挥了积极的作用,成为清末民间慈善事业的光辉典范。由于笔者已专题刊发过晚清中国红十字会的文章〔参见《近代史研究》2000年第3期〕,这里不拟重复设论。这里只就晚清光绪初年民间义赈的兴起、戊戌维新与清末新政期间慈善公益事业的具体经过情形加以论析,并阐明慈善事业步入近代的某些标志与特征。

(一)晚清义赈的兴起

早在明清之交,鉴于荒政的衰蔽,官赈的低效,经济发达的江南一带民间社会的赈济活动十分活跃。其时,一批绅商捐资输粟协助官府在灾年赈济灾民。然而这种早期的赈济,从其形式和规模上看,毕竟还明显地带有零散性和局部性,尚未构成一个完备的社会赈灾体系,仅仅是对传统荒政的补充。时至晚清,西方列强的侵略、灾荒的频繁发生所导致的生态失衡和经济凋敝,均对清代传统荒政体系造成难以估量的冲击。在这种急剧的社会变迁中,民间大规模的义赈就应时而起了。

义赈兴起的直接背景,乃是从1876年起,中国北方发生了罕见的自然灾害，其持续时间长达四年，灾区面积遍及鲁、冀、陕、晋、豫等省，这就是历史上有名的"丁戊奇荒"。1876 年夏，"丁戊奇荒"的灾象首先在山东、苏北等地出现。青州、德州、泰安等府县都数月无雨，田尽龟拆，部分麦地颗粒无收，而民间储粮渐空，百姓生活无着，嗷嗷待食者不下二三百万人。除旱灾外，又有蝗灾，"海州、沭阳歉收甚广"。[1] 由于灾荒的影响，大批饥民纷纷南渡，再加上鲁、皖两省流民亦麇集江南，给社会的安定带来了巨大隐患。"官赈勿给，而民气刚劲，饥则掠人食，旅行者往往失踪，相戒裹足"。[2] 在这种境况下，无锡富商李金镛"独慨然往抚视，至则图饥民流民状"，[3] 并驰书江浙闽粤众绅商，劝捐筹资，最终得到了胡雪岩、徐润、唐廷枢等富商的支持，募集资金达十余万，是为"义赈之始"。[4] 义赈初次实施十分顺利，救济了大量灾民。

1877 年春，李金镛等人又由江北入山东境内，与扬州绅商严作霖率领的助赈人员汇合，在青州设立了江广助赈局，并在《申报》上广为刊发《劝捐山东赈荒启》，号召各位绅商乐善好施，"踊跃输资"。[5] 很快，江浙绅商募集的赈款数目达到五六十万两白银。有赞语称："自丙子、丁丑，李秋亭太守创办沭阳、青州义赈以来，遂开千古未有之风气。"[6] 至此，大规模的义赈在中国东部地区渐次展开了。

1877 年，晋豫两省的旱荒更为惨烈，义赈亦因此得到迅速推广，并逐渐形成了一套颇具规模的组织体系和比较科学的运作模式。这年冬，上海仁元钱庄商人经元善在得知豫灾发生后，遂与李麟策相约发起义赈，并得到果育堂众董事瞿世仁等人的支持，同意由果育堂负责收解事项。为了联络更多的绅商和善士共同效力于义赈，1878 年 2 月，经元善还与江浙绅商屠云峰、谢绥之等数人发起创立了"上海公济同人会"，专办豫赈，由仁元钱庄代收捐款，然后交果育堂汇兑解往赈区。3 月，因瞿世仁病故，果育堂已难以主持收解事务，上海豫赈同人王介眉、方兰槎、郑观应等人乃推举经元善负责赈款收解工作。未久，陕西也灾情告急，上海义赈同仁遂议定兼办秦赈，并由经元善总司后路赈务。5 月，经元善考虑到"赈务贵心精力果，方能诚开金石，喻义喻利，二者不可兼得，毅然将先业仁元钱庄收歇，专设公所壹志筹赈"。[7] 不久，上海协赈公所宣告成立，它是上海绅商办理秦、晋、豫各省义赈的常务机构。至此，经元善已成为上海绅商义赈活动的实际领袖。他不仅率先垂范，捐金千两，而且多次撰文劝捐，刊登在《申报》上。自1878年5月至1879年底，由上海协赈公所解往直隶、河南、陕西、山西四省灾区的赈款，共计470763两，[8] 而清政府用于此次赈灾的财政拨款，也不过70余万两。[9] 这表明，近代资本主义的发展，一批经济实力雄厚的绅商正在崛起，并且在社会领域中发挥了重要作用。除上海设有协赈公所外，江浙绅商还在苏州、扬州、杭州、镇江等地设立了四个筹赈公所，它们与上海协赈公所相互配合，共同办赈。在上海协赈公所的影响和带动下，其他地区也纷纷创设了类似名目的义赈机构。在短期内，先后有澳门协赈公所、台南协赈公所、台北协赈公所、烟台协赈公所、湖北协赈公所、宁波协赈公所、牛庄协赈公所次第设立，甚至在海外华侨聚居的美国旧金山、日本长崎、横滨等地也设有筹赈点。这些筹赈机构之间互为呼应，使得当时的赈灾活动形成一种网络化的格局和态势。

上海协赈公所创立之初，本欲专办豫赈。后来公所同人从灾区了解到山西、陕西、直隶受灾均重，因而将赈济范围扩大到直豫秦晋四省。这就体现出义赈所具有的新内容，即开始突破传统的地域性的赈灾模式，破除了狭隘的畛域观念。而以往的各项慈善事业，无论是灾荒救济还是善堂善会平时的诸项善举，都跳不出地域性的小圈子，均限于对本籍本地人的施济。义赈则不然，它施济的对象和范围不断向外扩展，由最初离沪较近，又有乡籍情谊的苏北，而至无亲无故的山东，再至河南、山西、陕西以及直隶等地，这就跨越了地区的界限。同时，义赈的赈灾模式和办法也与以往的官赈迥然不同。义赈采取的是由民间人士有组织、跨地域的募捐和放赈。整个义赈过程，分为募款、司帐、转运、查赈几个环节，每个环节都具有相对的独立性，并派专人负责，各司其职。在放赈和转运过程中，由于是跨区域赈灾，各地的办赈点又与上海协赈公所保持着紧密的联系与合作，协调一致地办理赈务，从而保证了赈济的高效率。义赈的倡导者李金镛、经元善、郑观应等人还通过近代媒介广泛宣传动员，如在《申报》等报章上刊登劝捐启事等，获得了社会士农工商各阶层的积极响应，纷纷解囊相助。义赈在当时不啻成为晚清慈善事业的新气象，成为一项真正民间性的慈善救助行动。

在19世纪80年代以后，江南地区的绅商仍然经办、负责全国各地的义赈活动。1883年，黄河在山东境内多处漫决，造成严重水灾，饥民达数十万之众。当接到严佑之从灾区发来的急件后，经元善立即着手筹划山东助赈事宜。他致电邀集了原上海协赈公所的一些负责人，同时联络扬镇筹赈公所、苏州桃花坞筹赈公所，决定以上海陈家木桥的金州矿局作为赈捐收解处，成立山东赈捐公所，开展救济鲁灾义赈。1887 年，黄河在郑州决口，漫口之水淹及豫皖苏三省。盛宣怀、谢家福、施善昌、经元善、葛绳孝等人也本着己饥己溺的慈善情怀，在陈家木电报总局内成立了“豫赈办事处”，后因安徽灾情亦重，改名为“豫皖赈捐处”，兼办皖赈。1888 年又兼办了扬州、镇江等地的义赈，其名也再改称“豫皖扬镇协赈处”。这个义赈机构一直活动到 1889 年初才告结束，共收解赈款合上海规银 55 万余两。1889 – 1891 年，在沪的绅商又先后在上海文报局内设立“浙赈收解处”、“苏赈收解处”、“顺直赈捐收解处”，负责办理浙江、苏南的水灾和顺天、直隶水灾的义赈活动。以上几次重大的义赈，经元善等人均参与其事，先后募款数百万，也拯救了灾民达百数十万。义赈的兴起，也对于推动中国慈善事业向近代化转变起了非常重要的作用。

（二）戊戌期间的慈善公益事业

甲午战后，中国面临着被列强瓜分的危局。为挽救迫在眉睫的民族危机，自 1895 年后，资产阶级维新派大力宣传变法图强，掀起了维新运动的高潮。在戊戌维新运动的影响下，中国传统慈善机构出现了转机，进而产生了近代意义上的社会慈善事业。此时期，慈善事业出现了新的变化和新的气象，主要表现为具有近代色彩的慈善理念的酝酿萌生和具有公益性质的慈善事业的初步扩展。[10]

先看具有近代色彩的慈善理念的酝酿与萌生。这是慈善事业在社会变迁中向近代化跨出的第一步。戊戌维新期间，一些有识之士纷纷发表文章，较为系统地论述了慈善事业的功能与作用，提出一系列改革传统慈善机构的主张，进而导致了人们特别是慈善界人士慈善观的变化。汇集这些论述的文章主要有《论清查慈善堂事》、《创兴红十字会》、《效法泰西以行善举行》、《安置流民议》、《创兴善会》（以上刊于《申报》）、《慈善公启》、《救济善会公启并章程》(以上刊于《中外日报》)等等。这些言论皆主张中国旧式的善堂善会应仿效泰西之良法，教养俱备，择其善者而从之；并呼吁尽快设立红十字会等新型慈善机构。同时，还提出要扩大慈善事业的救济范围，不应局限于穷苦无告之人，而要服务于广大民众，这反映正在兴起的民族绅商阶层对慈善活动及其作用的新认识。在救亡图存的时局背景下，由于各大报刊的积极宣传，社会各界人士对慈善活动及其作用也有了新的认识，并趋于一致，由此发生了颇为引人注目的变化。这种变化即体现了传统慈善观向近代慈善公益思想的过渡，酝酿和萌生了近代色彩的慈善理念。戊戌前后，经元善慈善思想的变化就颇具代表性，在一定程度上反映了这一时期慈善界人士思想观念的演变。

早在19世纪60年代，经元善就已出任上海同仁辅元堂等善堂董事。自70年代末始，他又长期主持上海协赈公所，办理过大规模的义赈。他诚心为公，尽心尽力地募款行善，主持义赈活动达十余年。这有如他在办义赈之初于神前立下的誓言："不敢藉此谋富贵，以办赈为终南捷径"，"不掠众美邀虚誉"[11]。从这不难看出，在甲午战前，经元善的慈善观念基本上还是传统的，浸染了乐善好施、善与人同的传统美德。与之瑕瑜共存的是，他的思想观念里也还残留着某些迷信的因素，因果报应色彩甚浓。所谓"善恶报应，一定之理"[12]，为募筹直豫晋陕四省奇荒的赈款，他在1876年曾经写了一篇题为《祸福倚伏说》，刊发在《申报》上，劝人们"远念天理循环之道，急急散财施粟"[13]，救济灾民以保自己平安无虞。

随着维新运动的蓬勃兴起，经元善在上海感受到了新思潮的鼓荡，他的慈善思想也有了新的发展。戊戌时期他对慈善公益事业提出了一些新的看法和认识。概括言之，主要有以下四点：其一，救急不如济贫。经元善认为，以往的慈善之举，大都是遭遇灾荒后进行临时赈济，这极易导致漏弊丛生。在善款有限的情况下，宜"于行善中求生财惜费之法"，扶贫济困。其二，善举之惠，应从一身及于一家，从一时及于永久。即改变传统慈善活动的内容与格局，创立新的慈善活动，消除善堂善会等弊，以期产生更广泛的社会效益。其三，兴办义学。他认为兴女学与办义赈同属于善行义举，宜推而广之。其四，重视"开风气、正人心"的社会公益活动。比如设看报会、立学堂等。[14]这些慈善新思想，无疑是与时俱进的，顺应了社会发展的潮流。有类似慈善新思想的还有郑观应、盛宣怀、严信厚等多位慈善家，他们都主张和提倡改良慈善机构，兴办慈善公益活动，与当时的戊戌维新运动桴鼓相应。

再看公益性质的慈善事业的初步扩展。这主要表现为一些传统的善堂善会在机构组织和活动内容上都因时而变，广泛地开展一系列社会慈善公益活动；同时还涌现出众多的慈善公益团体。

清代善堂林立，但大多数善堂仍固守着消极救济之法，不能随着社会发展而有所变更。这些传统的慈善机构虽在灾荒之年对维护社会稳定有所裨益，但却难以在激烈的近代社会变迁中对整个社会的进步发挥积极显著的效应。如何改变这一尴尬的处境，实现慈善事业的近代化？这是戊戌时期慈善界所面临的一个新问题。两广、江浙一些善堂在戊戌前后的活动内容已在原有基础上有明显的扩展，大大突破了传统善堂所行善举的范围，开始参与创立阅报社以开阔眼界，设立学堂以培育人才，设立养贫院以教人谋生技艺。这些新型的社会公益活动，成为慈善事业在近代嬗变中值得重视的新趋向。如两粤著名的广仁善堂，原已"创行善举如劝善赠药施衣施棺诸善事，开办经年"[15]，随着维新运动的兴起，广仁善堂即着手在桂林、广州、梧州等地购置书器、刊布报纸、设大义塾、开三业学，以通知时务。还打算次第推广到各州府县，"设养贫院以收乞丐，教工艺"，"凡义所当为之事，莫不竭力"。[16]此外，浙江余姚、上虞两县善士也于1898年在原有继善公所等善堂的基础上，醵资发起创设了"劝善看报会"，目的就在于"开风气、正人心"，以便"不出庭户可知天下"[17]。是年，江苏受维新运动的影响，"省垣近日风气大开，士民咸知以阅报为识时要务"，有善人在南京东牌楼创设阅报会，订购上海各报，"以备有志维新者就近取阅"[18]。这些阅书报社都属于近代性质的民间慈善公益性组织，创办经费多系善人捐赠和筹募："购书购报诸费，由会中同志筹垫，阅报诸君愿出费者作捐款论。"[19]所藏之书报亦免费供人阅览。

慈善界诸多同仁和维新志士都支持兴办新学堂之义举。1897－1898年，经元善会同严信厚、郑观应、施则敬和梁启超等社会名流，在上海发起创办了中国第一所女学堂。"女学堂之教人以善与赈济之分人以财可同日而论，且并行不悖"[20]，不难看出，创设义学堂已被当时的慈善家们当作新时期的善举，归属于慈善教育了。不久，经元善开始在家乡筹办余上两邑农工学堂，以践履"为贫民力谋生计，即为国家渐图富强"[21]的慈善理念。

此外，一些善堂还附设有戒烟会、不缠足会，宣传禁烟、提倡放足，在改良社会风俗方面起了推动作用。还在1897年，澳门的改良派人士张寿波、何廷光、吴节薇就积极响应梁启超于沪首创的“不缠足总会”，根据澳门本土的实际，发起成立了“澳门不缠足会”，并另订《澳门不缠足会别籍章程》，以简便易行，改良社会。在他们的倡议下，数月之内澳门各界有100余人加入，推动了澳门社会风俗的演进。而后，他们又创设了“戒鸦片会澳门分会”等慈善公益组织，致力于宣传鸦片烟的危害，并制戒烟丸免费赠给鸦片吸食者，敦促取消鸦片贸易。[22]1898年变法推行后，厦门即设立戒烟会社，“励行禁烟”，“地方绅耆协助查禁甚力，厦地各烟馆纷纷闲歇。”[23]戊戌时人们还把禁缠足与禁溺婴同视为善举，倡议放足，以免除女子缠足之苦，改变中国千年沿袭的陋俗。[24]正是这些慈善家们积极努力，才使得慈善的社会影响渐次扩大并具有了社会公益性。

从维新运动时期民间慈善事业呈现出来的种种新气象，我们大致可知：中国近代的民间善行义举已从传统慈善事业的狭窄范围，逐渐向活动内容更为广泛的近代慈善公益事业过渡。此前的民间慈善活动，其内容主要是育婴、恤嫠、施棺、施粥等方面的救济，然这些都属于救人活命之类的急赈或散赈；受助的对象，基本上也是那些遭灾遇祸、生计困窘之人。即使是光绪初年已出现的大规模义赈，也只是慈善活动在机构形式及其规模上有了变化，即形成了施赈组织的网络化格局及态势，然而其内容则依旧如故，皆为治标不治本的临时性慈善救济之举，即重养而轻教。维新运动兴起之后，这种情况就很快有了变化。虽然传统的善堂善会还存在，但慈善救助已从重养轻教渐渐转向养教并重发展；而新的慈善公益团体则显然更加重视教的功能。[25]古人云：“分人以财谓之惠，教人以善谓之忠”，而戊戌时期的慈善家们却以为“养与教同为仁政，谓惠谓忠，似教更重于养”[26]。类似的重教言论，屡屡见诸报章，反映了当时舆论界较为一致的看法。如上海在各处增设了义塾，让适龄的男女孩童“随其质性各予以生业，或令攻金，或令攻木，凡业之可以谋生计者，皆可令习之”[27]。这样，各种新型民间慈善事业也应时而生，破土而出。这些慈善活动不单是向受助者提供衣食之类的救济，而是更加致力于革除社会陋习或兴办义塾等公益事业，并采取了许多新办法。这些慈善公益活动也不仅仅是面向特定的弱势群体，而是为更多的普通民众提供服务。毫无疑问，随着活动内容的日渐扩大和丰富，新型慈善事业比传统慈善事业所产生的社会影响更为显著和更加突出。

（三）清末新政期间的慈善事业

戊戌政变后，维新人士纷纷遭到清廷的禁锢与革斥，曾与其密切相随的慈善公益机构也由此而受牵连，或被勒令裁撤，或致自行消散。于是，维新时期的慈善公益事业犹如昙花一现，没能获得持续的发展。这种情形直到地方自治运动蓬勃兴起后才有改观。20世纪初年，经历了庚子国难后的清王朝为巩固其摇摇欲坠的统治，开始推行从中央到地方的政治、经济、军事、教育诸方面的改革活动，史称"清末新政"。随着这场新政的渐次展开，地方自治运动亦蓬勃兴起，曾受顿挫的慈善事业在这一新的条件和环境下也得以复苏，从而为旧式善堂善会向近代新型慈善团体的转换提供了重要契机。

1904年，地方自治首先出现在北方，1905年扩展到上海。数年间，在经济发达、风气开化的地区，如广州、厦门、福州、南京和天津，也陆续掀起了地方自治运动。随着自治运动的不断深入，清政府于1909年颁布了《城镇乡地方自治章程》，要求各地遴选公正之绅士，依章程将城镇乡自治各项事宜迅速筹办。这些自治事宜，共计八项，其中前六项均涉及到地方慈善公益事业。它们是：

（一）学务：中小学堂、劝学堂、阅报社、图书馆等；

（二）卫生：清洁街道、清除污秽，施医药局、医院、戒烟会等；

（三）道路工程：修缮道路、建筑桥梁、疏通沟渠等；

（四）农工商务：劝工厂、工艺学堂等；

（五）善举：救贫、恤嫠、保节、育婴、施衣、施粥、义仓积谷、贫民工艺、救生会、救火会、救荒、义棺、义冢等；

（六）公共营业：电车、电灯、自来水等。[28]

由上看来，所谓"以专办地方公益事宜，辅佐官治"[29]，在清末地方社会发挥了积极作用的地方自治事宜，其实大都关乎地方的慈善事业。

地方自治的章程颁布之后，各地纷纷设立自治公所，一批经济力量雄厚、社会影响力较大的地方精英（主要是绅商阶层）被选入其中，执操权柄。这在清末的上海最具有代表性。由于这批地方精英原本就是善堂、会馆、商会等组织的首领，因此，在地方自治运动兴起之后，农工商团体及慈善公益团体自然也就纳入了其自治活动的轨道。川沙县志中所载“自清季城镇乡自治章程，特列慈善事业为自治事业之一”[30]，正说明了这点。地方精英们利用手中的自治之权，竭尽心力来推动慈善事业的发展，扩充新的善举，以裨益于社会。像上海地方自治运动的发起人吴馨、曾铸、李平书、沈缦云、陆文麓等，都是地方自治史上有重大影响的人物。同时，他们在实业、教育、卫生和慈善事业方面亦有十分突出的成就。他们淡出政治而关怀民生，对民生的关怀使得他们抱着积极的入世态度。在生灵涂炭、民不聊生之际，他们便凭借自己殷实的经济实力而致力于地方慈善事业。陆文麓出任了沪北栖流公所董事，李平书、沈缦云等则慨然捐资创设了龙华孤儿院。[31]在其他地方，慈善事业也因领袖人物进入自治机构而获得了一定的发展。如清末自治运动在太仓直隶州兴起后，镇洋县的普济堂、同善局、广善局、儒寡会、牛痘局、志济局、北育婴堂等慈善机构统统划归城自治所管理，[32]由城自治所统筹经营、划拨款项，推动了地方慈善事业的发展。需要特别说明的是，地方原有的慈善机构多属传统的善堂善会，而地方自治运动则带有浓厚的近代化色彩，将传统的善堂善会纳入到地方自治运动中来，也就势必要对其进行近代化改造。随着地方自治运动规模的扩大，近代化改造的功能日趋完善，近代社会慈善事业也就渐次地得到发展。

在清末十年新政期间，张謇在南通实行的以自治为中心的慈善事业可以说是慈善事业在地方自治运动中进行近代化改造最卓有成效的一个典型。张謇以自治为国家富强之基。他说：“国家之强，本于自治；自治之本，在实业教育，而弥缝其不及者，惟赖慈善。”[33]1903 年他赴日考察归来后，在竭力营造其“村落主义”的地方自治的同时，实业、教育、水利、慈善、公益诸端都次第兴办。自 1904 年起，张謇在南通相继创建了一系列慈善机构：“慈善除旧有恤嫠、施棺、栖流诸事外，凡特设之事六：曰新育婴堂，曰养老院，曰医院，曰贫民工场，曰残废院，曰盲哑学校。总凡十有六所。”[34]经过近十年的努力，已粗具规模。创办之始，“或以謇兄弟朋好所得于实业之俸给红奖，或由謇兄弟朋友于实业有关系之人展转募集"。可见,南通近代慈善事业(包括教育)的兴盛实乃依恃于实业的发展,张謇自己也说:"南通教育慈善之发端,皆由实业也。"[35]而无论实业、教育还是慈善,这在清末时期都是地方自治中不可或缺的部分,而又尤以实业为先。"举事必先智,启民智必由教育,而教育非空言所能达,乃先实业。实业教育既相资有成,乃及慈善,乃及公益。"[36]清末以来南通慈善事业独特之处就在于以实业的不断拓展,让更多的赢利挹注到慈善事业中,使得慈善事业"由简单而至于完备,由绌缩而至于扩充"[37]。张謇在南通所办各慈善机构之经费,少者二三千,多者三四万,皆来源于他本人及其经营的地方实业。这些实业,正是他所奉为"村落主义"的地方自治的最为重要的组成部分。

与此同时,在地方自治运动中受到重视与改造的各慈善机构对于地方社会各项公共事务也甚为热心。上海久负盛名的同仁辅元堂,就积极参与地方公共事务,除"举行诸善外,如清道、路灯、筑造桥路,……无不赖以提倡,实为地方自治之起点"。而其他善堂也"历年经办地方之事,尤不胜枚举"[38]。作为地方之人办理地方之事的地方自治,在嘉定县境亦"间有浚河、救荒、兴学等善举兴办,……或上书陈请,或慷慨捐资,每由邑中士大夫努力行之"[39]。像这类善举"虽无自治之名,而有自治之实",其经费也因地制宜,"由各区集资兴办,或私人集资创办"[40],甚为灵活,这就不仅促进了当地慈善事业的兴盛,也使得地方自治运动更加富有生机与充满活力。

综前所述,晚清光绪年间中国慈善义赈组织的网络化格局和态势,维新变法时期慈善事业所呈现出来的种种新气象,特别是清末新政期间慈善事业的社会公益性活动的广泛开展,充分展现了传统慈善事业向近代慈善事业转型过渡的某些特征和标志。慈善事业的近代化转型对于中国社会的变迁、进步与发展也无疑具有重要的影响和推动作用。

(与徐美辉合署,刊《西南交通大学学报(社会科学版)》2006 年第 4 期)

注　释

1　李文海、林敦奎等:《近代中国灾荒纪年》,湖南教育出版社 1990 年版,第 357 页。

2　李文海、林敦奎等:《近代中国灾荒纪年》,湖南教育出版社 1990 年版,第 357 页。

3 李文海、林敦奎等:《近代中国灾荒纪年》,湖南教育出版社 1990 年版,第 357 页。

4 李文海、林敦奎等:《近代中国灾荒纪年》,湖南教育出版社 1990 年版,第 358 页。

5 《劝捐山东赈荒启》,《申报》1877 年 2 月 4 日。

6 虞和平编:《经元善集》,华中师范大学出版社 1998 年版,第 119 页。

7 虞和平编:《经元善集》,华中师范大学出版社 1988 年版,第 326 页。

8 《申报》,1879 年 4 月 8 日。

9 《申报》,1878 年 3 月 28 日。

10 朱英先生关于晚清慈善事业的研究颇有见地,他认为慈善观念的变化和民间慈善公益事业的出现是这时期慈善事业发展的重要表征(参见他的大作:《戊戌时期民间慈善公益事业的发展》,载《江汉论坛》1999 年 11 期;《经元善与晚清慈善公益事业的发展》,载《华中师范大学学报》2000 年第 1 期)。以上观点对笔者研究近代慈善事业的发展进程很有启发,本目内容的写作参考、借鉴和吸收了朱英先生的一些研究成果。

11 虞和平编:《经元善集》,华中师范大学出版社 1988 年版,第 239 页。

12 虞和平编:《经元善集》,华中师范大学出版社 1988 年版,第 239 页。

13 虞和平编:《经元善集》,华中师范大学出版社 1988 年版,第 9 页。

14 虞和平编:《经元善集》,华中师范大学出版社 1988 年版,第 267 – 268 页。

15 中国近代史资料丛刊:《戊戌变法》(四),上海书店、上海人民出版社 2000 年版,第 439 页。

16 中国近代史资料丛刊:《戊戌变法》(四),上海书店、上海人民出版社 2000 年版,第 440 – 441 页。

17 虞和平编:《经元善集》,华中师范大学出版社 1988 年版,第 245 页。

18 《设会阅报》,《申报》1898 年 9 月 26 日。

19 虞和平编:《经元善集》,华中师范大学出版社 1988 年版,第 213 页。

20 虞和平编:《经元善集》,华中师范大学出版社 1988 年版,第 267 – 268 页。

21 虞和平编:《经元善集》,华中师范大学出版社 1988 年版,第 213 页。

22 参阅邓开颂、陆晓敏等著:《澳门史话》,社会科学文献出版社 2000 年版。

23 民国《厦门市志》卷十五,《社团志》。

24 朱英:《戊戌时期民间慈善公益事业的发展》,载《江汉论坛》1999 年 11 期。

25 参阅朱英:《经元善与晚清慈善公益事业的发展》,载《华中师范大学学报》2000 年第 1 期。

26 虞和平编:《经元善集》,华中师范大学出版社 1988 年版,第 184 页。

27 《沪上宜广设义塾议》,《申报》1897 年 12 月 5 日。

28 《清末筹备立宪档案史料》下册,中华书局 1979 年版,第 728 – 729 页。

29 《清末筹备立宪档案史料》下册,中华书局 1979 年版,第 729 页。

30 民国《川沙县志》卷十一,《慈善志》。

31 民国《上海县续志》卷二,《建置 · 善堂》。

32 民国《太仓州镇洋县志》附录,《自治 · 慈善条》。

33 南通市张謇研究中心编:《张謇全集》(四),江苏古籍出版社 1994 年版,第 406 页。

34　南通市张謇研究中心编:《张謇全集》(四),江苏古籍出版社 1994 年版,第 407 页。

35　南通市张謇研究中心编:《张謇全集》(四),江苏古籍出版社 1994 年版,第 406 页。

36　南通市张謇研究中心编:《张謇全集》(四),江苏古籍出版社 1994 年版,第 467 页。

37　南通市张謇研究中心编:《张謇全集》(四),江苏古籍出版社 1994 年版,第 407 页。

38　民国《上海县续志》卷二,《建置·善堂》。

39、40　民国《嘉定县续志》卷六,《自治志》。

五　近代慈善事业与中国东南社会变迁(1895－1949)

甲午战争是中国从传统社会向近代社会转变过程中一个重大的历史事件。自1895年战争结束以后,近代中国社会变迁的速度进一步加快,幅度进一步扩大,传统的慈善事业也面临着如何走向近代化的问题。东南地区作为中国社会的一大区域,由于其特殊的历史条件与地理环境,近代以降,它所受到的外力辐射非常强劲,这使得该地区的社会变迁较之其他地区更为剧烈。由此,慈善事业的近代化进程也表现得更为明显和最有典型意义。

本文旨在结合中国东南社会变迁的概况,论述1895－1949年间近代慈善事业在中国东南地区的兴起和发展,探讨近代慈善事业与东南社会变迁的互动关系,进而揭示出慈善事业也是推动社会前进的一种动力。

(一)

中国东南地区,自宋元以来就成为中国社会经济的繁庶之区,也是历史上慈善事业较发达的地方。宋明两代,传统的慈善活动已相当发达。明末清初之际,不仅官办的慈善机构如养济院、漏泽园遍及东南地区的各府州县,而且真正意义上的民间慈善事业也出现在江浙一带。其时,民众乐善好施之风淳厚,纷纷倡建起各种善堂善会,且善举频频。乾嘉年间,上海绅士多有好义之举,所建"善堂以十数计,老幼笃疾者,有养;鳏寡孤独者,有养;生有恤,死有助,可谓周且备矣"。[1] 不独上海如此,偏僻的闽中山城大田县,其惠政在雍正乾隆之交亦盛。文献记称："田虽僻隅，代有好官，乡多好善士。数百年来，如堂建育婴，院成养济，以至设义仓，立义冢，皆以不忍人之心行不忍之政。"[2] 道光后期，中国在西方列强枪炮的裹挟下，步履蹒跚地走向近代。近代社会的动荡不安，使得传统慈善事业也日趋式微。因而，到了甲午前夕，东南各省曾经遍设的善堂、善会等传统慈善机构，或因社会环境的变迁而辍废，或受教会慈善事业的影响而转变成宗教性的慈善团体。尽管也还有些善堂因各种关系依然顽强地延续下来，但总体来看，其衰落的状态已不可避免了。

晚清东南地区传统慈善事业的衰微之象首先表现为经费支绌。清代善堂善会创立之初，大都能筹措到相当数额的经费。乾嘉时，江苏省城善堂"大半由堂董请拨官款接济经费，合计每年开支数盈千累万"。[3] 此外每年还有众多商民的捐输，慈善经费还算充裕。然而鸦片战争之后，东南地区迭遭兵燹，市井一片萧索，故而"捐输因之日少，致善堂不废而常若废"。[4] 慈善事业赖以维持的款项也由此匮缺，失去了基本的经济来源。一些慈善机构不得不将所置的田产屋业变卖，以求得暂时的支撑。然而，这又导致了善源的进一步枯竭，以致于到了无法正常开展善举的地步。这种状况诚如光绪末年著名慈善家经元善所指出的："各行省善堂，有名无实者甚多，即名实相副，其功德所被亦殊不广耳。"[5] 总之，时至清末，不少旧式善堂因经费支绌已名存实亡。清季慈善事业的"遗制渐湮"，又因经费的不敷而推行未广。经费支绌还导致了善堂建筑物的破败。清初创设的善堂，像养济院、育婴堂和栖流所等，都建有一定规模的屋宇。在传统慈善事业鼎盛期的雍乾年间所创的善堂，其规制一般都比较宏大，除主堂之外，还有辖管的义田及其他附产。然而同光以后，东南地区的善堂建筑已大不如前，屋庳室隘，许多旧善堂因年久失修，最终断壁倾垣。19 世纪末，浙江衢县曾重建栖流所，然时隔十多年，所有房间"皆残敝不堪，仅存数椽容留"[6]。上海新闸北附近的善堂，也因无资修葺，数十间屋宇"岁久倾仄，风雨飘摇"。[7]

其次，管理混乱，这是晚清传统慈善事业衰落的另一表现。善堂是由地方人士经理地方社会的善行义举。这类地方善举大抵都是得人则兴，失人则废。所谓"中间董其事者，端正慈惠，固不乏人；而侵渔朘削，罔惜丧德者，亦间有之"。[8] 一些不能洁身自爱的绅董差役，以为有利可图，"一旦银钱在于手，利令志昏，不顾公款之不敷，但顾私囊之充足”，不但随意侵吞义渡、义塾、医局、粥厂等项，“即育婴、恤嫠、施棺、掩埋、施衣、施药之费亦无不为之侵蚀，……冀长享此不义之财”。[9] 养济、育婴本为地方善政，却因劣绅“染指其间，占为利薮”[10]，变得有名无实。这在清末民初并非个别现象。更有甚者，一些不肖之徒竟借设善堂来邀取美名、搅乱地方。他们“所收之捐无非供其挥霍，赡其身家。所谓善举者，不过掩人之耳目，甚有捐款一到，即大小瓜分”。总之，那少得可怜的善款在晚清时期也“难保无滥费侵渔等弊”。[11] 由于善款筹措艰难，管理又不善，“立法尚未尽精详”，“司其事者未克实事求是”，[12] 绩效也就越来越差。光绪宣统之际，福建邵武、永定等县的一些育婴堂就因经费支绌，一乳多婴，结果体虚的婴儿因失乳而多致夭殇。传统善堂在这急剧变迁的社会背景下，走向衰落也就成为必然。

随着传统慈善事业的衰落，近代慈善事业在清末民国数十年间得到了兴起和发展。其兴起和发展的动因与条件，要言之有如下五个方面：

1. 灾荒的频繁发生

中国历来就是一个灾害频发的国家。古代社会发生的水、旱、风、霜、雹、雪、蝗、潮、震、疫各灾已无计其数。进入近代，由于政治、经济、社会等多种原因，自然灾害的发生更加频繁，灾情也更为严重。往往是天灾与人祸并起，天灾造成了人祸，人祸又加重了天灾。

在各种自然灾害中，水患给近代中国造成的危害最为深重。东南地区江河纵横，湖泊星罗棋布，但近代以来河工废弛，湖泥淤塞，水灾发生的次数逐年增多。1906 年夏，福建漳州府属风雨为灾，福州府闽县亦遭水患，情形甚为惨酷。由于风雨交作，通宵达旦，以致“溪河暴涨，城厢内外水深丈余，民间房屋多被冲坍”，各乡皆有田禾被淹，“兼有淹毙人口情事”。[13] 同年，苏、浙诸省也积潦成灾，数以千万计的饥民亟待救济。近代中国社会遭遇的另一大天灾是旱灾。受地理气候等因素的影响，旱魃兼旬的灾情在东南地区也间有发生。1917 年春，苏省江北各县“因天久亢旱，二麦无收，纷告荒灾。……本年灾区之广，几于赤地千里”。[14] 同年秋，浙江嘉善、平湖二县则因“螟虫滋生，蔓延全境，禾稻秀而不实，白穗遍野”，[15] 发生严重荒歉。东南大部分州县“麦秋两熟无望收成，迫切呼号设法救济”。[16]

除最常见的水、旱两种巨灾奇祲，其他如风、虫、疫、震诸灾在近代也常常发生，某些年岁甚至是数灾并发，将人们逼近死亡之谷。为拯民出水火，一些仁善之士本着己饥己溺之心，开始起来筹资办赈，募款救灾，以减轻广大灾民的流离之苦。早在丁戊奇荒期间，上海仁济善堂董事施善昌等人，就"慨然以救济为己任，筹款选人，分头出发，是为开办义赈之始"。[17]随后，经元善、胡雪岩、郑观应、李金镛、谢家福、严佑之等一大批著名的绅商都加入到义赈的行列，成立上海协赈公所，广泛劝募善款，汇解灾区。这项大规模的义赈活动，组织严密，运作规范，成为晚清社会具有近代气息的慈善事业之先声。

灾荒一旦发生，数以万计的灾民即嗷嗷待哺，社会救济需要也就日显迫切了。而国库空虚，政府无能为力，这就为民间力量进入慈善事业领域提供了一个存在的空间，为其发挥社会救济作用创造了一个活动的舞台。"连年以来，灾荒迭见，赈款浩繁而国库又值支绌之时，苟不藉民间之互相挹注，何以拯彼哀鸿，共登衽席？"[18]因此，一批新型绅商主张借民力以纾民难，广为劝募，让人们"各出巨资络绎相济，则义浆仁粟，流泽孔长，灾害虽深而绥安有望"。[19]他们将所募之款，涓滴归公，以保障慈善经费全部用于义赈，从而催生了近代社会慈善事业。

总之，面对绵绵不绝的自然灾害，传统的赈灾方式已是难以为继，永无宁日的兵祸匪患更使传统的慈善活动陷入尴尬无奈的境地。这一切都逼迫着慈善事业由传统向近代转变。从这层意义上说，愈演愈烈的天灾人祸虽然不是文明社会之福祉，却成了近代中国慈善事业兴起过程中不容忽视的社会背景和客观条件。

2. 急剧的政治变革

政治变革是影响近代中国社会风貌最重要的因素。晚清以来的种种政治变革与动荡，也或深或浅地影响着中国慈善事业的发展。晚清八十年，政局云谲波诡，惊涛骇浪，继踵而起。外患夹杂着内忧，内忧伴随着外患。政治变动的频繁冲击，中国人民处在了苦难的深渊。民众的慈善救济需要日亟。同治年间，御史刘秉厚在奏折中就建言："近平捻逆窜扰，被难小民流离失所，甚至有被兵弁诬杀者，殊伤天地之和，各督抚宜绥为赈恤。……阵亡兵勇为国捐躯，家属穷无所归，尤宜轸恤。"[20]希望能对那些孤苦无依者设法养赡。然而，烽燧四起的时局使得清廷疲于奔命，再加上财政捉襟见肘，各级官府对下层民众的疾苦虽不敢漠视，却也是心有余而力不足。辛亥之后，军阀割据，政象不宁，乱离迭见。普通民众更需要社会慈善机构的救助。政治的无序变革，导致社会的失范状态。社会呼唤着近代的慈善活动。由此，伴随着社会的急剧变迁，一些新的慈善组织和活动便应时而兴了。

为走出危局困境，晚清政府进行了一系列政治变革，先后有洋务运动、维新变法运动和地方自治运动。这些变革既催生了民族资产阶级等一批新的社会力量，又为这些地方实力阶层在中央王权势衰的情况下拓展了活动空间。他们同传统地方事务管理者——士绅相结合，在晚清时期承担起地方社会慈善救济的艰巨任务。在清末上海，一些声望素孚的绅商就联合起来"广集资财"，给药助丧，施粥办赈。[21]同时，因政治的变革，政府颁布的各种政令对社会慈善事业方面也有所涉及。如1909年清廷公布了《城镇乡地方自治章程》，其中规定："地方自治以专办地方公益事宜"，并将恤嫠、育婴和设贫民工厂等善举，作为自治范围的内容之一。[22]民国以后还曾制定过专门的民政救济法令。这样，就为慈善机构的嬗变提供了政策上的依据。在客观上对慈善事业起到了由旧趋新的导向作用。导致了具有近代特征的新型慈善组织在受政治变革影响最鲜明的上海地区率先出现。在近代化的进程中，慈善家试图以艰辛的努力来实现慈善博施济众的终极目标。在特定的政治变革氛围里，如何寻找办理慈善的最佳管理模式、运作方式，自然成为近代慈善事业所面临的首要课题。

3. 近代经济的发展

传统社会经济结构的解体，使中下层的经济状况日益恶化，使得原本靠广大普通民众捐资挹注的传统慈善机构出现善款枯竭的局面。然而，近代经济的滋长，在客观上又为中国慈善事业由传统向近代过渡创造了条件。

在经历近代初期列强入侵的阵痛之后，19世纪60－70年代，中国社会开始产生了新的经济因素。在东南沿海地区，由于与外国接触和交往的机会较多，资本主义性质的工商业便率先兴起了。尤其是上海，很快就成为新的商业中心，贸易繁华，十倍于昔。时人称："此邦自互市以来，繁荣景象日盛一日，停车者踵相接，入市者目几眩，骎骎乎驾粤东、汉口诸名镇而上之。"[23]又言："中西互市以来，时局日新，商业日富，奇货瑰宝，溢郭填壖。"[24]一些新兴的社会阶层即伴随着这种新经济因素的产生而出现。在江苏（含上海）、浙江等经济较发达地区，涌现了一批资财雄厚的绅商和民族资产阶级。他们中的大多数人都深受传统文化的熏染，依然秉承着己溺己饥、乐善好施等民族美德，见利而不忘义。因而每有灾变，他们常有慷慨之举。19世纪90年代名贯一方的绅商，像上海的郑观应、经元善，苏州的谢家福，常州的盛宣怀，无锡的李金镛，扬州的严佑之等人，都是当地慈善机构的主持者。他们不仅自己纷纷解囊，捐献巨款，赞襄慈善事业，而且积极劝募，组织起大规模的义赈活动。洋务运动方兴未艾之时，这批办理过义赈活动的绅商相继进入洋务企业及其分支机构，如轮船招商局、中国电报局等。他们凭借这些新兴的经济力量，将近代的交通、电讯技术运用于慈善事业中，从而发挥了慈善事业的最佳效率，进一步扩大了慈善活动的范围。[25]实际上，用新的运作模式办理慈善，这成为近代慈善事业兴起的前奏。

贫富阶层的存在是近代中国慈善事业产生的一个前提。近代经济的发展，使得贫富差别日见悬殊。穷人愈穷，富人愈富。穷者需要社会的慈善救济，自不待言。而日趋活跃的商贸，给绅商带来了丰厚的经济利益，具有了施善助贫的可能性。他们的捐助成了近代慈善事业发展的一个很重要的经济基础。事实也是如此，近代慈善机构所募善款中有相当大的份额来自这些富有的绅商。在近代中国历次大灾荒中，一些企业也踊跃为灾区捐资献物。1919年，汉冶萍公司"捐助苏浙皖三省振洋五千元"。[26]由此而论，除自然灾害和政治变革外，逐渐发展的近代社会经济也是近代慈善事业兴起的一个重要因素。

4. 人口大流动

人口的大幅度流动，这是清末以来社会变迁的一个显著特征，同时也构成了近代慈善事业兴起的社会背景。进入近代，流动性阶层范围在迅速地扩大，不独是四民之一的"商"，士、农、工诸阶层也迁徙频繁，形成蔚为大观的流民潮。如前所述的天灾人祸等方面的因素，迫使无奈之民背井离乡。由此，求利与求生成了近代流民最基本的渴求，当求利无门、求生无路时，接受慈善救济是维系他们生命和生存的惟一指望。

在近代中国，上海是东南一带人口最稠密之地。由于开埠后的上海工商贸易渐次发展，谋生相对较易，很快就"以繁富名天下，四方游食者争趋之"，[27]导致来沪居者日众。后又因太平天国运动等一系列战事，江浙富室纷纷携妻挈子涌入上海旧城及租界,以避战祸。与此同时,一批批衣食无着的难民也蜂聚上海。这样,使得上海城市人口不断增长,至1915年上海总人口数已超过200万,为开埠之初人口的数倍。[28]城市人口的膨胀,就食问题很快就突显出来了。曾为山陬海隅之地的上海,毕竟资源有限,"地之所出,不足以尽给也。于是强者为流民,弱者为乞丐"。[29]随着近代商品经济的日渐渗透,"利源外溢,民生日蹙,失业日多"。[30]可见,人口大量涌向城市,造成了城市人口的过度膨胀,最终产生不计其数的失业流民。不独上海如此,苏州、南京、杭州、福州、厦门等城市亦然。客籍人口的急剧增多,无疑反映了近代中国人口流动的频繁。这一驳杂的流动人口麇集城市,求食谋生即成为其中大多数人的第一目标。而生活条件的恶化,使得一部分人沦为流民,不得不依赖社会的救济。因此,安置流民成为消弭社会动荡、稳定社会秩序的一大措施,同时也是政府和民间实施善政、体恤民瘼首要解决的问题。从这个层面说,近代中国人口大规模的流动及其产生的种种社会后果,也成为近代慈善事业兴起的社会背景之一。

5. 西俗东移的影响

近代以后,西俗东移的帷幕全面开启。在急遽的社会变迁进程中,西俗也对中国传统的慈善事业造成冲击力,使之向近代过渡。

西俗东移的影响,首先表现在教会慈善机构对传统型的中国慈善事业的示范作用。随着洋教势力的深入,传教士在通商口岸及内地兴办了育婴堂、孤儿院、诊所、医院等育婴及医疗慈善机构。1850年前后,传教士先在厦门设立西式医院。建院不久,也兼为贫民减免费用看病,[31]在慈善医疗方面发挥了一定的作用。另外,教会还着力经营了育婴慈善事业,比较著名的慈幼机构有徐家汇圣母院育婴堂、浦东唐桥墓女孤院等。[32]虽然中西文化的隔膜与冲突等多种因素,使教会育婴事业成了近代教案繁兴的因子;但是,平心而论,西方教会育婴事业的传入,对中国旧有的育婴堂等传统慈善机构产生了强烈刺激,使之除弊兴利,自觉或不自觉地借鉴西方育婴事业的成功之处。

19世纪90年代以后,中国人对西方近代的慈善事业也开始有了进一步的了解。郑观应在《盛世危言·善举》中介绍说:"泰西各国以兼爱为教,故皆有恤穷院、工作场、养病院、训盲哑院、育婴堂。善堂之多不胜枚举,或设自国家，或出诸善士。常有达官富绅独捐资数十万，以创一善事。……而其思虑之周密，规制之严明，有远非今日各省善堂所及者。”[33]他还注意到英法等国的慈善机构，“立法綦密”，其经费“或筹诸国帑，或捐诸民间，莫不经纬详明，实心经理”[34]，鲜有贪污侵蚀之弊，颇值得中国借鉴。如何来改变当时“各善堂以行善而被恶名”？[35]人们普遍认为传统慈善事业要以西方慈善事业为镜，取其长避其短，以此推动中国慈善事业的改良与发展，以达到振弊起衰。同时社会各界人士对西方慈善事业给予了很大的关注。一些报刊也为之大声鼓呼，对近代慈善事业的兴起起了推波助澜的作用。1897 年，《申报》就先后刊发了《论清查善堂事》和《效法泰西以行善举议》等文，其文有云："闻泰西各国之为善者，……曰养曰教”，“各善堂而欲息浮言，非仿行泰西良法不可”。[36]由此可以看出，受西俗东移的影响，新型慈善机构将呼之欲出。

另外，一些传教士还在饥馑年岁募捐施物，开展“洋赈”，积极参与了中国社会的慈善救济活动。尽管有些教会办慈善的初衷是借行善以博得中国人的好感，以扩大教会的影响，但在客观上对当地百姓的匡贫扶弱亦起了一定的积极作用。

西俗的东移，促进了人们对慈善事业及其思想的重新认识，其中一些新的思想逐渐被中国社会所认可、所接受，最终成为传统慈善机构向近代嬗变启动的原动力。

（二）

历史进入近代以后，中国社会经历了一个狂澜迭起、风云突变的大动荡时期，近代中国的慈善事业就是在这急剧的社会变迁中兴起、发展的。综观 1895－1949 年间中国东南地区近代社会慈善事业兴起发展的历程，明显地可以分为清末与民国两个时期。下面依次论述：

1. 清末时期近代慈善事业的初步兴起

甲午战败后，中国面临着被列强瓜分豆剖的危局。为挽救迫在眉睫的民族危机，自 1895 年后，资产阶级维新派，大力宣传变法图强，掀起了维新运动的高潮。在戊戌维新运动的影响下，中国传统慈善机构出现了转机，进而产生了近代意义上的社会慈善事业。此时期,慈善事业出现了新的变化和新的气象,主要表现在具有近代色彩的慈善理念的酝酿萌生和公益性质的慈善事业的初步扩展。

所谓具有近代色彩的慈善理念的酝酿萌生,主要体现在慈善界人士慈善观念的变化。这是慈善事业在社会变迁中向近代化跨出的第一步。在救亡图存的时局背景下,社会各界人士对慈善活动及其作用也有了新的认识,并趋于一致,由此发生了颇为引人注目的变化。这种变化即体现了传统慈善观向近代慈善公益思想的过渡,酝酿和萌生了近代色彩的慈善理念。戊戌前后,经元善慈善思想的变化就很有代表性,它在很大程度上反映了这一时期慈善界人士思想观念的演变。

经元善在甲午以前曾长期出任上海同仁辅元堂等善堂董事,并主持上海协赈公所,办理过大规模的义赈。他办义赈之初,就在神前立誓:"不敢藉此谋富贵,以办赈为终南捷径",并奉之为诫,尽心尽力地募资行善,"不掠众美邀虚誉"。[37]他诚心为公,主持义赈活动十余年,成效卓著,受到清廷的迭次嘉奖。然他并不为名利所动,而是一一谢绝。之所以如此,是因为他的思想观念里浸染了乐善好施、善与人同的传统美德。可以说,在甲午战前,经元善的慈善观念还是传统的,甚至还残留着某些迷信的因子,因果报应的色彩甚浓。所谓"善恶报应,一定之理",[38]为募筹直豫晋陕四省奇荒的赈款,他曾经写下了《祸福倚伏说》,劝人们"远念天理循环之道,急急散财施粟",[39]救济灾民以保自己平安无虞。

随着维新运动的蓬勃兴起,经元善在上海感受到了新思潮的鼓荡,他的慈善思想也就进入了新的发展阶段。戊戌时期他对慈善公益事业有了一些新的认识。概括言之,主要有以下四点:其一,救急不如济贫。经元善认为,以往的慈善之举,大都是遭遇灾荒后进行临时赈济,这极易导致漏弊丛生。在善款有限的情况下,宜"于行善中求生财惜费之法",[40]扶贫济困。其二,善举之惠,应从一身及于一家,从一时及于永久。即改变传统慈善活动的内容及格局,创立新的慈善活动,消除善堂善会等弊,以期产生更广泛的社会效益。其三,兴办义学。他认为兴女学与办义赈同属于善行义举,宜推而广之。其四,重视"开风气、正人心"的社会公益活动,比如设看报会、立学堂等。这些慈善新思想,无疑是与时俱进的,顺应了社会发展的大潮。有类似慈善新思想的还有郑观应、盛宣怀等多位慈善家，他们都主张改良慈善机构，兴办慈善公益活动，与维新运动桴鼓相应。

所谓公益性质的慈善事业的初步扩展，主要是一些传统的善堂善会在机构组织和活动内容上都因时而变，广泛地开展一系列社会慈善公益活动；同时还接二连三地产生了众多的慈善公益团体。

清代善堂林立，但大多数善堂仍因守着消极救济之法，不能与时俱进，随着社会发展而有所变更。这些传统的慈善机构虽在灾荒之年对维护社会稳定有所裨益，但却难以在激烈的近代社会变迁中对整个社会的进步发挥积极显著的作用。如何改变这一尴尬的处境，实现慈善事业的近代化，这是戊戌时期慈善界所面临的一个新问题。江浙一些善堂在戊戌前后的活动内容已在原有基础上有明显的扩展，大大突破了传统善堂所行善举的范围，也开始参与创立阅报社以开阔眼界，设立学堂以培育人才，设立养贫院教人以技艺。这些新型社会公益活动，成为慈善事业在近代嬗变中值得重视的新趋向。如：1898 年，浙江余姚、上虞两县善士在原有继善公所等善堂的基础上，醵资发起创设了"劝善看报会"，目的就在于"开风气、正人心"，以便"不出庭户可知天下"。[41]是年，江苏受维新运动的影响："省垣近日风气大开，士民咸知以阅报为识时要务"，有善人在南京东牌楼创设阅报会，订购上海各报，"以备有志维新者就近取阅"。[42]这些阅报社都属于近代性质的民间慈善公益性组织，创办经费多系善人捐赠和筹募："购书购报诸费，由会中同志筹垫，阅报诸君愿出费者作捐款论。"[43]所藏之书报亦免费供人阅览。

慈善界许多同仁和维新志士都支持兴办新学堂。1897－1898 年，经元善会同严信厚、郑观应、施则敬和梁启超等社会名流，在上海发起创办了中国第一所女学堂。"女学堂之教人以善，与赈济之分人以财可同日而论，且并行不悖"，[44]不难看出，创设义学堂已被当时的慈善家们当作新时期的义行善举，归属于慈善教育了。不久，经元善便在家乡筹办余上两邑农工学堂，以履行"为贫民力谋生计，即为国家渐图富强"[45]的慈善理念。

此外，一些善堂还附设有戒烟会、不缠足会，宣传禁烟、提倡放足，在改良社会风俗方面起了推动作用。如 1898 年变法推行后，厦门即设立戒烟会社，"励行禁烟"，"地方绅耆协助查禁甚力，厦地各烟馆纷纷闲歇"。[46]戊戌时人们还把禁缠足与禁溺婴同视为善举，倡议放足，以免除女子缠足之苦，改变中国千年沿袭的陋俗。正是这些慈善家们的积极努力,才使得慈善的社会影响扩大和具有了公益性。

从维新运动期间民间慈善事业呈现出来的种种新气象,我们大致可知:中国近代的民间善行义举已从传统慈善事业的狭窄范围,逐渐向活动内容更为广泛的近代慈善公益事业过渡。此前的民间慈善活动,其内容主要是育婴、恤嫠、施棺、施粥等方面的救济,然这些都属于救人活命之类的急赈或散赈;受助的对象,基本上也是那些遭灾遇祸、生计困窘之人。即使是光绪初年已出现的大规模义赈,也只是慈善活动在机构形式及其规模上有些变化,形成组织网络化,然而其内容依旧如故,皆为治标不治本的临时性慈善救济,重养而轻教。维新运动兴起后,这种情况很快就有了变化。虽然传统善堂还存在,但已从重养轻教渐渐向养教并重发展;而新的慈善公益团体则更重视教的功能。古人云:"分人以财谓之惠,教人以善谓之忠",而戊戌时的慈善家们却以为"养与教同为仁政,谓惠谓忠,似教更重于养"。[47]类似的重教言论,屡屡见诸报章,反映了当时舆论界较为一致的看法。如上海在各处增设了义塾,让适龄的男女孩童"随其质性各予以生业,或令攻金,或令攻木,凡业之可以谋生计者,皆可令习之"。[48]这样,各种新型民间慈善事业也应时而生,破土而出。这些慈善活动不单是向受助者提供衣食之类的救济,而是致力于革除社会陋习或兴办义塾等公益事业,并采取了许多新办法。这些慈善公益活动也不仅仅是面向特定的弱势群体,而是为更多的普通民众提供服务。毫无疑问,随着活动内容的日渐扩大和丰富,新型慈善事业比传统慈善事业所产生的社会影响更显著、更突出。

戊戌政变后,大批维新人士遭到革斥,与之有联系的慈善公益机构也由此受到牵连,或勒令裁撤,或自行消散。于是,维新时期的慈善公益事业犹如昙花一现,没能获得持续的发展。1900 年庚子之役后,清廷不得不直面风雨满楼的艰危时局。1901 年,慈禧太后发布变法上谕,开始实行新政,以巩固其摇摇欲坠的统治。新政涉及从中央到地方的政治、经济、军事、教育诸方面的改革活动,本文无意对此作详论,只想说明:随着新政的渐次展开,地方自治运动亦蓬勃兴起,受顿挫的慈善事业也得以复苏,从而为旧式善堂善会向近代型慈善团体的转换提供了重要契机。

1904 年,地方自治首先出现在北方,1905 年扩展到上海。不数年,又在福州、厦门、杭州、南京等经济发达、风气开化的地区陆续展开。1909年清廷颁布了《城镇乡地方自治章程》，要求各地遴选公正之绅士，依章程将城镇乡自治各项事宜迅速筹办。这些自治事宜，共计八项，其中前六项均涉及到地方慈善公益事业。它们是：（一）学务：中小学堂、劝学堂、阅报社、图书馆等；（二）卫生：清洁街道、清除污秽，施医药局、医院、戒烟会等；（三）道路工程：修缮道路、建筑桥梁、疏通沟渠等；（四）农工商务：劝工厂、工艺学堂等；（五）善举：救贫、恤嫠、保节、育婴、施衣、施粥、义仓积谷、贫民工艺、救生会、救火会、救荒、义棺义冢等；（六）公共营业：电车、电灯、自来水等。由上看来，自治事宜大都关乎地方的慈善事业，所以说："地方自治以专办地方公益事宜"，[49]辅佐官治，在清末地方社会发挥了积极的作用。章程颁布之后，各地纷纷设立自治公所，一批经济力量雄厚、社会影响较大的地方精英（主要是绅商阶层）被选入其中，执操权柄。这在清末的上海最具有代表性。由于这群地方精英原本就是善堂、会馆、商会等组织的首领，因此，在地方自治运动兴起之后，农工商团体及慈善公益团体自然也就纳入了自治活动的轨道。"自清季城镇乡自治章程，特列慈善事业为自治事业之一"，[50]正说明了这点。精英们利用手中之权，竭尽心力来推动慈善事业的发展，扩充新的善举，以裨益于社会。像上海地方自治运动的发起人吴馨、曾铸、李平书、沈缦云、陆文麓等，都是地方政治上有着重大影响的人物。同时，他们在实业、教育、卫生和慈善事业方面亦有较大成就。他们既淡出政治又关怀民生，对民生的关怀使得他们抱着积极的入世精神。在生灵涂炭、民不聊生之际，他们便凭借自己殷实的经济实力来致力于地方慈善事业。陆文麓出任了沪北栖流公所董事，李平书、沈缦云等则慨然捐资创设了龙华孤儿院。[51]在其他地方，慈善事业也因领袖人物进入自治机构而获得了一定的发展。如清末自治运动在莆田兴起后，东关保婴堂、西南保婴局、同善局、儒寡会、牛痘局等慈善机构俱归城自治所主管，[52]由城自治所统筹经营、划拨款项，推动了地方慈善事业的发展。需要特别说明的是，地方原有的慈善机构多是传统的善堂，而自治运动又带着浓厚的近代色彩，将传统的善堂纳入自治运动中势必要对其进行改造，使之趋向近代化。随着地方自治规模的扩大，功能日趋完善，近代社会慈善事业也就渐次得到发展。

同时，各慈善机构对地方社会各项事务甚为热心。上海久负盛名的同仁辅元堂，就积极参与地方事务，除“举行诸善外，如清道、路灯、筑造桥路，……无不赖以提倡，实为地方自治之起点”。而其他善堂也“历年经办地方之事，尤不胜枚举”。[53]作为地方之人办地方之事的地方自治，在嘉定县境亦“间有浚河、救荒、兴学等善举兴办，……或上书陈请，或慷慨捐资，每由邑中士大夫努力行之”。[54]像这类善举“虽无自治之名，而有自治之实”，其经费也因地制宜，“由各区集资兴办，或私人集资创办”[55]，甚为灵活，这就促进了当地慈善事业的繁盛，也使得地方自治运动富有生机。

综上所述，清末新型民间慈善事业的出现，是中国慈善事业从传统向近代演变的一个重要的初始阶段。这一阶段慈善事业渐次呈现出来的新气象，特别是新型慈善公益性社团的成立及其活动的广泛开展，对于壮大维新运动的声势、推动地方自治运动的发展无疑产生了积极作用。正缘于此，清末十余年间慈善事业的发展变化在近代中国慈善事业史上具有不容忽视的地位与影响。

2. 民国时期近代慈善事业的兴盛发展

1912 年 1 月，南京临时政府成立，民国肇始。然而，胜利的果实很快就被袁世凯窃夺，进入北洋军阀统治时期（1912 – 1927）。这时期的中国社会，灾害依然频频发生。同时因各系军阀为争名逐利，相互间展开了激烈的厮杀混战，以致生灵涂炭，民不聊生。“辛亥以还，事变迭出，兵残匪蚀，已乏完肤。生计艰窘，物价翔贵，老者转沟壑，壮者散四方，不知几千万人矣”。[56]尽管当时政府对于上述哀民惨象有所察觉，但危殆时局，丛生事变，使其难以顾及黎民百姓。对于数以千万计流离失所的难民及生活无着的人，政府只有依靠民间慈善组织来承担这繁重的慈善救济工作。民国成立后不久的一份政府文告就清楚地表明了这点：“唯念东南各省，叠遭水旱之灾。吾同胞流离颠沛，犹未能自复其生机。……而本政府当军事旁午之际，势不能并谋兼顾。”[57]既然政府不能兼顾，就只有依靠民间的慈善机构和团体来发挥救助作用了，而在那天灾人祸连绵相续之时，客观上需要有众多的慈善机构，需要有众多热心肠的人来从事慈善事业。于是，1912 – 1949 年间，便出现了近代中国慈善事业兴盛发展的局面。

南京临时政府成立之初，即设有内务部，其下属的民政司就具体掌理贫民赈恤、罹灾救济等慈善事项。由于南京临时政府存在的时间甚短，诸如此类慈善活动并未真正开展。然此时正处在辛亥战事前后，烽火连天，兵士和民众饱受锋镝之苦，亟需赈济。北洋派系摄取权柄之后，机构更变不大，基本上赓续着南京临时政府时的各机关，内务部继续负责管理慈善团体及其诸项事宜。若遇灾情较为严重时，即由内务部临时附设赈务处负责赈济事项，事毕撤销。同时北洋政府比较重视用法制手段来推动慈善事业的发展。1920年，先后公布了《赈务处暂行章程》、《办赈奖惩暂行条例》；1924年又制订《督办赈务公署组织条例》，以促进近代慈善事业的法制化、民主化。南京国民政府建立不久颁布的《各地救济院规则》，将全国各地的慈善机构、团体进行全面整顿，以县为单位统一改组为救济院，更是加快了这一进程。

众多的慈善团体的出现是民国时期慈善事业兴盛发展的第一个表现。传统的善堂善会已在清季趋于衰落，不过一些能顺应社会变迁之潮流而在组织、内容等方面进行了调整和改革的慈善团体，因而也存续到民国初年。当然，更多的是具有近代性质的新式慈善机构散见于东南地区。国民政府内政部曾于1930年对全国各省的慈善团体进行一番调查，其中东南地区省份的情况如下：

省别＼调查县数＼种类及所数＼项别		救济院							其他	总计
		养老	孤儿	育婴	施医	残废	贷款	合计		
江苏	43	15	15	15	9	8	10	72	301	373
浙江	77	12	13	52	30	12	15	134	213	347
福建	29	13	8	26	14	–	1	62	47	109

※说明：1930年，台湾省尚处在日据时期。笔者检阅了1945年以后编纂的台湾方志，亦无相关内容，资料暂缺。

※※资料来源：邓云特著《中国救荒史》，上海书店1988年影印本，第336页。

《中国地方志集成·福建府县志辑》，第2、3、6、9、10、15、16、17、19、28、35、36册，上海书店出版社2000年影印本。

这些调查数据虽然只限于东南三省，但也可得出一个结论：民国时期各类慈善救济机构数目众多，这应是不争的事实。民国慈善机构之多，在中国慈善事业发展史上都值得大书一笔。尽管民国以前已存在不少慈善机构，但分布较零散，功能较单一，规模也不大。到了民国，由于社会、政治、经济各个方面的原因，最终出现了规模庞大且名目繁多的慈善团体和机构。在上海等大都会，均集中了大量各种类型的慈善组织，如有养老助丧的，有育婴恤孤的，有赈灾救贫的，有习艺传业的，有施医舍药的，应有尽有，数不胜数。其中，中国红十字会等一批慈善机构在民初的社会救济中发挥了不可替代的作用。中国红十字会创立于1904年日俄战争期间，时称"上海万国红十字会"，1911年正式定名为"中国红十字会"，推沈敦和为理事长。[58]红十字会本意原为遇有战事即救死扶伤，但民国以来，不惟兵燹相继，且灾荒连结，于是红十字会的宗旨也就不断扩充，除参与"癸丑兵灾"等战事救护外，即如水旱灾患、流行时疫也一体设法拯救。像中国红十字会这样典型的近代慈善机构，在民国社会中日益发挥着重要的作用。另外，一个颇值得注意的现象是：宗教性的慈善团体在此期间也有了较大的发展。19世纪20年代，随着基督教本土化运动的兴起，教会人士为扩大其影响纷纷兴办起一些公益慈善事业，且颇有成效。这些慈善活动涉及到济难、赈灾、办学、慈幼等多个方面。这也从另一个侧面反映出民国初期慈善机构的数量众多。

一个个慈善家群体的出现是民国时期慈善事业兴盛发展的第二个表现。虽然在近代以前的慈善事业中，也有少数绅商组织过义赈救灾等慈善活动，但其大都属于传统善士所举行的一种临时性的私人慈善活动，赈灾的对象也只限于原籍和邻近地区。民国以来，随着近代慈善事业的兴起和发展，各地慈善机构纷纷设立，于是出现了许多著名的慈善家，同时他们之间彼此联络呼应，于是慈善家群体开始形成。早在19世纪90年代，以上海协赈公所为中心就聚集起经元善、谢家福、李金镛、盛宣怀、郑观应、严佑之等十余位江浙绅商；他们在办赈的过程中和衷共济，密切合作，遂形成了清末最著名的第一个慈善家群体。不过，这种现象在当时并不多见，尚属凤毛麟角，民国以后慈善家群体才大批出现和形成，它已不单是在某一地域或某个慈善机构中，而是全国范围内较为普遍的现象。这在东南一带表现最盛。像中国红十字会在民初兵灾赈济中，也逐渐形成了一个新的慈善家群体，其中比较著名的人物有沈敦和、吕海寰、盛宣怀、吴重熹、施则敬、任凤苞等。1920年华洋义赈会成立之后，很快聚集了一群声誉卓著的慈善家，他们是孙仲英、严兆濂、傅筱庵、余日章等。在民初的福建慈善界中，绅商王麒、丁滢、蓝建枢、陈培锟、陈之麟、庠春丞、舒又德、罗岭翘、黄秉莹也十分活跃，主持着福州红字会、福州兵灾临时救济会等机构，专人负责其募捐、司帐诸事，构成了当时福建声誉最隆的一个慈善家群体。上海素为近代中国慈善事业的发源地，不仅其慈善机构之多居全国首位，而且慈善家也层出不穷，灿若群星，形成一个又一个慈善家群体。如济渡社的创办者顾履桂、杨逸、张嘉年、吴馨、莫锡纶等人；而熊希龄、朱葆三、王一亭、徐乾麟、宋汉章、姚文楠、施则敬、虞洽卿、李平书、周金箴等慈善家还在1919年1月就联合发起成立中华慈善团体全国联合会。1922年10月，熊希龄又与钱能训、徐世光、杜秉寅、王芝祥、杨圆诚、郑婴芝、王人文等人发起成立了世界红卍字会。由于慈善家群体的形成，慈善事业中的募捐、记帐、押运、放赈等事项都由专人负责，实行募、收、支、放相分离的机制，各司其职又相互协作，从而杜绝了帐目混乱、贪污挪用之弊。这些慈善家们都心纯性善，觉得"忝膺赈务，义无可辞"，热心致力于民国时期的各项慈善活动，从而促进了慈善事业的兴盛。在开展慈善救济活动的过程中，原来毫无联系的慈善家，通过相互联络，初步形成一个社会组织网络，从而众擎易举，扩大了慈善事业的社会影响。从社会群体意义上说，慈善家在社会救济活动中形成的这种组织网络，可以说是中国慈善事业走向近代化的一个重要特征。

慈善事业扮演着一种社会推动力的角色，对于社会的维系起着举足轻重的作用，这是民国时期慈善事业兴盛发展的第三个表现。一般来说，慈善事业只能是政府救济工作的一种补充，对社会起微调的作用。如果国泰民安，社会保障健全，慈善事业就会相对萎缩，对社会的调节作用也就相对减小；反之，国家不堪重累，民众不胜重负，社会慈善事业就有相当的发展空间，而且有可能愈加发达和兴盛。古代社会的发展进程已为我们提供了很好的佐证。历史业已表明，民国以前的慈善事业对于社会发展所起的作用仅仅是微调性的。而到了民国时期，社会慈善事业的作用就空前突出，甚至起到了决定性的作用，使处于混乱不堪的民国社会从崩溃的边缘得以回复过来。下面的史实能很好地说明这一点：民国以来，闽、台等省"迭遭兵燹，水旱连年，十室九空，民生凋敝"，"风雹旱蝗，灾荒几及全省"。[59]1916年的江苏、安徽所发大水，"汪洋千里，一望无际"，"沿村庐舍，大地禾黍，悉浸入洪涛骇浪之中，……孑余穷黎，无家可归，无食可觅"，"露宿风餐，号哭之声，昼夜不绝"。[60]又1918年浙江省宁波、绍兴等地的时疫，使得"一村之中十室九空，一家之中十人九死"。"棺木石板，所售一空，枕尸待装，不知其数。"[61]面对如此大灾，当时的北洋政府不是救灾为先，而是忙于征战，置人民的生命财产于不顾。各级地方政府亦束手无策。如何解民倒悬、救斯民出水火？除依靠民间的慈善救济外，已别无他途。当时旅沪、旅京的各省人士纷纷成立筹赈会，为灾民筹措赈款赈粮。上海各善团，包括华洋义赈会、广仁善堂、中华慈善团体全国联合会，中国红十字会、世界红卍字会等等，都群起救灾办赈。正是有了这众多的慈善团体和慈善家们的竭心尽力以为依恃，中国东南各省的灾民才可能从死亡线上挣扎过来。这表明，在民国政府无力救济灾民时，是民间的慈善事业充当了救灾的主角。民间的慈善事业可以说形成了一股超越政府和官方的力量，这股力量在民国的社会生活中发挥了相当巨大的调节作用和影响。由此言之，这种慈善力量正是对民国社会多灾多难和政府救济无力的一种回应，使之避开了迅速走向垮台的覆辙，从而在一定程度上成为社会发展的动力。

综上所述，众多慈善机构的存在、慈善家群体的出现以及慈善事业的社会作用和影响日趋突显，标志着民国年间慈善事业已呈现出兴盛发展的局面，慈善事业的近代化也在此中渐趋完成。

（三）

受政治经济变革和思想文化递嬗的影响与推动，清末至民国时期的慈善事业呈现出许多新的气象和变化。处在新与旧、中与西冲突碰撞的接点，众多的慈善机构积极地参与当时的各种慈善救助和赈济活动，更广泛地服务于社会和民众，因而具有了近代社会之前不曾有过的功能。

1. 推动社会风习由守旧而趋新，加快、扩展了社会变迁的速度和幅度。

海禁大开之后，西俗东移的潮流徐徐涌动，把西式的新风新俗从沿海推向内地，最终除旧布新，形成了中西合璧、兼容并包的近代习尚。在这一过程中，慈善机构也起着一个媒介作用。戊戌时期，通都大邑里遍立的不缠足会、禁烟会等组织，其实都或多或少地带有慈善公益性质，它们所开展的一些活动（包括公益活动），也在一定程度上配合着维新变法运动的深入展开。诸如清末阅报会社就以开民智、启民德为宗旨，希望人们通过读书看报了解世势时局，摒弃封建迷信，革除浇漓陋俗。辛亥前后，又有善人开风气之先，捐资创办公益性质的公共图书馆、公园，更是加快了社会变迁的速度。由上而知，慈善事业的演变与社会风俗的改良有着紧密联系。慈善机构在清末民初的变迁也并非孤立的现象，而呈现出与世风习俗潜移默化、相辅相成的渐进趋势。所以有人说，在这飙转豹变的大时代，“欲救今日之中国，必自改良习俗始，必自增进民德始，必自联合人群始，而是数者，皆非以慈善事业诱掖而奖助之，则终无以立其基础”。[62]因而，慈善事业被人们寄予“有改良风俗、增进道德、高尚人格之厚望”，“不可一日辍于天下”。[63]近代慈善事业的存在，有助于人们革除腐朽的迷信思想观念，改造不合时宜的陈习旧俗，树立文明进步的新时尚。由于众多育婴堂、孤儿院、贫儿院的设立，收养无依无靠的男女婴孩，教养兼施，既给衣食又传工艺，从而使之有一技之长自立于社会。这样，历史上甚炽不绝的溺婴陋俗遂在民国十余年间一度销声匿迹，不复重见。妇孺教养院、济良所的设立，将一些风尘女子从烟花巷的火炕中救出来，从而在一定程度上遏止了守节、卖娼之风的泛滥与蔓延。

慈善事业关乎社会的方方面面，它的发展扩展了社会变动的幅度，使涉及面更为宽广。民国时，有人说过这样一段话：“人每视慈善事业为消极事业，而不知设所习艺，教养兼施，有关于教育；设仓积谷，有关于经济；施医药、立义冢，有关于卫生；即论救灾、恤贫，亦一本于人道主义。”[64]由此说来，慈善事业亦涉及教育、经济、卫生等层面，慈善事业的发展不能不引起教育、经济、卫生诸多领域的变化，从而进一步扩展了社会变迁的幅度，推进了社会的文明进步。

2. 促进了地方社会的整合，发挥了维护社会稳定的作用。

近代中国，政治的愦乱，经济的震荡，战事的绵连，使得整个社会疮痍满目，人民陷入了水益深火益热的境地。清末民初的中国社会基本上处于失范的状态。政府既是无尽灾祸的肇端者，就不可能再指望其去拯民出水火。于是，这层责任自然而然地落在了慈善团体和慈善家们的肩上。“慈善团体所以救政治之偏而补社会之缺也。在昔专制承平之世，家给人足犹励行弗懈。矧今国号共和，疮痍满目，救济之策，其又乌容已乎？”[65]慈善团体和慈善家们以赈灾救荒、施医赠药等多种形式，救助了大量灾民，让他们饥有所食、病有所医，而不至于铤而走险，危害社会。由此，慈善事业实际上成为社会矛盾的调节器，一定程度上缓和了日趋尖锐的社会矛盾。譬如，作为慈善教育机构之一的贫儿院，通过对孤苦孩童施以适当教育，使其习一技艺自立于社会，即可以"齐社会之不齐"。[66]另外，清末民初颇为盛行的习艺所，其设立的目的也在于救济贫民，整合社会，即所谓"助其治生……卒使贫民绝其所以致贫之因。生计渐立，教育渐立，不至为全国社会之累"。[67]贫民、流民能自谋其生计之路，遂减少了社会不稳定的因素。尽管古代社会中善堂善会等传统类型的慈善机构，也起到稳定社会的作用，然而近代社会的变迁更剧烈，灾难更深重，慈善事业所发挥的稳定社会的作用与功能也将是空前的，成为调节社会的一种不可或缺的措施与手段。

社会在不断地变迁，近代中国的慈善事业亦在迭经沧桑之间一直发生着嬗变。慈善组织作为近代社会变迁中颇具特色又不可或缺的民间社会组织，从一定意义上说，它标志着社会变迁的程度，映照了社会的演进，也包容了官绅、商贾及其他各阶层的人士对社会变迁的适应。由于清末民国慈善事业的勃兴与发展，是在既有官方政治窳败无为所留下的空隙和提供的机遇、又有民间各种经济（或阶层）力量的生成及其继续发展这样一种复杂的背景下实现的，因此，作为明清数百年来民间社会力量的一支，东南地区传统的慈善组织（如善堂、善会），它不可能在旦夕之间就全面消失。这样，新型慈善公益事业不断出现、发展的同时，传统社会的影响也不会即刻消亡。这就注定了中国慈善事业的近代化需要较长的时期，只能是一个逐渐演进的过程。而1895－1949年即是近代慈善事业产生、发展过程中最为关键的时期。因此，这个过程即已能折射出中国近代社会变迁的一幅斑斓图景。中国慈善事业在清末民国时期兴起与发展的过程中，积极从事了各项慈善救护与赈济活动，既拯救出广大民众，又安定了社会秩序，从而在推进中国社会由传统走向近代的结构性变迁中发挥了积极有益的作用。更进一步地说，近代慈善事业是扮演着调节社会的重要角色，成为推动社会向前发展的一种不可缺少的动力。

（与曾桂林合署，刊《史学月刊》2002年第11期）

注　释

1　民国《上海县续志》卷二，《建置·善堂》。

2 《大田县志》卷五,《惠政志》。

3 《论清查善堂事》,《申报》1897年3月15日。

4 《论清查善堂事》,《申报》1897年3月15日。

5 虞和平编:《经元善集》,华中师范大学出版社1988年版,第246页。

6 民国《衢县志》卷三,《建置志·善举》。

7 民国《上海县续志》卷二,《建置·善堂》。

8 民国《续纂泰州志》卷五,《公署·义局》。

9 《论清查善堂事》,《申报》1897年3月15日。

10 夏东元编:《郑观应集》(上),上海人民出版社1982年版,第533页。

11 《论清查善堂事》,《申报》1897年3月15日。

12 《效法泰西以行善举议》,《申报》1897年5月31日。

13 李文海、林敦奎等编:《中国近代灾荒纪年》,湖南教育出版社1990年版,第727-728页。

14 《申报》1917年5月30日。

15 《申报》1917年9月26日。

16 《申报》1917年5月30日。

17 北京大学历史系编:《盛宣怀未刊信稿》,中华书局1960年版,第257页。

18 《综纪丙申年本馆协赈所筹赈事略》,《申报》1897年2月12日。

19 《劝赈说》,《申报》1897年4月5日。

20 民国《杭州府志》卷73,《恤政》。

21 上海博物馆编:《上海碑刻资料选辑》,上海人民出版社1980年版,第397页。

22 《清末筹备立宪档案史料》下册,中华书局1979年版,第728-729页。

23 [清]葛元煦:《沪游杂记》自序,上海古籍出版社1989年版,第1页。

24 上海博物馆编:《上海碑刻资料选辑》,上海人民出版社1980年版,第398页。

25 参阅虞和平编:《经元善集》前言,第6页。

26 《汉冶萍公司捐助赈款》,《申报》1919年9月9日。

27 民国《上海县续志》卷二,《建置·善堂》。

28 邹依仁:《旧上海人口变迁的研究》,上海人民出版社1980年版,第90页。

29 民国《上海县续志》卷二,《建置·善堂》。

30 彭泽益编:《中国近代手工业史资料》第二卷,三联书店1957年版,第505页。

31 民国《厦门市志》卷二十一,《惠政志》,厦门修志局1936年刊印。

32 [法]史式徽:《江南传教史》第一卷,上海译文出版社1983年版,第178-180页。

33 夏东元编:《郑观应集》(上),上海人民出版社1982年版,第526页。

34 夏东元编:《郑观应集》(上),上海人民出版社1982年版,第528页。

35 《效法泰西以行善举议》,《申报》1897年5月31日。

36 《效法泰西以行善举议》,《申报》1897年5月31日。

37 虞和平编:《经元善集》,华中师范大学出版社 1988 年版,第 239 页。

38 虞和平编:《经元善集》,华中师范大学出版社 1988 年版,第 239 页。

39 虞和平编:《经元善集》,华中师范大学出版社 1988 年版,第 9 页。

40 虞和平编:《经元善集》,华中师范大学出版社 1988 年版,第 245 页。

41 虞和平编:《经元善集》,华中师范大学出版社 1988 年版,第 213 页。

42 《设会阅报》,《申报》1898 年 9 月 26 日。

43 虞和平编:《经元善集》,华中师范大学出版社 1988 年版,第 267 - 268 页。

44 虞和平编:《经元善集》,华中师范大学出版社 1988 年版,第 213 页。

45 虞和平编:《经元善集》,华中师范大学出版社 1988 年版,第 184 页。

46 民国《厦门市志》卷十五,《社团志》。

47 虞和平编:《经元善集》,华中师范大学出版社 1988 年版,第 184 页。

48 《沪上宜广设义塾议》,《申报》1897 年 12 月 5 日。

49 《清末筹备立宪档案史料》下册,中华书局 1979 年版,第 728 - 729 页。

50 民国《川沙县志》卷十一,《慈善志》。

51 民国《上海县续志》卷二,《建置 · 善堂》。

52 民国《莆田县志》卷八,《惠政志》。

53 民国《上海县续志》卷二,《建置 · 善堂》。

54 民国《嘉定县续志》卷六,《自治志》。

55 民国《嘉定县续志》卷六,《自治志》。

56 周秋光编:《熊希龄集》中册,湖南出版社 1996 年版,第 1206 页。

57 中国近代史资料丛刊:《辛亥革命》(五),上海书店、上海人民出版社 2000 年版,第 140 页。

58 《红十字会理事总长沈敦和报告》,《申报》1911 年 11 月 19 日。

59 《东方杂志》第 11 卷第 4 号,1914 年。

60 《中国红十字会救募江皖水灾急赈》,《申报》1916 年 8 月 13 日。

61 《绍属时疫剧烈之来函》,《申报》1918 年 10 月 19 日。

62 《论慈善事业中外之不同》,《东方杂志》第 1 卷第 11 期,1904 年。

63 《论慈善事业中外之不同》,《东方杂志》第 1 卷第 11 期,1904 年。

64 民国《川沙县志》卷十一,《慈善志》。

65 民国《当涂县志》(不分卷),《民政志》,江苏古籍出版社 1991 年影印本,第 459 页。

66 《敬告贫儿院》,《申报》1910 年 4 月 27 日。

67 《论慈善事业中外之不同》,《东方杂志》第 1 卷第 11 期,1904 年。

六　近代中国的城市与慈善事业

（一）

城市是人类社会发展到一定阶段的产物，也是人类文明史上的重要里程碑。据考古发掘的成果及有关文献资料表明，中国城市的起源甚早，大约在商周时期就已出现了早期的城市。在随后两千多年的封建社会，黄河、长江流域先后出现了长安、洛阳、扬州等颇具规模的城市，城市的政治和经济功能便也日益丰富与完善起来。然而，中国传统社会的城市是以农业经济为根基的，城市的发展最终受到自然经济条件的制约，城市的数量和规模也受其限制。

在中国古代城市的形成和发展中，也较早地产生了一些济贫、恤孤的慈善组织机构，如南北朝时建康的孤独园、养疾馆；唐时长安的悲田养病坊；宋时汴京的福田院、漏泽园，临安的慈幼局等等。由于封建政府的大力倡导以及封建经济的进一步发展，明清之际，最初产生于城市的慈善机构逐步由京城向各府州县以至乡村一级拓展。这一时期，全国各地都先后设立了养济院、普济堂、育婴堂、漏泽园，许多市镇还建有义仓、社仓、济农仓、义渡、接婴社等，慈善组织在城乡逐渐普及开来，并以广大乡村地区为中心开展了各项慈善活动，形成了机构完善、功能齐备的慈善救助网络。尤其在清前中期的江南地区，传统慈善事业更是获得了前所未有的大发展，善堂善会林立，义庄义塾遍设，善举频频，十分兴盛。就全国范围而言，传统慈善事业在乾嘉年间出现了鼎盛的局面。

然而降至嘉庆、道光之际，伴随着鸦片战争的枪炮而至的是西方资本主义经济的入侵，西方列强大肆地向中国倾销商品，掠夺原料，从而使中国经济社会发生了亘古未有的大变化，以农业和手工业结合的自然经济由此趋于解体。这对农村社会的冲击尤为严重，洋纱洋布的大量入口，遂造成土布的滞销。乡村的经济由此一蹶不振。传统慈善事业赖以维系的款项也因市镇的萧条而失去了基本的保障。"捐输因之日少，致善堂不废而常若废"[1]。而近代时期，水、旱、风、虫、震、疫等各种自然灾害又屡屡侵袭全国各地，灾情也更为惨烈。对于原本脆弱的小农经济，遭遇如此频繁天灾的打击，粮食收成往往无着。例如1877年湖北发生的大旱，"入夏以来，赤地千里。黄陂、孝感两县得雨尤稀，黄陂更甚。田中早禾，一望而为黄草漫天矣。刻已将届收获之期，几乎颗粒无存"。[2]灾荒的爆发，不仅导致土地荒芜，农业生产衰退，而且造成了大量嗷嗷待赈的灾民，慈善救济日亟。同时，灾荒还造成了乡村慈善机构财源几近枯竭，捉襟见肘，最终导致众多传统型善堂在同光年间院舍破败，善举渐歇。此外，继鸦片战争后，全国大部分地区又叠遭兵燹，不仅农村经济在战乱中受创，而且还使得城乡许多慈善组织及其设施毁于战火。江南地区曾是明清时期传统慈善事业最为发达和繁荣的地区，然而在太平天国运动期间，江浙许多州县的养济院、育婴堂等善堂都遭到了极大破坏，屋倾墙圮，断壁残垣，有的乃至于片瓦无存。虽然地方政府曾在战后一度吁请重建，但由于经济原因，实际上不少地方的慈善机构并没有得到恢复，而是趋于废弛，即便重建的慈善机构也多属于传统型的。如1891年浙江衢县重建栖流所，然仅隔十余年，"皆残敝不堪，仅存数椽容留"[3]。由此，江南地区一度发达、遍布于各乡镇村落的慈善救济网络再也无法重现昔日光景。相对于迅速崛起、发展的近代中国城市，乡村因传统社会结构和功能的弱化而影响越来越小，于是乡村慈善机构在慈善事业近代化的过程中便逐渐淡出。近代慈善事业的重心遂由乡村转移到了城市，城市开始扮演十分重要的角色，起着举足轻重的作用。

总之，由于受经济日趋衰微和战争、灾荒频繁发生等诸多因素的影响，到了近代，中国传统的慈善事业已无力担当起在近代社会进行慈善救助的重任，不得不退居其次，让位于新兴的近代慈善事业。

（二）

新兴的近代慈善事业是在城市里孕育与产生的。19 世纪 40 年代以后，中国城市进入了一个新的发展时期。一方面，由于西方资本主义的入侵，中国沿海、沿江和内地的一些城市先后被辟为通商口岸，并在外力的推动下开始告别传统城市形态走向近代，启动了中国城市近代化的步伐；另一方面，由于洋务运动的兴起和近代民族企业的创办，一些乡村、市镇因厂而兴，因路而兴，迅速成长为在区域或全国经济发展中颇具影响的新兴城市，加速了中国城市近代化的进程。近代城市的兴起，既催生了近代慈善事业，也推动了传统慈善事业向近代转型。新兴的近代慈善事业实际上是近代城市慈善事业，是以近代城市的兴起为依托、为载体的。近代城市工商业的繁荣，为募集充裕的善款提供了良好的经济基础，使慈善事业的蓬勃发展具有了肥沃的土壤。而城市里一系列近代化的设施，又为近代慈善事业的兴起创造了必要的物质基础。从另一个角度来看，由于近代社会的各种矛盾冲突以及贫富悬殊与分化问题都主要集中于城市，突出地表现在城市中，这就使得近代慈善事业与城市紧密相连，息息相关。可以说，没有近代城市，就没有近代慈善事业。

近代慈善事业的最早诞生地乃是开埠后得风气之先、经济日益昌隆的上海、广州等沿海城市。特别是上海一地，濒江带海，地理位置十分优越，自开埠以后，海舶辐辏，很快成为“九州万物总萃之区”，“水陆土产转运中心”[4]，商业活动日趋活跃。同时，因外国资本的输入和洋务运动的兴起，大量的近代工业、公司落户沪上，上海在同治年间以后就一跃而成为近代中国的经济中心。而在 19 世纪 60－90 年代，长江中下游地区的九江、安庆、芜湖、无锡、镇江以及环渤海地区的天津、烟台、营口、大连、青岛、秦皇岛也因陆续开埠通商，最终发展成为中外商船聚集的港口城市，商贸日臻繁华。工商业的蓬勃发展，大批的绅商富贾以及新兴的资本家云集于城市，这就为近代慈善事业的酝酿和兴起提供了巨大的财源。“沪上为货财荟萃之区，曩者一有捐输，不难立集”[5]。上海申报馆协赈所自 1872 年成立以来，即“随诸君子后襄办有年,蒙四方善士源源接济,得以集腋成裘"[6],赈济了全国各地众多的灾黎。在丁戊奇荒发生之际,香港、澳门、绍兴、宁波、广州、汉口、烟台等商贸较活跃的埠口城市也设有募捐点,为义赈筹募善款。经过绅商们的倡导,义赈活动取得了一呼百应的效果,在近代都市里募集到一批批善款,源源地转输到灾区救济灾民。由此而言,近代资本主义工商业的兴起,促进了城市的繁荣与发展,在一定程度上也为城市慈善事业开辟了新的善源。

城市的繁荣与发展,无疑给剩余劳动力的转移提供了较多的从业机会。如上海、天津等城市的迅速崛起,就吸引了周边地区数以万计的失业者。江浙一带自明清以来就地狭人稠,赋重税多,民生惟艰,再经鸦片战争后外国商品大量倾销的冲击,失地失业的农民更形日多,"江海通商,食力之民,趋之若鹜,每月之资至少数元,以养妻孥"[7]。这对自然经济解体而遭致破产或生活困顿的农民产生了巨大的吸附力,由此导致众多的农民涌入城市,城市规模不断扩大,城市人口急剧膨胀。然而,晚清以来中国城市的发展乃是在外力的影响下发生的,其外在表征不过是畸形的、虚假的繁荣。随着城市近代化进程的加快,一系列严重的社会问题逐渐暴露出来,其中最突出的就是流民问题。近代流民是在中国近代社会变迁的复杂矛盾中产生的,究其原因,乃由战乱、灾荒及乡村破产所致。咸丰末年,太平军与清军在江浙地区进行激烈交火,"东南半壁,无一片干净土。而沪上繁华,远愈昔日"。"于时八郡难民,陆续麇集于城外。贫者官置草舍,以庇风雨,人因号洋泾浜为'流离世界'"。[8] 大量的人群流向城市,既为近代城市工商业的发展提供了庞大的劳动力资源,同时又因超出城市的吸纳能力,进一步加重了的城市负荷,使得外来流民与城市失业交织在一起,城市的治安状况日趋恶化,社会矛盾也不断加剧。1899 年,《申报》就述及上海开埠五十年来发生的这种变化:"沪上一隅,素来风俗敦庞,民情朴实,群推海滨邹鲁。自通商以来,梯航咸集,地方日形稠密,人民日见众多,五方杂处,良莠不齐,以致鸡鸣狗盗之流,咸于此托足。……其最为地方之害、风俗之忧者,则莫如无业之游民结党横行,讹诈乡愚,调戏妇女。"[9] 城市流民队伍日趋庞大,而城市生存环境又恶劣不堪,一些流民遂依行业或籍贯加入帮会,以至城市帮会、黑社会势力横行,"小之为乡里之害,大之即可以祸天下"[10]。流民问题的日趋严重和复杂,在民国年间甚至影响到了上海、天津等城市近代化进程的正常进行。这对于近代中国许多受外力影响而畸形发展的城市来说，社会机能不全，单依靠官方的力量是无法解决的。因此，自清末开始，当城市近代化刚启动，流民、游民问题也初步凸显出其严重性时，城市里的一些有远见的士绅商民就予以了密切关注，"亟思善法以处之"[11]，主张采取一些慈善救济的措施来解决，复置栖流所等传统慈善机构。此外，他们还认为，"亦宜师西法而变通之"，"设立工程局，派文员以总理之，武员以管带之，编为工程队，凡有流民悉编入队"。[12]城市里每有工程，即遣流民为之，将工程之费养流民，使之工作而获口粮，以期收一举两得之功。

城市工商经济的兴盛发展，并不必然带来社会各阶级、阶层的普遍富裕。在生产资料私有制的条件下，社会化大生产反而导致商业竞争日益加剧，竞争的结果就造成了城市贫富差距愈见悬殊，贫富两极分化的现象日益严重。城市贫困问题也就成了近代中国城市发展过程中又一突出的社会问题。晚清以来，城市贫民的生活水平极其低下，其收入连最基本的生活需求也难以维持，终日竟不得果腹，终年竟不得蔽体，更谈不上享有住房、医疗和教育。上海、南京、天津、汉口等大城市的贫民大都麇居在棚户区，有的则连窝棚都找不到。一遇灾荒兵祸，这些城市贫民往往最先遭受打击，生存难以为继。这就给城市的社会安定埋下了隐患，酝酿着各种矛盾冲突。有鉴于此，有识之士也提出为贫民谋一技，设立贫民院等慈善机构，进行教养兼施。

城市并非乐土，黄金遍地。大量流向城市的农民要在新的环境里谋生极不容易。"童而出，或白首而不得返；或中途委折，殓无资，殡无所；或无以归葬，暴露于野"[13]的凄惨情景在城市的移民间屡有发生。这种颠沛流离的情形也引起了城市中同乡有力者、仁人君子的怜悯与同情。同光年间，苏州、上海、南京、天津等地的客籍商人纷纷创建起会馆、公所，为处于困境中的同乡同行实施慈善救济。

城市市政建设是城市近代化的物质层面之一。19世纪中叶以后，中国城市的基础设施和公用事业得到了较快的发展。在上海、天津、汉口等城市的租界内，西方列强先后修筑起多条宽敞平整的马路，至20世纪初年已基本形成了四通八达的道路网络，市容十分整肃。1865年，上海又率先架设了至吴淞的陆路电报线，五年后海底电缆铺通到上海。70年代，汉口、天津等地也相继铺设电缆。西方近代兴起的电报电话和邮政系统引入中国，对中国城市的近代化发挥了重要作用。电报的使用,“无论隔山阻海,顷刻通音”[14]。这些近代化设施的建成,既推动了中国城市近代化的进程,也为近代慈善事业的兴起和发展准备了先进的物质基础和条件,使得慈善救济活动“指挥如意,则如桴应鼓,如响应声”[15]。丁戊奇荒发生后,施善昌、经元善等绅商就以上海陈家木电报局为办事处,筹募善款,通过电报文传,指挥晋冀鲁豫灾区的救灾工作。此外,铁路、公路等近代交通运输事业的发展也促进了城市内部的近代化与城市间的外部联系。清末民初,津浦、沪宁、芦汉等铁路干线先后建成通车,东北、华北、华中与华东四大区域基本连接成为快捷通畅的铁路交通网,便利了全国各大城市之间的往来。火车的开通运行,对于近代慈善事业的发展也十分有利,“使载物之器良便,而运物之价又廉,……即或旱干水溢,偶有遍灾,亦能接济运粮,藉苏民困”[16],大大地提高了慈善救济的效率,促成了近代慈善事业的兴起、发展。

城市是一定历史时期一个国家的物质、制度和精神文明的缩影。进入近代以后,时代的风云变幻留给近代中国城市的不仅仅是物质层面上的印记,在政治、教育、思想、文化等制度和精神层面上也有着巨大的影响,即增添了许多新的因素,出现了新的社会阶级、新的思潮与新型的文化教育。在近代中国的很多城市(尤其是约开城市),外国势力的楔入是城市近代化启动的初始动力,因而西方因素对它们的影响也至为深刻。西方国家在中国近代城市的政治、经济、文化领域构成强劲冲击的同时,西方慈善组织及其慈善救助理念也随之在城市里传播、浸淫,影响着中国近代慈善事业的产生、变型与变革。1850年前后,基督教传教士率先在上海、厦门等商埠设立西医院,兼为贫民减免费治病,开展慈善医疗救助。同期,教会还着力经营育婴慈善事业,在上海创办了徐家汇圣母院育婴堂,浦东唐桥墓女孤院,并由此向芜湖、九江、南昌、长沙等内地城市扩展,建立起众多的育婴慈善机构。这为中国改革慈善救助方式提供了直接的启示。光绪后期,张謇即“参用徐汇教会育婴之良法”,“力去普通婴堂腐败之陋习”,由他手创的大生纱厂捐助于南通新建一育婴堂,“开办一年,活婴千余,成效昭然矣”。[17]此外,教会还陆续在许多通商口岸建立起养老院、盲哑学校等慈善机构。教会慈善事业十分重视对受助者的技能培训或学校教育。面对无业游民的增多,许多人开始认识到应仿西法在城市里广设义塾:“闻土山湾之圣母堂收育男女婴娩，抚养至大，随其质性各予以生业，或令攻金，或令攻木。凡业之可以谋生者，皆可令习之。……迨学成之后，男女皆荐往他处自谋糊口之资。”[18]注重教养的慈善思想在戊戌时期成为了社会的普遍共识。及至清末地方自治运动掀起后，教养并重的慈善公益观在全国各城镇得到更大范围的普及。

总之，无论是西方慈善组织在中国的设立，还是有关西方慈善组织及其思想的介绍，都触发了中国慈善界人士的反思，提出改革传统的教养方式，借鉴西方教养兼施的救助模式，在城市里创设新型的慈善机构。1904 年上海万国红十字会的成立，即是中西慈善文化交融的结果，是西方慈善理念在中国城市传播的最好体现。由此，近代慈善事业在城市里得到了较快的发展，并在近代中国社会发挥了重要的作用与影响。

（三）

众所周知，近代百年间中国的社会环境已发生天翻地覆的变化，其面临的社会问题亦迥然有异于封建时代。由此，从 19 世纪中叶开始，一些传统的善堂善会遂应时而变，对慈善组织机构进行适当调整，变更或扩充了慈善事业的范围与内容。而在沿海地区受西方影响较深的城市，更趋向于添设新式慈善机构、团体，其服务范围也不断得以扩大，内容基本涉及到中国社会广大底层民众的生计与日常生活的所有领域。一方面，继续重视济贫助困、赈灾救荒等传统的慈善活动；另一方面则捐建众多慈善医院、慈善学校、慈善工厂或习艺所等，并实施以工代赈工程，将慈善事业拓展到文化教育、医疗卫生、工商经济等领域，表现为较传统善堂善会更积极、更活跃的角色，使慈善活动具有更宽泛的社会公益性质。

在传统的农业社会中，赈灾救荒主要依赖官府的蠲免和赈恤；其次靠乡间绅士创设的义仓平粜或粥厂施粥。近代以来，天灾人祸交乘而至，接踵相继。政府于此束手无策，民间社会有力者便成了近代灾荒救济活动最主要的力量。而乡村经济早已残破不堪，从事各项救灾活动的主体遂转移到了城市，于是各省城及其他城市都成立了名目虽异却职能相类的慈善机构，如华洋义赈会、国际统一救灾会及各省的筹赈会等。1920 年华洋义赈会成立后,即“经中西会员议决,拟于九江、南昌、杭州、宁波、宜昌、厦门、福州、广州、汕头、南宁、成都、重庆、云南府等处,组织分会,以期通力合作,募集巨款,俾资救济”[19]。以“战时扶伤拯弱”、“平时救灾恤邻”为主旨的慈善机构——中国红十字会自1904年成立之后,就积极投入战地救护,或抢救难民出险、资遣回籍,或救治伤兵、掩埋暴尸。民国年间,红十字会的善举“日见扩充,即如水旱、灾患时疫流行亦当设法拯救”[20],善举愈推愈广,已涉及到治病防疫、施医给药等各项公益活动。正是如此众多的专事赈灾救荒慈善机构的出现,在一定程度上减缓了因灾荒所造成的社会破坏。

道光以降,中国人口蕃衍日昌,而农田尽辟,普通民众的生计每况愈下,常常陷入困窘潦倒之境。恤贫济困也依然是近代慈善事业的要项,城市里的慈善机构在平时仍开展了种种救助贫民的活动。除恤贫外,许多穷人因死后无以归葬,好善之士遂设立同善堂、施棺会、恻隐堂、不忍堂、余庆堂和施仁堂等以救其患难。故而助丧敛埋亦成为近代时期济困的内容之一。民国初年,上海县的马桥慈善团在恤贫为主的同时,就有施舍棺木、掩埋暴尸等善举。

由于传统中国社会的惠民药局在晚清的式微,近代慈善医疗最初是由西方传教士扮演主要角色。传教士在开埠城市创办了许多诊所、医院,兼为贫民减免费治病。及至清末民初,不论是上海、宁波、汉口、芜湖等沿海沿江各埠,还是洛阳、成都、西安、太原等内陆城市,均有教会建立的带慈善性质的医疗卫生机构。到了20世纪初,慈善医疗已发展成为近代慈善事业的一项重要内容。上海即是近代慈善医疗事业最为发达的城市。1842年,西人在上海始设仁济医院,随后发展十分迅速,1860年前后,上海建有多所由中外人士创办的带慈善性质的医疗卫生机构。清末光宣年间,上海慈善公益医院已达数十处,如广仁医院、广慈医院、仁爱会医院等。民国时期,国人也先后设立了中国公益医院、中国红十字会上海市分会医院、广益中医院、沪南神州医院、上海平民产科医院,均以为贫民减免费看病为主旨,或施医送药,或种痘防疫。在上海慈善医疗蓬勃发展的同时,两湖地区城市的一些教会医院也开展了一系列慈善公益活动。如常德广济医院、长沙湘雅医院、益阳信义医院都积极为平民义诊。在香港,华商也于1869年创设东华医院,至19世纪末又扩充建成广华医院、东华东院,遂合称“东华三院”,成为香港规模最大的慈善机构。东华三院的慈善活动以医疗、接生为救济重心,在防治疾病和促进民众健康方面做出了一定的贡献。

传统的善堂善会大都重养轻教,正所谓:"今者中国各善堂养则有之,教尚未备,且以言夫养……亦愎饲以粗粝延其残喘而已。"[21]这种情况直到戊戌期间才有所变化。其时,西方慈善思想在开风气之先的上海、天津等城市得到广泛传播,人们对慈善教育这个问题也有了新的认识。当时著名的慈善家经元善即认为:"女学堂之教人以善与赈济之分人以财可同日而论,且并行不悖。"[22]缘于此,他在慈善界同仁的支持下,于1897年冬率先捐资创办了中国第一所女学堂,设立算、医、法、师范四科专门之学,并拟教纺织、绘画等技艺,俾学生将来能在社会上独立谋生。很显然,兴学育才成了戊戌时期慈善公益事业一种新举措,拓宽了慈善服务的范围与内容。次年,经元善还筹划余上两邑农工学堂,中外技艺兼习之,自谓"此举不但恤贫,且以保富,不仅可变通赈济,亦可变通一切善堂"[23],以实现自己寓养于教的良谋宏愿。此后,在维新思想的鼓荡下,慈善事业重养轻教的倾向开始改变,趋于教养并重了。众多慈善家的宣传推动,也促使晚清政府改弦更张,对传统善堂善会进行变革。清末新政开始后,京城和省府等城市纷纷创设中学堂、专门学堂、实业学堂,一些慈善性质的学堂、工艺所(厂)也附设于其中。1903年,北洋赈抚局即在天津"设半日小学堂一所,招集极贫子弟入堂读书,定额二百名,分列四班"。另为贫民子弟设立一所工艺厂,"招幼童学习粗工艺"。聪颖者令习织布、织毛巾、造洋桌椅等事,愚钝者则学编柳条、织簸箕、提篮等艺,希望通过数年慈善教育之功,"俾人人操一业以自养其生"[24]。自此,全国各城市逐渐设立教养并重的慈善教育机构。清末民初的上海,即有绅商名流创设的上海孤儿院、广慈苦儿院、上海贫儿院、新普育堂、普益习艺所、私立上海贫儿院和中华慈幼协济会等多所慈幼机构。上海孤儿院于1906年由高凤池、李平书等人创办,收养6至18岁男女孤儿,立有小学堂、工艺所。[25]1910年开院的上海贫儿院也很有特色,向贫儿传授多种技艺,如漆工、革工、印刷、编物、农桑等。清末时照高等小学堂分班教授,高等毕业者入艺科。民国后改革组织,分为留养、通学和职业三部。[26]广慈苦儿院于1917年开办,"收养孤贫孩童不分区域,额定二百名,分班授以普通学识,毕业后分送各工厂学习工艺"。[27]这三所慈幼院在当地社会都有着广泛的影响,收养了大量来自农村的弃婴、孤儿。此外，汉口、南京、镇江、宁波等城市也有类似的慈善教育机构，皆以教养兼施、扶助弱者、塑就新人为己任。

民国年间，慈善教育越来越受到人们的关注。1920年，熊希龄在北京创办香山慈幼院，收养京畿地区的无辜灾童，维持了二十多年，[28]成为民国时期北方最著名的慈善教育机构。而在南方，张謇也于清末民初在南通创设了一系列慈善教育机构。1907年，张謇将企业的利润分红捐资创办了通州师范学校，资助平民子弟完成学业，开始致力于慈善教育事业。1912年，张謇又在南通创设狼山盲哑学校，"期以心思手足之有用，弥补目与口之无用，其始待人而教，其归能不待人而自养，故斯校始在教育之效，而终在慈善之效"。[29]后来，他还捐资兴办了盲哑师范传习所。另外，他还捐资捐物创办了多项文化教育的公益机构，如图书馆、博物苑，大大地拓展了近代慈善事业的范围与内容。

天灾与人祸在近代时期交相叠见，于民众生计更是雪上加霜。灾象显现之后，赈灾固然必要，但对于衣食无着的灾民来说，"赠之财而得暂时饱暖，果惠矣。财尽则仍冻馁，诚不若代觅生理，使得自食其力之可以长久也"[30]。因而，灾荒救济除此临时应付之策，还须从长远计，采取以工代赈，标本兼治，才能收到显著的成效。工赈举措古已有之，然近代以来灾荒更频，灾区更广，灾情更重，农业生产也遭到前所未有的破坏，百姓五谷皆罄、户鲜盖藏。在这样的特殊背景下，以工代赈遂在慈善救济过程中起着举足轻重的作用。举凡鸦片战后的各次大灾荒，屡有以工代赈的慈善救济项目，次数之多难以有精确的统计。而工赈的种类又有疏浚河渠、修筑堤坝、砌建城垣、设工艺局、兴路开矿等诸多名目，其中以河工水利为最要。1912年，南京工赈局即募得3万元款项，于观音门、栖霞、秣陵关一带兴工办赈，修复溃决的堤口。[31]华北地区在近代百年中常旱魃兼旬，久旱无雨现象屡有发生，也需兴河工以利民生。1920年，即由国际统一救灾协会在国内各大城市募得巨资，先后在顺直地区兴修了马厂新河、牛木屯、直鲁运河和滹沱河等水利工程。这四项工程均由慈善赈济组织招募灾民壮丁动工，日给工价，让灾民真正受惠。清末民初各慈善团体将所募之款，除进行急赈、冬赈、春赈外，大多用于筑河堤、浚湖垸的工赈。当然，也有设贫民工厂和筑路等项目。1920年春，"湖南以兵灾之后，重遭旱潦，孑遗父老，奔走告哀"。熊希龄"乃约京省同乡,创设湖南义赈会”。[32]经过多方奔走,熊希龄等人为湘省募得现洋数十万元和机器设备一套,备开办工厂作工赈之用。[33]后来,熊氏还争取到华北赈灾会的56.8万元,也移交湘省,用于募青壮年农民修筑潭宝公路,以救济灾区。[34]

由上观之,近代新型的慈善事业主要是在城市里兴起和发展,慈善的内容却因社会环境的变化使之不再限于单纯的赈灾救荒、济贫扶困,而扩展到卫生、教育、水利、工商业等方面,基本上将“消极的治标的不彻底的慈善改进,而为积极的治本的彻底的慈善”[35],逐渐带有了社会公益性质的色彩,这正反映出中国慈善事业在城市化的推动下日益走向近代化的趋势。由于慈善内容与范围的变更,与传统慈善事业相比,兴起于城市的近代慈善事业便具有了慈善机构多、慈善资源广、救济区域宽、救济手段先进以及形成了慈善家群体等特征。下面对这些特征加以阐析,当可更加明确地了解近代中国城市与慈善事业的紧密关联。

各类慈善机构的急剧增多是近代慈善事业兴盛的重要表征。据统计,1930年前后上海市的慈善团体就多达119个。[36]天津、广州、汉口等城市也有数十个类型不一的慈善组织。综观近代城市中如此众多的慈善机构,从组织形式、功能结构上看均呈现出多样性的色彩。就组织形式而言,近代慈善机构已发展演变为以民间慈善团体为主体,以其他社会组织附设的慈善团体为辅助。特别到了民国年间,随着政府救济能力的衰减,民间慈善组织迅速发展,成为中国近代慈善事业发展的基本力量。1920年北方五省大旱,参与此次灾荒赈济的民间慈善团体就有京畿农民救济会、北京民生协济会、华北救灾协会、北方工赈协会、陕西义赈会、上海女界义赈会、中华慈善团、国际统一救灾总会、华洋义赈会、中国济生会等数十个。而这些民间慈善团体,大都设立在京津沪等城市,无论是其慈善资源还是社会影响都已大大超过官办慈善机构,成为近代中国慈善组织的主力。就功能结构而论,近代城市中的慈善组织已出现募捐、协调及赈济等专门性机构之分别,从而避免了各慈善组织各自募捐导致的慈善资源浪费。光绪初年,经元善等人在上海发起主持的协赈公所,即是近代较早的专门性募捐机构。这类募捐机构将筹募的善款悉数解汇给实施慈善救助的机构,从而形成了募集捐资与实施救济相分离的体制。著名的申报馆协赈所,也是一个运作规范、制度完善的专门募捐的慈善组织。它筹措到赈款后，每年分批汇解灾区，并将所募收解清数逐年登报公布，以资征信，颇得绅商民众的信赖，捐输源源不断，从而树立起良好的社会形象，扩大了近代慈善事业的影响。在慈善事业由传统向近代的转型中，还出现了一些加强各慈善团体合作的协调性慈善机构。1912年9月，上海市区原有的同仁辅元、清节、普育、果育等慈善机构合并成为上海慈善团，凡基金、基产、款项收支皆由它统一协调拨给下属慈善机构，所谓"酌盈剂虚，统一办理"[37]，这即属协调性质的慈善机构。此外，民国初年比较著名的协调性慈善机构还有中华慈善团和国际统一救灾总会。此类慈善协调机构的出现，促进了各个分散的慈善机构的协作联合，充分显示出慈善资源优化组合的良好效益，更有利于慈善事业发挥博施济众的社会功能。

充裕丰盈的善款是慈善事业发展的基本保障。清末民初，上海、香港等城市的一些民间慈善组织都广辟善源，多方筹措慈善经费。概括言之，近代慈善事业的善款资源除传统的募捐外，还有以下几种新渠道。一是移助糜费。晚清的上海社会，许多慈善组织都在《申报》、《中外日报》广泛刊登公启，劝募人们节糜费以救灾黎。由此，众多的平民百姓也怀着积德行善的传统理念，纷纷捐献出各种筵资、迷信之资及娱乐应酬费，以助灾民糊口度日。二是义演筹款，它是随着近代都市的发展和市民文化娱乐生活的丰富而出现的，光绪末年就很普遍，也很见效。1906年淮徐海水患成灾，上海女子中西医学堂学生遂在张园举行义演，"来宾约有千人捐输，颇为踊跃"，"争以银券、洋块遥掷之"[38]。民国以后，义演助赈之举更盛。1912年，中华全国义赈会因筹赈维艰，而各处请款甚急，也邀上海伶界名角在大舞台剧院义演一天，"所得券项，除一切开销外，悉数充赈"[39]，以济燃眉之急。三是义卖字画。如1920年代，著名画家吴昌硕献画助赈，为南北义赈会筹措善款；康有为、杨度也先后鬻字，义卖之款或捐赠慈善团体，或赈济桑梓百姓。四是发行彩票或购买股票。1899年淮徐海地区民饥，官赈款额不敷，粤商庞乃鋆即以报效巨款义赈灾区为名，呈请在上海设立广济公司，发行江南义赈彩票。受其影响，华洋各商亦竞设彩票公司，襄办赈务。1901年，普济公司和广益公司又相继在沪上设立，分别发行顺直义赈彩票、山西义赈彩票，"月缴厘洋，报效赈款，……自于赈需不无裨益"[40]。民国初年，一些慈善机构为保证恒定的岁入，除采用存款生息的传统方式外，也购买公司股票，参与其利润分成。购股增息也就成为近代慈善机构经费来源的新途径之一。

近代的邮政电信系统引入到中国，不仅促进了中国城市的近代化，而且为慈善救济提供了先进的技术手段。19 世纪 70 年代末，随着经元善、郑观应、盛宣怀等绅商兼慈善家进入洋务企业，电报很快被运用于近代慈善事业中。1883 年山东发生灾荒，严佑之即发电报告知上海协赈所，催请将款电汇扬州，“以便携赴”[41]。之后，经元善、谢家福、严佑之等慈善家又在上海陈家木电报总局、四马路文报内设立赈捐收解处，通过电报了解灾情，指挥救灾。民国初年，电话逐渐在大城市普及开来，人们又用更为便捷的电话来报灾，在一定程度上加快慈善事业的近代化。其次是报刊媒体的介入和推动。随着近代新闻出版事业的兴起，各类报刊、杂志对慈善事业给予了极大关注，具体表现为对各地的灾情及其救济情况作详细、及时的报道。这不仅扩大了慈善的社会影响，也有利于赈款的募集。申报馆就长期为灾区刊载募捐启事。1920 年华北五省久旱成灾，上海《申报》、天津《大公报》等报章皆长篇累牍地刊载各省灾情，倡捐募款。再次是新式交通工具的运用。1872 年，上海轮船招商局创办。至 19 世纪末，中国兴起修筑铁路的热潮，新型交通工具火车出现了。轮船、火车都先后运用到慈善救济活动中。民国以后，各地大规模地修建公路，又有了汽车等交通工具，这就使得远距离运输救济物品成为可能。在民国以后的各次大灾中，正是用先进的交通工具来疏散、救济难民的。邮电、新闻事业的发展和新式交通工具的运用，不仅使城市慈善机构广泛救助乡村灾区，发挥慈善救济功能具备了条件，也推动了中国慈善事业由传统向近代的转换。

救济区域大大拓宽，突破传统善堂善会的畛域观念是近代慈善事业的又一特征。这既有救济手段与技术进步的原因，也在很大程度上受教会慈善事业的影响。光绪年间，在上海、天津等大城市相继成立了一些全国性的慈善机构，不仅救助城市贫民，也赈济乡村灾区。近代慈善事业突破畛域界限，对灾区进行一体救济，最早且影响最广的应推光绪初年的义赈。当时，李金镛、严佑之、经元善等人目睹秦晋灾荒之惨状，就提出“我本同处宇内，有分地无分民”[42]，理应一同救济。上海申报馆协赈所历来肩负着筹募捐输之重任，但其善举却不限于上海一隅，不独对苏浙皖赣湘等各省水旱诸灾竭力相救，对顺直鲁豫等北方各地的赈济也从未曾推诿。上海万国红十字会于1904年发起成立后,也对万里之遥的东北民众立即进行战地救护、生产赈济或难民安置。民国初年即有时论称:“盖办赈为最要之慈善事业,凡为人类皆有热心负此责任,国家且弗论,遑论地方,故对于灾荒区域不可稍有畛域之念,对于同办事人,不可稍有尔我之见。”[43]在新慈善观的广泛流播与影响下,近代城市里的许多慈善机构已不再拘泥于本市内,而是超出区域界限,对全国各地的大灾奇荒都予以救济,甚至延伸到了海外。

近代慈善事业发展进程中,最值得注意的一个特征就是慈善家群体的形成。传统慈善事业的赈济对象局限于本地,善举也多属于临时性的、个别善士的行为。由于乡村经济的衰落和工业化的拉动,近代城市成为一种有新的社会结构和新的社会功能的聚落形式并日趋繁荣,这给传统精英群体的士绅提供了有别于乡村的新的活动舞台。士绅们或工或商,或学或官,纷纷向城市聚集,并互为联络,继续其治国平天下的理想。同光以后,随着近代慈善事业的兴起,许多城市纷纷设立慈善机构,众多绅商善士也相继投入到济贫赈灾的慈善活动中。他们此呼彼应,相互联络,声气相通,遂形成了近代慈善家群体。19世纪80年代初,经元善、谢家福、李金镛、盛宣怀、郑观应、严佑之等十余位江浙绅商齐聚在上海,以协赈公所为中心,对义赈中的募捐、司账、转运、放赈、查赈等各环节,分别襄理,各司其职,又和衷共济,密切合作,清末第一个慈善家群体由此形成。随后,一些慈善家群体在苏州、无锡、常州、扬州等城市里陆续涌现。民国以后,慈善家群体更是接二连三地涌现在各大中城市。绅商王麒、丁滢、蓝建枢、陈之麟、庠春丞、罗岭翘、黄秉莹等人就活跃于民初的福建慈善界中,主持着福州红卍字会、福州兵灾临时救济会诸多慈善机构。上海为近代中国慈善事业的发源地,不仅其慈善机构数目居全国之首,而且慈善家也层出不穷,形成一个又一个慈善家群体。如以济渡社为中心的慈善家群体有顾履桂、杨逸、张嘉年、吴馨、莫锡纶等;而姚文楠、王一亭、朱葆三、李平书、熊希龄、施则敬、周金箴等人也互为联络,于1919年发起成立中华慈善团全国联合会;1920年华洋义赈会在上海成立后,亦很快聚集起孙仲英、严兆濂、傅筱庵、余日章、唐少川等一群声誉卓著的慈善家。而在民初兵灾赈济中,慈善家沈敦和、施则敬、任凤苞、吕海寰、盛宣怀、吴重熹等人也齐聚上海,通过中国红十字会广泛开展救济活动,饮誉海内。慈善家群体的出现及其彼此联络,最终构成了一个有密切社会关系的组织网络,这不仅提高了社会慈善救济活动的效率,而且有利于充分利用城市的各项资源来促进慈善事业的发展,从而众擎易举,扩大了近代慈善事业的社会影响。

综而论之,晚清以降,中国城市的兴起与发展,推动了近代新型慈善事业的产生。从同光之交起,在上海、广州、汉口等城市获得迅速发展的同时,新型慈善组织也开始在这些新兴城市里酝酿萌生,并在救助城市贫民、流民和幼童方面发挥了重要作用。由于时代的变迁,最初兴起于城市的近代慈善事业,无论是在内容还是在特征上,都已大大地超越了传统慈善事业。同时它还凭借城市优越的资源和便利的条件不断地向乡村辐射,由此所产生的效果与影响也比以往更大,因而在中国慈善发展史上占有着重要的地位。

(四)

近代慈善事业的存在与发展,是在传统社会与近代社会的夹缝中不断开辟前进道路的。随着自然经济的瓦解,乡村里的善堂善会已渐趋式微,于是在近代社会中乡村便逐步从慈善救济的舞台中心退出。与此同时,近代工业的产生促使城市迅速崛起,资本主义工商经济的发展以及社会各种矛盾聚集于城市,为近代慈善事业在城市里的兴起与发展提供了载体。再伴随西方慈善文化的传播,一股清新之风即汩汩地注入到中国慈善事业中,在近代衍生出一些新的特征,折射出中国慈善事业由传统向近代的嬗变。因此说,城市是慈善事业近代化启动的动力源,是推动慈善事业不断向前发展的发动机和火车头。同时,近代城市化进程的加速,城市在募捐、赈济贫民、安抚流民等方面所发挥的作用已远远超出了乡村,城市成了近代慈善事业发展的主要舞台和场地,而乡村的传统慈善事业只是城市近代慈善事业的补充而已。由此,晚清以后,中国社会基本上已形成由城市带动乡村,城市是头、乡村是尾的慈善事业发展格局。当然,有时也会头尾互动,每当乡村发生大灾奇荒,城市里的慈善组织往往最先行动起来,分投劝募,市民踊跃捐输,遥为臂助,赈济灾黎,或收容乡村里失去双亲的孤儿。慈善事业通过城市为龙头,向广大的乡村辐射,成为近代中国调节与和谐社会的重要力量与动力。

慈善事业是城市社会秩序的稳定器，有助于城市发展进程中出现的众多社会问题的解决。晚清以来，每逢灾荒发生，大量的灾民就涌入上海、汉口等繁华城市。为使灾民免于饥寒，安分守己而不至于为非作歹，危害社会，城市中绅商就广泛劝募，主持各种赈济，将民间社会的善款义捐汇聚起来，集腋成裘，解往灾区，或在城里办善堂，或兴工艺所，赈济灾黎流民，从而有效地加强了社会控制，维护了地方的社会秩序。有的则通过城市中的数量众多会馆、同乡会及行会组织等地缘性或业缘性的组织，对寄居客地的人员进行济贫、助丧、恤孤等方面的慈善救助，让他们沐其惠泽，减轻了颠沛流离、饥寒交迫之苦，趋避了异地流民成为城市里不安定的因素。从这层意义上说，这些慈善组织正是以其频繁有力的慈善活动在很大程度上约束着外来人口，构成了加强城市治安管理的辅助力量。同时，它们又依靠这种通俗的教化、救困扶危的实际行动，达到了劝善的目的，培育了民众行善的风尚，进而维持着正常的社会秩序。城市慈善机构在这种混乱无序的社会环境中，通过广播善念，引导人们选择善行，促使有力者帮助亟需救助的人群，从而起到了消弭动乱、减缓社会冲突的角色作用。

此外，近代城市的慈善事业，在规模、成员与组织结构以及功能等方面较之传统慈善机构都发生了显著的变化。它反映在社会生活层面上即是文明、民主气息的隐约透露。慈善组织的变革，促进了慈善决策的科学化和民主化，提高了慈善救济的效率与透明度，也间接地促进了社会变迁的深化，这又与近代中国城市化的进程相吻合。由此而论，慈善事业的确在中国社会百年的近代化进程中发挥着不可忽视的重要功用。慈善事业的近代化是由城市来启动的，同时慈善事业的近代化也构成了中国近代化的一项内容并在一定程度上促进了城市的近代化。慈善事业的发展与近代中国城市的发展进程紧密相关，近代慈善事业的兴起离不开城市，城市为近代慈善事业提供了广阔的舞台与发展的空间。

（与曾桂林合署，刊李长莉、左玉河主编：《近代中国的城市与乡村》，社会科学文献出版社 2006 年 8 月版）

注　释

1 《论清查善堂事》,《申报》1897 年 3 月 15 日。

2 李文治编:《中国近代农业史资料》第一辑,三联书店 1957 年版,第 730 页。

3 民国《衢县志》卷三,《建置志·善举》。

4 上海博物馆图书资料室编:《上海碑刻资料选辑》,上海人民出版社 1980 年版,第 235 页。

5 《综纪丙申年本馆协赈所筹赈事略》,《申报》1897 年 2 月 12 日。

6 《综纪丙申年本馆协赈所筹赈事略》,《申报》1897 年 2 月 12 日。

7 陈炽:《续富国策》卷一,《讲求农学说》。

8 王韬:《瀛壖杂志》,上海古籍出版社 1989 年版,第 115 页。

9 《论沪上宜设义塾并须认真办理》,《申报》1899 年 4 月 8 日。

10 《安置流民议》,《申报》1897 年 4 月 22 日。

11 《安置流民议》,《申报》1897 年 4 月 22 日。

12 《安置流民议》,《申报》1897 年 4 月 22 日。

13 上海博物馆图书资料室编:《上海碑刻资料选辑》,上海人民出版社 1980 年版,第 232 页。

14 夏东元编:《郑观应集》(上),上海人民出版社 1982 年版,第 82 页。

15 夏东元编:《郑观应集》(上),上海人民出版社 1982 年版,第 82 页。

16 夏东元编:《郑观应集》(上),上海人民出版社 1982 年版,第 79 页。

17 张謇著,张謇研究中心、南通市图书馆编:《张謇全集》(四),江苏古籍出版社 1994 年版,第 338 页。

18 《沪上宜广设义塾议》,《申报》1897 年 12 月 5 日。

19 《华洋义赈会拟在各省设分会》,《申报》1920 年 11 月 28 日。

20 《红十字会研究大会纪事》,《申报》1911 年 12 月 13 日

21 《效法泰西以行善举议》,《申报》1897 年 5 月 31 日。

22 虞和平编:《经元善集》,华中师范大学出版社 1988 年版,第 213 页。

23 虞和平编:《经元善集》,华中师范大学出版社 1988 年版,第 246 页。

24 《慈善教育说》,《东方杂志》第 1 卷第 9 期,1904 年。

25 民国《上海县续志》卷二,《建置》。

26 民国《上海县续志》卷二,《建置》。

27 民国《上海县志》卷十,《慈善》。

28 参阅周秋光:《熊希龄与慈善教育事业》,湖南教育出版社 1990 年版。

29 张謇著,张謇研究中心、南通市图书馆编:《张謇全集》(四),江苏古籍出版社 1994 年版,第 108 页。

30 虞和平编:《经元善集》,华中师范大学出版社 1988 年版,第 27 页。

31 《无、宁、句、溧工赈局近况》,《申报》1912 年 4 月 12 日。

32 周秋光编:《熊希龄集》(下),湖南出版社 1996 年版,第 1770 页。

33 《以工代赈之湘讯》,《申报》1920 年 9 月 4 日。

34 周秋光编:《熊希龄集》(下),湖南出版社 1996 年版,第 1770 页。

35 徐直:《对慈善家进一言》,《申报》1923 年 1 月 26 日。

36 张礼恒摘编:《民间时期上海的慈善机构统计(1930 年前后)》,《民国档案》1996 年第 3 期。

37 民国《上海县志》卷十,《慈善》。

38 《纪女医学堂学生演剧赈灾事》,《申报》1906 年 12 月 31 日。

39 《义赈会演剧筹赈》,《申报》1912 年 12 月 31 日。

40 《奏办顺直义赈彩票普济总公司谨登》,《中外日报》1901 年 5 月 19 日。

41 虞和平编:《经元善集》,华中师范大学出版社 1988 年版,第 43 页。

42 虞和平编:《经元善集》,华中师范大学出版社 1988 年版,第 6 页。

43 《告办赈者》,《申报》1920 年 10 月 3 日。

七　民国时期社会慈善事业研究刍议

（一）慈善事业研究长期遭冷落的境况及其原因

“慈善”二字，在中国的传统文化典籍中被解释为“仁慈”、“善良”，包含有“恩被于物、慈爱于人”，“老其老、慈其幼、长其孤”的意思。慈善作为一种观念，就是发扬人道主义精神，作为一种事业，就是调节、补救、福利人群与社会。因此，慈善事业就是人道事业。对于这样一种事业，传统的中外文化有着共同的认识和解释。中国的大慈善家熊希龄曾经作过比较说：“孔教言仁，又曰博施济众；耶教言博爱，又曰爱人如己；佛教言慈悲，又曰普度众生。”总之“无论为何教何学，无不以人道为重”。[1]

慈善事业在传统的中国社会本来一直是受人们尊重的事业。民国时期许多在朝在野的官僚士绅亦无不以兴办慈善事业为荣。可是到了中华人民共和国成立之后，受极“左”思想的影响，人们竟对它产生了误解和偏见。

如所周知，由于近代中国的慈善事业曾经有一部分是由外国传教士创办的，因此提起“慈善”二字，人们都本能地将它与帝国主义的对华文化侵略政策画等号，于是理智便被感情所代替。不少人这样认为：外国传教士打着“慈善”的招牌，实际上是充当了“殖民主义的警探和麻药”[2]，是“欺骗”和“伪善”。

诚然，外国传教士在中国的确干了不少为帝国主义文化侵略服务的勾当，例如搜集中国情报，干预中国政治；也的确干过不少伤天害理、伤害中国人民感情的坏事,例如贩卖妇女、溺杀婴孩,因此其所谓“慈善”,有着“骗人”、“伪善”的一面。可是,我们不能因此就断定外国传教士当中就绝对没有真正的办慈善事业之人了。同时即便是那一些外国教士们全都是“伪善”的,而我们也不能就断定他们所办起来的那些慈善事业,例如救灾的团体机构,某些医院、学校、育幼场所等,对于中国社会就一点作用和好处都没有了。然而在我们一些人过去的观念里偏偏就是那样认定的。不仅对于外国人办的慈善事业是那样认定,而且对于本国人自己办的慈善事业也一概地那样认定。例如一位曾经在本世纪20年代的北平香山慈幼院任过教的名叫关瑞梧的人,在60年代所写的一篇文章中就这样批评香山慈幼院说:“这样的儿童教养院在反动统治的旧中国,不只是所谓慈善家们用来沽名钓誉的场所,而且只能为统治阶级服务。”[3] 关瑞梧在这里给香山慈幼院及其他的创办人扣了两顶帽子,实际上都是不符合实际的。

所谓“沽名钓誉”,用来指责近代中国的某一些慈善家也许不无道理;但是用来指责近代中国的所有慈善家,特别是用来指责香山慈幼院的创办者熊希龄,就未免过于武断了。君不见,在那灾难深重的近代中国,军阀混战,民不聊生,各种不可抗拒的自然灾害和人为的社会灾害,将许许多多的家庭摧毁。当此时,一批批、一群群无父无母、无处栖身的苦难儿童被抛弃世上,一般人躲避尚且不及,而熊希龄居然将他们一个个地收容起来,给他们饭吃,给他们衣穿,还对他们施以良好的教育。他所收容的孤苦儿童先后达数千人之多。为了维持这些儿童的生存与让他们受教育,他四处筹款,沿门托钵,历尽千辛万苦,直到将这些儿童都抚养成人,送上社会自谋生计与服务社会。难道他仅仅是为了“沽名钓誉”吗?

所谓“为统治阶级服务”,也是极不确实的说法,好像外国传教士所办的慈善是为帝国主义服务,中国人办的慈善就一定是为统治阶级服务,这简直是一种近乎儿戏的模拟。其实香山慈幼院的设立,根本没有任何统治者的授意,完全是出于熊希龄的个人动机。并且香山慈幼院设立之后,统治者对它并不支持,甚至不希望熊希龄将它办下去。每当熊向当局请拨经费,当局者或是拖延,或是刁难,以致于香山慈幼院常常处于艰难竭蹶之中,这怎么谈得上是为统治阶级服务呢?如果要说服务的话,恰恰不是为的统治阶级,而是为的贫民社会,为的下层劳苦大众。

由于过去人们的观念里，对慈善事业有着上述这样的误解和偏见，因此慈善事业的研究也就被冷落了。加之"文革"中，对这些东西都看作是封、资、修的而立足于批，研究它也有嫌疑，于是慈善事业就成了禁区，长时来无人问津，以致于到了今天，这个领域的研究还几乎是一块尚未开垦的荒地，这是极不应当的。

（二）慈善事业在民国时期的社会地位及其作用

应当说，慈善事业在民国时期是有着非常重要的社会地位的。一个不容否认的事实是：民国时期的慈善事业可以说比历史上任何一个时期都要发达和突出，虽然我们目前还没有找到具体的统计材料来说明民国时期的慈善事业比起以前的同类究竟发达、突出到了何种程度，但我们却可以基本肯定地做出如下三个方面的论断：其一，民国以前虽然有一些慈善机构的存在，但绝对没有出现像民国时期那样广泛、集中、规模巨大且名目繁多的各类慈善团体、会社和机构；

其二，民国以前虽然有慈善家的存在，但绝对没有涌现像民国时期那样多的慈善家个人以及慈善家群体；

其三，民国以前虽然也有慈善事业对于社会起了调节作用的记录，但绝对不会像民国时期的慈善事业那样，对于社会起着举足轻重乃至决定性的作用。

那么民国时期为什么会有如此发达、地位显要的社会慈善事业呢？究其原因不外乎这样两个方面：

一是客观方面的原因。因为民国社会多灾多难，千疮百孔。所谓多灾多难，是说不仅有各种不可抗拒的自然灾害的发生，如水灾、旱灾、风灾、虫灾等等；而且更有着许多人为的社会灾害的发生，主要是指那些永无宁日的兵燹，匪患等等。这些自然灾害与社会灾害几乎贯穿着整个民国社会，如果编写灾荒史，可以说没有哪个历史时期比得上民国的。有灾害当然就有赈济，于是这就为慈善事业的兴起创造了环境和条件（目前学界已出版有《中国近代灾荒史》，而作为救灾史的社会慈善事业却缺乏重视和研究，这也属不正常）。

二是主观方面的原因。因为有两部分人自主自觉地起来办社会慈善事业。一部分是外国传教士。这部分人在鸦片战争之后纷纷踏入中国土地。他们兴办慈善事业可以说抱有各种各样的动机与目的。有的是为了在中国立足，以办慈善事业来取悦中国人；有的当然是出于帝国主义文化侵略政策的需要，以办慈善事业来欺骗中国人；但也有的的确是出于真心诚意，是为了发扬人道精神，把慈善当作一种国际性的救济事业来实施的。然而不管这些外国传教士抱有怎样的目的，他们既然都办起了慈善事业（有些国家的传教士之间甚至展开了竞赛，以之来取得中国人的好感、信任与友谊），这就促进了社会慈善事业的发达。另一部分起来兴办慈善事业的是中国本国人士。这部分人多系民国时期下野的政界官僚、军界将领，或清朝的遗老遗少。（民国时期是一个创造政治人物与军事人物的时代。这些政、军人物一般难以久于其位。在位时集于北京，北京是政治中心。下野后则集于天津与上海。天津与上海是下野的社会名流的活动场地）。这部分人办慈善的动机也十分复杂。有的或许是装饰门面，为的是博取一个美好的名声；有的却是受传统文化的影响，是为了积德行善；有的或许是有感于外国人办慈善的刺激，觉得中国也应当有自己国人办的慈善事业，而不让外人笑话；当然也还有的人是感觉到自己过去从政时做了一些对不起国家、民族和人民的事情，下野之后，是以一种赎罪的心理动机来办理社会慈善的。这一部分人办理社会慈善比外国传教士更来劲，其活动方式与规模也往往超过了外国人（当然他们有时也与外国人联合），他们的活动与施为自然也就更加推动了慈善事业的兴起与发展。

说来有趣，本来一个正常、健全的社会，是不应当有如此发达突出的社会慈善事业的，发达突出的社会慈善事业只能反映这个社会的畸形和变态。从这个意义上讲，对于民国社会是不能叫好的。然而惟其能有发达的社会慈善事业，却又反映了这个社会肌体中还有一种非常巨大的自身调节力，在这种自身调节力的作用下，使得动乱不堪的社会能够在一定的程度上消除危险和混乱的迹象，使社会从崩溃之中得以回复过来，得到延续和发展，从这个意义上讲，对民国社会又有应当叫好的一面。

事实告诉我们：突出发达的社会慈善事业在民国社会生活中发挥了巨

大的调节功用。这里仅举两例:一是 1917 年夏末秋初,河北境内大雨连绵,山洪暴发,永定、大清、子牙、南运、北运五条大河同时漫溢,决口数百余道,京畿一带一万方里顷成泽国,受灾达 103 县,村庄 1.9 万余,田亩 25 万余顷被淹,灾民逾 600 万人,如此浩劫,为北方五十年来所未有。然而这样一次大灾,就是主要依靠民间的社会慈善机构和慈善家们的努力从而得以救治的。二是 1920 年秋,北方直隶、山东、河南、山西、陕西五省,发生特大旱灾,该旱灾较之 1917 年的水灾更为严重,灾区面积广约 9 万方里,饥民达 3500 万人。然而这次大灾,也是靠的中外慈善家们,组织北五省灾区协济会、万国救济会、顺直旱灾救济会、华北救灾协会、山西筹赈会等各种救灾团体,当时的团体共有 18 个,然后 18 个团体合组成国际统一救灾会,就是靠的这个会的力量,使五省的灾区得救。

其实民国时期每逢大灾发生,政府往往无力救治,靠的就是民间的社会慈善事业。例如湖南,不管发生什么灾害,首先想到的不是政府,而是本省的乡党、大慈善家熊希龄。堂堂的省长赵恒惕每遇一次灾害发生都要给在野的熊希龄写信求援,后来熊希龄干脆召集在北京的在野湖南人,组织了一个旅京筹赈会,专门赈济湖南的灾民。其他各省在北京、天津、上海的人也都组织有类似的机构。这说明在社会生活中,民间产生了一种超越政府、超越官方的力量,这种力量在民国社会生活中的作用与影响,是千万忽视不得的。

既然慈善事业在民国社会中有着如此重要的地位与作用,那么我们研究民国史而不注重慈善事业的研究恐怕是不行的。概言之,通过研究民国时期的社会慈善事业,可以清楚地了解民国时期各个阶级、阶层的动向;各种政治的社会的力量配置、组织、发展、变化;国家、社会、人民三者的相互关系与影响;国计民生的状况;社会的延续、变迁和发展等等。可以说,不研究民国时期的社会慈善事业,就不可能真正了解民国社会。因此,研究慈善事业其意义十分重大。

(三)慈善事业研究的基本内容

慈善事业属于社会史的研究范畴。一些社会史研究者将社会史的研究分作社会构成,社会生活与社会功能三个部分[4],这种分法是可取的。按照这种分法,慈善事业即属于社会功能这一部分应当考察的内容。

倘以社会功能论社会慈善,笔者认为慈善事业研究的基本内容应是两大方面:一是慈善救济,二是慈善教育。之所以这样立论,这是由慈善事业本身所要解决的问题以及所要完成的任务所决定的。因为但凡灾情发生,慈善家们组织中外各种救灾办赈的团体、机构,进行筹款、施赈等等一切活动,无非是解决一个"养"和一个"教"的问题。所谓"养"就是慈善救济。其救济的步骤有三:一曰急赈,二曰冬赈,三曰春赈。灾象既成,工商停业,人民无所得食,故必先施钱米,以救危迫,名为急赈;然急赈仅延旦夕,而秋尽冬初,农民存粮皆罄,非赈不治,依旧例按被灾户数分别人口多少及极贫、次贫施以银米多寡,使他们得度三冬,名为冬赈;冬赈既过,春粮未收,青黄不接之时尚有生计艰难,不得不救人救彻底,资其接济,名为春赈。三赈之外,还须设立杂赈,以辅上三赈之不足:即设平耀局购买粮食,供应那些有购买力的饥民,而免奸商哄抬米价;设留养所与粥厂,方便那些老弱无告之民就食;设因利局、义当、种子借贷所及牲畜保留所,使那些农工商业困乏之民,因此而不致失业。当然,杂赈也有未逮者,例如设平耀局接济粮食,仅仅方便了那些有购买力的中等人家,而那些失业灾民,身无一文,何能购食?故又有必要实行以工代赈,兴办各种工程,容纳那些失业的青壮饥民,可收一举两得之效。这就是所谓慈善救济、即"养"的基本内容。

还有一个"教"的问题。所谓"教"就是慈善教育(包括慈幼教育)。慈善教育的基本内容就是办一些育幼机构来收养那些社会上的孤儿弃婴。因为大凡大灾出现,总会留下一大批失去父母、无家可归的儿童。这些儿童有的是被父母遗弃,有的却是其父母家人死去。对于这些儿童,慈善机构不仅得养起来,而且还得担负施教的责任。除了建立慈幼院,还得建立一些相应的手工技艺场所,供他们在学习文化科目之外,兼习一门手工技艺,以便将来长大成人进入社会之后，能够自谋生计，而不致重新沦落。

就慈善救济与慈善教育两者相比，前者可说是救人之“身”，后者还要救人之“心”，所以说后者比前者办理艰难。同时前者往往大灾过后一段便完事，而后者因为担负着抚养与教育灾孩长大成人的责任，必须长期存在，因此欲维系下去很不容易。一般说来，民国时期在慈善救济方面有许许多多成功的记录，而在慈善教育方面算得上是成功的则不多。真正称得上办理完善、成绩卓著的是熊希龄所创办的北京香山慈幼院。该院于1920年创办，维持到1949年由人民政府接管（即现在北京的立新学校），垂三十年之久。[5]

除了上述慈善救济与慈善教育两项基本内容之外，我们研究民国的慈善事业，还有一些相关的问题也必须进行探讨。

一是民国慈善事业兴起的社会背景。探讨这个问题，为的是了解民国时期的社会现状与历史条件，说明中外慈善家办理社会慈善的目的与动机。

二是民国慈善事业分析与比较研究。其分析比较：一是将中外慈善家们所创办的慈善事业进行比较，比较其创办的目的、方法与效果；二是将慈善救济与慈善教育两类慈善事业进行比较，比较其各自的范围、职能与特征；三是将民国时期的慈善事业与民国以前（包括封建社会）的慈善事业进行比较，比较其慈善的背景、内容与时代的特征等等。在比较的同时，还要探讨他们相互之间的关系。

三是民国慈善事业的总体评价。评价在办理中取得了什么样的社会效益，在近代中国的历史进程中有什么样的作用与影响，还要阐明对其应该肯定什么，应该否定的又是什么。

四是民国时期慈善家们的慈善观及其办理慈善事业的成败得失研究。研究慈善观主要是探讨那些中外慈善家们的救人济世的观念和理论，分析其是如何产生与形成的，其内容与特征如何，特别是弄明这些理论观念是如何支配中国人的思想行为的。研究办慈善事业的成败得失，主要是从慈善家们办慈善的方法和步骤当中，总结经验教训，为今天的社会现实服务，因为今天也仍然存在有社会慈善事业。

（刊《湖南师范大学社会科学学报》1994年第3期。收入台湾《两岸文化交流》一书，题为《略谈民国时期的社会慈善事业》，台湾中华会1995年5

月出版)

注　释

1 熊希龄:《在燕京大学的演说词》手迹件。

2 陈旭麓:《近代史思辨录》,广东人民出版社 1984 年版。

3 全国政协:《文史资料选辑》第 31 辑。

4 乔志强主编:《中国近代社会史》,人民出版社 1992 年版。

5 参见拙作《熊希龄与慈善教育事业》,湖南教育出版社 1999 年版。

八　民国时期的慈善法规述略

民国创建后，天灾人祸，交相迭至。为救济众多难民灾黎，各种各样的慈善组织纷纷成立。加强对慈善团体的监管也成了社会行政管理的需要。为鼓励民间捐赠活动，民国政府也开始酝酿出台相应法规法令，藉以规范慈善机构的募捐及其运作。据统计，民国北京政府颁布了6项涉及慈善事业的法规。1927年南京国民政府建立后，也较为集中地制定和颁布了一系列慈善法规，约有20项。在这一慈善法制建设进程中，北京政府有着草创之功。如《捐资兴学褒奖条例》、《褒扬条例》和《中国红十字会条例》都是属于首次颁布施行的法规，对鼓励慈善捐赠发挥了重要作用，同时也初步规范了慈善组织及其行为。对于以上诸法规，南京政府的初期立法大体上继承了其主要内容，仅对若干条文有所增补和修订。除沿用、修改和增益北京政府的慈善法规外，南京政府还创制了一些新的法律法规，如《监督慈善团体法》、《社会救济法》，其内容涵盖了慈善团体、慈善募捐与捐赠、减免税则、慈善行政管理等方面。总的来看，北京政府的慈善法规都是以条例、规则形式颁布实施，法律位阶低，有的还没经过完整的法定程序；南京政府的慈善法规不仅对已有法规作了修订增补，而且许多法规的出台都经过了立法院正式的立法程序，像前述两部法律，均由法制委员会多次讨论并经立法院三读审议通过，法律效力等级较高；不仅在数量上比前期有成倍的增加，而且在种类上也广泛涉及到慈善事业发展的各个方面。可以说，南京政府慈善法制建设方面已较前有所进步，形成了较为完备的慈善法体系，基本上代表了旧中国慈善立法的水平。

概括民国时期的慈善法规涉及有如下三个方面的内容：

一是慈善捐赠的褒奖法规。乐善好施，世代传承，铸就成了中华民族生生不息的传统美德。明清以来，朝廷对捐赠者曾定有授与官衔或恩准建坊之例。民国肇立后，不少省份亦屡向中央呈请援例褒扬。然而国体更新，旧章已不尽适用。际此鼎革，百废待兴，北京政府也希冀“奖劝人民捐私财襄公益，藉补国家财力之不逮”[1]，遂令教育、内务部着手草拟相关法案。1913年7月17日，国务会议公布了由教育部草拟的《捐资兴学褒奖条例》。该条例规定：“人民以私财创立学校或捐入学校，准由地方长官开列事实，呈请褒奖。”其以私财创办或捐助图书馆、博物馆、美术馆等有关教育事业者，也准前项办理。并对捐资者按捐赠数额分别给予不同等级的金质、银质褒章或匾额。这是民国政府第一次以法律形式明确了捐资者的捐赠行为，刺激了人们捐资兴学的积极性。该条例“公布以来，各省报部援例请奖之案，历有多起”[2]。实施一年后，因发现尚有漏略之处，如对华侨、团体、遗嘱捐资未作规定，教育部遂酌情形进行了修订。1914年10月31日公布《修正捐资兴学褒奖条例》，增补了若干相应条款，俾臻完善而便推行。以后十年，该法规还作了三次修订。1914年，民国北京政府还公布《褒扬条例》，对尽心公益者予以褒奖。1921年，内务部制定的《慈惠章给予令》及其施行细则，也规定凡合于捐募赈款、办理公益与慈善事业的妇女，分别等次，授予慈惠章。

1927年南京国民政府成立后，也十分重视褒奖民间社会的慈善捐赠活动。1929年1月底至2月初，相继颁布《兴办水利防御水灾奖励条例》、《捐资兴学褒奖条例》、《捐资兴办卫生事业褒奖条例》、《捐资举办救济事业褒奖条例》等一系列法规，对以私财捐助办理水利、教育、公共卫生及救济的民众和社会团体，按捐数之多寡，订褒奖之等差。鉴于民族地区的社会经济与文化教育现状，1934年7月又颁布《捐资兴学褒奖条例补充办法》，对蒙藏、新疆、西康等7省的捐资兴学之褒奖情形作了补充规定，在褒奖捐资标准上略有下调，并由蒙藏委员会、教育部负责查酌授与。30年代初，由于各省灾荒频仍不断，为鼓励慈善救济团体募集赈款，协力赈灾，国民政府还公布实施《办赈团体及办事人员奖励条例》、《褒奖条例》、《颁给勋章条例》及其施行细则。以上各项法规后来根据实情进行了数次修正。抗战以后，又出台了《捐资兴办社会福利事业褒奖条例》。

二是慈善组织的税收减免优惠政策。1930年7月7日，国民政府公布实施《土地法》。该项法律即有多项条款予以慈善组织在土地赋税方面的优惠政策。如该法第四编第九章“土地税之减免”规定：学校、公共医院及慈善机关用地“得由中央地政机关呈准国民政府免税或减税”(第327条)。第五编还规定，国家因公共卫生、教育、学术及慈善事业以及其他公益事业之需要，得依本法之规定征收私有土地；于必要时，得实行附带征收，即将“因兴办之事业所需土地范围外之连接土地为一并征收”(第342条)。依该法规定，为办理有关土地赋税减免事宜，内政部、财政部还会商拟订了《土地赋税减免规程》，经呈行政院核准后于1936年4月17日正式颁行。该规程确定了减免土地赋税标准：“业经立案之私设慈善机关，办理社会救济事业五年以上，具有成绩者，其用地如不以营利为目的，得呈请免税”(第9条)；“人民或团体办理其他公益事业，如不以营利为目的，其用地得呈请酌予减免赋税”(第12条)。此外，业经立案的私立学校及其有学校性质的私立学术机关、公共医院，办理具有成绩者，其用地如不以营利为目的可以呈请免税或酌予减税。同时对减免赋税程序也有详明规定。1939年2月16日行政院公布了《修正土地赋税减免规程》，在减免赋税标准上仍保留对慈善组织的优惠政策，仅于减免程序稍有变更。

1938年10月6日出台的《遗产税暂行条例》，除详尽规定了遗产税征收对象、征收办法及税率外，同时也列有免纳遗产税各款，而“捐赠教育文化或慈善公益事业之财产未超过五十万元者”即属其中之一。随后施行细则颁行，该法规开始在全国实施。抗战胜利后，国民政府对之进行了修改完善，于1945年12月5日公布《遗产税法》，次年7月公布《遗产税法施行细则》，也对遗产捐赠有一定程度的优惠免征税额。

1943年1月28日，国民政府在重庆还制定有《财产租赁出卖所得税法》，对土地、房屋、堆栈、码头等财产之租赁所得或出卖所得征收所得税，但亦规定“教育文化、公益事业之租赁所得或出卖所得全部用于各该事业者”可以免征(第2条第3款)。2月17日又颁行《所得税法》，依法对营利事业、薪给报酬和证券存款三类来源所得征收所得税。该税法对三类来源所得亦有相应的免税条款(第2条)。如对于第一类营利事业所得，若“不以营利为目的之法人所得”，即可免纳；而对于第三类证券存款，诸如公债、公司债、股票及存款利息之所得，若其为“教育慈善机关或团体之基金存款”亦一律免征。不久,财政部拟订了该法施行细则及审查委员会组织规程亦经核定后施行。此外,国民政府在抗战爆发后实施的《军事征用法》也对慈善机构予以优待,不将之作为征用标的。

三是监管慈善团体的法规。民国北京政府制订的监管慈善团体法规主要是《中国红十字会条例》及其施行规则,分别于1914年9月24日、1925年10月7日公布。这是民国时期中国第一部关于红十字会的法规,也是第一部监督慈善组织的单行法、专门法。该法规则对红十字会的各项事业、会员、议会、职员、资产、奖励及惩罚均作了详尽规定,强化了政府对中国红十字会的财务监督与人事任免。1920年通过了红十字会条例及施行规则修正案,其主要内容是将基金增列为总会资产之一,存储于银行,并明定非经内务、陆军、海军三部核准不得动用。南京国民政府也很重视中国红十字会的立法工作。在20余年间,取得的立法成果主要有《中华民国红十字会管理条例》(1933年)及随后的两次修正案、《中华民国红十字会战时组织条例》(1943年)以及40年代末已制定但未颁行的《中华民国红十字会法》,红十字立法趋于成熟和完善。南京政府在30年代的红十字立法活动,基本上继承和移植了北洋时期法规的主要内容,但其总趋向是政府的监管力度不断加强,使得红十字会在抗战时期实行军管,一度演变为国家机构,直到40年代末才逐渐回归民间慈善团体。

为了进一步加强对慈善组织的管理,1928年5月,南京国民政府内政部还公布了《各地方救济院规则》,要求各级政府依法设立救济院,并斟酌各地经济情形,分别缓急,次第筹办或合并办理养老、孤儿、残废、育婴、施医、贷款等所,以教养无自救力之老幼残废及救济贫民生计。随后,全国各县对原有善堂善会进行接收、改组,逐渐纳入到救济院系统中。10月,又制定了《管理各地方私立慈善机关规则》,规定各地方私立慈善机关应将机关名称、所定地址、所办事业、财产状况、现任职员姓名、履历详细造册呈报主管机关查核,转报内政部备案。由于法律位阶低,权限不大,12月,国民政府饬令立法院赶速制定慈善团体立案注册条例。1929年5月初,立法院讨论后认为"关于慈善团体立案注册之条文,在《民法》上已有详细之规定,似毋庸再定法规,惟对于慈善团体之目的及其设施,则应有相当之监督"[3],由此议定草案呈请立法院审议通过。6月12日,国民政府正式公布了《监督慈善团体法》,由此成了近代中国第一部有关慈善事业的基本法。7月,施行细则也相应出台。《监督慈善团体法》及其施行细则对慈善团体成立目的、发起人之资格、立案注册、会员与职员、募捐、解散以及会计清算等事项作了详细规定。该法颁布后,南京政府推动了传统善堂善会向近代慈善团体的组织变革,并进一步规范引导慈善救济事业的转型与发展。此外,1935年内政部依《监督寺庙条例》颁布的《佛教寺庙兴办慈善公益事业规则》,也鼓励各寺庙酌量各自财产情形,开展兴学、救灾济贫、育幼养老等慈善活动。40年代公布施行《社会救济法》、《救济院规程》、《管理私立救济设施规则》、《私人办理济渡事业管理规则》等法律法规,同样也旨在提倡并规范新式慈善组织。值得注意的是,1943年《社会救济法》的出台,表明了国民政府已受到西方国家的现代社会保障理念的影响,欲将传统消极之慈善观念转变为国家积极之行政责任,逐步纳入到社会福利制度中。此外,还有一些行政机关组织法也涉及到慈善行政管理的若干内容。

综上所述,民国时期的慈善法规已颇具规模,渐臻完备,这在客观上促进了近代慈善事业的兴盛。具体言之,其所产生的作用和影响有三个方面:一是界定和规范慈善活动的主体组织及其行为方式。例如,明确慈善团体等法人的定义,它们如何注册成立、进行登记、成为法人,设立的种类和方式,如何运作,乃至如何解散或取缔;对这些主体行为的规定,则涵括了慈善组织发起人的资格、财务监督审计、募捐、资产处置等行为。二是鼓励和褒奖社会生活中的各种捐赠活动,确立起有利于慈善事业发育的激励机制。如,在确立慈善团体的法人地位及其行为规范的基础上,建立起捐助各项慈善公益事业的褒奖制度,大力提倡民间社会的捐赠活动。南京政府建立后,在予以明确划分官办救济事业和民间慈善团体的政策倾向下,国家也对民间慈善机构进行了一定程度的经费补助。与这一层面有关的法规数量居多,分量最重且相对完备,形成了多项相配套的法令措施。三是为慈善事业发展造就所需的社会条件和环境。千百年来,乐善好施、济贫助困等善行义举原本在民间社会薪火不断,世相传承。再通过慈善立法以国家法令的形式,就形成了对慈善事业发展更为有利的客观条件和宽松的外部环境,如筹资渠道、税收优惠政策等。尽管民国政府的慈善法规也存在条文互歧等立法技术方面的缺陷,但这一系列具有近代色彩慈善法规的制定与颁行,不仅对民国的社会生活产生了较大影响，而且在中国近代法制史上占有一定的地位。

（与曾桂林合署，刊《光明日报》2009 年 1 月 20 日）

注　释

1 《政府公报分类汇编·教育》下，第 157 页。

2 《政府公报分类汇编·教育》下，第 158 页。

3 《立法院公报》，1929 年第 6 期。

九　传承与革新：中国慈善事业近代化述论

前　言

长期以来，由于众所周知的原因，中国近代慈善事业研究在国内几乎无人问津，成为倍受冷落和忽视的学术领域。及至上个世纪 90 年代初，随着国际学术交流的日趋频繁，海内外学者始就近代慈善事业有关问题进行对话，展开广泛的探讨。经过十多年的努力，已获得了较大进展。概括而言，目前中国近代慈善事业研究可以分为四种基本取向：一是慈善家、慈善机构组织与中国慈善救济活动的研究；[1] 二是教会慈善事业与近代中国社会的关系；[2] 三是慈善教育、慈善医疗与中国教育、卫生近代化的关系；[3] 四是从国家—社会的关系以及公共领域的角度，探究由民间力量主导的慈善组织在中国地方社会或近代都市的公共空间所发挥的作用与影响[4]，并已取得世人瞩目的成果。然而，遍检中国近代慈善事业研究文献书目之后，我们发现：全面、系统、客观描述与分析慈善事业在近代中国社会的嬗变的研究尚属凤毛麟角，尽管我们在探讨慈善事业与中国东南社会变迁的关系时曾于此有所论及，[5] 但是，专注的视野仅局限于东南一隅，对更大范围的全国性的慈善事业没有全面考察，对慈善事业的近代化问题及其表征也未作进一步的阐释与解析。

其实，晚清及民国的一百余年间，无论从中国历史还是从世界历史的角度看，都是社会急剧变迁，或者说是充满矛盾冲突的社会大变革时期。鸦片战争以后，中国就面临着“千年未有之变局”，受到了来自西方世界的政治、经济、军事、文化、思想等各个方面的全方位的强烈冲击。中国的传统社会由此在西方文明的裹胁下开始了它在近代时期步履艰难的社会变迁。显然，这种剧烈的变迁，已深刻地影响到了中国社会的方方面面，慈善事业也不例外。自国门开启及基督教慈善机构纷纷来华之后，传统的善堂善会就面临着在近代社会如何谋求生存与发展、如何传承与革新的问题。中国慈善事业如何实现从传统到现代的转变与调适，如何最终完成自身的近代化(modernization)？中国慈善事业在其近代化的过程中表现了何种特征及其发展脉向？这是本文试图回答的问题。本研究主要采用方志、报刊、文集等文献资料，尝试着从慈善服务的内容与形式、慈善机构的组成与类型、慈善救济的区域与范围、慈善资金的来源与构成、慈善救济的经理与运作、慈善服务的动机与目的等分析层面，对近代以来中国社会慈善事业的演进脉络进行系统的梳理，以期重新认识慈善事业在近代中国社会生活、社会结构变迁中扮演的角色与发挥的功能，从而丰富和拓展中国近代社会史之研究。

（一）慈善事业内容的多样化

善堂善会等传统慈善组织兴起于明清之际，它开展的慈善活动虽说有多种形式，却不外乎是济贫助困和赈灾救荒两大类。从总体上看，其服务的范围与内容还比较单调，仍属于消极的慈善救济之法。“施衣、施米、施材、施粥，……固然这是慈善的事业，但不能说这是治本，彻底的法儿。不过贫穷的游民依赖着这层保障，苟延残喘罢了”[6]。这种传统的救济模式既不能为受助者谋生计，又不能减轻国家和社会之负累，很自然，在近代以后便受到了人们的指责：“养而不教而无异制造莠民”，“惟多失慈善本意”[7]。鸦片战争以后，中国的社会环境已发生了巨大的变化，慈善组织也面临着一个适应已变迁了的社会与文化，服务社会、服务民众的问题。中国慈善事业如何来实现从传统到现代的转换呢？从19世纪中叶开始，一些传统的善堂善会遂应时而变，对慈善组织结构进行了适当调整，变更或扩大了慈善事业的范围与内容。而在东南沿海地区或其他受西方文明影响较深的区域、都市，更多的则是新添和增设了许多新式慈善机构、团体。从历史发展的角度来观察，我们不难发现:随着时间往后推移,近代慈善事业的服务范围也不断得以扩大,其内容基本涉及了中国社会广大底层民众的生计与日常生活的所有领域。它表现为扮演了远比传统的善堂善会更加积极、更加活跃的角色。一方面,近代慈善组织继续重视济贫助困、赈灾救荒等传统的慈善活动;另一方面,又不断捐设慈善医院、慈善学校、慈善工厂或习艺所等,并实施了许多以工代赈的工程,将慈善事业拓展到文化教育、医疗卫生、工商经济等多个领域,在近代社会中发挥了不可或缺的功用。以下就以传统慈善事业为观照点,从历史演进的角度来分析近代慈善事业的内容,说明其多样性。

1. 赈灾救荒

在传统社会里,赈灾救荒主要依赖政府的蠲免和赈恤;其次为民间善人创设的各种善举,如临时粥厂、义仓平粜,或进行急赈、冬赈和春赈。近代以来,天灾人祸交乘而至,接踵相继,中国民众倍受其害。政府面对频仍的灾荒已无能为力,民间社会及其人士便成了办理近代慈善救济活动最主要的力量。因此,在灾荒年月,赈济广大民众,帮助他们远离水深火热的危境,自然成了近代慈善事业的一项重要内容。为应付连绵不绝的水旱各灾,全国各地都成立了名目虽异却职能相类的慈善机构,从事各项救灾活动,像华洋义赈会、国际统一救灾会及各省的筹赈会等等。清末民初之际,干戈纷攘,兵燹不辍,兵灾救助显得尤为迫切。在这种情况下,中国红十字会遂于1904年应时而生,成为近代中国第一个专门进行兵灾救护和赈济的慈善机构。它成立之初即以“战时扶伤拯弱”、“平时救灾恤邻”为宗旨,在日俄战争和辛亥革命中都全力以赴,积极投入战地救护,或抢救难民出险、资遣回籍,或救治伤兵、掩埋暴尸。民国初年,中国红十字会更是参加了“癸丑兵灾”、鲁皖豫诸省兵灾、护国战争兵灾等各次重大兵灾的救赈。[8] 进入民国社会后,随着环境的变迁与现实的需要,中国红十字会的慈善服务的范围、内容更为广泛。本意原为遇有战争医救伤兵之用的红十字会,“近年以来,宗旨日见扩充,即如水旱、灾患时疫流行亦当设法拯救。是故,红会不惟于战争时有应尽之义务,平时亦有应救之灾患”[9]。善举愈推愈广,已涉及到治病防疫、施医给药等各项慈善公益活动。由此,这些为数众多的专事救灾救荒慈善机构的出现,在一定程度上减缓了因灾荒所造成的破坏。

2. 恤贫济困

中国人口在近代繁衍尤为迅速。生齿日繁，而农田尽辟，普通民众的经济状况又不断在恶化，数以千万计的人们时刻受到贫困之魔的巨大威胁。所以，走向近代化的慈善机构，对于恤贫济困这一传统慈善事业的重要项目，并没有废弃和懈怠，在平时也还开展了种种活动救助贫困之民。如宝山县在清朝末年将从漕赋项下征收费拨充用于慈善活动，其名有两项，一是孤贫银两；一是恤孤口粮。孤贫额定47名，每年费银近60两；恤孤额24名，年供米134石。民国初年后还列入县财政预算，予以维持。[10]除了恤贫外，许多穷人死后无以归葬。由此，助丧敛埋成为这时期济困的一个重要方面。由于天灾战祸频仍，饿殍盈途，哀鸿遍野。好善之士起而谋之，设立善堂以救其患难。此类机构有同善堂、施棺会、恻隐堂、不忍堂、余庆堂和施仁堂等名称，民国初年，上海县的马桥慈善团在恤贫为主的同时，亦开展施棺舍材、掩埋死尸等善举。在江西南丰，谦益、同体、正德、福善、嘉善等多所善堂均有恤孤、施棺、义冢诸善举。

3. 慈善医疗

宋明时期，我国曾有过惠民药局之类的慈善医疗机构。在清代前中期，一些综合性的善堂善会也常有施医给药之善举，但影响并不算大。鸦片战争前后，西方传教士出于布道的考虑，开始在华创办小型诊所，兼为贫苦之民减免费治病。由于这些教会慈善医疗机构以西医之法诊治各种伤病，讲究科学，疗效甚佳，遂受到了人们的重视。及至清末民初，不论是上海、宁波、汉口、芜湖等沿海沿江各埠，还是洛阳、成都、西安、太原等内陆城乡，均有教会建立的带慈善性质的医院、诊所。在20世纪初年，在不少地方还出现了中外人士合办或由中国人自己创办的医疗卫生机构，也含有慈善色彩，为贫民减免费看病。总之，慈善医疗已发展成为近代慈善事业的一项重要内容。

上海是近代中国最早开埠通商的口岸之一，也是近代慈善医疗事业最为发达的地区。1842年，西人在上海始设仁济医院，随后发展十分迅速，1860年前后，上海建有多所由中外人士创办的带慈善性质的医疗卫生机构。清末光宣年间，上海慈善公益医院已达数十处，如广仁医院、广慈医院、仁爱会医院等。民国时期，中国人又相继设立了中国公益医院（1911年）、中国红十字会上海市分会医院（1911 年）、广益中医院（1922 年）、沪南神州医院（1919 年）、上海平民产科医院（1922 年）、上海劳工医院（1929 年），等等。这些医院大都以为贫民减免费看病为旨，或施医送药，或种痘防疫。像由沈敦和、朱葆三于 1907 年集资创设的上海时疫医院，即每年开办数月，预防疫病的蔓延与流行。1917 年，“值时疫大盛，乃广延西医添购仪器，昼夜救济，全活 4916 人之多”。[11]在当时社会医疗条件下，上海时疫医院能取得如此成就，已属于相当不容易。在上海慈善医疗蓬勃发展的同时，江浙、两湖地区的一些教会医院在医疗卫生方面也开展了一系列慈善公益活动。如常德广济医院、长沙湘雅医院、益阳信义医院都积极为平民进行义诊。在武汉，则有伦敦会办的汉口仁济医院，美国天主教圣主济各会办的圣约瑟医院等等。这些慈善医疗机构，在防治疾病和促进民众健康方面做出了一定的贡献。

4. 慈善教育

慈善事业以博施济众为极功，其内容尽管有多种多样，综而言之，却可归结到养、教两大方面。中国传统的慈善机构大都重养轻教，而忽视了慈善教育。正所谓：“今者中国各善堂养则有之，教尚未备，且以言夫养……亦惟饲以粗粝延其残喘而已。”[12]这种情况直到戊戌期间才有所变化。其时，西方慈善思想在中国开风气之先的上海、天津等商埠已有广泛的传播，人们对慈善教育这个问题也有了新的认识，指出中国以往虽有“义塾以训贫孩，亦惟是略能识字文义”，但同泰西教法比较，相去仍远，由此提出，中国慈善事业要走向近代化，应该师诸泰西各国，重视慈善教育。[13]这种看法在当时并非孤鸿独鸣，很快就引起了人们的强烈反响。当时慈善界领袖人物经元善等人即深表赞同，并开始付诸行动。1897 年冬，经元善在慈善界同仁的支持下，率先捐资创办了中国第一所女学堂。女学堂设立了算、医、法、师范四科专门之学，并拟教纺织、绘画等技艺，俾学生将来能在社会上独立谋生。他认为：“女学堂之教人以善与赈济之分人以财可同日而论，且并行不悖。”[14]很显然，兴学堂成了戊戌时期慈善公益事业一种新举措，拓宽了慈善服务的范围与内容。第二年，他又发起筹划余、上两邑农工学堂，以实现自己寓养于教的良谋宏愿。这所农工学堂的教育大致有二：一是推广中国已有之工艺，二是创兴中国未有之工艺，如苏绣、南京缎、杭州绸、广东牙雕、台州竹器、扬州漆器都是所教的工艺；同时还传授制作日本洋伞、木钟、压洋铁片等活。中外技艺兼习之，极具实用价值。“此举不但恤贫，且以保富，不仅可变通赈济，亦可变通一切善堂”[15]。设学堂教会人们谋生技艺，这是先前所未曾有的慈善之法。此后，在维新思想的鼓荡下，慈善事业重养轻教的倾向开始改变，趋于教养并重了。慈善教育即从此时起在近代时期得到较大的发展。

20世纪初年，在严重民族危机的刺激下，清末社会涌起了一股振兴教育以救中国的思潮。随着这股教育救国思潮的涌动，从京城到地方，中学堂、专门学堂、实业学堂等如雨后春笋般出现，其中也含有一些慈善性质的学堂。约在1903年，北洋赈抚局总办毛庆蕃在天津“设半日小学堂一所，招集极贫子弟入堂读书，定额二百名，分列四班”。另外还为贫民子弟设立一所工艺厂，“招幼童学习粗工艺”。聪颖者令习织布、织毛巾、造洋桌椅等事，愚钝者则学编柳条、织簸箕、提篮等艺，希望通过数年慈善教育之功，“俾人人操一业以自养其生”[16]。

清末民初，上海绅商和社会名流也设有收容、教育贫民子弟的慈幼机构，像上海孤儿院、广慈苦儿院、上海贫儿院等，其以公益田租收入和社会捐款为经济来源，在当地有着广泛的社会影响。上海孤儿院，又称龙华孤儿院，1906年由高凤池、李平书、王一亭等人在南市创办，1910年4月迁至上海南郊的龙华新址。龙华总院收养6至18岁男女孤儿，立有小学堂、工艺所，男孤习藤、木、织、农四科，女孤学缝纫、烹饪、图画、刺绣等工艺。1910年该院收养男女孩150人，1913年为200余人，1917年达305人，[17]发展十分迅速。由曾铸、施则敬发起创设的上海贫儿院也颇有特色，它于1910年开院收养儿童，向贫儿传授多种技艺，如漆工、革工、印刷、编物、农桑等等。清末时，照高等小学堂分班教授，高等毕业者入艺科。民国后又改革组织，分为三部：留养部、通学部和职业部。[18]广慈苦儿院于1917年在闵行镇开办，“收养孤贫孩童不分区域，额定二百名，分班授以普通学识，毕业后分送各工厂学习工艺”。[19]除上述三所著名的慈幼院，上海在近代时期还有多种慈善教育的组织，如新普育堂、普益习艺所以及虞洽卿创办的私立上海贫儿院和孔祥熙主持的中华慈幼协济会。此外，在汉口、南京、镇江、宁波等地都有类似的慈善教育机构。它们都以教养兼施、扶助弱者、塑就新人为己任，成为近代慈善事业中一个夺目的亮点。

民国年间，慈善教育越来越受到人们的关注。这时期，著名的慈善教育机构北有熊希龄主持的香山慈幼院，南有张謇创办的狼山盲哑学校。北京香山慈幼院，1920年由熊希龄创办，收养京畿地区的无辜灾童，维持垂二十年之久。[20]南通的慈善教育机构最初兴于清末，盛于民初。它的创始人张謇对慈善教育曾有这样一番论说："属于积极之充实者，最要为教育；属于消极之救济者，最要为慈善。教育发展，则能率于以增进；慈善周遍，则缺憾于以弥补。"[21]弥补慈善之阙，必须重教育之功效。因而，张謇在从事各项慈善事业的过程中，尤为注重慈善教育的创设与发展。1907年，张謇将企业的利润分红捐资创办了通州师范学校，资助平民子弟完成学业，开始致力于慈善教育事业。1912年，张謇又在南通创设狼山盲哑学校，"期以心思乎足之有用，弥补目与口之无用，其始待人而教，其归能不待人而自养，故斯校始在教育之效，而终在慈善之效"。[22]后来，他还捐资兴办了盲哑师范传习所。总之，在近代慈善事业中，张謇的重教甚于重养的慈善理念及实践可以说在当时是独树一帜。另外，他还捐资捐物创办了多项文化教育的公益机构，如图书馆、博物苑，这都拓展了近代慈善事业的范围与内容。

20世纪20年代以后，慈善教育机构在全国各地已经很普遍。这些新立的孤儿院等慈善组织都比较重视教养兼施，为孤儿能自立于社会谋生计着想。1922年6月，长沙开福寺、灵云寺等八丛林寺僧联合筹集洋银数千元，创办起湖南佛教慈儿院，以"收养孤苦儿童以国民教育兼司各种工艺，俾能独立谋生为宗旨"，额数为60名，以后视经费多寡再行扩充。慈儿院由吴嘉瑞、唐乾一为院董，靠全省75县所属寺产及僧众之捐为常年经费来维持[23]。不久，湖南桃源县也于1925年创办了孤儿院，"收养寒苦无告之孤儿，实施教育，兼以工艺技能"，"其教育部分系照完全小学办法，前节课程与县属初小无异，后节教科与县立职高相同"。所设课程有算术、珠算、常识、自然、簿记等，工艺则分缝纫、竹工数科。[24]桃源县立孤儿院在当地树立起了良好的口碑。以上所论列仅以湖南为例，据我们接触到的史料来看，闽、浙、皖、苏、赣各省皆有，其情况也大体相若。而就全国范围而言，中西部内陆地区的慈善教育机构则相对较少，规模及其发展状况都不如以上数省。

从上面的论述而知，慈善教育在近代已日益为慈善界人士所重视，各种类型的慈幼机构纷涌出现，扩充和丰富了慈善活动的内容，成为近代慈善事业不可缺少的组成部分。由于慈善教育机构实行教养兼施，这样，不仅让人院(校)的孤、贫、盲、哑儿童学习基本的文化知识,而且还教会他们一门谋生的技能,为将他们塑造成有益于社会的人做出了贡献。

5. 以工代赈

晚清以来,天灾与人祸交相叠见,生计日穷的民众更是雪上加霜,苦不堪言。在连年不断的水患旱灾的侵袭下,众多百姓荡析离产,流离失所,以致饿殍满路,残骼横沟。灾象显现之后,赈灾固然必要,但还须从长远计,不能单以赈灾作为临时应付之策。因为,对于一个无衣无食的灾民而言,"赠之财而得暂时饱暖,果惠矣。财尽则仍冻馁,诚不若代觅生理,使得自食其力之可以长久也"。因而灾荒救济只有采取标本兼治,以工代赈的措施,才能收到显著的成效。以工代赈之策,往往工赈兼施,一举多利,是"为中国向来办赈至善善策"。[25]它既可弥补政府赈款之不足,又可使灾民得以趁工,同时地方社会可藉此消弭隐患,减少不安定的因素,稳固社会秩序。

当然,以工代赈措施并非近代所首创,其实古已有之。不过到了近代以后,由于灾荒更频,灾区更广,灾情更重,物质财富遭到了极大的破坏,农业生产的发展也受到很大的制约,老百姓更是五谷皆罄、户鲜盖藏。在这种特殊的背景下,如果还是以单纯的传统赈济,势必赈无了期,于是,以工代赈在慈善救济过程中起到了举足轻重的作用。举凡近代时期(尤其是甲午战后)列次大灾荒,屡有以工代赈的慈善救济项目,次数之频难以有精确的统计。而工赈的种类又有疏浚河渠,修筑堤坝、砌建城垣、设工艺局、兴路开矿等诸多名目,其中以河工水利为最要。

近代中国,江淮水灾屡屡为患,因而工赈多以兴水利为急务。1912 年,南京附近水利失修,溃堤决口,遂由公正董事组成工赈局,将 3 万元拨款归该处兴办工赈之用,先后在栖霞、秣陵关一带施工。在华北则往往旱魃兼旬,久旱无霖,也需兴河工以利民生。1920 年,国际统一救灾协会开展一系列慈善救济活动,决定开办马厂新河、牛木屯、直鲁运河和滹沱河等四项水利工程。马厂新河工程,由顺直水利委员会负责招募灾民;后三项工程则由救灾协会招募灾民壮丁动工,日给工价,这样既可救济被灾人民,又能筑成防范水患的工程。此类以工代赈工程"系属慈善性质,所有被派办理此项工程人员,除正当膳宿费外,不应支领薪俸"[26]。这就合理地节约慈善资源,发挥它的最佳效益,让灾民受到莫大之惠。总之,清末民初各慈善团体将所募之款，除进行急赈、冬赈、春赈外，大多用于筑河堤、浚湖坑的工赈。当然，也尚有其他名目，像设贫民工厂和筑路等。1920年春，“湖南以兵灾之后，重遭旱潦，孑遗父老，奔走告哀”。熊希龄“乃约京省同乡，创设湖南义赈会”[27]。经过奔走呼告，熊希龄等人募得现洋数十万元，另将收回前押于英商的一套机器设备亦交给湘省，以备开办普通工厂作工赈之用。[28]1921年，熊氏还争取到美国华北赈灾会的一笔大宗余款约56.8万元，也移交湘省，用于募青壮年农民修筑潭宝公路，以救济灾区。[29]这些以工代赈措施都有良好的收效，为积极的治本的彻底的慈善救济。

清末社会民生日蹙，失业日多，最终导致了严重的流民问题。为稳定社会，给这些无所依归的人群提供一条自食其力的生路，从1901年起，各地开始创办工艺局、习艺所。这实际上也是将过去设栖流所给流民粥食的消极慈善救济，改为以工代赈的积极慈善救济，让其习得一艺，能赡其身。

近代中国创设习艺所（局）始于清末新政之初。1901年，江西巡抚李兴锐奏请在南昌设立一所工艺局，收容无业失业之民，雇派工师，教以工艺。院内分粗工、细工、学工三厂，“粗工如蒲鞋麦扇草帽麻绳诸事，教愚贱粗蠢之辈。细工则刷书、刻字、织带缝衣制履结网之属，凡质稍好者，使人习之”。“所习工艺制成发售，除酌量提还料本外，仍酌给本人”。[30]这样，给无业游民找到一条各自谋生业之路。自1904年后南昌、义宁、抚州、临川、宜黄等州县均设有工艺院、劝工所、习艺所之类的机构。此外，湘、苏、浙等省也建立了数量不等、规模不一的工艺厂等。这些工艺场所，均以“教导养民”为旨归，让贫民入局习镌刻、编织、刺绣、瓦木诸作之类，待一二年技艺有成即可出局自谋职业。不可否认，这些官方主持的工艺局地确实安置了一群流民游民，部分地解决了其生计问题，同时还创造了一定的社会价值。民国以后，这类工艺局场也还存有，仍以以工代赈之举行慈善救济之法，在社会救济方面发挥了作用。

综上而论，虽然晚清及民国时期的灾荒不断，其慈善内容却不再限于单纯的赈灾救荒，济贫扶困，而扩展到慈善医药、慈善教育、以工代赈等多个方面，尤其在后两方面最为突出，基本上将“消极的治标的不彻底的慈善改进，而为积极的治本的彻底的慈善”，[31]这正是慈善事业走向近代化的客观要求，同时又是其近代化特征的表现。

（二）慈善机构的多元化

近代，各种社会矛盾日显突出，加之连绵不绝的天灾人祸，慈善救济十分迫切。在此情形下，作为社会“调节器”的慈善组织便急剧增加。据张礼恒先生的统计，1930 年前后，上海共有慈善团体 119 个，其中创设于 1895 - 1928 年间的慈善组织就有 55 个。[32]清末民初之际涌现出来如此繁多的慈善机构，一方面初步显示出近代慈善事业的发达、兴盛，另一方面则表明慈善机构呈现多元化的色彩，其组织形式、组织功能及其活动范围都不再单一。

从组织形式上看，中国近代的慈善机构已由完全隶属于政府的官办慈善机构发展演变为独立的民间慈善团体为主体，辅之以附于其他社会组织的慈善团体。明清以来，养济院、普济堂等传统慈善或为官办，或为官督绅办，与封建政府总存在着千丝万缕的联系。虽然民间社会也创立了一些善堂善会，但为数不多，规模不大，还不占主导地位。随着政府的社会救济功能减弱，民间慈善组织和隶于其他社会团体的慈善组织也迅速增多，共同构成了中国近代特别是民国时期慈善事业发展的基本力量。1920 年北方五省大旱，积极赈济这次大灾荒的民间慈善团体就有：京畿农民救济会、北京民生协济会、华北救灾协会、北方工赈协会、山西旱灾救济会、陕西义赈会、沪南义赈会、上海女界义赈会、中华慈善团、国际统一救灾总会、华洋义赈会、中国济生会等数十个。这些独立的民间慈善团体无论在数量上还是在所拥有的慈善资源以及社会影响等方面，都已大大超过官办的慈善机构，成为近代中国慈善事业的主导者。另外，附属于其他社会机构的慈善组织也有了一定的发展，如申报馆的协赈所在清末民初的历次赈灾中就产生了极好的社会影响。

从组织功能上看，清末民初的慈善事业出现了募捐机构、实施机构与协调机构并存的新格局。为了不让有限的慈善资源流失浪费，并避免因各慈善团体自发募捐而影响捐献者的积极性，专门从事募捐活动的机构已在清末社会中出现。这些专门性募捐机构将筹捐的善款悉数解汇给实施慈善活动的机构，因而形成了募集捐资与实施救济相分离的体制。光绪初年，经元善等人在上海发起主持的协赈公所，即实行募与赈的分离，是为近代慈善事业中募捐机构之雏形。进入19世纪末，“灾荒迭见，赈款浩繁而国库又值支绌之时”[33]，惟有仰赖于民间善士的接济，方能纾解民困。为合理利用善源筹办赈务，上海申报馆遂成立协赈所，广登告示，劝心慈性善之人“慷慨解囊以襄善举，或节游观之费，或省宴会之资”[34]，赈款筹集后由协赈所每年分批汇解灾区。如下表所示，申报协赈所还将历年所募收解清数俱登报章，以资征言。

申报馆协赈所1896－1898年善款收支情况表（单位：两）

年份	募收善款				支出善款					
	上年结存	英洋(已折算)	规元	合计	解往区域及款额					小计
1896年	649.031	8772.602	1928.994	10701.596	湖南	广西	山东	顺直	营口	10000
					5000	2500	1000	1000	500	
1897年	701.596	7634.430	4187.872	11822.302	川东	川鄂	崇阳	湖北		8500
					5500	1500	500	1000		
1898年	3322.302	10696.656	9938.726	23957.684	江阴	淮徐海	山东			20000
					1000	11000	8000			

资料来源：1.《综纪丙申年本馆协赈所筹赈事略》，《申报》1897年2月12日。
2.《综纪丁酉年本馆协赈所筹赈事略》，《申报》1898年1月30日。
3.《综纪戊戌年本馆协赈所筹赈事略》，《申报》1899年3月4日。

若有余款，申报馆协赈所还将其存庄发息，涓滴归公。从上可知，申报馆协赈所实际上已成了一个运作规范制度完善的专门从事募捐活动的慈善机构，在协调和推动清末的慈善救济工作中发挥了举足轻重的作用。这种专门募捐慈善机构避免了传统善堂因胥吏的染指而导致的贪污挪用等弊病，又进一步扩大了慈善事业的功能和影响，因而颇得当时绅商民众的信赖，捐输源源不断。1898年，申报协赈所“所接较去年为旺，数倍之，所解亦几倍之”[35]。绵绵的善款遂促进了近代慈善事业的发展。

慈善事业由传统走向近代，必然需要各种慈善团体进一步合作，在这一过程中最终产生了协调各慈善团体的机构。上海作为近代中国慈善事业最兴旺最发达的地区，在清末光绪年间就初步形成了一个慈善网络，对慈善资源进行协调、共享。我们试以19世纪后期中国义赈组织的演变发展为例。1876－1877年义赈组织刚产生时，主要是依靠传统的善会善堂如会馆、公所、钱庄、银号、商号的组织和领导。如经元善依托其仁元钱庄、施善昌依托其丝业会馆来开展义赈活动，办理慈善事业。到19世纪80年代初电报局等洋务机构设立之后，电报局、文报局、轮船招商局等又成了领导义赈组织的主角。再到80年代末90年代初，各个相对独立的包括传统或者现代性质的义赈组织逐渐走向了联合，设立了统一的协作组织，制定了联合的工作章程，在人员、信息、资金等方面实现了资源的共享。

民国年间，作为民间慈善组织的协调、联合机构也有不少，如1912年9月成立的上海慈善团就是一个有协调性质的慈善机构。慈善团系将上海市区原有的同仁辅元、普育、清节、果育等慈善机构合并为一大团体，“酌盈剂虚，统一办理”，[36]并置文牍、会计、庶务等科办理全团事务，凡基金、基产、款项收支统一为慈善团协调拨给下属慈善机构。[37]十多年之后，上海还有另一个影响更大的慈善协调机构。1927年4月，由上海20余家慈善团体联合发起成立了上海慈善团体联合会，其目的在于本着互助的精神以改善与维持本地的各项慈善事业。到1930年，会员组织已扩展到40余个，基本包括了当时上海主要的华人慈善团体。它们在事业上互相支持外，在资金方面也相互通融，由实力雄厚的慈善团体向较弱的慈善团体提供补助，形成了一种紧密的关系。此外，民国前期比较著名的协调性慈善组织还有中华慈善团、国际统一救灾总会等。中华慈善团成立于1919年，最初由熊希龄为主任，朱葆三、王一亭为副主任，设交际、文牍、庶务、调查各科。[38]它事实上也发挥了一定的募捐组织和协调组织的作用。一方面，中华慈善团所募集的善款有相当一部分汇解拨给地方慈善机构用于各项慈善活动；另一方面，地方慈善机构又大多是中华慈善团的团体会员，从而使中华慈善团客观上不仅是一个慈善团体，而且同时也是全国慈善团体的联合和协调机构。1920年出现的国际统一救灾总会则在协调各赈灾组织的募款、施赈范围等方面起了很好的作用。

总之，在晚清以后慈善协调机构的出现，使原来互不联系的各个慈善机构开始改变一盘散沙，各行其事的局面，携起手来，密切合作，从而充分显示出慈善资源优化组合的巨大效益，更有利于慈善事业发挥博施济众的社会功能。这样，一些慈善机构则有可能集中精力，更专注于募捐，向社会有力者广泛劝募，筹款捐物，为需要救济的困难人群提供钱物方面的援助。而另些慈善机构则在灾区仔细查赈，尽心救赈，向灾民发放救济物质。显然，以上三类慈善机构在近代中国社会的出现与并存，对于推进中国近代慈善事业的发展无疑有着积极的作用。

（三）慈善救济区域的扩大化

传统慈善机构都明显存在着狭隘的畛域观念，带有浓浓的地域色彩。它所开展的慈善救济活动的范围多局限于本籍或当地。清末民初，由于新慈善观的传播，近代交通工具和通讯手段的广泛运用，这种救济区域比较狭隘的局面发生了明显的变化。这时期，一些全国性的慈善机构相继成立，广泛参与各地的慈善救济活动，影响已及于海内外。即使是地方性慈善机构，也不再画地为牢，把救济活动仅仅专注于本区域。这样，近代慈善事业的救济范围就大大扩宽了，救济能力也增强了。诚如熊希龄所言："古时交通未广，救灾恤邻，仅限禹域。海通而后，万里户庭，国际之竞争益烈，而互助能力亦兴"[39]，慈善救济不再限于本县本省，已扩展到全国范围内，甚至已走出国门，参与国际性的人道主义救援。

慈善机构在救济范围和活动地域上突破狭隘的畛域观念，这是中国慈善事业在近代时期的一大进步，同时也是它趋向近代化的一个显著特征。这种慈善不分畛域的观念的形成与近代从事慈善活动的一些思想开明的绅商有关。他们对时局现状极为关切，有着强烈的社会责任感，并热衷于慈善济世。在19世纪80－90年代义赈中，李金镛、严佑之、经元善等人目睹秦晋灾荒之惨形，以为"我本同处宇内，有分地无分民"[40]，理应一体救济。正是有了这种超越乡土观念的社会意识和炽热的爱国情怀，他们才全力以赴地组织起大规模义赈，在上海、扬州等地设立协赈所，救济远及千里之外的受灾同胞，从而跨越了地区与行业的界限。这与许多传统善堂的做法迥然相异。民国建元后，"慈善事业尤应不分畛域"[41]的观念传播更广，深入人心，成为社会各界尤其是慈善界人士的共识。同时期的报纸也屡屡刊登文章，对之作进一步阐说："盖办赈为最要之慈善事业，凡为人类皆有热心负此责任，国家且弗论，遑论地方，故对于灾荒区域不可稍有畛域之念，对于同办事人，不可稍有尔我之见。”[42]在这种新慈善观的影响下,江南一带的慈善机构已不再拘泥于本地区内,而是超出空间界限,对全国各地的大灾奇荒都普施救济,并延伸到了域外。

近代中国慈善事业救济范围的扩大,在一定程度上还受到外国人在华办理的一些慈善机构的影响。晚清时期,一些外国人士出于人道主义或博爱精神,开始在华成立了一些慈幼、安老机构,真心实意地救助中国的苦难者,并把近代外国慈善事业的管理运作方法和经验引介到中国。他们在上海、宁波、汉口等地创办的慈善机构就产生了不小的影响。清季,中外人士又共同发起成立了一些慈善组织。最著名的是上海万国红十字会,它是日俄战争爆发后,英、美、德、法、中五国人士于1904年3月在上海创立的。不久在东三省的营口、辽阳、开原、铁岭等处次第设分会,不少教会牧师也积极投身其中,在战地救护、难民安置、生产赈济等方面发挥了巨大的作用。当时就有人评论说:“溯自中外通商以来,万国一心,踊跃奔赴,能与我华合办大善事者,在上海当推此为第一伟举。”[43]此后,更多的外国友人参与了中国的慈善赈济事业。1906年成立的华洋义赈善会就有李德立、李佳白、海克司、斐溪、霍必兰等多名外国人在会中任职,还有一大批教士也在各地会同办理中国的救济事项。[44]民国初期组织的众多慈善机构如华北义赈会、国际统一救灾总会等,均有外国友人的身影。“岁已未(1920年),中国北部告灾,各国慈善家相率为华北赈灾会之组织,美人募资尤巨”。第二年,“湖南以兵灾之后,重遭旱潦,孑遗父老,奔走告哀……于时中外人士,就长沙复设华洋筹赈会,续事救拯”[45]。

近代慈善事业的发展,其重要表征在于慈善活动已突破畛域界限,对灾区进行一体救济。事实也是如此。清末申报馆协赈所历来肩负在上海筹募捐输之重任,但其办理慈善却不限于上海一隅,对江苏、浙江、江西、湖南、湖北、安徽等省区的水旱各灾均竭力相救,对顺直鲁豫等地的赈济也从未曾有推诿之心,以期“拯彼哀鸿,共登衽席”。[46]1906年春夏之交,湖南遭遇特大水灾,致使湘江暴涨,临江地段田庐冲毁无算,人畜溺毙尤多,被灾区极广。虽经省善后局拨款赈救,“惟湘省款项奇绌”,而“经此次奇灾,需款甚巨,力难独任”,[47]于是乞登捐书于《申报》。沪上办赈诸君闻悉后也竞相谋集款项赈济,先后两次汇银5.75万两,并派刘纯之、袁海观等人在汉口商酌办理。[48]其他慈善机构也积极为湘灾筹措到一笔不菲的善款，和衷共济。[49]1909－1910年，安徽蒙城先后发生饥荒和涝灾。上海华洋义赈会应该县士绅之请，即拨银20万两，并赈食米919包，蚕豆1094包，豌豆464包，小麦635包，稻3747包，救活灾民约30万人。[50]其实，这样跨区域的大规模赈济在近代不乏其例，尤其在民国更是不胜枚举。这些慈善家们都以饥溺为怀，恫瘝在抱，一旦各省遇有灾歉，"一经书陈乞籴，无不慷慨发棠，义粟仁浆，源源而至"[51]。近代时期，各地的慈善机构广施博济，存活的灾民自然不在少数。

随着慈善资源的改善，中国的慈善组织也开始走出国境，竭尽所能，给遭受重大天灾兵祸的地区、国家，予以民间的人道主义的慈善援助。1927年，熊希龄为湖南华洋义赈会述其事绩中说："近十稔中，若法兰西之大水，俄罗斯之大旱，日本东京之大地震，我人亦尝追随行列，加入救济团中。"[52]此言有史实为佐证。1906年4月，美国旧金山发生大地震，"侨美华民十余万人，死伤殆半，惨痛情形，笔难殚述，其厄甚于美人之苛禁万倍"。为此，有报纸论：爱同胞，办慈善"不以道路远近而间亲疏，目击耳闻而分厚薄。崇（明）、宝（山）、川（沙）、南（汇）之灾，我人既齐心合办解囊倾箧以助之，则侨美之同胞，即内地同胞也，岂有不慷慨捐输以救我十余万同胞于海外者乎？"况"救灾为天下公理，……且同为国民，无分畛域"[53]。在这种社会舆论的氛围中，农、工、学各界均踊跃乐输，很快筹得赈款10万两白银，"散给发该埠无家可归之华人"。[54]1922年日本东京大地震，在慈善机构的劝募下，中国社会各界也不计前仇，捐资捐物，给灾后的日本家园重建工作提供了援助。

综而论之，外国人、外国慈善组织在清末及民国年间大量参与到中国慈善事业的同时，中国慈善机构的救济范围也大为扩展，不独关注于本土本境，也逐步跨出国门，参与国际间的人道主义慈善援助工作。由此可见，中国的慈善事业在近代变迁中渐渐融入到国际社会，这也从另一个侧面表明：慈善事业在社会变迁和国际交往中其近代化的步伐加快了。

（四）慈善经费的多渠道

慈善事业的发展离不开丰盈充裕的经费。如何募集善款，广辟善源即成了近代时期各地慈善机构面临的首要问题。为此，众多的慈善机构都积极行动起来，非常重视慈善经费的筹措。综而观之，有以下多种渠道募捐保障了慈善活动的正常开展。

国库银是明清时期官办慈善机构运作经费的主渠道。清末十余年间，尚存的官办慈善机构除吸纳民间捐资外，官款公帑仍然是其依恃的主要经费来源。像湖南省城的养济院、百善堂，“向由盐道衙门、牙厘局、督销局拨款”。[55]然而，由于巨额赔款、浩繁的军费开支以及统治者的挥霍无度，已使得晚清政府的财政罄尽，无以敷出。在官款渐少的情况下，民间社会的挹注、捐献就成了近代各种慈善机构的重要渠道。

社会捐献来源十分广泛，它既包括了海内外各商会、公司及其他机构的捐资，也包括了社会名流、政府官员、普通民众的个人捐献。尽管普通民众的捐款额较微，但其范围广，阶层众，可积铢累寸，聚沙成塔。因此，每次大灾发生后，各地的筹赈所、协赈局无不希望诸位善人“踊跃从事，慨然解囊，金不拘多寡，集腋成裘，汇解灾区”[56]。19世纪末20世纪初，个人捐助的名目甚为繁夥，像移助糜费、义卖、义演之举都是以前未曾有过的筹捐方式，拓宽了近代慈善事业经费的募集渠道。

节糜费以救灾黎，这在晚清时期就已得到有识之士的响应，他们纷纷捐献出各种筵资、迷信之费及娱乐应酬费，充作善款，帮助灾民糊口度日。1912年，张謇逢六十华诞，“念乡里老人固有失所而无告者，愿以觞客之钱，建养老院”[57]，遂将亲友赠送的馈金及生日宴客费一并移作建院之资，建成了南通第一养老院。1922年张謇又于七十寿辰之际捐建南通第三养老院。他认为：“一己之享，何如众人之安；一日之费，何如百年之惠”[58]，把个人的安享之资捐出来为社会谋福祉，这更有意义。当时，不独是社会名流、政府要员倡行此举，还有众多的平民百姓怀着积德行善的传统理念，寄望于捐资献款来求得益寿延年或祛禳祈福。移资助作善款遂成为清末民初社会普遍盛行的风气。据1900年5月的《申报》载：江苏一无名氏为祝父母五十大寿，“将筵资助善捐，计交到洋30元”，郑某求病愈，捐洋50元；程某病愈之后还愿，亦捐洋100元作善款。[59]尔后，此类例子甚多，随着风气的渐开，“以寿诞筵席资及各项移助者已指不胜屈”[60]。民国时，有些热心的善士还提出，除筵席资可捐外，“尚有迷信之耗费，亦可移赈民饥”。[61]普通百姓怀着己溺己饥之心，将喜庆铺张、拜佛求神等糜费捐出，赞助慈善事业，使得饥民实惠均沾，其功德自然不应小觑。

在募集善款时，近代慈善机构一方面借助当时颇有影响力的报纸，备述灾情惨状，广泛地向社会各界求援。检录《申报》等当时全国各大报，种种赈灾劝捐广告触目皆有，为向社会募资发挥了积极宣传作用。另一方面，还通过举办各种形式的义演义卖活动，以情动人，也筹得了一定数额的善款。

随着近代都市的发展和市民文化娱乐生活的日趋丰富，义演募捐遂作为慈善机构筹措经费的一种新方式而出现。这在清末民初社会已很普遍，反响亦佳，从而拓宽了善款资源的渠道。1906 年秋，江苏淮、徐、海等地水患严重。上海女子中西医学堂张竹君女士遂组织该校女生将灾区卖妻鬻女之惨状排练成戏，于 12 月在张园举行义演，剧情凄婉，“闻者颇为感动，争以银券、洋块遥掷之”，“来宾约有千人捐输，颇为踊跃”。[62]女学堂将募得全部款项都捐给了淮徐海灾区，深得社会各界的赞誉。民国以后，由于民众意识的普遍提高，义演助赈更为普遍。1912 年，中华全国义赈会因筹赈维艰，而各处请款甚急，于是商请上海伶界名角在大舞台剧院义演一天，“所得券项，除一切开销外，悉数充赈”，[63]缓济了燃眉之急。1920 年 11 至 12 月间，群芳影班、上海佛教救苦会、上海学联都先后进行演剧义举，为筹措赈灾款，以谋福于灾民。[64]1926 年，京剧艺术大师梅兰芳在上海举行冬赈义演，所得券资亦悉作赈助贫民之资。[65]由于所邀义演者多为伶界名角，德艺双馨，主持者亦口碑甚佳，因而捐资者也很信任之，均乐从解囊倾箧，为灾民谋一活路。由此，义演的募捐形式在民国年间甚为流行，历久不衰。

在义演风行之时，名人字画的义卖也是筹集慈善经费之一途。自清末起，张謇在南通先后创办了育婴堂、残废院、盲哑学堂。数年以来，南通各慈善机构的经办费用皆有赖于张氏兄弟创设的实业公司。然实业有盈亏消长，而慈善事业的规模又愈加扩充，原划拨之款便日益见绌。1906 年，南通唐闸新育婴堂“收婴千五百名，一切撙用尚须三万元有奇，除原有常费及他项罗掘外”，慈善经费仍很紧张，张謇只好“乞灵缣素”，靠鬻字补助之。[66]此后十年间他多次义卖字幅，以资所乏，使南通的慈善机构度过了屡屡困境，勉力维持下去。清末民初还有许多社会名流也欲展自己的一技之长，挥毫泼墨，倾情义卖，为处在困苦中的人们献一份爱心，助一臂之力。著名国画家吴昌硕于1920年献画助赈,为南北义赈会筹得一笔可观的善款。[67]1922年,已隐逸的康有为面对众多的灾黎也不忍坐视弗见,于是特书字幅百条,义卖之款全捐献给慈善团体;1926年湘灾严重,杨度也卖字赈济桑梓百姓。[68]由此可见,义卖义演作为近代时期的一种独特的募捐形式,由于参与阶层的广泛性,使得慈善事业真正成为民间力量占有举足轻重地位的一项社会事业。因而当时有人说:"私人出资,足称慈善界之特色。"[69]

在依赖社会和个人的捐献之外,清末以来,各慈善机构还千方百计扩充善源,募集资金,其中有两种最具近代色彩的募捐方式,即发行彩票和购买股票。

彩票是一种舶来品,慈善机构以之作募捐手段始于戊戌时期。1899年淮、徐、海三地发生饥馑,助赈官款不敷,粤商庞乃鋆遂以报效巨款义赈灾区为名,呈请设立广济公司,发行江南义赈彩票。此议得到两江总督刘坤一的批准,允其专利六年,每年报效若干银两。不久,上海广济公司在报上刊载广告称:"为淮徐海灾筹赈孔亟,本公司奉宪谕开办筹赈彩票,批发抽厘助赈",[70]吁请人们购买。1899年初发行了第一会的江南义赈彩票,额设10000张,每张5元,每月开彩一次。江南义赈票很快出现热销,其后发行量一路攀升,至1901年8月11日开彩的第28期已达30000张。[71]受其影响及利益驱动,华洋各商都竞设彩票公司,兼办赈务。1901年4月,黄秉璋、胡长林在上海设立普济公司,发行顺直义赈彩票,"月缴厘洋,报效赈款,先行开办,自于赈需不无裨益"。[72]同年5月,郑雍明等商贾在晋抚岑春煊的支持下,在沪设立广益公司,发行山西义赈彩票;萧颂卿亦成立安济公司,发行"协助秦晋义赈彩票",每月报效秦晋赈款2400元。[73]在慈善经费极其拮据的情况下,清末这些彩票公司以新的方式筹得了一笔款额捐给灾区。然而彩票本身即是一种公开性的社会赌博行为,在发行义赈票时又存在管理、运作等方面的漏洞,善款未必尽用于善举,因而为世诟病。民国以后,虽然也还有发行义赈彩票筹募赈款之事,但规模较小,社会影响也不大。平心而论,清末民初彩票的发行,尽管它仍属于商业行为,免不了要赢利赚钱,甚至别有用心的人借以敛财,但它在"义赈"、"善举"的名目之下,客观上还是为灾民筹到一笔或多或少的善款,开辟了一条筹集款的新路子,其经验教训也可为当今社会福利彩票的发行提供借鉴。

慈善机构用所募之款去购买股票，这在清末还比较少见。民国初期，民族资本主义的发展进入到一个黄金时期。许多公司为壮大经济实力纷纷发行各种各样的股票。有些新设立的慈善机构也为保证恒定的岁入，除采用存款生息的传统方式外，还购买公司股票，参与其利润分成。自然，这是一种具近代特征的筹资方式。民国初期的湖南省城慈善总公所拥有两部分基金：一是票商捐项交湖南银行生息，二是粤汉铁路股票 5 万元[74]。后来，还购得湖南电灯公司股额为 83000 元的股票以及淮盐股数股，年股息为 2000 余元。[75]1917 年，湖南省城慈善总所由董事沈克刚、李祥霖等人向省议会申请到将湘路股票米盐公股的一股分列作其经费。[76]中国近代经济中心的上海，慈善组织买股票运营活动更为普遍，限于篇幅，兹不缕述。由上而知，处在转型期的慈善机构逐渐融入到近代经济社会中，积极地探索可供利用的慈善资源。不过，由于彩票和股票都有一定的风险性，一旦遭遇意外，慈善机构就会蒙受巨大的经济损失。为此，一些慈善机构都比较注重加强对用善款购股的监管，以便使风险减少到最低限度，为慈善经费的筹集寻找一条可行之路。

俗语云："众人拾柴火焰高。"近代许多慈善机构正是通过劝捐糜费、义演、义卖、发行彩票、购买股票等多种渠道和方式来筹措善款，中国慈善事业在新的历史环境下才获得了较大的发展。由此，慈善资金来源的多渠道也成为中国慈善事业近代化进程中一个显著特征。

（五）慈善救济手段的技术化

同传统慈善活动相比，晚清以来慈善事业在运作手段上也体现出近代化的特征。具体言之，即当时先进的通讯、交通工具等技术已广泛运用于近代慈善事业的救济行动中。随着社会的向前发展，这种特征也越来越明显。它带来的结果就是赈灾救济的时效性大为增强。近代电讯和交通业的兴起和发展，最终促使相对落后的传统型慈善办赈模式的变革，渐渐带有了近代色彩。

慈善事业救济手段的技术化，首先出现在信息方面。传统社会中，官办的赈灾活动有一整套严格的程序。至明清时期，官赈已十分完备。每逢大灾发生，先由地方州县官吏禀报督抚，再由督抚具奏朝廷，经朝议之后才派遣官员赴地方勘灾查赈，提出赈灾的具体措施，依灾情轻重确定赈款数额的多寡。如果未经朝廷允准，地方州、府是不能擅自开仓粜米赈济灾民的。然而，"国家版图式廓"，众多的灾民"距京师远或万里，近亦数千、数百里"[77]，交通不便，音讯阻塞，这样往往错过赈灾救济的最佳时机。赈款须由中央批拨，在偏远的省区，即使通过驿站快马飞卒将灾情上报朝廷至少也要一个月左右的时间。若等到赈款济物分拨下来，灾民早已不堪忍受饥寒之交迫，抛尸露骨于沟壑。如此而言，官赈需费时愈月，赈灾的实效应有限。

清季，电报开始传入中国。1879 年，李鸿章在天津与大沽炮台之间架设电线，以解决军事通讯问题。因效果良好，不久他即在天津设电报总局(后迁至上海)，并于 1881 年开始敷设天津至上海、上海经福州至广州等地的电线。后来，紫竹林、大沽口、济宁、清江、镇江、苏州、上海七处相继设分局，电报逐渐扩大到全国各重要城市。电报局最初只是为洋务运动传输军事情报而立，并为官局减免费发报。然而随着经元善、郑观应、盛宣怀等绅商、慈善家进入洋务企业，电报很快被运用于近代的慈善事业中。1883 年山东发生灾荒，严佑之即发电报告知协赈所，并催请将款电汇扬州，"以便携赴"[78]。救灾如救焚，其速愈快则功德愈大。电报以其传递快捷的特点起到了重要作用。之后，经元善、谢家福、严佑之等众多慈善家即在上海陈家木电报总局、四马路文报局内设立赈捐收解处，借助电报了解灾情，指挥救灾"则如桴应鼓，如响应声，一迟一速之间"[79]，办理豫赈、顺直鲁赈颇为顺手。19 世纪末，每有灾异发生，各地的"告灾之电络绎而来，急于羽檄"[80]，报灾、赈灾都极为迅速。电报快捷、准确地传递各地的灾情，"无论隔山阻海，顷刻通音"[81]，便于中央及各省了解灾情，及时做出反馈。这样，在清末时期，报灾、查灾、赈灾的过程大大缩短，提高了办事效率，从而降低了灾荒危害社会的烈度。民国初年，电话已在大城市普及，社会上也用电话来报灾，又比电报更为便捷，因而它进一步推动了慈善事业走向近代化的进程。

慈善事业救济手段的技术化还表现在报刊媒体的介入、推动。随着近代新闻出版事业的兴起，各类报刊、杂志对社会慈善事业给予了很大关注。一方面呼吁对传统慈善活动进行改良，形成社会舆论；另一方面则对各地的灾情作了详细、及时的报道，劝募筹款赈济。1906年春夏之交，湖南遭遇特大水灾，上海《申报》、《中外日报》等各大报纷纷刊载了有关湖南灾情的消息，尤以《申报》报道最为详尽。仅5月份，先后刊发了《湖南水灾详纪》、《湖南水灾续闻》、《湖南水灾三志》、《四志》、《五志》、《六志》等一系列追踪报道，[82]向海内外详尽地介绍了长沙、湘潭、衡州等地的灾况以及省城商绅“筹款发米施粥，雇备划船以资救济”等情形，同时希望湘人“关怀桑梓”，同沪上善人一同“筹措捐款汇寄，及早散放以拯灾黎”[83]。由于新闻传媒的介入，并对社会灾讯的报道传播，旅外的人士和团体也能很快地了解到家乡的灾情，迅速行动起来采取措施救助桑梓故园。宋教仁在日本闻知湖南水灾的灾情后，即于6月中旬邀集湘籍留学生，以种种方式来募捐、赈济乡民，为湘灾慈善救济贡献了一份力量。近代报纸、杂志的出现，还改变了过去靠家书、邸报传递灾情的渠道，避免了以讹传讹，时效滞后等弊端。报刊的大量发行，极大地拓宽了灾情、荒情的传播面，同时也扩大了近代慈善事业的社会影响，有利于赈款的募集。申报馆就长期为灾区刊载募捐启事，“代布灾情，广为劝募”，使得“泛舟输粟，集腋成裘”[84]。

再次，新式交通工具的运用，也使得慈善事业趋向近代化。历代临灾治标的通行之策，大致可分为赈济、调粟、养恤等三项。赈济、调粟都以谷粟赈民，即从邻州府县有谷丰之地调运到灾区。由于古代中国交通极为落后，慈善事业的运粮方式也极为原始，多为肩挑马驮，水运车载，不仅运输时间长，载量十分有限，而且成本高昂，耗费颇大。俗语云：“十里不贩樵，百里不贩粜。”从较远的州府乃到外省来调粟、赈济灾民，不免有远水难救近火之虞。因运输谷物过于艰难，移粟就民之法，终受阻碍，而未能畅行，慈善救济之效也极为有限，无法适应近代慈善救济的需要。19世纪70年代初，李鸿章在上海创办轮船招商局，揭开了近代交通运输事业的新篇章。至90年代，中国又修筑了铁路，出现了火车等新型交通工具。这样，轮船、火车都先后运用到慈善救济活动中。铁路既成，“使载物之器良便，而运物之价又廉，……即或旱干水溢，偶有偏灾，亦能接济运粮，藉苏民困”。[85]而以往的灾荒救济中，因无先进交通工具造成靡费甚多，慈善之功终究不特别彰显。“往年晋省洊饥，费数十金不能运米一石，一石之米须分小半饷运夫，得达内地济饥民者寥寥无几，饿殍之惨，言之痛心；设有火车当不至是”。[86]因而，以近代的技术手段来开展慈善救济事业，虽“相距万里之遥”，仍能“信息遽通”，“不虑稽迟”[87]。民国以后，又有了汽车等新型交通工具，各地亦大规模修筑了公路，这样使得远距离运输救济物品成为可能。近代轮船、火车及汽车等新式交通工具，具有速度快、成本低、载量大等特点，也使得中国慈善事业渐渐由传统向近代转换。民国年间的历次大灾荒赈济都凭借现代的交通工具来疏散、救济难民。如1938年武汉会战前夕，民国政府也正是运用现代的交通工具，才将大批灾民运送至重庆，脱离险境，并运输了大批战略物资和救援物资。这样，中国慈善事业的近代化才在社会变迁中得以真正实现。

（六）慈善道德的多层化

仁爱是中国传统社会慈善道德的一个基点。在古代社会，人们大都秉着仁爱的精神去从事各项慈善活动。虽然后来融入了佛、道两教的善恶报应观念，但慈善道德的层次仍较单一。近代新旧各种思潮、习尚发生了激烈的碰撞与交汇，人们的思想观念也不可避免地会产生转变，这就导致了慈善道德由此趋向多层化。

从前述慈善组织经费的具体来源可看出，各输捐者分属于不同的阶级、阶层，具有不同的身份、地位和职业等。这也就决定了他们各自输捐存在着心理上的差异，有不同的动机和目的。当然，也不排除大多数人都存有乐施好善的共同心理。大致说来，各级政府和官方军政首脑应属一类，绅士和平民应属一类，华侨属一类，外国教会组织属一类。但是，即使在同一类中间也存在着差别。

先说政府和官僚。政府有管理国家、维持国泰民安与造福民众的责任，然而近代以来，中国频遭灾荒袭击，在外国资本主义的侵略下，军费、赔款已使得国库空虚，财源枯竭，传统的荒政救灾已日趋衰败，政府对民众的福祉也无能为力。中国红十字会和其他各类慈善组织之设，其意正是“辅助国家权力之不逮”，[88]帮助、弥补或代替政府执行其天职。政府或因他事力不从心，借慈善机构组织之力而救济民众当是求之不得之事。所以，清末以来政府对慈善组织的态度是一贯肯定和支持的，在一定程度上也拨款赞助。随着近代教会育婴事业的扩展，教案迭起，一些人受它的刺激就曾考虑采取民间自办育婴堂，同外国教会相竞争。1891年10月，御史刘恩溥奏《为教案起于育婴请饬各省广设育婴堂折》，建议各地方官大力兴办育婴堂，收养孤儿育婴，以达到抑制教会育婴的目的。[89]此议得到清廷的积极回应，地方社会的有力者遂创办了一些颇有影响的育婴慈幼机构。至于官僚，因其身处政界的特殊位置，则使他们在投身慈善事业时的动机各不相同。有的是本地被灾，自己职责所在，无所谓慈善之心。有的是用国家之钱或自己之钱投之于慈善来换取声名以为进身之阶，有的是真正出于悲天悯人之心而慨襄义举，还有的是带着忏悔之心捐助、筹办慈善事业。清末民初政坛上的一些风云人物，如熊希龄、梁士诒、杨度等，都有一番表白，愿从善赎过，洗刷污点。1917年11月，熊希龄就表露过自己的这种心迹："念出仕十余年来，从未直接为民做事，愧对吾民"，目睹了顺直灾区惨状，心良不忍，愿意"以当此艰难，亦冀稍赎政治之罪戾"[90]。因此，他们在办理慈善活动中尤为虔诚、竭尽全力，而熊希龄更是倾注了后半生的心血，捐献了全部的家产，设立"熊朱义助儿童幸福基金社"，为兴办慈善事业而鞠躬尽瘁。所以就此而论，无论他们各自的主观动机如何，其客观效果都是造福于灾民和社会，对于他们的行为也应该予以褒扬。

其次谈士绅和平民。士绅和平民的输捐心理大致是相同的，只是由于平民所捐数额不高，拙于文墨又不善言辞，因而其迹不彰。各类慈善组织在报章上刊载的谢捐广告中，也往往是突出士绅。如果完全用慈善一词来涵盖所有捐输者的行为和心理，显然是不符合实际、也不科学的。因为当时多数输捐者既不具备西方文化中那种"博爱"、"人道主义"的人文意志，也不一定全都具有中国传统文化中的那种"幼吾幼及人之幼，老吾老及人之老"的道德素养。虽然不否认有少数真正的慈善家，的确思想境界高远，长年从事各种慈善义举而又不求回报。比如，清末绅商经元善早年在上海经营仁元钱庄时就主持过同仁辅元堂，后又"时怀家国思想，……复爱怜平民"，矢志于慈善事业，"以全父志"。[91]郑观应办理慈善事业，也是受家父的熏染，最终毕生致力于慈善救济事业。郑对其父在家乡筹办的各项善举有过这样的回述："筹置义田，兴立善堂。地方公益：若水利，若桥梁，若义仓，或创或因，无不尽力乐输，殚心规画。"[92]这种言传身教对他们影响极深，他们在办慈善时都将无私奉献的高尚道德奉为圭臬，时时铭记，并以不图虚名、不享利禄相自勉。这正是近代社会慈善家应有的崇高品行，但对于大多数的普遍民众来言，传统文化中积德施善、行善消灾的慈善道德影响甚深。“行善可以弭灾，原不必已身有灾而后行善”。[93]因而，也可以说是受一种迷信的心理或因果报应的思想支配来进行捐款的。这里有一批捐款者材料可以说明这一点：1913 年 7 月 17 日，红会谨谢郑叔息君求病速愈洋 100 元，续捐转危为安洋 100 元。1914 年 10 月 24 日，红会谨谢沈景芳君经募翼周无名氏求家宅平安合捐洋 200 元。1914 年丁梅先生因偶患轻恙捐洋 400 元，后因病愈完愿续助洋 400 元。11 月 3 日，谨谢梅氏大善士求永保平安续助银 1000 元。12 月 25 日，谨谢张宝记提庄主因病愈捐助老布棉袄 60 件。1915 年 1 月 3 日，敬谢唐凰墀为其文孙弥月酬谢各友延资移助洋元。3 月 12 日，敬谢陈素芳女士为其故夫名医陈莲舫徵君修资冥福助洋 2000 元。9 月 2 日，敬谢江都陈星五为妻病求愈助洋 10000 元。1927 年 6 月 21 日，潘国曾为先慈逝世二周年纪念捐赈洋 200 元，祈求超升仙界。[94]总之，平民百姓为求佑病体安康，延年益寿而捐资献物等类此事比比皆是，由此可知此类捐输者的迷信心理。

当然，这有些捐款者是既具迷信心理，但又的确是善心兼具的。这也有一些例证：如 1913 年初，吴丙申女士因病愈捐助红会赈洋 100 元，且附一函送交红会。内称：“顺直温处两地灾民，数逾百万，嗷嗷待哺，冻馁堪怜。丁此水雪交加风餐露宿，其何以生？谁无父母，谁无兄弟，谁无子女，一为想念及之，何忍使其道相望。惜无郑侠流民图遍贴要道，无从感发。故居此乐土之人，对此非常灾患，仍有付之不见不闻者，往往以有用之金钱用于无谓之消遣，不肯为孙儿造福，失此善举殊为可惜。月前，母氏怜温处奇灾，心实不忍，勉助洋百元，余之疟疾由此小愈，以是知救人救已之言定为不诬，用特将自小积聚或取自亲友或授之父母并平日刺绣所入亦行凑洋百元，祈即汇解灾区散放为幸。明知杯水车薪，无济于事，聊尽国人一分子之义务，希冀病躯立健以慰母心，藉消罪愆耳！”[95]通过该函可见，吴女士虽有体恤灾民，勇于捐输的善心，但也有将行善与“消罪愆”、“求病躯立健”、“为孙儿造福”等连在一起的迷信思想。质言之，基于迷信思想而从事慈善事业，其出发点是自私的，是与慈善的本质相违背的。但在贫穷落后的近代中国，我们不能要求民智未能尽开的国人一下子达到完美的境界，即使在文明发达之邦，也未免就能够将迷信心理消除。值得重视的应当是效果，国民即便是在一种迷信心理支配下，能够发挥出善行，我们就应当予以充分的肯定。

再次谈华侨。近代时期，华侨遍及世界五洲，无论其出国时的背景如何，但都心系祖国，根在故土。正因如此，故华侨对于祖国发生的天灾人祸，从来都积极捐助。爱国主义是华侨慈善心理的核心，因而华侨的慈善义举最大公无私、最持之以恒。在中国近代许多危急存亡的关头，华侨都贡献出了自己特有的力量。曾出任北京国民政府首任财长的熊希龄对华侨的这种精神体认颇深："窃惟海外华侨，近十余年来眷念祖国之颠危，热心政治之改革，竭诚尽力，同心一致。未革命之先，既密输巨款以谋反正，已革命之后，又争购公债票，报效国民，捐以救国困。希龄前在财政部任内，每当仰屋束手之时，乞援于各省官吏、人民，鲜有应者。独海外华侨屡寄捐款，源源不断，迄今年余，尚见各报载有华侨汇款之电。爱国血诚，实堪感佩。然华侨远商海外，贸易羁身，所期者祖国之富强，所尽者国民之义务，既未有丝毫权利之见，亦未有希图酬报之心，纯洁高尚，足为我国人民模范……。"[96]华侨崇高的爱国慈善心跃然纸上，不禁让人由衷地赞佩。

最后谈基督教会组织和外国人士。应该说，基督教在近代中国兴办慈善福利事业的动机和目的也是多种多样的，不能一概而论地说是为帝国主义文化侵略服务，充当"殖民主义的警探和麻药"。[97]的确，慈善事业在近代早期曾与西方国家开拓海外市场的殖民扩展以及基督宗教的征服侵略密切交织在一起的。但是，基督教及其举办的慈善事业在近代中国的性质并非一成不变，总具有侵略的特征。客观地说，也还涉及其生存发展、个人实践博爱、培育社会精英与改变中国社会现状等目的与动机。

从众多历史文献来看，为了在中国社会立足，消除国人的疑虑和抗拒，在沿海、内地开办了慈善医院和育婴堂，借机进一步地传播福音，是早期基督教会谋求生存的主要动机。本来，慈善在西方就是基督教的伴生物，很自然，早期的外国传教士将其作为西方教会传播福音的一种手段，通过它来取悦国人，以扩大教会在华的影响；此外，从传教士的个人角度来看，为了践行博爱世人和服务社会的基督理念，慈善活动成了这部分外国人毕生的追求。为此，他们在现实生活中为贫困人群、孤儿弃婴和普通民众提供急切的慈善援助,回应了社会需要。在近代中国,也确实有些外国传教士和其他组织目睹中国民众之苦难,诚心尽力来从事慈善救济活动。像中国红十字会在清末成立后,世界各国的红十字组织也都得以秉承"博爱"、"恤兵"之宗旨,以人道主义为信仰,在国际红十字会的统一管理及其协作下,援救中国社会遭遇的诸项兵燹灾荒,开展属于正常范围内的业务活动,这正体现了救灾恤民不分畛域的红十字精神,体现出浓郁的国际性。1920 年 9 月,华洋义赈会在上海成立,就有 BishopF. R、Gravis、Brook、Smith 等数名西方人士任会董,他们广泛地呼吁国际社会为中国北方灾区各省捐赠物资。[98]还有 1937 年南京大屠杀之后,贝拉、魏特琳等一批外国人士在金陵大学成立了"南京国际安全区",为妇女儿童提供庇护以免遭强暴,并救济伤兵平民,掩埋尸骨;同时还向国际社会呼请救援,从而使慈善救济活动跨越了种族、肤色与国度的界限。这显示出一种高尚的人道主义精神,它无疑是慈善道德中较高的境界。

办理慈善事业的动机迥异,社会地位的不同,社会阅历的差异,经济状况的差别等多方面因素,都可能导致多层次的慈善道德。以上简略的论析,正说明近代慈善事业在社会变迁的过程中已出现慈善道德的分层化。我们以为,如果有意行善,诚心济人,无论处于哪一层次的慈善道德都值得肯定。社会各界捐资献物,众擎共举,不仅推动着中国慈善事业不断向前发展,还为近代中国社会带来了一种新的风尚,影响了相当一部分人群。

结　语

通过对慈善服务内容、慈善机构组织、慈善资源、慈善救济区域、慈善救济手段以及慈善道德等层面的探讨,我们认为,晚清以降中国慈善机构在组织与功能诸方面都发生了深刻的变化,传统的善堂善会在剧烈的社会变迁中逐步趋向衰落或废弛,取而代之的是以西方为蓝本的近代型慈善组织。它们在纷乱相扰、民不聊生的近代中国社会以多种慈善救济的形式救助了无数的社会弱势群体,发挥了一定的积极效应。同时,其自身也在社会变迁中不断调适、传承与革新,最终完成了中国慈善事业的近代化。

当然,由于中国数千年来就是一个以农业为本位的国家,其社会结构及文化体系都具有强烈的凝聚力，传统的慈善组织和慈善理念也在千余年的发展进程中聚积起深厚的底蕴，影响、渗透到了中国社会的各个阶层、各个层面，具有相当的稳固性。因而，中国慈善事业的近代化转型不尽彻底，同时还呈现出地区发展的不平衡性（民国后期个别内陆省区依然存留着传统的旧式善堂善会）。但是，从总体来看，自鸦片战争之后的一百多年里，中国慈善事业已经发生了巨大的变化，基本实现了近代化，并在晚清和民国社会的结构性变迁中发挥了重要作用，解救了众多的灾黎难民，缓和了社会矛盾，成为协调、推进社会发展与进步的动力之一。

（与曾桂林合署，刊《曾国藩研究》（第1辑），湖南人民出版社2007年6月出版）

注　释

1 有关这方面的研究论著，择要依序简列如下：周秋光：《熊希龄传》，第517－564页，湖南师范大学出版社1996年版；周秋光：《熊希龄的社会慈善观》，见马起华编《两岸文化交流》，台湾中华会出版，1996年；朱英：《张謇的慈善思想和实践的特征》，《江汉论坛》2000年第2期；朱英：《经元善与晚清慈善公益事业的发展》，《华中师范大学学报》2001年第1期；罗彩云、陈丽华：《经元善慈善思想的形成与发展》，《株洲师专学报》2002年第3期；周秋光：《晚清时期的中国红十字会述论》，《近代史研究》2000年第3期；周秋光：《民国北京政府时期中国红十字会的慈善救护和赈济活动》，《近代史研究》2000年第6期；薛毅、章鼎：《章元善与华洋义赈会》，中国文史出版社2002年版。

2 参见顾长声：《传教士与近代中国》（增补本），第275－295页，上海人民出版社1991年版；顾卫民：《基督教与近代中国社会》，上海人民出版社1996年版；楼宇烈主编：《中外宗教交流史》，第432－434页，湖南教育出版社1999年版。

3 参见周秋光：《熊希龄与慈善教育事业》，湖南教育出版社1991年版；周秋光：《近代中国的慈善教育事业》，刊于美国RepublicChina，1993年；田涛：《清末民初在华基督教医疗卫生事业及其专业化》，《近代史研究》1995年第5期；陈建明：《近代基督教在华医疗事业》，《宗教学研究》2000年第2期；李传斌：《中华博医会初期的教会医疗事业》，《南都学刊》2003年第1期。

4 参见MaryB. Rankin，EliteActivismandPoliticalTransformationinChina：ZhejiangProvince，1865－1911. Stanford：StanfordUniv. Press，1986；WilliamT. Rowe，Hankow：ConflictandCommunityinaChineseCity，1796－1895. Stanford：StanfordUniv. Press，1989；小浜正子：《近代上海的公共性和国家》，上海古籍出版社2003年版；蔡勤禹：《国家、社会与弱势群体——民国时期的社会救济（1927－1949）》，天

津人民出版社 2003 年版。

5 周秋光、曾桂林:《慈善事业与中国东南社会变迁(1895－1949)》,《史学月刊》2002 年第 11 期。

6 徐直:《对慈善家进一言》,《申报》1923 年 1 月 26 日。

7 高劳:《谈屑·慈善事业》,《东方杂志》第 12 卷第 10 期,1915 年。

8 周秋光:《民国北京政府时期中国红十字会的慈善救护与赈济活动》,《近代史研究》2000 年第 6 期。

9 《红十字会研究大会纪事》,《申报》1911 年 12 月 13 日。

10 民国《宝山县续志》卷十一,《救恤志》。

11 《中国红十字会时疫医院院长沈敦和启事》,《申报》1917 年 8 月 25 日。

12 《效法泰西以行善举议》,《申报》1897 年 5 月 31 日。

13 《效法泰西以行善举议》,《申报》1897 年 5 月 31 日。

14 虞和平编:《经元善集》,华中师范大学出版社 1988 年版,第 213 页。

15 虞和平编:《经元善集》,华中师范大学出版社 1988 年版,第 246 页。

16 《慈善教育说》,《东方杂志》第 1 卷第 9 期,1904 年。

17 民国《上海县续志》卷二,《建置》,(台)成文出版公司 1970 年影印本,第 222 页;《孤儿院新院依次递迁》,《申报》1910 年 4 月 18 日。

18 民国《上海县续志》卷二,《建置》。

19 民国《上海县志》卷十,《慈善》。

20 参阅周秋光:《熊希龄与慈善教育事业》,湖南教育出版社 1990 年版。

21 南通市张謇研究中心等编:《张謇全集》(四),江苏古籍出版社 1994 年版,第 355 页。

22 《张謇全集》(四),江苏古籍出版社 1994 年版,第 108 页。

23 《湖南佛教慈儿院简章》,民国十一年(1922)铅印本,书目号 292.49/24,湖南图书馆藏。

24 《桃源县立孤儿院第三次报告》,民国十七年(1928)石印本,书目号 292.491/52,湖南图书馆藏。

25 《张謇全集》(二),江苏古籍出版社 1994 年版,第 102 页。

26 周秋光编:《熊希龄集》(下),湖南出版社 1996 年版,第 1399 页。

27 周秋光编:《熊希龄集》(下),湖南出版社 1996 年版,第 1770 页。

28 《以工代赈之湘讯》,《申报》1920 年 9 月 4 日。

29 周秋光编:《熊希龄集》(下),湖南出版社 1996 年版,第 1770 页。

30 彭泽益:《中国近代手工业史资料》第二卷,三联书店 1957 年版,第 539 页。

31 徐直:《对慈善家进一言》,《申报》1923 年 1 月 26 日。

32 张礼恒摘编:《民间时期上海的慈善机构统计(1930 年前后)》,《民国档案》1996 年第 3 期。

33 《综纪丙申年本馆协赈所筹赈事略》,《申报》1897 年 2 月 12 日。

34 《综纪丁酉年本馆协赈所筹赈事略》,《申报》1898 年 1 月 30 日。

35 《综纪戊戌年本馆协赈所筹赈事略》,《申报》1899 年 3 月 4 日。

36 民国《上海县志》卷十,《慈善》。

37　《组织慈善团大纲》，《申报》1912 年 9 月 16 日。

38　《中华慈善团全国联合会通告》，《申报》1919 年 3 月 31 日。

39　周秋光编：《熊希龄集》（下），湖南出版社 1996 年版，第 1770 页。

40　虞和平编：《经元善集》，华中师范大学出版社 1988 年版，第 6 页。

41　民国《川沙县志》卷十一，《慈善志》。

42　默：《告办赈者》（杂评），《申报》1920 年 10 月 3 日。

43　《普济群生》，《申报》1904 年 3 月 11 日。

44　《华洋义赈善会开第一次成立会》，《申报》1906 年 12 月 5 日；《华洋义赈善会办事董事为灾黎请命文》，《申报》1906 年 12 月 14 日。

45　周秋光编：《熊希龄集》下，湖南出版社 1996 年版，第 1770 页。

46　《综纪丙申年本馆协赈所筹赈事略》，《申报》1887 年 2 月 12 日。

47　《湖南水灾五志》，《申报》1906 年 5 月 19 日。

48　《纪沪上善士筹赈湖南水灾事》，《申报》1906 年 5 月 31 日。

49　《仁济善堂经收湖南赈捐第三次清单》，《申报》1906 年 6 月 2 日。

50　民国《重修蒙城县志》卷四，《食货志・蠲赈》。

51　王先谦：《湘绅乞赈书》，《申报》1906 年 6 月 2 日。

52　周秋光编：《熊希龄集》下，湖南出版社 1996 年版，第 1770 页。

53　《论急振旧金山华侨事》，《申报》1906 年 4 月 28 日。

54　《美政府辞谢中国赈款》，《申报》1900 年 5 月 1 日。

55　湖南调查局辑：《湖南民情风俗报告书》第十二章，湖南法制院编印，1912 年 5 月。

56　《劝赈说》，《申报》1997 年 4 月 5 日。

57　《张謇全集》（四），江苏古籍出版社 1994 年版，第 340 页。

58　《张謇全集》（四），江苏古籍出版社 1994 年版，第 340 页。

59　《善款汇志》，《申报》1900 年 5 月 15 日。

60　《巨款助会》，《申报》1904 年 11 月 1 日。

61　朱思群：《节迷信费以助赈》，《申报》1920 年 10 月 30 日。

62　《纪女医学堂学生演剧赈灾事》，《申报》1906 年 12 月 31 日。

63　《义赈会演剧筹赈》，《申报》1912 年 12 月 31 日。

64　《群芳影班演剧助赈消息》，《申报》1920 年 11 月 29 日；《沪佛教救苦会演剧助赈》，《申报》1920 年 12 月 5 日；《沪学联急赈游艺会消息》，《申报》1920 年 12 月 14 日。

65　《本埠消息》，《申报》1926 年 12 月 23 日，12 月 30 日。

66　《张謇全集》（四），江苏古籍出版社 1994 年版，第 352 页。

67　《画家吴昌硕等献画助赈》，《申报》1920 年 11 月 17 日。

68　《康南海鬻书百幅助赈启事》，《申报》1922 年 8 月 19 日；《杨度鬻字助赈湘灾》，《申报》1926 年 2 月 6 日。

69 湖南调查局辑:《湖南民情风俗报告书》第十二章,湖南法制院编印,1912年5月。

70 “广告”,《申报》1899年2月16日。

71 “广告”,《中外日报》1901年7月9日。

72 《奏办顺直义赈彩票普济总公司谨登》,《中外日报》1901年5月19日。

73 《上海南市广益公司筹办山西义赈彩票》,《中外日报》1901年5月15日。

74 任凯南:《湖南省志稿·赈恤篇》,民国三十年(1941)稿本,书目号292.491/22,湖南图书馆藏。

75 《湖南省城救济院概况》,民国油印本,湖南图书馆藏。

76 《省议会与慈善总公所关于米盐公股往来函件》,长沙《大公报》1917年2月19、20日。

77 夏东元编:《郑观应集》(上),上海人民出版社1982年版,第209页。

78 虞和平编:《经元善集》,华中师范大学1988年版,第43页。

79 夏东元编:《郑观应集》(上),上海人民出版社1982年版,第209页。

80 《劝赈刍言》,《申报》1897年6月22日。

81 夏东元编:《郑观应集》(上),上海人民出版社1982年版,第82页。

82 见《申报》1906年5月11、15、16、18、19、22日。

83 《湖南水灾五志》,《申报》1900年5月19日。

84 王先谦:《湘绅筹赈书》,《申报》1906年6月2日。

85 夏东元编:《郑观应集》(上),上海人民出版社1982年版,第79页。

86 夏东元编:《郑观应集》(上),上海人民出版社1982年版,第654页。

87 夏东元编:《郑观应集》(上),上海人民出版社1982年版,第79页。

88 中国红十字总会编:《中国红十字会历史资料选编》,南京大学出版社1993年版,第283页。

89 朱金甫编:《清末教案》(第二册),中华书局1996年版,第500-501页。

90 周秋光编:《熊希龄集》(中),湖南出版社1996年版,第1103页。

91 虞和平编:《经元善集》,华中师范大学出版社1988年版,第405页。

92 转引自夏东元:《郑观应传》,华东师范大学出版社1985年版,第2页。

93 《劝行善以弭灾说》,《申报》1899年1月28日。

94 据上海《申报》红会答谢捐户广告综合。

95 《吴女士捐助红会款并附函》,《申报》1913年1月16日。

96 周秋光:《熊希龄集》(中),湖南出版社1996年版,第601-602页。

97 参见陈旭麓:《近代史思辨录》,广东人民出版社1986年版。

98 《华洋义赈会成立会纪》,《申报》1920年9月26日。

十　近代慈善事业的内容和特征探析

近代中国急剧的社会变迁，给近代中国慈善事业带来了新的发展机遇，使得慈善组织的服务范围不断扩大，其内容也更趋丰富。那么，近代慈善事业究竟包含哪些内容？又有什么新特征呢？尽管近年来有关近代慈善史方面的论著已刊行不少，但既有研究大多侧重于某一慈善组织的活动，或某一灾荒的慈善救济，对这一问题似无全面的概括与论述。本文试就此问题作一深入探讨，或许对于我们认识中国慈善事业由传统到近代的转型，不无裨益。

（一）近代慈善事业的内容

善堂善会兴起于明清之际，虽说有济鳏寡、育婴、恤嫠、施粥等善举，但总观其内容却多侧重于"养"，属消极的慈善救济之法。进入近代，这类传统慈善机构的救济模式既不能为受助者谋生计，又不能减轻国家、社会之负累，自然就遭到时人指责："养而不教而无异制造莠民"，"惟多失慈善本意"[1]。随着近代慈善事业的兴起与发展，其内容不断扩大，基本涉及中国社会底层民众的生产、生活的各方面，表现出比传统善堂善会更积极、更活跃的角色。近代慈善组织在继续重视济贫助困、赈灾救荒等传统善举的同时，也逐渐开办习艺所、贫儿院、慈幼院等慈善教育机构，注重教养兼施，慈善教育事业获得很大进展。换言之，近代慈善事业以博施济众为极功，慈善组织的救济内容更趋宽泛，然已不局限于单纯的"养"，在"教"的方面更为重视，教养兼施，即慈善救济和慈善教育构成了近代慈善事业内容的两大类。

1. 慈善救济

近代中国的天灾人祸交乘而至，接踵相继，民众不堪其苦。由此，解决这些困境中民众的"养"的问题依然十分迫切，故慈善救济仍为近代慈善事业的重头戏，恤贫济困、赈灾救荒、施医给药等内容固然不可或缺。

恤贫济困是中国慈善事业最传统的善举之一。近代民间社会沿袭着明末以来的传统，相继设立善会善堂以救其患难，使无告之人，寒者得衣，饥者得食，病者得药，死者得槥。民国初年，宝山高桥乡慈善会即"办理赡老、恤嫠、掩埋、平粜、施衣米、医药、棺木等事"[2]。

在传统社会里，赈灾救荒之策主要靠政府蠲免，次则依赖民间善人的各种善举，如开展急赈、冬春赈等。面对频仍的灾荒，晚清政府已无能为力，民间社会（含教会）便跃上近代慈善事业的舞台，逐渐居慈善救济活动的主角地位。光绪初年在华北发生的"千古未有之奇祲"——丁戊奇荒，以江南绅商为主的善士群体遂成为这次赈济活动中最重要的一支慈善救济力量，并由此开启了晚清义赈的序幕。清末民初，为应付连绵不绝的水旱各灾，全国各地都成立了名目虽异却职能相类的慈善机构，从事各项救灾活动，像华洋义赈会、国际统一救灾会及各省的筹赈会等。灾象显现之后，赈灾固然必要，但不能单以赈灾为临时应付之策，还须从长远计，采取标本兼治如以工代赈等措施，以收救人救彻之效。所谓"赠之财而得暂时饱暖，果惠矣。财尽则仍冻馁，诚不若代觅生理，使得自食其力之可以长久也"。[3] 当然，工赈措施并非近代才首创。由于它既可弥补政府赈款之不足，又可使灾民得以谋食，免地方于纷乱，稳固社会秩序，自汉唐以下就被历代朝臣推崇"为中国向来办赈至善善策"[4]。不过，正缘于近代灾荒连年而户鲜盖藏的特殊背景，以工代赈才在慈善救济过程中起到更为举足轻重的作用。这表现在两方面：一是以工代赈的地位日愈突出。清末工赈之议再兴后，很快就与单纯赈抚的地位相埒，及民国年间甚至已越居其上。二是以工代赈的次数多、项目繁。举凡近代时期列次灾荒的善后之策，尤其甲午战后，屡有以工代赈的慈善救济项目，或疏浚河渠，或修筑堤坝，或砌建城垣，或设工艺局，或兴路开矿，次数之频难以有精确的统计。在这诸多工赈项目中，又以河工水利为最要。如1920年，国际统一救灾协会开展一系列慈善救济活动，即有兴办马厂新河、牛木屯、直鲁运河和滹沱河等四项水利工程。马厂新河工程，由顺直水利委员会负责招募灾民；后三项工程则由救灾协会招募灾民壮丁动工，日给工价，这样，"可以救济被灾人民，而又得造成了防免水患之要工"。[5] 上述各项工赈工程均"系属慈善性质，所有被派办理此项工程人员……，不应支领薪俸"。[6] 这就节约了慈善资源，使效益得到最大发挥，灾民受到莫大之惠。概观清末民初各慈善团体将所募之款，除进行急赈、冬赈、春赈外，亦多用于筑河堤、浚湖坑的工赈。当然，也尚有其他名目，譬如设贫民工厂和筑路等。1920 年春湖南遭兵灾之后，熊希龄约在京同乡创设的湖南义赈会，募得现洋数十万元及一套机器设备，就交给湘省开办普通工厂，以工代赈之用。[7]1921 年，熊氏又筹募到美国华北赈灾会的一笔大宗余款，也以工赈方式修筑潭宝公路，募青壮年农民施工，以救济灾区。[8] 此外，各地还有创办工艺局、习艺所的，实际上也是变革以往栖流所对流民施食收养的消极慈善救济，让其习得一艺，能赡其身。总之，近代慈善组织在恤贫济困、赈灾救荒过程中逐渐重视工赈，采取积极的治本的慈善举措，收效良好。

晚清以来，干戈纷攘，兵燹不辍，兵灾救助也尤为迫切。1904 年，中国红十字会由此应时而生，成为近代中国第一个专门进行兵灾救护和赈济的慈善机构。它成立之初，即以战时扶伤拯弱、平时救灾恤邻为宗旨，在日俄战争和辛亥革命中都全力以赴，积极投入战地救护，或抢救难民出险、资遣回籍，或救治伤兵、掩埋暴尸。民国肇建后，中国红十字会又继踵参与 1913 年癸丑之役、1914 年鲁皖豫诸省兵灾、1916 年护国战争等重大兵灾的救赈。[9] 同时，红十字会的救济范围也顺时而变，更趋广泛。"红十字本意愿为遇有战争医救伤兵之用，近年以来，宗旨日见扩充，即如水旱、灾患时疫流行亦当设法拯救。是故，红会不惟于战争时有应尽之义务，平时亦有应救之灾患"[10]。善举愈推愈广，已涉及到施医给药、治病防疫诸项慈善公益活动。

施医给药之善举，自汉魏以降，已屡见于僧人、佛寺及其主持慈善机构中。至宋明时期创设惠民药局，这种慈善医疗机构很快遍及各州县，然入清后却渐废不存，施医赠药之义举便融入某些综合性善堂善会。鸦片战争前后，西方传教士始在华开办一些小型诊所，减免费为贫苦之民治病。1842 年，西人在上海创设仁济医院，是开埠后中国内地最早一所兼具慈善性质的医院。因西医疗效甚佳，教会慈善医疗机构逐步受到社会各界的重视。至

60年代初，上海中外人士合办的慈善性质的医疗卫生机构已建有多所。清末民初间，上海慈善公益医院已达数十处，如广仁医院、广慈医院、仁爱会医院、中国公益医院、中国红十字会上海分会医院、广益中医院、上海平民产科医院等。它们大都以服务民众、救济贫民为旨，或施医送药，或种痘防疫。上海时疫医院原由沈敦和、朱葆三于1907年集资创设，每年开办数月，后并归中国红十字会管理。1917年"值时疫大盛，乃广延西医添购仪器，昼夜救济，全活4916人之多"。[11]民国初年，受西风浸润最深的上海已然成为近代慈善医疗事业最发达之地。就在上海慈善医疗蓬勃发展的同时，江浙、两湖地区的一些教会医院也开展了一系列慈善公益活动。如常德广济医院、长沙湘雅医院、益阳信义医院都积极为平民进行义诊。近代时期，中国红十字会及其他教会医院，还参与疾病救治与传染病预防，在改良公共卫生和改善民众健康方面贡献颇多。这些慈善医疗活动，与中国传统的施医给药之善举已有了较大差别，在传承中又有新发展，构成近代慈善救济事业的又一项重要内容。

2. 慈善教育

慈善教育是近代中国慈善事业的重要内容，它改变了旧式善会善堂重养轻教的情况。19世纪六七十年代，经世派、洋务派及传教士在介绍西方政教制度时也提及到英美等国的慈善事业。随着教会慈善事业在华的扩展，国人开始意识到，中国慈善事业要走向近代化，应该师诸泰西各国，重视慈善教育。1860年，冯桂芬的《收贫民议》就较早提出学习西方国家对贫民实行教养兼施的慈善制度的建议，倡设新式育婴堂、读书室、严教室等慈善组织，开启了近代慈善教育观念的先河。[12]这在当时已引起了人们相当的关注。而后，陈炽在《庸书》、郑观应在《盛世危言》亦分别呼吁借鉴西方慈善事业的良法，变重养轻教而养教兼施。戊戌时期，慈善教育思想有了广泛传播，已并非孤鸿独鸣。一些善士还开始努力付诸行动。1897年底，经元善就称"女学堂之教人以善与赈济之分人以财可同日而论，且并行不悖"，[13]遂开天下风气之先，在慈善界同仁的支持下，捐资创办了中国第一所女学堂，设算、医、法、师范四科专门之学，并拟教纺织、绘画等技艺，俾学生将来能在社会上独立谋生。1898年春，他又筹划余上两邑农工学堂。该学堂寓养于教，兼习中外技艺，如苏绣、广东牙雕、嘉定竹器、扬州漆器以及日本洋伞、木钟等，以期

"工艺院教成一艺，则一身一家永可温饱，况更可以技教人，功德尤无限量"。[14]设学堂教人以谋生技艺，这是先前慈善事业未曾有的，在维新思想的鼓荡下，便逐渐变革重养轻教的救助办法，趋向教养并重。由此，揭开了慈善教育事业在近代时期大发展的帷幕。

清末新政时期，为挽救危局，朝野上下涌动一股振兴实业、振兴教育的思潮。由于劝业所、劝学所的推动，从京城到地方，中学堂、专门学堂、实业学堂等如雨后春笋般崛起。在这各种各样的教育机构中，也有些含慈善性质的学堂。约1903年，北洋赈抚局总办毛庆蕃在天津"设半日小学堂一所，招集极贫子弟入堂读书，定额二百名，分列四班"。另外还为贫民子弟设立一所工艺厂，"招幼童学习粗工艺"。聪颖者令习织布、织毛巾、造洋桌椅等事，椎鲁者则学编柳条、织簸箕、提篮等艺。这样，通过数年慈善教育之功，"以造就贫苦，俾人人操一业以自养其生"。[15]

清末民初，上海地方绅商和社会名流也设有收容、教育贫民子弟的慈幼机构，声名较隆、成效较著者有上海孤儿院、广慈苦儿院、上海贫儿院等。这时期，上海还有多种慈善教育的组织，如新普育堂、普益习艺所以及中华慈幼协济会，也产生过广泛的社会影响。20世纪20年代以后，慈善教育机构在全国各地更为普遍，新设立的孤儿院都很重视教养兼施，为孤儿能自立于社会谋生计着想。1922年6月，长沙开福寺、华林寺、灵云寺等八丛林寺僧联合筹集洋银数千元，创办起湖南佛教慈儿院，以"收养孤苦儿童以国民教育兼司各种工艺，俾能独立谋生为宗旨"，额数为60名。[16]不久，湖南桃源县也于1925年创办了孤儿院，"收养寒苦无告之孤儿，实施教育，兼以工艺技能"，"其教育部分系照完全小学办法，前节课程与县属初小无异，后节教科与县立职高相同"。1928年，入院孤儿已有41名，[17]桃源县立孤儿院的声誉已名噪一方。此外，在汉口、南京、镇江、宁波等地都有类似的慈善教育机构，均以教养兼施、扶助弱者、塑就新人为已任。就全国范围而言，东部沿海省份慈善教育发展较中西部内陆地区要好一些。

其实，民国时期慈善教育事业成就最著者还应数熊希龄主持的香山慈幼院和张謇创办的南通盲哑教育机构，时谓"北熊南张"。北京香山慈幼院，1920年由熊希龄创办，收养京畿地区的无辜灾童，维持垂二十年之久。[18]对于慈善与教育的关系，张謇曾有一番论说："属于积极之充实者，最要为教育；

属于消极之救济者，最要为慈善。教育发展，则能率于以增进；慈善周遍，则缺憾于以弥补。”[19]换言之，教育是积极措施，慈善为消极措施；弥补慈善之阙，必须重教育之功效。因而，在南通慈善事业体系中，张謇尤为注重慈善教育的创设与发展。1907年，张謇捐赠企业红利首创通州师范学校，为平民子弟提供受教育的机会。而后，张謇又以“盲哑学校者，东西各国慈善教育之一端也。教盲识字母、习算术，教哑如之。……而叹教育之能以大事补天憾者，其功实巨”，于1912年慨然创办南通狼山盲哑学校，“期以心思手足之有用，弥补目与口之无用，其始待人而教，其归能不待人而自养，故斯校始在教育之效，而终在慈善之效”。[20]不久又筹设盲哑师范传习所，为盲哑学校培养合格师资。随后，南通慈善教育机构渐次得到拓展。可以说，在近代慈善事业中，张謇的重教甚于重养的慈善理念及实践在当时是独树一帜。

综而论之，近代时期，慈善教育已日益为慈善界人士所重视，各种类型的慈善教育机构纷涌出现，扩充和丰富了慈善活动的内容，成为其中不可缺少的一部分。慈善教育机构实行教养兼施，这不仅让入院的孤贫、盲哑儿童学习基本的文化知识，而且还教会他们一门谋生的技能，将之培塑成社会有用之人。

（二）近代慈善事业的特征

1. 慈善家群体的形成

慈善家群体的形成是近代慈善事业兴盛发达的重要标志。在古代社会，虽然赈灾恤贫、育婴安老等善行义举绵绵不断，但在总体上多为临时性的施善活动，严格地说，还处于传统的“善举”时代，施善者也还是分散的个体，即所谓的“善人”、“善士”。同光之际，在太平天国战后重建过程中，无锡余治广刊善书，收授弟子，熊其英、谢家福、严佑之、李金镛等先后入其门下，江浙一带逐渐形成了以余治为核心的“江南善士圈”，[21]是为近代慈善家群体形成之先声。随后华北发生丁戊奇荒，余门弟子及其他一批江南绅商纷纷投入赈济活动，如谢家福、李金镛、严佑之、严保之、熊其英、唐晋锡、潘振声、经元善、金福曾、胡光墉等人成为义赈的主导者，他们以苏州、上海为协赈中心,相互联络呼应,声气相通,分别负责募捐、司账、转运、放赈、查赈等环节,既各司其职,又和衷共济,密切合作,于是形成了清末第一个慈善家群体。随着义赈的不断扩展,19 世纪 80－90 年代,江南地区又陆续涌现一批慈善家群体,主要成员有徐润、盛宣怀、郑观应、陈煦元、李秋坪、陈竹坪、杨廷杲、施善昌、施则敬等十余人。而后,中国红十字会在清民初的兵灾赈济中也逐渐形成了一个包括沈敦和、施则敬、任凤苞、吕海寰、盛宣怀、施肇曾等人在内的慈善家群体,其声誉扬于海内外。这样,随着各地新型慈善机构的设立,慈善家群体互呼应共协作,于是从传统"善举"走向近代"慈善事业"。民国以后,慈善家群体更是层出不穷。如民初湖南慈善界中,沈克刚、李祥霖、汤鲁、胡棣华、周馨祥、劳鼎勋、朱恩绶、傅宗祥等人组成的慈善家群体在湘省声誉最隆,分工协作募捐、司账诸事,主持湖南省城慈善总公所、湖南救济贫民工艺厂等多个机构,善举不辍。作为近代中国慈善事业的发源地,上海不仅以慈善机构之多居全国首位,而且慈善家群星灿烂,形成一个又一个慈善家群体。如有顾履桂、杨逸、张嘉年、吴馨、莫锡纶等人以济渡社为中心的团体;姚文楠、王一亭、朱葆三、李平书、熊希龄、徐乾麟、施则敬、虞洽卿、周金箴等一群声誉卓著的慈善家也聚集于中华慈善团全国联合会。1920 年华洋义赈会成立后,也很快形成了新的慈善人物群,他们是孙仲英、严兆濂、傅筱庵、余日章、唐少川等。熊希龄与钱能训、徐世光、杜秉寅、王芝祥、杨圆诚、郑婴芝等人亦组成以中华世界红卍字会为纽带的慈善事业圈。近代慈善家群体的形成,将原来分散的、各不关联的善人善士相联络起来,形成一个交际广、能量大的社会组织网络。在这个网络中,慈善家以群体的力量拓展、协调着慈善组织的内部结构与外部关系,不仅提高了社会慈善救济活动的效率,而且有利于动员社会力量,众擎易举,扩大慈善事业的社会影响,促进慈善事业的发展。

2. 慈善机构的多样性

近代时期,由于灾祸绵绵以及各种社会矛盾日益突显,慈善救济迫切,慈善组织也不断增加。据统计,仅上海一地,1930 年前后就有各类慈善团体 119 个,绝大多数创设于清末民初。[22]如此繁多的慈善机构的涌现,既显示出近代慈善事业的发达与兴盛,也表明慈善机构的组织形式、功能不再单一,呈多元化的色彩。

就组织形式而言，近代慈善机构基本上以独立的民间慈善团体为主体，间有附着于其他社会机构的慈善组织，官方色彩已趋淡化。清末民初以后，官办慈善逐步演变成现代政府的社会救济事业，但其救济功能又尚未健全，民间慈善组织遂如雨后春笋般增加，构成了近代后期慈善事业发展的基本力量。1920 年北方五省大旱，积极参与赈灾的民间慈善团体就有京畿农民救济会、北京民生协济会、华北救灾协会、北方工赈协会、山西旱灾救济会、陕西义赈会、上海女界义赈会、中华慈善团、国际统一救灾总会、华洋义赈会、中国济生会等数十个。这些民间慈善团体，无论其数量还是其掌握的慈善资源，都已大大超过官办救济机构，成为近代中国慈善事业的主导者。另外，其他社会机构附设的慈善组织也有了一定发展，如申报馆协赈所自光绪以来就长期为灾区"代布灾情，广为劝募"[23]，成为江南地区乃至全国都具有相当公信力的慈善组织。

在组织功能上，近代慈善事业又可分为募捐机构、实施机构与协调机构三类。由于赈款浩繁而国库支绌，惟有仰赖于民间各界的接济，方能纾解民困。为合理利用有限的慈善资源，避免各慈善团体各自募捐造成的浪费，清末时已出现专门从事募捐活动的机构。这些专募慈善机构将筹捐的善款悉付解汇给实施慈善活动的机构，因而形成了募集捐资与实施救济相独立的体制。光绪初年，经元善等人主持的上海协赈公所，即实行募与赈的分离，是为近代慈善事业中募捐机构之雏形。又如前述申报馆协赈所，频频登载募捐公启，劝人"慷慨解囊以襄善举，或节游观之费，或省宴会之资"[24]。申报协赈所将募得赈款分期分批汇解灾区，并将历年募收解汇清数俱登报章，以资征信，实际上是一个运作规范、制度完善的专事募捐型慈善组织。这类专募慈善机构避免了旧善堂胥吏贪污挪用之弊，因而颇得士绅商民的信赖，捐输源源不断。1898 年，申报协赈所"所接较去年为旺，数倍之，所解亦几倍之"。[25]对于近代慈善事业的可持续发展而言，专募慈善机构的协调和推动作用是不容忽视的。在慈善事业由传统向近代的转型过程中，还产生了协调各慈善团体的机构，以利于各慈善团体进一步合作。1912 年 9 月成立的上海慈善团就是一个有协调性质的慈善机构。慈善团系将上海市区原有的同仁辅元、普育、清节、果育等善堂合并为一大团体，"酌盈剂虚，统一办理"，[26]并置文牍、会计、庶务等科办理全团事务，凡基金、基产、款项收支统一由慈善团协调拨给下属慈善机构。[27]民国初年，比较著名的协调性慈善机构还有中华慈善团和国际统一救灾总会。中华慈善团成立于1919年，最初由熊希龄为主任，朱葆三、王一亭为副主任，设交际、文牍、庶务、调查各科。[28]中华慈善团体一方面吸纳地方慈善机构为其团体会员，一方面又将募集的部分善款汇解拨给地方慈善机构用于各项慈善活动，这样，中华慈善团不仅是一个全国性慈善团体，而且也是全国各慈善组织的联合和协调机构，实际上也发挥了募捐和协调的功能。1920年出现的国际统一救灾总会则在协调各赈灾组织的募款、施赈范围等方面起了很好的作用。慈善协调机构的出现，有助于改变分散的各慈善机构自行其事的状况，携手合作，共同救济社会弱者，有利于优化慈善资源，进一步发挥博施济众的社会功能。

3. 慈善救济运作的先进性

慈善事业救济运作的先进性，首先表现在信息方面。封建时代的官赈有一整套严格的程序，及至明清已十分完备。然而，“国家版图式廓”，灾区往往“距京师远或万里，近亦数千、数百里”[29]，交通不便，音讯阻塞。若按严密而烦琐的赈灾程序下拨赈济款物，往往错过最佳救济时机，灾民早已不堪饥寒之逼，抛尸露骨于沟壑。19世纪六七十年代，中国创设电报局，并很快将这一传递快捷的新技术运用于近代慈善事业中。如丁戊奇荒期间及以后的各项赈济活动，经元善、谢家福、严佑之等众多绅商慈善家即以电报局为指挥中枢，在上海陈家木电报总局、四马路文报内设立赈捐收解处，电告协赈所及救灾前线，催请赈款，汇报灾情，“则如桴应鼓，如响应声，一迟一速之间”[30]，办理豫赈、顺直鲁赈颇为顺手。之后，每有灾异发生，各地“告灾之电络绎而来，急于羽檄”[31]，报灾、赈灾都极为快捷、准确，“无论隔山阻海，顷刻通音”[32]。各地传递的灾情，瞬间即达省府、中央，十分便于其依灾情及时反馈。这样，清末报灾、查灾、赈灾的时限大大缩短，从而降低了灾荒危害社会的烈度。民国初年，电话已在大城市普及。电话报灾又比电报更便捷，进一步推动了慈善事业走向近代化的进程。

慈善事业救济运作手段的先进性还表现在报刊媒体的介入、推动。随着近代新闻出版事业的兴起，各类报刊、杂志对慈善事业给予了很大关注。一方面呼吁对传统慈善活动进行改良，形成社会舆论；另一方面则对各地的灾情作了详细、及时的报道。1906年春夏之交，湖南遭遇特大水灾，上海《申报》、《中外日报》等各大报纷纷刊载湖南灾情的消息。如是年5月，《申报》即连续刊发了《湖南水灾详纪》、《湖南水灾续闻》、《湖南水灾三志》、《四志》、《五志》、《六志》等系列报道，详尽介绍了长沙、湘潭、衡州等地的灾况以及省城商绅"筹款发米施粥，雇备划船以资救济"等情形，同时希望湘人"关怀桑梓"，同沪上善人一同"筹措捐款汇寄，及早散放以拯灾黎"[33]。由于新闻传媒的介入，对灾讯的及时报道，旅外人士和团体也很快了解到家乡灾情，迅速行动起来救助桑梓故园。近代报纸、杂志的出现及其广泛发行，既拓宽了灾况及赈济情形的传播面，同时也扩大了近代慈善事业的社会影响，有利于赈款的募集。

再次，新式交通工具的运用，也使得慈善事业趋向近代化。历代临灾治标的通行之策，如赈济、调粟、养恤等项，大抵以谷粟赈民。受古代交通条件限制，调粟赈济灾民，救济成本高，耗费大，不免有远水难救近火之虞；而移民就粟之法也未能畅行。19世纪后期，上海轮船招商局及铁路的兴办，轮船、火车也都先后运用到慈善活动中。铁路既成，"使载物之器良便，而运物之价又廉，……即或旱干水溢，偶有偏灾，亦能接济运粮，藉苏民困"。[34]近代新式交通来办理慈善事业，虽"相距万里之遥"，仍能"不虑稽迟"[35]，大大改变了此前丁戊奇荒因交通梗阻而致的"费数十金不能运米一石"的状况。[36]民国以后，又有了汽车等交通工具，各地先后修筑起连接城乡公路网，远距离运输救济物品也成为可能。近代轮船、火车、汽车等新式交通工具，具有速度快、载量大等特点，在抗战期间就广泛用来疏散难民、运送救济物，发挥了巨大作用。

4. 慈善道德的多层化

中国传统慈善道德多基于仁爱之义，后来虽融入佛、道两教的善恶报应观，但慈善道德的层次仍较单一。近代新旧各种思潮、习尚发生激烈的碰撞与交汇，人们的思想观念也因时而变，这就导致了慈善道德由单一趋向多层化。

近代中国慈善事业的参与者有中外人士，因个人文化、教育背景及经历的不同，他们办理慈善活动的动机和目的自然也不尽相同。有的外国传教士通过办慈善来取悦国人，以扩大教会在华的影响；有的传教士办慈善则是为帝国主义文化侵略政策服务的。诚然，也确实有一部分外国人对中国人民怀有好感,目睹民众之苦难,竭尽心力来从事慈善救济活动。[37]1920年9月,华洋义赈会在上海成立,西人会董依靠其自身关系,广泛地呼吁国际社会为中国北方灾区各省捐赠物资,[38]从而跨越了种族、肤色与国度的界限来进行赈济。这无疑是一种人道主义精神,属于慈善道德中较高的境界。

国人从事慈善活动的动机也是十分复杂的。清末著名慈善家经元善、郑观应都是受其父的熏染,最终毕生致力于慈善救济事业。经元善早年在上海经商时就主持同仁辅元堂,后又"时怀家国思想……复爱怜平民",矢志于慈善事业,"以全父志"。郑观应之父郑文瑞家居时"筹置义田,兴立善堂。地方公益:若水利,若桥梁,若义仓,或创或因,无不尽力乐输,殚心规画"。这种言传身教对他们影响极深,他们在办慈善时都将无私奉献的高尚道德奉为圭臬,时时铭记,并以不图虚名、不享利禄相自勉。这正是近代社会慈善家应有的崇高品行,而相对于多数普遍民众来言,传统文化教育积德施善、行善消灾的慈善道德。"行善可以弭灾,原不必已身有灾而后行善",这在民间有广泛的信奉者。平民百姓常为求佑病体安康,延年益寿而捐资献物,这种心态十分常见。随着清末教会育婴事业的扩展,一些人出于民族主义,就主张民间自办育婴堂,同外国教会相竞争。1876年,李金镛、谢家福等江南士绅在山东开展赈济,见传教士收养灾孩,也倡议募捐在青州建立抚教留养局,收养孤儿育婴,以抵制教会。此议得到地方社会有力者的积极回应。还有些人是带着忏悔的心情来办慈善事业,像梁士诒、杨度、熊希龄等清末民初政坛上的一些风云人物,都有一番表白,愿从善赎过,洗刷污点。1917年11月,熊希龄就表露过自己的这种心迹:"念出仕十余年来,从未直接为民做事,愧对吾民",目睹顺直灾区惨状后,内心震动极大,愿意"以当此艰难,亦冀稍赎政治之罪戾"。因此,他们在办理慈善活动中尤为虔诚竭力精力,尽心尽责。

办理慈善事业的动机迥异,社会地位的不同,社会阅历的差异,经济状况的差别等多方面因素,都可能导致多层次的慈善道德。以上论析,已简要揭示出近代慈善事业中慈善道德的分层化趋向。若是有意行善,诚心济人,无论处于哪一层次的慈善道德都值得肯定。

5.救济区域的广阔性

传统慈善机构受宗族、畛域观念影响,亲缘、地缘及业缘色彩较浓,其慈善救济的范围多囿于同宗、同乡或同行。清末民初,随着新慈善观的传播以及近代交通、通讯工具的广泛运用,救济区域有了变化。一些全国性慈善机构相继成立,广泛参与各地的慈善赈济。即便地方性慈善机构,也不把慈善活动专注于当地。这样,近代慈善事业的救济范围大为拓宽,不再限于本县本省,已扩展到全国范围内,甚至已走出国门,参与国际性的人道主义救援,影响渐及于海内外。恰如民国大慈善家熊希龄所言:"古时交通未广,救灾恤邻,仅限禹域。海通而后,万里户庭,国际之竞争益烈,而互助能力亦兴。"[39]

慈善机构在救济范围和活动地域上突破狭隘的畛域观念,这是近代慈善事业的一大进步,也是它的一个显著特征。丁戊奇荒发生之际,李金镛、经元善等人即以"我本同处宇内,有分地无分民"[40],理应一体救济。于是,在上海、苏州、扬州等地设立协赈所,跨越地区与行业的界限,和衷共济,发起组织大规模义赈,救济远及千里之外的受灾同胞。这时期,中国慈善事业救济范围的扩大,一方面是传统爱国情愫与民族主义熏染的结果,另一方面则可能受到教会慈善机构或传教士慈善活动的影响。在晚清义赈中,缘于人道主义或博爱精神的共通性,中外人士也逐渐走向联合与协作,跨地区与国界开展慈善救助。清末上海万国红十字会(中国红十字会)的创立,即是中西慈善文化相互融汇的结果。英、美、德、法各国牧师也积极投身其中,由沿海各商埠奔赴在东三省,次第设红十字分会,在战地救护、难民安置与赈济等方面发挥了巨大作用。时人评论说:"溯自中外通商以来,万国一心,踊跃奔赴,能与我华合办大善事者,在上海当推此为第一伟举。"[41]此后,更多外国人参与了中国的慈善赈济事业,如清末民初的华洋义赈善会、国际统一救灾总会等众多慈善机构。进入20世纪以后,由于近代传媒与交通的发展,慈善事业跨越畛域、对各灾区一体救济也成为现实。像申报馆协赈所,虽在上海肩负筹募捐输之重任,但其办理慈善却不限于沪渎一隅,对全国各省区的水旱各灾均竭力相救,未曾有推诿之意。1909－1910年,安徽蒙城先饥后涝。上海华洋义赈会即拨银20万两,并赈食米919包,蚕豆1094包,小麦635包,稻3747包。[42]其实,这样跨区域的大规模赈济在晚清已不乏其例,入民国后更不胜枚举。若各省遇有灾歉,"一经书陈乞籴",各慈善机构"无不慷慨发棠,义粟仁浆,源源而至"[43]。在民国,"慈善事业尤应不分畛域"[44]的观念传播更广，早已成为社会各界尤其是慈善界人士的共识，深知“办赈为最要之慈善事业，凡为人类皆有热心负此责任，国家且弗论，遑论地方，故对于灾荒区域不可稍有畛域之念，对于同办事人，不可稍有尔我之见”。[45]在这种新慈善观的影响下，近代中国的慈善机构已不再囿于本地、本国，而是超出国家、民族界限，将慈善救济延伸到了域外。早在1906年美国旧金山大地震中，因十余万华侨死伤殆半，有报纸就论说：爱同胞，办慈善“不以道路远近而间亲疏，目击耳闻而分厚薄”，况“救灾为天下公理，……且同为国民，无分畛域”[46]。在这种舆论导向下，农、工、学各界均踊跃捐输，很快筹得10万两白银，“散给发该埠无家可归之华人”。[47]1922年东京大地震后，上海慈善界领袖王一亭等人即号召各慈善机构，广募物资，紧急援助日本灾民。由此，熊希龄在1927年回顾中国慈善发展业绩时称：“近十稔中，若法兰西之大水，俄罗斯之大旱，日本东京之大地震，我人亦尝追随行列，加入救济团中。”[48]这表明，善与人同，在外国慈善团体在华开展活动的同时，中国慈善事业也开始走出国境，给予受灾国家一定的慈善援助。

6. *慈善经费渠道的广泛性*

慈善事业的发展离不开丰盈充裕的经费。如何募集善款、广辟善源是近代各地慈善机构面临的首要问题。概而观之，慈善机构筹措慈善经费有如下多种渠道，以保障慈善活动的正常开展。

官款是传统善堂正常运作的主要经费来源。像湖南省城的养济院、百善堂之类，“向由盐道衙门、牙厘局、督销局拨款”。[49]不过清咸同以后，政府财政支绌，官款渐少。这种情况下，民间社会的捐献遂成了近代慈善机构的重要渠道。所谓“私人出资，足称慈善界之特色”。[50]社会捐献来源十分广泛，既有海内外各商会、公司及其他机构的捐资，也有达官贵人、社会名流、普通民众的个人捐献。其具体名目较为繁夥，除传统的筒捐、簿捐、店捐、发典生息外，还出现了移助糜费、义卖、义演等新的筹捐方式，拓宽了近代慈善事业经费的募集渠道。

节糜费以救灾黎，清末时就已得到人们的响应。许多平民百姓怀着积德行善的理念，纷纷捐献各种筵资、拜佛求神及娱乐应酬等糜费，赞助慈善事业，以惠饥民。据1900年《申报》载：郑某求病愈，捐洋50元；程某病愈之后还愿，亦捐洋100元作善款。[51]同时，“以寿诞筵席资及各项移助者已指不胜屈”[52]。民国有善士还提出,除捐筵席资外,“尚有迷信之耗费,亦可移赈民饥”。[53]社会名流、达官显贵也大倡此举。1912 年值张謇六十寿辰,他“念乡里老人固有失所而无告者,愿以觞客之钱,建养老院”,[54]把生日宴费及亲友馈金一并移作建院之资,建成南通第一养老院。1922 年张謇又捐资创建南通第三养老院。移资助作善款成为了清末民初社会普遍盛行的风气。这些无益的耗费,节省出来帮助灾民糊口度日,实乃无量之功德,不应小觑。

义演募捐也是近代慈善机构筹措经费的一个新渠道。随着近代都市的发展和市民娱乐生活的日益丰富,近代慈善机构在募集善款时常通过全国各大报纸,刊载各种义演义卖公启,或赈灾劝捐广告,向社会募资,收效亦佳。1906 年底,上海女子中西医学堂学生在张园为苏北灾区举行义演,摹灾民卖妻鬻女之惨状,甚凄婉,“闻者颇为感动,争以银券、洋块遥掷之”,“来宾约有千人捐输,颇为踊跃”。[55]民国以后,义演助赈更加普遍。1912 年,中华全国义赈会因各处请款甚急,也商请上海伶界名角在大舞台剧院义演一天,“所得券项,除一切开销外,悉数充赈”,[56]缓济了燃眉之急。1926 年,京剧艺术家梅兰芳在沪举行冬赈义演,券资悉作赈助贫民之费。[57]所邀义演者多为伶界名角,德艺双馨,主持者亦有声望,因而捐资者亦信任之,均乐于解囊倾箧,为灾民谋一活路。由此,义演募捐在民初社会盛行长久而不衰。

在义演风行之时,名人字画的义卖也是筹集慈善经费之一途。自清末起,随着南通慈善事业的规模扩充,善款仅以张謇拨付实业盈余渐趋拮据。从 1906 年起,张謇始“乞灵缣素”,鬻字补助经费。[58]此后十年间他又多次义卖字幅,“以资所乏”,[59]捐助南通的慈善机构。清末民初,很多社会名流亦挥毫泼墨,倾情义卖,为穷困者助一臂之力。著名国画家吴昌硕于 1920 年献画助赈,为南北义赈会筹得一笔可观的善款。[60]

在社会各界无私捐献的同时,近代慈善机构还千方百计扩充善源,募集资金,其中有两种最具时代色彩的募捐方式,即发行彩票和购买股票。

彩票作为慈善机构的募捐方式始于戊戌时期。1899 年淮、徐、海三地发生饥馑,助赈官款不敷,粤商庞乃鎏遂以报效巨款义赈灾区为名,呈请设立广济公司,发行江南义赈彩票。此议得到了两江总督刘坤一的批准,允其专利六年,每年报效若干银两。不久,广济公司即在报上刊载广告称:“为淮徐海灾筹赈孔亟,本公司奉宪谕开办筹赈彩票,批发抽厘助赈。”[61]随即发行了第一会江南义赈彩票10000张,每张5元。江南义赈票很快出现热销,其后发行量一直攀升。[62]受其影响,华洋各商都竞设彩票公司,纷纷发行彩票以助赈,如普济公司的顺直义赈彩票、广益公司的山西义赈彩票、安济公司的协助秦晋义赈彩票等。及至民国,仍有用义赈彩票筹募赈款。在清末民初慈善经费拮据的情况下,这些彩票公司以"义赈"、"善举"的名义运用新的方式募捐,虽然彩票发行是一种商业行为,难免会重利赚钱,但客观上为灾民筹得一笔或多或少的善款,开辟了一条慈善经费筹措的新路。

民国初年,随着民族资本主义进入黄金发展期,股市空前繁荣。一些慈善机构除采用存款生息的方式外,还购买公司股票,分享股红。这显然是一种具有近代特征的筹资方式。民国初期的湖南省城慈善总公所拥有粤汉铁路股票5万元[63]。后来,还购得湖南电灯公司及淮盐两只股票。[64]在经济中心上海,慈善组织买股票运营活动已非常普遍,限于篇幅,兹不缕述。

结 语

以传统慈善事业为观照点,不难看出近代慈善事业已不再限于单纯的赈灾救荒、济贫扶困,而扩展到慈善医疗、慈善教育等方面,内容十分丰富,尤其在慈善教育上最为突出。总括地说,就是"养"与"教"两大类。从历史演进的角度来看,慈善事业在由传统到近代的转型中,其内容也由重养轻教趋向教养兼施或养教并重,基本上将"消极的治标的不彻底的慈善改进,而为积极的治本的彻底的慈善"。[65]这正是慈善事业走向近代化的客观反映。

在走向近代化的进程中,慈善事业也与近代中国社会互动关联,表现出一些时代特征。剧烈的社会变迁,促成了由"善举"到"慈善事业"的演变,促成了传统善人善士个体到近代慈善家群体的形成。处在转型期的慈善机构也逐渐融入到近代经济社会中,积极地探索可供利用的慈善资源,通过劝捐糜费、义演、义卖、发行彩票、购买股票等渠道来筹措善款,使近代慈善事业善源广辟,发展渐良。同时,近代慈善事业也趋向慈善道德的分层化。这使得其活动范围大为扩展,不独关注于本土本境,也逐步跨出国门,参与国际间的人道主义慈善援助工作;同时又有利于其运用先进的通讯方式和交通工具,促使传统型慈善办赈模式的变革,达到慈善事业博施济众的目的。

(刊《湖南师范大学社会科学学报》2007 年第 6 期,其中主干部分曾刊于《光明日报》2004 年 12 月 14 日 7 版理论周刊,题为《近代慈善事业的基本特征》)

注 释

1 高劳:《谈屑 · 慈善事业》,《东方杂志》第 12 卷第 10 期,1915 年。

2 吴葭修,王钟琦纂:《民国宝山再续志》卷十一,《救恤志》,1931 年铅印本。

3 虞和平编:《经元善集》,华中师范大学出版社 1988 年版,第 27 页。

4 南通张謇研究中心编:《张謇全集》(二),江苏古籍出版社 1994 年版,第 102 页。

5 周秋光编:《熊希龄集》(下),湖南出版社 1996 年版,第 1398 页。

6 周秋光编:《熊希龄集》(下),湖南出版社 1996 年版,第 1399 页。

7 《以工代赈之湘讯》,《申报》1920 年 9 月 4 日。

8 周秋光编:《熊希龄集》(下),湖南出版社 1996 年版,第 1770 页。

9 周秋光:《民国北京政府时期中国红十字会的慈善救护与赈济活动》,《近代史研究》2000 年第 6 期。

10 《红十字会研究大会纪事》,《申报》1911 年 12 月 13 日。

11 《中国红十字会时疫医院院长沈敦和启事》,《申报》1917 年 8 月 25 日。

12 冯桂芬:《校邠庐抗议》,中州古籍出版社 1998 年版,第 154 – 156 页。

13 虞和平编:《经元善集》,华中师范大学出版社 1988 年版,第 213 页。

14 虞和平编:《经元善集》,华中师范大学出版社 1988 年版,第 246 页。

15 《慈善教育说》,《东方杂志》第 1 卷第 9 期,1904 年 11 月。

16 《湖南佛教慈儿院简章》,民国十一年(1922)铅印本。

17 《桃源县立孤儿院第三次报告》,民国十七年(1928)石印本。

18 参阅周秋光著:《熊希龄与慈善教育事业》,湖南教育出版社 1990 年版。

19 《张謇全集》(四),江苏古籍出版社 1994 年版,第 355 页。

20 《张謇全集》(四),江苏古籍出版社 1994 年版,第 108 页。

21 游子安:《劝化金箴:清代善书研究》,天津人民出版社 1999 年版,第 104 – 105 页。

22 张礼恒摘编:《民间时期上海的慈善机构统计(1930 年前后)》,《民国档案》1996 年第 3 期。

23 王先谦:《湘绅筹赈书》,《申报》1906 年 6 月 2 日。

24 《综纪丁酉年本馆协赈所筹赈事略》,《申报》1898 年 1 月 30 日。

25 《综纪戊戌年本馆协赈所筹赈事略》,《申报》1899 年 3 月 4 日。

26　民国《上海县志》卷十,《慈善》。

27　《组织慈善团大纲》,《申报》1912 年 9 月 16 日。

28　《中华慈善团全国联合会通告》,《申报》1919 年 3 月 31 日。

29　夏东元编:《郑观应集》(上),上海人民出版社 1982 年版,第 209 页。

30　夏东元编:《郑观应集》(上),上海人民出版社 1982 年版,第 209 页。

31　《劝赈刍言》,《申报》1897 年 6 月 22 日。

32　夏东元编:《郑观应集》(上),上海人民出版社 1982 年版,第 82 页。

33　《湖南水灾五志》,《申报》1900 年 5 月 19 日。

34　夏东元编:《郑观应集》(上),上海人民出版社 1982 年版,第 79 页。

35　夏东元编:《郑观应集》(上),上海人民出版社 1982 年版,第 79 页。

36　夏东元编:《郑观应集》(上),上海人民出版社 1982 年版,第 654 页。

37　参阅周秋光:《民国时期的社会慈善事业研究刍议》,《湖南师范大学学报》1994 年第 3 期。

38　《华洋义赈会成立会纪》,《申报》1920 年 9 月 26 日。

39　周秋光编:《熊希龄集》(下),湖南出版社 1996 年版,第 1770 页。

40　虞和平编:《经元善集》,华中师范大学出版社 1988 年版,第 6 页。

41　《普济群生》,《申报》1904 年 3 月 11 日。

42　民国《重修蒙城县志》卷四,《食货志・蠲赈》。

43　王先谦:《湘绅乞赈书》,《申报》1906 年 6 月 2 日。

44　民国《川沙县志》卷十一,《慈善志》。

45　默:《告办赈者》(杂评),《申报》1920 年 10 月 3 日。

46　《论急振旧金山华侨事》,《申报》1906 年 4 月 28 日。

47　《美政府辞谢中国赈款》,《申报》1900 年 5 月 1 日。

48　周秋光编:《熊希龄集》(下),湖南出版社 1996 年版,第 1770 页。

49　湖南调查局辑:《湖南民情风俗报告书》,第十二章,湖南法制院 1912 年编印。

50　湖南调查局辑:《湖南民情风俗报告书》,第十二章,湖南法制院 1912 年编印。

51　《善款汇志》,《申报》1900 年 5 月 15 日。

52　《巨款助会》,《申报》1904 年 11 月 1 日。

53　朱思群:《节迷信费以助赈》,《申报》1920 年 10 月 30 日。

54　张謇:《移生日宴客费并馈金建养老院启》,《张謇全集》(四),第 340 页。

55　《纪女医学堂学生演剧赈灾事》,《申报》1906 年 12 月 31 日。

56　《义赈会演剧筹赈》,《申报》1912 年 12 月 31 日。

57　《本埠消息》,《申报》1926 年 12 月 23 日,12 月 30 日。

58　张謇:《鬻字字婴后启》,《张謇全集》(四),第 339 页。

59　张謇:《继续鬻字启》,《张謇全集》(四),第 352 页。

60　《画家吴昌硕等献画助赈》,《申报》1920 年 11 月 17 日。

61 “广告”,《申报》1899 年 2 月 16 日。

62 “广告”,《中外日报》1901 年 7 月 9 日。

63 任凯南:《湖南省志稿·赈恤篇》,民国三十年(1941)稿本,湖南图书馆藏。

64 《湖南省城救济院概况》,民国油印本,湖南图书馆藏。

65 徐直:《对慈善家进一言》,《申报》1923 年 1 月 26 日。

十一　慈善事业与近代中国的民族精神

鸦片战后，中国受到了来自西方世界的政治、经济、军事、文化、思想领域全方位的强烈冲击。在西方文明的裹胁下，传统的中国社会由此面临着“千年未有之变局”，开始了它在近代时期步履艰难的社会变迁。显然，这种剧烈的变迁，已深刻地影响到中国社会的方方面面，慈善事业也概莫能外。国门甫开，基督教会及其慈善机构纷涌入华，传统的善堂善会遂面临着在近代社会谋求生存与发展、传承与革新的问题。中国慈善事业从传统到现代的转变与调适的过程，同时也是近代中国的民族主义复兴与形成、民族精神觉醒与恢弘的时期。因此，在一定程度上，慈善事业是伴随着近代民族精神的滋长而发展起来的，并相交织。那么，近代化进程中的中国慈善事业与民族精神究竟有何关联？对于这个问题，尽管目前史学界有关近代中国慈善事业的学术成果已相当丰硕，但综观这些林林总总的研究论著之后，却鲜见论及于此。[1] 由此，本研究尝试在梳理近代以来中国慈善事业演进脉络的基础上，结合民族精神在近代中国的觉醒、形成展开研究，以期重新认识慈善事业在近代中国社会生活、社会结构变迁中扮演的角色与发挥的功能。

（一）

中国是世界上最早倡行与发展慈善事业的国家。据《周礼·地官》记载，西周时期就设有“司救”之职，专施惠政于贫病之民。先秦以降，诸子百家及佛教典籍亦有关于慈善思想的精辟阐述，譬如儒言“仁爱”，墨崇“兼爱”,道尚“积德”,佛称“慈悲”。各流各派的表述虽不尽相同,然义理相近,都蕴涵着人类共通的人道理念,主张济世救人,对中国社会慈善事业的兴起、发展产生了深远影响,并促成了中国民众乐善好施风习的形成。民国时期的大慈善家熊希龄就说:“吾国立国最古,文化最先,五千年来养成良善风俗者,莫不由于儒、释、道之学说所熏陶。”[2] 正缘于儒释道的浸淫与熏染,慈善救助成为了中华民族世代相承的传统美德,构成传统民族精神的一个标记。

及至19世纪中叶,作为中国传统慈善事业鼎盛发展标志的善堂善会,自明末兴起以来已达三百年,然由于时局与环境的变迁,开始面临着传承与革新、由传统走向近代的问题。而近代慈善事业的兴起、发展之际,正是西方列强加紧侵略、瓜分中国,民族危机日益加深之时。慈善机构虽不是政治组织,但是,在这种时局日艰、民生日蹙的历史大环境中,其从事的慈善活动不能不映照了近代中国社会的沧桑变迁,不能不折射出自强不息、居危思变的民族精神。传统民族精神的传承以及西方近代的民族国家观念意识的融入与吸纳,逐渐形成了近代中国的民族精神,并渗透到社会的各个层面、各个领域,慈善事业也因浸淫其中而向前发展。由此,慈善事业自然是构筑和体现近代民族精神的一个重要领域。

鸦片战争甫结束,欧美各国基督教会纷纷派遣差会来华宣教,传播上帝的福音。为扩大基督教的影响,博取民众的信任,各差会把医疗事业“作为福音的婢女”,相继于沿海各口兴办起一些诊所、医院,减免费为贫民治病,以期铺平基督教在华的发展之路。[3] 第二次鸦片战争以后,清政府被迫实行宽容的传教政策,基督教会遂乘机扩展,其势力由通商口岸向内地逐步推进,教会慈幼事业亦随之兴起。[4] 教会慈幼事业以育婴堂和孤儿院为主,也设有盲童、聋哑学堂。而中国传统的育婴慈善机构——育婴堂多兴于康乾之世,至此已年久失修,且因经费不敷而趋于衰落。随着教会势力的逐渐深入,传教士在华兴办的育婴恤孤机构很快遍及上海、天津、宁波、汉口、南昌等地。教会育婴慈幼事业的不断扩展,并由此导致的一系列严重的民教相仇的教案,引起了地方官绅士民的极大关注与深虑。1862年,南昌城内因风传教会育婴堂残害儿童,当地一些士绅闻悉后怒而将其焚毁,遂酿成了中国近代史上第一例由教会育婴引发的教案。尔后,民教猜疑,教案迭起。1870

年的天津教案，更是震动中外。事后，为防微杜渐，避免惨案再度发生，总理衙门拟订《传教章程》，将育婴事业列在章程之首。其文称："教中所立育婴堂向未报官立案，而收养幼婴，其中事难明白，因此酿疑起衅者有之，何不将外国育婴堂概行裁撤，以免物议。"[5] 不难看出，清政府提出该条款，其目的在于希冀取消或限制教会育婴机构，以缓和民教冲突，规避愈演愈烈的教案，减少利权的丧失。这初显出一定的民族主义色彩。然而，英、美、法各国教会仰仗其特权庇护，对此置之不理。清廷及其一些地方官绅不得不另图他策。他们逐渐认识到，要抗衡教会育婴组织，消除其日愈扩大的影响，惟有中国人自己广设育婴慈善机构。1866 年，即南昌教案后的第四年，江西巡抚刘坤一颁布了《六文会育婴堂照旧劝办三年示》，鼓励民间社会兴办育婴事业，以革除溺女习俗。这显然寓有抑制教会育婴、增强国人志气之意。同治末年，在太平天国战后善后重建过程中，"苏松太道沈琛以华人子女被洋人收养为虑，通饬各属举办保婴，其法酌给钱米，即令本母自养"[6]。奉此政令，吴江、太仓等州县皆于同光之交重修或新建育婴堂，一度因战事废弛的江南民间育婴慈善事业又渐渐恢复。光绪初年，华北遭遇大饥荒。江南士绅发起了大规模义赈，并创办抚教留养局收养灾孩。主持这次义赈的著名善士谢家福称："闻灾民子女鬻弃甚多，外国教堂已收养四百余名，亟拟集资赴东，广为收养。现梨园子弟、西国教堂尚且慨然助赈，况我人生同中国，品列士林，容有靳此区区之理。"[7] 又言："东省灾后，子女流离者不可计数，为他族收养者，闻有数百名之多。窃恐人心外属，异说横行，为邹鲁之大患"，而幼孩"智识未开，情窦未通，若为他族蛊惑，更易更险。驱数百好男好女于陷阱之中，不能使其复为人，凡有血气者，能无锥心肝、竖毛发，亟图补救哉？"[8] 在此情此景之下，谢家福遂与李金镛等江南士绅商议，决意前赴山东赈灾，留养幼孩。1877 年夏，李金镛抵达山东青州府，随即设抚教、留养二局。"抚教者，就其资质之高下，分别教以读书习艺；留养者，收养残疾及生病之婴孩，延医生疗其疾，给衣食以赡其身，一俟病退力强，再送抚教局习业"。[9] 而后谢家福也抵灾区，拟订《抚教留养章程》十二款，详细规定了收养原则、教养方式及管理办法。这次东赈的保婴行动历时半年，共筹措经费 5000 多串文，收养灾孩约 1400 余名。[10] 这些善行义举，正如谢家福自己所说："某之所办者，不第在教门之良莠，尤重中外之界限。山左灾民受洋人赈恤三月有余，几几乎知有洋人不知有中国矣。诸君好善乐输,下以固已去之人心,上以培国家之元气,即此便是忠臣,便是义士。"[11]显然,这在很大程度上乃是针对传教士的慈善之举,[12]具有浓烈的民族主义情愫。随后的豫赈,义赈同人继续着意保婴善举,先后在济源、怀庆等府县设立育婴慈幼机构。

19世纪80年代以后,在教会育婴事业的刺激下,一些地方官员进一步明确了对士绅兴办育婴事业的鼓励、褒奖政策。1890年,湖北天门的绅民醵资自办育婴堂,即获得湖广总督张之洞的旌奖。1891年10月,陕西道监察御史刘恩溥向光绪帝上奏《为教案起于育婴请饬各省广设育婴堂折》,吁请各封疆大吏"通饬所属,筹捐集款,广设育婴处所,收养幼孩",由此"隐培国脉,化薄海贪残之俗,绝强邻轻侮之萌"。[13]清廷也称"所奏不为无见",随即发布谕令,"著各直省将军督抚悉心体察,悉为筹划,总期实惠及民,以恤穷黎而弥隐患"。[14]该谕令在全国各省得到了有效的执行。江苏布政司即根据省情实际制定了《育婴章程》,颁行所属各州县,"饬各属于乡镇广为添设,辅以保婴育婴之法","并立奖劝章程,使实心办事之董事有所观感"[15]。在广西,据巡抚马丕瑶奏称,晓谕后各府属皆切实兴办慈幼事业。除省城桂林外,柳州、梧州、浔州、平乐、郁林、南宁等府,"或旧有育婴堂所,重加修复,或筹捐集款,从新创建"[16],城乡各处推行渐广。由上而见,民间社会的育婴慈善事业,除具有广慈保赤、淳风厚俗的传统意义外,在近代中国显然还赋予了新的内涵,成为与教会育婴机构相竞争、抵制教会发展的一种策略。其间反映出近代中国士绅官民强烈的民族精神。

不单是育婴事业,灾荒赈济也体现了国人浓郁的民族精神。1877年,谢家福得知西方教会赈济山东的消息,愤激情绪跃然纸上。"先是二月下旬以资遣灾民之役归,自泰州知耶教之洋人慕惟廉、倪惟思、李提摩太及烟台领事哲美生等在东齐赈给灾民,深惧敌国沾恩、异端借肆,不能无动于衷。顾以才微力薄,莫可挽回,耿耿之怀,言难自已。"于是致信致袁敬孙、金少愚、李秋亭等人,称"西人之赈给东齐也,阳居救灾恤邻之名,阴售收拾人心之术。窃恐民心外属,异教横恣,为中国之大患。是非裒集巨款跟踪济赈,终无以杜外人之觊觎,固中国之藩篱"。[17]最终,他们联络起江南社会众多绅士发起了长达数年之久的大规模义赈,跨越区域界限由江南而趋华北救济灾民。由此可看出,近代慈善事业的产生与发展,在某种意义上也是为了民族生存，即不需要外来教会的怜悯、施舍与救济，本国人亦能奋起自救、自存，义赈的规模及效果终于遥遥居于教会的洋赈之上。近代国人的民族自尊心、内聚力于此油然而见。

甲午战后，中国面临列强瓜分豆剖的空前危机，时局日艰，国运日衰。受此刺激，国人的民族精神却愈发奋起和振作，民族意识也渐趋高涨。慈善界亦弥漫着这股浓郁的爱国情怀、民族心绪。慈善家举办各项社会慈善事业，往往也以救亡图存、雪耻报国、振刷精神相标榜。如戊戌年间，经元善等人在余姚、上虞等地捐资筹办余上农工学堂和劝善看报会等慈善公益机构，就出于"中国欲图自强"[18]，凝聚民族力量和增强民族自信心方面的考虑。《余上劝善看报会说略章程》就明白地阐说了设会的缘起与功用："一扩其识，一葆其真，庶几识时势亦明义理，除僻陋并革浇漓，无使外邦之人讯为顽物"；希望阅报者"如能见我华之被人侵削，土宇日蹙，则当思发愤自强，誓雪国耻；见泰西各国之日进文明、国富兵强，则当思振刷精神，急起直追"[19]。字里行间已表露出，近代慈善事业不独是千百年来扶危济困、乐善好施传统美德的体现，而且还是中华民族自强不息、居危思变的民族精神的反映。

民国以后，内乱外患相继踵，天灾人祸相交织。一批批的慈善家洞察时艰，体恤民瘼，视民之饥若己之饥，民之溺若己之溺，系民众痛苦于心间而置个人安危于度外，矢志不渝地投身于社会慈善救济事业。慈善事业便在这纷纭乱离的年代被张扬，既秉承了厚德载物的精神，又增进了中华民族的凝聚力。"九·一八"事变不久，上海、北平、天津等地的慈善机构即向全国各界广泛劝募，筹措善款，创办伤兵医院，收容救济难民，支持抗日救国活动。1937年抗战全面爆发后，社会各界人士又纷纷成立了以救济难民、难童为宗旨的慈善团体和机构，负责战时的难民遣返安置、难童抚养教育等慈善活动。众多的慈善机构抱着这样的信念："多救济一个难民，即为民族多充实一分力量；能减少敌人蹂躏一个同胞，即为建国多保持一分元气。"[20]在慈善界人士的劝募下，国内各社会阶层不分党派、信仰、地位、性别，有钱出钱，有力出力，广泛参与慈善救济活动。海外侨界也在陈嘉庚、胡文虎等动员下成立"南洋华侨筹赈祖国难民总会"，募集捐款，救助难民，支援祖国抗战。这样，近代慈善事业在一定程度上坚定了民族意识，起到了团结民众共御外侮的作用，成为反抗异族、保家卫国的爱国主义精神的一种表现形式。换言之,慈善事业是构筑和展示近代中国民族精神的一个重要领域,同时,民族意识的觉醒以及民族精神的张扬也促进、推动着近代慈善事业的发展。尤其是民族自尊心的唤醒、民族自豪感的产生,对近代慈善事业的兴起和发展有着强烈而积极的舆论引导与功能激励作用,产生了深远的影响。

(二)

近代时期,随着西学东渐的涌动,西方近代民族主义、民族意识也在中国得到广泛传播。由此,近代中国的民族精神在传承传统民族精神的同时也融入了一些具有近代意义的新内容,这是迥然有别于传统的。也就是说,随着时代的前进,中华民族的民族精神有了新的发展。而在此进程中,慈善事业对于近代中国民族精神的培育和弘扬亦发挥着相当的作用,扮演着一定的角色。

第一,慈善事业的发展,在一定程度上增强了民族自尊心、自信心和凝聚力。民族精神是整个民族向心力和凝聚力之源。近代慈善家从事各项慈善活动,也有以弘扬、提升民族精神为出发点,藉慈善事业以达到振奋民族精神,增强民族自豪感和自信心的目的。清末,中国红十字会的创兴,其缘起乃是泰西各国皆成立了红十字会这个国际性慈善组织,惟独中华阙如,一些颇有爱国热忱的绅商善士便发议倡建。[21]红十字会的成功创办及运作,表明中国人亦能借鉴西方近代的慈善理念,为我所用,拯救大量的灾民,让慈善界人士和国人倍感自豪,信心大增。慈善机构每逢大灾巨祲之时,对千百万灾黎难民,普施赈济,使之从死亡线上拯救出来,并帮助其重建家园。这都让人体会到人间真情的存在,民族精神的存在。"慈善无畛域","我等同处宇内,有分地而无分民"[22],即是近代慈善家所信守的慈善理念。它与"民胞物与"、"天下一家"、"四海皆兄弟"等慈善观,体现出中华民族素有的宽仁博爱胸襟,也成为近代时期凝聚全社会力量的精神财富。

第二,慈善事业有利于发扬爱国主义,培育民族精神。近代国人自办的慈善事业,这既是千余年来中国传统慈善事业的延续,又是新的历史条件下对民族精神的进一步弘扬。1874 年,法租界拓修马路,意欲侵占四明公所义冢地。四明公所司事率宁波同乡人士"集众抵抗",使之无功而返。1898年,法租界再次扩充地界,强行毁坏四明公所慈善设施,很快引起江浙绅商的群情激愤。在严信厚、叶澄忠、沈敦和、沈洪赉等绅商兼慈善家的组织下,进行了有力的抵制,使法国侵略者被迫作出让步,允许租界内的"四明公所房屋冢地,永归宁波董事经管,免其迁移;凡冢地之内,永不得筑路"[23],其慈善设施得以继续维持。由此而见,民族精神作为中国传统文化的精粹与表征,早已渗透到慈善界人士的头脑里,在举办近代慈善事业之时自觉或不自觉地贯穿其间。因此,近代中国慈善事业的发展,也在一个侧面高扬起爱国旗帜,成为培育民族精神的土壤。

第三,近代慈善事业升华了民族精神的内涵,提高了国人的民族自豪感。慈善无国界,又是有国界的。言其无国界,指慈善救济客体(对象)不应分国家、民族;言其有国界,则是指慈善救济的主体是有国别、民族之分的。由此,慈善文化具有民族性,存在着民族的差异性和共同性。[24]近代慈善机构的产生,正是变革传统善堂善会仿效泰西良法的结果,也正是中西慈善文化互相冲突和融合的结果。中国红十字会、华洋义赈会的成立,就是中西两种异质慈善文化在近代中国相互交汇融合的典型,在清末民国年间的历次慈善救济中发挥了主力作用。而这种融合也体现了中华文化以及民族精神的开放性,能与时俱进,善于汲取不同文化的有益养分。这反映出中华民族精神是宽容博大的,胸襟开阔,而非狭隘、封闭的。既救本民族,也救别的民族。这种对人类平等、无歧视的关爱,才是慈善事业最可贵的最高境界。民国以后,不仅有外国友人参与中国慈善事业,同时中国慈善界人士也不再囿于地域,开始走出国门,参与国际间的慈善活动。1927年,熊希龄述及民国慈善事业的发展时,曾说:"近十稔中,若法兰西之大水,俄罗斯之大旱,日本东京之大地震,我人亦尝追随行列,加入救济团中。"[25]话语之间,民族自豪感溢于言表。此前历时长久的晚清义赈,通过与教会的洋赈相竞争,也提高了国人的民族自信心、自豪感。

民族精神的塑造是自发的,又是自觉的。而近代慈善事业中所培育和弘扬的民族精神,对众多参与慈善活动的人们来说,或许大都是不自觉的,尚处于潜意识的自发阶段。但是,赈灾救荒、施贫济困、抚养童孤等善举,在中国都有着悠久厚实的文化积淀,进入近代以后自然可催发民族精神的振起，并延续光大。所以，慈善界的每一善行义举都可看成民族精神在另一层面的折射。慈善事业在潜移默化中影响着人们的道德风范和精神面貌，使人们在无意识间对民族精神产生共鸣。

结　语

中国近代慈善事业是伴随着近代中国急剧的社会转型与变迁而兴起、发展的。正缘于外有列强入侵、内有天灾人祸这一特殊的历史背景，在民族精神的光照之下，近代慈善事业获得了较大发展。同时，近代慈善事业亦曾扮演抵制外国侵略势力的角色之一，在某种程度上成为抵御外侮、增强民族凝聚力的一个手段，催发了中国人民的民族意识。

通观近代慈善事业的发展脉络，它体现出我们中华民族刚健奋进、自强不息的精神，宽容博大、厚德载物的精神，崇德尚义的精神。在兴办慈善事业中，慈善家向社会各界广泛募捐，筹集善款，使得和衷共济，众志成城，救济灾黎难民，也就起到加强民族凝聚力，增强民族自尊心、自信心的作用。一言以蔽之，近代慈善事业与民族精神有不可剥离的关系。近代慈善事业是弘扬和振兴民族精神的重要途径，是构筑和体现民族精神的重要领域，而近代民族精神的弘扬与培育也大大促进、推动了慈善事业的发展。在大力加强社会主义精神文明建设的今天，我们对慈善事业进行梳理与研究，也就是要继承传统美德，传承民族精神，弘扬爱国主义。

（与曾桂林合署，刊《湖南师范大学社会科学学报》2009 年第 3 期）

注　释

1 目前，史学界尚未见相关专题论著问世，不过已有其他学科领域学者从伦理学、社会学角度对慈善事业与民族精神的关系做了初步有益的探索。如，张凤莲：《民族精神与慈善事业》（《中共济南市委党校学报》2003 年第 4 期）、毕天云：《慈善文化的民族性及其意义》（中华慈善文化论坛［无锡］暨首届市长慈善论坛会议论文，2006 年 12 月）。张凤莲认为，慈善事业自古以来就作为中华民族理论阐释的重要领域，是构筑和体现中华民族精神的重要阵地。在漫长的历史过程中，儒家、道家和佛家的慈善思想和行为都对中华民族精神的发展做出了重大贡献。毕云天则提出，民族是创造与发展慈善文化的重要主体,慈善文化具有鲜明的民族性。以上观点对本研究颇有启发,谨表谢忱!

2　周秋光编:《熊希龄集》下册,湖南出版社 1996 年版,第 2002 页。

3　顾长声:《传教士与近代中国》(增补本),上海人民出版社 1991 年版,第 275 页。

4　杨大春:《晚清政府的教会育婴政策述论》,《贵州师范大学学报》2000 年第 4 期。

5　李纲己:《教务纪略》第三卷,第 7 页,见近代中国史料丛刊三编第四十五辑,台北文海出版社 1988 年影印本。

6　光绪《吴江县续志》卷二,《营建一》。

7　谢家福:《齐东日记》卷上,"光绪三年五月初一日",苏州博物馆藏稿本。

8　谢家福:《致李君秋亭》(三月二十一日),见《齐豫晋直赈捐征信录》卷一,《东齐孩捐收支录》,苏州桃花坞协赈公所光绪七年刻本。

9　《申报》1887 年 10 月 16 日。

10　谢家福:《齐东日记》卷上,"光绪三年七月初八日"。

11　谢家福:《齐东日记》卷上,"光绪三年五月十二日"。

12　有关这方面的深入研究,还可参阅朱浒:《地方性流动及其超越——晚清义赈与近代中国的新陈代谢》,人民出版社 2006 年版,第 114 - 126 页;王卫平、黄鸿山:《江南绅商与光绪初年山东义赈》,见李长莉、左玉河主编《近代中国的城市与乡村》(中国近代社会史研究集刊:第一辑),社会科学文献出版社 2006 年版。

13　朱金甫主编:《清末教案》(二),中华书局 1995 年版,第 501 页。

14　朱金甫主编:《清末教案》(二),中华书局 1995 年版,第 502 页。

15　"整顿推广育婴章程",见《江苏省例》,转引自王卫平、施晖:《清代江南地区的育婴慈善事业》,《苏州大学学报》1999 年第 4 期。

16　朱金甫主编:《清末教案》(二),中华书局 1995 年版,第 534 页。

17　谢家福:《齐东日记》卷上,"光绪三年丁丑四月二十一日"。

18　虞和平编:《经元善集》,华中师范大学出版社 1988 年版,第 213 页。

19　虞和平编:《经元善集》,华中师范大学出版社 1988 年版,第 268 - 269 页。

20　转引自冯敏:《抗战时期难童救济教养工作概述》,《民国档案》1995 年第 3 期。

21　《创兴善会》,《申报》1889 年 3 月 26 日;《创兴红十字会》,《申报》1898 年 5 月 9 日。

22　虞和平编:《经元善集》,华中师范大学出版社 1988 年版,第 6 页。

23　上海博物馆图书资料室编:《上海碑刻资料选辑》,上海人民出版社 1980 年版,第 426 - 429 页。

24　毕天云:《慈善文化的民族性及其意义》,中华慈善文化论坛(无锡)暨首届市长慈善论坛会议论文,2006 年 12 月。

25　周秋光编:《熊希龄集》下册,湖南出版社 1996 年版,第 1770 页。

十二　论慈善事业在近代中国社会的作用和影响

（一）引论

自上个世纪90年代初，随着国际学术交流的日趋频繁，海内外学者始就近代慈善事业有关问题进行对话，展开广泛的探讨。经过近20年的努力，已获得了较大进展。概括而言，目前中国近代慈善事业研究可以分为三种基本取向：一是慈善家、慈善机构组织与中国慈善救济活动的研究；[1] 二是教会慈善事业及其与近代中国社会的关系；[2] 三是从国家—社会的关系以及公共领域的角度，探究由民间力量主导的慈善组织在中国地方社会或近代都市的公共空间所发挥的作用与影响[3]。这些成果无疑是大大丰富了近代慈善事业史的研究内容，亦有助于推进近代中国社会史研究向纵深发展。

综观这些林林总总的论著，我们发现：现有研究大都以微观或个案为切入点，就慈善组织的运作或慈善救济情况等方面展开论述，结合社会变迁来进行深入、系统地剖析尚不多见，而一旦离开了具体的社会背景，尤其是近代中国这样剧烈变动的社会环境，慈善事业史研究的诸多问题（譬如时代特征、社会功能与定位以及总体评价等）就难以有圆满的解释。因此，本文拟在吸收前人研究果实的基础上，从宏观的大视角来全面、系统地探讨慈善事业在近代中国社会中的作用与影响，以求做出比较合情合理、公正客观的处境化解释。

（二）慈善事业与近代中国的社会秩序

近代时期的中国，政治、经济及思想文化诸方面都在经历着巨变，概言之，即表现为政府的昏聩腐败、民族工商业的兴起、社会阶层中四民秩序的重构以及西学东渐的涌动。这一切使得晚清民国之际的中国社会既面临着发展机遇，更充满了躁动不定。它呈现出的总体态势，一方面是社会秩序的不断失范，频仍的战乱灾荒造成了灾黎遍野，难民塞途，使其陷入水益深火益热的境地；另一方面则是社会秩序又在不断的恢复与整合，许多慈善团体、机构广募善款，积极赈济，使数以千万计的无辜民众尤其是孤寡孀孺得以免遭涂炭。

近代中国社会秩序的失范肇启于西方列强的炮舰政策。鸦片战争及其后一系列的帝国主义侵华战争，成了晚清七十年社会动荡之源，给中国人民带来了深重的灾难。伴随着炮舰而滚滚涌来的是，资本主义的商品倾销和原料掠夺。这不仅严重地冲击了中国传统的经济秩序，自然经济日趋瓦解，而且深刻地动摇了中国稳固的社会秩序，社会问题日趋突出。“自道光年间大开海禁，西人之工于牟利者接踵而来，操贸易之权，逐锥刀之利。民间生计皆为其所夺。未通商之前，大布衣被苍生，业此为生者何可数计。自洋布入口，土布销场遂滞，纺绩稀少，机轴之声几欲断矣！帆船亦为绝大生业，当其盛时，北至天津、牛庄，南至八闽、百粤，凡舵工水手恃以养赡家口者尤多。自轮船入华，而帆船之失业日众，帆橹之影几叹无矣！”[4] 结果，失业日众，贫民日多，不独在农村，在城市也广泛存在。数以十万、百万计的流民成为朝野各方不得不正视的社会现象，由此而致社会问题则更为严峻：“小则偷窃拐骗，大则结党横行，攫市上之金钱，劫途中之行旅。”[5] 诸如此类的社会问题，不仅商贸繁盛的埠口如上海、汉口所在皆有，即便在首善之区的京师也触目可见。至光绪后期，这种社会环境的变化已使得时局难以控制，给清政府造成了巨大的压力。加上晚清以来连年不断的自然灾害，整个中国社会已陷于一种阽危之境。面对现实，朝野有识之士都在纷纷寻求解决之道。郑观应《盛世危言》即有论说：要消除贫民现象，“为今之计，非仿西法以设善堂不足以安流民而规久远”[6]。1901年，黄中慧向奕劻上《倡议北京善后工艺局说帖》称：“联军入京，四民失业，强壮者流为盗贼，老弱者转于沟壑，一载于兹，殊堪浩叹。洋兵未退，有所慑伏，犹且抢案叠出，几于无日无之，将来联军全撤，无业游民生计日绌，苟不早为之所，则民不聊生，人心思变，更何堪设想。今欲地方安静，必先为若辈筹其生路”，“其法惟有多设工艺局”。[7]由此，在众多方案中，兴办工艺局等新式慈善机构的主张最引人注目，成为朝廷决策之首选。不久，京师、直隶率先开办工艺局，专教贫民无业者织绒、绣货、铜铁、瓦木等技，以期教成一艺，俾赡其身。随后，江西、河南、四川、两广等省也建成此类工艺局、工艺场。而民间力量也于同时期介入其中，创办了慈善性质的民办工艺局。由上来看，清末民初盛行一时的习艺所，其功效就在于救济了贫民，整合了社会，也即“助其治生……卒使贫民绝其所以致贫之因。生计渐立，教育渐立，不至为全国之累”。[8]贫民、流民通过习得一艺而可自谋生路，这样就减少了社会不稳定的因素。

急剧的社会变迁还导致了近代中国中央权势在地方的衰落，这样，慈善救济和秩序维护自然而然地落在一些地方绅衿和殷商富户的身上，民间社会力量遂由此扮演了日益重要的角色。他们一部分人慨然以当，捐资献物，在城厢市镇广葺厦屋，普建善堂，收恤贫者流民，并酌定章程：“所有无告穷民，各教以一工一艺，庶身有所寄，贫有所资，弱者无须乞食市廛，强者不致身罹法网。”[9]上海自开埠以来，由于人口骤增，五方杂处，流民之麇集也较他处多，沪上绅商李平书、王一亭等人自清末起也兴办了沪北栖流公所、贫民习艺所、上海孤儿院、上海贫儿院、广慈苦儿院等数十个慈善机构，专门收养年幼失怙的男女孩童的慈善机构，以期通过对孤苦儿童施以适当教育，让其习得一技艺，最终能自食其力，自立于社会，达到“齐社会之不齐”[10]的作用。民国以后，更有人谓：“慈善团体所以救政治之偏而补社会之缺也。在昔专制承平之世，家给人足犹励行弗懈。矧今国号共和，疮痍满目，救济之策，其又乌容已乎？”[11]因而又有绅商捐资设立淞沪教养院、漕泾游民习艺所等慈善工厂，[12]向流民、贫民传授工艺技术，增强生存能力，有利于社会的治安，也适应了上海城市的近代化发展。

我们再从国家与社会的关系来观察慈善事业对地方社会稳定的重要性。由于封建专制集权的影响，传统中国长期以来就是一种强国家、弱社会的处境。就清代而言,"中央政权对地方的控制在十八世纪最强,十八世纪末至十九世纪初开始即转弱,到了十九世纪后半期以后,即太平天国以后更近乎崩溃的状况"[13]。我们从梁其姿先生这段话中可知,社会与国家两个层面均已出现了明显的变化,并对近代慈善事业的发展产生了重大的影响。美国学者玛丽·兰金在其关于近代中国精英行为主义与政治转型的著名研究中也指出:太平天国起义标志着中国国家精英与地方精英之间权力平衡的重大改变,这又进一步导致了有关地方福利、教育以及治安等主要创议从官僚转移到民间社会。[14]的确,以绅商为代表的地方精英在近代时期正悄然崛起,他们体现在慈善事业方面的作用是十分明显的。"官僚系统的日益松懈,财政的渐见困难等因素使地方官僚不再如从前那样注意地方社会福利问题","许多新创的善堂,尤其是乡镇的善堂也渐渐丧失官方的补助"。[15]每逢灾荒发生,绅商就广泛劝募,主持各种赈济,将民间社会的善款义捐汇聚起来,集腋成裘,解往灾区,使灾民免于饥寒,安分守纪而不至于为非作歹,危及社会。正是各地的绅商积极行动,或办善堂,或兴工艺所,赈济灾黎流民,从而有效地加强了社会控制,维护了地方的社会秩序。

另外,晚清以来,上海、汉口等商贸繁盛之地,仍存留的数量众多会馆、同乡会及行会组织。这些带地缘性或业缘性的组织也对寄居客地的本籍本业人员进行济贫、助丧、恤孤方面的慈善活动。它们通过举办慈善事业让同籍、同行沐其惠泽,减轻了颠沛流离、饥寒交迫、抛尸荒野之苦,在某种程度上成为了这群弱势者的栖流之所、避难之处,趋避了异地流民成为地方社会不安定的因素。从这层意义说,这些力行善举的乡邦行会组织,以其频频的慈善活动在很大程度上约束着外来人口,防止其借端滋事,构成了地方政府加强治安管理的辅助力量,并且减轻了地方政府财政等方面的压力。同时,它们又依靠这种通俗的教化、救困扶危的实际行动,达到了劝善的目的,培养了民众行善之风,进而维持着正常的社会秩序。

由上而论,民间慈善事业的兴盛,尽管从某个角度来看它反映出一个时代的社会机能尚可以正常运行,然而处于社会急剧变迁的近代时期,这并不是一个良性社会的表征;相反,它恰恰是社会机能不健全的外在彰显,反映出近代以来中国中央政府的衰败和地方秩序的松弛。民间慈善机构在混乱无序的社会环境中,通过广播善念,引导人们选择善行,促使力有余者帮助亟需救助的人群，从而起到了消弭动乱、减缓社会冲突的角色作用。同时它也将有助于唤起人们的道德良知，矫正失范的社会秩序。

（三）慈善事业与近代中国的民族精神

近代慈善事业的兴起、发展之际，正是西方列强加紧侵略、瓜分中国，中华民族面临着严重生存危机之时。慈善机构和团体虽然不是政治组织，但是，在这种时局日艰、民生日蹙的历史大环境中，其从事的慈善活动不能不映照了近代中国社会的沧桑变迁，不能不折射出自强不息、居危思变的民族精神。质言之，慈善事业也深受近代中国民族精神的浸淫，驱使它向前发展。正缘于这一特殊的历史氛围，近代慈善事业在某种程度上亦成为抵御外侮、增强民族凝聚力的一个手段，催发了国人的民族意识。

19 世纪中叶，中国国门被迫开启，欧美各国纷纷派遣天主教或基督教差会来华传教。由于基督教在礼仪、习俗观念等方面，与中国数千年传统文化及其熏染积淀的传统的世俗社会构成了强烈反差，或说格格不入，因而就遭到了传统士人的抗拒与抵制。为扩大教会的影响，近代各基督教差会遂把医疗事业“作为福音的婢女”[16]，在中国沿海各口兴办了一些诊所、医院，为贫民减免费看病来博取其信任，从而为基督教发展铺平道路。第二次鸦片战争失败以后，清政府被迫实行宽容的传教政策，西方教会却乘机仰仗列强的庇护，将其势力由通商口岸向内地逐步推进，教会慈幼事业亦随之兴起。[17]教会的慈幼事业以举办育婴堂和孤儿院为主，也设有盲童、聋哑学堂。而中国传统的育婴堂多兴于康乾之世，至此已年久失修，又因经费不敷而趋于衰落。随着教会势力所及，传教士在华兴办的育婴堂、孤儿院很快遍布上海、宁波、南昌、汉口、天津等地。教会育婴堂的不断扩展，渐渐地引起了地方官绅士民的关注，而此期间导致的民教相仇及其严重的教案，更为他们所深虑。1862 年，南昌城内因风传教会育婴堂残害儿童，当地一些士绅闻悉后怒而将其焚毁，遂酿成了中国近代史上第一例由教会育婴引发的教案。尔后，民教猜疑，教案迭起。1870 年，天津教案爆发，震动中外。事后，为防微杜渐，避免此类惨案再度发生，总理衙门拟订了《传教章程》，将育婴事业列在章程之首。其文称:“教中所立育婴堂向未报官立案。而收养幼婴,其中事难明白,因此酿疑起衅者有之,何不将外国育婴堂概行裁撤,以免物议。”[18]不难看出,清政府提出该条款,其目的在于希冀取消或限制教会育婴机构,以缓和民教冲突,控制愈演愈烈的教案,进而减少中国利权的丧失。这无疑显露出了一定的民族主义色彩。然而,美、德、法各国教会仗着其特权强势,对此并未理会。清廷及其一些地方官绅不得不另图他策。面对影响越来越广的教会育婴组织,不少官绅士民逐渐认识到,惟有中国人自己广设育婴堂等慈善机构,才能与之抗衡。1866年,时任江西巡抚的刘坤一即颁布《六文会育婴堂照旧劝办三年示》,鼓励民间社会兴办育婴事业,以革除溺女恶俗。此时仅为南昌教案之后的第四年,自然含有抑制教会育婴以增强国人志气的目的。1873年,苏松太道沈琛也“以华人子女被洋人收养为虑,通饬各属举办育婴”[19]。在此政令之下,吴江、太仓等州县皆于同光之交重修或新建育婴堂,使因太平天国战事一度废弛的江南民间育婴慈善事业渐渐恢复。丁戊奇荒发生后,晚清义赈的兴起以及江南士绅在山东、河南等地创办抚教留养局收养灾孩,在很大程度上乃是针对传教士的慈善之举,[20]亦具有浓烈的民族主义情愫。

19世纪80年代以后,长江流域因育婴事业引起的教案日趋增多。为避免争端与交涉,一些地方官员进一步明确了对士绅兴办育婴事业的鼓励、褒奖政策。1890年,湖北天门的地方绅民醵资自办育婴堂,获得湖广总督张之洞的旌奖。1891年10月,陕西道监察御史刘恩溥向光绪帝上奏《为教案起于育婴请饬各省广设育婴堂折》,建议各封疆大吏“通饬所属,筹捐集款,广设育婴处所,收养幼孩”,希望通过此举来“隐培国脉,化薄海贪残之俗,绝强邻轻侮之萌”,[21]收一石三鸟之功。清廷以为“所奏不为无见”,随即发布谕令,“著各直省将军督抚悉心体察,悉为筹划,总期实惠及民,以恤穷黎而弥隐患”。[22]该谕令在全国各州、县府得到了有效的执行。江苏根据省情实际拟定了《育婴章程》,经两江总督批准后颁行各属县,“饬各属于乡镇广为添设,辅以保婴育婴之法”[23]。在广西,据巡抚马丕瑶奏称,在他下文通饬之后,各府属皆切实兴办。除省城桂林外,柳州、梧州、浔州、平乐、郁林、南宁等府,“或旧有育婴堂所,重加修复,或筹捐集款,从新创建”[24],城乡各处推行渐广。由上而见,民间社会的育婴慈善事业在近代中国显然已赋予了新的内涵和意义,它成为和教会育婴机构相竞争、抵制教会发展的一种策略。由于近代中国社会发展的特殊性,育婴慈善事业除具有广慈保赤、淳风厚俗的传统意义外,还反映了近代中国一些士绅官民强烈的民族精神。

19世纪末,中国面临列强瓜分豆剖的空前危机,时局日艰,国运日衰,民族精神却受此刺激而愈发奋起和振作。在甲午战后,国人的民族意识和爱国精神空前高涨,在慈善界也处处弥漫着这股浓浓的爱国情怀、民族心绪。慈善家举办各项社会慈善事业,往往也以救亡图存、雪耻报国、振刷精神相标榜。如戊戌年间,经元善在上海、余姚、上虞等地先后捐资筹办中国女学堂、余上农工学堂和劝善看报会等慈善公益机构,就出于"中国欲图自强"[25],凝聚民族力量和增强民族自信心方面的考虑。他在《余上劝善看报会说略章程》中就明白地阐说了设会的缘起与功用:"一扩其识,一葆其真,庶几识时势亦明义理,除僻陋并革浇漓,无使外邦之人讥为顽物";同时希望阅报者"如能见我华之被人侵削,土宇日蹙,则当思发愤自强,誓雪国耻;见泰西各国之日进文明、国富兵强,则当思振刷精神,急起直追"[26]。从这里可以看出,近代慈善事业不独是千百年来扶危济困、乐善好施传统美德的体现,而且还是中华民族自强不息、居危思变的民族精神的反映。

一批批的慈善家在晚清民国时期与黎民百姓同呼吸,共命运,视民之饥若己之饥,民之溺若己之溺,深体民瘼,洞察时艰,放民众痛苦于心间而置个人安危于度外,矢志不渝地投身于社会慈善救济事业。在纷纭乱世的年代,近代慈善事业便被张扬,既秉承了厚德载物的精神,又增进了中华民族的凝聚力。1931年"九·一八"事变发生不久,上海、北平、天津等地的慈善机构即向全国各界广泛劝募,筹措善款,创办伤兵医院,收容救济难民,支持抗日救国活动。1937年抗战全面爆发后,社会各界人士又纷纷成立了以救济难民、难童为宗旨的慈善团体和机构,负责战时的难民遣返安置、难童抚养教育等慈善活动。众多的慈善机构抱着这样的信念:"多救济一个难民,即为民族多充实一分力量;能减少敌人蹂躏一个同胞,即为建国多保持一分元气。"[27]在慈善界人士的劝募下,在国内,社会各阶层不分党派、信仰、地位、性别,有钱出钱,有力出力,广泛参与慈善救济工作。在海外,陈嘉庚、胡文虎等爱国侨胞也成立"南洋华侨筹赈祖国难民总会",募集捐款,救助难民,支援祖国抗战。这样,近代慈善事业在一定程度上坚定了民族意识,起到了团结民众共御外侮的作用，成为反抗异族、保家卫国的爱国主义精神的一种表现形式。

民族精神是整个民族向心力和凝聚力之源，它表现为民族自豪感和自信心。近代慈善家从事各项慈善活动，不可否认，也有以弘扬、提升民族精神为出发点，藉慈善事业以达到振奋精神，增强民族的自豪感和自信心的目的。清末，中国红十字会的创兴，其缘起乃是泰西各国皆成立了红十字会这个国际性慈善组织，惟独中华阙如，一些颇有爱国热忱的绅商善士便发议倡建。[28]红十字会的成功创办及运作，表明中国人亦能借鉴西方近代的慈善理念，为我所用，拯救大量的灾民，让慈善界人士和国人倍感自豪，信心大增。慈善机构每逢大灾巨祲之时，对千百万灾黎难民，普施赈济，使之从死亡之神中逃出来，有了生存的勇气，同时还恢复了重建家园的信心。这些都让人体会到人间真情的存在，民族精神的存在。"慈善无畛域"，"我等同处宇内，有分地而无分民"[29]，即是近代慈善家所信守的慈善理念。它与"民胞物与"、"天下一家"等慈善观，一并成为凝聚全社会的精神力量。近代慈善事业是社会发展的一种动力，在一定程度上推动了社会的进步与发展。中国人在近代自办慈善事业，这既是千余年来中国慈善事业的延续，又成为其中重要的一部分，绵绵不绝的善行义举，自然令国人感到自豪、并努力维持。1874年，法租界拓修马路，意欲侵占四明公所义冢地。四明公所司事率宁波同乡人士"集众抵抗"，使之无果而终。1898年，法租界再次扩充地界，强行毁坏四明公所慈善设施，很快引起江浙绅商的群情激愤。在严信厚、叶澄忠、沈敦和、沈洪赉等绅商兼慈善家的组织下，进行了有力的抵制，使法国侵略者被迫作出让步，允许租界内的"四明公所房屋冢地，永归宁波董事经管，免其迁移；凡冢地之内，永不得筑路"[30]，维持了其慈善设施。由此而见，民族精神作为中国传统思想文化的精粹，产生了广泛的社会影响。它以一种群体精神，渗透到广大慈善界人士的头脑中，在举办近代慈善事业的过程中自觉或不自觉地以之相贯穿始终。因此，民族自尊心的唤醒，民族自豪感的产生，对近代慈善事业的兴起和发展有着强烈而积极的舆论引导、精神激励的功能。

近代时期，西学东渐的大潮涌起，民族精神也生成了一些迥然有别于古代文化传统的、具有现代意义的新内涵。换言之，随着时代的前进，中华民族的民族精神有了新的发展。如上所述，自尊、自信、自强的民族精神在风云激荡的近代有了进一步地凸显，自然而然地，它也会在近代慈善事业中有所体现。由于近代是中西两种异质文化相互碰撞、交汇的时期，洞开的国门也赋予了民族精神的开放性，逐渐改变了原来僻塞、封闭自大的一面。这从近代慈善事业的兴起发展过程中可见一斑。近代慈善机构的产生，正是变革传统善堂善会仿效泰西良法的结果，也正是中西慈善文化互相冲突和融合的结果。这种融合即表明不同文化之间的彼此交流与汲取养分，体现了我们中华文化以及民族精神的开放性。近代中国的慈善事业不仅允纳外国友人参与本国的慈善活动，同时本国的慈善界人士也不再囿于地域，开始走出国门，参与国际间的慈善活动。这无疑反映出中华民族精神宽容、开放的博大胸襟。

（四）慈善事业与中国社会的近代化进程

近代慈善事业作为近代中国社会文化发展到一定阶段的产物，不仅在缓解社会矛盾、维护社会稳定方面发挥了日益明显的作用，而且推动中国政治、经济、思想、文化从传统到现代的转换，促进社会的协调发展及其近代化也产生了一定积极影响。

首先，慈善事业对政治近代化的影响。

19 世纪下半叶，晚清政府各级官吏生活奢侈糜费，挥霍无度，贪污腐化之风弥漫整个官场。尽管这一时期清廷对荒政仍很重视，“灾歉频仍，赈施诏下，或蠲免租税，或拨帑抚恤”，但不少地方“官府徒视具文，吏胥又从中侵蚀，其得以实惠均沾者，十不逮一”，[31]结果荒政最终还是陷于废弛。这样，地方社会的有力者乃倡立慈善机构，承担起救济灾民的重责。1876 年，“丁戊奇荒”甫发，谢家福、经元善等绅商就慨然发起成立了协赈所，募捐筹赈鲁豫晋直各省灾情。补官赈之不及的义赈由此而蓬勃兴起，在 80 年代得到更为迅速的发展。据此而论，近代慈善事业是在晚清政治窳败无为的背景下产生的，同时它又起到为政治补苴罅隙的作用。官赈的阙失和义赈的长处，更是让早期维新派人士认识到救灾济民的根本解决之道在于改革荒政，进而提出从政治制度等层面进行变革，像西方国家那样重视养民、治民。这在当时的晚清社会实属弘论伟见，对推动晚清政府的政治变革、整肃吏治不能说不无关联。

随着慈善事业在清末的发展及其影响的扩大，近代慈善事业的主持者——绅商成为了近代中国社会一支不容忽视的力量。这些绅商慈善家在兴办慈善事业的同时，也广泛地介入到政治、经济、文化等领域，将慈善事业的内容不断扩大，由传统的设义仓、置善堂、育婴恤嫠、施医给药、煮粥散赈等单纯的慈善救助，逐步扩大到社会的各个方面，其中与官府、政治的关系也十分密切。在清末十余年，慈善事业的发展更是同政治的变迁桴鼓相应，构成戊戌维新运动、地方自治运动不能分割的一部分。

甲午战败之后，国运衰蹇，民生日蹙。康有为、梁启超首倡发起维新运动。许多维新志士在大力宣传维新变法的同时，也曾呼吁各地要积极发展新型慈善公益事业，以改进民生。由此，民间慈善事业受日益兴起的变法运动的影响而获得较大发展，它反过来也促进维新变法运动的扩展与深入，推动了中国政治的近代化。维新运动的渐次展开，在社会各界中激起了巨大影响，“识时务者，罔不争相淬厉，痛深国耻，以合群之力，挽将倒之澜”[32]。它反映到慈善界人士和一些心地善良的绅商身上，则兴办起新的慈善公益活动，成为挽救民族危亡的一个手段、目的。甲午之前，经元善曾在上海董理同仁辅仁堂等善堂，并办理义赈十余年。此时，他在上海明显感受到了这股蓬勃新思潮的鼓荡与影响，“今者强邻环逼，海宇震惊，栋折榱崩，将遭覆压。若犹封其耳目，局其步趋，自安固陋，虽欲保田园长子孙，恐不可得矣”[33]，遂邀集同人醵金设立了余上劝善看报会，以扩识葆真，“识时势亦明义理，除僻陋并革浇漓”，“如能见我华之被人侵削，土宇日蹙，则当思发愤自强，誓雪国耻”[34]。江苏南京也在戊戌风潮的影响下，“风气大开，士民咸知以阅报为识时要务”，有善人在东牌楼亦创设阅报会，醵资广购上海各报，“以备有志维新者就近取阅”。[35]这些阅书报社都属于近代性质的民间慈善公益组织，对于戊戌运动的开展，提升民族意识自然会有一定的作用。

作为上海慈善界著名的代表人物，经元善很早就与梁启超等维新派有过密切的联系，[36]因而受到维新运动的影响尤深。从他主持的慈善公益活动中，我们可以明显地感受到近代慈善事业的兴起、发展对政治近代化的促进作用。1897年底,经元善在慈善界同人郑观应、施则敬、严信厚的支持下,开天下风气之先,在上海发起创办了近代中国第一所女子学堂——正经女学。他在创设的章程中称:"我中国欲图自强,莫亟于广兴学校,而学校本原之本原,尤莫亟于创兴女学","女学堂之教人以善与赈济之分人以财可同日而论,且并行不悖"[37]。不难看出,正经女学虽为慈善教育机构,但其中反映出的自强救国的愿望是十分强烈的,这对于推动维新变法的发展亦不无裨益。

慈善事业与近代中国资产阶级改良运动存在着十分紧密的关系。正如有论者指出的:"一部分维新志士在开展维新运动的同时,对新慈善公益团体的创立也十分关心,有的甚至积极发起或参与了这些团体的创建。另外一些新慈善公益团体的创立,虽然没有维新志士直接参与,但也在很大程度上受到维新运动广泛开展的间接影响。还有少数新式社会公益机构的成立,甚至在某种意义上可以视为维新变法的具体内容之一。"[38]由此,这些慈善公益机构的各项善举义行不可能不对维新运动产生影响。我们试以湖南保卫局为例略作阐述。学术界一般都认为,保卫局是湖南地方官吏支持变法、推行新政的一项重要举措。保卫局之设,唐才常曾阐明其旨:"去民害,卫民生,检讨非违。"[39]按察使黄遵宪也论:"保卫局系公益,断不责令一人一家独捐巨款",而是"以地方之财力办地方之事。"[40]从这里可明显地看出它所兼有的慈善公益性质。再从保卫局的章程及其实际活动来看,除了大家公认的一些政治行为外,它还包括帮助行路遇难及老幼残疾之人、清道除污等项。[41]同时它还附设有五个迁善所办理善举。显然,湖南保卫局在很大程度上着眼于社会慈善公益活动。又如,两粤著名的广仁善堂,原已"创行善举……如劝赈、赠药、施衣、施棺诸善举,开办经年"[42],随着维新思潮的广泛传播,广仁善堂遂准备广购书器,刊布报纸,设大义塾,开三业学,以通知时务。并计划先在桂林开办,然后在广州、梧州设分局,陆续办理,再次第推广到两广各府州县。"凡义所当为之事,莫不竭力,如创讲堂以传孔教,立学堂以育人才,派游历以查地舆风俗矿务,设养贫院以收乞丐、教工艺,视何处筹款多者,即在其地举行。"[43]这说明,广仁善堂在戊戌前后的慈善活动内容已有明显的扩展,大大地突破了传统善堂的服务范围。由此而见,戊戌期间慈善事业不仅在近代中国慈善事业发展史上具有重要的地位和影响,而且在某种程度上对戊戌维新运动的深入开展也产生了积极的推动作用,有利于中国政治的近代化。

慈善事业对政治近代化的影响还体现在清末民初的地方自治运动中。庚子之役后,国势危殆,清政府也意识到统治基石已岌岌可危,无改弦易辙不足以维持,由此而顺势宣布实行新政。随之,地方自治运动亦在全国各行省渐次展开。1904 年,地方自治最早出现在东北,1905 年就扩展到了天津和上海。不数年,地方自治运动进一步推向内地各省的府、州、县一级。1909 年,清政府正式颁布了《城镇乡地方自治章程》,要求各地遴选公正之绅士,依章程将城镇乡自治各项事宜迅速筹办。这些自治事宜共计八大项,其中有六项涉及到地方慈善公益事业,具体言之,学务方面有设中小学堂、阅报社、图书馆等;公益卫生方面有施医药局、医院及戒烟会等;公共工程方面有修缮道路、建筑桥梁、铺设电灯等;农工商务方面有设劝工厂、工艺学堂等;善举方面涵盖救贫、恤嫠、保节、育婴、施衣、施粥、义仓、贫民工艺、救生会、义冢等诸项。由上来看,自治事宜大都关乎地方的慈善事业,"地方自治以专办地方公益事宜,辅佐官治"[44],在清末地方社会发挥了积极的作用。章程颁布之后,各地纷纷设立自治公所,一批经济力量雄厚、社会影响较大的地方精英(主要是绅商阶层)被选入其中,执操权柄。这在清末的上海最具有代表性。由于这群地方精英原本就是善堂、会馆、商会等组织的首领,因此,在地方自治运动兴起之后,农工商团体及慈善公益团体自然也就纳入了自治活动的轨道。"自清季城镇乡自治章程,特列慈善事业为自治事业之一"[45],正说明了这点。需要指出的是,早在同光年间,上海的同仁辅元堂等一些大善堂就有以上多方面的活动,虽无地方自治之名却行地方自治之实。故民国《上海县志》编纂者即言:"同仁辅元堂举行善举外,如清道、路灯、筑造桥路、修建祠庙、举办团防等类,无不赖以提倡,实为地方自治之起点。"[46]又如,1905 年上海遭风潮巨灾,同仁辅元堂率先募捐助修塘工,并施棺掩埋溺水尸骨,而其他历年经办地方之事尤不胜枚举。像上海地方自治运动的发起者吴馨、曾铸、李平书、沈缦云、陆文麓等人,都是地方社会颇有名望的人物,他们在实业、教育、卫生各方面亦有较大成就。清末民初,他们都凭借自己殷实的经济实力来致力于地方慈善事业。陆文麓出任了沪北栖流公所董事,李平书、沈缦云等则慨然捐资创设了龙华孤儿院。[47]在其他地方,慈善事业也因领袖人物进入自治机构而获得了一定的发展。在松江府嘉定县,

“间有浚河、救荒、兴学等善举兴办”,“或上书陈请,或慷慨捐资,每由邑中士大夫努力行之”[48],地方士绅精英总是充分利用自己在地方社会的声望、权力等优势资源来促进当地慈善事业,这也使得地方自治运动富有生机。我们检阅赣、浙、湘等省的县志时发现,大都将慈善事业列入地方自治之内。

若论慈善事业与政治近代化的关系,就不能不提及张謇在南通经营的各项慈善事业和地方自治活动。张謇曾谓:“謇抱村落主义,经营地方自治,如实业、教育、水利、交通、慈善、公益诸端,始发生于謇兄弟一二人,后由各朋好之赞助,次第兴办,粗具规模。”[49]在张謇看来,慈善、公益与实业、教育同为地方自治之一端,慈善、公益日渐发展,实业、教育日臻发达,地方自治也就日益完备,国家亦日趋强盛。“国家之强,本于自治,自治之本,在实业教育,而弥其不及者,惟赖慈善。”[50]他还认为,“盖失教之民与失养之民,苟悉置而不为之所”,不独“为地方自治之缺憾者”,而且“为国家政治之隐忧者”[51]。可见,张謇对慈善事业与社会政治的认识甚为独到,由此他自1904年起即在南通相继创办了育婴堂、狼山盲哑学校、残废院、养老院、游民习艺所、贫民工场、义园等一系列慈善机构,同时还捐献企业红利建起军山气象台、南通博物苑等公益设施,“在在皆有模范之誉”[52],令海内外人士为之瞩目。这不仅推动了南通地方社会的全面发展,并且随着地方自治的规模不断扩大,慈善事业的影响也在不断增强,进而推动了政治的近代化演变。

民国以后,慈善事业在全国各地获得了程度不一的发展。许多慈善团体、机构由于受民国初年民主、平等观念的影响,对组织章程、管理运作诸方面都进行重大改革,从中自然可以蠡测到这些慈善组织在某种程度上的政治参与意识。众多的慈善机构在民国时期的一些重大事件中皆有不俗的表现,比如它们通过“一·二八”事变、“八·一三”淞沪抗战等战时慈善救济,促进或加强了普通民众对国家等近代政治观念的认同,进一步地激发了近代中国人的政治意识和民族精神。

其次,慈善事业对经济近代化的影响。

经济环境不仅仅为慈善组织的产生、发展提供物质基础,而且还成为架构慈善组织及其系统的直接力量。从中国社会发展的进程来看,每一个历史时期重大的经济变革都决定着慈善组织的变动及其发展规模与走向。近代时期,江浙及闽粤绅商既是中国经济社会中的领潮人物,又是各种慈善组织的主要创办者。所以，晚清以来，许多新式慈善组织往往依托于他们所经营的经济实体，善款筹措也多借其营造的经济网络，即便是救济手段、措施亦采用了经济领域的技术资源。这使得晚清以来民间慈善事业随着近代经济力量的壮大而壮大，在近代中国社会发挥着不应忽略的影响。很显然，慈善事业的发展、壮大，也反作用于中国经济的近代化。

我们先从光绪初年兴起的义赈来看。经过开埠后近四十年的发展，中国一些沿海地区迅速由自然经济向商品经济转变，创立了一批具有近代资本主义性质的民族工商企业，同时也造就了一批具有相当势力的民族资本家、绅商群体，而这个群体正是成为丁戊奇荒中义赈活动的积极参与者，如郑观应、谢家福、徐润、经元善、盛宣怀、施善昌等人。70 年代后期义赈刚兴起时，慈善活动还主要依靠善堂善会以及会馆、公所、钱庄、商号等传统社会经济机构来运作，如经元善依托其仁元钱庄、施善昌依托丝业会馆来募捐解汇，办理慈善事业。至 80 年代初电报局、轮船局等洋务企业设立后，许多绅商 - 慈善家因其在义赈中表现出来的突出才干，纷纷进入洋务企业及其分支机构，推动了 80 年代洋务运动向纵深发展，对洋务企业及经济的近代化运作不无意义。有研究者明确地指出了这一点："我们可以从义赈活动的成功追踪到中国近代经济结构的发展变化和民族资本主义的发展，从而能够体现的是，这不仅是近代中国经济领域的进步，也是一个历史的进步。"[53]

20 世纪初，为了解决日益严重的流民问题，官府和民间社会在举办的各项事业中尤其注重各种工艺学堂、工艺局的创设，以推广工艺，振兴实业。虽然清末创兴工艺局的初衷在于安置流民，为无所归依的弱势人群谋求自食其力之生路，但在解决其生计问题的过程中，实际上也创造了一定的经济价值，对推动中国由传统的农业经济向工业经济发展也起到些微绵薄的作用。如山东济南工艺局开办数年，初具规模，其丝绣、绒毯等货物十分精美，"遐迩传播"，成为"东省特色"[54]；江苏苏州工艺局对十六岁以上的无业贫民，"教以艺术，如织毯、造履、木工等事，现在出品渐优，成绩大著"[55]；陕西省城工艺厂，有百名少壮无业者入厂习竹工、木工、草工、针工等活，其产品"虽皆粗浅，颇利行销。而渐进精良者，则以毡罽为特出，……制为衣物，人争购之"[56]。这些慈善工厂的设置，既改变了传统善举重养轻教的模式，也与以往传授农技知识的内容大不相同，而是授以工艺，表明近代社会经济由以农立国向以工立国转变的取向。由此,它在安置流民的同时所发挥的经济功效虽然并不很突出与明显,但不应该遗忘。

至于慈善工赈项目,在近代屡有兴建,进入民国更成为慈善事业中最重要的一项。每有灾异,政府或民间慈善机构都把筑堤修路、兴修水利、开矿设厂等作为工赈项目,进行积极的慈善救济。这样,既有利于社会生产的恢复和发展,又在一定程度上为当地经济建设注入了新的因素。譬如在上海,众多的慈善团体自清末以来就参与了城市的公共建设,直接或间接地促成了上海城市经济的发展。民国以后,上海的慈善机构及其事业在规模上不断扩大,成立了上海慈善团,以其善款、田土屋宇等动产或不动产来发典生息,赁屋收租,购买股票,投入到经济建设中去,在一定程度上支持了上海经济趋向近代化。

第三,慈善事业对风俗改良及思想观念近代化的影响。

慈善事业对思想观念的转变,风俗改良有着重要影响。清末,有人论说道:"欲救今日之中国,必自改良习俗始,必自增进民德始,欲自联合人群始,而是数者,皆非以慈善事业诱掖而将助之,则终无以立其基础。"[57]因而,慈善事业被人们寄予"有改良风俗、增进道德、高尚人格之厚望,不可一日辍于天下"[58]。近代慈善事业的存在,有助于人们改造不合时宜的陈习旧俗,革除腐朽的迷信思想,树立文明进步的新时尚。慈善的这层作用在戊戌维新运动期间表现得尤为明显。在传统慈善事业中,育婴堂的产生与民间社会弃婴溺女之陋习相关。明清以来的许多方志都载称:"俗贵男而贱女,贫家尤患此,甫生而多溺。"[59]"社会生计日艰,而溺女之风渐盛,其以他故遗弃婴儿者,亦故在有育婴之举,实人道之正义也。湖南自咸同以来,官绅之倡办育婴堂,较各善举尤日形发达。"[60]尽管如此,溺婴恶俗却屡禁不止,直到近代以来,慈善事业的影响日渐扩大,似乎它才对近代中国社会的风俗演进产生实质性的作用。吸食鸦片、妇女缠足是中国社会沿袭甚久的陋俗。戊戌时期,全国不少地方成立了戒烟会、不缠足会等新型慈善公益团体。1898 年变法推行后,厦门即设立戒烟会社,"厉行禁烟","地方绅耆协助查禁甚力,厦地各烟馆纷纷闲歇"。[61]开明士绅和维新人士也纷纷著文立说,对吸鸦片和缠足的危害作了深刻的揭露,并进行了广泛的移风易俗宣传。有的戒烟会还"博采戒烟良方及戒烟歌、戒烟文,都辑成书,遍送海内,以资取法",让会员"互相戒勉，以清斯害”[62]。此外，人们还把禁缠足与禁溺婴同视为善举，倡议放足，以免除女子缠足之苦，改变中国千年沿袭的陋俗。1898 年春，士绅刘善涵发起创设的长沙不缠足会即在当地产生了广泛的影响，“诚为兴灭继绝之举，更坤道千秋万世之福”[63]。后因入会者甚众而更名为湖南不缠足总会，并制定了《简明章程》，规定凡入会者所生女子不得缠足，所生男子不得娶缠足之女。故而有史料称，湖南地方官绅“倡禁民间缠足，风举雷动，以至秋闱诸生，所有进场器物，俱标贴不缠足会字样，风气之盛，极于时矣”[64]。长沙不缠足会成立及其运动的发展，也得到了一些激进女子的响应，呼吁姊妹们“力除陋见，转相告诫，毋循流俗，则振兴中国或者此其一焉”[65]。由此，很快就带动了汉寿、衡山、邵阳等府县不缠足之风的兴起，使湖南的不缠足运动走在了全国的前列，在移风易俗方面起到了一定的作用，促使人们革除陋俗，树立新风。

如上而见，戒烟会、不缠足会等慈善公益机构在戊戌时期进行的广泛慈善公益活动，对推动全国风俗的改良、习俗观念的转变有积极作用。

第四，慈善事业对文化教育卫生近代化的影响。

教与养是慈善事业的两大端，近代中国社会兴办了许多慈善教育、慈善医疗机构，以解决民众的愚弱问题。然而，这些慈善机构的作用及影响实际上已超出了治愚、治弱的原本狭隘的范围，对文化的普及、教育的发展、西医的传入均有积极的意义。可以说，慈善事业在一定程度上促进了中国文化、教育、卫生事业的近代化。

西方教会在中国举办慈善医疗事业的过程中，客观上也把西医西药以及近代医院制度、医学及护理教育传进了中国，并且在培养医学人才、普及医药知识方面成效显著。据基督教各差会的统计报告，截止 1920 年，全国已有 10 多所医学院，其中较为著名有广州协和医学院、奉天医科大学、北京协和医学院和圣约翰医科学校等；另外还有 8 所教会大学设有医科或医学院，学生人数近千名。[66]出于教学和医学实践的需要，传教士还编译了许多西医书籍，出版了数种西医刊物，为西医科学在中国社会的启蒙和传播做出了贡献。

传教士开展的一些卫生公益活动也是教会慈善事业的重要组成部分。1915 年中华基督教博医会成立了公共卫生委员会，在上海、南京、长沙等城市举办卫生健康讲座和展览,"制作幻灯片,在日历上印制预防结核病的知识,在报纸上介绍疾病预防知识"[67],吸引了成千上万的市民。后来,中华基督教青年会也曾散发有关疾病预防的印刷品和图片,在一批城市进行公共卫生宣传,[68]在推动卫生事业的近代化方面也产生了较大的影响。

麻风病是中国东南沿海地区较为常见的慢性传染病。据 1920 年统计,全国大约有 40 万麻风病人。为此,传教士专门开设了一些麻风院、麻风村、麻风居留区、收容救济院等慈善机构来收治这些麻风患者。这些机构多由英国基督教会的麻风会提供经费资助,由其在华各差会具体负责,将分散于广东、福建、山东、江苏、浙江、江西、湖北、云南等省的确诊患者送到上述机构进行隔离治疗,[69]以减轻病人的身心痛苦。这样,还防止、控制了传染性疾病的蔓延与传播。在旧中国,另一种急性传染病——鼠疫也时有发生。1910－1911 年间,中华基督教博医会、中国红十字会都曾派出人员一起参加控制和扑灭东北鼠疫的工作。1917 年绥远、晋北地区爆发大规模鼠疫,传教士和红十字会会员又积极参与其事,协助地方做好公共卫生防疫工作。这类慈善公益活动正是基督教会、红十字会组织医疗卫生事业的延伸和拓展。它们在救助灾区、救护灾民的同时,也提高了自身的医疗技术水平,有助于医疗卫生事业的近代化。而这类公共卫生宣传、防疫工作也构成了当时中国社会改良活动中的一个侧面,培养了人们的公共卫生意识,具有一定的社会现实意义。

再来看看慈善与教育近代化。如前所述,近代慈善教育事业大致兴起于戊戌时期,经元善等慈善界人士捐资兴办了正经女学等近代教育机构,对入学的女子教养兼施。至清末十年间,各省都创设了一批向贫民子弟传授文化知识和手工技艺的慈善学堂。这些学堂无论是在教学内容还是在教学方式上,都与传统的书院有着很大的差别,成为中国近代教育事业早期发展进程中的重要组成部分。慈善学堂的兴盛与发展,自然也在推动中国教育由传统向近代的演变。从民国年间慈善教育事业中成效卓著的北京香山慈幼院和南通盲哑学校即可看到这一点。熊希龄于 1920 年创办香山慈幼院后,即在院内推行学校、家庭和社会三位一体的教育体制,并建立起相应的教学管理及生活设施,其"设备之善,院址之佳,实普及教育之胜举"[70]。在教育理念、管理模式上,香山慈幼院都是在走前人所未走过的新的办学之路,自它成立之日起，“便以其独特的风貌出现于中国社会，出现于中国教育界”[71]。由于“盲哑学校者，东西各国慈善教育之一端也”，张謇“叹教育之能以人事补天憾者，其功实巨”[72]，因而创斯校教盲哑者识字母，习算术，开中国特殊教育之先河。可以说，南通盲哑学校是他向近代西方学习的结果。此外，张謇还慨然捐资兴办了南通师范学校、盲哑传习学校、幼稚园等教育机构。这些教育设施的建立，无疑为南通地方近代教育事业的发展奠定了比较深厚的基础，也有利于近代新式人才的培养。诚然，晚清以降，全国其他城市如上海、天津、汉口也创有多项慈善教育机构。这对于建立和完善近代多层次、多类型的教育体系起到了应有的作用，也为新中国一些特殊教育积累起宝贵的经验。

总而论之，慈善事业关乎社会的方方面面，它的发展扩张了社会变动的幅度，使涉及面更为宽泛。民国年间有如下一段评述，说得十分中肯：“人每视慈善事业为消极事业，而不知设所习艺、教养兼施，有关于教育；设仓积谷，有关于经济；施医药、立义冢，有关于卫生；即论救灾、恤贫，亦一本于人道主义。”[73]由此看来，慈善事业亦涉及到教育、经济、卫生等层面，慈善事业的发展不能不引起教育、经济、卫生诸多领域的变化，在推动社会变迁的同时，也促进了上述各领域的近代化。最后还需一提的是，近代中国有些慈善机构如中国红十字会在成立之后，就广泛地参与了国际交往和合作，也在推进慈善事业及其他各领域不断走向国际化、走向近代化。

（五）结语

近代慈善事业的存在与发展，是在传统社会与近代社会的夹缝中不断开辟前行道路的。随着中国社会的变迁以及西方慈善文化不断的传入，中国慈善事业也在近代时期衍生出一些新的特质，出现了传统向近代的嬗变。近代慈善事业包容于宏观的社会文化变革体系之中，它在一定程度上适应了近代社会政治经济基础的变动，并推助了社会文化结构中深隐层面的变革，逐步更新了传统的慈善观念。从这层意义上讲，慈善事业的发展与变迁也在一定程度上折射出近代中国社会前进的趋势与方向。因而，与其把慈善事业看成是近代中国社会政治、经济文化发展与社会变迁相适应的产物，毋宁说它也是一种动力。近代以来，不少慈善家（群体）为了慈善事业的发展而不断开拓进取，使得慈善事业能够吐故纳新，除弊兴利，从而在中国近代社会的结构性变迁中在继承某些传统的同时，又推进了社会变迁。如前已述，本文从社会变迁与近代化的角度入手，概略性地审视了慈善事业在近代中国社会生活、社会结构变迁中的角色与功能。简言之，近代慈善事业不仅扮演着消弭动乱、减缓社会冲突的角色，在一定程度上矫正着失范的社会秩序，而且折射出近代中国的民族精神，起到增强民族自尊心、自信心，加强民族凝聚力的作用。同时，它还在促进中国政治、经济、思想、文化的发展及其近代化方面有着一定影响。由此而论，慈善事业的确在中国社会百年的近代化进程中发挥着不可忽视的一席之功。

（该文系参加2007年8月在新疆举行的“第二届中国近代社会史学术研讨会：晚清以降的经济与社会”的论文，收入该会论文集：郑起东、史建云主编《晚清以降的经济与社会》，社会科学文献出版社2008年12月版）

注　释

1 有关这方面的研究论著，择要依序简列如下：周秋光：《熊希龄与慈善教育事业》，湖南教育出版社1991年版；周秋光：《熊希龄传》，湖南师范大学出版社1996年版，第517－564页；周秋光：《晚清时期的中国红十字会述论》、《民国北京政府时期中国红十字会的慈善救护和赈济活动》，分别载《近代史研究》2000年第3、6期；池子华：《红十字与近代中国》，安徽人民出版社2004年版；张建俅：《中国红十字会初期发展之研究》，中华书局2007年版；朱英：《张謇的慈善思想和实践的特征》，《江汉论坛》2000年第2期；朱英：《经元善与晚清慈善公益事业的发展》，《华中师范大学学报》2001年第1期；夫马进《中国善会善堂史研究》，商务印书馆2005年版；薛毅、章鼎：《经元善与华洋义赈会》，中国文史出版社2002年版；蔡勤禹：《民间组织与灾荒救济——民国华洋义赈会研究》，商务印书馆2005版；赵宝爱：《慈善救济事业与近代山东社会变迁》，济南出版社2005年版；高桥孝助：《飢饉と救済の社会史》，日本青木书店2006年版；朱浒著《地方性流动及其超越：晚清义赈与近代中国的新陈代谢》，中国人民大学出版社2006年版。

2 这方面的研究论著主要有顾长声：《传教士与近代中国》（增补本），上海人民出版社1991年版，第275－295页；顾卫民：《基督教与近代中国社会》，上海人民出版社1996年版；夏明方：《论1876至1879年间西方新教传教士对华赈济事业》，《清史研究》1997年第2期；田涛：《清末民初在华基督教医疗卫生事业及其专业化》，《近代史研究》1995年第5期；陈建明：《近代基督教在华医疗事业》,《宗教学研究》2000 年第 2 期;李传斌:《中华博医会初期的教会医疗事业》,《南都学刊》2003 年第 1 期,等等。

3 主要的研究论著可参见 MaryB. Rankin, EliteActivismandPoliticalTransformationinChina: ZhejiangProvince, 1865 - 1911. Stanford: StanfordUniv. Press, 1986; WilliamT. Rowe, Hankow: ConflictandCommunityinaChineseCity, 1796 - 1895. Stanford: StanfordUniv. Press, 1989;小浜正子:《近代上海的公共性和国家》,上海古籍出版社 2003 年版;蔡勤禹:《国家、社会与弱势群体——民国时期的社会救济(1927 - 1949)》,天津人民出版社 2003 年版。

4 《附录杨然青茂才论泰西善堂》,见夏东元编《郑观应集》上集,上海人民出版社 1982 年版,第 529 页。

5 夏东元编:《郑观应集》上集,上海人民出版社 1982 年版,第 525 页。

6 夏东元编:《郑观应集》上集,上海人民出版社 1982 年版,第 529 页。

7 彭泽益编:《中国近代手工业史资料》第 2 卷,三联书店 1957 年版,第 515 页。

8 《中外慈善事业之不同》,《东方杂志》第 1 卷第 11 期,1904 年。

9 夏东元编:《郑观应集》上集,上海人民出版社 1982 年版,第 525 页。

10 《敬告贫儿院》,《申报》1910 年 4 月 27 日。

11 民国《当涂县志》(不分卷),《民政志》,江苏古籍出版社 1991 年影印本,第 459 页。

12 民国《上海县志》卷十;民国《上海县续志》卷二,《建置》上。

13 梁其姿:《清代慈善机构与官僚层的关系》,载台北中研院民族研究所集刊,第 66 期,1988 年。

14 参见 Rankin, MaryB. (1986). EliteActivismandPoliticalTransformationinChina: ZhejiangProvince, 1865 - 1911. Stanford: StanfordUniv. Press.

15 梁其姿:《清代慈善机构与官僚层的关系》,载台北中研院民族研究所集刊,第 66 期,1988 年。

16 转引自顾长声:《传教士与近代中国》(增补本),上海人民出版社 1991 年版,第 275 页。

17 杨大春:《晚清政府的教会育婴政策述论》,《贵州师范大学学报》2000 年第 4 期。

18 李纲己:《教务纪略》第三卷,第 7 页,见近代中国史料丛刊三编第四十五辑,台北文海出版社 1988 年影印本。

19 光绪《吴江县续志》卷二,《营建》。

20 有关这方面的深入研究,可参阅朱浒:《地方性流动及其超越——晚清义赈与近代中国的新陈代谢》,人民出版社 2006 年版,第 114 - 126 页;王卫平、黄鸿山:《江南绅商与光绪初年山东义赈》,见李长莉、左玉河主编《近代中国的城市与乡村》(中国近代社会史研究集刊:第一辑),社会科学文献出版社 2006 年版。

21 朱金甫主编:《清末教案》(二),中华书局 1995 年版,第 501 页。

22 朱金甫主编:《清末教案》(二),中华书局 1995 年版,第 502 页。

23 转引自王卫平、施晖:《清代江南地区的育婴慈善事业》,《苏州大学学报》1999 年第 4 期。

24 朱金甫主编:《清末教案》(二),中华书局 1995 年版,第 534 页。

25 虞和平编:《经元善集》,华中师范大学出版社 1988 年版,第 213 页。

26 虞和平编:《经元善集》,华中师范大学出版社1988年版,第268-269页。

27 转引自冯敏:《抗战时期难童救济教养工作概述》,《民国档案》1995年第3期。

28 《创兴善会》,《申报》1889年3月26日;《创兴红十字会》,《申报》1898年5月9日。

29 虞和平编:《经元善集》,华中师范大学出版社1988年版,第6页。

30 上海博物馆图书资料室编:《上海碑刻资料选辑》,上海人民出版社1980年版,第426-429页。

31 王韬:《弢园文录外编》卷一,辽宁人民出版社1994年版,第23页。

32 中国史学会主编:《戊戌变法》第四册,中国近代史资料丛刊,上海书店、上海人民出版社2000年版,第380页。

33 虞和平编:《经元善集》,华中师范大学出版社1988年版,第267页。

34 虞和平编:《经元善集》,华中师范大学出版社1988年版,第268-269页。

35 《设会阅报》,《申报》1898年7月26日。

36 在强学会的成立过程中,经元善曾积极参与其中,并捐资赞助。

37 虞和平编:《经元善集》,华中师范大学出版社1988年版,第213页。

38 朱英:《戊戌时期民间慈善公益事业的发展》,《江汉论坛》1999年第11期。

39 唐才常:《论保卫局之益》,《湘报》第2号,中华书局1965年影印本。

40 《黄公度廉访批牍》,《湘报》第21号。

41 《湖南保卫局章程》,《湘报》第7号。

42 中国史学会主编:《戊戌变法》第四册,中国近代史资料丛刊,上海书店、上海人民出版社2000年版,第439页。

43 中国史学会主编:《戊戌变法》第四册,上海书店、上海人民出版社2000年版,第440-441页。

44 北京大学历史系编:《清末筹备立宪档案史料》下册,中华书局1979年版,第728-729页。

45 民国《川沙县志》卷十一,《慈善志》。

46 民国《上海县续志》卷二,《建置・营建》。

47 民国《上海县续志》卷二,《建置・营建》。

48 民国《嘉定县续志》卷六,《自治志》。

49 张謇研究中心、南通市图书馆编:《张謇全集》第四卷,江苏古籍出版社1994年版,第457页。

50 张謇研究中心、南通市图书馆编:《张謇全集》第四卷,江苏古籍出版社1994年版,第406页。

51 张謇研究中心、南通市图书馆编:《张謇全集》第四卷,江苏古籍出版社1994年版,第406页。

52 张謇研究中心、南通市图书馆编:《张謇全集》第四卷,江苏古籍出版社1994年版,第432页。

53 刘仰东、夏方明:《灾荒史话》,社会科学文献出版社2000年版,第67页。

54 彭泽益主编:《中国近代手工业史资料》,三联书店1957年版,第535页。

55 彭泽益主编:《中国近代手工业史资料》,三联书店1957年版,第562页。

56 彭泽益主编:《中国近代手工业史资料》,三联书店1957年版,第563页。

57 《论慈善事业中外之不同》,《东方杂志》第1卷第11期,1904年。

58 《论慈善事业中外之不同》,《东方杂志》第1卷第11期,1904年。

59　民国《蓝山县图志》卷一,《建置》。

60　湖南调查局辑:《湖南民情风俗调查报告书》下册,湖南法制院 1912 年编印。

61　民国《厦门市志》卷十五,《社团志》,厦门修志局 1938 年刊印。

62　中国史学会主编:《戊戌变法》第四册,中国近代史资料丛刊,上海书店、上海人民出版社 2000 年版,第 463 页。

63　长沙女史刘曾鉴:《论女学塾及不缠足未得遍行之故》,《湘报》第 101 号。

64　中国史学会主编:《戊戌变法》第四册,中国近代史资料丛刊,上海书店、上海人民出版社 2000 年版,第 382 页。

65　汉寿女士易瑜:《论女学校及不缠足会之善》,《湘报》第 61 号。

66　这 8 所设医科、医学院的教会大学分别是:华西协和大学(成都)、齐鲁大学(济南)、博文书院(武昌)、上海圣约翰大学、燕京大学、金陵大学(南京)、雅礼大学(长沙)、福建协和学院(福州)。见中华续行委办会调查特委会编,中国社会科学院世界宗教研究所译:《中华归主——中国基督教事业统计(1901－1920)》下册,中国社会科学出版社 1987 年版,第 931 页。

67　田涛:《清末民初在华基督教医疗卫生事业及其专业化》,《近代史研究》1995 年第 5 期。

68　《中华归主——中国基督教事业统计(1901－1920)》下册,中国社会科学出版社 1987 年版,第 979 页。

69　田涛:《清末民初在华基督教医疗卫生事业及其专业化》,《近代史研究》1995 年第 5 期。

70　《香山慈幼院成立大会》,《申报》1920 年 10 月 8 日。

71　周秋光:《熊希龄传》,湖南师范大学出版社 1996 年版,第 571 页。

72　张謇研究中心、南通市图书馆编:《张謇全集》第四卷,江苏古籍出版社 1994 年版,第 73 页。

73　民国《川沙县志》卷十一,《慈善志》。

十三 近代西方教会在华慈善事业述论

19 世纪中叶以来,基督教(包括天主教与新教)的东传是中国宗教发展史上的重大变化,亦是中国慈善事业发展的重大转折,其社会影响是极为深远的。为了达到传播上帝福音的目的,基督教各差会纷纷以医疗、育婴、赈济慈善事业作为其传教的手段,叩开了中国社会久闭的大门,并在此后的百余年间在中国各地获得了极大发展。以基督教在近代中国的发展为独立的研究课题,历来在宗教学研究中屡见不鲜,在历史学研究中亦有丰富成果,但以往论者的注意力多集中于宗教教义本身或宗教背后的政治及社会文化意蕴。而以西方基督教会在华慈善事业的历史演变为中心的史学研究工作,则正日益引起学者们的关注。本文即在先贤时学的基础上,试图对基督教在华慈善事业的内容及其对近代中国社会的影响作一公允、客观的论述。

(一)医疗慈善事业

医疗事业是基督教会在中国创办最早的一项事业。这在一定意义上而言是西方近代医学进步及海外传教运动的必然结果。自文艺复兴以来,欧洲在生理学、病理学、药理学、解剖学等领域都取得新的突破,西医的医学理论及临床实践由此获得长足发展,并臻于成熟。这为基督教海外传教提供了有利的资源。而 19 世纪中叶,由于长年的鸦片走私,中国社会开始濒于国贫民弱的境地,百姓不独衣食有虞,还时常罹遭疾病而缺医乏药。在这种境况之下,向中国贫苦大众施医散药,无疑是基督教最能树立起其良好社会形象的一剂妙方,自然而然就逐渐成了最利于其传教的一项慈善活动。1835年,一个在东印度公司服务的医生哥利支就向英美两国的基督教差会发出呼吁:"为了改善中国人俗世的和社会的状况,……请医务界的善士们前来行好事,以博取人民的信任,由此而为……基督教铺平道路。"[1] 同年11月,美国公理会传教士伯驾在广州创办了近代中国第一所教会医院——眼科医院,由此而揭开了基督教在华医疗慈善事业的起点。医院开业后,即为贫民免费治病,并趁机送给患者福音书,进行传教活动。由于当时清政府还奉行严厉的禁教政策,眼科医院的传教活动尚不敢公开,收效也不大,然其医疗活动因免费具有慈善性质而大受中国人的欢迎,"社会各阶层的人们,甚至这一地区的最高官员都到这儿寻求、获得内科和外科治疗"。[2] 稍后,第一个来华的英国传教士雒魏林也在澳门开办了一处诊所,兼为贫民治病。1840年鸦片战争爆发后,广州眼科医院暂时停办。同时,雒魏林也离开澳门赴浙江定海,新开了一个诊所。

鸦片战后,清政府对待教会医疗事业的态度和政策有所改变,[3] 渐启教禁,传教士的医疗事业由此获得了新的发展。1842年11月,伯驾重回广州,眼科医院又复业开张。至1854年底,该医院已收诊病人52500名,[4] 其中有相当一部分人受惠于这项减免诊疗费用的慈善之举,西医由此赢得了当地人的信任。第二次鸦片战争中,该院毁于兵燹,1859年由美国北长老会传教士在广州择新址重建,更名为博济医院,仍旧施医散药,成为19世纪中后期基督教教会在中国颇有声望的慈善医疗机构。

上海也是基督教会设立慈善医疗机构较多的地方。1845年11月订立的《上海租地章程》规定:"洋商租地后,……得修建教堂、医院、慈善机关、学校及会堂。"[5]1846年,基督教伦敦差会的雒魏林、麦都思即据此在上海租界内设立仁济医院。这是近代上海设立的第一所教会医院,"以外国法治病,伤科尤妙,设馆以来,活人无算"。[6] 上海有士人为此还吟诗称颂:"断胶能续小神通,三指回春恐未工。倘使华陀生此日,不嫌劈脑治头风。"[7] 另外,它在城中设牛痘局,以西法施济,"贫民无力种痘者至局施种","数日结痂,不必避风忌口,屡著成效"。[8] 一年内约有千余人前往种痘防疫。仁济医院在创立后的20年间,有了较大的发展,其影响也越来越广。据《申报》报道,1872年,该院"所治病人宿于馆中者五百十六人,就馆纳药者万二千三百七十八人”。[9] 除英国差教会设立的仁济医院外，19 世纪 50－60 年代，美、法、德等国也在上海建有规模不一的慈善医疗机构。

1890 年在中华博医会成立之前，教会在华的医疗事业虽有了一定的规模，但仍处于初创阶段。据有关资料显示，截止 1877 年底，基督教在华创设的教会医院共计 16 处，诊所 24 处。这些医院诊所也大都分布在广西、广东、福建、浙江、江苏等沿海省份，主要为英美基督教系统和法国天主教系统。为了传教的需要，它们在创立之初都施行免费诊疗，因而具有一定的慈善性质。后来有的教会医院虽也实行收费制，但对于一些贫病者，仍然予以免费施诊送药。现综合各种资料，对基督教在华创办的教会慈善医疗机构作一简要梳理，见表 1。

表 1：19 世纪 40－80 年代教会在华医疗机构简表

创建年代	地点	机构名称	创办者（基督宗教差会）	
1864	上海	仁济医院	伦敦会	英美基督教系统
1866	汉口	仁济医院	伦敦会	
1867	汕头	福音医院	英国长老会	
1867	汉口	普爱医院	循道公会	
1879	宜昌	普济医院	苏格兰福音会	
1880	杭州	广济医院	英行教会	
1881	天津	马大夫医院	伦敦会	
1881	北海	普仁医院	英行教会	
1885	武昌	仁济医院	伦敦会	
1887	福州	柴井医院	——	
1881	汕头	盖世医院	大美浸礼会	
1867	上海	同仁医院	美国圣公会	
1878	苏州	中西医院	美国监理会	
1885	上海	西门妇孺医院	美国浸礼会	
1886	通州	通州医院	美公理会	
1845	天津	法国医院	具体差会不详，但均属法国天主教系统	
1882	九江	法国医院		

资料来源：

1. 顾长声：《传教士与近代中国》，上海人民出版社 1991 年版，第 276－277 页。
2. 田涛：《清末民初在华基督教医疗卫生事业及其专业化》，《近代史研究》1995 年第 5 期。

3. 李传斌、王国平:《近代苏州的教会医疗事业》,《苏州大学学报》2002 年第 2 期。

1890 年是教会医疗事业发展进程中一个重要的年份。这年,在华新教传教士大会和中华博医会第一次大会相继召开,对教会医疗事业的相关问题都进行了充分讨论,并制定了今后的发展规划。[10]随后,传教士除对原有医院扩大规模外,又在各地新设了不少医院和诊所,对贫民进行慈善救疗。这样,在新的社会环境下,教会慈善医疗事业亦得到进一步拓展。19 世纪末 20 世纪初,基督教各差会在华设立的医院,比较著名的有近 30 所,见表 2。

表 2:19 世纪末 20 世纪初基督教教会在华医疗事业情况表

医院名称	创设年代	创设地点	创办者
协和医院	1890	福建漳州	
法国医院	1890	江西南昌	法国天主教
真理医院	1890	广东揭阳	
鼓楼医院	1890	江苏南京	美国基督会
德门医院	1890	山东济宁	
南关基督教医院	1891	山东临沂	
仁济医院	1892	四川重庆	
生命活水医院	1892	江西九江	美国美以美会
教会医院	1893	四川达县	
麻风医院	1893	浙江杭州	
思罗医院(戴德生医院)	1893	河北保定	北美长老会
华美医院	1893	山东济南	
存仁医院	1894	四川成都	
普爱医院	1894	湖北德广	
宽仁医院	1894	四川重庆	
福音医院	1894	江苏江阴	
天主堂养病院	1894	山东青岛	法国传教士
麻风病院	1895	湖北孝感	英国伦敦会
上津桥妇孺医院	1896	江苏苏州	
夏葛妇孺医院	1896	广东广州	美国长老会
福音医院	1897	江苏苏州	
基督医院	1897	安徽合肥	

续表

医院名称	创设年代	创设地点	创办者
善胜医院	1898	山西临汾	
仁济男女医院	1898	四川乐山	
广仁医院	1898	上海	
柔济医院	1899	广东广州	
法国医院	1901	云南昆明	
仁爱堂医院	1905	四川重庆	
韬美医院	1906	广东广州	
广慈医院	1907	上海	

注:本表据李传斌:《中华博医会初期的教会医疗事业》(载《南都学刊》2003 年第 1 期)和顾长声:《传教士与代近中国》(上海人民出版社 1991 年版)第 10 章相关内容综合制成。

从上表来看,清末 20 年间,教会医院在中国获得了长足的发展,已经由沿海通商口岸推进至山西、安徽、云南、四川等内陆省份。这固然与晚清政府弛教政策有关,同时也反映了基督教差会各分会对医疗慈善事业的重视。他们在沿海和内地普遍设立医院之时,也注重利用新的医学成果,在医疗设备、医院建筑等方面都有所更新。另外,英美等国的传教士从十九世纪八、九十年代开始,在广州、苏州、上海等地开办了教会医学校,进行有系统的西医学教育,并翻译了一批西医西药的书籍,传播了西医文化知识,大大提高了慈善医疗救济水平,对当时的中西文化交流也起到了积极的作用。

民国以后,英、美等基督教差会所办的医疗事业仍在继续向前发展,又陆续新设了一批医院,遍布华东、华南诸省及北方各大中城市。据 1938 年出版的《基督教差会世界统计》资料所载:到 1937 年止,英、美基督教会在华所办的医院共计 300 所,病床数约 21000 张,另有小型诊所 600 多处,其中由美国经营管理的医院大概有 140 余所,病床约 10000 张,占了一半左右。与英国及欧洲大陆各国比较,美国的基督教在华势力已处于优势地位。而属于法国系统的天主教会到 1937 年为止,在中国开办的医院也达到 70 余所,有床位 5000 张。[11] 1937 年抗战爆发以后,英、法、美等国在华的慈善医疗事业也因战事受到不同程度的影响,不少教会医院或毁于兵燹,或因人手、经费不足难以正常运转,逐渐停办。

进入民国以后,教会医疗机构仍继续从事施医散药等慈善活动,但多局限于少数贫病者。其经费一部分来自医院的诊疗收入。另一部分则来自传教士、本国教会及企业的捐赠和补贴。另外,教会在清末重视公共卫生等慈善公益事业的基础上进一步扩大了影响。如,1926年,在美国麻风救济会总干事谭纳的推动下,成立中华麻风病救济会,随后又在一些地方建立起麻风病院等专门的慈善机构,用最新的西医疗法来诊治麻风病者。1930年,中华麻风救济会接办了上海虹口皮肤病医院,后经扩建成为当时我国规模最大、设施最完善的麻风疗养院,收容诊治了上百名贫苦无依的麻风病人。

教会慈善医疗事业在近代中国的存在和发展,是以其对中国社会的调适为基础的。虽然它最初是"作为福音的婢女"传入中国,但在近代日益高涨的民族主义运动的冲击下,它的侵略色彩渐渐减弱。教会慈善医疗事业也带有中国化的倾向,这主要是受20世纪20年代掀起的基督教本土化运动的影响。这也说明,教会慈善医疗事业在经济上对西方国家差会的依赖也日渐减少,转而寻求中国社会各阶层人士的捐赠,或以院养院,觅自给自足之道,以维持其常年开支。因此,我们评价教会的慈善医疗事业应从动态的角度来分析,而不应简单地把它视为文化侵略的工具,一棍子打死。正如顾长声先生所论:"所有曾经在中国工作过的外国医护人员,也并不都是帝国主义分子,真正推行侵略政策的传教士医生是少数,大多数是不自觉的,有许多是抱着人道主义的精神或是为了个人宗教信仰的原则到中国行医的。"[12]此外,作为一种外来的文化事业,教会医疗事业在客观上也对中国早期近代化的某些方面产生了一定的促进作用,诸如:西医及医学教育的传播,社会风俗与观念的变迁,等等,这是我们不该忽视的。当然,我们也不否认,近代西方教会在华的慈善医疗事业自始至终也都存在着殖民色彩,这是不能完全抹去的。

(二)育婴慈善事业

育婴慈善慈幼事业是教会在中国兴办的近代慈善事业的重要组成部分,它包括育婴堂、孤儿院、盲童学校、聋哑学校等慈幼机构。西方教会开办这类慈善机构的初衷,自然是想借此善举以博得中国人的好感,进而吸引人们皈依基督耶稣。

在西方教会在华创办的所有慈幼机构中，育婴堂和孤儿院是最主要的。从相关史料来看，天主教会比基督教会更热衷于此，开展也较早。1843 年，法国天主教耶稣会即在上海设立圣婴会，一面为重病垂危的孩儿付洗，一面赎买被遗弃的孩童，并开始着手建造孤儿院。19 世纪 40 年代末，耶稣会众传教士终于在横塘修道院内创设了一所孤儿院，1850 年迁往附近的蔡家湾。至 1851 年，蔡家湾孤儿院有男孤 43 人，女孤 23 人。而此时浦东唐墓桥也建有一所孤儿院，专收女孤，蔡家湾孤儿院遂将女孤全都送往唐墓桥，此后，只收男孩。到 1855 年止，蔡家湾孤儿院有男孤 122 名，受太平军战事的影响，蔡家湾的孤儿曾一度随神父迁至董家渡修道院，战争结束后搬至徐家汇的土山湾，即土山湾孤儿院。这大概是外国传教士在近代中国较早创办的一所孤儿院。[13]

在 19 世纪五六十年代以后，随着基督教势力的进一步扩张，教会举办的慈幼机构几乎遍及大半个中国，为数众多。从有关文献著述来看，“属于法国系统的天主教办的较大育婴堂或孤儿院主要分布在上海、天津、南昌、青岛、武汉、重庆、贵阳、长沙、广州等地”[14]。英国天主教所属各差会也在中国创办了一些慈幼机构，但规模不如法国，据 1934 年的统计，已仅存湖北汉阳、江西建昌和山东威海卫三处，共收养孤儿 100 多名。另外，美、德、意大利等国的天主教传教士也在华建有育婴堂或孤儿院。1868 年，意大利传教士在汉口鄱阳街创办了武汉地区第一所孤儿院。1894 年，天主教会又在武昌花园山天主堂旁添建婴孩院一所，收容男孤儿。1896 年意大利天主教红衣修女在昙华林会院新办了一所孤女院。至民国年间，武汉地区还有美国传教士何德美创建的汉北医院育婴堂（1927）和汉口张公堤慈幼院（1937），他们在抗战期间收容了百余名左右的孤儿、幼婴。[15]

作为京畿之地的直隶，天主教各差会为传播“福音”，自至清末起，也派遣传教士争建教堂，办育婴所。据清末外务部官员钱恂光绪三十三年（1907 年）奏报直隶四区天主教事业的调查统计，直隶北区（以顺天、保定、宣化、天津四府为境）有育婴堂 10 所，收养婴儿 1292 人；东区（大约以关东为境）建有育婴堂 2 所，收养婴儿 24 人；东南区（以河间、广平等府为境）有育婴堂 4 所，收养婴儿 128 人；西南区（以正定等府为境）有育婴堂 5 所，收养婴儿 627

人。[16]华北、华南各省的情况亦应大体相若，1906－1907年间，天主教会在福建所设的各类育婴堂、慈孤院也有9所。[17]另据基督教中华续行委办会的调查统计，清末民初二十年间（1901－1920），西方各国天主教差会在中国创办了150多所孤儿院，广泛分布于苏、浙、皖、粤、蒙、直等省区，累计收养的孤儿在15000人以上，其中多数为女孤。[18]

基督教会在近代中国也开办了一些慈幼机构，大多为英、美两国传教士所办，规模相对较小。其中，属于英国系统的基督教会办理的慈幼机构，主要分布在长沙、太原、宜昌、保宁和新安一带；属于美国系统的基督教会的慈幼机构则分布于广州、上海、宁波、福州、长沙、兴化和烟台等地。[19]

1860年九江开埠之后，"府城内美国赫教士开设化善堂一所"[20]，既劝人人教行善，也收养幼孩。

除育婴堂、孤儿院之外，外国传教士创办的慈幼机构还有盲童学校、聋哑人学校，对残疾儿童进行特殊的慈善教育。创办盲童学校的教会，主要有循道会、信义会、宣圣公会、浸信会、路德会和北美长老会等。[21]如汉口最早的一所盲人学校——训盲书院，即由循道会李修善于1888年创办，其经费来源主要是差会拨款、国外募款，也有少量的国人捐赠。学制为四年学艺，五至七年学科。武昌首义前，该校历年毕业生累计120多人。[22]汉口训盲书院的教学法对近代中国残疾人教育的发展还产生了很大影响。最初，传教士在华创办的盲人学校采用的盲文很不统一，教学之法也繁复多样。李修善在向盲人教读中摸索总结出一套新的方法。"他用布莱叶符号代表汉口官话全部音形的声母和韵母。这样每个字只须由两个符号或字母来组成，这两个符号可用中国字典或字汇上所用的反切法读出所要的字音"。这是一种"比较简易而适合中国语言精神的方法"，于盲人而言，非常简便易学。1904年，"汉口方法的原则被采用来制定一套官话通用的设计方案"，[23]并予以推广，为全国各盲校普遍使用，取得了良好效果。民国初年，英国圣公会传教士也在上海创设了一所盲童学校，其规模宏大，设备完善，是继汉口训盲书院之后外国教会为残疾人建立的又一所颇具影响的慈善机构。上海盲童学校还专门为盲童印刷了许多盲文书籍，供其阅读。同时，还针对盲童手感敏捷、爱音乐等特点，让他们学习各种编织手工和力所能及的家务活动，学习西洋乐器和唱诗祷告，使之能自主或半独立谋生。[24]1919年，美国宣道会传教士燕克仁夫妇亦在武昌创建瞽目学校，教授一些基础文化知识，并在二三十年代获得了一定发展。[25]根据基督教中华续行委办会的不完全统计，1920年，全国有12省区建有盲人学校24所，在校女盲童488人，另有成年女盲人10人，男盲童204人，共计702人。就全国范围而言，据估测，教会在华创办的盲校至少不低于30所，在校盲童人数也在千人以上。就整个近代期间而言，经盲校培训教育获得一技之长的盲人亦将是数以千计。总之，西方教会在近代创设的盲童学校，不仅对盲童予以收养，供给衣食，而且为盲人立身社会，掌握生活技能提供最直接、最有效的帮助。

外国传教士还举办了一些聋哑学校，如清末的北京交道口教堂聋哑学校和山东登州聋哑学校。民国时期，也建有此类慈善教育机构。如武昌聋哑学校，1932年由传教士艾克仁在粮道街创立，"初有学人六、七人，教师1人，1934年学生增至50人"，虽因战事一度停办，不久即恢复，直至解放时仍有在校学生。[26]

教会所办的慈幼机构大都采取养、教、工三者结合的慈善救助方式。每遇灾荒或战乱，大量的婴孩被遗弃，教会则将之收入，给弃婴孤儿以衣食。由于晚清时期，教会的慈幼机构大多附设于教堂中，条件较差，保育设施不足，保健方法亦欠缺，众婴相处，极易发生感染病症。再加之，育婴经费多靠各国教会自行筹措所得，有时入不敷出。而一些修女缺乏必要的育婴知识及耐心，这一时期婴孩的死亡率还是很高的。教会、教堂对此往往又采取遮遮掩掩的应付态度，这难免会出现"剖心剜目诸谣，海澨山陬，纷传已遍"[27]，以"致令居民怀疑，激而生变"[28]，引发了晚清社会十分繁剧的教案。当然，一些育婴机构的成效也是明显的，幼婴亦从中受益，逐渐成长为社会有益之人。我们在评价它的历史地位时，决不能一叶障目，或完全忽视这点。

至于"教"的方面，宗教教育无疑是教会慈幼机构的必修课。无论是天主教会还是基督教会对此都十分重视，"在孤儿院里、医院里以及养老院里，教会也用了很多时间来进行宗教教育"[29]。此外，颇多注意传授一些文化知识基础和举办职业技能教育。在文化基础的教育内容上，教会慈幼机构大都会传习一些简易的中英文知识。而在传授技能时，教会还提供些劳动实践机会，即提倡"教"与"工"的结合。如天主教早期在上海创办的蔡家湾孤儿院，就让一定年岁的男孤学习缝纫、木工、制鞋、印刷等技术；上海徐家汇土山湾孤儿院的孤儿也要学木工、制鞋、雕刻、油漆、纺织以及农田耕种等活儿，并设立一所印书馆，让孩童打字、排印，进行实际操作。宁波伯特利孤儿院，孤儿在"十岁以下要糊火柴匣和编织渔网，十岁以上要刮麻、打麻帽和编织毛线，后来又发展一种出口生意编结金丝草帽"[30]，边学边实践。中华续行委办会在全国范围内进行的调查，进一步印证了这点。"教会在孤儿院里进行了大量的职业训练。这些学校的产品质量高，销路好"，"在经济上是自给的"，称得上是"这类职业教育工作的典范"[31]。在盲校等特殊教育机构，教会也很重视职业技能的培养，如民国初期广州盲童学校，"男生做发刷和衣刷，并学编筐和做竹帘，他们也做扫帚、草鞋和棕蓑衣。女生编织许多种毛线和棉线织物，他们为红十字会织了许多长袜子和帽盔"[32]。总之，近代西方教会慈善机构收养了不少孤贫儿，并向其传授若干工艺，为日后走上社会自食其力、自谋生计具备了有利条件。

我们还需指出的是，孤儿在学习手艺的同时，也为教会创造了大量的财富，然而孤儿的生活境遇却没有得到多大的改进。这中间显然是对孤儿创造的劳动价值的剥削。另外，教会慈幼机构毕竟是伴随着西方殖民主义而来的舶来品，晚清之际其殖民色彩的烙印清晰可见，即表现为对待中国人在事实上的不平等，一些孤儿盲童有时还会遭到宗教性惩罚和辱骂体罚。对于上述种种现象，我们不能为教会及其所办的慈幼机构文过饰非，或溢美夸耀，但是，我们也应看到，教会慈幼机构在中国各地的广泛创办及其采用"养"、"教"、"工"结合的施善之举，无疑为中国传统慈善事业吹来了一股新风，注入了一股活力，对慈善事业的近代变革与发展产生了深刻影响。如著名慈善家张謇在清末民初创办南通新育婴堂，乃"力去普通婴堂腐败之陋习，参用徐汇教会育婴之良法"[33]。张謇在南通创设狼山盲哑学校、盲哑师范传习所等近代慈善事业，其缘起即在于"除英美德教士于中国所设二三盲哑学校外，求之中国，绝无其所"，而中国四万万人中，盲哑者达八十万之数。盲哑累累，教育乏人，亟需中国人自办针对特殊人群的慈善教育机构，以求"始在教育之功，而终在收慈善之效"。[34]之后，南京国民政府倡设省、县救济院，也或多或少地借鉴西方近代的慈善救济理念，对受助者养、教、工并举，行积极救济之策。显而易见，这迥然有别于中国传统社会的育婴堂等善堂，甚至解放后举办的各类福利工厂也依稀可见教会慈幼机构的一些踪影，或学工,或习艺,以期自力更生,部分或全部解决自身的衣食问题。

(三)赈济慈善事业

灾荒救济也构成了教会慈善事业的重要部分。外国传教士在华的赈灾慈善活动发端于19世纪70年代中期。此前,虽然也有个别西方传教士为救济中国灾民捐款散赈,但既无计划又无组织,更未形成一定的规模。西方传教士以1876－1879年华北大旱为契机,纷纷进入灾区进行赈济活动,从而拓展了教会慈善事业的内容,扩大了教会在中国民众中的影响,为以后传教提供了极大的便利。

教会赈济慈善事业的缘起于光绪初年山东、直隶、河南、山西、陕西等华北五省发生的大旱灾,因旧历丁丑、戊寅两年(1877－1878)灾情最为严重,史称“丁戊奇荒”。这次大旱还波及苏北、皖北、陇东等地,死亡人数愈千万,其时间之长,区域之广,饥民之众,死者之多,不仅为近代史上最严重的灾荒,也是前所罕见。山东的旱情发生最早,被旱地方也较广,以致“粮价日增,民食艰难,闾阎不免苦累”[35]。然山东省境有青岛、烟台两处商埠,且为濒海地区,交通便捷,因此最先引起西方各国驻鲁教会及传教士的注意。1876年6月初,《申报》率先登载西方人士于5月29日从烟台发来的信函,称山东全省“天时亢旱,但见油然之云,并无沛然之雨,麦已不能有秋,本年通省收成而论,不到三分,杂粮一切价已昂贵,莱州府属闻有闹荒者聚集数千人”[36]。稍后,《字林西报》也刊载了传教士的一篇通讯,向外侨详细报道了鲁西北德州府的灾象惨况。[37]由此,一些西方人士纷纷解囊捐助,赈济山东灾民。正在各地传播“福音”的西方传教士,此时也暂停了直接的传教工作,四处奔走,设法筹募善款赈济灾民。原在山东青州一带传教多年的英国浸礼会传教士李提摩太,很快就在山东灾区活动开来,向灾民发放赈款。后来,他亲往烟台,向驻烟台的外国侨民募捐。随着1876年夏秋之交灾情日趋严重,李提摩太还通过沪上的《申报》、《万国公报》和《北华捷报》等新闻媒体,连续报道了山东的旱灾,并刊载劝捐书,吁请侨居各通商口岸的外国官商捐资救济。在他的推动下,1877年3月,一批传教士、洋商及外交官员在上海联合成立了山东赈灾委员会。该会会务由英国牧师慕维廉主持，负责各口侨民的募资捐款，而有关灾区的散赈事宜，则由李提摩太统一办理。不久，英国领事宫哲美在烟台成立救济委员会，协助在沪的山东赈灾委员会开展工作。截至这年11月，山东赈灾委员会从世界各地募集到赈款30361两，其中经李提摩太放赈的有19119两，受助饥民达7万余人。[38]据1877年7月的《万国公报》所载，李提摩太将上海的山东赈灾委员会募集的赈款，先后分赈给益都、临朐、昌乐、潍县等四县饥民。其放赈办法是：每到一村先勘查极贫人户，编成名册，由各庄公举一人至期代领赈粮或赈款。不久，美国传教士倪维思也从烟台赶到青州，在安丘、临朐、昌乐等处施赈，救济灾黎。

1877年夏天，旱灾已蔓延至华北五省，不少地方"赤地千里"、"道殣相望"，甚至出现"易子相食"等令人怵目的惨状。更多的外国传教士也大约在此时进入华北各灾区活动。"天主教会修会先后派到灾区的传教士有六七十人，基督教差会先后派到灾区的传教士有30余人"。[39]于是，外国教会主持的赈济事业的规模也在不断扩大。1878年1月26日，西方来华的传教士、外交官和外商在山东赈委会的基础之上，联合组成了中国赈灾基金委员会，总部设在上海，常务工作由英国牧师托马斯（后为慕维廉）主持。它是一个以传教士为主体，开展搜集灾情、募集捐款、发放赈款及物资的慈善救济机构。它成立之后，继续吁请欧美各国人士捐资救济华北灾民。在此期间，英美等国的一些大城市，如曼彻斯特、纽约等地，多次举行公众集会，备述中国饥荒情形，以争取其国内工商阶层的同情和捐献。其他国家在华的一些传教士也尽力相助，赈济灾黎。至1879年底，中国赈灾基金委员会共向海内外募得善款204560两。[40]这些善款分批分期由传教士解往灾区，再由另一批传教士分灾区负责散赈，同时也相互协作，这就避免了官赈中的一些弊端。如1878年起，李提摩太和李修善等传教士就开始负责山西赈区的救济工作，先后在太原、晋阳、临汾等地深入重灾区，散放赈款，从饥馑中拯救出数以万计的垂危生命。在陕西、直隶、河南等省也有数十位天主教传教士分省区从事救济工作。他们抱着"救人救彻"的慈善理念，往往选择官赈所不及之处，在某一特定的灾区内进行经常性的赈济，使赈款真正能惠及于饥民，使之全活。同时，还有不少传教士不辞辛劳，不惮疫疠，千里奔波于灾区，悉心致力于赈务，以至有积劳殒殁者。那些在中国各商埠居住的外国商民，大多数也是基于对中国灾区的同情与怜悯而踊跃捐输,解囊相助,这就体现出近代慈善事业所蕴含的国际人道主义精神。当然,对于一些参与募捐放赈的传教士而言,除出于同情心之外,一开始也包含着宗教因素,抱有一种实用主义的传教动机。李提摩太毫不掩饰地表露了自己办赈的最初动机:"因为我在灾民中发放赈款,对于广大的民众是一个可以使他们信服的论据,证明我的宗教是好的"[41]。因而他在放赈的同时,始终不忘记向灾民传播福音,进而让他皈依上帝。这种赈济慈善事业在清末时期在一定程度上作为了教会一种理想的传教手段,以期能直接达到传播基督福音和开设教堂的目的。但就赈灾的效果来作客观评价,"对于那些濒临绝境的中国灾民来说,以传教士为主体的西方赈灾活动,无疑具有雪中送炭之功,而且就局部地区而言,他们发放的赈银量和救助的饥民数还是相当可观的"。[42]此外,西方传教士在"丁戊奇荒"的赈济活动中还将近代西方组织严密、募捐散赈科学的办赈模式第一次引介和运用到中国,催生了中国东南地区绅商的大规模义赈。因此,如果像某些论者那样完全否认或极力淡化教会赈灾救济事业的慈善之功,也许会有失公允与偏颇。

丁戊奇荒之后,清末历次大灾几乎都有传教士的足迹,教会的赈济慈善事业有了较大发展。其时传教士或受差会派遣,或受慈善团体的委托,纷纷前往灾区进行勘灾、放赈等慈善活动。进入20世纪以后,赈灾俨然成了西方教会在华慈善事业的最重要的活动。这时,宗教因素已趋减弱,而西方社会所倡导的人道主义和博爱精神日渐凸现。1906年夏,江淮一带淫雨成灾,徐州、淮安、海州三府皆颗粒无收,豫皖两省许多州县亦遭灾。秋冬时节,申报馆"屡接江北欧美人士来函","皆称灾民计有数百万,流离颠沛,困苦万状","旅居其地之教士目击灾情,皆与地方绅士会同设法办理放赈事宜"。[43]为拯救处于饥寒交迫的灾民,传教士李佳白、意德、斐溪、李德立等人联合盛宣怀、沈敦和、朱葆三诸绅商,于1906年12月4日在英租界工部局率先成立了华洋义赈善会,并推吕海寰为会长,英人好博逊为副会长。随后,"驻沪英、法、德、美、日等国领事已各允分别函电本国官绅代为募捐,并拟电致港、新加坡,请中西人士相助"。至于赈济惠及对象,"不独施之于耶稣教徒,凡系灾民,皆应普及且散振之……并由教士监察"。[44]华洋义赈善会成立后,上海及外埠乐善好施者,皆发恻隐之心,解囊慨助,随后再由传教士赴灾区散赈,救济灾黎。尔后，"1907 年的灾荒，1910 – 1912 年的安徽灾荒，1917 – 1718 年的浙江灾荒，1920 – 1921 年的华北灾荒，基督教在历次灾荒中都努力办理赈灾工作"。[45]1910 年安徽涡阳、蒙城、亳州等处水灾奇重，基督教、天主教均派出传教士会同各处地方绅商办理赈济。

进入民国以后，灾象频仍。1920 年华北再次发生大祲奇荒，在华传教士和外籍人士在汉口、天津、南京、上海、长沙等地陆续成立了华洋义赈会形式的慈善团体。[46]全国各地的华洋义赈会纷纷行动，开展救济活动，其中影响较大的有华北华洋义赈会和上海华洋义赈会。据 1921 年办赈结束时统计，1920 年华北五省旱灾共计散放赈款 3000 多万元，而归各地华洋义赈会"直接筹募散放者为 1700 余万，内中有六成捐款，系由欧美各国输入"[47]，其余四成款项则在中国本土筹措而得。赈灾结束之时，尚剩余部分善款。为了总结经验，讨论如何处理余款，各地义赈会召开了联席会议，决定设立一个全国性的常设机构。经过充分协商酝酿，1921 年 11 月 16 日，新组建的"中国华洋义赈救灾总会"（简称华洋义赈会）在上海正式成立。新的华洋义赈会仍以各地在华的传教士为骨干，其中美国圣公会传教士又居主导地位，参与组织和救济物质的分配工作。同时，它除了对全国各地的水旱两灾进行有计划的急赈、散赈外，十分注重以工代赈。1923 年，华洋义赈会"在浙从事防灾工程数起，如助筑宁波之镇海海塘，开浚余杭之南湖等"。[48]不久，华洋义赈会的工作重心开始由筹赈防灾转向农村合作经济，救济工作也渐渐缩小，以求防患于未然，收事半功倍之效。但民国后期，教会慈善救济事业仍然存在，传教士大都与中国人联合起来成立慈善团体，如国际统一救灾会等。在抗日战争期间，一些外国传教士还参与赈济兵灾、救护与遣送难民以及掩埋遗尸等善举。总之，外国教会的慈善赈济事业赈恤了大量灾黎，诚有益于中国社会，对推动中国赈灾机制的近代化转变也产生了一定影响。

余　论

近代以来，伴随着西方列强的入侵，基督教在一系列不平等条约的庇护下获得了在华传教的特权。近代百余年间，作为传播上帝福音最有效的手段,教会医疗、育婴、赈济等各项慈善事业也在中国各地得到了很大发展。这些教会慈善事业最初虽为传教而设,然而民国以后,基督教在华传播已无障碍,不再成其为问题,教会慈善事业的宗教色彩遂日渐淡化而趋于世俗化,在客观上也对近代中国社会产生了较为明显的积极影响。因此,在评判教会慈善事业的功用时,我们不应再简单、划一地批判或指摘其充当“殖民主义的警探和麻药”,而要力求实事求是,从具体分析入手进而整体把握,以免因噎废食。

(与曾桂林合署,刊《贵州师范大学学报(社会科学版)》2008 年第 1 期)

注　释

1 顾长声:《传教士与近代中国》,上海人民出版社 1991 年版,第 275 页。

2 田涛:《清末民初在华基督教医疗卫生事业及其专业化》,《近代史研究》1995 年第 5 期。

3 李传斌:《晚清政府对待教会医疗事业的态度和政策》,《史学月刊》2002 年第 10 期。

4 乔纳森・斯潘塞:《改变中国》,曹德骏译,三联书店 1990 年版,第 34 页。

5 王铁崖编:《中外旧约章汇编》第一册,三联书店 1957 年版,第 67 页。

6 葛元煦等:《沪游杂记・淞南梦影录・沪游梦影》,上海古籍出版社 1989 年版,第 11 页。

7 葛元煦等:《沪游杂记・淞南梦影录・沪游梦影》,上海古籍出版社 1989 年版,第 58 页。

8 葛元煦等:《沪游杂记・淞南梦影录・沪游梦影》,上海古籍出版社 1989 年版,第 11 页。

9 《本埠消息》,《申报》1873 年 6 月 5 日。

10 李传斌:《晚清政府对待教会医疗事业的态度和政策》,《史学月刊》,2002 年第 10 期。

11 顾长声:《传教士与近代中国》,上海人民出版社 1991 年版,第 278 页。

12 顾长声:《传教士与近代中国》,上海人民出版社 1991 年版,第 278 页。

13 史式徽:《江南传教史》第一卷,上海译文出版社 1983 年版,第 178－180 页;史式徽:《江南传教史》第二卷,上海译文出版社 1983 年版,第 23－24,291－293 页。

14 顾长声:《传教士与近代中国》,上海人民出版社 1991 年版,第 285 页。

15 皮明庥主编:《近代武汉城市史》,中国社会科学出版社 1993 年版,第 694 页。

16 钱单士厘:《归潜记》,岳麓书社 1986 年版,第 863－865 页。

17 李国祁:《中国现代化区域研究:闽浙台地区》,台湾中研院近代史所 1983 年刊,第 129 页。

18 基督教中华续行委办会编:《中华归主》下册,中国社会科学出版社 1987 年版,第 1068 页。

19 顾长声:《传教士与近代中国》,上海人民出版社 1991 年版,第 286 页。

20 朱金甫主编:《清末教案》第二册,中华书局 1998 年版,第 81 页。

21 基督教中华续行委办会编:《中华归主》中册,中国社会科学出版社 1987 年版,第 765－770 页。

22　皮明庥主编:《近代武汉城市史》,中国社会科学出版社1993年版,第684页。

23　基督教中华续行委办会编:《中华归主》中册,中国社会科学出版社1987年版,第766页。

24　基督教中华续行委办会编:《中华归主》中册,中国社会科学出版社1987年版,第768页。

25　皮明庥主编:《近代武汉城市史》,中国社会科学出版社1993年版,第648页。

26　皮明庥主编:《近代武汉城市史》,中国社会科学出版社1993年版,第649页。

27　朱金甫主编:《清末教案》第二册,中华书局1998年版,第500页。

28　朱金甫主编:《清末教案》第二册,中华书局1998年版,第81页。

29　基督教中华续行委办会编:《中华归主》下册,中国社会科学出版社1987年版,第1067页。

30　顾长声:《传教士与近代中国》,上海人民出版社1991年版,第286页。

31　基督教中华续行委办会编:《中华归主》下册,中国社会科学出版社1987年版,第1067-1068页。

32　基督教中华续行委办会编:《中华归主》中册,中国社会科学出版社1987年版,第765-766页。

33　南通市张謇研究中心编:《张謇全集》第四集,江苏古籍出版社1994年版,第338页。

34　南通市张謇研究中心编:《张謇全集》第四集,江苏古籍出版社1994年版,第106-108页。

35　李文海等:《近代中国灾荒纪年》,湖南教育出版社1990年版,第355页。

36　《烟台来信》,《申报》1876年6月3日。

37　李文海等:《近代中国灾荒纪年》,湖南教育出版社1990年版,第365页。

38　夏明方:《论1876至1879年间西方新教传教士的对华赈济事业》,《清史研究》,1997年第2期。

39　顾长声:《传教士与近代中国》上海人民出版社1991年版,第289页。

40　夏明方:《论1876至1879年间西方新教传教士的对华赈济事业》,《清史研究》,1997年第2期。

41　李提摩太:《亲历晚清四十五年》,天津人民出版社2006年版。

42　夏明方:《论1876至1879年间西方新教传教士的对华赈济事业》,《清史研究》,1997年第2期。

43　《华洋义赈善会办事、董事为灾黎请命文》,《申报》1906年12月14日。

44　《华洋义赈善会开第一次成立会》,《申报》1906年12月5日。

45　基督教中华续行委办会编:《中华归主》上册,中国社会科学出版社1987年版,第97页。

46　《湖北义赈会成立大会纪》、《华北华洋义赈会成立》、《南京华洋义赈会成立》,《申报》1919年9月15日、1920年9月30日、1920年10月23日。

47　《华洋义赈会招待新闻界》,《申报》1923年4月2日。

48　《华洋义赈会去年之成绩》,《申报》1924年1月22日。

十四　近代港澳台地区的慈善事业述论

近年来,随着慈善事业史研究的升温,区域或专题方面的研究已得到学人的极大关注。然详细检索文献,我们不难发现区域慈善研究的论著,从地域分布及其时间段来看,大陆各省区多于港澳台地区,古代多于近代,尤其集中于明清时期的江南地区。其实,自古以来就为中国领土不可分割的组成部分的港澳台地区,其慈善事业在近代也获得了一定发展。然而,关于港澳台慈善事业的既有学术成果,[1] 并非专论近代时期,总体来说仍较薄弱,有待加强。鉴于此,本文拟对近代百年三地的慈善事业发展进行整体性探讨,勾勒出其大致的演进轨迹,以期为引玉之砖。

(一)近代香港的慈善事业

从19世纪40年代开始,英国凭恃武力威胁与外交讹诈,通过中英《南京条约》、《北京条约》和《展拓香港界址专条》等一系列不平等条约,先后强行割占香港岛、九龙,租借新界,从而侵占了整个香港地区。从方志、族谱资料来看,开埠前的香港,仅为宝安县一偏乡辖地,故官府不曾在此设育婴堂、养济院等善堂,其慈善活动主要表现为民间社会的济贫互助。开埠后,随着传教士的东来,香港慈善组织从无到有、从小到大地发展起来。先是教会医院、孤儿院等慈善机构的创办,而后华人慈善组织亦相继成立,这开启了香港社会近代慈善事业发展的帷幕。至20世纪初叶,由教会兴办的慈善救济团体和华人建立的慈善机构成为近代香港慈善事业的主体。这些民间慈善机构在推动香港社会慈善事业的发展，为弱势群体提供救助方面发挥了很大的作用。

1. 华人社会慈善组织的兴起

香港创办较早、影响较大的慈善组织，如东华三院、保良局和乐善堂都是由华人创办的。

东华三院，系东华医院、广华医院和东华东院的合称，是香港社会历史最久、规模最大的慈善机构。东华三院的前身，即东华医院创设于1869年。其兴设的最初动因即在于开埠后香港人口的激增，医药需求也日益增大。此外，还缘于中西文化的隔阂及港英政府的歧视华人政策。当时，虽设有公医院，但纯用西医治疗，而华人崇信中医药；且其收费昂贵，一般华人亦不堪负担，因而前去就医者甚少。贫民一旦染疾，往往移住广福义祠，借此栖身。然广福义祠并非专门医疗之所，卫生条件十分恶劣。因此，华人的医疗及相关社会问题日趋严重。而经过开埠后二十余年的发展，华人社会有了一定的经济实力，参与地方社会事务、维护自身利益意识的加强，也成为东华医院创立的一个重要动因。[2]

1869年，仁记洋行买办梁云汉联合米行、布匹行等业的殷商富贾发起筹设医院。1870年东华医院正式奠基创建，设总局（董事局）于普仁街，并委任梁云汉、黄胜、何锡等13人为倡办医院值事（总理），而以梁云汉为主席。[3]伴随着近代香港社会的发展，受灾荒与贫病的打击，亟需救济的弱势人群亦复不少。东华医院历届总理每因社会需求，不断扩建院舍，更新设备，规模日盛。至1929年，又先后创设了广华医院、东华东院，正式形成了东华三院的格局。广华医院倡建于1907年，其与东华医院均寓意“广东华人医院”。当时九龙半岛连同新界地广人众，“居民繁庶，不亚于香港，而是地向无医院，其有疾病，皆来香港就医。时或疾风暴雨，惊涛骇浪，欲济无舟，严寒酷暑，中途阻滞者，不知凡几”。[4]故筹设华人医院救济贫病者，实属当务之急。在何启等行商的劝募下，各界人士、社会名流纷起响应，慷慨解囊，踊跃捐输，很快筹建到建院基金十余万元，至1911年始落成。20年代，铜锣湾一带需医急切，东华医院在接收集善医院的基础上拟建新的慈善机构，由于绅商民众的赞襄，1929年东华东院顺利竣工。

自成立后，东华医院就广泛向在港华人开展慈善救济活动，诸如施赠医药、兴办义学、兴建义冢、赈灾恤难。东华创设的初衷即在于救治贫病，历年施医舍药自不待言，惠及穷苦之民甚众。1879 年，梁云汉、招成林首倡兴义学，以文武庙侧的中华书院为校址，收清寒子弟免费入学。至 1903 年，义学规模得到较大发展，先后添设洪圣庙义学、天后庙义学等。清末民初，又筹设九龙义学，至 1917 年已达 12 所，后改为小学。二三十年代，多间校舍扩建或改建。[5]1875 年，东华经管了原文武庙在西环所设的义庄，随后加以扩充完善设施及管理制度，“以便利同胞寄厝灵骸，候运回原籍安葬”。[6] 民国以后，也多次修葺或重建。东华三院不徒医治病人，凡贫民困难疾苦，靡不予以救济，尤以赈灾恤黎方面最为费心。1874 年 9 月 22 日，台风袭击香港，破坏极大，“计罹祸毙命之人，则殆不下二千生灵，……而海中浮尸被恶浪漂激于岸者，亦俱纵横狼藉，尸骸枕藉”[7]。风灾过后，东华医院即遣雇工掩瘗死者，并派医护人员救治伤者，慨然担当起香港华人的善后救济工作。在香港历年所遭的重大灾劫中，东华三院或首倡义举，或发动联合募捐，与港埠其他华人善团一同主持赈济工作。其荦荦大端者有如救恤 1894 年全港瘟疫、赈济 1904 年黄泥涌火灾、1906 年、1926 年、1931 年三次特大风灾。[8] 在香港沦陷期间，贫苦居民生机无着，奄奄待毙者甚多，东华三院董事局又特设收容所，予以救济，并对死者进行义葬。抗战胜利后，在港九各处设立慈善救济站，举办以工代赈和施饭赈济贫民。自 1945 年 9 月 17 日至 1946 年 10 月，共用米 88 万余斤，面粉 29 万余斤，发放饭面救济共达 3059000 余份。[9]

然而，东华三院的慈善赈济，并未局限于香港一地。对于内地发生的天灾人祸，东华也视其能力之所及，频频伸出救援之手。1906 年台风袭击广东沿海，淹毙人口，损失货物甚巨。东华医院也以分灾恤患为己责，多方筹措善款赈灾。翌年夏间，珠江之西、北两江同时暴涨，“广州、肇庆各围先后崩缺达廿余处，饥民逾百万”。东华医院接到广东省各县乞赈电文后，迅即先汇一万元往广州九大善堂办理急赈，并着手展开募集捐款。同时，东华还联络九大善堂、澳门镜湖医院，共同成立了“省港澳救灾公所”，负责办理水灾救济事宜。东华在港发动募捐，也获得南洋华侨所汇善款，可谓“义声所播，遐迩风从”，乃陆续与救灾公所办理施赈平粜，接济内地灾民，并向沿江各县拨款，协助修复溃围。此次赈灾，合共约八十余万元。[10]民国以后，也多次救济广肇等内地灾民，如 1915 年乙卯水灾、1916 年讨龙（济光）之役兵灾、1917

年天津涝灾、1922 年潮汕风灾等。[11] 1932 年一二八事变后，东华三院还派一支医护理队二十余人开赴上海，救护和收容公共租界的伤兵、难民。[12]

东华医院创建于 19 世纪后期东西文化交汇融合的香港，在组织管理上借鉴和采用了西方慈善机构的运作模式，即创办之初就设董事会为院务的最高组织。历届董事会成员多为当地绅商、买办，每遇重大救济，各董事纷纷建言献策，慨解仁囊，并严格管理，确保每笔善款涓滴归公。由此，东华三院的慈善活动经百余年而不衰，且历久弥新，其历届董事功不可没。

保良局也是近代香港重要的慈善团体之一，其创立与东华医院实有密切关系。19 世纪下半叶，香港拐卖人口之风甚炽，逼良为娼案件也时有发生。1878 年 11 月，东莞籍侨商向港督轩尼诗禀请，在东华医院绅商的协助下，很快筹设了保良公局，取“保赤安良”之意。同时，东华还将“平安”、“福寿”两楼租让给保良公局作办公场所。1891 年，东华又将广福义祠地段借与保良局为建局地址。保良局的筹办和管理均有东华医院诸董事参与，且经费、活动场所也由东华襄助，故而当时有“东保一家”之说。[13] 1878 – 1891 年间，在创建后的十三年间，保良局救出了不少被拐妇女，使之脱离拐匪魔掌。据统计，由保良局遣送回籍，或由亲属领回，或由华民政务司发放以及批准择配、领育者，达 2751 人。[14] 进入 20 世纪后，保良局仍秉承“保赤安良”的宗旨，救助不幸妇女逃离苦海，并教养兼施，传授一定谋生技能，以便重获得新生，自立于社会。可见，保良局为遏止诱拐妇孺的陋习并为受害者提供庇护和教养方面功德显著。

还值得一提的是九龙乐善堂。1888 年以前，九龙城寨附近商民即在石板码头墟集抽提一定数额的交易货款，办理当地赠医施药、助殓等善举。这一年，有绅商倡议设立永久性善堂，以市民、货商的捐款及交易税的厘金为善款，获得坊众响应，遂告成立。早期乐善堂的善举以赠医、助丧为主。1894 年香港疫症蔓延，乐善堂乃普施医药，祛疫除瘟，又于西贡清水道附近设义冢安葬死者。随着近代香港社会的变迁，乐善堂的规模渐次扩充，其慈善救助遍及港九新界，并趋向多元化，延伸到医疗、教育等各项慈善公益事业。[15]

2. 教会慈善团体及抗战时期香港的慈善活动

英国占据香港岛以后，教会开始创办一些慈善机构，如孤儿院、小学校。1848 年，香港已有三所教会学校，有孤贫幼童数十名。之后，教会势力发展迅速,英美等国皆有差会在此宣教,并附设有多个慈善组织,举办施医赠药、义诊及赈济衣食等。20世纪以后,香港先后成立基督教青年会、女青年会,向外开展各项社会服务,募集善款,济贫助困。此外,还有数十个差会慈善组织为香港社会提供慈善救济、医疗、教育方面的服务,并成为近代香港慈善事业发展的另一支不可忽视的重要力量。鉴于目前已有若干论文专门探究近代香港基督教、天主教的慈善活动,[16]兹不赘述。

抗日战争期间,香港众多慈善组织与祖国内地休戚与共,开展了大规模的济民善举。七七事变后,香港纷纷成立了以援助抗战、救济难民为宗旨的社会团体,总数不下数十个,并向各界广泛募捐筹款。1937年9月至1938年5月,香港学生赈济会就通过街头卖花、卖物会、义唱义演等方式,募集港币2万余元。1938年8月,九龙的瓜菜小贩最先发起八一三救国献金运动,很快扩展至整个香港地区,取得了献金百万的大业绩。[17]香港其他赈济团体、慈善组织也踊跃行动,劝募款物,救济内地贫民或流落到港的难民。1938年12月至1940年2月,香港学生赈济会就先后组织4个回乡服务团,开展赈济活动,他们利用港澳、东南亚等地捐赠的救济物资,积极救助战火中的难民和贫苦民众。[18]香港众多的慈善组织在战时救济中发挥了重要的作用。

(二)近代澳门的慈善事业

澳门,古称蠔镜。远溯秦汉,澳门就已归入中国版图,时隶南海郡。嘉靖三十二年(1553),葡人始居留澳门。为防范和管理居澳葡人,明政府采取"建城设官而县治之"的方针,置守澳官,并将澳门划归香山县管辖。至道光年间,清政府一直奉行这一政策,在澳门派设官员,充分行使其对澳门的主权。鸦片战争后,澳门总督亚马留等趁机侵权扩张,1888年胁迫签订中葡《北京条约》,取得"永居管理澳门"的特权。明清之际,澳门地少人稀,慈善救济并不活跃。在华人社会多为邻里、宗族之间的互助互济。据载,隆庆三年(1569),葡萄牙人设立的仁慈堂,是澳门历史上最悠久的慈善机构。然仁慈堂所开展的慈善活动仅限于教徒间的济贫、诊疗,并不惠及华人社会。因而,明清之际澳门社会虽存有慈善活动,但仍处在萌发状况。进入近代以后，华人社会的慈善机构迅速兴起，并在澳门慈善救济体系中发挥了主导作用，其佼佼者乃是清末成立的镜湖医院、同善会。此外，澳门中华总商会等其他公益慈善团体对澳门社会也多有贡献，推动了近代澳门慈善事业的发展。

1. 镜湖医院慈善会及其善举

镜湖医院创设于清同治十年（1871），是澳门历史上最悠久的华人慈善团体。鸦片战争后，澳葡当局逐渐控制澳门半岛全境，推行殖民统治，居澳华人的社会地位十分低下。[19] 19世纪60年代，华商势力开始崛起，有商民遂提出华人应自己组织起来，互帮互助，和衷共济。鉴于此，1870年初，沈旺、王禄、曹有等华商先后邀集同人，倡设医院及慈善会，并向香山县署呈请拨地。不久，曹有等人又向澳葡政府公物会办理院址立契手续。同年10月28日，公物会批准华人在三巴门外沙岗山边建筑院房。1871年，正式定名为"镜湖医院"，并推举出倡建值理会，以司其事。1874年，镜湖医院选出首任值理会总理，并设值理、董事若干名。随后的历届总理、值理和董事，也都是澳门华人社会中的富商名流，声望誉于一方。

镜湖医院创建之初，即以施医赠药、安置病残、停棺寄柩为宗旨。从最初筹办、创设的十年（1870－1880）间，镜湖医院在华界士绅商民中共募集善款69305银元，合银49900两，先后建起医院正屋、附屋、医房等六十余间，并设有癫房、殓房、济生所（为赤贫无依病重残疾者就医用）、福生所（停棺柩用），同时另置有义地，给贫亡者助丧。[20]在随后的二十年中，镜湖医院又陆续添建物业，立章订规，渐臻完备，始肇良基。随着组织设施的改善与完善，镜湖医院积极开展了澳门本埠的慈善救济活动，救灾、平粜、施茶、施棺、殓葬，以致排难救伤亦无不为之。1873年和1883年，澳门两度遭飓风袭击，伤亡甚众，镜湖医院迅速行动起来，参与救灾疗伤及收尸掩埋工作。1892年，镜湖医院始设西医局，采用西药，并延请毕业于香港西医为义务医师，免费为平民看病赠药。1896年，该院又在澳门附设痘局，义务为华人免费种痘；1916年，为澳门的贫苦民众治病疗伤之余，又执葬义地骨骸，尽力于丧葬善后服务，让众多华人泽被其惠。

对于内地同胞遭遇的灾难，镜湖医院亦以己饥己溺的情怀，恫瘝在抱，并多次伸出援助之手。如，清末年间，镜湖医院先后在澳发起募捐赈济1890

年顺直水灾,1896 年湘桂两省饥荒。而援助粤港两地受灾民众的善举义行,更是不胜枚举。抗战期间,镜湖医院在开展遣送难民、收容难童、捐赠药品、开设护理班等战时救济工作方面,亦是不遗余力,竭诚服务。1939 年,镜湖医院即无偿捐赠一批药品给中山大学同学战地服务团。1943 - 1944 年间,又收容难童近 400 人,并施以教养,直至抗战结束。另外,还协助约 1000 名流落于澳门的内地难民顺利返乡,给予川资。

19 世纪后期,因家境贫困,澳门社会的失学儿童日渐增多。光绪初期,澳门富户曹、周二姓特向镜湖医院捐献产业,以所收租息的若干成为善款,拨充义学经费。由此,镜湖义塾成立,专收贫家子弟,供其免费学习。这是近代澳门第一所慈善性质的义学。光绪十七年(1891),镜湖医院为救济失学,又举办惜字善社。至 1896 年,已先后开设了 5 所义学,通称为"镜湖义塾"。[21]此后的十余年间,镜湖医院的慈善教育活动相仍不辍,且有所发展。民国后,义塾改称义学、小学。1948 年将原设各义学与平民小学合并,改称镜平小学,继续办理慈善教育,兴学育才,服务贫苦儿童。1923 年,为适应社会之需,镜湖医院新设护士助产学校,培养专门的护理人员。

明清时期,惜字亦属传统意义上的善举之一。在清末民初,镜湖医院也曾举办过惜字善举。最初,何穗田等八人创设惜字善社,收购破旧书籍,雇人拾捡废弃字纸,并宣讲文昌信仰。不久即将筹募款项生息,移交给镜湖医院经办。入民国后,因慈善观念变更,惜字善举一度停辍。至 1924 年,又再雇人沿途捡拾字纸。此外,镜湖医院的慈善活动还有多项,并曾综理阖澳善社、庙宇产业。[22]

近代百年,社会沧桑巨变,澳门镜湖医院的组织机构及其实力都发生了很大的改变,总趋势是与时俱进,不断得以壮大。1874 - 1927 年实行值理会总理制,总理由全澳各行业推举 12 人组成。1928 年改为总协理制,十年后再度改为值理。因其慈善事业不断发展与扩充,1942 年经澳葡政府批准备案,又改称镜湖医院慈善会值理会,统辖属下的镜湖医院、镜湖护士学校、镜平学校等。1946 年慈善会召开了第一次代表大会,通过修正会章,规定以两年为一届,选正副主席、董事、秘书长等人,组成董事会。1948 年以后,随着社会局势的稳定,镜湖医院开始大张革新,改善院舍环境,更新医疗设备,并由此获得了长足发展。这也为其慈善公益事业的发展奠定了有利的物质基础,促进了各项慈善活动蓬勃开展。目前,镜湖医院慈善会已发展成为全澳规模最大的一所综合性慈善组织,在澳门及内地的慈善公益事业发挥了积极作用。镜湖医院从清末创办迄今,已历一百三十余年,其会史称其业绩“为文化善绩之光辉,民族善德之弘扬”,[23]诚非虚言。

2. 同善堂及其他团体的慈善公益活动

同善堂是澳门社会与镜湖医院齐名的民间慈善机构。它源于光绪十四年(1888)一群港澳绅商组成的行善组织“同善别墅”,办理赠医施药以及宣讲善书等善举。直到光绪十八年(1892),港澳绅商发起倡建同善堂,正式向澳葡政府注册登记,申请开办“宣教会”,宣教“圣谕”,并购得议事亭前地建堂。同善堂创办之初,由“善士捐资,以送时症丸散、赠医、宣讲、送书、敬执字纸”。随后三十年间,又陆续成立了多个善会,慈善救济范围日趋广泛。如,1894 年成立的保产善会,专助贫苦孕妇分娩,护佑母婴平安;1895 年成立施棺木仵工善会,向贫苦丧家施棺木、备抬工;1897 年又组设施药剂善会,由同善堂中医郎中义诊,并施给贫民医药;1898 年创建赒恤善会,由同善堂劝募钱银、米粟、衣裤,分发给老弱无依贫苦交困者。入民国后,同善堂还于1924 年倡办起贫民义学,1937 年改私塾为小学,并开始招收女生,济助了不少澳门贫民子弟。不仅施济澳门贫者,内地每遇灾害,同善堂也与镜湖医院一道参与救济,如 1932 年募捐救济上海难民等。[24]民国以来,澳门还有其他善堂,如永行堂、保善社、倡善社等,也与镜湖医院慈善会有着关联,由其统筹协调在澳开展慈善活动。

戊戌变法之际,为响应梁启超在上海创立的“不缠足总会”,1897 年,澳门改良派人士张寿波、何廷光、吴节薇发起了澳门不缠足会,并根据澳门的实际另订章程,以求简便易行,达到改良社会之鹄的。在他们的倡议下,数月之内澳门各界有百余人加入。戒鸦片澳门分会是 1898 年由张涛波、何廷光、李盛铭等人发起成立,入会会员亦有数十人。它大力宣传鸦片烟的危害,并制戒烟丸免费赠给鸦片吸食者,敦促取消鸦片贸易。戊戌时期,澳门这两个团体都致力于澳门社会风俗的改良、演进,其活动因而也具有一定的慈善公益性。

澳门中华总商会虽然是一个商业团体,但自民国初年(1911)成立以来,长期为澳门民众排难解纷,扶危救弱,也为澳门慈善公益事业的发展贡献了力量。民国年间,它先后在澳开办了商训夜中学、青洲小学以及阅书报室等文教设施,还发动全澳同胞为1947年夏两广洪灾灾民募捐赈款,共度难关。如后将述,在抗战时期,澳门中华总商会为救助内地难民也发挥了积极作用。

还值得提及的是,近代以来澳门的宗教团体也兴办了一些社会慈善事业。如澳门佛学社曾开办佛教平民义学,收有学生30余人。澳门最大的佛寺普济禅院也时常有施惠于众生的善举义行。澳门天主教会主办的仁慈堂,也顺应近代澳门社会的需求,附设有白马行医院、贫养院等慈善设施。另外还建起教会慈善机构多所,如孤儿院、安老院等,救济无依无靠的童叟。[25]

3. 抗战期间澳门的慈善救济活动

早在九一八事变发生后,澳门的富商、平民纷纷慷慨解囊,救援内地难胞,支援前线将士。1933年,澳门兵灾会等团体还派专人到广州慰问淞沪抗日残废战士。澳门中华总商会、镜湖医院、同善会也联合组成残废军人教养院,开展慈善抚恤工作。七七事变后,澳门同胞纷纷以"救灾"的名义成立救灾会,其中,规模大、影响广的有"澳门各界救灾会"、"四界救灾会"(即"澳门学术界、音乐界、体育界、戏剧界救灾会")。在宣传抗日救亡的同时,救灾会通过义演、义唱、义卖、献金及沿门劝捐等多种形式来筹募善款,支援前方,赈济灾民。1938年,全澳地区的义卖活动,先后参加的店铺达100多家,共筹得义款9万多元法币。1939年,澳门各界救灾会与四界救灾会联合举行八一三献金活动,设立献金台,献金封筒,向各界劝募,义浆箪粟,踊跃捐输,数日之内筹得法币10万元。[26]抗战中,澳门华人慈善团体及一些西方教会组织、救灾会还进行了施粥、施医等救济难民的工作。施粥规模颇大,每日约有几万份。1942年3月,澳门中华总商会、同善堂、镜湖医院慈善会发起成立"协助难民回乡会",动员社会各界筹捐善款,资助贫无旅费的难民返回内地。至10月,已协助数千名难民回乡。

（三）近代台湾的慈善事业

台湾慈善事业发轫于清前期。康熙二十三年（1684），清统一台湾，次年即设府，领台湾、凤山、诸罗三县（今台南、高雄、嘉义），隶属于福建省。为揽民心、示惠恤，首批赴台就任的官员台湾知县沈朝聘、凤山知县杨芳远、诸罗知县季麟光，依清律在县城内各设养济院，收养鳏寡孤独残疾无告者。[27]这成为台湾慈善事业发展史上具有里程碑意义的一件大事。此后，赴台任职的官员继续倡行此举。如乾隆元年（1736），知县秦士望倡建彰化养济院，置屋宇，"收养麻风残疾之人"[28]。十年后，御史范咸巡台，发现内地流民日聚，"穷黎以贫病转沟壑者，不一而足"，恻然心伤，"念国家令典凡直省州县各设有普济堂，安集流移，立法至善。东瀛一方，是典独阙，所宜急为举办者"。[29]在此饬令下，台湾县知县李闾权于增建普济堂，"凡十二间，拨各款千余圆充用，以受穷民"[30]。这是全台最早设置的一所普济堂。道光六年（1826），澎湖厅同知蒋镛筹建普济堂，"以惠孤寡废疾无依民"[31]。除普济堂外，台湾亦照内地成例设有留养局、栖流所等善堂，以补其阙。乾嘉之际，彰化留养局、嘉义育婴堂相继落成，收孤贫、弃婴和生子不举者。[32]清前中期，台湾有善士怜恤赤贫无以归葬者，遂立义冢为善事，各属县、厅合约百处。[33]此外，台湾官民还捐资建有多处路亭和义渡，以供行旅之人驻足休憩，或乘舟涉河。在近两百年间，在官绅士民的襄助下，台湾慈善事业得到相当程度的发展，基本形成了涵盖生死病老的慈善救济圈。

鸦片战争后至甲午战争前夕，台湾的慈善事业一方面延续了自清前中期以来各县创设善堂的传统，并有了一定发展，另一方面因西方基督教的传入及其教会慈善活动的开展，已开始透出近代的气息。甲午之后，日本割占台湾，传统善堂的发展趋于中断，教会慈善活动渐居主导。

1. 传统善堂在近代台湾的发展

如前所述，清前中期，台湾府各县已设有养济院、普济堂、育婴堂、栖流所等传统善堂，及至近代，这些传统慈善机构在台湾官绅商民的支持、资助下，在全岛内继续发展。概言之，除凤山、云林外，台湾有六县、厅都从道光末年至光绪中期新建或重修了育婴堂、养济院等慈善机构，其中以育婴堂最多，共8所，其次为栖流所，共3所，而养济院、留养局、恤嫠局各1所，总计14所，数量约为清中期的1倍。为更清晰地了解其设立年代分布及其运作经营情况，我们制作了表1：

表1：近代台湾慈善机构设置情况表（1840－1894年）

属县厅	慈善机构	创建年代	地点	功能及经营实态
嘉义	育婴堂	同治七年	县治城隍庙内	绅商捐设，额收二十名
新竹	育婴堂	同光之际	县治龙王庙右	育婴
	养济院	光绪六年	在县治	知府陈星聚捐养廉银倡建，收养孤贫废疾穷民
	栖流所	同治三年毁，光绪时重筑	县境内树林庄	以收孤老穷民百余名
彰化	育婴堂	道光年间建，光绪七年重建	在县治	知县朱干隆劝富绅重设，以抄封家屋充用
台湾县	恤嫠局	同治十三年	在县治	沈葆桢倡设，赡养嫠妇，以保名节
	栖流所	光绪十二年	县治圣公庙街	知县谢寿昌禀设，以收流民，其款由普济堂拨给
	育婴堂	咸丰四年	县治外新街	富户石时荣捐五千圆倡建，以息金、厘金为育婴经费
淡水厅	留养局	光绪十五年重设	在县治	以旧时局产拨充，并捐经费，额收四十名
	栖流所	道光、咸丰年间	境内鸭母寮	为鳏寡孤老残疾无告者栖身之所
	保婴局	约咸丰年间	摆接堡枋桥庄	富绅林维源倡设，置田生息，补助贫家育婴经费
	育婴堂	同治九年	艋舺街学海书院后	官绅合建，以洋药抽捐充育婴经费
澎湖厅	育婴堂	光绪年间	妈祖庙附近	育婴，绅商捐设，后归厅办理，约收女婴三十余名

资料来源：1. 连横：《台湾通史》下册，商务印书馆1983年版，第398－400页。
2. 咸丰《淡水厅志》卷四，《赋役·恤政》。
3. 光绪《新竹县志初稿》（不分卷）。

由上表可看出，育婴慈幼已成为近代台湾慈善事业的重要项目，嘉义、彰化、新竹、台湾、淡水、澎湖等各县厅都设有育婴机构。淡水厅在咸丰同治之际还立有二所,均系官民集捐经费办理。在学海书院后的育婴堂,系购黄姓地基新造,“拨三郊洋药抽捐每箱四圆之半,以充经费”;而位于枋桥庄的保婴局,由富绅林维源首捐五千元倡设,“并劝富户集款二千圆,置田生息,以充经费”。[34]台湾县育婴堂创建较早,在咸丰四年(1854)由富户石时荣自捐家屋倡建,并捐五千元生息为育婴经费。而后,又劝绅商集款数千元,并禀官府准将出入商船抽税充用。富户亦各捐田园铺屋,入款颇多。因系义举,巡道黎绍棠“更劝绅士办理,并以洋药厘金提拨充用”,光绪八年(1882)改“以司库平余及盐课余款千余圆拨为经费”[35]。可见,善款甚为丰盈。光绪年间,澎湖绅士也捐资在妈宫之侧建育婴堂,先由“监生林培树董其事,嗣后归厅办理”[36]。其育婴经费主要有“岁收租息三十二万四千文,每月又于盐课拨银五十两以充经费”,即以士绅捐献和店铺租息为大宗。光绪十八年(1892),收养女婴33名,“每名月给八百文”[37]。由此可知,台湾各县厅育婴堂的育婴方式也多为堂养,月支钱粮。

而栖流所是近代台湾另一主要慈善机构,分布于开发较早的北部诸县,如淡水、新竹等,这反映出流民日趋严重的社会问题。值得注意的是台湾恤嫠局。它于同治十三年(1873)钦差大臣沈葆桢倡设,自捐千圆,命巡道夏献纶拨助公款,并“劝绅富捐款九千圆,购置田园,生息以恤嫠妇。凡年三十以内,家贫守节者,邻右保结,每名月给二圆”。[38]这也折射出儒家封建礼教由大陆向台湾的浸濡。新竹养济院是近代台湾惟一新建的同类善堂,这与知府陈星聚倡导有关。他首捐养廉银八百元购林璜源旧屋一进一间作院址,“孤贫废疾穷民均听造报姓名,收入留养”,额内、外共计八十余名,月给米食,不敷可由本地公帑拨给。[39]这也表明,及至近代,官府仍是台湾慈善机构经营运作中的重要力量,尽管民间士绅商民也积极参与其中。官民合作,共襄善举,为台湾社会的弱势群体提供了一定的救济。

2. 近代台湾的灾荒慈善救济

近代以来,台湾遭受的灾荒不断。据《近代中国灾荒纪年》一书统计,1840－1895年的五十余年间,台湾共发生地震11次,风灾10次,水灾5次,瘟疫3次。可见,缘于台湾独特的地理环境、地质构造,风、震之灾为害最剧。如同治元年(1862)夏,嘉义突发大地震:“城垣雉堞倾圮数丈,城壁大半崩坏,西门外土墙倾塌,民居倾圮无算。数丈地裂盈尺,深丈许,喷泥,压死者数千人”。地震还波及到台南,“树木摇动几与地齐,屋宇倾倒,三座天后宫圮,死二百余人,伤者倍之。曾文溪地陷,玉枕山崩”。[40]光绪七年(1881),台湾飓风暴雨,溪水陡涨,北部两府淹毙人口甚众。为此,官府也采取一些赈济措施,十一月间,经福建巡抚岑毓英奏准,“由省城增广仓义谷项下提谷二万石,运往散给”各处饥民。[41]光绪十九年(1893),台湾“叠遭硷雨,番薯花生根苗半多枯朽,收成大为减色,饥民日众”,台湾巡抚邵友濂亦在来春青黄不接之时,赈济民众。[42]虽然官赈于众多灾民而言仅为杯水车薪,但聊胜于无,也使得部分灾民能勉强存活下来。

由于官赈有限,而岁有丰歉,从清前中期开始,各县厅均置仓,以备凶年之需。台湾各处的仓储有官仓(文仓、武仓)、社仓、义仓和番社仓之分。义仓由官民捐设,社仓由民众自建。道光后期,淡水同知娄云“劝各庄合设社仓,众多踊跃,后先设立”。“即有其灾,而人民尚义,业户辄出平粜,乐善之士亦多捐振”。[43]据载,台湾各处的社仓、义仓达28处,番社仓57处,[44]其中约半数以上设于近代时期。如光绪十九年(1893),澎湖咸雨为灾,在知府劝谕下,绅民黄济时、蔡玉成等共捐1435两,三郊合捐163两,署总兵王芝生亦捐300两,众将弁兵勇共捐924两,计银3000两,“以为社仓资本”。后又修理旧文仓,并“新建三间以储之,举济时、玉成等为董事”,“至是而澎湖义仓始成”。[45]在凤山、嘉义、彰化、淡水,也多由绅民捐谷或钱公建,出陈易新,以备荒年赈济。由此,互助互济也成为近代台湾民间社会慈善事业的重要形式之一。

3. 近代西方教会慈善活动的兴起

鸦片战争之后,随着基督教在华传教的合法化,西方各国教会纷纷派遣差会、传教士进入台湾传教。为便利传播福音,广收教徒,西方教会还兴办起医院、孤儿院、教会学校等慈善机构。同治四年(1865),英国长老会传教士马雅各兴建了台湾第一所教会慈善机构——义诊所,为附近贫病者免费诊治。稍后,淡水传道所病院于同治十一年(1872)建立,创设者为加拿大长老会牧师马偕,亦赠医施药,就诊者颇众。遇上灾荒年景,各差会及传教士还将母国教会募集的款物赈济灾民。尽管教会慈善机构的初衷在于借行善事以扩大教会影响,但其客观效果也赈恤了一些饥民孤童,减轻了台湾贫民的病痛。另外,教会慈善活动还在一定程度上引发、推动了中国传统善堂的改良或变革。旧时,中国设惠民药局施药救恤贫病之民。近代西医东传,因其疗效明显而起到了示范效应。光绪十二年(1886),台湾巡抚刘铭传在台北城内设立官医局,“招聘西人为医生,以医人民之病,不收其费,并设官药局于内”[46]。

1895年甲午战争结束后,日本占据台湾,推行野蛮的殖民统治。由于各项“排华”、“灭华”政策的实行,传统善堂渐趋废弛,至20世纪初年都已隳坏或停顿。而西方基督教会因有列强的支持,其慈善活动仍然继续着,并有所发展。但总的来讲,随着20世纪前期日本殖民统治的加强,台湾的慈善事业已乏善可陈,基本上是民间社会小规模的互济互助了。

结论

通过上述论析,大体上可知港澳台慈善事业在近代发展的一般概况。晚清之际,三地慈善事业明显受内地尤其是闽粤两省善堂的影响,且与内地联系紧密。清末民初以后,受中西慈善文化碰撞与交融的影响,近代西方慈善观念在港澳台地区不断渗透并逐渐增强,“西化”色彩日益浓郁。由于帝国主义的殖民侵略,中国港澳台地区慈善事业的发展也经历了不寻常的过程。尽管如此,三地慈善界在致力于本土慈善事业发展的同时,也一直积极参与内地的赈灾恤贫、扶危济困等慈善活动,表现出血浓于水的同胞亲情。进入新的世纪,港澳台与内地的联系日益紧密,其慈善事业必将获得更大的发展。

(与曾桂林合署,《福建师范大学学报(哲学社会科学版)》2008年第6期)

注　释

1　这方面的研究论著主要有:王尊旺《清代台湾的社会慈善事业》,载《福建师范大学学报》2001年第2期;黄艳:《晚清时期省港民间慈善组织之比较》,载《岭南文史》2003年第3期;周秋光、曾桂林:《中国慈善简史》第十一章,人民出版社2006年版;游子安:《善与人同——明清以来的慈善与教化》,中华书局 2005 年版,第 257 - 285 页、第 293 - 300 页。

2 李东海编撰:《香港东华三院一百二十五年史略》,中国文史出版社 1997 年版,第 1 - 2 页;黄艳:《晚清省港民间慈善组织之比较》,《岭南文史》,2000 年第 3 期。

3 李东海编撰:《香港东华三院一百二十五年史略》,中国文史出版社 1997 年版,第 2 页。

4 李东海编撰:《香港东华三院一百二十五年史略》,中国文史出版社 1997 年版,第 21 页。

5 李东海编撰:《香港东华三院一百二十五年史略》,中国文史出版社 1997 年版,第 116,120 - 126 页。

6 李东海编撰:《香港东华三院一百二十五年史略》,中国文史出版社 1997 年版,第 194 页。

7 《申报》1874 年 9 月 30 日。

8 李东海编撰:《香港东华三院一百二十五年史略》,中国文史出版社 1997 年版,第 74 - 76 页。

9 李东海编撰:《香港东华三院一百二十五年史略》,中国文史出版社 1997 年版,第 79 - 80 页。

10 李东海编撰:《香港东华三院一百二十五年史略》,中国文史出版社 1997 年版,第 91 页。

11 李东海编撰:《香港东华三院一百二十五年史略》,中国文史出版社 1997 年版,第 93 - 96 页。

12 刘蜀永:《香港史话》,社会科学文献出版社 2000 年版,第 70 页。

13 李东海编撰:《香港东华三院一百二十五年史略》,中国文史出版社 1997 年版,第 208 页;《本局倡设缘起》,[EL/OL]. http://poleungkuk. org. hk,2004 年 9 月 28 日。

14 李东海编撰:《香港东华三院一百二十五年史略》,中国文史出版社 1997 年版,第 208 页。

15 《乐善堂简介》,[EL/OL]. http://www. loksintong. org. hk,2004 年 9 月 28 日。

16 参见夏其龙:《十九世纪香港天主教的慈善活动》;梁洁芬:《60 年代以前香港教会的慈善活动》;张学明:《香港保禄修会的慈善服务》;刘义章:《治身体、救灵魂:基督教发实协会在香港调景岭的医疗救济活动》,均为"历史上的慈善服务与社会动力学术研讨会"研究论文,香港中文大学,1999 年 12 月。

17 刘蜀永:《香港史话》,社会科学文献出版社 2000 年版,第 69 页。

18 刘蜀永:《香港史话》,社会科学文献出版社 2000 年版,第 71 页。

19 邓开颂等:《澳门史话》,社会科学文献出版社 2000 年版,第 149 页。

20 游子安:《善与人同——明清以来的慈善与教化》,中华书局 2005 年版,第 295 页。

21 游子安:《善与人同——明清以来的慈善与教化》,中华书局 2005 年版,第 294 - 295 页。

22 游子安:《善与人同——明清以来的慈善与教化》,中华书局 2005 年版,第 295 页。

23 吴润生主编:《澳门镜湖医院慈善会会史(1871 - 2001)》,澳门镜湖医院慈善会 2001 年刊印,前言第 1 页。

24 游子安:《善与人同——明清以来的慈善与教化》,中华书局 2005 年版,第 296 - 297 页。

25 杨天泽等编著:《澳门 1999》,新华出版社 1998 年版,第 32 页。

26 邓开颂等:《澳门史话》,社会科学文献出版社 2000 年版。

27 [清]王必昌纂:《重修台湾县志》卷三《建制・恤政》,乾隆十七年(1752)刊,上海书店 1999 年影印本。

28 ［清］李廷壁修:《彰化县志》卷二《规制志·养济》,道光十四年(1834)刊,上海书店1999年影印本。

29 ［清］范咸等:《重修台湾府志》,乾隆十二年(1747)刊本,台湾府志(三种)中册,中华书局1985年版,第1469－1470页。

30 连横:《台湾通史》下册,商务印书馆1983年版,第398页。

31 蔡麟祥修:《新修澎湖厅志》卷二《规制志·恤政》,光绪八年(1882)刊,上海书店1999年影印本。

32 ［清］李廷壁修:《彰化县志》卷二《规制志·养济》,道光十四年(1834)刊,上海书店1999年影印本。

33 连横:《台湾通史》下册,商务印书馆1983年版,第400－401页。

34 陈培桂等纂:《淡水厅志》卷四《赋役·恤政》,同治十年(1870)刊,上海书店1999年影印本;连横:《台湾通史》下册,商务印书馆1983年版,第399页。

35 连横:《台湾通史》下册,商务印书馆1983年版,第398页。

36 蔡麟祥修:《新修澎湖厅志》卷二《规制志·恤政》,光绪八年(1882)刊,上海书店1999年影印本。

37 连横:《台湾通史》下册,商务印书馆1983年版,第400页。

38 连横:《台湾通史》下册,商务印书馆1983年版,第398－399页。

39 曾逢辰等纂:《新竹县志初稿》,光绪二十三年(1897)刊印,上海书店1999年影印本。

40 李文海等编著:《近代中国灾荒纪年》,湖南教育出版社1990年版,第227－228页。

41 李文海等编著:《近代中国灾荒纪年》,湖南教育出版社1990年版,第423页。

42 李文海等编著:《近代中国灾荒纪年》,湖南教育出版社1990年版,第574页。

43 连横:《台湾通史》下册,商务印书馆1983年版,第387页。

44 连横:《台湾通史》下册,商务印书馆1983年版,第389－391页。

45 连横:《台湾通史》下册,商务印书馆1983年版,第391页。

46 连横:《台湾通史》下册,商务印书馆1983年版,第398页。

十五 论熊希龄的社会慈善观

熊希龄是民国时期施名中外的大慈善家。他曾在1913年出任北洋政府的内阁总理。因不满北洋军阀的专制独裁统治,于1916年脱离官场政治,嗣后即投身社会慈善事业:一方面在全国各地救灾办赈;一方面创办了著名的香山慈幼院,收养数以千计的无家可归的孤苦儿童。他为此作了二十年的奋斗,对贫穷的社会和苦难的人群极尽救治之责。关于熊氏办理慈善事业的具体事实经历,笔者另有专文论及。[1] 这里仅就支配他从事社会慈善事业的思想观念作一阐述和评论,向研究民国社会史的方家求教。

(一)慈善观的产生与形成

所谓慈善观,就是一种"救世观",一种"恩被于物"、"慈爱于人"、"老其老、慈其幼、长其孤"的拯救世道人心的观念。它是任何一位真正从事于社会慈善活动的慈善家都应具有的、并且受其支配的思想观念。

熊希龄产生和形成慈善救世的观念,完全是时代与历史条件所造成的结果。如所周知,熊希龄从1917年起即投身于社会慈善救济事业。不过,他最初投身社会慈善救济之时,并非事先就已经产生和形成了慈善救世观念。概言之,他那时主要还是因为官场上的失意,从而对于政治产生厌倦,会京畿一带发生水灾,政府与各方面请他出来主赈,他深感自己"出仕十余年来,从未直接为民做事,愧对吾民",因此从今以后,特别是这次救灾中,一定要"勉竭驽钝,以当此艰难,亦冀稍赎政治之罪戾"。[2] 在这里,熊希龄投身慈善的动机和目的既然主要是为了"赎罪"，虽然赎罪也是一种可贵的行动，在当时政治混浊的历史格局中，熊希龄能有如此"反躬自省"的抉择，相对于某些仍在政界角逐的"恋栈者"来说，尚不失为一种明智的进取！但是，这种动机与慈善救世观念的要求毕竟还有距离。因为慈善救世观念的主旨必须是"为人"与"无我"，其产生与形成应当是建立在"理性"化认识基础之上的一种高度的自觉与自动。而"赎罪"的心理动机一方面带有一点被动的成分；另一方面也包含某些追求自我心理平衡的因素。故此时以"赎罪"为目的来办慈善的熊希龄，尚处于从政界向慈善迈步的过渡阶段，其对于慈善的认识也还处在感性的层次。只有当他不再以"赎罪"为目的，而是从主观上完全认识到社会慈善事业的必要，并由此而确立为慈善事业奋斗终身的志愿和意向，我们才能说他从原有的感性层次升华到了理性认识的高度；也只有到了这个时候，才能意味着他的慈善救世观念的产生和形成。

熊希龄产生和形成慈善救世观念，具体说是在他投身于社会慈善事业之后的数年之内；而促使他产生和形成这样的观念，又主要取决于如下两方面的因素：

一是真正认识了贫民社会的疾苦。应该说，熊希龄对于贫民社会疾苦当是早就有所认识和了解的。他自幼生在贫穷落后的湘西山区；1916 年担任湘西宣慰使期间也办理过灾赈事宜。但是那些认识和了解，似乎都只局限于一隅之地，其程度和范围尚不足以使他感到震惊。直到 1917 年办理京畿一带水灾之时，情形就大不同了：洪水泛滥一万方里，田亩 25 万余顷被淹，受灾 103 县，乡民逾 600 万人。[3] 到处都是一派悲惨的景象。尤为可怜的是大批失去父母和家园的孤苦儿童，被孤零零地抛在世上。通过这些观感，熊希龄才真正有了心灵的震动，也才真正认识了贫民社会的疾苦。于是不辞辛劳地根治水患、赈济灾黎，并设立慈幼局，建立香山慈幼院，专门收养那些无家可归的儿童。1920 年 10 月，熊希龄在香山慈幼院的开院式上这样说："我自从办了水灾和这个慈幼院，我始知道贫民的社会是很可怜的。"[4] 1932 年 1 月 20 日，他在上海中华慈幼协会作的一次演讲中，又一次这样说："希龄服务社会，有十五六年了。从前过的是政界生活，和老百姓隔膜太远，就不知道怎么叫作民间疾苦。自从民国五六年办理一回水灾，亲自下去查勘，这才知道农村生活的状况，和我们政治界从前的错误与罪恶，就把政治看得淡了,毅然决然把它搁开,实力为社会服务。”[5] 熊希龄的这两段话,真实地表白了他认识贫民社会疾苦之后思想变化的全过程。而其中尤属可贵的是他能够将人民的疾苦与政界的罪恶联系起来,让我们感觉到:京畿一带发生水灾,固然是因为永定、大清、子牙、南运、北运五条大河同时决口漫溢;[6] 而五大河之所以决口为患,难道不是因为政府当局长期没有采取任何根治措施所造成的结果吗?1929 年 3 月,熊希龄追述该次水灾发生的原因时说:“河北区域为永定、大清、子牙、南运、北运五大河流所汇合,仅恃一线海河为尾闾。自前清二百余年,屡遭泛监,人民生命财产,损失不知其数,迄未有根本解决之治法。降至光、宣末季,朝政腐败,吏治衰颓,河堤日窳,河道日淤,于是酿成民国六年八月之洪水大灾。”[7] 这里虽然主要指责的是前清政治的不修;然而民国政府成立之后的六年之内,又何曾重视过河防建设呢?故熊希龄追念及此,把人民的疾苦归咎为政治的错误与罪恶,实乃针砭之见。正是因为有了这样深刻的认识,熊希龄才能够真正地把政治看淡和搁开;也才能够真正激发出自己对于贫民社会的同情,并竭尽全力来为之服务。所有这些,是促使熊希龄产生和形成慈善救世观念的第一个动因。

二是对于民国政治的极度痛恶。前清政治的不修,使得人民遭受疾苦,这是封建专制社会种下的恶果,对此熊希龄有过多次指谪。本以为进入共和之后,人民的境遇能够得到改善,生活趋向安谧。可是结果恰恰相反。人民在民国时期所遭受的苦难,较之封建的前清时代不仅没有稍减,反而更形增多和加重,这是熊希龄深感痛心的一件事!

民国以来使人们遭受苦难最深最重的,除了不可抗拒的自然灾害,就是人为的兵灾!如果说自然灾害尚可以以“不可抗拒”来求得人们心理上的谅解;而人为的兵灾却是无论如何也难以令人接受的祸害。然而这种祸害,自民国成立以来,几乎从未间断。已经被各种水旱灾荒折磨得痛苦不堪的中国人民,又被“人为地”推向死亡的边缘。故熊希龄认为军阀制度是祸害中国的元凶!

虽然自“二次革命”以来,熊希龄曾经多次地为国内的和平恢复作过种种努力;护国、护法期间,他苦口婆心地调停战事。1918 年 10 月,他曾倡首发起了“南北和平期成会”,呼呼南北止戈息兵,实现统一。[8] 甚至到了 1925 年 3 月,为了从根本上清除军阀制度,他还提出了《废督裁兵案》。[9] 可是他的努力一次又一次地失败，希望一次又一次地幻灭。特别是到了1925年10月，时正值湘、蜀、滇、黔、鄂、赣、皖、秦、燕、齐十省区特大水旱各灾发生之时，可是江浙偏偏又起兵事。熊希龄闻知此讯，不竟万分气极。他立即通电全国，指责说："水旱为患，灾区极广，湘、蜀、滇、黔，赤地千里，道馑相望，至有食人之惨……现在力筹赈抚，尚恐不及，乃忽见报载，江浙又将开衅，万一兵连祸结，非仅当地居民受其害累；即此十一省区千百万众奄奄待毙、岌岌待救之灾民，亦必因无人赈济，同归于尽。是此次战端，直接杀战地之民；并间接以杀灾区之民！论人道主义，固所不容；律以佛教果报，亦岂能免！"[10]他要求全国各省的"邦人君子"，"务望同声规劝，弥兵息战，以杀人之费，移作救人之资"。[11]可是他的劝诫，终属无济于事。"各方骚动，有加无已；兵连祸结，终不免焉"！[12]他只能在"衰我孑遗，实所心痛"的感叹声中，遭受着又一次更为沉重的刺激和打击！然而也正是因为有了这一次的打击，才终于使他对于民国的政治感到绝望了，并且由绝望转为痛恶。自此以后，他对于民国政治和军阀制度的抨击，可以说到达了极点。1925年11月，他这样指责军阀说："民国以来，争城夺地，靡有宁时？甲仆乙起，丙反丁覆，尔诈我虞，彼离此合，昔属密友，今属深仇，朝为座客，夕为阶囚，民信不立，人格何存？七国之纵横，六朝之篡夺，五代之暴乱，皆由此而斩国脉，丧民德，为千秋万世所耻痛。长此不悟，上愈无道，民愈无耻，是率天下之人而尽同于禽兽也！"[13]

由于对于军阀制度的痛恶，他甚至认为民国的政治还远远不如前清的专制。他这样比较并加指责说："专制时代，遇有天灾，其君主有减膳撤乐之典，以表示恤民之意。民国以来，迭遇凶荒，历任元首，熟视无睹，演戏宴客，变而加厉，并专制时代之不若，诚不知其是何心肝也。"[14]又说："吾国历史，自天子以至庶人，无不以尊师重道为根本，故古人有曰：能自得师者王。又曰：友直、友谅、友多。闻前清时封疆大吏，延聘幕府，位之宾师，礼貌隆重，尚有占之遗风。降及末叶，改为文案，加以委札，遂失真意。民国成立以来，愈趋愈下，竟视幕僚如马弁，上则颐指气使，下则阿谀苟容，友且不及，遑论为师！此说言之所以不闻，骄横之所以致败也。"[15]

总之，在熊希龄的眼里，专横的军阀制度使得民国的政治已经堕败到了积重难返和无可药救的地步！熊希龄当然无法改变这一现实，他除了对之表示痛恶之外，只能以极度的同情之心，尽最大的努力，去施救在这个罪恶的时代被祸害得难以生存的苦难人们。所有这些,可以说是促使他产生和形成慈善救世观念的第二动因。

(二)慈善观的内容与特征

熊希龄的慈善观包含有三个方面的内容与特征:

一是重视宗教,以宗教作为改造世道人心的工具。熊希龄始终认为宗教对于国家、社会和人民有着重大的关系和作用。早在民国初年,他对于宗教就发表了颇深的见解。例如1914年4月13日,他上袁世凯的一份呈文就这样指出:"共和成立,各省秩序未尽恢复,争夺相乘,毫无人道。其故由于旧日社会腐败,道德堕落,教育未普,风俗因之日颓。今欲匡其不及,惟须由宗教着手,乃足以济教育之穷。"[16]鉴于当时国内某些"维新学子"大兴毁庙之风,他即要求袁世凯"按照约法信教自由",对宗教"力加保护",以便"敦进民德,以固共和基础"[17]。及至他投身社会慈善之后,更多次呼吁保护宗教,以发扬中国的固有文化,对于社会人心实行改造。可是民国以来的历任元首,对他的建议几都置若罔闻,以致于全国各地的毁教毁庙之举,仍无时无之。特别是1925年以来,"各省青年反对宗教风起云涌,不可遏止,……各省学校,有反耶教之同盟;天津报纸,有诋国教之争论;南北各县,有毁孔、佛各庙之暴动。乡民无知,出而抵抗,酿成巨案,载见各报者,络绎不绝"。熊希龄说,此"诚社会之秩序不安,人心不靖,最后隐虑也"。[18]他认为民国以来的政治之所以日趋堕败;世道人心之所以日趋悖乱,终致于造成一个"罪恶"的时代和"寡廉鲜耻"的社会,最重要的一个原因,就是忽视了宗教!1929年,熊希龄致函新任国民政府主席的蒋介石,希望他能"谋社会人心之安定",不要像历任元首那样视宗教于不顾。他说:"吾国立国最古,文化最先。五千年来养成良善风俗者,莫不由于儒、释、道之学说所熏陶。虽其缺点流于贫弱,然就全国质之良善以与欧美各国相比较,究以吾国为优。"[19]接着他具体论证了宗教对于国家、社会、人生三者有着极为重要的关系:

所谓与国家的关系,主要表现为宗教可以"保全领土"。他说中国东北、西北、西南多为蒙、藏、回、番四族居住之区。而此四族皆系信仰宗教之民族。他们分布的地区既宽且广,“信仰极深,实于我五族领土有密切关系”。[20]前清时代,为制驭这些地区,首以宗教为重。故这些地区三百年来未有分裂现象。历史进入近代,中国积弱,列强侵凌。日、俄、英、美等国觊觎中国边境。为了达其目的,他们也居然表现出对于中国宗教的某种“热忱”。如俄设佛学研究院;英、美也各设佛学、哲学会等等。熊希龄说别的国家尚且“重视”中国宗教,而中国自己“反从而轻视之,以失其固有人心,固有文化,洵为吾人所不可解者也”。[21]由于失去了对于宗教的重视和保护,其结果定会伤害宗教民族的感情,使之误认为国家将灭宗教,转而为强邻所诱惑,这对于国家的安危,领土的完整与分割,实有重大关系。

所谓与社会的关系,主要表现为宗教可以作为法律道德之外的一项补充。熊希龄说,中国政治尚未均平,法律尚未严密,教育尚未普及。当此之时,社会上主要还靠数千年流传下来的宗教发挥作用。例如国民当中虽然大多数人未受过教育,识字者百人当中不过一二十,然而几乎人人都有自己的“社会教育”。而这种社会教育又多源于儒、佛两宗,“无论穷乡僻壤,愚夫村妇,莫不知教育其子女以忠孝节义为本”。[22]莫不以“因果报应”视为畏惧。这说明宗教观念早已深入人心。倘若视此不顾,任意摧毁宗教,“樊篱尽撤,使愚民不以果报为畏惧,而群趋于残忍劫杀之一途,则民德日漓,国不可为矣”。[23]而且即算是政治均平了,法律严密了,教育普及了,熊希龄认为宗教的作用也不可缺少。因为但凡治国之道,欲收完全效果,当是法律、道德、宗教三者相辅而行,不可偏废。“道德者,导人明理而不能强人必行;法律者,强人必行而不能使人诚服;宗教者,使人诚服而又可使人敬畏,出于良心之自然也”。[24]这说明宗教的作用乃为法律、道德所不可替代,实为社会之中不可缺少之物。

所谓与人生的关系,主要表现为宗教还有对人感化调节的功能。熊希龄说,中国的宗教往往都在战争之时发展。盖因战时政治黑暗,兵匪纵横,无法无道,人人自危。于是智者厌世,愚都祈天,群趋于宗教,以为其身心之所恃。迨至大乱既定,失业者因生计之困而不平,得志者因权利之欲而无厌。人心不定,社会不安,于是开国元勋亦复因势利导,尊崇宗教,以为息事宁人之策。此外,通观一部古今中国历史,但凡军人皈依佛教,投戈为僧者,实繁有徒。虽然军人为僧,多为忏悔自己杀人的过去,但此举对于国家社会消弭战乱之源却未尝无益。加之社会上还有许多孤寡残废,断手缺足的军人,即使政府能一一收养,给予衣食,然终不能宽其忧郁之心,平其怨愤之气。只有宗教才可以感化和解慰他们,使之"乐其余年,生其希望,以补政治之所不及也!否则强者为匪,弱者自杀,……,又岂法律、道德所能为力乎"?[25]总之,熊希龄认为宗教有着绝对不可轻估的作用。基于这种认识,他一方面向政府建议,一方面也向社会各界宣传。并与有关人士创设"三圣堂",中间陈列孔子的画像,左边是释迦牟尼,右边是耶稣,以示对于中西各教的一体尊崇。特别是他的慈善救世理论,也是依循宗教——主要是儒、佛、耶三教的释义加以阐发的。可见,对于宗教的重视,构成熊希龄慈善观的第一项内容。他的慈善观的存在,是以宗教作为赖以依存的理论基础或思想条件的。

二是重人道、轻名利、尽义务,以此三者作为办理社会慈善的精神和原则。熊希龄认为,慈善家最起码的要求,必须具有"人道主义"的精神。他阐发儒、佛、耶三教的要义说:"孔教言仁,又曰博施济众;耶教言博爱,又曰爱人如己;佛教言慈,又曰普度众生。"总之"无论为何教何学,无不以人道为重,则救护同胞,实为吾人之天职"。[26]

为了能够真正发扬"重人道"的精神,熊希龄提出必须遵守"轻名利"的原则。所谓轻名利,就是要求在办理慈善事业的过程中,不得夹有任何浮名私利之心,进退得失之念。1920 年他在一次演说中这样指出:"大禹之己饥己溺,即以救人为一己之责任,而负此责任者,必须有悲悯之宗教心,纯良之天良心,方可以对越上帝,不可杂有丝毫名利之私念,政治竞争之意见,使数千百万灾黎间接受累,饿毙于迟误之中,则其罪更厉于直接之杀人犯也。"[27]又说:"若办赈有所侵蚀,是直向千万垂毙之民夺之食而速其死,即使幸逃法网,天理必不能容,此言洵可为办赈者当头一棒也。"[28]总之,他认为轻名利必须是出自"良心上之主动,即孟子所谓恻隐之心,见孺子之人并非有要誉于乡党及见好于孺子父母之意也"。[29]

然而怎样才能做到轻名利呢?他又提出一条"尽义务"的原则,即凡是办理社会慈善事业之人,都不能向官方和民间索取报酬,以此来表白对慈善事业的真诚。1928 年,当顺直水利委员会即将裁撤之际(熊任该会会长),会员多来索取酬金,熊希龄便以这条原则进行勉励。其中致秘书、工程两处的一封信中这样说:“本会十年以来,承诸公热诚相助,理应有所酬答。但弟有一感想,本会虽有政府援助,实则为一社会事业。弟个人意志并视为慈善事业,故对于会长薪水亦与会员一律每月收用三百元,以为交际、旅行车马等费,概不另行照领者,亦以表明此种事业之同于慈善性质也。中国数千年圣贤遗训,专重于道德精神之教育,有时所尽义务,不独不讲物质上之权利,并且超于道德之上者,此为欧美各国所未有也!现在世界潮流,重物质而轻精神,实为国家社会大乱之源,吾人虽非当局,然能于此项权利竞争之际,表示一种轻利精神,未始不足以警戒青年,俾知吾人气节人格之所在。”[30]

熊希龄当然不是专以上述原则要求别人,实际上他始终“言传身教”,一切先从自己做起。在“利”字上,他南北赈灾,办理香山慈幼院,历20余年,不仅从未支领过任何薪水;而且在1932年10月,他还把自己的全部家产和积蓄,计动产与不动产共折合大洋27万5千2百余元、白银6万2千两,概行捐献出来,设立“熊朱义助儿童幸福基金社”,在北京、天津、湖南三地,次第举办儿童公益事业。在“名”字上亦同样的淡泊:1918年10月19日,大总统黎元洪以他办理顺直水灾有功,特颁给“一等大绶宝光嘉禾章”,他辞了;1919年徐世昌任大总统时,为奖励他救灾办赈,又特授给他“勋三位”,他也辞了;到1922年11月6日,黎元洪复任大总统时,再次授他“勋三位”,他还是辞了。他在先后的辞呈以及对外界的谈话中有这样的话:“希龄久离政地,……本毋意而热心慈善,只申养志之怀。”[31]“自民国二年下野,矢以此志致力社会,发展实业,改良教育,尽心于慈善,以尽吾天职。一切好爵浮名,非敢所知”。[32]又说:“虽于六年办理京畿工赈,亦属社会义务。事后曾蒙历任元首授予一等大授宝光章及勋三位等奖,业经固辞不受,案籍可稽。以义始不以利终,聊表迂生之见;让于前而受于后,适贻无本之识。”[33]如上就是熊希龄对待“名”与“利”的态度!

总之,重人道的精神与轻名利、尽义务的原则,是熊希龄慈善观当中的核心建构。

三是重视教育,以教育作为慈善事业的主要面向。熊希龄的慈善事业包括慈善救济与慈善教育两大方面,但办理的过程中他将二者进行比较,认为慈善救济主要是救人之“身”;慈善教育则是救人之“心”,因此他更重视后者。因为在他看来,在国家腐败、政治堕落、军阀专横的社会条件下,人的

“身”是救不胜救的。而欲真正使人身得救,就必须先医治这个社会;而欲医治这个社会,就必须先医治人心。而欲医治人心,又莫过于先从幼童下手。1932年1月20日,他在一次演说中说:“人民是国家的根本,小孩子是人民的基础,况且已经长成了人的,好坏都是定规了,没有法子再来改进。惟有小孩于是没有凿开的一个大璞,没有污染的一张白纸,只要下些功夫,把他教训好,个个都为健全国民,这是多么要紧的问题呢?所以我就从这个地方下手。”[34]基于上述认识,他在办理慈善事业若干年后,就将范围侧重于专以教育——而主要又是慈幼教育,当作自己的主要面向。

不过,需要指出的是,熊希龄的转向侧重于慈幼教育,也还有他的另外一层苦衷,那就是他在办理慈善事业的过程中,常遇到一些不顺心的事情。1922年,他写下这样一段话:

“我在世上什么事都经验过了。我觉得总是悲观的。政治的罪恶,是不消说了,就是实业呢,我也曾入了股。我觉得经理人都不是拿良心对着股东的,所以我也灰心了。就是社会呢,我办了几年赈,我觉得真是用良心做事的少,甚至有几个殷实的绅士,也是不干净。我在北京修了几道工赈的马路,约有三百多里,有一处系与外国慈善家合办的,修好了交与地方官去接管,那天津的报纸,忽然谓我卖路与外人,你想社会事还能办吗?所以我很悲观,我只缩小范围,办我的慈幼院,他们孩子都是真心的爱我,把我当他们的父母,我却把他们当我的儿女,成立我们这个大家庭,这便是我的终身志愿了!”[35]

不过,话虽是这样说,实际上熊希龄终其一生,仍是一面办香山慈幼院,一面兼办社会上的各种慈善救济事业的。

综上所述,熊希龄的慈善救世观由重视宗教;重人道、轻名利、尽义务;重视教育三个方面的内容组成。这三者之间的关系是:以重视宗教作为前提和条件;以重人道、重义轻利作为精神和原则;以重视教育作为主要面向,三个方面的内容相互作用和联系,自成体系,使之在当时的中国慈善界颇具特色。

（三）慈善观的评价

熊希龄的慈善观是在他办理社会慈善事业的过程中产生和形成的，而产生和形成其慈善观的动因又主要来自于对于贫民社会的同情和对于军阀政治的痛恶，因此，它的现实性是十分强烈的，其进步作用应予充分肯定。

熊希龄的慈善观所包含的三个方面的内容，作为当时历史条件下一种办理社会慈善事业的观念意识及其理论指导，应当说是较为完善的。例如对于宗教的认识，就体现了他看问题的客观与独到。因为宗教本身就是一种文化。任何文化都有它的优秀之处，绝对不可以全盘否定。熊希龄站在保存固有文化的立场上，提倡应当发扬国家的传统文明，并且也包括汲取西方耶稣文化中的合理成分，以此来为社会现实服务。同时他从宗教文化当中所阐发出来的许多救世论说，也能言之成理，于国家、社会和人们，并非无所裨益。这种正确对待传统文化的态度，应当说是可取的。在如何办理社会慈善事业的看法上，他提出应当发扬重人道的精神和遵循轻名利的原则，而尤以尽义务作为根除名利思想的具体措施，可说很是切合实际，这不仅表现出熊希龄处理问题的精明强干，也体现了他对于慈善事业的真诚无私。此外，在当时国内教育尚未普及，孤贫儿童失去正当教育的历史状态下，他能以重视教育作为自己办理慈善事业的主要面向，也反映他试图改变现状和补救社会的积极态度。所有这些，无疑有着很大程度的合理与适时的一面。

然而，熊希龄的慈善观也存在着严重的缺陷。

缺陷之一，在于它只仅仅依附于宗教。宗教作为一种传统文化，固然有它优良的成分，但同样也有许多糟粕。其中最为突出的就是它对于人们意志的消磨作用。如果对它的作用过分夸大，其对于社会和人们的消极影响也无疑会随之增多。然而熊希龄对于宗教的作用显然是夸大了的。他把宗教作为改造世道人心的重要工具，希望在宗教的作用下，国家领土能够完整，民族能够团结，社会能够安定，人心能够统一。这种愿望固属良好，但是从另一角度来说，当时的中国社会正处在军阀制度的黑暗统治之下，熊希龄希望人们在这个制度下为宗教意识所束缚,乐天知命,安于现状。倘若果真如此,这不正好延长了这个黑暗社会的寿命吗?所以在这里我们看到了熊希龄的主观愿望与客观行动的相互脱离。他主观痛恶这个万恶的时代,客观上又不自觉地充当了这个社会现状的极力维护者!

缺陷之二,在于它消极避世的改良色彩太浓。要救世,当然只能面对现实。熊希龄的慈善救世观念本来就是社会现实的产物,按理说熊希龄既然认识了民国政治的腐败和军阀统治的黑暗,就应当为推翻这个社会制度作些努力才是。但是他无法作到这一点,始终脱离不了"改良"的圈子,所以对于现实的不满,不能向前看,却只能往后看,产生了回归的心理,与一批在历史上曾经都是叱咤风云的人物如梁启超、严复等人一样,在思想上都退回到了昔日曾经被他们批判过的封建时代,对于传统文化产生了过多的留恋,以致于被传统的东西完全缚住而不能自拔。实际上这也是一种消极避世的表现。人们说这批人在思想上落伍了,并非没有道理。当然熊希龄与梁启超、严复等人又有不同,这就是他在"避世"的同时又要"救世",可是要救世却又不能找到真正有效的救世的思想武器,于是在极度苦闷心情的支配下,只能依附于宗教,所以其救世的客观效果也只能对于破烂不堪的社会现状作些小小的修补,并不能真正达到救世的目的。这可以说是熊希龄思想上的矛盾之处,也是其历史的局限所在。

(刊台湾《两岸文化交流》,台湾中华会 1995 年 5 月出版)

注　　释

1 参见拙著《熊希龄的救灾办赈活动》,《湖南文史资料》1988 年总第 30 辑;《熊希龄与慈善教育事业》,湖南教育出版社 1994 年 4 月版。

2 熊希龄:《致赵凤昌函》,《近代史料书札》,藏北京图书馆。

3 熊希龄:《香山慈幼院发展史》,香山慈幼院 1927 年自刊本,第 1 页。

4 熊希龄:《香山慈幼院创办史》,香山慈幼院 1927 年自刊本,第 33 页。

5 上海《申报》1932 年 1 月 24 日。

6 熊希龄:《京畿河工善后纪实》卷一,1928 年刊本。

7 熊希龄:《京畿河工善后纪实序》。

8 参见拙著《熊希龄与联邦制》,《西南军阀史研究丛刊》第 5 辑,广东人民出版社 1986 年版,第

44－63页。

9　熊希龄:《提议废督裁兵案》,藏南京中国第二历史档案馆。

10　熊希龄:《为江浙事起呼吁息兵致全国通电》,手迹件,藏南京二档。

11　熊希龄:《为江浙事起呼吁息兵致全国通电》,手迹件,藏南京二档。

12　熊希龄:《为江浙事起呼吁息兵致全国通电》,手迹件,藏南京二档。

13　熊希龄:《分赠〈考察山西政绩纪要〉附函》,石印件,藏北京中国社科院近代史研究所图书馆。

14　熊希龄:《致赵恒惕书》铅印件,藏南京二檔。

15　熊希龄:《分赠〈考察山西政绩纪要〉附函》,石印件,藏北京中国社科院近代史研究所图书馆。

16　林增平、周秋光编:《熊希龄集》上册,湖南人民出版社1985年版,第762页。

17　林增平、周秋光编:《熊希龄集》上册,湖南人民出版社1985年版,第762页。

18　熊希龄:《致国民政府蒋主席函》,铅印件,藏南京二档。

19　熊希龄:《致国民政府蒋主席函》,铅印件,藏南京二档。

20　熊希龄:《设立中华佛教总会呈文》,手迹件,藏北京市档案馆。

21　熊希龄:《致国民政府蒋主席函》,铅印件,藏南京二档。

22　熊希龄:《致国民政府蒋主席函》,铅印件,藏南京二档。

23　熊希龄:《设立中华佛教总会呈文》,手迹件,藏北京市档案馆。

24　熊希龄:《致国民政府蒋主席函》,铅印件,藏南京二档。

25　熊希龄:《致国民政府蒋主席函》,铅印件,藏南京二档。

26、27、28、29　熊希龄:《在燕京大学的演说词》(1920年10月12日)。

30　熊希龄:《致顺直水利委员会秘书、工程两处函》。

31　熊希龄:《恳辞勋章请准移奖呈徐世昌文》,《政府公报》1918年11月14日。

32　《熊凤凰最近之谈话》,长沙《大公报》1922年2月17日。

33　熊希龄:《辞晋授勋二位呈黎元洪文》(1922年11月)。

34　《熊秉三演讲慈幼事业》,上海《申报》1932年1月24日。

35　熊希龄:《香山慈幼院创办史》,香山慈幼院1927年自刊本,第37页。

十六 熊希龄的慈善教育思想

熊希龄在办理香山慈幼院的过程中，形成了一种慈善教育思想。所谓慈善教育思想，就是慈善观与教育观相结合的思想。

（一）熊希龄的慈善观

熊希龄的慈善观包含有三个方面的内容与特征：

一是重视宗教，以宗教作为改造世道人心的工具。熊希龄始终认为宗教对于国家、社会和人民有着重大的关系和作用。早在民国初年，他对于宗教就有着颇深的认识。例如1914年4月13日他上袁世凯的一份呈文就这样指出："共和成立，各省秩序未尽恢复，争夺相乘，毫无人道。其故由于旧日社会腐败，道德堕落，教育未普及，风俗因之日颓。今欲匡其不及，惟须由宗教着手，乃足以济教育之穷。"鉴于当时国内某些"维新学子"大兴毁庙之风，他即要求袁世凯"按照约法信教自由"，对宗教"力加保护"，以便"敦进民德，以固共和基础"。[1] 及至他投身社会慈善之后，更多次呼吁保护宗教，以发扬中国的固有文化，对于社会人心实行改造。可是民国以来的历任元首，对他的建议几乎都是置若罔闻，以致于全国各地的毁教毁庙之举，仍无时无之。特别是1925年以来，"各省青年反对宗教风起云涌，不可遏止，……各省学校，有反耶教之同盟；天津报纸，有诋国教之争论；南北各县，有毁孔、佛各庙之暴动。乡民无知，出而抵抗，酿成巨案，载见各报者，络绎不绝"。熊希龄说此"诚社会之秩序不安，人心不靖，最后隐虑也"。[2] 他认为民国以来的政治之所以日趋堕败；世道人心之所以日趋悖乱，终致于造成一个“罪恶”的时代和“寡廉鲜耻”的社会，最重要的一个原因，就是忽视了宗教！

1929年，熊希龄致函新任国民政府主席的蒋介石，希望他能“谋社会人心之安定”，不要像历任元首那样视宗教于不顾。他说：“吾国立国最古，文化最先，五千年来养成良善风俗者，莫不由于儒、释、道之学说所薰陶。虽其缺点流于贫弱，然就全国质之良善以与欧美各国相比较，究以吾国为优。”[3]接着他具体论证了宗教对于国家、社会、人生三者有着极为重要的关系。

所谓与国家的关系，主要表现为宗教可以“保全领土”。他说中国东北、西北、西南多为蒙、藏、回、番四族居住之区，而此四族皆系信仰宗教民族。他们分布的地区既宽且广，“信仰极深，实于我五族领土有密切关系”。[4]前清时代，为制驭这些地区、民族，特重宗教，故这些地区三百年来未有分裂现象。历史进入近代，中国积弱，列强侵凌。日、俄、英、美等国觊觎中国边境，为了达其目的，他们也居然表现出某种宗教的“热忱”。如俄设佛学研究院；英、美也各设佛学、哲学会等等。熊希龄说别的国家尚且“重视”中国的宗教，而中国自己“反从而轻视之，以失其固有人心，固有文化，洵为吾人所不可解者也”。[5]由于失去了对于宗教的重视和保护，其结果定会伤害宗教民族的感情，使之误认为国家将灭宗教，转而为强邻所诱惑，这对于国家的安危，领土的完整与分割，难道不是关系重大吗?!

所谓与社会的关系，主要表现为宗教可以作为法律、道德之外的一项补充。熊希龄说，中国政治尚未均平，法律尚未严密，教育尚未普及。当此之时，社会上主要还靠数千年流传下来的宗教发挥作用。例如国民当中虽然大多数人未受过教育，识字者百人当中不过一二十人，然而几乎人人都有自己的“社会教育”。而这种社会教育又多源于儒、佛两宗。“无论穷乡僻壤，愚夫村妇，莫不知教育其子女以忠孝节义为本”。[6]莫不以“因果报应”视为畏惧。这说明宗教观念早已深入人心。倘若视此不顾，任意摧毁宗教，“樊篱尽撤，使愚民不以果报为畏惧，而群趋于残忍劫杀之一途，则民德日漓，国不可为矣”。[7]而且即算是政治均平了，法律严密了，教育普及了，熊希龄认为宗教的作用也不可缺少。因为但凡治国之道，欲收完全效果，当是法律、道德、宗教三者相辅而行，不可偏废。“道德者，导人明理而不能强人必行；法律者，强人必行而不能使人诚服；宗教者，使人诚服而又可使人敬畏，出于良心之自然也”。[8] 这说明宗教的作用乃为法律、道德所不可替代，实为社会中不可缺少之物。

所谓与人生的关系，主要表现为宗教还有对人感化调节的功能。熊希龄说，中国的宗教往往都在战争之时发展，盖因战时政治黑暗，兵匪纵横，无法无道，人人自危。于是智者厌世，愚者祈天，群趋于宗教，以为其身心之所恃。迨至大乱既定，失业者因生计之困而不平，得志者因权利之欲而无厌。人心不定，社会不安，于是开国元勋亦复因势利导，尊崇宗教，以为息事宁人之策。此外，通观一部古今中国历史，但凡军人皈依佛教，投戈为僧者，实繁有徒。虽然军人为僧，多为忏悔自己杀人的过去，但此举对于国家社会消弭战乱之源却未尝无益。加之社会上还有许多孤寡残废、断手缺足的军人，即使政府能为一一收养，给予衣食，终不能宽其忧郁之心，平其怨愤之气。只有宗教才可以感化和解慰他们，使之“乐其余年，生其希望，以补政治之所不及也！否则强者为匪，弱者自杀，……，又岂法律、道德所能为力乎”？[9]

总之，熊希龄认为宗教有着绝对不可轻估的作用。基于这种认识，他一方面向政府提议，一方面也向社会各界宣传。并与有关人士创设宗教研究团体，开展一系列重视保护的活动。同时在他创办的香山慈幼院里，他还建了一个“三圣堂”，中间陈列孔子的画像，左边是释迦牟尼，右边是耶稣，以示对于中西各教一体尊崇。特别是他的慈善救世理论，也是依循宗教——主要是儒、佛、耶三教的释义加以阐发的。可见，对于宗教的重视，构成熊希龄慈善观念的第一项内容。他的慈善观是以宗教作为理论基础或思想条件的。

二是重人道、轻名利、尽义务，以此三者作为办理社会慈善的精神和原则。熊希龄认为，慈善家最起码的要求，必须具有“人道主义”的精神和原则。他阐发儒、佛、耶三教的要义说：“孔教言仁，又曰博施济众；耶教言博爱，又曰爱人如己；佛教言慈悲，又曰普度众生。”总之，“无论为何教何学，无不以人道为重，则救护同胞，实为吾人之天职”。[10]

为了能够真正发扬“重人道”的精神，熊希龄提出必须遵守“轻名利”的原则。所谓轻名利，就是要求在办理慈善事业的过程中，不得夹有任何浮名私利之心，进退得失之念。1920 年他在一次演说中这样指出：“大禹之己饥己溺，即以救人为一己之责任，而负此责任者，必须有悲悯之宗教心，纯良之天良心,方可以对越上帝。不可杂有丝毫名利之私念,政治竞争之意见,使数千百万灾黎间接受累,饿毙于迟误之中,则其罪更厉于直接杀人犯也。”[11]又说:“若办赈有所侵蚀,是直向千万垂毙之民夺之食而速其死,即使幸逃法网,天理必不能容,此言洵可为办赈者当头一棒也。”[12]总之,他认为轻名利必须是出自“良心上之主动,即孟子所谓恻隐之心,见孺子之入井非有要誉于乡党及见好于孺子父母之意也”。[13]

然而怎样才能做到轻名利呢?他又提出一条“尽义务”的原则,即凡是办理社会慈善事业之人,都不能向官方和民间索取报酬,以此来表白对于慈善事业的真诚。1928 年,当顺直水利委员会即将裁撤之际(熊任该会会长),会员多来索取酬金,熊希龄便以这条原则进行劝勉。其中致秘书、工程两处的一封信这样说:“本会十年以来,承诸公热诚相助,理应有所酬答。但弟有一感想,本会虽有政府援助,实则为一社会事业。弟个人意志并视为慈善事业,故对于会长薪水亦与会员一律每月收用三百元,以为交际、旅行车马等费,概不另行照领者,亦以表明此种事业之同于慈善性质也。中国数千年圣贤遗训,专重于道德精神之教育,有时所尽义务,不独不讲物质上之权利,并且超于道德之上者,此为欧美各国所未有也!现在世界潮流,重物质而轻精神,实为国家社会大乱之源。吾人虽非当局,然能于此项权利竞争之际,表示一种轻利精神,未始不足以警戒青年,俾知吾人气节人格之所在。”[14]

熊希龄当然不是专以上述原则要求别人,实际上他始终“言传身教”,一切先从自己做起。在“利”字上,他南北赈灾,办理香山慈幼院,历二十余年,不仅从未支领过任何薪水,而且在 1932 年他还把自己的全部积蓄和财产,都捐给了慈幼事业。在“名”字上亦同样的淡泊。1918 年 10 月 19 日,大总统黎元洪以他办理顺直水灾有功,特颁给“一等大绶宝光嘉禾章”,他辞了;1919 年徐世昌任大总统时,为奖励他救灾办赈,又特授给他“勋三位”,他也辞了;到 1922 年 11 月 6 日,黎元洪复任大总统时,再次授他“勋三位”,他还是辞了。他在先后的辞呈以及对外界的谈话中有这样的话:“希龄久离政地,……本毋意而热心慈善,只申养志之怀。”[15]“自民国二年下野,矢以此志致力社会,发展实业,改良教育,尽心于慈善,以尽吾之天职,一切好爵浮名,非敢所知”。[16]又说:“虽于六年办理京畿工赈,亦属社会义务。事后曾蒙历任元首授予一等大绶宝光章及勋三位等奖,业经固辞不受,案藉可稽。以义始不以利终，聊表迂生之见；让于前而受于后，适贻无本之识。”[17]这就是熊希龄对待“名”与“利”的态度！

总之，重人道的精神与轻名利、尽义务的原则，是熊希龄慈善观念当中的核心建构。

三是重视教育，以教育作为慈善事业的主要面向。熊希龄的慈善事业包括慈善救济与慈善教育两大方面。但办理的过程中，他将二者进行比较，认为慈善救济主要是救人之“身”；慈善教育则是救人之“心”，因此他更重视后者。因为在他看来，在国家腐败、政治堕落、军阀统治的社会条件下，人的“身”是救不胜救的。而欲真正使人身得救，就必须先医治这个社会；而欲医治这个社会，就必须先医治人心，而欲医治人心，又莫过于先从幼童下手。1932年1月20日，他在一次演说中这样说：“人民是国家的根本，小孩子是人民的基础，况且已经长成了人的，好坏都是定规了，没有法子再来改进，惟有小孩子是没有凿开的一个大璞，没有污染的一张白纸，只要下些功夫，把他教训好，个个都为健全国民，这是多么紧要的问题呢？所以我从这个地方下手。”[18]基于上述认识，他在办理慈善事业若干年后，就将范围侧重于专以教育——而主要又是慈幼教育，作为自己的主要面向。

不过，熊希龄的转向于侧重慈幼教育，也还有他另外一层苦衷，那就是他在办理慈善事业的过程中，常遇到一些不顺心的事情。1922年，他写下了这样一段话：

“我在世上什么事都经验过了，我觉得总是悲观的。政治的罪恶，是不消说了，就是实业呢？我也曾入了股，我觉得经理人都不是拿良心对着股东的，所以我也灰心了。就是社会呢？我办了几年赈，我觉得真是用良心做事的少，甚至有几个殷实的绅士，也要不干净。我在北京修了几道工赈的马路，约有三百多里，有一处系与外国慈善家合办的，修好了交与地方官去接管，那天津的报纸，忽然谓我卖路与外人，你想社会事还能办吗？所以我很悲观，我只缩小范围，办我的慈幼院，他们孩子都是真心的爱我，把我当他的父母，我却把他们当我的儿女，成立我们这个大家庭，这便是我的终身志愿了！”[19]

不过，话虽是这样说，实际上熊希龄终其一生，仍是一面办香山慈幼院，一面兼办社会上的各种慈善救济事业的。

综上所述,熊希龄的慈善观系由重视宗教;重人道、轻名利、尽义务;重视教育三个方面的内容组成。这三者之间的关系是:以重视宗教作为前提和条件;以重人道、重义轻利作为精神和原则;以重视教育作为主要面向。三个方面的内容相互作用和联系,自成体系,在当时的中国慈善界独具特色。

(二)熊希龄的慈善教育思想

熊希龄的慈善教育思想是其教育思想阶段性发展的产物。综计熊希龄的教育思想前后经历了五个发展阶段,每个阶段都有着特定的目标及其内容,并体现出时代的特征。

1897年以前为第一阶段。此期间熊希龄头脑里所产生的是一种书院改革的教育思想,其目标在于改革旧式书院的“举业”教育模式,根除“重时文”、“轻经史”的虚浮积习,以提倡“实学课士”和培养“通经致用”的“体用”人才为其特征。

1897年至1898年的湖南维新运动是熊希龄教育思想发展的第二阶段。此期间熊希龄的书院改革思想向前跨进一步,产生了资产阶级的维新教育思想。其主要目标在于废除封建的书院教育制度,设立新式学堂,以培养兼通中西之学,改革清朝政治的“政才”为其特征。这主要表现为由熊希龄主持的湖南时务学堂的创办。

1902年至1904年是熊希龄教育思想发展的第三阶段。这个阶段中,熊希龄基于“朝廷变法,首在兴学,兴学之本,先重师范”[20]的认识,产生了一种资产阶级的国民师范教育思想。其目标在于培养国民教育师资,以适应国内新式学堂骤然兴起的需要为其特征。这主要表现为1902与1903年他助朱其懿开办湖南西路师范传习所和湖南西路师范学堂。

1904年至1917年是熊希龄教育思想发展的第四阶段。这个阶段熊希龄产生了一种实业教育思想。其目标在于振兴中国的实业,以培养各类实业专门人才为其特征。

熊希龄自产生实业教育的思想,一直到他投身社会慈善事业之前,他的教育思想体系可说已经基本构成。1913 年他出任国务总理所颁布的《大政方针宣言》有这样一段论述："抑立国大本，首在整饬纪纲，齐肃民俗，司法与教育实其最要之枢机也。"而司法与教育相较，又"教育则更重矣"！"其学校教育亦大别为二：一曰教育一般国民，使咸有水平线以上之智能；一曰教育高等人才，以为国家社会之栋干。欲求教育之止于至善，……则国民教育以培养师范为先；人才教育以注重实业为主"。[21]

这里将教育提到了"立国大本"的位置，而其中又尤为肯定了师范教育与实业教育两项，实际上可以看作是熊希龄对于自己前此教育思想发展经历所作的总结。

从 1917 年到 1937 年熊希龄逝世前，是熊希龄教育思想发展的第五阶段，即最后阶段。这个阶段熊希龄产生的是慈善教育思想。其主要目标在于教养孤贫，使孤苦儿童能与富人家子弟同享教育之幸福，以培养孤贫儿童能够自食其力和成为健全国民为其特征。

熊希龄的慈善教育思想内容极为丰富。但最能反映其本质特征的就是贫富均等的教育观。他曾经多次指谪中国现行的教育制度极不合理，教育为富人所独占，穷苦人家的子弟只能向隅。他认为这种现状持续下去，国家将永无和平之望，大乱则无有已时。因此他要求政府应当使贫富儿童"同居教育，泯其阶级之分"。[22]应当"俾无产阶级子弟与有产者享受同等教育之机会"。[23]他把自己创办的香山慈幼院，看作是对现行极不合理的教育制度的一种补充。并且极尽自己的能力与创造，让贫民的孩子，享受当时最新式和最先进的教育，使本已沦落的儿童，成为自食其力，对社会、国家有所贡献的健全国民。

在熊希龄的慈善教育思想里，最为生色的还有对于婴幼教育的重视，即所谓慈幼教育。熊希龄为何重视婴幼教育？他认为人民是国家的根本，小孩子是人民的基础，相对于那些已经"定规"了的成人来说，小孩子等于一张没有被污染的白纸，易于进行教育。这固然是其道理之一，但熊希龄还有比这更为深刻的认识，要之有二：

其一，他认为儿童是教育当中的根本。他引用佛、儒、耶各家的经典阐述说："吾观佛教有度化五百幼童之经；耶教有父母应救儿女灵魂之说；吾国孔教之言，则谓大人者，不失其赤子之心者也。又曰心诚求之，如保赤子。

而《礼记·礼运》一篇,大同之世,幼有所长。又曰不独子其子,要皆以儿童为根本。”[24]熊希龄曾经指出教育为立国之大本,这里又认为儿童是教育的根本,由此可见其对于儿童教育重视的程度。

其二,他把儿童教育提到卫国存种的高度加以认识。他说:“窃维国家之强弱,视乎教育之能否完善;种族之强弱,视乎卫生之能否精密。然此皆以儿童为基础。故儿童教育能普及者,其国必强。”[25]又说:“夫国之不富,由于民贫;兵之不强,由于种弱。贫而且弱,将为亡国灭种之兆。欲救贫弱,须于婴儿时代充分保育,使其身体健全,能耐劳苦,然后智慧增长,技能精练,方可以卫国存种也。”[26]

儿童教育既然如此重要,那么应当如何进行呢?对此熊希龄有一整套的看法:

首先,他认为儿童教育须从婴儿抓起。如果说儿童是教育中的根本,那么婴儿教育就是“教育根本中之根本”。[27]从婴儿抓起又要先注重婴儿的先天教育。即“婴儿未生以前,父母须知胎教。喜怒哀乐,勿使逾闲;耳目思欲,勿使恶化。凡有梅毒者,其遗传厥中于儿童之身体智慧,实为儿童终身之害”[28],故应特加注意。及至婴儿生下来之后,在其发育成长的过程中,后天保教就十分重要了。后天保教指的是物质上的保育与精神上的教育两个方面:

从物质保育一面来说,熊希龄强调要注重营养与卫生两项。营养上,熊希龄说婴儿哺乳期间一定要有充分保证。“查东西各国关于婴儿营养者,大抵初生之孩,予以羊乳,继则人乳、牛乳,或代乳粉。六个月后,加以豆、菜、肉三项食品,除牛乳外,即人乳亦不可多食,此为普通保育之定例”。[29]他为此专门制订了一份儿童哺乳饮食营养配制表。根据该表规定,大约每一婴儿每月须20－38元的营养费。显然,这种费用“非上等富室,不能任此负担”;即中等之家,“除其母自有乳外,担负亦非易易”。[30]于是熊希龄提出可以用当时北平协和医院试制出来的豆浆代替牛乳,其价贱于牛乳,“可为贫儿无乳者之福音”。除了牛乳可用豆浆替代,其他各种补品,诸如鸡蛋、鱼肝油、水果汁之类,仍不可少,贫苦人家的婴儿怎么办?为此,熊希龄希望政府能够像法国那样采取奖励生殖的办法,由国家对农工贫民之多育子女者设法补助,“不独无产阶级子弟之幸福,亦实国家种族强弱之关键也”。[31]

卫生上，熊希龄说已经到了不可不注重的地步。“近观报载，世界统计各国婴儿死亡率，每千人中，英国约90人，美国约80人，日本约150人，中国约250人至300人。是其卫生进步，比较悬殊。吾国情况如此，尤可骇异。若再不求保育之法，非独号称四万万众庶之民族，殆将日即于衰减；即有存者，亦不免为羸弱憔悴之病夫，又何以自立于世界乎”！他说中国贫弱，国家没有充裕的库帑拨充儿童卫生事业。但每个育儿的家庭及公育场所，应当尽可能讲究最起码的卫生常识：例如婴儿食品应重清洁，“苟不合于卫生，即不免因此致疾。无乳者代以牛、羊乳或乳粉，器皿必须消毒，否则在在可以为患。其有乳者，苟为生母，尚无问题；倘其另雇乳母，必须由名医检查身体，以免种种传染病症，有累婴儿”。他说上海曾有一批乳母，经检查十有八九为梅毒，“试思此种传染之乳，宁非儿童大害”？

从精神教育一面来说，熊希龄认为这是比物质保育更为重要的一个方面。婴儿过了哺乳期，成长为儿童，渐次入幼儿园以至小学，全在于如何教育，责任与关系相当重大。为此熊希龄提出了九个方面的具体看法：

其一，应当为儿童创造一个优美快乐的家庭环境。他说：“婴儿者，活泼、快乐之天使也。其身体发育之健全，亦赖其有乐而无忧也。浑厚者身必强，早慧者身必弱。此在婴儿时代之不可不注意者。尤其是父母师保，对于婴儿，总须顺其天真烂漫之性，而使其生长于家庭和乐之中，一切争怒忧伤之事，皆勿使幼稚儿童之有所感觉。”他举例说：香山慈幼院蒙养园里曾经延聘有保姆某人，其身世凄苦，而她的女孩在幼小时亲睹母亲终日哭泣，遂亦忧郁不堪，成一矮小虚弱之体，致染瘰疬结核之症，至今尚未痊愈。“故为父母保姆者，非有隐忍镇定之意志，必为儿童发育前途之大害也”。[32]此外，儿童之性，又最富于模仿。耳所闻，目所睹，口所言，手足所动，都可以在儿童脑筋中留下印象，并成为其模仿之具。例如“旗人好虚荣，好借钱借物，或典当者，其儿童之坏处，亦若是也；富人好挥霍浪费，或吝啬骄恣者，其儿童之缺点，亦若是也。甚且家庭之诟谇，尊亲之争论，社会之恶习，婢仆之粗鄙，在在皆为儿童之传染毒物。小至父母之一言一行，一起一眠，亦无不为儿童之所模仿。故曰为子难，为父母亦不易也。其尤甚者，则一夫多妻之嫡庶相争，多兄多弟之妯娌相争，以及烟酒赌博，声色豪侈，无异设一毒物陈列馆于其家中，使此纯洁天真之儿童，耳濡目染，以致害其终身也”。[33]

其二,家庭中应多给儿童精神上的慈爱和慰藉。儿童虽然喜爱饮食衣服之美丽,但其家如有后父后母的虐待,则儿童精神上受种种之刺激,观念就会产生变化。例如香山慈幼院曾收录一富家女孩,这里的所有饮食衣服,均不及其家远甚。有一天熊希龄问她是否愿意回家,她则说此间乐,不思家。可见世间儿童,虽属幼稚之年,其重视物质之观念,实不如精神上之安慰。故为父母师保者,当以精细、慈爱之心,勿使儿童精神有一日之不安,则其身心发育,不致有所阻滞。

其三,应当极早养成儿童的良好习惯,根除恶习气。儿童之不良习惯能否改正,全视其年龄程度。最易改者为婴儿,其次为蒙养儿童,又其次为12－13岁以下的儿童。若到了15－16岁以上,则不良习惯就难以根除了。故极早养成儿童的良好习惯,是十分重要的。不仅饮食、语言、睡眠,都要他遵守时刻;哪怕是一便一溺,也应当这样。凡属遗尿的儿童,并非都有疾病,往往多由于母亲或女仆的疏忽,听其自然所至。例如慈幼院初收1－6岁儿童,往往白天遗尿数次,可知系其家庭缺少照料。其实人的心灵警悟,往往本于暗示。例如临睡时如记忆明晨早起者,自能按时而醒。故知遗尿之儿童,多半由于昏睡。倘若其母或仆人能够时时管照,也未尝不可以改除这种毛病。

其四,应当加强对于儿童"自动"方面的训练和指导。儿童天性好动,父母、师保即可利用其自动的天性,随时随地给以正确的指导。这种做法既可畅遂儿童活泼的机能,又可练其五官的灵敏,对于儿童将来工作大有关系。可是世间父母往往昧于此义。凡幼稚儿女的一举一动,都要进行干涉,或为之代做。久而久之,只会养成儿童的惰废习惯,以致于无可救药。例如湖南省曾有某世家子弟,幼时穿着衣裤,皆依赖仆人。迨至成年,竟不能系裤带。老而贫困,无钱雇佣仆人,遂至终日置裤而不穿,传为笑柄,这可为儿童不能自动之殷鉴。香山慈幼院所收的儿童特别注意自动性的培养。熊希龄说自己年幼时,家训最严,一切动作不准使唤仆人,即聚餐时,父母长辈之盛饭,都由他几位弟兄服役。由于有着自动的锻炼,所以虽进入晚年,但凡一切生活琐事,自己都能"躬自料理",未尝假手于人,仆役亦不过仅供传达之使。"设一旦贫如某世家子,余亦可以自行烹饪荷物,无须仰给于人,此皆家庭自动教育之所赐也"。[34]故自动者,实儿童最重要之教练方法。

其五，对于儿童应当一律平等看待，养成乐群之性，不能有所偏爱。儿童的知觉运动，无论贫富，无不相同，无不可爱。故当儿童离开家庭进入学校后，学校中对于贫富儿童，当利用其乐群之性，“使贫富阶级融化于无形之中，以弭将来世界不平之患”。[35]无论是学校还是幼儿园，对于儿童的管教应当一律平等，不可稍存偏爱。即使是富家子弟，也不可私自给物，供其儿女独享，令其他儿童向隅，引起嫉恶愤恨之恶感。否则爱反变为害。此外对于儿童中的贤愚敏钝者，亦可加以区分，因材施教，循循善诱，不可稍存歧视。“凡父母对于其子女或有偏爱者，将来必致兄弟骨肉，纷起争端，非家庭之福也；凡保姆对于其学生或有歧视者，将来必致聪颖儿童流于意志骄惰而不能卒学；愚钝之儿童堕于志气颓丧而不能振作，非教育之法也”。[36]

其六，对于儿童的疾病应当积极防治。儿童患病，对教育影响极大。“梅毒之遗传，可使儿童之不慧；生理之不全，可使儿童之不健；甚至寄生虫之潜伏滋生，亦可使儿童精神之不快，记忆之不强，颖悟之不足也”！[37]故凡为师保者，应当研究其致病之由，常生矜怜仁爱之心，积极测验诊治，万不可以其顽劣而有所憎恶。平时以预防为主，例如饮食饥饿之过度，寒热暑湿之积久，风雨霜雪之侵袭，房屋被褥之污秽，蚊蝇虫虱之传染，皆足以为儿童隐患。特别是儿童患有白喉、麻疹、猩红热、脑膜炎者，初发数日，必有头晕畏寒，减少食欲，不想动作等种种不快之态，发现后应亟宜延医诊察，以防患于未然，不可视为寻常而有所延误。

其七，对于儿童的家庭观念，也应当予以重视。旧式家庭，虽无精密良善的教法，但其母亲之慈育其子，出于挚爱与真诚，无论如何凶暴之盗匪，临刑时无不痛念其母者，此乃天性所感。儿童但有家庭者，“一方面在学校求学乐群，一方面下课后得回家庭，又与其亲生父母、兄弟、姐妹团聚作乐，其心舒畅，其身亦必发育而底于健全也”。倘若无家庭者，“其观念多趋于愁苦忧闷之境”。香山慈幼院新收的无母无父之儿童，初入园时，精神意志必有数日或月余之不快，这就是家庭观念的影响所致。故儿童公育机关，对于无父无母或后父后母以及家庭教育不良的儿童，欲收管理上的良好效果，就应给儿童补上家庭教育这一课。例如可以仿照香山慈幼院设立家庭总部、分部的办法，令保姆保妇各居一宅，各以儿童数人交其管理，过家庭生活，以补公育教育之不及，而儿童亦可学习家事，以充足其日用生活之常识，方不致与社会相隔绝。至于有家庭有父母的孩子，可以有一通融办法，即照寄托所章程，每日上午将其儿女送往教保院照管，下午仍领回家，则可以两全其美。

其八，应当培养儿童从小树立“社会互助”和“图自立”的观念。儿童从小由别人教养，缺乏互助的认识；加上有优良的环境和教保的措施，也往往容易产生倚赖思想。为此，对儿童进行社会互助和加强“图自立”的教育是十分必要的。1932 年 1 月 19 日，熊希龄在上海出席中华慈幼协会期间对上海的孤儿作了一次演讲。他说：“你们在这里的多是孤儿，莫因为是孤儿便灰心上进。你们知道，孔夫子是个孤儿，后来成了圣人；孟夫子也是个孤儿，后来成了贤人；诸葛亮也是个孤儿，后来成了大政治家。……你们只要好好的努力上进，安见得不能比他们呢？”又说：“慈幼院与你们，现在是帮你们的忙，你们长大了仍然要去帮人家的忙，这就是社会上互助的道理。你们要知道你们在院里是个过渡，院里无论对待你们多好，总不是你们久住的地方。你们在这个好过渡的地方，好好的学些自立的本领，为将来自立生存的地步，才算好孩子。若存一个倚赖心，便是一个不中用的人了。”[38]为了培养儿童的社会互助精神，但凡必要的社会工作，都应让儿童们去学去做，使他们从中明白社会的许多事情，都离不开互助。同时也只有互助，才可以创造一个美好的社会。为了培养儿童“图自立”的精神，不应当许多事情都给儿童“包办”和“代替”，要尽可能地让他们去艰苦的环境中磨练，以养成坚毅不拔的品格，这对于他们将来的前途和事业大有裨益。香山慈幼院对于这两个方面都是注重的。特别是“图自立”，它的院歌的头一句话就是“好好学习，好好劳动，好好图自立”。1936 年，熊希龄颁发“手谕”，正告香山慈幼院的所有儿童说：“本院自创立以来，所录儿童，施以教育，并令学习技能，以期自立于社会，毋再倚赖于本院。凡有男女毕业出院婚嫁成家者，应各努力工作，节俭储蓄，自行教养子女，方不负本院育成之宗旨。倘其不自振作勤奋，复陷困境，仍欲将其所生子女，希冀本院再为留养者，本院既非五代同堂之旧家庭，决不愿特开此例，以酿成男女儿童倚赖本院之恶习。今为严定新章：凡属本院男女毕业学生出院成家，所生之子女，或有不得已请求本院允准入学者，永不得补充正生，只能作为附生，并令通学，按照附生例缴纳膳杂各费，不得住宿，以免有占他生床额，此为预杜流弊起见，各生须知本院前既种种教育救济汝之一身，汝既学成就事，即应勤俭服务，正己救人，以酬报社会之恩惠，方为上乘；其次焉者，亦宜自了其家庭责任，教养子女，不再仰求于人，亦不失为中乘。今若不自量力节约，而复欲以子女累及本院，是使本院教育成人独立之意完全失败，本院姑息之罪，将何以对社会国家?"[39]这就是说：凡是从香山慈幼院毕业出院的学生，倘若不能"自立"，是没有脸面再回见香山慈幼院的！

其九，应当重视幼儿师资的培养和训练。儿童的教养能否收效，关键在于培养他们的师资。在公育机关的幼稚园里，保姆与保妇对于幼儿负有极大的责任。保姆处于教师地位；保妇处于看护地位。但保姆毕业于师范学校，多属未嫁女子，对于养育儿童，颇少浓厚之情。尤其是公育机关所养成的师范教员，因其本身自幼即离开家庭，对于其他女生，立于同学地位，乐群互助虽有之，抚育幼小则无经验。而保妇固多由生育过的妇女充当，虽有人母经验，却又缺少理论常识，并且抚养他人之儿女，毕竟不如自己的子女亲爱。故为了消除这些缺陷，对于保姆来说，应当在幼稚师范学习期间，多进婴儿园与幼稚园里实地练习，日日与婴儿相处，获取实践经验，即所谓"当保姆者婴儿化"；对于保妇来说，更应当补习育儿的科学知识，必要时可由一些幼稚园设立"保妇养成班"，让她们进修，同时应当具有慈母心肠，即所谓"当保妇者父母化"。总之无论保姆还是保妇，对待儿童都应是"幼幼及人之幼，生生如己所生"。只有这样，才可以办好儿童教育。

以上就是熊希龄对于儿童教育的系统看法，也可以说是他婴幼教育思想的基本内容。他的所有这些思想内容，在他办理的香山慈幼院里都是付诸施行了的。由于他的思想开放，措施得力，所以香山慈幼院的婴幼教育是办得非常出色的。当然，他所办的婴儿园是高标准的，特别是其费用，数目很大，故当时有人认为他的婴儿园未免贵族化了。然而熊希龄却不以为然。他说："予所办之慈幼院，有人谓予太费者，殊不知人以子孙托吾，即如吾之子孙，何忍有所歧视？有所惜费乎？人以为太过，吾犹以为不足也！惟仅限于京师一隅，殊非博爱之道。矢于两年内，在外省成立分院，先从湖南入手，以次推及全国。惜同志太少，一方面须亲身募经费；一方面又须筹划办法，殊有所苦。然予亦决不以此稍有所懈。"[40]当然，我们还是可以说，像熊希龄这样的主要宗旨是为全民兴办的幼稚儿童教育，在那样的时代和社会，也的确只有香山慈幼院才可以办到,一般的贫民,是无法做到的。不过,在当今,时代改变了,人们的生活程度提高了,是可以做到了。如果我们用今天的眼光来审视熊希龄在那个时期所提出的幼儿教育方案,会发现他的全部思想仍然闪耀着夺目的光彩。所以我们应当把熊希龄的慈幼思想当作一份珍贵的历史遗产来看待。

(刊《湖南师范大学教育科学学报》2008 年第 3 期)

注 释

1 周秋光编:《熊希龄集》中册,湖南出版社 1996 年版,第 892 页。

2 周秋光编:《熊希龄集》下册,湖南出版社 1996 年版,第 2002 页。

3 周秋光编:《熊希龄集》下册,湖南出版社 1996 年版,第 2002 页。

4 周秋光编:《熊希龄集》下册,湖南出版社 1996 年版,第 1574 页。

5 周秋光编:《熊希龄集》下册,湖南出版社 1996 年版,第 2002 页。

6 周秋光编:《熊希龄集》下册,湖南出版社 1996 年版,第 2002 页。

7 周秋光编:《熊希龄集》下册,湖南出版社 1996 年版,第 2002 页。

8 周秋光编:《熊希龄集》下册,湖南出版社 1996 年版,第 2002 页。

9 周秋光编:《熊希龄集》下册,湖南出版社 1996 年版,第 2002 页。

10 周秋光编:《熊希龄集》下册,湖南出版社 1996 年版,第 1389 页。

11 周秋光编:《熊希龄集》下册,湖南出版社 1996 年版,第 1389 页。

12 周秋光编:《熊希龄集》下册,湖南出版社 1996 年版,第 1389 页。

13 周秋光编:《熊希龄集》下册,湖南出版社 1996 年版,第 1389 页。

14 周秋光编:《熊希龄集》下册,湖南出版社 1996 年版,第 1897 页。

15 熊希龄:《恳辞勋章请准移奖呈徐世昌文》,《政府公报》1918 年 11 月 14 日。

16 《熊凤凰最近之谈话》,长沙《大公报》1922 年 2 月 17 日。

17 周秋光编:《熊希龄集》下册,湖南出版社 1996 年版,第 1535 页。

18 《熊秉三演讲慈幼事业》,《申报》1932 年 1 月 24 日。

19 周秋光编:《熊希龄集》下册,湖南出版社 1996 年版,第 1526 页。

20 周秋光编:《熊希龄集》上册,湖南出版社 1996 年版,第 69 页。

21 周秋光编:《熊希龄集》中册,湖南出版社 1996 年版,第 729 – 730 页。

22 熊希龄:《儿童教育特刊词》,《天津庸报》1930 年 1 月 1 日。

23 周秋光编:《熊希龄集》下册,湖南出版社 1996 年版,第 2043 页。

24 熊希龄:《儿童教育特刊词》,《天津庸报》1930 年 1 月 1 日。

25 熊希龄:《儿童教育特刊词》,《天津庸报》1930 年 1 月 1 日。

26 熊希龄:《儿童教育特刊词》,《天津庸报》1930 年 1 月 1 日。

27 熊希龄:《儿童教育特刊词》,《天津庸报》1930 年 1 月 1 日。

28 熊希龄:《儿童教育特刊词》,《天津庸报》1930 年 1 月 1 日。

29 熊希龄:《儿童教育特刊词》,《天津庸报》1930 年 1 月 1 日。

30 熊希龄:《儿童教育特刊词》,《天津庸报》1930 年 1 月 1 日。

31 熊希龄:《儿童教育特刊词》,《天津庸报》1930 年 1 月 1 日。

32 熊希龄:《儿童教育特刊词》,《天津庸报》1930 年 1 月 1 日。

33 熊希龄:《儿童教育特刊词》,《天津庸报》1930 年 1 月 1 日。

34 熊希龄:《儿童教育特刊词》,《天津庸报》1930 年 1 月 1 日。

35 熊希龄:《儿童教育特刊词》,《天津庸报》1930 年 1 月 1 日。

36 熊希龄:《儿童教育特刊词》,《天津庸报》1930 年 1 月 1 日。

37 熊希龄:《儿童教育特刊词》,《天津庸报》1930 年 1 月 1 日。

38 《熊希龄昨与孤儿谈话》,《申报》1932 年 1 月 20 日。

39 《院长手谕二》,《香山慈幼院院刊》,1936 年第 25 期。

40 《熊凤凰最近之谈话》,长沙《大公报》1922 年 2 月 17 日。

十七　熊希龄的救灾办赈活动

（一）顺直救灾

熊希龄自从1916年6月退出政坛之后，曾经试图以“隐居”的方式来逃避现实。可是他“凡心”未了。不但不能从现实中逃离出去，反而仍不时为现实所召唤，仍然做了一些本不想做但又不得不做的事情。他这样反反复复地被折磨了一年多时间，人生仿佛进入一座“迷宫”，也不知从哪里去寻找出路，因此思想上也就愈益显得消极苦闷。正当他消极苦闷达于极点的时候，一个偶然的契机将他解脱出来。他终于找到一条通往新生活的道路。

这是在1917年夏末秋初，河北境内天雨连绵，山洪暴涨。永定、大清、子牙、南运、北运五条大河同时漫溢，决口数百余道，洪水滔滔，泛滥各地，京畿一带顿成泽国。据载：“北自张家口，西至西陵房山以西，东至山海关，南抵黄河”，大约一万方里之广，“盖无有不被灾之事”。[1] 被灾县达一〇三个，村庄一万九千余，田亩二十五万余顷被淹，灾民逾六百万人。如此浩劫，为北方“五十年来所未有”。[2]

大灾发生时，熊希龄正“隐居”天津，津埠亦在巨浸之中。他的寓所小孟庄10号自然是被河水吞没了。他称自己为“双料难民”，因为家乡沅州（芷江）其时也遭兵燹，想“隐居”已是“无家可归”，[3] 不得已仍迁回北京。

发生这样大的洪涝灾害，熊希龄当然不能视之不顾。因为自己本身也是“灾民”之一！1917年9月25日，也就是“水决天津、淹灌全埠”的那一天，他目睹"难民露宿,呼号求援"的惨状,心良不忍。当即奔赴北京,向中国银行公会求助。得捐款万余元,交由京师警察厅购备粮食,运津赈济。嗣又往告政府,极力主张筹款,赈济整个灾区的饥民。他的建议经由财政总长梁启超与外交总长汪大燮提交国务会议讨论,结果阁员们一致认为:除非有熊希龄出来主赈,方可定议。

熊希龄原只想出面向政府提出赈灾的建议,并没想要由自己主赈。如今政府竟然执意要他出来,这无疑是逼着他脱离"隐居",再重新回到政府部门来供职。要他改变自己的初衷,当然是件难为的事情。同时像如此重大的赈灾重任,要他出来主持,也实在说不上能有多大的把握。他说:"希龄自知不才,难以任重,何敢出以冒昧?"[4] 可是,他不出来主赈,政府就不"定议";而政府不尽早做出决定,"则此数百万之饥民,无有全活希望",熊希龄说他考虑再三,"遂不得不勉为其难"。[5]

当然,使得熊希龄最终能够"勉为其难"来接受这项重任,原因是很多的。概言之,有出于对于灾民的一片同情之心,有"悉秉母训",[6] 继承中国传统的美德,以救人济世为己任。但是,也还有这样的一层因素存在,那就是:他是把这次救灾当作是为自己过去的政治过失和罪恶进行"赎罪"来对待的。自退出政界后,熊希龄就把政治看作是罪恶的。回首往事,经常陷入悔恨交加之境而不能自拔。他认为自己为官十余年,很少去重视和关心下层人民的疾苦,以致于发生像京畿这样的大水灾,这难道不是一种政治过失和罪恶吗?因此他决心以"赎罪"来求得心理上的平衡。1917 年 11 月 5 日,他在写给赵凤昌的一封信中这样说:"弟自隐津终养,决志不闻国政,此次目睹灾区惨状,心良不忍,且念出仕十余年,从未直接为民做事,愧对吾民",故从今以后,特别是在这次救灾中,定当"勉竭驽钝,以当此艰难,亦冀稍赎政治之罪戾"。[7]

1917 年 9 月 29 日,大总统冯国璋颁发特派熊希龄督办京畿一带水灾河工善后事宜的命令,[8] 次日,冯国璋又命财政部拨款 30 万元交熊希龄赶办急赈。10 月 2 日,熊希龄从天津查勘灾情回京。10 月 4 日,他便就职任事了。

熊希龄就职后,先建立治水救灾的办事机构:在北京石驸马大街本宅设立督办处;在天津河北造币厂内设立分处。选择任事各员,分担职守。次第制订各项办事规程和章则。定其救灾方针和步骤为:第一,要求政府拨给巨款，以便赈务之进行；第二，委托地方士绅及教会办理赈济，以杜官吏之侵蚀；第三，联合中外慈善团体共同支配，以免偏远之向隅；第四，堵筑决口，筹定春工，以防水患之漫溢。宗旨既定，赈务、河工次第进行。

赈务方面是赈济灾民，主要分为急赈、冬赈、春赈、杂赈四项。然所有各赈，都必须先有巨款。这本来应该由政府提拨。可是北京政府财源枯竭，军阀视民生如草芥，第一次拨款仅只有30万元，后来靠举借外债以充官款。而灾民面临的困难很多，即不仅首以赈粮为最，而且转瞬严寒将至，赈煤、赈衣尤关重要。仅以赈衣一项计，就非得有数百万元不能解决。熊希龄决定在官方拨款之外，广集民间社会资力，以补官款之不足。1917年10月8日，他向全国各省发出请赈通电。谓灾情惨重，中央仅只拨急赈款项30万，“车薪杯水，难期遍及”，而灾黎达数百万，“颠沛流离，虽幸逃鱼腹之凶，仍难免鸿溶之苦”。他希望全国各地诸君子，“胞与为怀，本其己饥己溺之心，为披发缨冠之救”，“慨予捐输，并广为劝募，庶几众擎易举，集腋成裘，则沟洫遗黎，咸拜生死肉骨之赐也”。[9] 赈电发出，熊希龄自己以身作则，先捐现洋500元，[10]又“就家中所有新旧布衣，由内人暨小女等督率婢仆，亲自缝纫，即可得棉衣一百套，捐给难民”。[11]在他的呼吁带动下，各方响应。团体、个人捐衣、捐洋者源源不断。并外国慈善团体亦有捐助。综计捐数，得棉衣裤148601件；被单夹衣裤82400件（约值20余万元）；得捐款现洋92万9千9百余元，另有中钞与公债等30余万元。此外还有开滦与井陉两公司捐助赈煤3400吨，政府拨款的不足，居然由此获得了巨大的弥补。[12]

为了统一放赈和解决放赈中的种种实际问题，1917年10月15日，熊希龄约集捐助灾区的中外各慈善团体和机关，派出代表到督办处开会，讨论合力办赈的办法。到会者有天津水灾义赈会、天津警察厅、顺直助赈局、天津助赈局、北京警察厅、美国红十字会、中国红十字会、上海红十字会、中国青年会、北京青年会、天津青年会、中华圣公会、中国济生会、顺直省议会各代表。会上提出了议案八项：规定统一放赈办法案；平粜议案；开设粥厂案；规画防疫筹办施药处所案；设因利局办法案；保留牲畜案；收养老幼妇女办法案；以工代赈案。但限于时间关系，会上只仅仅讨论了规定统一放赈办法案一项。决定急赈由直隶省长及京兆尹会同督办处担负；冬赈委托顺直助赈局担负；春赈委托顺直义赈会担负。以上三赈均由督办处请拨政府官款散放。余尚有杂赈，即用来辅急、冬、春三赈所不及者，诸如防疫、义当、设因利局、种子借贷所、老弱留养所、施粥厂、平粜局、牲畜保留所等等，内容繁多，熊希龄决以该会各参加团体代表为基础，组织一联合办赈机构，定名为“京畿水灾筹赈联合会”，以熊希龄担任会长，美国红十字会顾临为副会长。该会一方面对于办赈中所遇到的各种问题及其善后措施联合磋商，赓续提议，群策群力；一方面督同教会及地方官办理全部杂赈。所有民捐赈款各项，概交该会统筹规划。[13]

经过一番周密的筹划和部署，这场特大灾情的赈济很快就收到了实效。其杂赈办理可观者：共办成因利局 309 处，义当 29 处，老弱留养所 181 处，粥厂 593 处，种子借贷所 49 处。[14]配合官款散放的急、冬、春各赈，竟使灾区全活，灾民“不至有冻饿毙命”之象。[15]并且，熊希龄又主持创行以工代赈之法，即组织中灾区的大批青壮饥民，修筑马路，共成三道：一为从北京到通州，曰京通路，由督办处与美国红十字会各出款 10 万元合办（主权归中国）；二为从北京到西山（今香山），曰京西路，由督办处拨款 6 万元，由京兆尹负责承办；三为从通州到门头沟，由督办处代京兆尹向中法实业银行借款 25 万元修筑（几年后，由此接续修至天津，曰津通路）。三条马路修成后，熊希龄依次将其命名为博爱路、仁慈路、德惠路，用志纪念。[16]这种以工代赈办法，既救济了大批失业的饥民，又为地方办一永久建设。

在赈济灾民的同时，熊希龄又开始了对河工的治理，即根治水患。治理河工主要分为治标与治本两项。所谓治标，即注重堵塞决口，排泄积水，培筑堤工，救水患于目前；所谓治本，即注重统筹全局，制定长远规划，从根本上根治水患。治标、治本两项，熊希龄认为治标系目前除患御灾之要图。他将治标工程又分作两项：一曰急工，二曰春工。急工仅堵筑决口，使受灾田亩涸复不误春耕；春工为培补堤防，免致伏、秋两汛再罹水患。治标工程中区分为官堤与民埝。其属于民埝者，由督办处提拨民捐，交直隶财政厅分发各县补助民力兴办；其属于官堤者，则由督办处从政府拨来的官款中开支。在整个治标工程的进行中，依其步骤，又可分作三个时期：第一期为筹勘河工。由熊希龄选派干员，前往各河，会同各河防局长勘测，并估算堵筑工费。第二期为督察河工。核定工费后，仍由原有各河防局负责兴工，由督办处选派各河督察委员长率领技术人员前往监视，以免其偷工减料。第三期为防守河堤。堵筑既竣,若不严防,恐有疏虞。仍责成原有河防局长担任,而由督办处选派宣防委员长,前往各河督同各局长尽力于防守抢险等事宜。经过上述步骤的认真贯彻执行,天津的急工工程,原南运河决口十余处,从1917年9月兴工,未及两月,一律回复原状。天津以外之京直各县急工工程,官堤民埝原决口计五百七十余处,亦不过一年之内,均得以堵筑完竣。

急工完竣,遂进入春工。从1917年12月开始,先由督办处派员会同各河防局长暨各县知事,分别对南运、北运、大清、子牙、永定五大干河区域进行筹勘,至1918年2月杪筹勘完毕,绘具图说,编制工程预算暨各项章程条例,俾能有所遵循,然后即兴工培补堤防,并派员督察以防积弊。鉴于急工初竣,土质松浮,加以入伏后,各河相继暴涨,汹涌异常,为防再次溃决,督办处复分别派定监防委员长,督率员夫分赴各河划段监防。并调直隶、山东、江苏各海河工程学校学生七十余人到工练习,帮同防守。五大河之出险多处,均经各生奋力抢修,始保无恙。为保护新修堤防,又将各淤塞之引河分别疏浚,终以最短之时间,将大功告成,致使难民复苏,春耕不误。整个治标之急工、春工两项,均于1918年入夏之前先后告竣,经过是年伏、秋两汛的检验,捍御得力,没有再患。此后十余年内,仅永定河再决一次,余皆无恙。

治本,是根治水患的长远大计。熊希龄为此费尽了心力。治标工程甫竣,即着手于治本的筹划。初则开办河工工程师讨论会,敦请中外各技师会同讨论研究论证,以每星期讨论一次,各举议案,互相折中;又延请本地经验学识俱优之绅耆,发表意见,决定办法。继则设立顺直水利委员会,自任会长,选中外高等技师充任会员。委员会的宗旨专为计划解决顺直省区全部治水的根本问题。但于治本未实行以前,则附带办理前述急工、春工之治标工程以外尚未经办的天津海河方面的治标工程,计有9处:三岔河截直工程、南堤建筑工程、马厂河建闸及新河工程、新开河建闸及疏浚工程、苏庄建闸及新河工程、土门楼建闸及王庄培堤工程、北运河培堤工程、青龙湾河整理工程、永定河堵口工程。该九项工程除永定河为前此治理过的工程外,其余皆为新开之工程,亦均于1939年6月之前次第完竣。[17]

顺直水利委员会于1918年3月20日成立,至1929年6月自动裁撤,存在11年之久。它除了组织完成天津海河方面的九项治标工程外,主要是为治本做了计划和准备:搜集了可靠的资料,即对顺直河道进行了地形、流量、雨量的测量,并绘制了各种地图,制订了顺直河道改善的计划和治理方案。熊希龄所著《顺直河道改善建议案》,对其做了详细的论列,成为北方河防建设史上的一部重要文献。

熊希龄的顺直救灾,在工、赈两方面都是成功的。这是他初次投身社会慈善事业以来对于北方社会和人民所做出的重大贡献。从这次顺直救灾开始,熊希龄也开始确立了为社会慈善事业奋斗终生的意愿,并始终不渝地沿着这条道路走下去。

(二)筹赈五省

1920年秋,北方直隶、山东、河南、山西、陕西五省,又发生特大旱灾。其灾情之重,较之1917年的顺直水灾尤甚。据各地报告统计:灾区面积广约九万方英里,饥民达三千五百万人。奇旱之下,收成约只能达到百分之八。百姓靠此糊口,"势必死亡相踵",而若施以赈济,"最少统计,亦须有二万万元"。[18]灾情发生后,政府尚未公布施救措施。同时二万万元赈款,亦断非政府所能解决。应采取何种方式赈济灾黎,政府、民间都在筹议之中。

面对这一严峻的局势,熊希龄又一次萌发出救灾的念头。1920年9月11日,他邀集北京的各慈善团体,派出代表,在北京石驸马大街本宅会议,筹商办法。决定组织北五省灾区协济会,举黎元洪为名誉会长,赵尔巽为会长,熊希龄、汪大燮为副会长。到会诸人,当即公捐四千余元赈款以为发起提倡。暂假北京金鱼胡同中国红十字会为会所。[19]数日之后,梁士诒亦组织华北救灾协会;美国公使克兰氏组织万国救济会,劝导各国人士助赈;社会其他各界人士,亦纷纷组织救灾团体,参与救灾活动。

熊希龄所组北五省灾区协济会成立后,制订了各项规程和章则。因五省灾区太广,力难普及,遂确定宗旨,"以协济为方针",议定其协济的范围有四:其一,负灾区调查之责。派员分赴各灾区,详加考察,拟具报告,转达给当道和各慈善团体,以便分别缓急轻重,设法施救。并随时调查官家与私家施赈救济诸情形,如有隔阂及流弊之处,随时请其改良。其二,负条陈灾赈办法及措施之责。以为何种办法可行,措施得当,即拟具条陈,供政府和各善团采择。并愿与地方各团体及教会联络,为灾民设法谋求生计。其三,负灾区儿童收容之责。决定募集款项,设立收容所,代为留养灾孩;或于灾区就近委托各教会及地方团体,以所得捐款,请其尽先办理。其四,负灾区医疗救济及其防治之责。拟与各医科学校、医院协商,组织卫生队,前往各灾区,施以诊治,并防疫患。[20]

根据上述确定的范围,熊希龄督同协济会诸同仁,即尽力于各项具体事宜的操办。1920 年 9 月中旬,熊希龄商北京学生联合会,派出学生 50 人,组成调查团,分队前往各县调查灾情。[21]同时派员往上海各地,购运杂粮麦种,又赶筹冬衣,运往灾区接济。[22]各灾区之遗弃孤贫儿童,概托当地教会先行收留,然后送交北京香山慈幼院教养。并商得上海中国济生会捐助大批防疫救济药品,托调查队携往各地或交教会绅商代为施放。[23]

然灾区如此之广,小小的修补无济于事。据调查团报告,仅顺德府铁路一带,垂毙饥民便达十万人。[24]当时各地的赈灾团体虽多至十数个,但均各施其赈,毫无联络。在救灾进行上,就难免有偏轻偏重之虞。熊希龄深感必须制订一通盘统筹的施赈计划和组织统一的联合赈济团体。为此,他在这两方面做了努力。

在通盘筹划方面,熊希龄前在顺直救灾时积累了丰富的经验,此次北五省旱灾与前此水灾相比,虽然大不相同,但他认为救灾的方式和步骤则是可以取法的。根据他的设想,办赈的序列依然可以分作急赈、冬赈、春赈三个方面。灾象既成,工商停业,人民无所得食,故必先施钱米,以救危迫,名为急赈;急赈仅延旦夕,而秋尽冬初,农民存粮皆罄,非赈不治,依旧例按被灾户数分别人口大小及极贫、次贫施以银米多寡,令其得度三冬,名为冬赈;冬赈既过,春麦未收,青黄不接之时尚有生计艰难,不得不救人救彻底,资其接济,名为春赈。此三赈重在普及,需款甚巨,非政府不能担任。此外还须设立杂赈,包括设平粜局购买粮食,供应有购买力之饥民,而免奸商之居奇抬价;设留养所及粥厂,便于老弱无告之民;设因利局、义当、种子借贷所及牲畜保留所,便于农工商业困乏之民,而令不致失业。杂赈可由各慈善团体商同地方官绅共同利用各方捐款办理,用以辅上三赈所不及。然杂赈亦尚有未逮者,即如设平粜局接济粮食,仅便于有购买力的中等人家,而失业灾民,身无半文,何能购食?因此,又有必要实行以工代赈,容纳失业之青壮饥民,兴办各种工程,诚可谓一举数得。[25]多年的救灾活动,使得熊希龄形成了如此一套完整的救灾计划和步骤。他希望此次北五省赈灾,仍能循此而行。

在联合各赈济团体方面,1920 年 9 月 29 日,熊希龄会同汪大燮,先邀请万国救灾会之各国赈灾委员,在北京石驸马大街本宅会商,征得同意,决组一中外联合赈灾团体,曰国际统一救灾会。外籍在华人士因前此已组织有一"万国救灾会",且筹款已有成数,专候中国方面有具体办法,即可散放,对于熊等的要求表示赞可。唯要求中国方面亦须将国内分散的诸救灾团体先后联合,组一与万国救灾会相应的中国北方救灾总会,方可联合成国际统一救灾会。于是,熊希龄与汪大燮遂邀华北救灾协会等在京的救灾团体暨各国代表 10 人,先于 10 月 1 日会商一次,旋于 10 月 3 日,在北京石达子庙开中国北方救灾总会成立大会。当时联合全国各地赈灾团体计有:北五省灾区协济会;华北救灾协会;直隶救灾协会;顺直旱灾救济会;红十字会;山西筹赈会;山西旱灾救济会;河南旱灾救济会;回教筹赈会;基督教灾民救济会;农学济灾会;直隶义赈会;北方工赈会;近畿农民救济会;山东灾赈会;佛教筹赈会等 16 个团体(后在 10 月 5 日国际统一救灾会成立前一日的预备会上,又增加平粜救济会、陕西救灾会,共达 18 团体)。[26]该联合会成立之日熊希龄因赴香山主持香山慈幼院落成典礼,未出席。北五省灾区协济会由汪大燮、蔡廷干等充代表。总会举梁士诒任会长,汪大燮、蔡廷干任副会长。10 月 5 日,北方救灾总会开预备会一次,次日即与万国救济会联合组成国际统一救灾会,假北京石达子庙为临时会所。草定会章十条,以统一各救灾会迅收救济实效为宗旨,举大总统徐世昌为名誉会长,不再设会长,仅设干事团(后改行政委员会),由中外代表各半额充任干事和委员。干事团会议时设临时主席,由各干事轮流充任。又设秘书和司库处理日常具体事务。熊希龄被举为干事之一。是会的外籍干事(委员)有英、美、法、德、意、日、比诸国。[27]该会成立后,便担负了整个北五省灾区的通盘筹划和赈济重任。从 10 月 7 日开始议事,商定救济的种种措施。

熊希龄自筹组成国际统一救灾会后,依据自己的办赈经验,结合北五省的灾情及当时的实际情况,向该会提出了具体的办赈方案及其步骤。

首先,他提出了工赈建议案。认为可以在两个方面兴修工程:一为河工,二为筑路。河工计有四项可以入手:一是山东运河工程。该工程前已由顺直水利委员会测量完毕，可以立即兴工，即由山东德州至黄河北岸筑土加堤，长约二百余里，可容纳无数灾民，经费可请求政府商从美国广益公司运河借款美金六百万元中垫款解决。二是北运河牛木屯工程。此项测量计划亦已完毕，尚未兴工，如若立办，可由顺直水利委员会从现有的二百余万元款项中支付，京南之灾民即可就工于此。三是马厂新河工程。此项测量也已完毕，工程虽不大，却可容纳沧州、静海两县少数饥民。四是沪沱河堤岸工程。此处由正定至河间约数百里之长，两岸无堤，每逢夏、秋水发，四处成灾，若于正定以东筑堤以至河间，则安平各属之水患可免。此处虽未经测量，然用旧法堵筑亦无妨。经费可商顺直水利委员会，将牛木屯工款移缓就急，借款五十万元，要求财政部从 1921 年盐关余项下分月扣还，银行团及外交团当能允可。以上四项河工，可以解决直、鲁两省之工赈。[28]再，还可向中美合办之矿业公司内借款五十万元，用以疏浚洞庭湖（熊在 1916 年即拟有《疏浚洞庭湖刍议》，参见《熊希龄传》第十二章第二节），亦可容纳部分北方饥民。[29]至于河南省及直南毗连各县，虽无河工，却可筑路。或马路，或铁路。如津通马路，前由熊希龄代京兆尹向中法实业银行借款二十五万元，除已交付第一段路工七万元外，尚有十八万元存放。大约购地尚需七至八万，其余皆可用之土工。如向京兆尹、直隶省商酌，由天津兴工，即可就近招雇逃荒至津的豫省暨直南各属灾民，可资工赈。又查陇海铁路，闻又借得外款三十万，亦可呈请政府赶紧兴修，则陕、豫、鲁三省饥民，皆可藉此谋食。[30]此外，马路以工代赈可筹之款还有两项：一是总统府尚存有冯国璋总统任内所余之上海鸦片专卖余额二百万元，现存中国汇业银行，可要求政府将此款借拨，充河南、山西、陕西三省平粜筑路之费；二是段祺瑞于复辟讨逆后尚存有余款七十余万元购买中国汇业银行股票，如商请段将此项股分发卖，亦可移充赈款。熊希龄认为上述计划如能达到目的，则一切工赈可筹一千三四百万元之款，可救活灾民无数。[31]他将设想陆续写成议案和条陈，上呈大总统，得到赞可，亦受到社会各界众多人士的称许。但是，也造成了另外一种偏向，即社会上许多人士，咸以工赈为最良之策，而忽视了办赈的轻重缓急和应有的步骤。为此，熊希龄于 1920 年 10 月 11 日在国际统一救灾会上提议应先赶办急赈案，用以纠正这一偏向。他说："此次北五省旱灾较之民国六年水害，灾区更广，办理更难。而现在中央与地方之所筹划，亦觉散漫而不统一，复杂而无头绪。此二十兆之饥民，将恐致糜有孑遗之惨，言念前途，可忧甚大，不得不奔走呼号，举其所知，以为民请命。”[32]以办赈步骤言，“宜赶办急赈，先救民命，使苟延残喘而后有工赈之可言，否则民已死亡，何工可赈”？就北五省灾象观察，“牲畜屠尽，草树无存，则其惨状，倍甚于六年水灾。若不先办急赈，必致青黄不接，饿毙日多”。而“时近初冬，北方气候只有三旬可以兴办土工，过此则必束手。且马路虽能仓卒兴办，而测量亦须时日。河道关系下游利害，若非预为测量，预为计划，冒昧兴工，又将贻异日之后患。是以工代赈之策，今年只能作为明春春赈之筹划，不可人人因此宗旨，遂将已收之款存储银行，不办急赈，立视其死而不之救也”。[33]

如何办理急赈呢？熊希龄提出了两项原则性建议：第一，赶办急赈必须各灾区同时并举，万不可只办数县而令他县饥民闻风而来，秩序固不可保，而赈务亦必为之发生障碍；第二，赶办急赈重在先购粮食，无论平粜及发赈，均须在1920年10月以前将粮食运到被灾各县，迟则北方封冻，边远之区大雪封山，将有种种不便。[34]

然赶办急赈，购买粮食，均须先有巨款。据熊希龄推算，若以米1升每日煮粥能养活10人，则以饥民1000万计，每日则需米1万石，每月则需米3000万石；按高粱、粟米每石洋价7元折算，每月需洋210万元，3个月即需洋630万元。而饥民人数达到三千数百万，需款之巨，实可惊人。如何能够筹得如此巨款？国际统一救灾会集合中外各团体，固然能够解决一定数目，但大宗的款项，还非得由政府提供才行。而政府已库空如洗，怎么办呢？熊希龄会同赵尔巽、汪大燮等人，绞尽脑汁，终于又想出了三种办法，以之上呈大总统：

其一，查原财政部为整理新华储蓄票特发五年公债1000万，为收换储蓄票之用；又阁议整理中、交京钞一案，特发九年公债6000万，以3000余万为收换中、交京钞之用，二者均已实行，闻限于4个月内办理完竣。鉴于储蓄票与京钞发行已久，损失必多，其中且必有因水火兵灾而票钞被毁无法收换者，数目大约不止百万，如能待新华、中、交三银行收换票钞事竣，将所有遗失未兑之公债余额概行拨归赈款，则为解决问题之一途径。

其二，查东西各国，往往于战争发生或财政紧迫之时，辄于交通机关所辖之铁路、轮船、邮票加收百分之几的通行税以济急需。取之不多，征之甚易，事竣仍即停止。如若仿行此例，将中国之各地铁路，长江及各省埠之轮船，各省商埠之电车，全国之邮票一并加收附税，其数目至少当有1000万元之谱。倘以此数为抵押，向欧美各国资本家贷借5000万金，亦可办理急赈。

其三，查农商部新设农工银行，业将股款集有数百万元，现在直、鲁、豫三省农民失业，无资耕种，政府如饬令农商部先将此款仿行通州农工银行例式，速于三省灾区设立农工银行，贷借农民，俾得购买籽种等款，亦为赈务善后之一策。[35]

熊希龄认为以上诸策政府如能采行，不仅急赈可办，即冬赈、春赈亦可有望。若政府先行担任此三赈，而工赈亦可从容计划。于此三赈不足者，可由中外各慈善团体办理杂赈以为补充，庶可使灾区全活。后来政府采行了熊希龄的提议，并委熊出面与交通部暨银行交涉；且仿熊之提案，又加征海关附加税，致急赈及其冬、春各赈，有了基本保证。

筹款有着，凡放赈及其办理杂赈各项，俱由国际统一救灾会统筹执行。在该会执行的会议进行当中，熊希龄复又有种种议案提出，诸如统筹财政之计划，统筹灾区之计划，辅助政府之责任，联络各团体之办法，以及纠正各种失当的举措等等，浸透了他的劳绩与心血。[36]北五省灾民在饥寒交迫的困境中得以渡过，多数饥民得免于死亡的厄运，实得力于熊希龄暨中外一大批慈善事业家的苦心经营和筹划。

（三）筹赈湖南

湖南是熊希龄的家乡，对于家乡的灾难熊希龄是更为关注的。兹将湖南遭受的兵灾与水、旱各灾及熊希龄设法施救诸情形分述如下：

1. 兵灾的救治

湖南自“二次革命”以来，迭遭兵祸。盖因其地当冲要，一直成为南北军阀角逐的战场。北洋军阀为了控制湖南，先后派汤芗铭、傅良佐、张敬尧督湘。这些军阀名为督湘，实则祸湘。湘省遍遭蹂躏，人们深罹其害。1916年护国之役发生，湘西首遭刀兵之祸。其受害之酷，为百年来所未见。熊希龄当时这样写道：“缘以战争既开，各地土匪乘时蜂起，焚掠惨杀，村舍为墟。

沅河流域三十余县地方，无不深遭惨毒。老弱流离，死亡载道。妇孺匿藏山谷，不避风雨，沿河尸骸流及千里。”如辰溪一路，“民屋均作兵舍，门窗木料概折为薪，各乡土匪烧杀横行，株木冲、李家铺等十余村庄全为焦土。人民四散逃奔，两游死尸流积，秽恶薰蒸，已成瘟疫”。麻阳一路，县城及高村、同口三处，南、北军进退各四五次，“蹂躏已成荒墟，城民只余八人，四乡土匪如毛，山谷死尸均满，其逃至凤凰行乞者，半多田舍富翁”。又如芷江县城两次被围，“炮火之余，鸡犬无多”；仇杀焚掠，随时可见。“有姚祖绅一家，毙命七十余口”。妇女被掳去者多无下落。其永顺、大庸等处，由于几被围困，“城外房屋，焚者千余；仓储谷米，皆付一炬”。种种情状，惨不忍言。[37]

1916 年 3 月，熊希龄回湘迎母，就是在如上这种悲惨情景的刺激下，从而担任湘西宣慰使，救济家乡灾民的（参见《熊希龄传》第十二章第三节）。那是他救济家乡人民的开始。然而从那以后，家乡湖南便灾情不断，他几乎每年都得为湘赈而劳苦奔波。

紧接着护国战争而来的是护法战争。自 1917 年秋开始，湖南又成为战场。南北两军入湘相持数月，先是湘南发生兵灾，继之湘中各属，均罹兵祸。战线绵亘数百里。衡山、宝庆、湘乡、湘潭、攸县、醴陵、长沙、湘阴、岳阳、平江一带，农民辍耕，商旅裹足。老幼妇孺，转徙流离。所有繁盛之区，一经划入战线，不摧残于骄兵，便蹂躏于溃卒。“岳长数百里间，村落丘圩，炊烟断绝；通衢广道，尸骸狼藉；妇稚老弱，窜伏山谷；裸尪饥踣，喘息奄奄。惨目伤心，不堪言状”。[38]

面对如此变局，熊希龄既无力阻拦战祸相加，只好呈请政府颁发巨款，办理湘赈。当时旅京湘人亦呈请政府仿前湘西宣慰使例，派熊希龄宣慰湘南。[39]政府以之交国务会议讨论，议论结果是：须以岳州战局平定，始可办赈。[40]然湘民挣扎在死亡线上，“人民失业，十室九空，望泽之殷，甚于涸鲋”。[41]熊希龄只好会同湘人，自行筹措。他用自己的私产人寿保险单等，向银行抵借万元，派任福黎携往湘中施放急赈。[42]接着于 1918 年 4 月 3 日，会同旅京湘人范源濂、郭宗熙等，联名向全国发出为湘省兵灾乞赈通电，要求全国各省文武长官、慈善团体以及海外同胞，“推人道之大同，救一方于水火，或慨施巨款，或代募义捐”。[43]同时又致电湖南同乡诸公，“乞尽力捐助，并为设法代募”。[44]为了切实办好湘赈，1918 年 4 月 18 日，他邀同旅京湘人，在石驸马大街本宅成立一赈湘机关,定名“湖南义赈会”,自任会长。设立干事部,分任文牍、庶务、会议、交际、干事各员。确定办事方针为:其一,除仍呈请政府广为提倡外,在全国范围内募集款项,暂存京津银行,俟稍有成数,即汇往灾区施放;其整数巨款,即迅汇灾区施放急赈。其二,施赈地点由会长派出查灾员认真查明,分别轻重,由会中议决指配赈款。[45]义赈会成立后,旋在岳州、长沙设立办事处。初仅有熊希龄捐助的万金为恃,为济燃眉,义赈会向银行先行借垫两万余元,后得各方捐助,共有赈款十万余元,对平江、湘乡、衡山、湘潭、岳阳、临湘、醴陵、湘阴、攸县(后去攸县加宝庆)、宁乡、浏阳、长沙12县进行了施赈,使半死的受灾人们得以支撑过来。[46]

由于熊希龄组织湘人自行办赈,北京政府迫于舆论界压力,也不能不有所表现。又适4月间岳长已复,政府也须履行前议。故段祺瑞致熊希龄的电文中这样说:“执事关怀桑梓,借款募捐,分投集赈,莫名倾佩。”今“岳长赈款,已奉令共拨十万元交曹宣抚使(曹锟)会同省长核实散放”;并“已电曹宣抚使暨张兼省长(张敬尧)确查具报,候复到再定办法”。[47]所拨赈款由军阀掌握着,湘省人民到底能沾多少实惠,也就难说了。

2. 水旱各灾的救治

湘省在护国、护法战争中被人为的兵燹摧残一番之后,复又遭受严重的自然灾害的打击。1918年入夏后,苦雨连绵。湘江、沅江、澧江三水同时暴涨,泛滥十余县。众多的地区,浸泡在一片汪洋之中。哀鸿之声,遍于盈野。无家可归的人民,四出逃亡,“露宿山林者有之,伏居山洞者亦有之”,逃至省城者,日有数千人之多。[48]大兵过后,继以水灾,又瘟疫盛行,全省有四分之三的地区发生瘟疫。加以土匪乘机劫持,市面金融混乱,人民苦不堪言。当时熊希龄指出,人民纵不死于兵灾,亦必死于瘟疫,死于饥饿,死于金融。[49]省府当道,对于人民的苦难置若罔闻。督军兼省长张敬尧前此手握10万元兵灾赈款,惠民无多;此番湘省水灾,北京政府续拨3万元赈款,他竟以纸币3元折合银洋1元发放(当时银洋市场价约合纸洋7－8元),乘机从中盘剥侵蚀。甚至对于避水迁居长沙城头的居民,采用军事手段加以拦阻。

熊希龄眼见兵灾未绝,水患又起,心力交瘁,寝食难安。湘省请他办赈的函电纷呈而至,中央也把目光集中到他的身上,希望他能出任湘省赈务督办,奇迹般地解决问题。督办之职,熊希龄执意不受,因为他要面对现实。

湘省兵灾加水灾,灾黎已有数千万。至少得有3000万元赈款。可中央既没有巨款拨助,担任中央的赈务督办又有何用?然筹湘之心,则未克稍懈。他仍旧义不容辞地成为这场救灾的灵魂和支柱。还是以前此兵赈中所创办的湖南义赈会作为办事机构。通过了解灾情,熊希龄认为这次赈灾所要解决的重大问题主要是谷米。因为湘省刀兵水火,谷米无存。众多地区不仅将种粮食尽,而且早已靠树皮草根果腹。谷米主要得从外地采购,而筹款必当在先。政府既不能接济,不外是向社会各界劝募。1918年6月29日,熊希龄向各省发出请赈通电,痛陈湘省苦况,祈请"当世恻隐仁人慈善之士,推爱乡之心,并毁家以纾难;本恤邻之义,则汎粟以济饥。或脱簪钏,或节脂粉,或捐宴费,或捐游资"。[50]然多次向外劝募,公私困竭,捐成弩末,所得已属不多。为此,熊希龄采取了如下一系列变通的办法和措施:

首先,他邀旅京湖南义赈会诸公商议,将前此湖南所存由他保管的全省米盐公股到期之第一、二两项证券,从交通银行领出,计共得京钞40.8万元。由于京钞价跌,他怕公款损失过多,将京钞全部购买七年公债,再将这些债票分别转押交通、金融、实业、盐业、大陆各银行,抵借现洋19.5万元(年息8厘),以5.52万元汇湘赶办急赈,另14万元汇至汉口朱菊尊处,派刘艾棠赴汉与之商榷,前赴芜湖购米平粜。[51]

其次,仿湖北签捐票成例,开办慈善救济奖券。据云有上海某巨商包揽签捐票,每次愿报效湘赈捐款30万元。若抽签10次,可得巨款300万元。鉴于各方捐助无多,而奖券能生激励,故熊希龄乃尝试采行此法,定为分六期发行。不料此举一开,他省纷纷效尤,举国若狂,小民投机成赌,致生流弊。熊希龄深恐酿成祸端,故发至第五期后,于1919年3月5日宣布第六期停办。[52]

其三,临时救济,安抚灾民,并推行以工代赈之法,用以相度情形,维持生计。由义赈会在省城设立平粜局,并派员往受灾各地,招集流亡,"盖居留所以栖之,设临时施米处以食之"。例如株洲、醴陵两地,"一面劝农速治田园;一面设临时因利局贷资商贩,俾各自营生;一面贷资恢复土窑三处,维持失业窑户,藉以赶造民间所失之碗碟等物;一面设立织布厂,织造制赈衣绒布,藉以安插机户。又设临时医院维持居留所灾黎之卫生"。[53]

其四,请全国慈善机关联合维持湘赈。1918年9月26日,熊希龄在京召集湖南义赈会同人开会,议决与上海各善团联合。先函致上海中国济生会,请其在沪上联络。[54]1918 年 12 月 14 日,经济生会联合起的诸善团,在上海组成了湘赈联合会,成为很好的外援。[55]

通过上述办法和措施,收效很大。款项次第筹措,谷米从外埠源源运到。截至 1918 年底运进湘省的大米有 8 万石,分别分发各受灾区赈济和平粜。1919 年 3 月,忽探悉沪商私运大米 60 万石在黄浦江被扣,并闻江苏省署拟议罚其二成,商人尚未承认,时当春季,雨湿甚重,米存货栈,官商争持日久,难免不生霉变。而湘民则急需购米,熊希龄遂于 4 月 4 日致电苏督李纯和省长齐耀琳,请将这 60 万石苏米转运湘省销售,“既了纠葛,亦得善价”。如商人愿罚,亦请将所罚二成运湘减价出售。[56]他的请求得到允可。有了这批大宗米源入湘,使湘省饥民渡过难关,湘赈遂得以告竣。

复苏之后的湘民,重治田园,在 1919 年秋天,大部分地区谷物获得丰收。然而省府当道却不管人民生计,督军兼省长张敬尧见湘省小有收成,为裕军费,便开米禁。借筹军米为名,勒派各县上交大米七万以至三万五万不等。收米后,仅以等于废纸之军钞发还,作为米的“代价”。然后将这些大米,官运一百数十万石,到京津一带出售。熊希龄从报上获此消息,非常气愤。1919 年 10 月 20 日,他致电北京政府和湘督张敬尧,谓“今岁近省各县虽有收成,而其他各处尚属偏灾,绝非丰稔之年。湖南义赈会尚拟于外省购米平粜,以济其不足。设如报载出境百万,售米即多,价必暴涨;存米既少,民必乏食”。加之以等同废纸之军钞为勒米代价,“农民未获丝毫利益,而地方盖藏一空,水益深而火益热,岂非使数千万湘民同死于虐政之下”!因此,他请中央迅饬张敬尧停运,并请财政部停发护照。[57]该电发出后,张敬尧大为光火,于 13 日回电曲意辩白。始则指陈熊希龄不谙事理,“摭报纸之澜言,作抨击之通电”;继则谓自己运米出境,乃系援谭延闿督湘时之旧例;又系为湘人之“所请”,意在“济有余之米谷,吸多数之现金”,使湘省乱后百业凋零、金融枯竭的局面得以改观,而公家也可以“借税收补助度支”。他甚至认为自己军费不足,尚欠三个月兵饷,亦须借资弥补。因此对于熊电大为不满,并且对熊大肆攻击,谓为“欺世盗名”,办赈“有名无实”等等。[58]熊希龄忍无可忍,遂与张敬尧展开了一场“电战”。这场“电战”曾经轰动了全国舆论界。然而也正是在这场“电战”中,熊希龄对张敬尧做了淋漓尽致的揭露。1919

年10月19日，熊希龄向全国各大报刊发出这样一篇电文，指责张敬尧道：

“仆之通电声明报载，自非臆造。执事果无此事，何必自办官运？且湘米质非上品，京津之人素不喜食，前有商人试办一次，曾遭失败，执事运此百万石，意将何往？岂非别有隐图？……南北交战之时，仆等亦知执事所处之困难，故对于军纪财政，未尝不为曲谅。今休息业已半年，执事绝无惠民之政。”“盗果戢乎？民果安乎？一年以来，惟知经营商务，搜刮公产，使敝省水益深而火益热。仆虽欲以私谊为执事觭觚，亦觉束手而无策也”。“仆尝观凶暴之人及身而亡，富豪之家不世而斩。钱多为害，非为福也。以仆所闻，执事此一年来在湘所收入者，扣留中央盐税二百数十万，附加盐税三十余万，盐票私加保护照费一百五十余万，钱粮一百余万，铜元余利一百二十余万，厘金数十余万，拍卖公产款一百余万，合计八百余万，加以中央筹济军饷，将及千万。其以勒价收入，定为每元四十余串之钱票，而发出定额为每元十五串之钱票，所获利尤倍蓰焉。执事之军，不过四万余人，以所入二千余万以充支出，仅抵一半，何至尚欠三个月之军饷？人言啧啧，众怨沸腾。恐执事之祸不在臾颛，而在萧墙也”。[59]

熊希龄对于张敬尧的这一指责通电，与其说使得张敬尧狼狈不堪，毋宁说促进了湖南人民仇张的怒火。此后不久，湖南人民便展开了一场声势浩大的驱张运动。由于形势的急剧变化，张敬尧在湘难以立足，被迫北撤。湘军谭延闿、赵恒惕乘机控制湘局，打着“湘人治湘”的旗号，搞起了联省自治。

1920年6月，驻守在湖南境内的北军全部退走。但北军北撤之际，沿途烧杀，又给湖南人民造成一场灾难。报载张敬尧率第七师退走时的情形说：

“军行所至，井里为墟。安化、蓝田之商店数千家，尽成焦土。”岳阳之“城厢内外，财物早已一空。房舍什物，皆为北军折作薪柴。街市之中，惊遗遍地。尸骸之暴露通衢者，亦无虑数十，臭秽薰天，无人收殓。一般人民，以第七师任意抢杀，到处强奸，故多避入福音堂救济会”。“一般妇孺，镇日哭泣不止。又以地狭人多，气味恶浊，疫疠乘隙而来，数日之中，死亡相属。其凄惨情形，不堪设想”。[60]

然祸不单行。偏偏在北军焚烧之时，湘南又大雨不绝，致湘河暴涨，水灾又起。6月20日，永州山洪暴发，一日之间，河水陡涨数丈，顺流直下，如高屋建瓴，沿湘河流域之各县田庐，多被冲没。湘水支流，如草河、耒河、潇水、合水、洣水、攸水、渌水、浏水、沮水、大水，亦均灌注湘江。湘江水势骤增，江面窄狭之处，逆而上行，宣泄不及，即泛滥横流。舟经各处，一望数十里，渺无涯际。“陇间屋宇，有仅见其顶者，有完全浸没水中者，有全栋浮起，随波逐流者”。各处电杆冲倒亦多，未倒者，仅出水面数尺。“省城之学宫门、小西门、大西门、草潮门、通泰门，各处之水，皆已入城”。“水陆州、牛头州、白沙州各处，皆已淹没。该处民房之低下者，水线已封屋脊，登高视之，惟见一片汪洋，绝无涯涘。竹杪树梢在水中摇曳而已，至上游浮下之尸身畜物，则滚滚而来，不计其数”。[61]

1920 年 8 月 21 日，熊希龄会同旅京湖南义赈会徐佛苏、汪诒书、黄赞元、范治焕等人，致电新上任的湘督谭延闿，请以工代赈救济灾民。并由义赈会以现洋数十万元，收回前押之于英商的机器全副提交湘省，以为开办普通工厂、以工代赈之用。但声明：如若将此项机器用于“开办兵工厂，则系政府事业，本会为人民慈善团体，碍难参与，应请将前项押款，及栈租各费，由湘政府偿还本会支配赈务”。[62]表明对于兵事的痛恶。

此次灾情发生之初，由于湘省上年小有收成，民间亦有存米，因此尚未立呈巨象。然而 6 月间水灾所造成的直接后果是年谷物歉收，加以谭、赵政府也外运粮米以裕军费，故到了 1921 年春天，全省普遍发生了春荒。饥民成群外出逃荒，以辰溪、溆浦、芷江、麻阳、晃县、安化、新化、临湘为最；次则为沅陵、凤凰、乾城、黔阳、绥宁、靖县、武冈、宝庆、平江、岳阳、嘉禾、水兴、耒阳；再次为古丈、会同、永顺、保靖、龙山、大庸、永绥、桑植、新宁、浏阳、湘乡、新田、祁阳各县。[63]春荒发生后，湘省又纷纷电熊，请设法筹款，购米办赈。赵恒惕为取悦人心（1920 年底，湘军发生内讧，赵恒惕与程潜联合，逼走谭延闿，赵恒惕主湘政，仍继谭延闿搞联省自治，参见《熊希龄传》第十四章第四节），也组织一湖南急赈会，自任会长，举熊希龄为名誉会长。1921 年四五月间，熊希龄多方设法，筹得款项 10 余万元，一部分汇湘赶办急赈，一部分仍交湖南义赈会派人往芜湖购米。5 月 26 日，熊希龄应湘省制宪筹备处邀请，偕夫人朱其慧来到长沙，一方面参与省宪审查（熊被举为湘宪审查会的审查长，参见《熊希龄传》第十四章第四节），一方面亲自筹办赈济事宜。到湘后，当即组织成立义赈会平粜局办公处，专门负责购米和办理平粜。[64]通过听取灾情汇报和派员查勘了解，发现湘省春荒之象，远比他前此预料的要深重得多。报灾已达26县,饥民有560万人。如以两月计算,需谷约80余万石;以长沙时价计,需洋170余万元。[65]而湘省所以为恃者,不过他所筹到的10万元,远不敷赈。并且,自5月份开始,全省众多地区久旱不雨,一场继春荒之后的特大旱灾,已经开始降临。秋收是否有望,已然难以保障。为此,他与赵恒惕商议,必须设法筹集巨款,否则后果不堪设想。然湖南已为独立省份,政府不会指拨,只能自行筹措。自行筹措则莫过于挪用湖南米盐公股了。但前此赵恒惕已向榷运局交涉过,5月上旬得复,谓政府财政困难,盐局收入税款,已经政府随时提用无存;迭与财政厅磋商,又谓数目太大,刻难周转,须展期三个月方可偿还到期之数。再转向社会各界劝募,更不现实。因为自北五省灾荒发生后,社会各界捐力已尽,无可为望。熊希龄与赵恒惕左思右虑,最后,觉得是否可以尝试着从如下三个方面设法筹措:

第一,为海关附加税。该税系1920年北五省灾赈时,由海关加征附捐,计有700余万,除赈去500余万(包括偿还先行向银行借垫400万)外,尚余200余万,现存财政保管委员会。关税乃全国人民所共担,湖南亦占有份。今遭大荒,理应与北五省同沾其利。[66]

第二,为交通附加税。该税系北五省灾荒时,由熊希龄与交通部商定,从轮船、火车、邮政方面抽取的。北五省灾赈后,据查尚余有二三十万(实有50万),可以请求移作湘赈。[67]

第三,上海有华洋义赈会,除兵灾指为自作自受不赈外,其余各灾,不分中外,一体赈济。据云华洋义赈会尚有余款,截至6月15日止,便须解回他用,宜乘此时机,请求散放。[68]

以上三项,除交通税仅向北京政府交涉,无须借重外人外,其余两项,则非中外联合要求,难望成功。熊希龄建议湖南可仿前北京国际统一救灾会办法,湘省也中外联合组织一会。赵恒惕深为同意。于是在1921年6月2日,将湖南各中外团体或机构、省议会、教育会、商会、青年会、急赈会、义赈会、红十字会、外国领事团、教会等等,各派代表,联合组成湖南华洋义赈会,公推熊希龄、赵恒惕担任会长,谭延闿、聂云台及英、美、日三领事为副会长。所有湘赈一切事宜,概由华洋义赈会统筹规划和办理。[69]原义赈会、急赈会两团体,仍保持其独立性,由其担任专办平粜;散赈则由华洋义赈会负责。然而在华洋义赈会成立之后,由于一些外国教会的牧师缺少通力合作之心,甚至怀疑湖南各地谎报灾情，将米藏了起来，为之掣肘，致使各项工作进行得并不顺利。实际主赈得力者，依旧惟熊希龄所组的旅京湖南义赈会是赖。1921年6月8日，北京湖南义赈会电促熊希龄返京。6月13日，熊希龄离湘之前，不得不召集华洋义赈会诸团体代表开会，谓筹赈诸事须请各团体分担责任。当即议决：省外预计筹款3万元，由熊希龄负责；军界应筹4万元，由赵恒惕负责；商界筹5万元；学界筹5000元；政界筹5000元；警界筹5000元；淮商筹2万元；中外各银行筹5000元；各国洋货公司筹5000元；各教育会筹2000元；省议会筹5000元；省宪审查会筹2000元；各省会馆（如江苏、浙江、湖北、河南等）各筹5000元。[70]分派数目后，熊希龄于15日离湘赴汉，再赴江西转至上海。沿途之中，他想尽办法筹款和采购谷米杂粮。芜湖、南昌、宁波、汉口，甚至西贡，他都一一联系过。其中有些地方或因米价昂贵；或因路途遥远而缓不济急；或因联系未妥而作罢论。1921年7月，从芜湖采购的1500石以及从汉口采购的4000石大米均先后分批运湘平粜。旋又在常德购定蚕豆2200石。[71]

尽管熊希龄费尽心力筹购如许米粮，但并不能解决各地缺米少粮的问题。此时，久旱不雨所造成的灾象已经十分严重，禾苗枯死，秋收绝望。7月以后，全省报告旱灾者，竟有50余县之多，饥民喘息呼号，死亡载道。熊希龄深感必须实现前此拟定的三项筹款救灾计划。1921年7月2日，他从上海致电北京湖南义赈会诸公，请举代表向防灾委员会请求从海关余款项下拨助100万元，赴购杂粮10余万石，由车运湘分别平粜和散放。又交通附税，亦请往恳求。[72]至于上海各善团方面，经他联系，华洋义赈会愿拨3万元赈湘。殊不料长沙教会一电到沪，谓湘省“只少米，并非是荒”等语，[73]致使该会之款随之取消，使得熊希龄为之浩叹。于是，熊希龄又会同旅京湖南义赈会，向北京新内阁索取到期之湘省米盐公股证券款项，但财政部仍无款归还（原议8月份归还，并未兑现）。[74]后熊希龄与聂云台合电交通部，请加发铁路支付券百万元，以之换取到期之湘省米盐公股证券，为湘省次年春赈之用。[75]同时熊希龄获悉美国华北赈灾会尚有大宗余款120万元，汇归100万，尚存20万。[76]又积极从中运动，获得美方同意，遂将此款移交湘省，以工代赈，修筑马路（如潭宝公路[77]）。此外，熊希龄又复多方筹集零星款项，购买米粮，并且收留受灾中无家可归的湖南灾孩200余名，入北京香山慈幼院教养。[78]熊希龄呕心沥血，心筹桑梓，使湖南人民又一次从饥饿之中渡过难关。

但是，在军阀统治的黑暗时代，湖南人民并不能完全从忧患和痛苦中解脱出来。此后灾情仍复不断。例如，到了1925年11月29日，熊希龄写给赵恒惕的一封长函仍这样说：

"湘灾惨酷，日夜萦怀"。"此次湘灾情形，弟得中外各方面报告后，即知灾区广大，灾民众多，渐非数十百万所能救灾，亦非一二团体所能担任。于是迭次约集同乡诸公，切实讨论，拟具意见如下：一，估计海关附加税约有300余万元，湘省为第一等灾区，至少亦可分三四十万元，此款既属中外代表协商之件，将来放款亦须有华洋义赈人员与闻，弟意拟以此款指定购买小米，运往灾区，设立粥厂，救济老弱；二，湘省提出抵押品，前向中外各银行团借款二百万元，倘能达到目的，弟意拟以此款十分之三就近在沿湖定价采购谷米，为平粜之用；以十分之七，以工代赈，修筑全省马路干道，救济农民壮丁；三，今年既有以上两项，略足应付冬赈，而明年春赈，尤须设法预备，方可以与秋收衔接。弟意拟托美国官绅设法转劝美国红十字会派员来湘募放春赈，此弟等计划湘赈之大概情形也"。[79]

就这样地，熊希龄几乎是长年不断、年复一年地为湘赈奔波，无有已时。

（四）多方救助

熊希龄除了前述几项重大的系列救灾活动之外，还有多方面的一些慈善救济活动。

1.救济京师贫民老弱

北京虽为全国的首善之区，然自民国成立以来，就一直成为军阀政客角逐的中心。战事的不断发生，使得这里也呈现一派"商业凋敝，民生困苦，乞丐满途，饿莩载道"的景象。1919年，熊希龄这样指出："都省巨埠，贫民之多，北京为冠。民六以来，极贫者十余万人，至上年（1918）则其数加至二十四万人。战事后，恐更甚矣。报纸所载有全家自杀者，投河者，道毙者，累累不绝。其为报纸所不载者，不知凡几。哀我黎民，靡有孑遗。若不设法救济，非仅人道所不容，而即此铤而走险，或流为盗，或酿为疫，亦足以累害口外之人民，此京师救灾贫民之不可稍缓也。”[80]他要求北京当局，应每月拨出20万元来施救，如果经费困难，可以通过加征房、盐附税的办法解决之；或者从关、盐两余项下提拨。他说政府既号称北京政府，就必首先谋北京的秩序安宁，此乃“固本”之策，“本若不固，远何能图”？[81]可是北京政府并没有何种有效的措施和表现。于是官方不办的事，仍然由民间来办。

1922年11月13日，孙丹林联合中外善士筹设了“北京老弱临时救济会”。孙任理事长，汪大燮、恽宝惠为副理事长，公推熊希龄为名誉理事长。11月22日，孙丹林致函熊希龄请就任，熊以“事关慈善”而欣然应允。讨论救济方案时，熊希龄提出建议，谓“贫民中除极老甚稚以及病重残疾、年幼颖异者不计外，似宜选定最便于生计而又不须多资本之技艺数种，依年龄、资历、时间而分别教导之，庶几经冬之后，嗟能自立”。[82]之后，他与孙丹林等，在北京宣外下斜街斗鸡坑感化学校与老墙根玻璃公司设立救济院两所，收容贫民达2000余人。不仅“供给衣、食、住，并施以教育”。[83]经费靠劝捐解决。

1922年11月24日，北京政府看到民间自行办起救济了，为了不失脸面，大总统黎元洪任命熊希龄和孙宝琦筹办京城贫民生计事宜。[84]受命后，设立了筹办事宜处。可是政府并不拨给款项。熊希龄与孙宝琦会商，拟定了这样三项筹款办法上达大总统：第一，盐余在外国银行无利息，请政府按照活期存款例，月给二三厘，这样可以生出巨额款数；第二，中、交京钞尚有未换公债者，期满后请为充公；第三，东三省各种附加赈款未解交来京者，请迅饬解京。[85]然而这种筹措是否有效呢？据熊希龄此后的一份呈折透露：“国家财政困难，政府迭更，所陈筹款各策，均尚未能确定。”[86]可见仍是一个未知数。1922年12月，当熊希龄获悉农商部所属彰仪门外有工艺局一所，规模宏大，可以容纳一二千人作工，而该局自1913年起，便因生产各品亏耗过巨而早已停产，机器变卖，厂房出租，于是他以此作为解决问题的门径，请求大总统饬国务院和农商部，将该局厂房收回，拨归筹办京城贫民生计事宜管理。“一面由龄等筹款项，大加修理，以期保存；一面设法招收贫民子弟学习职工，逐渐扩充”。[87]得到允许，算是政府唯一能够作出的一点表示。

京师贫民既多且苦，但其中最苦者莫过于旗民了。熊希龄述其苦况道：

“以希龄近数年来隐居香山，目睹西郊各营村之旗民困苦之状，尤为可悯。民五以后，旗饷不发给，旗民既无生计，冻饿难堪，有将衣服典尽而以报纸围其下体者;有父母自杀而仅留弱小、全家投河而子女同尽者;有将所居官房折卖而数家归并一室,人满致疫者。死亡之日多,户口减少,迄今尚有孑遗者,即恃每年春、夏、秋三季之游客与冬季官绅所设之粥厂,贫民得以资生。”[88]

这样的一种状况,可是自1925年段祺瑞在北京出任执政以后,因财政困难,竟由各主管署广设官产处,互相竞争,群起需索。这些穷困到了极点的旗民,因为居住的都是“官房”,自然成了需索的对象。他们或是被强令迁出房舍;或是被要求交纳房捐。当时在北京香山静宜园有一位名叫张屈氏的孀妇,年已81岁,居静宜园数十年,向无税捐,靠清室发给旗饷度日。可是1916年以后,旗饷不发。该氏生活艰难,不得已将住房出赁,靠月得房租而苟延残息。不意1925年6月23日天降凶灾,狂风吹揭了屋顶,室内雨漏如筛。幸房客热心出资,觅人修理,然至将要动工之时,京师第五警察分署的巡警居然横加拦阻,谓必须纳捐后方许修理。[89]熊希龄目睹这种情况,内心非常愤懑。他以极大的同情心为民请命,多次进呈段祺瑞和致函京师警察总监,请免征这些无告之民。但段祺瑞充耳不闻。除对孀妇张屈氏“从轻定价,以示体恤”外,仍继续推行他的暴政。这样一来,旗民就只有在死亡线上挣扎了。

政府不管旗民的死活,熊希龄则尽自己的努力去设法施救。他尽可能将旗民子弟接收入香山慈幼院教养,同时设立慈善联合董事会,接办原由满人创办而亏累倒闭的首善工厂,加以整顿扩充,吸收旗民子弟年龄较大者入厂作工。又开办妇女家庭工业传习所,收容旗民妇女学习工艺。并且还与社会上的各界人士,组织起北平贫民救济会,开办粥厂,施放月米,以及在冬、春两季散放冬衣、赈粮和原煤,施赠药品等等,为旗民的苦难克尽救治之责。

2. 组织世界红卍字会

长时期的救灾办赈,使熊希龄感到有必要将全国的各种慈善团体联合起来,以求呼应灵敏。还在1918年12月21日的时候,他就在上海发起成立“中华慈善团体全国联合会”,假民国路中国义赈会设立临时事务所,议定章程,征集团体,于1919年1月22日开成立会。他被推选为该联合会的临时正主任,朱葆三、王一亭为副主任。设有交际、文牍、庶务、调查各科分担职守。[90]可是该联合会只联合了少数团体,并没有把全国各地的团体都联合起来。熊希龄的愿望没有实现。

到了1920年7月,北方发生了直皖战争,难民荡析离居,四出逃亡。熊希龄偕夫人朱其慧在北京创办了妇孺救济会,设办事处与难民收容所于石驸马大街本宅。收容难民达七八百人。后来难民日增,旋又在铁路俱乐部、香山来青轩、北京女子师范、培华学校、通俗图书馆等六处添设收容所。[91]并商南开学校校长张伯苓和海军医校经子清协助组织医疗、救护两队,分赴京奉、京津、京绥、京汉四条铁路沿线各县村庄,共救出妇孺7647人,疗治伤员490人。[92]

然而直皖战争结束未久,到了1922年4月,又爆发了直奉大战。于是熊希龄又组织救护队,前往战地救治难民。短短的两年之内,就发生了两场大战。往下也不知道何时又有战祸发生,抑或是何种灾难出现。熊希龄觉得,即使不能筹组中华慈善团体全国联合会,也应当建立一个永久性的慈善救济机构,用以对付这无休止的天灾人祸。这个机构在直奉大战结束不久的1922年10月成立,它的名称叫作世界红卍字会(卍音读万)。

世界红卍字会最初是由道院的一批人发起的。所谓道院,是对于世间种种事物的"道"进行其真理探讨的学术团体。组织发起者为钱能训、徐世光、杜秉寅、王道程、王芝祥、乔保衡、王人文、李佳白、封水修、何澍、李智真、杨圆诚、郑婴芝等人。他们声称道院"乃一种超宗教、超政治的组织,即在本人类之理智,以寻求真理,而为互爱互助之提倡,以归于正义人道之旨而已"。为了使道院的研究所得见诸实事,"以弭世界残杀之机,而谋人类共存之本",道院的这批人与熊希龄等中外人士联合,发起组织了世界红卍字会。[93]

世界红卍字会于1922年10月28日在北京正式成立。它以"救济灾患,促进世界和平,并以发扬人类互爱互助之美德为职志"。[94]它的名称取义是这样的:"世界二字揭示普及全球,无人无我,无界无域,无一切歧视之真意也;红卍字云者,红色取其如赤子之心,且具有光华灿烂之景象也;卍字则取其四围上下无不普遍,无不圆通,运动不滞,周流不息,所以形成为天下大同之鹄的也;会为集合共同意志,经营共同事业之对外公开之一种表示。"[95]

红卍字会很容易被人误认为红十字会,其实两者有很大的区别。一是两者的工作范围不同:"十字会起源于战时之救护,故各国十字会之组织,大半隶属于海陆军之范围,故其工作亦多重于战事之救济;卍字会则以平时与非平时发生之天灾人祸,皆负救济与安全之责任。"二是两者的发生地与目标不同:"十字会产生于西欧,推行于中国;卍字会欲以力求世界和平安乐之真幸福奋勉从事,以期推及于东西各国,为世界人群物类结一大善缘。"[96]

世界红卍字会初成立时举钱能训为会长,王道程、乔保衡、李圆源为副会长。未久钱能训、王道程两会长先后病故,改推徐世光为会长。熊希龄因为香山慈幼院刚刚成立,诸务繁多。未克分身到会中担任职务,仅列名为会员。然到了 1925 年,徐氏病故后,适熊希龄也可以从香山慈幼院分身了,于是会中同人乃推熊希龄担任会长。并且从此时开始,直到 1937 年 12 月他去世为止,会长的职务一直由他担任着,连任三届,历时 12 年之久,担任会长的时间可以说是最长的了。他在任职期间,除了在北京设立中华总会,复在全国各省、县暨日本神户等地设立分会多达 150 余处。

自世界红卍字会组织成立,熊希龄就以该会作为自己服务社会、从事全国各地(包括国外)慈善救济的组织办事机构,并把自己的所有救济事业都与该会联系在一起。1923 年 9 月 5 日,熊希龄以日本发生大灾,便以红卍字会名义筹赈日灾。他先在香山慈幼院组织女学生共同织制赈衣 300 件,请日使芳泽谦吉转寄日本散放;旋又设日灾筹赈会,自任会长。[97]1924 年 9 月,第二次直奉大战爆发;1925 至 1926 年,国民军与奉军和直奉鲁联军两次交锋。期间熊希龄以世界红卍字会名义组织救护队奔赴战地,发挥了巨大的慈善救济功用。据当时的报纸报道:"京中世界红卍字会,救济灾民,埋葬遗骸,收容妇孺,成绩甚优。"[98]熊希龄自己则称:"敝会组设救济队、收容所,派出员役数万人,支出经费数十万实施救济。而近畿一带因战事未结,难民日多,故敝会在京设立收容所数十处,收容难民十余万人"。[99]"各救济队员之出发凡数千人,其赴各战区实施救护凡数十百次"。[100]正因为如此,连军阀齐燮元、张宗昌、王怀庆也齐声称颂,说世界红卍字会的救济难民伤兵是"功德无量,极表感谢,并愿赞助"。[101]

熊希龄与世界红卍字会同人在收容和救护战地难民与伤兵的同时,并与王士珍、赵尔巽、孙宝琦、汪大燮、江瀚、王芝祥等人多次函电劝告交战的各方军阀停战议和。当时的大部分函电都是他亲手草拟的。1926 年 4 月 15

日，国民军退出北京，他即与王士珍、赵尔巽等人应京城各法团的邀请，出组“京师治安维持会”，派吴炳湘以治安会名义接收警权，维持北京城内的治安。4月22日，他复联合京师各慈善团体，组织“京师救灾联合总会”于北京天安门，极力筹措救济灾荒的款项，采运各地的米粮、衣物和原煤各种事宜。5月22日，他还以红卍字会中华总会的名义向全国各地各界发出请赈通电，谓“昊天不吊，灾祸频仍，敝会夙以拯救灾患为宗旨，历年办理国内外各项灾赈，绵力已尽”。乃交战各地的难民“扶老携幼而来者，仍复络绎于途。既欲罢之不能，复筹款而无术，用特飞电呼吁，尚祈登高一呼。广为劝募，源源接济，急救灾黎”。[102]就这样，他费尽心机来收拾当时的糜烂的局势。直到6月中旬，各方有了回应，所有“遣散难民，办理急赈，保护村镇等办法均已拟定大纲，尅期执行”，[103]诸事有了结果，可以告一段落，他才喘过气来。

世界红卍字会组织成立以来，短短的数年之间，为慈善救济事业作出了巨大的贡献。1928年，熊希龄这样称道：“连年以来，国内外各项灾祲以及迭次战争发生，本会均竭力设法救济，并组织救济队开赴前方救护伤兵难民，设立收容所，救济妇孺，井于各处被灾区域随时散放急赈，以救垂毙灾黎。”总之是“灾患何时发生，本会即何时赈济”。在平时不发生灾患的时候，便开设和办理“残废院、育婴堂、盲哑院、卍字医院、施诊所、平民工作所、平民贷济处以及平民学校、冬季粥厂、冬赈棉衣等等。用意均在辅助政府，救济平民”。[104]正是因为如此，所以当1928年新的国民政府在南京建立后，仍准予世界红卍字会继续立案。并且1928年8月3日，国民政府委任熊希龄为赈款委员。[105]11月24日，又任他为豫陕甘赈灾委员。1931年1月27日，国民政府将赈灾委员会改为赈务委员会，制定组织条例，熊亦改充赈务委员。是年，熊著《十六省救济水灾意见书》，对于救济的办法、措施、步骤作了十分详尽的论述。[106]此后，他对于历次的兵祸及其自然灾害，“几乎无役不从事赈济”。[107]现将熊希龄主持世界红卍字会的工作以来，其所办永久慈业以及临时慈务各项综括如下：

永久慈业包括：(1)卍字中学。这是总会为培育人才及使各地贫苦学生得以升学而于1934年开办的，地址在北京西郊青龙桥。(2)卍字小学。专收贫民子弟入学，总会与各地分会设立计有85处。(3)卍字医院及施诊、施药所。分中医、西医两部。全国各地成立计有百余处。(4)残废院。收养肢体不全或因病残废之人,北京、天津、济南、烟台、牟平、察南各会共设六处。(5)平民工厂、贫儿习艺所。专收灾区贫民贫儿,延请技师教以染织等工艺,定期毕业。莱芜、包头、烟台、泰县、曲塘、西安各分会均已设立。(6)恤嫠局、恤产局。专对贫苦产妇及孀居嫠妇照恤。全国各地设有20余处。(7)平粜局。用来调剂灾歉民食不足。设立者有7处。(8)因利局、贷济所。用来扶助小本营生的贫民,即无息贷给款项。成立者计有48处。(9)育婴堂、孤儿院、恤养院。专收各地无力抚养之婴儿。全国各地计有20余处。(10)防疫所。免费为贫民施送防疫药品,已成立12处。(11)慈济印刷所。专门印刷卍字会宣传慈善的文字材料,成立有4处。(12)公墓、义地、施棺。专用来接济无力置棺营葬的贫民,各地设立有40余处。(13)粥厂。每届冬令或紧急灾荒时,救济那些无力生活的逃荒之民。每年各地设立有40处。(14)冬赈。救济那些无力度过冬天的贫民。

临时慈务包括国内的与国外的两方面。国内的救济计有:(1)1925年,长江一带及直、鲁、豫各省发生战事,组织救济队至30队之多,分赴战区实施救济,其救护伤兵难民115900余人,掩埋死尸5000余具,收容妇孺50000余名。同年,苏、皖、鲁及津浦北段沿线因兵灾之后民不聊生,派员分赴各地共计施放面粉7100余袋,米粮800石,棉衣21000余套。赈济灾民68000余人,资遣回籍难民800余人。是年上海发生"五卅"惨案,又派员携带各项物品及恤款3000元驰往慰问,分别抚恤。(2)1926－1927年,南北战事发生,组队分赴赣鄂、京汉、京浦、京绥、京奉各路战区从事救济,共救护伤亡及难民199250余人,治疗伤兵伤民1000余人,掩埋死尸16000余具。及战事扩大,复在南北各地设立临时医院7处,治疗伤兵6000余人,掩埋尸体4700余具。并不顾危险,往返兵舰接洽护送各国侨民750余人,救护难民妇孺3000余人运京收容。同年,为河北、山东、山西及山海关南口、察哈尔各地因兵灾受难的人民共筹赈款69000余元,米6650石,面7089袋,杂粮16030石,棉衣5000套,共赈灾民246563人。在济南收容难民妇孺45381人,资遣7500人。(3)1928年,冀鲁战事仍烈,京浦沿线各地收容难民达10万人以上,治疗受伤军民27000余名。5月3日,鲁省事变发生,商埠民众食粮告绝,城内居民危急万分,卍字会一方面与日领事磋商,一方面商淮南军让出东南,救护难民出险,并由救济队入城办理各项救济事宜,计治疗伤兵1500余名,掩埋死尸500余具,收容难民2000余。同年,山东兵燹之后忽遭奇旱,被灾达60余县。同时利津黄河决口,灾情尤烈。陕西、河南两省,亦因旱、兵两灾,饥馑载途,易子而食。卍字会共筹赈款87339元,米1500石,杂粮114609石,共赈济114万余人,收容4080人,并于陕西、山东等省设立灾童收容所及教养院。(4)1929年,河北永定河漫溢成灾,河南内乱亦烈。红卍字会筹集赈款10954元,面568袋,棉衣200套,共赈济灾民8266人,移民出关就食者13840人。(5)1930年,冀、鲁、豫之战事,组织救济队沿京浦、京汉各线救济,总共救济治疗伤病兵民158000余人,掩埋死尸3000余具。同年西北各省与河南等省匪、旱两灾未息,红卍字会复筹集赈款73080元,米878石,棉衣3723套,资遣灾民65801人。同时东北各省又告水灾,红卍字会续筹赈款28400元,米514石,红粮5100石,共赈灾民18101人,掩埋尸体171具。(6)1931年,沈阳事变发生,市民逃避,所余者赤贫乏食,红卍字会设立粥厂,每日就食者15000余人,救治伤兵百余人,掩埋露尸600余具,并在京、津设所收容入关难民。同年长江及黄河两流域,湘、鄂、皖、鲁、豫等16省发生重大水灾,东北各省事变踵起,难民入关避难者不下50万人,红卍字会共筹赈款168049元,共赈济灾民10余万人,资遣9万余人。(7)1932年,上海"一·二八"事变发生,红卍字会设立医院收容所各61处,救治难民177000余人,收容妇孺23000余口,掩埋尸体7000余具。同年江苏、河南、山东、热河各省兵灾先后发生,加以苏、皖等省水灾之后,人民痛苦益深。同时哈尔滨滨江流域泛溢,冲毁房屋人畜无算,红卍字会筹集赈款2183000元,米21火车皮,面23683袋,杂粮3500石,棉衣10600套,计赈灾民368672人,收容35741人。(8)1933年,陕西关中10余县旱灾,冀、热等省又遭兵祸,四川重庆大火,皖省合肥、六安、霍邱、立煌等县复值内乱,同时黄河忽告溃决,冀、鲁、苏、豫、晋、陕各省水灾尤烈,天灾人祸相逼而至,红卍字会筹集赈款280530元,米2900石,杂粮630石,棉衣1735件,分途施济,共赈灾民74万余人,收容难民妇孺17万余人。(9)1934年,浙闽战事发生,世界红卍字总会组队驰赴福州,治疗伤、病兵民3000余人,赈济灾民1000余人。同年冀、鲁、皖、苏、豫、川、湘、鄂、闽、宁夏、东北等十六省340县水、旱、震、虫、风、雹各灾,区域广大,灾民众多,红卍字会筹募赈款378211元,米11483石,红粮5600石,赈衣72123套,布600匹,食盐1万斤,连同各种药品,一面派员分途施放急赈;一面从事医疗及掩埋工作,共计赈济灾民100余万人,掩埋尸体3096具。(10)1935年,安徽先涝后旱,灾情及于全省,长江上游溃决,黄河两岸又告崩溃,灾情之重,较之1931年尤甚。湘、鄂、赣、皖、江、浙、闽、蜀、晋、陕、豫、冀、甘、宁、察、绥等十六省共计被灾达449县之多。红卍字会筹募赈款228500元,面粉2700袋,赈衣48500件,并承美国红十字会捐助赈款5万元,分途办理急赈计共赈济灾民1219591人。(11)1936年,晋省兵灾甚重,红卍字会组队沿正太线救济,计救治兵民10000余人,筹赈款104000元,择最要灾区查放急赈,共赈灾民10815人。(12)1937年,北京事变发生,京津一带四乡人民逃来京师,麇集城关,红卍字会设立收容所13处,临时医院2处,天津设立收容所9处,而保定以及京奉、京浦、京汉沿线并南京、上海各地分会,纷起组队设所,实施救济,京津两地的救济队共计收容难民妇孺22000余人,治疗伤兵4600余人,掩埋尸体700余具。事平后复分送难民各返回原籍。同年,豫、陕、甘、宁、川、黔六省普被春荒,豫西各县灾民多以石粉充饥。红卍字会筹集赈款54000余元,并组救济三队分赴川黔灾区赈济,嗣以芦沟桥事变突起,南北交通梗阻,此项赈务即行停止。

国际的救济计有:(1)1927年,日本关西地震,红卍字会筹集赈款5000元,交由日本公使馆代汇日本灾区散放。(2)1928年,中俄发生战事。世界红卍字总会当即联合东北各分会合组救济队两队,驰赴满洲里。其时苏军飞机日夜飞翔,纷掷炸弹,救济队不分中苏军民妇孺,均施以治疗、掩埋,共计治疗伤民520余人,掩埋死尸150余具。(3)1933年,日本岩手官城青森等地地震。红卍字会筹赈款20000万及日金10000元派代表渡日分赴灾区施放。同年美国洛杉矶发生剧烈地震,红卍字会为普及世界胞与,计筹集赈款10万元,派代表函送美国使馆,转汇灾区代为赈济,并电驻美中国公使转致美国政府慰问。(4)1934年,日本大阪西京、神户等处突遭飓风成灾,红卍字会当即筹赈款10000元,派代表携赴日本使馆慰问,并请转汇灾区施放,复由大连径汇款万元,分配赈施。[108]

如上是熊希龄从1925年至1937年12年间主持世界红卍字会其国际与国内救灾之荦荦大者。无论是临时性的救灾还是永久性的慈善业,他都是亲自筹划与安排,并且身体力行,常常奔赴在救灾的第一线。他为了慈善救济事业,贡献了几乎后半生的全部心血。

（刊《湖南文史》1988年第2辑[总第30辑]）

注　释

1 《近畿大水灾之详情》,长沙《大公报》1917年8月10日。

2 《天津水灾之西讯》,长沙《大公报》1917年10月3日。

3 熊希龄:《复赵凤昌函》,《近代史料书札》。

4 熊希龄:《京畿水灾善后摘要录·旧序》,1921年北京刊本。

5 熊希龄:《京畿水灾善后摘要录·旧序》,1921年北京刊本。

6 鲁云奇:《一百名人家政史》(指严:《熊希龄》),上海中华图书集成公司1918年12月版。

7 熊希龄:《致赵凤昌函》,《近代史料书札》。

8 上海《申报》1917年10月1日(命令)。

9 《熊督办为京津灾民请赈电》,长沙《大公报》1917年10月12日。

10 《天津水灾急赈募捐启》,北京《顺天时报》1917年10月15日。

11 《督办京畿水灾河工事宜处公启》,北京《顺天时报》1917年10月9日。

12 《京畿水灾民捐赈款收支征信录》,北京1921年刊本。

13 《督办水灾河工事宜处联合中外慈善团体开会议决各案》,北京《顺天时报》1917年10月19日。

14 熊希龄:《在燕京大学的演说词》,藏南京二档。

15 《京畿水灾民捐赈款收支征信录》,1921年刊本。

16 《京畿水灾民捐赈款收支征信录》,1921年刊本。

17 参见《京畿河工纪实》1928年刊本。

18 《筹赈声中之面面观》,上海《申报》1920年10月4日。

19 《筹议救荒之各方面观》,上海《申报》1920年9月15日。

20 《各方面之救灾消息》,上海《申报》1920年9月24日。

21 《北京各界之筹款消息》,上海《申报》1920年10月3日。按实际上派出学生只有40人,分10组。

22 《各方面救灾之活动》,上海《申报》1920年10月2日。

23 熊希龄:《北五省灾区救济会工赈建议案》,藏南京二档。

24 《北京各界之筹款消息》,上海《申报》1920年10月3日。

25 熊希龄:《在燕京大学的演说词》,藏南京二档。

26 参见上海《申报》,1920年10月6日、7日、8日《北京通讯》。

27 《北京国际统一救灾总报告书》,藏北京市档。

28 熊希龄:《北五省灾区协济会工赈建议案》(1920年9月),藏南京二档。

29 《筹赈声中之面面观》,上海《申报》1920年10月4日。

30 熊希龄:《致北五省灾区协济会函》(1920年9月),藏南京二档。

31 熊希龄:《在国际统一救灾会上提议先办急赈案》(1920年10月11日),藏南京二档。

32 熊希龄:《在国际统一救灾会上提议先办急赈案》(1920年10月11日),藏南京二档。

33 熊希龄:《在国际统一救灾会上提议先办急赈案》(1920年10月11日),藏南京二档。

34 熊希龄:《在国际统一救灾会上提议先办急赈案》(1920年10月11日),藏南京二档。

35 《北五省灾区协济会征信录》,北京公记印书局刊本。

36 熊希龄:《在国际统一救灾会提议赈灾办法案》(1920年1月27日),藏南京二档。

37 《常德熊秉三请速筹急赈以救兵灾公电》,上海《时报》1916年4月25日。

38 熊希龄等:《致同乡诸公电》,北京《顺天时报》1918年4月7日。

39 《旅京湘人请派熊希龄宣慰湘南》,长沙《大公报》1918年11月11日。

40 《上大总统段总理电》,北京《顺天时报》1918年4月10日。

41 《上大总统段总理电》,北京《顺天时报》1918年4月10日。

42 《上大总统段总理电》,北京《顺天时报》1918年4月10日。

43 《天津公电》,上海《时报》1918年4月8日。

44 熊希龄等:《致同乡诸公电》,北京《顺天时报》1918年4月7日。

45 《旅京湖南筹赈会之成立》,北京《顺天时报》1918年4月24日。

46 《湖南义赈会报告书》,长沙《大公报》1918年10月15日。

47 《段祺瑞复熊希龄电》,北京《顺天时报》1918年4月7日。

48 《熊凤凰之赈湘计划》,长沙《大公报》1918年10月4日。

49 《熊希龄请赈湘省难民》,长沙《大公报》1918年6月29日。

50 《熊希龄请赈湘省难民》,长沙《大公报》1918年6月29日。

51 《熊凤凰购米赈灾》,长沙《大公报》1918年7月6日,又见北京《顺天时报》1920年5月6日。

52 《熊凤凰筹款赈灾之计划》,长沙《大公报》1918年7月8日。

53 《熊凤凰之赈湘计划》,长沙《大公报》1918年10月4日。

54 《熊凤凰之赈湘计划》,长沙《大公报》1918年10月4日。

55 《组织湘赈联合会》,上海《申报》1918年12月14日。

56 《熊秉三为湘省乞粜电》,长沙《大公报》1919年4月11日。

57 《熊希龄请禁湘米出省》,上海《申报》1919年10月23日。

58 《张敬尧与熊希龄电战》,上海《申报》1919年11月1日。

59 《熊希龄驳张敬尧电》,上海《申报》1919年11月4日。

60 《湘民真无孑遗矣》,上海《申报》1920年7月6日。

61 《湘民真无孑遗矣》,上海《申报》1920年7月6日。

62 《以工代赈之湘讯》,上海《申报》1920年9月4日。

63 《湘南近百年大事纪述》(省志第一卷),湖南人民出版社1979年版,第462页。

64 《筹赈会平粜局之组织》,长沙《大公报》1921年5月29日。

65 《华洋筹赈会发起会纪事》,长沙《大公报》1921年6月2日。

66 《华洋筹赈会发起会纪事》,长沙《大公报》1921年6月2、4日。

67 《华洋筹赈会发起会纪事》,长沙《大公报》1921年6月2、4日。

68 《华洋筹赈会发起会纪事》,长沙《大公报》1921年6月2、4日。

69 《华洋筹赈会发起会纪事》,长沙《大公报》1921年6月2、4日。

70 《昨日华洋筹赈会之会议》,长沙《大公报》1921年6月14日。

71 《熊凤凰电告筹赈会情形》,长沙《大公报》1921年7月11日。

72 《熊凤凰电告筹赈会情形》,长沙《大公报》1921年7月11日。

73 熊希龄:《致湖南筹赈会电》(1921年月2日),藏南京二档。

74 《熊秉三之出席筹赈会代表》,长沙《大公报》1922年1月5日。

75 《昨日华洋义赈会之会议》,长沙《大公报》1921年6月14日。

76 《昨日华洋义赈会之会议》,长沙《大公报》1921年6月14日。

77 见《湖南华洋义赈会创修潭宝汽车路纪事碑》。该碑立于湘潭市砂子岭潭宝公路路旁碑亭内。

78 《香山慈幼院招收湖南灾孩》,长沙《大公报》1922年3月20日。

79 熊希龄:《致赵省长书》(1925年11月29日),藏南京二档。

80 熊希龄:《提议加征房盐附税充为北京四政经费专款案》(1919年),藏南京二档。

81 熊希龄:《请将关盐两余速行解决上黎元洪条陈》(1923年3月17日),藏南京二档。

82 《京师老弱临时救济会报告书》(1922年11月下旬),藏北京市档。

83 熊希龄:《请将关盐两余速行解决上黎元洪条陈》(1923年3月17日),藏南京二档。

84 上海《申报》1922年11月27日(命令)。

85 上海《申报》1922年12月19日(北京电)。

86 熊希龄:《请拨给官产筹办贫民工厂呈黎元洪文》(1922年12月),铅印单行本。

87 熊希龄:《请拨给官产筹办贫民工厂呈黎元洪文》(1922年12月),铅印单行本。

88 熊希龄:《请体恤旗民呈段祺瑞文》(1925年8月),铅印单行本。

89 熊希龄:《请体恤旗民呈段祺瑞文》(1925年8月),铅印单行本。

90 《中华慈善团体全国联合会通告》,上海《时报》1919年3月31日。

91 《女红十字会妇孺救济会纪事》,北京《顺天时报》1919年7月22日。

92 熊希龄:《在燕京大学的演说词》(1920年10月21日),藏南京二档。

93 《道院红卍字会宣言》,藏南京二档。

94 《呈请世界红卍字会继续立案文》(1928年10月26日),藏南京二档。

95 《世界红卍字会宣言》(1922年10月),藏南京二档。

96 《世界红卍字会宣言》(1922年10月),藏南京二档。

97 长沙《大公报》1923年9月20日(快信摘要)。

98 《红卍字会向各省呼吁》,北京《顺天时报》1926年5月24日。

99 长沙《大公报》1923年9月20日(快信摘要)。

100 长沙《大公报》1923 年 9 月 20 日(快信摘要)。

101 《红卍字会前日欢迎直奉将领》,北京《顺天时报》1926 年 5 月 10 日。

102 《红卍字会向各省呼吁》,北京《顺天时报》1926 年 5 月 24 日。

103 《熊希龄赴苏沪筹款》,长沙《大公报》1926 年 6 月 22 日。

104 熊希龄:《呈请世界红卍字会继续立案文》(1928 年 10 月 26 日)。

105 《国民政府公报》1928 年 8 月 3 日第八十期(命令)。

106 熊希龄:《十六省水灾救济意见书》,天津《大公报》1931 年 10 月 24 日。

107 《世界红卍字会筹款赈救水灾》,天津《大公报》1935 年 7 月 21 日。

108 如上参见《世界红卍字会中华总会二十年史略》(1941 年),又《世界红卍字会慈业工作报告书》(1929 年)。手迹件。

十八　近代中国的慈善教育

——熊希龄与香山慈幼院

在近代中国,有一种可名之为“慈善教育”的事业,其最有成就、最有影响、最有代表性的一个机构,就是由熊希龄创办的北京香山慈幼院。香山慈幼院在近代中国存在了整整三十年,培养了数以千计的无家可归的孤苦儿童,在近代中国社会起了十分重要的作用。可是长期来,这个课题的研究一直被人们忽视了。翻开现有出版的近代中国社会史和文化教育史的书刊,竟然找不到任何有关熊希龄与香山慈幼院研究的篇章。这决不是学人们一时的疏忽!真实的原因乃是因为在过去,人们曾一度受极“左”思潮的影响,对于这种性质的事业产生了误解和偏见。

如所周知,由于近代中国的慈善事业曾经有一部分是由外国传教士创办,因此提起“慈善”二字,人们都本能地将它与帝国主义的对华文化侵略政策画等号。认为外国传教士打着“慈善”的招牌,实际上是充当了“殖民主义的警探和麻药”。[1] 诚然,外国传教士在中国的确干过不少伤天害理,伤害中国人民感情的坏事,例如贩卖华工,拐卖妇女,溺杀婴孩。因此,其所谓“慈善”,有着骗人的“伪善”的一面。但是,我们不能据此而断定外国传教士当中就绝对没有真正办慈善事业之人。同时即使说他们全是“伪善”的,也不能断定他们所已办起的有关慈善事业,诸如救灾办赈的某些团体机构,一些教会医院、学校、育幼场所等等,客观上对于中国社会就全然没有好处。可是有些人偏偏就是这样:不仅对于外国人办起的慈善事业一体否定,而且对于国人自己办理的慈善事业也一概指为“虚伪”、“欺骗”、“沽名钓誉”以及“为统治阶级服务”等等。例如曾经就有人这样指责香山慈幼院说:“这样的儿童教养院,在反对统治的旧中国,不只是所谓慈善家们用来作沽名钓誉的场所,而且只能为统治阶级服务。只有在解放后的中国,有党的领导,它才能真正起着为人民服务的作用。”[2] 这样一来,所谓近代中国的慈善事业,就几乎成了“虚伪”、“欺骗”的同义语。加上像香山慈幼院这样的慈善教育机构,偏偏又是由熊希龄创办,而熊希龄在学术界的评价,长期来一直因为他在政治上的若干过失而被打入了“冷宫”,自然而然地,熊希龄所创办的香山慈幼院,就被忽视和抹杀了。

熊希龄果真是为了“沽名钓誉”才创办香山慈幼院吗?香山慈幼院果真是“为统治阶级服务”吗?香山慈幼院在近代中国社会和近代中国教育史上究竟起了什么样的作用?产生了什么样的社会效益?本文拟通过具体的事实论证来回答这些问题。

(一)熊希龄为何创办香山慈幼院

熊希龄(1870－1937),字秉三,湖南凤凰人。1891 年中式举人,1892 年中式贡士,1894 年成进士,授翰林院庶吉士。1897 年在湖南维新运动中崭露头角,担任湖南时务学堂总理,创刊《湘报》,组织南学会,创兴湘省近代铁路航运等。湖南新政失败遭到革职,蛰居沅州数载。1902 年助妻兄朱其懿办理湖南西路学务。1904 年东渡日本考察实业与工艺,回湘后设沅州务实学堂,创兴醴陵瓷业,被清政府重新起用,开复原官,旋随五大臣出洋考察宪政,暗中与梁启超、杨度等人沟通,开展立宪活动。1906 年至 1908 年,他先后担任赵尔巽、端方、陈启泰的幕僚,在东北、江苏两地办理实业,成绩卓著。1909 年调任东三省清理财政正监理官。1910 年担任奉天盐运使仍兼正监理官。1911 年辛亥革命爆发后,翊赞共和。1912 年出任唐绍仪内阁财政总长,加入共和党。嗣因向四国银行团借款而被指为“卖国”,旋辞职。1913 年被袁世凯任命为热河都统。同年出任国务总理兼财政总长。其内阁被称作“第一流人才内阁”。莅任仅八月,即先后辞职。自此之后退出政界,以服务社会、办理社会慈善救济事业为职志。在北京创办了香山慈幼院。

熊希龄作为民国早年的一位高级官员,为什么要退出政界,为什么要去从事社会慈善并创办香山慈幼院呢？究其原因有二：

首先，是他对于民国官场政治的失意。所谓失意，就是他的理想和抱负在当时的环境条件下无法得到实现。熊希龄从青年时起就怀有经国济世的抱负。及至他出任民国初年的国务总理，身居首揆，统率百僚，按理说这正是他施展理想抱负的最佳时刻了。的确，他的内阁成立之后，有心要干一番大事业，发表了洋洋洒洒的《大政方针宣言》，对于中国的内政、外交、军事、财政、实业、交通、司法、教育诸大政，都有具体的设想。要言之，其根本之点在于立足建设。政治上，其主旨力求贯彻资产阶级的民主法制精神，“建立一真正共和国”。[3] 经济上，实行对外开放，吸收外资，增加关税，裁撤厘金，保护实业，奖励垦殖与私营工商，兴修水利，改良农业，发展邮、电、航、路四政，其目标在于将中国纳入建设的轨道，发展资本主义。[4] 他的内阁被时人称作是民国以来“破天荒第一次有政策有阵容的内阁”。[5] 可是，熊内阁的设想与施为却遭到了大总统袁世凯的百般钳制。袁世凯虽然表面上表示“赞许”，暗中却生出种种阻力，使熊内阁处处陷于困境。例如熊内阁为了保证其“大政方针”的施行，声称要“与总统府划清权限”，并欲“统一中央财权”。[6] 可是到头来各省有关重要的公文特别是有关军事秘密者仍只送到总统府，不让国务院闻问。国务院不过一个专门副署盖印的机构！统一中央财权呢？却不能统一交通部与交通银行，以致于到了 1913 年底，海、陆军部及各省都督纷纷电请国务院拨助军饷，熊竟束手无策，还是袁世凯出面，方从交通系首领杨士饴手中提款 500 万元交熊渡过难关。这简直成了对熊内阁的绝妙讽刺。特别使熊感到难堪的是，当熊希龄被袁世凯挟制利用迫其在解散国民党与国会的乱命上副署之后，熊内阁便被看作是多余的了。然后袁便用事先精心罗织的所谓“热河盗宝案”赶熊下台，并指使报刊披露说熊在热河有“盗宝”嫌疑，顿时令熊声名狼藉。所有这些，使得熊希龄心志俱灰，深感在袁世凯的暴戾统治下不能有为，于是急流涌退，绝意仕进。这可以说是熊脱离政界的主要原因。

其次，熊希龄退出政界之后又去从事社会慈善事业，并创办香山慈幼院，则主要肇原于 1917 年发生于京畿一带的一场大水。据报载，这场大水系来自永定、大清、子牙、南运、北运五条大河同时决口数百道，洪水滔滔，使得河北境内 1.9 万个村庄与 25 万余顷土地被河水吞没，灾民逾 500 万人。其时熊希龄隐居天津，天津成了泽国。目睹津民无家可归、啼饥号寒的惨状，熊希龄自退出政界之后，本不愿再回到政府中来供职。但是他不出来主赈，政府便不定议；而政府不尽早作出决定，“则此数百万之饥民，无有全活希望”。熊希龄说他考虑再三，“遂不得不勉为其难”。[7] 当然，最终使得熊希龄能够“勉为其难”来担当此项重任，除了出自对于灾民的一片同情之心外，也还有另外一层因素存在，那就是：他是把这次救灾当作了为自己过去的若干政治过失而进行“赎罪”的一种手段来对待的。自退出政界之后，熊希龄就把政治看作是罪恶的。回首往事，特别是主政时被袁世凯利用在解散国民党和国会的乱命上副署一节，常常陷于悔恨交加之境不能自拔。故他总是千方百计地希图能够“赎罪”，以求良心能安。正因为他有这种良知，所以当京畿水灾发生，北方人民遭难，他就以此作为自己的“赎罪”之机。1917 年 11 月 5 日他写给赵凤昌的一封信中这样说：“念出仕十余年来，从未直接为民做事，愧对吾民”，从今之后，定要“勉竭驽钝，以当此退难，亦冀稍赎政治之罪戾”。[8] 可见，熊希龄退出政界之后投身于社会慈善事业，是他同情劳苦大众的良知和为自己过去政治上的失误而“赎罪”的动机两者相结合的产物。惟其如此，他就任水灾河工督办后，即兢兢业业地救灾办赈，治理河工，经过一年多的艰苦努力，使得灾民安抚，河道规复，工、赈两个方面都获得成功，为北方社会和人民作出了巨大的贡献。并且，在办理灾赈的过程中，他了解到各地灾民，因为缺衣乏食的缘故，很有些把自己的儿女弃置路旁甚至标价出卖的，还有些父母带着儿女投河自尽或全家自杀的，情状极为可怜。他说：“可怜这些孩子，他生下来并无罪恶，为何遭此惨累呢？”[9] 于是，在他就任督办的第七天（即 1917 年 10 月 11 日），他就向被灾各县发去急电，请出示严禁出卖幼孩。11 月 20 日，他在北京城内西安门与二龙坑两地设立慈幼局两所，分收男女灾孩 1000 余人，这便是香山慈幼院的嚆矢。

（二）香山慈幼院的教育体制及其办学方针

北京慈幼局原本是临时设立。可是到了 1918 年 4 月水患已平，各家属陆续领去的灾孩只有 800 余人，尚剩下 200 余人无人认领。为容养这些无家可归的孤儿弃婴，熊希龄遂商请大总统徐世昌出面与前清皇室内务府交涉："拟择京西香山静宜园建设男女慈幼院两所，以资移养慈幼局无法遣散之儿童。"[10]得到允准。于是熊希龄利用水灾河工督办处的赈灾余款，另得各方捐助，从1918年10月开始度地鸠工，筹备建院。1919年12月30日男女两校落成。再经过一系列的准备，1920年10月3日正式开院。初入院的儿童除原有的200余名外，另有从全国被灾各地送来400余名。此后逐年递增，到1930年时在校灾童竟达到1670人。

香山慈幼院是专为收养孤贫儿童所设立的慈善教育机构。它与任何其他一所普通国民学校不同，推行的是"三合一"的教育体制。所谓"三合一"，首先是学校与家庭的合而为一。因为香山慈幼院收养的儿童大多无家可归，入院后，院就成为他们的家，不仅要供给他们的衣食住及各种教学用品，而且还得聘请大批的管理人员与保育人员，花相当的时间和精力来照抚他们。特别是那些未到学龄的儿童，还得让他们先过幼稚园的生活。年龄稍大的儿童虽已入学，但每天教员授课已毕，管理人员就得寸步不离地陪伴和守护着。别的学校每年都有寒暑假，每逢兵荒马乱的时候可以停课，而香山慈幼院则完全不能。其次，香山慈幼院又是与社会合而为一的。这不仅因为其孤贫儿童来自于社会，而且香山慈幼院本身的存在也依靠社会的扶持和资助。可以说，如果离开了社会，就没有香山慈幼院的存在和发展。同时，香山慈幼院既然是从社会上收录孤贫儿童，自然，它不能让儿童从这里长大出去之后再重新沦为贫困。因此，它除了对儿童进行抚养并施以相当的文化教育之外，又根据社会的需要，设立各种类型的工场农场，让儿童在这里学得一技之长，以便他们走上社会之后能够自谋生计。

由于这样的体制，香山慈幼院初办时，确定的办学宗旨与方针便是："教养孤贫失学之男女儿童，使有适当之智能道德，俾可谋生于社会。"[11]这种宗旨和方针与当时一些教会团体的学校无异。迨及一年以后，熊希龄感到"儿童之资禀不齐，家庭之遗传各异。论教则须根于个性之调查，论择业则须本于智慧之测量"。同时，香山慈幼院的"学科由蒙养、国高、中等以至大学；职业由各项手工以至机械；儿童由4岁以至22岁，在院积有18年之久，足以供教育家之次第试验"。[12]因此，熊希龄决意将这所慈善性质的教育机构办成一所教育试验型的学校。经过数年的探索，1926年6月，熊希龄遂"以既往往

经验,为将来之兴革”,[13]为慈幼院重新确定了教育方针三项:

其一,以农业教育为本位。熊希龄认为,香山慈幼院“位置于乡村之中,自应以农业教育为本位。一方面使儿童幼稚时代养成农事之观念与兴趣;一方面使本校附近之各村农民得有自然之感化,以改良其旧日之种植”。[14]围绕着这种“以农为本”的方针,香山慈幼院次第开办了如下六项农科设施:1.动物、植物各园;2.农畜饲育及养蜂、养蚕、养鸡各场;3.园艺、种植、造林各场;4.中等农科;5.农事展览会;6.香山农工银行。

其二,以乡村教育为本位。熊希龄说:“吾国国民教育之不发达,固为遗恨,然尤以乡村为最甚。”[15]乡村教育之所以不发达,一方面是因为长时来国内的学校一般都只设在都会、商埠与县城。乡村虽也逐渐设立,然因范围太大,加上经费困难与师资短缺,一时难以普及,这是客观原因。另一方面却是主观原因造成的,这主要表现为凡在都会师范毕业的学生,往往都不愿去乡村任教,甚至来自乡村的学生,进城后也不愿再回乡下。熊希龄叹道:“试思乡村教育,苟不发展,则全国教育,安有普及之望?”[16]他认为欲改变这种现状,“必须于乡村设立师范学校,即于各乡村招选高小毕业生,使习师范,则可免以上种种诸弊”。[17]

其三,以酬报与服务社会为本位。因为香山慈幼院的学生大都来自孤贫,都是由于社会慈善家的帮助,方免于贫困并享受教育。故熊希龄认为慈幼院的学生饮水思源,不能“忘本”,无论在求学期间还是毕业以后,都应当“帮助社会,为种种救济之事业,以酬报社会慈善之德意”。[18]

(三)香山慈幼院的各类教育及其发展规模

香山慈幼院从1920年开办,到1926年,便逐渐形成了一个完整的教育系统。其组织机构上设总院,熊希龄自任院长。总院分为四股,管理院里诸务。一为总务股,下设三课二部一会:即文牍课、注册课、统计课、卫生部、仪式部、考试委员会;二为教育股,下设二课一部二馆:即编辑课、视察课、体育部、图书馆、理化馆;三为会计股,下设三课:即出纳课、核算课、资产课;四为检察股,下设两课一部:即稽核课、保管课、工程部。总院是慈幼院的行政总机关和枢纽。在总院之下设有六个分校：分别办理婴幼、小学、中学、职业、职工、大学六类教育。现逐一介述：

1. 婴幼教育

婴幼教育是香山慈幼院的学前教育，由第一校办理。所设机构有三：幼稚园、婴儿园、家庭总部。幼稚园又称蒙养园，专收4至6岁的儿童，称幼稚生。幼稚园中有着完整的生活与教学设备。除寝室、教室、饭堂、浴室之外，还有一座由新加坡华侨黄泰源捐款建造的大礼堂，称“泰源堂”。其他各项设施有动物园、植物园、小农村、顾远亭、买卖街、家庭小厨房、鸳鸯池、鹿园、健身房、儿童体育场、孔子、基督、释迦牟尼陈列室、军械室、儿童俱乐部，“差不多凡是关于儿童身心有益的设施”，几乎“应有尽有”。[19]并且建立这些设施，都是别有用意，即不仅尽可能适应儿童特点，而且希望能对儿童有所启迪。如设动、植两园，是为了“得自然之启迪”；设小农村种植麦稻，是为了“生农事之观念”；设买卖街陈列各日用所需之货物标本，是为了“习人生之常识”；设体育场与俱乐部，是为了“供游戏之运动”；设各教寺庙陈列，是为了“启伟人之敬仰”。总之，熊希龄说，凡此设备，皆欲使儿童于蒙养时代，“涵濡自然之天机，寓教育于寻常游乐之中”。[20]幼稚生生活上有专门的保姆担任管理员专司照料。此外他们每天要接受从幼稚师范毕业的专任教师授课3小时。并且还要接受《儿童习礼法》、《儿童劳动法》、《儿童治家法》三个方面的训育，训育要求达到的标准是：独立、互助、勤劳、俭朴。

婴儿园比幼稚园成立稍晚。它是为了“补蒙养园之所不及”和“兼欲养成保姆人才”两种原因而设立的。因此，它围绕教保婴儿与训练保姆两个轴心开展工作。在教保婴儿方面，收录的婴儿从出生到4岁，分为幼婴、中婴、大婴三种，用严格的科学文献加以培育。举凡婴儿的起居食品营养卫生等各个方面，都有着一系列的养护措施。大婴还要进行各种户外活动训练，以养成良好的生活习惯及其兴趣爱好等等。在训练保姆方面，主要是定期举办保姆训练班，聘请医院儿科中有经验的护士和主修家政营养学的专业人员授课。凡充当保姆者都是经过严格的考选的年龄在25至35岁之间的有一定文化程度并且身体健康的妇女。她们经过一段时间的业务知识与理论学习后便在婴儿园进行照护婴儿的实践训练。实践训练合格毕业，一部分留在婴儿园工作，一部分则输送到社会其他部门或家庭服务。

家庭总部是基于香山慈幼院中众多孤贫儿童失去了家庭教育和温暖而成立的。总部内设有许许多多的小家庭,每个家庭系由从婴儿保姆训练班毕业的合格保姆担任家长,带领10或12名年龄大小不一的10岁以下的儿童同居一室,过家庭生活。她们之间的称谓是:儿童称家长为娘,“事以母亲之礼”,儿童相互间均以兄弟姐妹相称,“孝友之情,有逾骨肉”。[21]家长平时除督率儿童学习各种日常生活常识与技能之外,更主要是与家庭总部的导师(又称指导员)配合,加强对儿童在人格、道德、艺术、礼节、家政、娱乐等方面的训导,特别是注意个性培养,使其“一切观感逐渐深刻,庶将来成人之后,造福社会,稍减寄生虫及分利之分子”。[22]儿童们通过家庭生活的熏陶,不仅生活自理的能力加强,个性得到发展,而且一个个感情倍增。他们后来毕业离开了香山慈幼院,仍总忘不了自己的那个“家”。无论后来在那儿,不管天高路远,总要找机会到母校看看。因为对于众多的孤贫儿童来说,他们本来就没有家,香山慈幼院就是他们的家。为此,香山慈幼后来规定以每年旧历的七月七日为“回家节”,用以满足所有的毕业出去的学生“回家”的愿望。

2. 小学初等教育

小学初等教育是香山慈幼院的基础教育,熊希龄称之为各种教育的“初基”。由第二校办理。其学制分为初小高小两级,初小4年,高小2年,为六年一贯制。凡入院的儿童,人人都普及小学教育。小学教育的办学目的与方向分作两途:一是预备升学,一是预备工作。所谓预备升学,是指那些天资聪颖的儿童,通过入学教育之后,可以依次递升初、高中;所谓预备工作,则指那些不能继续升学者,为了工作的需要应学得一技之长。是故,小学教育的具体实施分作文化教学与劳作教学两个方面。文化教学主要是学习当时国民小学的各种课目,其教学质量是有着充分保证的。劳作教学则含着普通的和特殊的双重目的。普通的目的在于使学生做到:(1)养成耐劳的习惯;(2)体验农民工人的生活;(3)学会处理家事校事的能力,俾将来能够适应社会生活。特殊的目的在于:使学生学会生产的基本技能,藉以养成从事职业生活的能力,为将来的“择业”做好必要的准备。如果说文化教学的目的是为了升学一途;那么劳作教学的目的就主要是为了择业。因为能够升学的儿童终归是少数,大多数儿童是需要择业的,所以熊希龄规定:凡三、四、五、六年级的学生,年龄在10岁以上的,每日课后都必须赴工场或农场实习劳作一小时。选择的工种可以以兴趣、年龄、性别与家庭职业为标准。女生一般都鼓励学做缝纫、挑花、刺绣、地毯、养蚕、织布等;男生选择的种类很多,得最基本的必修金、木、土工三项,因为这三项“实为一切技术之源泉”,可“为将来择业之基础”。[23]

如上是教学方面的实施。在生活上,小学低年级的学生仍住家庭总部,过家庭生活。中高年级的一律实行村户制度,由家务课管理。家务课设家务主任1人,管理员4人,分管勤、俭、醒、恕四村。每村下设若干户,每户住学生4至20人不等。各村长、户长,概由学生自己充当。家务课除负责小学生的衣食住及其卫生保健外,还与教务课配合,指导学生的各种课外活动。计设有课外阅读、游艺、园艺、音乐、图书、揭示、出版等各种课外活动指导委员会。在其指导下,学生也根据各种的兴趣和实际需要,先后组织了各种课外活动团体,如卫生队、口琴队、歌咏团、小小书会、小小剧团、《晓声》月刊社等等。

为了不让小学生沾染社会恶习,树立超良好的道德风尚,家务课所担负的另一个重任,就是对于学生加强作人的训育。训育特别讲究态度和方法。态度上,管理人员首先自己要“以身作则”,当学生游戏时,就参与进去,绝不把指挥命令的责任放在自己身上。因为“先生的态度如果阎王似的严厉,儿童们也就会像衙役见了官老爷那样的死气沉沉”;“如果过于轻佻,儿童又会像皮猴似的顽皮”,既不能“过于严厉”;又不能“过于宽纵”,正确的态度应该是“庄而不严,温而厉。要以父母的心肠,教师的地位对待儿童,这样才会爱而不溺,威而不猛”。[24]当然,儿童往往感情胜于理智,要想几百个儿童都能守规矩,确不容易。犯规的事在所难免,消极的制裁也是必要的。但这里也有一个方法问题。正确的方法应当是:首先是要心平气和;其次是不要有成见;其三须以爱心为出发点;其四是不当众处罚;其五是不用恐吓法;其六勿伤害儿童的生理与心理发育。总之,凡事应当入情入理,以不损害学生而又能够收到实效为归。

3. 中等教育

香山慈幼院的中等教育包括普通中学、中等师范与幼稚师范、中等职业与专工职业五种,分别由第三、四、五校具体办理。

(1)普通中学教育。普通中学属于第三校中学部。其教育目标在于培养本院高小毕业生中的“资质颖悟”者考升大学。而主要又是面向男生。普通中学只办了初中,没办高中,这是因为可供选择的拔尖学生有限,难以足额,故欲升高中者一般由慈幼院推荐到外面投考。但也有初中毕业后不读高中就直接考升大学预科的。例如中一班首届初中毕业的27名学生,他们的学制四年,仅三年就完成。结果都去投考大学,取录者竟有22个名次,其中清华大学4名;南开大学7名;北京大学1名;燕京大学7名;北京师范大学3名。可见普通中学的教学质量是相当高的。

普通中学的教学质量之所以高,主要在于狠抓了文化教学。因为普通中学的目标是为了考升大学,所以它不像小学、师范与中职那样兼顾着较多的劳作实习,其文化教学时间得到了充分保证。同时担任文化教学的师资大多是来自北京师大,还有些是海外留学生,力量十分雄厚。再加上学生出身本属孤贫,自然异常地用功刻苦。并且因为全部住校,年暑假又加补习,故能有如此成效。

普通中学在狠抓文化教学的同时,特别注重学生的人格教育。熊希龄说中学生已进入青年时代,“血气方刚,情识初启,幻想亦多,正可善可恶之时,若不于此时植其道德基础,则品德前途,实为可虑”。[25]怎样植其道德基础?熊希龄以为儿童出身孤贫,慈幼院固然可以“施以种种之怜恤”,但是在学问技术上,“则纯物其已力之勤惰”;在考试委用上,“则惟论其本领之高低”,“决不使稍存受人怜恤之心,以蹈于倚赖求人,卑失节之恶习”。但凡学生报考大学,均令其自行投考,院方“不为之先容”,亦“不为之介绍”,以此养成学生“尚气节,能自立,不图倖进,不图倚赖”的品格。[26]

除人格教育外,中学生中还常开展爱国主义教育。每年孙中山诞辰纪念,全校师生必到碧云寺谒陵,缅怀孙中山创建中华民国的丰功伟绩。平时则教育学生热爱祖国。每当民族危难之际,则勉励学生赴汤蹈火,为国效力。例如1931年“九·一八”事变发生,熊希龄便动员学生奋起救亡。组成了200余人的学生义勇军开赴抗战前线。在这种教育的作用下,香山慈幼院中产生了大批思想进步的青年学生,并且院中还成立有中共秘密党支部,开展各种秘密的革命活动。[27]

(2)中等师范教育。中等师范教育主要是面对女生开办的,属第三校师范部。以培养乡村教师与香山慈幼院本身所需要的幼稚与小学教员为目标。女生高小毕业后只令其习师范，不学别的专业，在熊希龄的本意，还不单是因为女生适宜于做教师职业，更主要的是为了藉此来让女生享有独立平等的社会地位，并真正做一些体现其自身价值的有益于社会的工作。女校中师分为初高级两个阶段，学制共六年。所设课程都是按照教育部规定的科目授课，分必修与专修两类，但实行学分制。除此之外，女子师范特别增设通俗教育与家政教育两门。所谓通俗教育，指不赖文字记载而数千年来流传人们当中的那种历史习俗与社会心理，熊希龄说："数千年社会之秩序赖以维持者，亦在是也"；"今若根据历史习俗、社会心理而于乡村教育因势而力导焉，则事半而功倍矣！"[28]所谓家政教育，指的是掌握家庭经营和建设的各有关理论及技艺。熊希龄说："家者，社会之基础。中国政治本源在家族制度。抚育婴儿，驱策婢仆，其事甚繁而不易理，是家政实一重大之职业。"[29]故熊希龄规定，各师范生除了学习家政理论与各有关常识外，对于织布、刺绣、挑花、缝纫、烹饪、养蚕、养鸡等各项手工，也必须人人兼习，以收将来"自食其力，无须婢仆服伺"之效。[30]

（3）幼稚师范教育。幼稚师范教育主要是为乡村幼稚园培养师资，系由香山慈幼院与中华教育改进社联合举办，隶属第三校师范部。称"北平幼稚师范学院"。以"养成幼稚人才，而为试验新教育之工具"为其办学宗旨。[31]由于该校完全是作为一所试验性的学校来办理的，故它与一般的幼师不同：首先，它奉行"为平民服务"的办学方针。熊希龄说："中国现在的幼稚教育，除替富有人家看护孩子，使他们更有娱乐的时间以外，实在说不到对社会有丝毫贡献。安全的社会，其基础当筑在平民身上，当使平民都有受教育的机会。"所以办这个学校，就在于"造就一班一班的师资出来，使贫穷的儿童家长得有多余时间，可以多做一些生产工作，且愿意增加其工作上的学识技能，以减少他们生活的困难，但决不是专替富有人家去看护孩子"。[32]基于此，凡入校的学生，都必须是"愿替全民幼稚教育作终身事业的人"，"但闺秀或者小姐、书呆子及文凭迷的，请不必来"。[33]

其次，在教学上，该校酌采道尔顿制，推行"教学做合一"的办学原则。整个教学活动分作文化教学与专业实习两大项。在文化教学上，学制三年，课程设置颇多。但其教法却别具一格。即教师对于每一门课仅只作少量的和简要的讲述，具体则开列出学生学习所应达到标准、学习程序和进程，由于学生自己制订出月工作录去自学达标。其每门课程的成绩考核，则按知识、技能、兴趣、习惯、态度五个方面，并以上、上中、中、中下、下五个等次评分。这样一来，学生学习的主动性与自觉性就充分调动起来了。在专业实习上，强调从“做”字上下功夫。做就是到各幼稚园去实习。实习分作三个步骤：“先参观，次参与，终至于支配。”[34]参观从第一学年的第一个学期开始，具体是到各幼稚园去看，看的目的在于使学生对于幼稚园有一个基本概念。第一学年的第二个学期则为参与。参与就是到本校幼稚园去参与实习教学，目的在于进行能力锻炼。参与的内容有两个方面：一是材料上的参与，即看儿童工作上的需要供给相当的工具及材料（包括纸工、绘画、缝纫、编织、烹饪、园艺、木工、泥工等）；看设计过程中的需要向教师提出建议（包括故事、唱歌、工作、游戏等四个方面的教材）。二是动作上的参与，即在自由活动时参与儿童的谈话、游戏、工作；在课程活动时，参与讲故事、唱歌以及整个幼稚园的工作设计。完成了参观与参与两个步骤后，到第二学年，就进入完全支配阶段。所谓完全支配，就是让学生全方位地锻炼从事和领导一所幼稚园的实际工作能力。及至到了三年级的第一个学期，学生以一半时间在婴儿园实习；一半时间到二校的小学一年级实习，目的在于使实习生了解儿童学前与小学一年级学生的身心特点，弄清幼儿期教育的依据以及婴儿园、幼稚园、小学之间的相互衔接，为进行幼儿教育科学的研究奠定基础。三年级的第二学期，学生就全部下到乡村，开办乡村幼稚园，以求与为平民服务的宗旨相符合。

（4）中等职业与专工职业教育。熊希龄创办普通中学、中等师范与幼稚师范，是招收高小毕业生中的那些成绩优良而又年龄相当的男女儿童入学。鉴于高小毕业生中的儿童本有两类：除了可以升入中学，师范的那一类“合格”儿童之外，还有一类是“逾格”儿童。所谓“逾格”儿童，大致又包括这样三部分：一是成绩虽佳，或因年龄过大而不能入中学与师范者；二是年龄适合（当然也有年龄稍大的）或因“资性稍差”而不宜继续入学深造者。三是各方面均可或家贫亲老亟待就业谋生者。这三部分儿童虽然不能入中学或师范，但如果不加区别地全部仅作择业谋生之计，熊希龄觉得对于那些“其资质亦可造就者”，似乎显得不公，也不合于“因材施教”的一贯原则，于是他把这类学生分作二个层次，分别设立第四校（中等职业科）与第五校（中等专工科)位置之。

中等职业科是作为中等职业的专门技术人材加以培养的。这里属于正规而又系统的中等职业教育。招收的都是男生。其学制为六年,仍分作初中与高中两个阶段。学科的类别有农科、金工科、应用化学科、染织科、陶瓷科、银行科等等。学生入学后可以根据自己的志愿任选一科,不拘人数多少即开班授课。担任授课的都是从各大学和各有关部门聘请的学养俱佳的专业人员,采用一些大学的专业教材或自编教材上课。学习的课程有基础的也有专业的,更主要的是理论与实践相结合,一边学习理论;一边到各工场、农场进行实习。

专工科的学生与中等职业科的不同。这里的培养目标主要是为了日后的就业与谋生之计,带有职业普及教育性质,也有些像艺徒学校。学制定为三年,学生主要是男生,但也有部分女生。学科的类别较中等职业科为多,农科(含园艺、作物、畜牧、养蜂),工科(含金工、木工、土木、机械)、应用化学科、染织科、陶工科、印刷科、排版科、石印科、刻字科、皮件科、地毯科、挑花科、刺绣科等等。专工生可自选一科学习。但每科学习的内容与程度较之中等职业科为少且浅。主要是以实践学习为主,同时实践期间本身还是充作工场或农场的工人使用。学习期满,一部分可以在工场、农场留用;大部分则离校到社会上自谋生计。

(5)大学教育。所谓大学教育,并不是说香山慈幼院自己设立大学。因为办大学需费极巨,层次更高,熊希龄自谓无此能力。但从1926年开始,香山慈幼院陆续有学生考入了大学,如果这些孤贫大学生得不到香山慈幼院的继续扶助,那么他们将无法完成大学学业。为此,熊希龄便筹设了一个"大学部",列为第六校,并拟定办法三种,作为大学教育的管理措施。

其一,拟在燕京与清华两大学之间建造宿舍一所,凡慈幼院考入这两所大学者,皆在此寄宿通学,另派专人管理,以保慈幼院固有之校风。其余各省大学所在地,亦拟次第设立宿舍。

其二,凡属升大学的学生,在经费上每个学期均可由慈幼院担保,向香山农工银行借款充其学费,俟其毕业有了工作之后,即以其薪俸逐年摊还。

其三,凡大学学生每年寒暑假放假后均须回慈幼院,一方面由教育股考询其学业有无进步,从而决定下个学期是否继续提供借款;另一方面须到职工部各工场兼习工作，以其所得津贴，存入农工银行作为购书及其他抵消借垫各款之用。

除上述三项办法之外，还订有"收录大学正额生章程"，规定：大学生在求学期间，不许犯过及中途无故辍业。犯过者给以开除处分；无故辍业或私逃者，应登报或通告全国各校不得收容。如因家许而未毕业出院谋事者，可加以区别，但仍须计算所在学年摊还学费。等等。

上述办法和规定，都是对香山慈幼院的考入大学者所订。但熊希龄继而思及慈幼院以外尚有不少可以升大学的天才学生，或因家贫而无法入学。香山慈幼院的第三教育方针既以推广与服务社会为宗旨，那么对于这一部分学生也应当为之兼顾。后来熊希龄允许院外的孤贫大学生也照香山慈幼院的借款升学办法一并办理。到了1933年，鉴于借款者一时难以摊还，遂将此项办法取消，借款者也无须再还借款。另外实行一种奖学金办法，奖学金每年颁行一次，但必须通过考试凭成绩获取。开始只允许香山慈幼院和院外的孤贫在校大学生报考；后来放宽到初高中的院内外孤贫学生也可报考。规定初中三年内设学额9名，每年3名，每名奖学金180元；高中也设学额9名，每年3名，每名奖学金220元；大学则设学额12名，每年3名，每名奖学金340元。这种奖学金办法，对于无力升学的孤贫学生来说，起了很好的激励作用。

香山慈幼院的各类教育即如上述。

此外，香山慈幼院为了贯彻为社会服务的宗旨，还有一系列的对外发展计划和措施。它包括：其一，设立了香山农工银行，为北京西郊的农民发放轻息贷款，发展农业垦殖，并进行了农业技术咨询和培训指导；其二，设立了妇女家庭工业传习所，专为贫苦的北京城内的旗民妇女传习织纺手工技艺；其三，筹设了京西公益联合会，以求把北京西郊办成一个社会公益事业的联合区域，这个区域包括：新的文化校区；新的农村村落；同时不拟联合各团体疏浚京西河道，发展交通运输，为京西人民添一生计。其四，筹办了育婴堂、孤儿寄养所与保妇养成所，把香山慈幼院的育幼经验推广院外，为社会上培训育幼人才和普及育幼知识。其五，拟设小学教员研究院，有如现在的小学教师进修学校，为小学教师添一更新和扩充知识的场所。

（四）香山慈幼院的历史评价

历史唯物主义认为：评价历史上的任何事物，都不应超越一定的历史环境和条件；评价历史人物，亦不能因为他的某些过失而将他的其他功绩一概否定。也就是说，既不能以功掩过，亦不能以过盖功。凡是在当时的历史条件下能够对于社会和人民有所贡献的，就应当予以肯定。以往对于熊希龄与香山慈幼院评价上的不实之说，就在于违背了这个基本原理，从而犯了以偏概全的错误，这是极不应当的。本文通过上述事实介绍，以为熊希龄所创办的香山慈幼院，是应当充分肯定的。

首先，香山慈幼院对于当时的社会以及当时的教育作了难得的救治和必要的补充。所谓难得的救治，即是说，当各种不可抗拒的自然灾害与人为的社会灾害严重地摧残社会和人群的时候；当主宰社会的统治者对于人们的生命安危每每视而不顾的时候；当苦难的人们挣扎在死亡线上、留下大批孤若无告的儿童的时候，香山慈幼院则为排难解忧，极尽救治之责。其具体表现就是将孤苦无告的儿童尽力收录。据载，当时香山慈幼院除了主要收录全国各省的水、旱、兵灾中的被难孤儿之外（此占全院学生人数的百分之八十），也还收录其他各类艰困子弟（此占全院学生人数的百分之二十）。例如为了"励节义"起见，它收容了阵亡军人、捐躯警察、革命先烈的遗族；收容了勤廉官吏和亡国无依的朝鲜子弟；为了"重人道"起见，它收容了受主人虐待的婢奴；收容了为后母、后父、伯、叔、姑、舅虐待的儿女以及无产有产的遗孤或始抚后憎的养子。除此之外，香山慈幼院还替东北延吉的朝鲜族和蒙、藏两区专门培训了遣送而来的部分儿童，又接收一些文人世家和农工商等民因目前生活困难或赴外考察、经商、留学而请求暂为容留的部分子女；以及被香山慈幼院困办学完善所吸引而来的部分附学子弟。所有这些，表明香山慈幼院对于当时破败不堪、千疮百孔的国家与社会，起了极为重要的补救作用。1930 年 8 月，熊希龄这样说："本院自民国九年开办，迄今已达十年之期，收养南北二十七省区及蒲、蒙、西藏、朝鲜之孤贫儿童至千六百余人之多。以十年来经过历史，调查各儿童家世状况，殊觉本院于国家社会有重要之关系。”[35]又说:“本院此举,实足以救济社会之穷”;[36]“实足以补救各方面之力所不及”;[37]“实足以弥缝其缺憾也”。[38]倘若没有香山慈幼院的存在,“于国家社会大不利也”。[39]应当说,这是无可怀疑的事实。

香山慈幼院不仅补救了当时的社会,而且也补充了当时的教育。所谓补充教育,即是说,在旧中国,教育从来都是为富人家子弟开办的。因为在那个时代,无论是公立的还是私立的各类学校,所收取的学费一般都十分昂贵。例如小学每人每年收费达数十上百元;中学达二三百元;大学则达四五百元。这样的状况,只有有钱人家的子弟才能上得起学,贫苦的子弟只能向隅,等于被剥夺了受教育的权利。然而自从香山慈幼院设立之后,便破天荒地改变了这种旧有的格局,为贫苦的儿童带来了“福音”。因为香山慈幼院以教育孤贫儿童为主旨,用熊希龄的话说是,“俾无产阶级子弟与有产者享受同等教育之机会”。[40]但凡收录而来的孤贫儿童,概不收录任何费用,一切都由香山慈幼院供给。并次第对他(她)们施以各种良好的教育。所有儿童,都应读完小学,然后接受职业教育,学习一门专门技能,以便进入社会之后能够自谋生计。对于高小毕业有培养前途的儿童,还让他们读完初中、高中乃至于资助他们升考大学。这样一所学校,可以说真正属于贫民所有。在当时的社会中令人耳目一新!正是在这个意义上,才体现出它对于当时的那种极不合理的教育制度,作了补充,使得众多本已沦落的孤贫儿童,反而由此获得了享受教育的机遇。

其次,香山慈幼院以其独特的校风,在中国近代教育史上谱写了崭新的一页。所谓独特,首先在于香山慈幼院本身的独特。与国内其他任何学校都不相同,香山慈幼院具有如下三个特点:一是教养兼施。别的学校学生一般都不住校,或只有部分学生住校。每届寒、暑假时,别校的学生都必须离校回家,教职人员也能适当得到休息。可是香山慈幼院则完全不同。因为收录的学生多属孤儿,大都无家可归,必须全部住校。并且寒暑假也都呆在校中,假期教师尚可部分休息,而管理人员则势有不能。学校即家庭;家庭即学校。因此,它是合学校、家庭、社会三位一体的、教养兼施的特殊学校。二是孤贫儿童免费教养。别的学校收录学生一般都要收录相当的学费与膳、宿等费,经费不足,尚可由此弥补。可是香山慈幼院除了很少的一部分附学生交费外,但凡收录作为正生的孤贫儿童,一概免费教养。无论学生的书籍、食、宿、文化、生活用品，以及医疗卫生保健等等，总之一切开支，一丝一粟，均由学校供给。这在客观上使得香山慈幼院办理异常艰难。一旦经费筹措难以为继之时，这里就要发生危机。因此，香山慈幼院的所有用度都有严格的计划和规定，重节省，免滥耗，与其他学校形成鲜明的对照。三是有一个健全完整的教育系统。别的学校办中学的只有中学，办小学的只有小学。而香山慈幼院则俨然一个完整的体系。它包罗的范围从幼稚教育开始，有婴儿园与幼稚园，还设有家庭总部。初等教育有初小、高小与补习，中等教育有普通中学、中等师范、幼稚师范与中等、专工职业教育。中等教育之后，还设有大学部，专门用来资助香山慈幼院的毕业生以及社会上的天才儿童考升大学。它几乎将教育部所规定的全国教育体系，全部自行具备。收录的儿童，如果从1岁入婴儿园开始，依次接受教育至毕业为止，在慈幼院至少可以整整呆上17年之久。是慈幼院的建置，不仅为每一位入院者提供了一个完整的教育场所——只要儿童们能够努力的话；而且对于那些有志于研究儿童学、心理学、教育学的专家来说，不啻提供了一个极好的试验场所。

香山慈幼院不仅本身独特，而且办学的方针与方法也颇具特色。其办学方针始终贯彻为乡村服务、为农业服务、为平民服务、为社会服务的宗旨。鉴于儿童本属孤贫，无家可归，离院走上了社会，必须学会自立谋生的本领，因此在办学方法上，特别讲求实用和收效。具体说有四个方面：

一是注重职业教育。所谓职业教育，也就是生产教育。中国旧有的教育宗旨，都只注重“文雅教育”或“有闲教育”，没有人注重或提倡生产教育。即使是国民政府所确定的教育方案，也只提倡要注重国民生活的技能，及增加生活能力或生产能力的训练。例如1929年4月国民政府公布的教育宗旨云：“普通教育须根据总理遗教，以陶冶儿童及青年忠、孝、仁、爱、信、义、和平之国民道德，并养成国民生活之技能，增进国民生活之能力为主要目的。”[41]又1931年中国国民党代表大会议决所确定的教育方案指出：“中小学教育，应体察当地之社会情况，一律以养成独立生活之技能，与增加生产之能力为中心，务使大多数不能升学之学生，皆有自立之能力。”[42]由于都不注重和提倡生产教育，因此所谓的教育只能为资产阶级所独占，成为他们的装饰品。诚如一位论者所指出的：“教育的结果只是造就出一般士大夫阶级或统治者,绝对没有人注意到,怎样改良农业,如何振兴工商业的教育。中小学毕业之后,而耻从事于农工商业;大学毕业之后,专想做官,而从事于政治活动。所以一登校门,便可决定其一生无所事事,真正之一流氓也。”[43]然而香山慈幼院自创办以来,几乎无时不注重于生产教育。其所开设的农工实习各场,就是专供儿童从事于生产教育实习之用的。无论当时的其他任何各校,在此一方面均无法与香山慈幼院媲美。这种办学办法,可以说是香山慈幼院的独到之处,即使到了今天,也仍然具有相当重要的意义。

二是注重实际训练。所谓实际训练,用现在的话说就是理论联系实际。中国的旧式教育往往只重书本,教条死板,知识与行为相互脱离。而香山慈幼院则一反这一教育传统。从婴幼两园以至于小学、中学、职业、师范,无论何种学科,均特别重视实际训练,注意“为实用而求知识”。在这方面做得特别突出和最有成效的是第三校的幼稚师范。该校的教学原则是“教”、“学”、“做”三者合一,而尤强调要从“做”字上下功夫。认为无论何种科目,都包括行为与知识两方面。知识在于自动的研究;行为则在于实地的练习。所谓从“做”字上下功夫,并不是单指行为而言,因为知识本身也就是做。也就是说,既不是将知识和行为截然分开;也不是先知而后行,而是知行并重,尤重行以致知。香山慈幼院的这种办学办法,实际上是当时陶行知的“生活即教育”理论的具体实施;陶行知的这套理论,又源于美国杜威的“实用主义”学说。然而不管怎样,在当时的历史条件下,所谓“生活即教育”、“教”、“学”、“做”合一,作为一种反传统的理论和方法加以推广施行,可以说是一种历史的进步,具有非常重要的现实意义。

三是注重儿童社会化习惯的养成。所谓社会化习惯的养成,指的是要求儿童从小就要养成良好的生活习惯,以便将来离院走上社会,能够成为“健全国民”。因为儿童是社会与国家的,不是某个团体或个人的。故训练儿童不应以养成某个人为前提,而应以社会和国家为背景,以合乎社会与国家需要的健全分子为目标。基于此,香山慈幼院特别制定了《儿童习礼法》、《儿童劳动法》、《儿童治家法》,用以作为儿童课外活动的标准。所谓《习礼法》,它以“养成敬长、和众、遵守秩序之习惯”为宗旨,对于日常生活中的起居、称谓、言语、应接、饮食等各个方面,均有具体的规定。所谓《劳动法》,其目的在于按照各个儿童身体的强弱,而定工作分量的轻重,“以发达其个性、本能及兴趣，为植将来择业、乐业之基础”。所谓《治家法》，乃是为了“改良儿童公育场之缺点”，确立“家庭制度”、“设立家庭总部以为管理”所特别制定的条规。该条规除对于儿童在日常家庭生活中所应注意的事项作出规定外，其中“教诲”一章，以“对已”、“对人”、“对社会”、“对国家”为目标，洋洋70余条，对儿童应如何检点自己的行为以及应如何处理各种关系，规定得最为详尽。中国历史上虽然不乏各种注重社会化群体教育的范例，然而像香山慈幼院这样系统的行为规范化的成文却不多见。并且这种做法的目的是为了有益于国家与社会，在当时那种风习败坏、秩序混乱的历史环境下作如此提倡，确属难能可贵。它对于改良社会也无疑是有一定进步意义的。

四是注重儿童才能的培养。所谓才能的培养，就是发挥儿童的主观能动性，开启他们的智能，并注意“因材施教”：香山慈幼院从婴、幼两园以至小学、中学，都有完备的有利于儿童个性培养以及开启智能的种种设施。除客观条件外，主观上主要是开展各种有益的活动，以此锻炼儿童各方面的能力。例如最有效的锻炼是学生自治会的设立。此外还组织学生参加各种社会服务活动。在学业上，原则上规定人人普及小学，兼习职业，但有成绩优秀学习用功者，则让他们升考中学、中职与中师。中等教育完成之后，仍有可以继续深造者，又让他们报考大学。从不委屈任何一位可造之才。甚至香山慈幼院之外的天才贫苦儿童，也可获得香山慈幼院的资助奖励而升入中学大学。这种贫学奖励办法，在当时的国内实属罕见。对于一些功课不好、成绩销差的学生，虽然不能升学，但也有各项有效的措施，使之在就业方面发挥一技之长，进入社会后能够独立谋生，并且通过各种教育训练，也不失为社会之良民。

总之，香山慈幼院以其本身的独特与办学方针和方法上的别具一格，在当时的历史条件下进行了一系列有价值、有意义的教学改革与试验，正是这些改革与试验所获致的成就，使得它在中国近代教育史上应当占有一定的位置，其功绩是不应当抹杀和埋没的。

再次，香山慈幼院办理30年，在当时取得了引人瞩目、举世公认的成效。一所像香山慈幼院这样的依靠社会资助兴办的规模如此庞大、人数如此众多、学科如此齐全的慈善教育机构，能够存在和办理30年不辍，这本身就是一个奇迹！据天津《庸报》透露，1929年7月，美国记者参观团赴慈幼院蒙养园参观，谓其“较之美国所办幼稚学校有过之无不及”。该参观团希望蒙养园教职员及各科主任，“本发奋之精神，时时努力，以作将来世界幼稚教育之模范”。[44]1929年12月，谭延闿在为香山慈幼院提请经费补助的一份提案报告中说：“香山慈幼院实为私人创办教育事业之最有成绩者。”[45]1930年3月，国民政府教育部派科长戴应观到香山慈幼院视察。视察中，戴称慈幼院“这样伟大的规模和这样完美的组织，在中国教育界开了一个新纪元”，并说“这样的学校，在中国别的地方是不能再得到的，就是在全世界里，也不见得很多”。[46]22日，戴在香山慈幼院发表了演说。他说：“我于参观之余，觉得慈幼院并不是学校，也不是家庭，简直是一个社会，但并非普通的社会，而是一个学校和家庭混合为一体的社会。……像这样的社会，没有别的团体能够用来去比拟它，没有适当的名词去称呼它。它既称慈幼院，也便姑且称它为慈幼院，但它的确不止于慈，也不于止幼，在慈于幼之外，还有教育，还有青春和成年的教育，所以它显然是一种特殊的团体，特殊的社会。……在这种特殊而完美的环境中寻求知识技能生活方法，真是所谓乐园、乐国、天堂，高尚而快乐的天堂！”他又称颂香山慈幼院创办者的气魄、毅力、精神说：“凡做一件伟大的事业，像慈幼院这样伟大的事业，必须具备三种要素：第一要有伟大的魄力；第二要有非常的热心；第三要有持久的毅力。若无伟大的魄力与非常的热心，不能创办一事；但仅仅具有魄力和热心，虽能创办一事，然不能永久维持下去，不能将它发扬光大起来。要想永久维持下去，并且发扬光大起来，就必须有持久的毅力。贵院创办已经十年，日日与困难奋斗，这种百折不屈的精神，较之魄力和热诚，更觉难能可贵！”[47]1930年5月，戴应观以视察所得，向教育部写了报告。报告中有一段从纵、横两方面概括香山慈幼院的规模和校风说：“查该院包括六校，纵的方面自婴儿教保园而蒙养园、而小学、而中学、而补助升入大学，贯彻全部教育阶段；横的方向普通教育与职业教育兼施，学校、工厂齐办，小学得职业之陶冶，初中得职业之试探，高中得职业之专修。出院之日，各得其所。全院规模宏远，而组织业密。员司不多，而庶绩咸熙。学生都1670人，各事其事，乐趣盎然。训育尚感化，然校纪严明，校风活泼笃实，无丝毫城市虚浮之习。”[48]

总之，香山慈幼院在当时几为世所公认，称颂之声，遍于环宇。多少年后，曾在香山慈幼院任过教的陈树人，回忆昔日的情景，仍感慨万千地说：

"所收受灾学生计达一千余人,凡生活及教育所需,连同医疗等项,概由院方供给,是家庭亦是学校,是家长亦是教师。试闭目以思,此为何等宏愿及何等责任!只就经费一端言之,已远超过张伯苓先生之于南开,胡元倓先生之于明德,全赖秉老爱心独运,发为民胞物与,救死恤伤之信心,致其毕生教育及慈幼事业之辉煌成就,足以垂范后世。而慈幼院之人才辈出,蔚为世用,福利人群,何莫非此爱心身教之所孕育孳生。"[49]

香山慈幼院办理30年间,先后培养的学生总共6千余人。其中大部分都成为国家和社会各个行业中的有用人才。是香山慈幼院在中国近代教育史上的地位与作用,诚不可低估。

(该文刊美国英文版《民国》杂志1993年11月号,即"Modern Chinese Educational Philanthropy: Xiong Xi ling and the Xiang shan children's Home"(Translated by EdwardA. Mc Cord) Repubician China (Volune XIX - issueI Nov. 1993;又摘要以《近代慈善教育家熊希龄与北京香山慈幼院》为题,刊《博爱》1997年第4期)

注　释

1　陈旭麓:《近代历史思辨录》,广东人民出版社1984年版,第447页

2　关瑞梧:《解放前的北京香山慈幼院》,全国政协《文史资料》第31辑,第165页。

3　上海《申报》1913年9月3日。

4　《熊内阁始末记》,上海《神州》第1卷第2册,第3页。

5　商君:《中华民国内阁升沉录》,《子曰丛刊》1949年第6辑,第4页。

6　张国淦:《中华民国内阁篇》,《近代史资料》1979年第4期,第164页。

7　熊希龄:《京畿水灾善后摘要录·旧序》,1921年北京刊本。

8　熊希龄:《致赵凤昌函》,《近代史料书札》,北京图书馆藏件。

9　熊希龄:《香山慈幼院创办史》,1927年刊本,第1页。

10　《香山慈幼院历年大事记》,1937年刊本,第1页。

11　《中华教育界》第14卷第9期。

12　熊希龄:《香山慈幼院发展史》,1927年刊本,第18页。

13　熊希龄:《香山慈幼院近六年来教育经过及改革报告书》,1933年刊本第1页。

14　熊希龄:《香山慈幼院发展史》,第18页。

15　熊希龄:《香山慈幼院发展史》,第21页。

16 熊希龄:《香山慈幼院发展史》,第21页。

17 熊希龄:《香山慈幼院发展史》,第21页。

18 熊希龄:《香山慈幼院发展史》,第22页。

19 天津《庸报》1930年1月3日。

20 熊希龄:《香山慈幼院发展史》,第33页。

21 《香山慈幼院概况》,1934年刊本,第92页。

22 《第一校家庭总部概况》,1934年刊本,第1页。

23 《香山慈幼院发展史》,第41页。

24 《小学教育》,1937年6月创刊号。

25 《香山慈幼院发展史》,第50页。

26 《香山慈幼院发展史》,第51页。

27 《北京女杰》,北京出版社1985年版,第30、123页。

28 《香山慈幼院发展史》,第52页。

29 《香山慈幼院发展史》,第54页。

30 《香山慈幼院发展史》,第52页。

31 熊希龄:《呈北平市社会局文》,档案手迹件。

32 《第三校北平幼稚师范学校概况》,1934年刊本,第24页。

33 《第三校北平幼稚师范学校概况》,1934年刊本,第26页。

34 熊希龄:《香山慈幼院近六年来教育经过及改革报告书》,第4页。

35 熊希龄:《香山慈幼院与国家社会之重要关系》,档案手迹件。

36 熊希龄:《香山慈幼院与国家社会之重要关系说明书》。

37 熊希龄:《香山慈幼院历年经费收支报告书》,第3页。

38 熊希龄:《香山慈幼院与国家社会之重要关系说明书》。

39 熊希龄:《香山慈幼院历年经费收支报告书》,第3页。

40 熊希龄:《为设立香山慈幼院总院补报立案呈文》,档案手迹件。

41 《教育与中国》,1934年专刊号,第74页。

42 《教育与中国》,1934年专刊号,第74页。

43 《教育与中国》,1934年专刊号,第74页。

44 天津《庸报》1930年1月23日。

45 《香山慈幼院请拨补助经费案》,第2页。

46 《香山慈幼院请拨补助经费案》,第20页。

47 《香山慈幼院请拨补助经费案》,第11页。

48 《香山慈幼院请拨补助经费案》,第20页。

49 台北香山慈幼院校友陈树人会议稿。

十九　轮船招商局与近代中国社会公益慈善事业

引　言

轮船招商局是晚清洋务派创办的历时最久、规模最大的民用企业，对我国近代经济社会的发展产生了重要的作用和影响。有关轮船招商局的研究，学术界已有不少研究成果面世。但考察现有研究成果的内容和重点，基本上都集中在企业本身的建制及其企业在经济领域的得失成败等方面，而对于企业的其他方面，例如参与近代的社会公益慈善事业方面，则鲜有涉及。本文尝试着探索轮船招商局在近代社会公益慈善事业方面的作为，意在对学术界研究轮船招商局的薄弱环节起一点补苴罅漏的作用，同时也藉此解析和明了在当时的历史条件下像轮船招商局这样的一个企业是如何或究竟应该如何肩负起对于社会的责任。

本文论及的社会公益和慈善事业，从客体上讲，应该是两个内涵不同的概念：公益事业，顾名思义，是建设公共的能让公众和所有人群都能受益的事业；慈善事业则是指以慈心善意及其行为去关爱和扶助社会上有困难需要得到帮助的处于弱势境遇的人和群体的事业。但是从主体上言，投身社会公益和慈善事业的人或团体或企业，都是为社会为他人谋福祉。在这一点上，公益和慈善又是相通的，二者均体现了轮船招商局在社会发展方面所肩负的历史责任，这也是本文将其合为一体进行论述的主要原因所在。轮船招商局在社会公益和慈善领域的作为，涉及到了近代教育、出版、报纸、社会赈济等各个方面，其活动范围之广、投入资金之多、贡献效果之大，都是近代史上其他企业所无法比拟的。笔者现就目前所能接触到的资料，尝试着从轮船招商局在近代所参与的公益教育事业与赈济慈善事业两方面入手，对其参与的原因、过程及其效果进行考察、解析与评论，以期引起学界对该领域研究的关注，进而推动该领域研究的进展。不当与缺失之处，识者正之。

（一）轮船招商局参与近代社会公益慈善事业的原因

轮船招商局自创办时起，就一直积极参与近代社会公益和慈善事业，究其原因，主要有主客观两方面因素：

主观方面，轮船招商局的创办者和管理者们深受中国传统文化熏陶，大都热心于近代社会公益慈善活动。我国历史悠久，有着积累了数千年的优良文化传统和深厚的文化底蕴，“悲天悯人、积德行善的慈善救助事业及其观念，是这种优良文化传统中最为生动的内容之一”[1]。儒家的仁爱、佛家的慈悲、道家的积德、墨家的兼爱非攻等思想，都蕴涵了相当的慈善理念。修桥补路、赈灾济贫、捐资助学等社会公益慈善活动，自先秦时期出现，中经汉唐，到宋元明清走上发展，迄至民国，一直绵延承续，未有中断。积德行善已成为社会成员的普遍心理。自幼植身于这种文化氛围的轮船招商局管理人员，直接或间接地受到熏染。几进轮船招商局的郑观应即坚持宣扬“努力从公，一心向善”[2]、“救人自救”、“害人自害”[3] 的思想言论，将行善积德作为商人处世的行为准则。郑观应认为人之本在于心，“存其心则惟善为宝，而心广体胖，事无不安，人无不乐，天必将于其间降之以福；失其心则以恶为能，而心悖神昏，事无不悖，人无不怨，天亦于其间降之以祸”。[4] 他坚信因果报应，将“从公”、“向善”视为己任。据载早在 1876 年江南旱灾发生时，郑观应的父亲文瑞“捐资为倡，并谕伊子郑官应等在上海筹捐”，[5] 从这次受父命赈济江南旱灾开始，到 1878 年与盛宣怀携手筹办直隶水灾，郑观应逐渐熟悉并经常参与社会赈济活动，成为上海赈务活动中较有分量的一个人物，深得时人好评,并获清政府"助赈直隶附案给奖"[6]之荣誉。

轮船招商局的中坚人物盛宣怀,更是生活在一个热心公益慈善事业的传统家庭之中,其父母和长辈的言传身教对他影响尤大。据盛宣怀的儿子称述:"大父(按指盛宣怀之父盛康)自奉家居,壹意为惇宗睦族之事,设义庄、增祭田、建义学、修宗谱,府君亦以读礼余暇参与规画,绝不以外事扰心。"[7]另有《附祀潘文勤公祠碑记》亦载:"公考讳康,累官鄂浙监司,以好善乐施附祀杭州吴山赵恭毅公祠。公伯父讳应,历宰浙剧县,以郡司马毁家贷粟御蝗灾,后守危城身殁於贼,谕祀昭忠祠。公大父讳隆,以州牧治海宁,捐米振饥,遗爱在民,奉旨一门忠荩,准父子三人立专祠西湖上,何其荣哉。公之诚求保赤,与公夫人、公子辈力救灾患,家法然也。窃闻之积善之家,必有余庆,又曰善政致祥然,则公之子孙,其所以绵世泽而荣先德者,未有艾已。"[8]家族长辈们的教诲使盛宣怀自幼及长便形成了济世救人的胸怀。1869年(同治八年己巳),时年26岁的盛宣怀在读书之余,就协助其父盛康在家乡设义庄、办义塾等事。[9]早年的这些经历,为他日后走上慈善事业的道路打下了坚实的基础。

受当时社会环境的影响,轮船招商局管理阶层的其他负责人,如李鸿章、唐廷枢、徐润、朱其昂、朱其诏等人,也都积极从事各项社会公益慈善事业,深得时人敬重。可以说,"积德行善"已成为中国传统商人社会的基本道德伦理观,是中国社会不同文化背景和不同阶层人士共同认同并具有重要地位的观念。轮船招商局有这样一批勇于任事、乐于承担社会责任的管理者,他们相互影响、相互促进,引领企业回报社会,故从事近代社会公益慈善事业也就不言而喻了。

在客观方面,首先轮船招商局面临着在短时期内难以解决的技术和人才问题。轮船招商局初创之时,国内尽管已经兴办了几所新式学堂,培养了少量科学技术人才,但毕竟杯水车薪,不敷应用。面对这种困局,轮船招商局只能暂时求诸洋员、以兴局务。其在1872年成立之时,"各船皆购自外洋,驾驶管轮全属西人"[10],"各船主、大副、二副、大车、二车皆洋人"[11]。轮船招商局最早的两名总船长是英国人保尔登与罗贝,担任总船长时间最长的是英国人蔚霞,此人于1876年受聘入局,担任大铁之职,1885年补总船长之缺,1887年起正式任总船长之职达数十年。轮船招商局还聘有外籍工程师,

1878年唐景星(廷枢)聘用三位英国工程师,1879年招商局外籍雇员增至九人,1883年更增至十八人。[12]T·麦克埃勒(ThomasMcElroy)曾担任招商局总工程师,到1897年10月已在"该局干了十七年";魏尔(ThomasWeir)则为该局机务监督。[13]哈里斯(ThomasH·Harris)在招商局做了十二年会计,"而当总经理出缺时,他曾代理过三四次"[14]。尽管借用外国技术人才,使轮船招商局在成立初期得以成功运转,也培养了一批国内的航运专业技术人才,这在当时确属必要,也起到了相当重要的作用。然而,这些洋人到轮船招商局的目的,大多是为了发财,"一心垂涎于招商局的产业"[15]。随着轮船招商局的发展,洋人把持局务大权,逐渐暴露出种种弊病,以权谋私的事件经常发生。如担任总船长职务的蔚霞,凡其"经手代局装船、修船、买料均有用(佣)钱"[16]。招商局定造之船,"无论在英、在沪,非总船主蔚霞经手不成。盖因所购船中用物,材料均有好用(佣)钱故也"[17]。尽管蔚霞在此中得到不少好处——"闻蔚霞富将百万"[18],但是他并不满足,反而愈加贪图,做事也越来越不认真,有记载称:"(蔚霞)近年办事更不认真,去年所修之船应三个礼拜方可完工,今只两个礼拜苟且了事。"[19]其他洋员也常常敷衍塞责,从而给轮船招商局的经营和发展造成相当大的损失。1877年底招商局在五天之内连续沉没两船。其中,厚生轮船长是英国人,江长轮船长是美国人,都有渎职现象。江长轮失事时,"带水人(哥罗乎,亦美国人)尚在醉乡"。[20]在1875－1884年的10年间,招商局发生恶性海难事件9起,一般性事故更是层出不穷。就是这样,招商局任用的洋员每年都还要花费巨额资金,"本局营业亏折实因靡费太多,洋员薪工即其一端"[21],洋员的薪水成为招商局最大的支出项目之一。"商局用途最巨者,莫如用洋人与用煤两宗。查船主大车大副人等,以次递降,每船用洋人六七名,其薪工每月自二百数十元至数十元不等,通计二七号,每年不下三十余万"[22],致使雇用洋人的费用,成为轮船招商局的一个沉重负担,加重了其本来就非常突出的财政困难。基于上述,显然,要改变现状,扭转局势,只有依靠自力更生,自己培养科技人才。因此,招商局不得不自开学堂、兴办教育,致力于近代文教事业的发展。

其次,近代中国是一个备受外国列强欺侮的国家,资本帝国主义的侵华战争直接破坏了中国人民的家园,加上三分天灾七分人祸的各种灾荒,使得成千上万的中国老百姓背井离乡,沦为难民。面对严重的社会危机,处于衰败中的晚清政府,在内忧外患的双重压力下,整合能力下降,控制能力减弱。就近代的各项社会公益慈善事业来说,政府早已失去了投入巨额资金的能力,这些事务的运行越来越多地依赖于地方民间的慈善事业,以及工商业界的参与。于是,新兴工商企业为国报效的事件便时有发生,诚如朱荫贵先生所指出的那样:"在晚清的这段时期,新式工商企业向清政府提供报效,是一个比较普遍的现象。"[23]轮船招商局自不例外。

加之,在中国传统社会的职业结构为"士农工商",商人乃四民之末。许多商人为了保护其利益,或出巨资捐官,在19世纪中国,官阶仍然授予那些作出巨额捐献以支付公共工程、饥荒救济、军事战役和皇家庆典费用的人;[24]或迎合政府和社会群体的心理,修宗祠、办教育,做一些受大众欢迎的善行义举,以期博得良好的社会声誉。这些在各种地方志中都有大量记载。1878年华北赈灾期间,捐款活动进行了"不及一个月就募集了10万两"[25]。到1878年7月中,浙江巡抚称,杭州已捐2万两,宁波和绍兴2.5万两,湖州1.1万两,丝商和著名的金融家胡光墉独自捐献至少1.5万两。[26]因此,参加公益慈善活动,不仅仅是一种文化传统,也是政治和社会环境所迫。

另外,轮船招商局的营业利润和发展规模,也是导致其经常为政府报效的原因之一。创办之初的轮船招商局,独家运送国家漕粮,并享受减免部分关税的特权,由此获利颇丰。后来,随着轮船招商局业务的逐渐扩展和新航线的不断开辟,其在沿江、沿海各地相继增设了分局,除上海总局外,其在全国各地设立分局达20余处。并且,轮船招商局还带动近代中国经济领域创建了一大批新式企业,如中国第一家船舶保险公司和船舶修理厂、中国第一家近代煤矿——开平矿务局、中国第一家电报局——天津电报局、中国第一家大型纺织企业——上海机器织布局、中国第一家银行——中国通商银行、中国近代第一家钢铁煤炭联合企业——汉冶萍公司等,其范围涉及到煤炭、纺织、金融、钢铁、铁路、电报等近代经济领域的各行各业,为中国近代经济的发展做出了极大贡献。如此庞大的企业立足于社会,也必然是要承担其相应的社会责任的。与此同时,也应了中国那句"树大招风"的古话,招商局受到清政府的特别"青睐",尤其是随着对外赔款的增多和社会灾难发生的日益频繁,清政府财政日益枯竭。在这种情况下清政府常常将招商局作为救命稻草,要求它为朝廷和社会"报效"不断。如1894年,慈禧太后万寿庆典,轮船招商局报效银5.52万两;1895年,为弥补甲午战费,户部挪用了轮船招商局41.1万两。自1904年后轮船招商局每年都要报效商部经费5千两。[27]在上述背景下,轮船招商局被期待和"命令"为社会教育、救灾、赈济等等事项捐款也就顺理成章了。而且,在那种特殊的历史环境下,报效是在所难免的,也并非是招商局一家企业如此,因此,这种外部的客观环境决定了轮船招商局不得不参与近代的社会公益慈善事业。

当然,历史的演变是各种因素整体合力的结果,促成轮船招商局参与近代中国的公益慈善事业的原因还有很多,其投资近代中国的公益慈善事业的动机也未必都是出于正面因素的考量,有一些或许是被政府"命令"所迫,或许是处于自身利益的考虑,或许还有一些是非常偶然的因素所促成的,甚至可能会是某种不可公诸于世的动机所刻意为之的。然而,不论其最初的原因和动机如何,轮船招商局参与近代公益慈善事业所产生的社会效果和影响是好的,是应该给予基本肯定的。

(二)轮船招商局在近代中国参与的主要社会公益慈善事业

轮船招商局在近代公益慈善事业方面做出的贡献较多,涉及的范围也比较广泛,诸如近代教育、出版、报纸、慈善赈济等方面均有其捐赠的记录。然而,本文不拟面面俱到论列,仅依据所接触到的资料,缩小范围,从轮船招商局在近代所参与的社会公益教育事业与社会赈济慈善事业两方面加以梳理。

1. 捐助社会公益教育事业,培养新式人才[28]

招商局在近代公益教育事业上的投资,主要集中于创办招商局公学,运送早期幼童赴美留学,资助创设南洋公学[29]、北洋大学[30]等。其中,具有深远社会影响的是对南洋公学和北洋大学的资助。

北洋大学和南洋公学都是盛宣怀借助轮船招商局和电报局等企业的投资兴办起来的。夏东元先生曾经在《盛宣怀与轮船招商局》一文中指出:"盛宣怀对轮船招商局贡献是很大的。至于借助招商局股金对办银行、矿务和用其利润创办北洋大学堂、南洋公学并派遣留学生出国深造，那就是以招商局为基地去发展其他实业及培养与实业相适的各类新式人才了。促进社会前进之功大矣哉。"[31]盛宣怀认为："自强之道，以作育人才为本。求才之道，尤宜以设立学堂为先。""树人如树木，学堂迟设一年，则人才迟起一年。"[32] 1895年（光绪二十一年），盛宣怀将《拟设天津中西学堂章程禀》向时任直隶总督兼北洋大臣的王文韶禀请具奏。王氏将其择要改拟为《津海关道盛宣怀创办西学学堂禀明立案由》上奏给光绪皇帝。同年10月2日，光绪皇帝硃批同意"创办西学学堂"，命名为"天津北洋西学学堂"，校址设在天津大营门外梁家园村的博文书院[33]。由盛宣怀为督办，丁家立[34]为总教习，学堂事务由他总负其责。盛宣怀亲自与丁家立商订课程，分别设立头等二等学堂各一所，设置天算、舆地、格致、机器制造、化矿、翻译、律例诸学，聘请华洋教习，开班上课。办学所需经费，也由盛宣怀倡议募捐。北洋大学的常年经费，由轮船招商局和电报局承担。招商局每年为北洋大学捐款二万两[35]，"招商局运漕由沪至津轮船，向系援照沙宁船成案，装运土货，例准二成免税，藉以抵制洋商。拟令招商局以后在承运漕粮运脚免税项下，每年捐缴规银二万两"。[36]同时，招商局还对学堂人员给予免费乘船的特殊照顾，"天津设头等、二等学堂，教习西学，今派教习美国丁家立、二等学堂总办蔡述堂大令，又洋文汉教习薛竹书，共带仆从二名，前往上海、香港招考学生。此后学堂人员局船往来，统给免票等因，见见宪台谋猷虑远，作育人材美意，曷胜钦佩。当嘱翻译房及水脚账房遵照矣"。[37]此为招商局首次捐资助教，开洋务企业投资学堂之先导。

北洋大学创办之后，各省竞相仿效。两江总督、南洋大臣刘坤一也有此意，1896年（光绪二十二年）正月，他给盛宣怀去信说："闻公在津新设学堂，章程甚佳，即析钞示全卷，以便将来仿办。"[38]该年，盛宣怀奉命卸去津海关道一职，任全国铁路总督办，同时仍兼轮、电两局督办，常驻上海。盛宣怀抓住时机，禀明刘坤一准备筹建南洋公学，得到刘坤一的支持。盛宣怀对南洋公学倾注了较多心血，他"捐资于上海徐家汇购买基地，作为公学校址。此即今之上海交通大学原址"。[39]该校常年办学经费由轮船招商局和电报局两家岁捐银两十万，招商局每年为南洋公学捐助办学规银六万两[40]，"在公积项下支销"[41]。因为该校"常费皆招商、电报两局众商所捐，核定名曰南洋公学”。[42]盛宣怀亲任公学督办，几乎事必躬亲，对办学规划，学堂房舍、仪器、图书等设施，一一筹划。

由于盛宣怀一直坚持“中体西用”的教育办学思想，因此，南洋公学设立之初意，即以文科为主，兼及工科。盛宣怀设想：公学所教，以通达中国经史大义、厚植国学根底为基础，以西学政治家、日本文部法部为指归，略仿法国国政学堂之意。南洋公学设立师范院、外院、中院、上院四部正规学制。另外，还设有译书院，专门翻译外国著作；设立东文学堂，培养翻译人才。南洋公学遂成为我国兼具师范、小学、中学、大学一套体制完备的综合性学校。南洋公学不仅为近代中国培养了大批新式人才，而且还在中国近代教育史上开创了诸多第一：中国第一所普通公立学校，中国第一所公立师范学校，中国人第一次自编中小学教科书，中国普通公立学校中第一次开设各类培训班……所有这些，使南洋公学的创办成为中国近代教育的开端之一。[43]

与此同时，为着招商局对航海技术人才的需要，南洋公学还专门设有高等船政专科。此后，盛宣怀又提议，在吴淞购地单独开设吴淞商船学校，仍归南洋公学管辖。1947 年招商局为上海国立吴淞商船专科学校设置了招商局航业奖学金，该项奖学金含学杂费、宿膳费、制服费、教材费以及学生自备仪器等费用。南洋公学在发展中几经变化，曾经于 1904 年移归商部管辖，改名为“南洋高等实业学堂”，1907 年又改为邮传部管理，更名为邮传部高等学堂，成为全国交通系统的最高学府，在校教师 34 人，职员 23 人，学生达 486 人，“规模之宏远，成绩之灿著，卒推本校为东南诸省之冠”。[44]

1909 年，邮传部认识到培养国内航运人才的重要性，“以中国航业素未讲求，航海人才无非借用外人，议定特设专科，以资造就”[45]，并致电上海招商局总办，拟先在上海高等实业学堂筹办船科，日后将其改为专门的船政学堂，招商局“向系每年报效该学堂经费二万两”[46]，因此，添设船政专科后，招商局一如既往地为该校捐助办学经费。同时，招商局也确实有意从该学堂挑选技术人才，“查上海高等实业学堂，商局年贴经费甚巨，拟请饬令遴选阅历较深、性情和平之船主，调入该校，悉心教授学生驾驶之法。每逢年暑假内，带领学生到船，实地练习数年后，便可逐渐调用”。[47]邮传部也认为，招商局“既资此款，自当为该局培养人才，以备任使”。[48]

1918 年，轮船招商局还创设了招商局公学。“招商局公学创设于民国七年(1918),由招商总局员司拨红股四千股,计本银四十万两,又积余红股四千股,计本银四十万元,作为基金。所有此项红股利息收入,即捐充学校经费及其他公益之用,另立公益记户,以记此项收支。……”[49]校址设在上海提篮桥,最初是先行试办高等小学,名为招商公学,第一任校长为丁赓尧。凡本局同人之子孙均可照章入校肄业,不收学费住宿费,以示优待。当时招商公学住校董事郑观应极力主张该校应速设驾驶科:“航业者,国家之命脉也;航学者,航业之津梁也。”“兹我公学设立之旨,首在造就航务人才,暨职业教育,逐渐次第举行,非独我局根本之图,更足为国家富强之助。”“他日人才辈出,乘长风,破万里浪,与欧舶美舰并驱争先,为我航业放一异彩。”[50]招商局董事会也认识到问题的严重:“全用洋员,实属非计。酌时制宜,……设立驾驶学堂为树人计。”因此,“今拟就原有招商公学扩充,循序渐进,应即以公积花红为基础。”“拟请就公学内附设该项专科,另招较有算学驾驶资格而具有充当海员志愿之中大学毕业学生若干人,……以期速成而资聘用。”[51]基于这种认识,后来招商局开办了招商局航海专科学校和招商公学航海专修科。1928年10月3日,招商公学附设的航海专科学校正式开学。“查公学每年收总局经费银二万数千至三万余两不等,计民国七年四月学校开办起至民国十六年六月底止,共收招商总局银二十四万三千八百五十六两八钱一分。此外由总局会计科代学校直接支付为数较巨者,计有民国七年付买房地一所,计银三万两……”[52]招商公学创办的最初动因虽然是为避免公积红利派分不当引起同人纠纷;然而,学校成立后所培养的学生则是面向社会的,恰如郑观应所讲:“为我公学造人材,即为我国家造人材,非特我局之幸,亦为国家之光。”[53]在该校基础上所建的航海专科学校则成为了中国近代航运技术人才的培训基地之一,也是中国近代企业办学的一个成功案例,体现了招商局企业“以公共之资财谋公共之福利”的公益精神。

招商局为创设上述学校及后来为资助学生出国留学和创建其他实业学堂,均拨出了大量资金,在中国教育史上留下了辉煌的一页。

1896－1909年招商局为教育事业捐款概况表(单位:万两)

年份	1896	1897	1898	1899	1900	1901	1902	1903	1904	1905	1906	1907	1908	1909	合计
数额	8	8	8	8	8	8	8	2	2	2	2	2	2	2	70

资料来源:见张后铨主编《招商局史》,北京:人民交通出版社,1988年版,第262页。

从 1896－1906 仅仅十余年间，轮船招商局为中国近代教育事业正式捐资就达 70 万两。这还不包括招商局为教育部门所捐助的临时性款项，1911 年（宣统三年），招商局就曾经“以添办商船学校为名，特别加拨四万两”，[54] 即后来的吴淞商船学校，在校学生 160 人，开办经费 10 万两，常年经费 6 万两，招商局承担了其中的一大部分。轮船招商局为近代科学技术人才的培养和教育事业的发展作出了重要贡献。

2. 参与社会赈济慈善事业，救助难民

轮船招商局参与赈灾，始于 1876 年中国华北地区爆发的一场惨烈的自然灾害——“丁戊奇荒”。这次灾害一直持续到 1879 年，长达四年之久，灾情遍及山西、河南、陕西、直隶、山东等北方五省，并波及到苏北、皖北、陇东和川北等地区，被称为“古所仅见”的“大祲奇荒”。[55] 这次灾荒造成的死亡人数计达 1000 万，且导致“旷田畴十年未尽辟”[56] 的严重后果。仅山西一省“成灾州县已有八十余邑之多，待赈饥民，计逾五、六百万之众”[57]。面临这种严峻的形势，在李鸿章的积极筹备下，轮船招商局立即投入赈灾，紧急往受灾地区运送赈粮，“招商局道员朱其昂等筹垫银两，派员分赴江北、苏常、镇江、上海等处赶紧采购”[58]，“饬将来届江广漕米提办五万石，运拨晋赈，并饬采办米麦四万，另办京都平粜三万，冬施二万，均由商局承办，赶于封河以前运津拨济”，[59]“并令丁寿昌等转运”[60]。在直隶，“因直境旱荒，京城粮少来路，市价昂贵，贫民籴食维艰”[61]，政府一方面“督饬州县，劝谕绅商富户，量力集捐，不拘粮米粮钱，不限升斗数目，即以本地捐款，匀济本地贫民”[62]；另一方面，由李鸿章奉旨筹办京城赈米平粜一事，“事关邻封灾赈，虽力难兼顾，而义不容辞，因思商局既无余米，直省办理赈抚，需用正繁。约计三万石”[63]，并“转饬轮船招商局道员朱其昂等筹借资本，赴南省采购大米，转运京城，择地设局，试办平粜”。[64]

另外，由于当时清政府财政困难，常常拿不出足够的救灾款项，轮船招商局在运输赈粮期间不仅要负责采购，还要预先筹垫资金。李鸿章于“四年（1878）三月间又遵旨采购奉天小米杂粮，仍由轮船运津，转运增粜。所需成本局费”，“由招商局筹垫”[65] 一部分。尽管当时恰逢运输线是“客货正涌”的营业兴盛季节，招商局的船只虽不敷征调，但仍然以高度责任感，另雇外国轮船“协运”，因时近封河，不得不在大沽起货，“夫车驳运、贴费亦巨”[66]，招商局为此付出高昂运费,也在所不惜,终使处在死亡边缘的广大灾黎获救。

在赈灾过程中,招商局各负责人不仅严谨行事,使得"赈需无误,数百万生灵,得资济赈"[67];而且他们还分赴各地参与主持赈务,例如"云翁(朱其昂)留津办赈,翼翁(朱其诏)委赴晋垣专办赈务"[68]。也是在这次赈灾过程中,有招商局的负责人所参与的标志着近代慈善事业兴起的"义赈"组织开始出现。最初由无锡富商李金镛"独慨然往抚视,至则图饥民流离状"[69],并迅速与江浙闽粤等地的绅商联系,劝捐筹资,得到了唐廷枢、徐润、胡雪岩等人的大力支持,募集了10余万金,创造了民间救荒的"义赈"形式。[70]1877年,晋豫两省的旱荒更为惨烈,义赈亦因此得到迅速推广,并逐渐形成了一套颇具规模的组织体系和比较科学的运作模式。[71]1878年上海协赈公所成立,它是办理陕西、山西、河南等地义赈的常务机构。义赈从设立之初便开始突破传统的地域性救灾模式,破除了狭隘的畛域观念,在社会救助领域发挥了重要作用,取得了很大成效。此后,义赈组织在各地区相继成立,这些义赈机构中也多有招商局的人员参加。如郑观应参加了上海协赈公所的赈务工作,并通过《申报》等媒介广为宣传劝捐。《申报》曾发表文章称赞协赈公所:"在事之人无不悉心竭力,所集之款涓滴归公。遂觉自有赈务以来,法良意美,当以此为第一善举。"[72]盛宣怀则与其他办赈人员在上海陈家木电报总局内成立了"豫赈办事处",这个义赈机构一直活动到1889年初才告结束,募集赈款合上海规银55万余两[73]。此外,招商局及其总办、会办还积极为赈灾捐款。见下表。

轮船招商局及其高级主管对1878年华北饥荒赈捐　单位:两

名　称	捐款总额
轮船招商局	18504.4
唐景星	500.0
徐润	500.0
朱其昂	1390.0
朱其诏	695.0

资料来源:转引自黎志刚《李鸿章与近代企业:轮船招商局,1872 - 1885》,见易惠莉、胡政主编《招商局与近代中国研究》,北京:中国社会科学出版社,2005年版,第455页。

"丁戊奇荒"是招商局参与赈灾比较集中的一次。在招商局以后的发展中,参与赈灾成为经常性的业务。

1889年(光绪十五年)秋,江浙地区遭受严重水灾,这一地带“全赖农田和蚕桑两项,今年蚕桑所出之地,如湖州、嘉兴等处被灾尤重,桑经被水着潮,已成腐朽,明岁丝收必无可望。若力田之家则又全赖秋间之收获,而秋之所收又赖春之所种,春间于田中种豆、种麦、种菜,所谓春花也。春花所入即以为种田之本及一切,……今年秋收一无所望,不过仰赈款之来以延余息”。[74]农桑收获无望,灾民流离失所。面对广大灾黎的艰难处境,除了各级地方政府发放的官赈以外,社会各界人士也逐渐发动起来为受灾地区捐款献物,上海各慈善组织几乎每日都在《申报》上登载所经收的各地为江浙二省所捐赈灾款项的清单。作为当时规模最大的民用企业——轮船招商局,也是义不容辞。招商局除利用自身的便利条件积极为受灾地区运送赈粮,还为江浙第二年的春赈捐银二万两[75],救活了不少“屋宇谷粟皆付之洪涛、荡然而无一物相存”的灾民。另外,1891年由李鸿章“奏准在(招商局)公积内提出官款免利报效银10万两,指定作为预备赈济之用”[76]。这笔专项资金,“遇有各省水旱大灾,作为垫款,先行驰赈,然后筹还,……仍存银行归垫生息”,初步具备了慈善基金的性质,并在后来的湖南、山东、奉直等地的灾荒赈济中发挥了较大的作用。

在每次的赈灾过程中,赈粮运输都是轮船招商局的一项主要任务。因为,面临严重的灾荒局势,最急切的事情就是向处在垂死边缘的广大灾黎发放衣食,以保证他们维持生存,而撒发粮米无疑是最为直接有效的措施,如上所述,1876年和1877年直隶、山西、河南等省亢旱成灾,轮船招商局奉命派轮从江南、盛京等地为受灾地区运送赈粮。以后,招商局还多次承担赈粮运输。据统计从1887年至1893年间,赈粮运输总数近100万石。[77]招商局承运赈粮是采用包购包运的方式,所需粮款常需垫付,例如1898年,淮徐等地受灾,谕旨饬令“先行筹垫银三五十万……归入各赈散放”,“本年山东乞赈已垫巨款”,无力再筹垫,但因为是“钦奉特旨饬令筹垫,自当于无可设法之中由招商电报两局各筹银二万两,共凑垫银四万两以助涓矣”[78]。除捐助和垫付外,招商局还要负责采买和运输。这种赈粮的运费定得极低,比扣半折的军米运输还要低,所谓“赈济善举,照军米减半收取”[79]。1890年,招商局住天律运米十六七万石,收运费仅5万两,每石运价约折银0.3两,比亏折不堪的漕粮运输的运费还要少[80]，尽管如此，每遇灾赈，招商局仍然积极参与办理，对当时社会的稳定发展、阶级矛盾的协调、社会生产的恢复等方面均作出了巨大的贡献。

（三）轮船招商局参与近代社会公益慈善事业的评价

轮船招商局自成立起，就一直热心近代的各项社会公益慈善活动，其中有得有失，笔者试从以下几个方面作一简要评论：

1. 轮船招商局兴办和参与的各项社会公益慈善事业，所产生的影响是很大的

在公益教育事业方面，它所捐资兴办的北洋大学，“是在没有先例的情况下开办的近代中国第一所新式大学，被时人誉为‘东方的康奈尔’”[81]。如此盛誉，并非空穴来风，当时北洋大学始终以重质不重量的学风严格挑选和培养学生，北洋学生的成绩可与美国康乃尔大学毕业生等量齐观。从建校直到抗战初期，欧美许多著名大学研究院都有明文规定：承认北洋大学授予的学士学位，可免试直接入研究院攻读硕士、博士学位。当时，国内大学在国际上有此声誉者并不多见。在国内，由北洋大学培养出来的学生，许多人在近代社会都做出了骄人的成绩，王宠惠、王宠佑、王正廷、金邦平、温宗禹、王世杰、马寅初、陈立夫、张太雷、马千里、徐志摩等人均是他们中的佼佼者。其中王宠惠是中国第一张大学文凭（钦字第一号）的获得者，他毕业于该校法科法律学专业，是我国近代著名的法学家，曾经担任中华民国第一任外交总长。在一定程度上，可以说北洋大学的建立对我国近代政治、经济、文化、外交等各个领域都产生了较大的影响。另一所综合大学——南洋公学，在招商局的资助下，首开中国近代师范教育之先河，成为第一所专门培养师资的教育机构。最初该校的师范生，既是学生，又是教师。平时采取半读半教的形式，除了上课学习各种西学课程，还在该校的外院兼做教师。当时外院没有合乎时代要求的教科书，师范生还仿照国外师范教育的做法，为外院学生自编或自译各种教科书。先后有《蒙学课本》、《笔算》、《物算》等教材问世，不仅供外院学生使用，而且被国内其他学堂广泛采用，成为中国最早的

自编教科书，是中国近代教科书编写的起点，在社会上影响较大。上述成就的取得都离不开招商局的大力支持。此外，招商局在创办中国自己的航政学校、资助学生出国留学等方面也都积极努力，其成绩有目共睹，应该说招商局为近代教育开创了一个新的发展局面，功不可没。

在慈善赈济方面，轮船招商局利用自身优势，不仅派专人积极参与协理赈务、专门为受灾地区采买和运送赈粮；还在运输漕粮的过程中，采取灵活方式，不惜牺牲企业利润，将漕粮及时转化为拯救民命的赈粮。如，1890 年山东发生大的灾情，招商局奉命在上海截拨湖南北漕 6 万石和江苏漕米 4 万石，合计 10 万石，转作赈粮运往利津县铁门关及其他口岸，然后经天津转运山东。[82]招商局截留漕粮或者专门运输赈粮，并无具体账目记录，但是根据倪玉平先生的统计，自 1872 年至 1910 年间漕粮被截做赈粮的实例多达 30 余次[83]，而从招商局成立以来漕粮运输一直是其独占的专利；加之近代史上灾荒发生的频繁性，我们也可以推测出，作为当时国内最大的运送漕粮的企业，招商局在这项工作中是做出了较大贡献和牺牲的。即使在正常的运输赈粮期间，招商局也是承担着较大损失的。因为这种运输“既不开支栈租辛工等项，且须较寻常装货减支水脚”[84]；在情况紧急之时，还要停止正常的客运来运输赈粮，这严重影响了局务的正常开展。尽管如此，招商局及其负责人依然担负起这项重任，为广大受灾地区嗷嗷待哺的千百万饥民采买和承运大批救命粮米，救助无数灾黎脱离死亡之境。这是招商局特别的贡献，不仅有助于稳定当时的社会秩序，在一定程度上缓和了阶级矛盾，还为以后社会的发展保存了生产力。

公益慈善是一种无偿的捐赠行为，该项事业的发展离不开大量资金的投入。招商局不论自身经营状况如何，都积极配合政府，坚持长期从事这一有意义的事业，急社会之需、解国家之困，办教育、兴学堂、救灾济困，这些在当时的历史条件下，都是难能可贵的义举，是应该给予肯定和赞扬的。正如李鸿章所说：“一个时代的人做一个时代的事情。”那个动荡的时代所需要的就是社会成员的付出，而招商局就是这样做的。

2. 受当时社会环境的影响，轮船招商局在近代社会公益慈善事业上的局限性也是较为明显的

首先，企业本身参与公益慈善事业就存在很大程度的被动性。朱荫贵

先生在《论清季轮船招商局的资金外流》一文中即指出："招商局的资金外流，是在秉承清政府的意旨，破坏自身局规和章程的情况下进行的。实际上也可以说，完全是清政府在以下命令的方式挪用招商局的资金。"[85]这说明轮船招商局在对待近代公益慈善事业上，更多地是一种政府摊派的被动行为。一个典型的例证就是1899年清政府对轮船招商局的清查。该年，清政府以招商局和电报局"徒有收回利权之名，并无裨于公家之实"[86]为名，派钦差大臣刚毅撤查招商局，将"历年收支底册……一并撤查，除股商官利外，所有盈余之款均著酌定成数提充公用"[87]。并做出具体现定：招商局每年要报效南北洋两公学常年经费8万两。这就使得招商局在教育方面的投资由最初的主动转为被动，成为一项必须承担的责任和义务。此外，在运送赈粮方面，也存在同样的问题，如前所述，招商局承运赈粮是采用包购包运的方式，所需粮款常要招商局垫付，1898年，淮徐等地受灾，谕旨饬令"先行筹垫银三五十万……归入各赈散放"，招两局"本年山东乞赈已垫巨款"，无力再筹垫，但因为是"钦奉特旨饬令筹垫，自当于无可设法之中由招商电报两局各筹银二万两，共凑垫银四万两以助涓矣"[88]。用招商局的话来说，是"盖支应公事，本分所当为，如果运费无亏，于愿已足，更何敢希图厚利，自取愆尤"[89]。可见，在有些时候，这种被摊派的任务是不敷应承的。被动接受政府摊派的各项任务，不仅加重了企业负担，带来一些不必要的损失，在一些关键时期还会给招商局造成致命的打击。光绪二十五年(1899)，郑观应、盛宣怀和招商局商董们之间的来往信函中即提到："商局既已每年报效南、北洋学堂经费银八万两，已属竭尽愚诚。查昔年先后将产抵借洋债之时，商局已岌岌可危，几有无可振作之势。"[90]基于此，招商局恳请："国家体恤商情，以培元气而壮声势，庶使人心团结，力图振作。"[91]由此可以看出，企业承担社会责任是有主动和被动之分的。主动承担社会责任是在熟知企业本身情况下所做出的积极之举，这对企业和社会都有良好效果，是一种良性发展和良性投资；而被动的参与甚或是被官方所迫、或是为了作秀而做些公益慈善事业，这不仅对企业本身是一种损害，在社会上产生的影响也是消极的，不利于企业和社会的良性发展。这一经验教训对今天的企业在承担社会责任方面也是很有现实意义的。

其次，轮船招商局在发展近代教育的过程中也出现失误之处。由于种种原因,招商局对学校的保护不力,往往导致所办学堂或学校在尚未培养出成熟的技术人才时,学校就已经宣告破产或被撤销,从而不仅没能培养出更多的科技人才,甚至企业本身也未能得到好处,徒增负担而已。如1923年9月招商局首次创办的航海专科学校,教授的课程主要有天文、航海术、造船、装货方法、无线电收发、罗经差、操艇术和救急法等,原本是以“华甲”号练习舰预定航行全球实习以培养船长人才。但是后来因为出现产权纠纷,致使1924年10月该舰被收编在北洋政府的海军渤海舰队,船上实习的30多名学员不愿加入海军的都离舰上岸,致使该校仅存在一年就被迫宣告解散。后来创办的招商公学航海专修科,又因为招商局企业内部的争权夺利而被迫关闭。1933年,招商公学航海专修科第二届学生在毕业前夕由于招商局内部派系争斗激化曾试图遣散他们,后来由于学生反对而没有办到,学生才得以上船实习。局方见遣散不成,便准备利用1933年6月毕业考试来淘汰部分学员。在这种情况下,共产党在上海的海上区委通过夏爵一把学生再次组织起来借故拒考,局方被迫妥协,结果胜利,学员都得到安排。但胜利只是暂时的,夏爵一被开除后,招商局便解散了招商公学航海专修科。该校从创办到结束,仅存在4年半的时间,这是招商局在创办近代教育事业方面的悲剧一幕。

再次,轮船招商局在近代参与许多公益慈善活动,但却始终没有形成企业自身的公益慈善事业。之所以如此,一是招商局创办的最终目的是与外商争利,夺回被侵略者强占的民族权益。正如招商局的创办者李鸿章所说:“倡办华商轮船,为目前海运尚小”,而实是“为中国数千百年国体商情财源兵势开拓地步”,[92]慈善不是企业发展的重点;二是在近代的中国,招商局刚刚作为一个企业的雏形出现,企业的自身建制尚不完善,还顾及不到企业文化和核心价值的建设,慈善不是企业建构中的一个组成部分。因此,招商局没有将公益慈善理念上升到企业文化的高度给予高度重视,也就不可能将其当作一种事业去做;三是由于受到招商局自身经营状况的制约,经常性的“为国报效”严重损害了企业的正常运转,维持局务已属困难,致使没有更多的人力、物力、财力投入公益慈善领域。这是轮船招商局在公益慈善方面不成熟的表现,也是时代的局限性所在,非招商局自身所能够独立解决的。由于种种原因,招商局在近代公益慈善事业上的作为还存在一些不足之处,不再一一赘述。

3. 招商局参与近代社会公益慈善事业，是我国近代企业投入慈善的开始，它的得失成败留给后世诸多启示

首先，承担社会责任、投资公益慈善事业，是企业的一种有意义的行为选择。社会上的任何事物，其价值一定是存在于其所在的系统中的，事物只有贡献价值于所处的环境，其自身才有存在价值。就企业来讲，企业的价值在于对所处的系统即社会贡献价值，也就是为社会贡献财富并承担相应的社会责任，而慈善即是一种有效途径。企业通过做慈善，可以塑造企业的良好形象，增强企业的竞争力，得到政府和社会的认可与支持，从而赢得良好的外部生存环境，有助于企业的稳定发展。其次，企业担当社会责任应该成为一种普遍的观念。以招商局为代表的近代新式工商企业，在近代社会动荡不安的社会环境下，不专为企业自身利益计，坚持回报社会，拯救民命，为社会做出力所能及的贡献，那么今天的企业是否应该做得比他们更好呢？这是足以令人回味的。当今我国正处于各方面稳定发展的时期，建设和谐社会不仅仅是国家和政府的责任，也应当是企业的责任。企业从其社会属性出发，提高承担社会责任的主动意识，带动社会形成普遍的慈善理念，并为之做出积极努力，其效能便当不可估量。其三，吸取以往企业参与慈善的经验教训，应将慈善理念作为企业文化的组成部分，将企业慈善作为回报社会的必修课。欧美国家特别是美国，各大公司集团几乎都设立慈善基金会，从事各种社会公益和慈善事业。在西方，企业慈善早已走向成熟，而在中国则还处于起步阶段。企业参与社会公益慈善已是当代国际化的趋势和潮流，必须让中国的企业慈善迎头赶上，不再是一种“燃眉则急，痛定则忘”的应急措施。

（该文系2007年10月26日－29日出席在广东深圳市蛇口明华国际会议中心举办的“‘招商局与中国现代化’——纪念招商局成立135周年国际学术研讨会”论文，与赵红喜合署。收入虞和平、胡政主编的会议论文集：《招商局与中国现代化》，中国社会科学出版社2008年11月出版）

注　释

1 周秋光、曾桂林著:《中国慈善简史》,人民出版社2006年版,《序》第2页。

2 夏东元编:《郑观应集》(上),上海人民出版社1982年9月第1版,第4页。

3 夏东元编:《郑观应集》(上),上海人民出版社1982年9月第1版,第14页。

4 夏东元编:《郑观应集》(上),上海人民出版社1982年9月第1版,第4页。

5 夏东元著:《郑观应传》(修订本),华东师范大学出版社1985年版,第277页。

6 夏东元编:《郑观应集》(下),上海人民出版社1982年9月第1版,第1098页。

7 盛宣怀撰:《愚斋存稿》,文海出版社1974年版,第9页。

8 盛宣怀撰:《愚斋存稿》,文海出版社1974年版,第2121页。

9 夏东元编:《盛宣怀年谱长编》,上海交通大学出版社2004年版,第9页。

10 夏东元编:《郑观应集》(上),上海人民出版社1988年版,第637页。

11 夏东元编:《郑观应集》(下),上海人民出版社1988年版,第808页。

12 聂宝璋编:《中国近代航运史资料》第1辑(下册),上海人民出版社1983年版,第1226页。

13 聂宝璋编:《中国近代航运史资料》第1辑(下册),上海人民出版社1983年版,第1228页。

14 聂宝璋编:《中国近代航运史资料》第1辑(下册),上海人民出版社1983年版,第1229页。

15 聂宝璋编:《中国近代航运史资料》第1辑(下册),上海人民出版社1983年版,第1230页。

16 夏东元编:《郑观应集》(下),上海人民出版社1988年版,第860页。

17 夏东元编:《郑观应集》(下),上海人民出版社1988年版,第827页。

18 夏东元编:《郑观应集》(下),上海人民出版社1988年版,第862页。

19 夏东元编:《郑观应集》(下),上海人民出版社1988年版,第862页。

20 转引自朱荫贵:《轮船招商局与日本邮船会社海技自立的比较研究》,见易惠莉、胡政主编:《招商局与近代中国研究》,中国社会科学出版社2005年版,第674页。

21 聂宝璋、朱荫贵编:《中国近代航运史资料》第2辑(上册),中国社会科学出版社2002年版,第815页。

22 聂宝璋编:《中国近代航运史资料》第1辑(下册),上海人民出版社1983年版,第1227页。

23 朱荫贵:《论晚清新式工商企业对政府的报效》,《中国经济史研究》,1997年第4期,第73－86页。

24 黎志刚:《李鸿章与近代企业:轮船招商局,1872－1885》,见易惠莉、胡政主编:《招商局与近代中国研究》,中国社会科学出版社2005年版,第439页。

25 《申报》1878年5月21日。

26 《李鸿章全集》,海南出版社1997年版,第102－103页。

27 聂宝璋、朱荫贵编:《中国近代航运史资料》第2辑(上册),中国社会科学出版社2002年版,第573－574页。

28　从社会公益角度考察招商局所办学校,则是以其所培养的学生的最终出路为划分标准,是以公众受益为限,学生最终在于服务于社会,才是本文的研究对象,如南洋公学、北洋大学、达成馆、实业学堂等。至于招商局为满足自身技术人才的需要所办的学校,如驾驶学堂,因其指向性是为着招商局自身的发展而设立的,不具有社会公益性,所以招商局的类似活动将不属于本文的考察范畴。

29　南洋公学,是现今上海交通大学和西安交通大学的前身。南洋公学创办于1896年,校址在上海徐家汇,1921年改称交通大学。1956年国务院根据国家经济建设发展战略需要决定将交通大学的主体内迁西安。1959年,为适应上海、西安两地的实际情况和需要,上海、西安两部分分别独立建校,即现在的上海交通大学和西安交通大学。

30　北洋大学,是现在天津大学的前身。1895年10月2日,天津中西学堂开学。由天津前关道盛宣怀创办,亦称北洋西学堂。分头等、二等两校。头等学堂为专科学校,设有工程、电学、矿务、机器、律例五门,四年毕业;二等学堂为中学,亦四年,毕业后升入头等。1903年改称北洋大学,设有土木工程、采矿、冶金等门,是我国最早的一所工科大学。解放后改称天津大学。

31　易惠莉、胡政主编:《招商局与近代中国研究》,中国社会科学出版社2005年11月第1版,第486页。

32　朱有瓛主编:《中国近代学制史料》(第一辑下册),华东师范大学出版社1986年版,第490页。

33　博文书院,是1887年天津海关税务司德国人德璀琳,在天津海关道周馥的协助下,在天津大营门外梁家园所办,时称“博文书院中西学堂”,后来因为经费等等一系列问题长期得不到解决,校方把校舍抵押给了德华银行。开办天津中西学堂时,博文书院由天津粮台设法筹款,向银行赎回,作为公产,在此建立新式学堂。

34　丁家立,1857年生于美国波士顿,是英国血统的美国人。1878年,他大学毕业后进入欧柏林大学研究院,于1879年获神学硕士学位。1882年来华,先在山西传教,后以学者身份来天津从事文化活动,开办中西书院(即博文书院),自任院长,并在美国驻天津领事馆工作,任副领事。同时,他还受聘于李鸿章,作为其子的私人教师。1895年,他受聘担任北洋大学第一任总教习,主管全校教务。

35　陈旭麓、顾廷龙、汪熙主编:《轮船招商局》,上海人民出版社2002年版,第865－866页。

36　朱有瓛主编:《中国近代学制史料》(第一辑下册),华东师范大学出版社1986年版,第491页。

37　陈旭麓、顾廷龙、汪熙主编:《轮船招商局》,上海人民出版社2002年版,第653页。

38　北洋大学——天津大学校史编辑室编:《北洋大学——天津大学校史》(第一卷),天津大学出版社1990年版,第23页。

39　夏东元编著:《盛宣怀年谱长编》,上海交通大学出版社2004年版,第513页。

40　陈旭麓、顾廷龙、汪熙主编:《轮船招商局》,上海人民出版社2002年版,第865－866页。

41　陈旭麓、顾廷龙、汪熙主编:《轮船招商局》,上海人民出版社2002年版,第749页。

42　朱有瓛主编:《中国近代学制史料》第1辑(下册),华东师范大学出版社1986年版,第513页。

43　陈先元:《盛宣怀与上海交通大学》,《中国大学教育》1998年第6期,第30－34页。

44 张后铨主编:《招商局史》(近代部分),人民交通出版社1988年版,第261页。

45 聂宝璋、朱荫贵编:《中国近代航运史资料》第2辑(上册),中国社会科学出版社2002年版,第814页。

46 聂宝璋、朱荫贵编:《中国近代航运史资料》第2辑(上册),中国社会科学出版社2002年版,第814页。

47 陈旭麓、顾廷龙、汪熙主编:《轮船招商局》,上海人民出版社2002年版,第924页。

48 聂宝璋、朱荫贵编:《中国近代航运史资料》第2辑(上册),中国社会科学出版社2002年版,第814页。

49 聂宝璋、朱荫贵编:《中国近代航运史资料》第2辑(上册),中国社会科学出版社2002年版,第814-815页。

50 夏东元著:《郑观应传》(修订本),华东师范大学出版社1985年版,第264页。

51 聂宝璋、朱荫贵编:《中国近代航运史资料》第2辑(上册),中国社会科学出版社2002年版,第815-816页。

52 聂宝璋、朱荫贵编:《中国近代航运史资料》第2辑(上册),中国社会科学出版社2002年版,第815页。

53 夏东元编:《郑观应集》(下),上海人民出版社1988年版,第261页。

54 盛宣怀撰:《愚斋存稿》,文海出版社1974年版,第1633页。

55 李文海等著:《中国近代十大灾荒》,上海人民出版社1994年版,第81页。

56 李文海等著:《中国近代十大灾荒》,上海人民出版社1994年版,第97页。

57 聂宝璋编:《中国近代航运史资料》第1辑(下册),上海人民出版社,第948页。

58 聂宝璋编:《中国近代航运史资料》第1辑(下册),上海人民出版社,第948页。

59 陈旭麓、顾廷龙、汪熙主编:《轮船招商局》,上海人民出版社2002年版,第46页。

60 聂宝璋编:《中国近代航运史资料》第1辑(下册),上海人民出版社,第948页。

61 聂宝璋编:《中国近代航运史资料》第1辑(下册),上海人民出版社,第951页。

62 聂宝璋编:《中国近代航运史资料》第1辑(下册),上海人民出版社,第952页。

63 聂宝璋编:《中国近代航运史资料》第1辑(下册),上海人民出版社,第950-951页。

64 聂宝璋编:《中国近代航运史资料》第1辑(下册),上海人民出版社,第948页。

65 聂宝璋编:《中国近代航运史资料》第1辑(下册),上海人民出版社,第951页。

66 转引自朱荫贵:《论清季轮船招商局的资金外流》,见易惠莉、胡政主编:《招商局与近代中国研究》,中国社会科学出版社2005年11月第1版,第606页。

67 陈旭麓、顾廷龙、汪熙主编:《轮船招商局》,上海人民出版社2002年版,第48页。

68 陈旭麓、顾廷龙、汪熙主编:《轮船招商局》,上海人民出版社2002年版,第46页。

69 李文海、林敦奎等著:《近代中国灾荒纪年》,湖南教育出版社1990年版,第357页。

70 李文海、林敦奎等著:《近代中国灾荒纪年》,湖南教育出版社1990年版,第358页。

71 周秋光、曾桂林著:《中国慈善简史》,人民出版社2006年版,第237页。

72 《申报》,1883 年 8 月 1 日。

73 周秋光、曾桂林著:《中国慈善简史》,人民出版社 2006 年版,第 239 - 240 页。

74 《申报》,1890 年 1 月 14 日。

75 陈旭麓、顾廷龙、汪熙主编:《轮船招商局》,上海人民出版社 2002 年版,第 766 页。

76 《交通史 · 航政编》第 1 册,交通铁道部交通史编纂委员会 1931 年版,第 274 页。

77 张后铨主编:《招商局史》,人民交通出版社 1988 年版,第 167 页。

78 转引自朱荫贵:《论清季轮船招商局的资金外流》,见易惠莉、胡政主编:《招商局与近代中国研究》,中国社会科学出版社 2005 年 11 月第 1 版,第 606 页。

79 聂宝璋编:《中国近代航运史资料》第 1 辑(下册),上海人民出版社,第 950 页。

80 张后铨主编:《招商局史》,人民交通出版社 1988 年版,第 167 页。

81 金以林著:《近代中国大学研究》,中央文献出版社 2000 年版,第 10 页。

82 张后铨主编:《招商局史》,人民交通出版社 1988 年版,第 167 页。

83 倪玉平著:《清代漕粮海运与社会变迁》,上海书店出版社 2005 年版,第 528 - 532 页。

84 聂宝璋编:《中国近代航运史资料》第 1 辑(下册),上海人民出版社,第 952 页。

85 易惠莉、胡政主编:《招商局与近代中国研究》,中国社会科学出版社 2005 年 11 月第 1 版,第 597 页。

86 盛宣怀撰:《愚斋存稿》,文化出版社 1974 年版,第 100 页。

87 盛宣怀撰:《愚斋存稿》,文化出版社 1974 年版,第 100 页。

88 转引自朱荫贵:《论清季轮船招商局的资金外流》,见易惠莉、胡政主编:《招商局与近代中国研究》,中国社会科学出版社 2005 年 11 月第 1 版,第 606 页。

89 聂宝璋编:《中国近代航运史资料》第 1 辑(下册),上海人民出版社,第 820 页。

90 陈旭麓、顾廷龙、汪熙主编:《轮船招商局》,上海人民出版社 2002 年版,第 767 页。

91 陈旭麓、顾廷龙、汪熙主编:《轮船招商局》,上海人民出版社 2002 年版,第 768 页。

92 《李鸿章全集》,海南出版社 1997 年版,第 2621 页。

二十　论中国红十字会的起源

当国际红十字会于1863年在瑞士始创后,各国相继成立红十字会并申请加入国际红十字会,但"直到19世纪80年代后,红十字才走进中国"[1]。1904年清政府派驻英使臣张德彝前往瑞士,于6月29日"按照1864年所订《日内瓦红十字会公约》补签画押,中国由此而加盟国际红十字会成为会员国"。[2]1912年1月12日,中国红十字会获得国际红十字委员会正式承认,标志着中国红十字会正式加入国际红十字会[3]。中国红十字会作为"近代以来历史最为悠久的社会团体"[4],其在中国近代史上的地位非常重要,研究其起源问题也很必要。

"1904年上海万国红十字会的成立,历来被认为是中国红十字会之始"。[5]但从红十字进入中国到上海万国红十字会成立之前,中国还曾出现过一些被认为是带有红十字色彩的组织,影响较大且已引起学术界关注的组织有:中国施医局,救济善会,济急善局,东三省红十字普济善会[6]。目前学者就"中国红十字会的先声"问题提出了不同看法,计有三种:周秋光先生认为"东三省红十字普济善会是中国红十字会的先声"[7];闵杰,池子华先生认为"中国红十字会的先声是中国救济善会"[8];朱浒,杨念群先生认为"将1900年的整个战争救助行动称为中国红十字会的先声或许更为恰当"[9]。这些学者的不同观点实际上就涉及到对东三省红十字普济善会,救济善会,济急善局等救护团体的评定问题,同时也表明研究中国红十字会的起源问题仍属必要。需要指明的是,因为红十字会是一个组织实体,故本文实乃研究其组织意义上的起源。考察中国红十字会的组织起源,笔者认为应从研究上海万国红十字会的成立入手。因为上海万国红十字会的成立与东三省红十字普济善会的出现紧密相连。

（一）

1904年日俄战争爆发。日俄两国军队交战的战场是中国东三省，这对中国来说简直是奇耻大辱，但“反动腐朽的清朝政府在各帝国主义国家的挟持下，竟于1904年2月12日发布所谓‘中立’的上谕”[10]。战争最直接的受害者是我国东三省同胞。日俄两国在东三省的战况以及有关东三省难民的各种消息很快传到上海，引起了具有良好义赈传统且义赈能力较强的上海人士的真切关注。出于对东三省受难同胞的同情，同时也出于要救出在东三省土地上生活着的“至今既未一回”的“南省商幕中人”[11]，上海地方绅商如上海记名海关道沈敦和、前四川川东道任锡汾、直隶候补道施则敬等便于1904年3月3日在上海英租界发起成立了东三省红十字普济善会。

尽管清政府在战争中宣布“局外中立”，但在救护东三省人民一事上清政府还是做了一定的努力，例如清政府在颁行的《中立条规》中就有“战国不得封堵中国口岸”；“中国人民寄居战国境内者，其身家财产，均由该国保护，不得夺其资财或勒充兵役”；“中国人民如有侨居战国封堵口岸者，本国得派兵船前往保护，或接载出口”等条[12]，并还采取了一些救护措施，如在天津、奉化两处“饬由当地官方出面，设立了救护机构”[13]。但日俄两国根本不尊重清政府颁行的约法，在日俄帝国主义野蛮铁蹄的践踏下，清政府的这些努力只能流于形式。清政府对此既尴尬又无奈：一方面他们必须实施救护，另一方面又碍于“中立”政策，使得“中国政府未便与闻，盖恐违犯局外之义也”[14]。这种情形迫使清政府需要借用具有一定影响力的非官方力量。东三省红十字普济善会正好符合清政府的这种需要，于是清政府对于东三省红十字普济善会的救护活动寄于了厚望并给以支持。后来作为清政府代表的驻沪商约大臣吕海寰、盛宣怀及会办电政大臣吴重熹与沈敦和等上海绅商发生联系，并对他们的救护活动提供各种便利就证实了此点。但是，东三省红十字普济善会却“不是真正意义上的红十字会，因此不享有红十字会所应该享有的权利”。[15]在这种窘况下，东三省红十字普济善会不得不另寻出路。

甲午战前,有关红十字会的宣传介绍文字已载于中国的报章,并且部分地区还办理过红十字医院。甲午战后,中国各大报刊特别是《申报》、《大公报》、《中外日报》等又大力宣传介绍红十字会,部分先进人士如孙中山、孙淦、梁诚等也对红十字极力推崇,加之日本赤十字社在甲午战中对于中国伤兵病民等一体救护等活动,使得红十字在中国已经逐渐深入人心,因此可以推定,到日俄战争时,中国朝野人士应该不难认识到:在中国约法得不到尊重的情况下,救护人员想要进入东三省施行救护,行之有效的办法就是成立具有国际性质的红十字会,以国际公法迫使日俄两国同意中国的要求。而这种具有国际性质的红十字会至少又须符合两项规定:"必须成立在签署日内瓦公约的国家,而这个国家尚没有另外为国际委员会所承认的红十字会。""必须是国家的红十字会,由政府承认,作为军事医护单位的辅助机构。"[16]这就一方面要求沈敦和等人将东三省红十字普济善会改组成为政府所承认的国家红十字会;而另一方面,则要求政府派员去瑞士签署日内瓦公约。在东三省红十字普济善会本为政府所需要的情况下,其想赢得政府的承认并不困难;但当时日俄战争如火如荼,时间上已不容政府派员去瑞士签署日内瓦公约,而先求得各国的支持(最好是各国的直接参与)则成为临时应急的最佳办法。因此,在清政府和上海地方绅商已产生互动的情况下,与西方各国合作成立红十字会乃成为共同需要。

"上海的义赈系统一直保持着与红十字会实践的密切联系",从而"为实现中西合作提供了某种铺垫"。[17]另外,在中国东三省的领土上也生活着不少外国人,他们有的是战争的受难者;有的则在战区从事实际的救护工作。由于人员的缺乏以及其他诸如物质供应等方面的困难,这些外国人对中国方面以红十字会的形式派员进入东三省实施救护是持欢迎态度的。据载还在东三省红十字普济善会成立之前,沈敦和致电东北的外国传教士魏伯诗德请求予以援助时,"旋得回电,极愿赞成,并言已腾出医室中卧床五十张,以备遇难病民安卧"[18]。此外,需要着重指出的是各国传教士,早在十九世纪七十年代,他们就开始在中国从事有计划有组织的救济事业[19],日俄战争爆发后,"各国在东三省教士,刻方避难于牛庄"[20],他们在东三省的救济活动中发挥了很重要的作用。上述这些因素为西人赞同成立中西合办的红十字会奠定了良好基础。而著名的英国在华传教士李提摩太(TimothyRichard)在促成中西合办红十字会一事上更是贡献巨大。身为传教士，李提摩太对具有慈善性质的红十字事业极为热心，他曾亲自投身中国的救济运动，再加上他发现“在灾民中发放赈款，对于广大的民众是一个可以使他们信服的证据，证明我的宗教是好的”[21]，在某种程度上更加激发了他对中国赈济事业的关切，因此，东三省难民的救护也自然会引发他的热情。李提摩太是在华传教士中极具影响力的人物，同时他与沈敦和私交不错[22]，而沈敦和不仅是东三省红十字普济善会的主要发起者及领导人，而且还是“实际操作上海万国红十字会的灵魂与台柱”[23]。因此，在搭起上海地方绅商与东三省传教士之间的桥梁方面，李提摩太无疑是最合适的人选，后来的事实也证明他确实很好地起到了这种桥梁作用。此外，在与西方各国及清政府的关系上李提摩太也是如鱼得水：“在义和团运动的善后工作中，他一手托两家，在清廷与列强之间穿针引线，发挥了任何朝廷大臣都无法替代的作用。”[24]李提摩太在中国的这种特殊地位使他被推上了在中国创办红十字会的历史舞台，并在这个舞台上扮演了极为重要的角色。

沈敦和对李提摩太的主动拜访使上海万国红十字会的创办最终提上日程。[25]此后，经李提摩太联络，西方各国人士与得到了清政府大力支持的上海绅商达成合作，1904年成立的上海万国红十字会就是这一合作的直接产物，它由中、英、法、德、美五国合办而成。上海万国红十字会初定会名为“上海万国红十字支会”，但“‘上海万国红十字支会’仅仅是3月10日商讨在中国成立红十字会时所使用的一个临时性用语，以揭明它对于国际红十字会的从属关系，并不是一个正式的会名”[26]，故“在正式场合，从未使用‘上海万国红十字支会’字样”[27]。上海万国红十字会成立后不久，清政府一方面派官员赴瑞士补办加入红十字“原议”手续，以期取得国际红会的承认；另一方面“确认上海万国红十字会为政府承认之合法团体”。[28]

通过上述分析，我们可以发现：上海万国红十字会具有两个非常鲜明的特点：其一，该组织得到了清政府的支持与承认，救护范围不限于一隅，具有国家性；其二，该组织有多国洋人参与，形式上得到了各国的承认，故也具有了国际性。“国家性”和“国际性”是国际红十字会对各国红十字会所做的基本要求，亦是判断一个组织是否具有红十字会性质的基本条件。考察中国红十字会组织意义上的起源，就要考察红十字进入中国后中国成立的救济组织是否带上了“国家性”和“国际性”的特点。如果将判断这种“国家性”和“国际性”的标准降低(即做形式化处理),那么评判一个救护组织是否带有红十字色彩,就要看它是否达到了如下最低标准:救护的范围不局限于一地;救护组织得到了官方的认可;救护组织得到了西方国家的认可。

(二)

由上分析我们还可看出:东三省红十字普济善会和上海万国红十字会诞生的历史背景相同——都受命于日俄战争危难之际,成立的目的一致——东三省红十字普济善会“专以救济该省(注:即东三省)被难人民为事”[29];上海万国红十字会“直接目的在于救护日俄两国交战受伤的兵士及东北战地难民出境医治”[30]。如果对两者的组织结构加以考察,我们还可以发现它们具有以下相同之处:

首先,两者都实行董事制,既有华董,又有西董。在《东三省红十字普济善会章程并启》中有言:“本会开办伊始,宏纲细目,诸务殷繁。特行公举才望夙著、熟悉中外及北方情形大员为董事,总理局务。”同时,“本会另举西董事,与东三省教士联络举行,以免外人拦阻”。[31]由此可见,东三省红十字普济善会尽管由上海地方绅商捐办而成,但从一开始他们就考虑到了借用外国人的力量,以减少甚至避免他们在救护过程中可能遭遇到的拦阻。尽管西董事在他们当时的设计中只是一块“护身符”,并不握有实际领导权,但有了这块“护身符”,就使东三省红十字普济善会带上了“国际性”。上海万国红十字会的西董则更进一步,他们不仅获得了实际的领导权,而且他们的领导权看起来似乎还要远远高于华董:在46名董事中华董仅占11人,其中负责处理具体事务的8名办事董事中华董仅占3人(其中任锡汾还是上海万国红十字支会正式定名为上海万国红十字会时增补的)。由此可见,华董在整个董事会制中所占的比例要远远低于西董。不过,需要强调的是上海万国红十字会的实际工作运作机制:“中西董事工作侧重点有所不同,办公地点也不在一起,可以说既分工又合作。”[32]而在救护事业中最最重要的筹款事项上,中西董事更是实行“中西分筹”[33]的制度。由此可以推断,虽然在数量上华董少于西董,但在实际领导中国方面的救护事业中,华董所起的作用仍是最主要的。

其次,在领导人方面,上海万国红十字会的华董班子绝大部分直接来源于东三省红十字普济善会的领导班子。有如下22人出席了东三省红十字普济善会:杨杏城、沈仲礼、曾少卿、苏宝森、施子英、李云书、王少灏、王松堂、冯珩生、沈缦云、汪汉溪、焦乐山、朱子文、姚燕庚、任逢辛、周金箴、汪建斋、吴少卿、王益甫、陈润夫、席子佩、黄式权[34]。他们构成了东三省红十字普济善会的领导班子。在上海万国红十字会中担任华董的有如下11人:沈敦和、施子英、严小舫、朱葆三、周金箴、徐雨之、苏宝森、陈润夫、曾少卿、朱礼琦、任逢辛(后来增补)[35]。两相比较,在上海万国红十字会中担任华董的11人当中就有沈仲礼(即沈敦和)、施子英(即施则敬)、任逢辛(即任锡汾)、曾少卿、苏宝森、周金箴、陈润夫此7人直接来自东三省红十字普济善会的领导班子,这个比例可不容小视,它为表明上海万国红十字会直接脱胎于东三省红十字普济善会提供了证据。

东三省红十字普济善会设立西董,西方四国直接参与其事,这就使其具有了"国际性";而其成立章程中还提到东三省红十字普济善会"虽系商办善举,恳请政府协助,由董事电恳政务处、外务部、商部及各地方官竭力保护"[36],其设定的救护范围也不局限于一隅,这可说明其也具备了"国家性"。因此,东三省红十字普济善会是带有红十字色彩的救护组织。而更为重要的一点是,东三省红十字普济善会和上海万国红十字会在组织结构上的相同之处,为证明两者在组织上具有传承性提供了有力的依据。因此,尽管东三省红十字普济善会"没有开展具体的救护工作"[37],但我们可以说上海万国红十字会直接脱胎于东三省红十字普济善会,并且是东三省红十字普济善会在组织意义上的一种延续。基于此,我们认为亦可将中国红十字会的起源由上海万国红十字会进而前推到东三省红十字普济善会。

(三)

让我们再来对中国施医局,救济善会,济急善局这三个组织进行分析。

中国施医局是1899年由上海士绅汪炳等人设立的，其章程称："同人酌照红十字会章程办理，有事施于军士，无事施于贫民。""内科以华医为善，外科以西医为能。如有军士受创、机匠轧伤，以及一切割治等症，必须参用西法，自不得不聘请西医相助为理。"[38]其章程反映出中国施医局开始有意识地参考红十字会章程行事。中国施医局的成立得到了苏松太道的批准，但其救护活动"局限于上海一隅，不具有全国性和普遍意义"[39]；尽管它聘请西医参与，但其对西方各国是否认可不作要求。因此，不能说中国施医局已带上了红十字色彩，它仍然只是中国传统意义上的一个地方性善堂而已。

救济善会，济急善局是庚子事变中出现的两个影响较大的救济组织。光绪二十六年(1900年)八月十六、十七日，上海《申报》分别刊登了《救济善会启》，《救济会章程》；同月二十五、二十七日，又刊登了《济急善局公启》，《承办济急善局章程》，标志着救济善会、济急善局的相继成立。救济善会"呈请上海道照会各国领事，声明此系东南各善士募资创办，亦如外国红十字会之例，为救各国难民及受伤兵士起见，已蒙各国领事会议，允由德总领事发给护照，俾善会中人携向军前救护"[40]，它成立后不久，陆树藩等人又向李鸿章禀请"鼎力成全"[41]。这表明救济善会具有如下两个特点：它打出了红十字会的招牌，以期获得各国领事的认可；它由地方绅商自捐自办而成，但寻求政府的认可与支持。后来救济善会如愿以偿，得以"禀奉直隶总督李传相批准，并由苏松太兵备道余晋瑞观察照会德国总领事给发护照"[42]。随后成立的济急善局亦具有与此相同的特点，它和救济善会"都在借助红十字会方面有着明确的意识"[43]，而在取得政府支持方面则比救济善会更甚：济急善局在刚宣布成立时就提到"信厚等昨奉合肥相国面谕，并接同乡好善诸君函嘱，集资往救以尽桑梓之情，因议……设立济急善局"[44]。此处"信厚"是指济急善局的主要创始人严信厚，"合肥相国"是指李鸿章，这里特意表明"奉合肥相国面谕"，无形中就将济急善局与政府间的关系拉近了一层。救济善会、济急善局分别成立后，在全国范围广泛开展了各种捐款、救护活动。以上可以说明救济善会、济急善局已具"国家性"与"国际性"，它们可以算作是带有红十字色彩的救护组织。

除了上述相同的历史背景、相同的特点，救济善会与济急善局还具有如下一致性：其一，两者救护的对象相同。前期，救济善会的救护对象主要为

“东南各省之被难官绅”[45]；济急善局的救护对象“仅指救济江浙人士而言”[46]。从1901年春开始，两者救护的对象“由主要赈济被难的南方各省官绅商民转为赈济北方的普通灾民”。[47]救护中的“南方情结”值得引起重视，这可为我们理解庚子事变以及后来日俄战争爆发后上海人士的救护行为提供一个宝贵的视角。其二，两者在实际救护工作中经常合作。救济善会、济急善局分别成立后不久，救济善会的主要创办人陆树藩等在致李鸿章的电稿中曾“叩求中堂鼎力成全，劝谕盛京卿宣怀、候选道严信厚、候补府施则敬、刑部郎中庞元济等筹款济助”[48]，而严信厚、施则敬、庞元济等人正是济急善局的主要发起者，他们对陆树藩等人的救济行为“不胜钦佩”，并与陆树藩等人“连日公同面议”。[49]这就为后来两者在实际救护活动中的合作埋下伏笔。两者后来在“彼此同办一事，自愿不分畛域”[50]的前提下实现了分工合作。至于具体救护实践中的合作，《义和团运动时期江南绅商对战争难民的社会救助》一文对之做了较为详细的论述[51]，此不赘述。

上文表明：救济善会和济急善局之间存在着极为亲密的联系，乃至造成了“一般人士常常将二者混淆”[52]的情况。尽管如此，这两个组织实际上是相互独立的，它们有着各自不同的救护范围：“清江等处归严君筱舫诸公筹办，京津一带归陆君纯伯诸公筹办”[53]；在涉及救护活动最为重要的款项问题时，两者更是强调“惟款项则各归经手不得互相牵混”[54]。因此，救济善会和济急善局实际上是一种分工合作的关系。闵杰，池子华先生没有关注到济急善局的存在，他们依据救济善会已具有红十字会的性质而将其视为中国红十字会的先声；朱浒，杨念群先生注意到了济急善局的重要性，同时还注意到了救济善会、济急善局两者之间的关联，但他们更多的是强调两者之间的差别，他们主张将“1900年的整个战争救助行动”称为中国红十字会的先声，实际上是依托庚子事变的历史背景，对庚子事变中出现的救济善会、济急善局这样非常重要的救护组织做了一番广义化处理。

（四）

前文已经论证：上海万国红十字会直接脱胎于东三省红十字普济善会，

并且是东三省红十字普济善会在组织意义上的一种延续。而上海万国红十字会被公认为中国红十字会之始,因此,中国红十字会的起源可由上海万国红十字会进而前推到东三省红十字普济善会。如果想将中国红十字会的起源由东三省红十字普济善会再往前推,那么就要证明自红十字进入中国后至东三省红十字普济善会成立之前出现的救护组织必须符合两个条件:带有红十字色彩;与东三省红十字普济善会或上海万国红十字会在组织结构上具有相同之处(之所以将上海万国红十字会列于此,除了因为两者在组织结构上具有很强的传承性之外,还因为两者相继成立的时间相隔实在太近)。

如前所论,中国施医局实际上并不带有红十字色彩,而救济善会,济急善局则已带上了红十字色彩,因此考察中国红十字会的起源,可以先把中国施医局排除在外,而将重点放在对救济善会,济急善局两者的考察之上。现在,我们要做的是研究救济善会,济急善局这两个救护组织与东三省红十字普济善会或上海万国红十字会之间在组织结构上是否具有相同之处。

从组织制度上来看,笔者目前还没有找到有关救济善会、济急善局之组织制度的文献记录,但通过阅读有关它们的章程、公启、呼吁捐款救护等方面的资料,可以看出它们有可能已实行董事制,但还没实行中、西董事制。领导它们的是一些中国绅商特别是江浙一带的地方绅商,这些绅商有的纯为商人,有的亦在地方上拥有功名,还有的在地方行政系统里任虚衔或实职。关于救济善会、济急善局的组织制度,笔者认为可以参考中国传统善会善堂的组织制度进行研究,这是因为"济急会和救济会的主要主持者都与义赈有着直接的关联"[55],而它们的组织名称也直接以"善会"、"善局"命名,这正说明济急善会和救济善局从本质上来讲仍属于中国本土的慈善组织,它们的组织制度必定与中国传统善会善堂的组织制度有一致之处。不过此问题不在本文研究之例,故不作探讨。

从组织的主要领导人员来看,救济善会主要由在籍户部山西司郎中陆树藩发起成立并主持,潘赤文、丁晓芳、沈习之、廖纬笙等人参与领导[56]。济急善局则由严信厚、席裕福、杨廷杲、庞元济、施则敬设立[57],后来,福余南曾君少卿、四明朱君葆三、天顺祥陈君润夫等绅商以及前川东道任锡汾观察等也参与其中,并对济急善局给予了大力支持[58]。与前面所记之东三省红十字普济善会、上海万国红十字会的华董们两相对比，我们很快就能断定：救济善会的领导人与东三省红十字普济善会、上海万国红十字会没有什么关系；而济急善局中的严信厚（一作严筱舫，一作严小舫）、施则敬、席子佩、曾少卿、朱葆三、陈润夫、任锡汾等人，在后来日俄战争爆发时继续发挥作用，或成为东三省红十字普济善会的领导人，或成了上海万国红十字会的华董，在领导东三省难民救护中做出了杰出贡献。

领导班子是一个组织结构中最为重要的部分，领导班子不仅制定组织制度，还控制着组织的实际运作，领导班子的更替可以影响到一个组织的性质变化甚至该组织的存亡。因此，济急善局与东三省红十字普济善会、上海万国红十字会在组织主要领导人员上的同一性，使我们可以认定后者和前者在组织上存在着传承关系。而救济善会不具此特点。基于此，笔者认为又可以将中国红十字会的组织起源由东三省红十字普济善会再进而前推到济急善局。

尽管不能证明救济善会与东三省红十字普济善会、上海万国红十字会之间存在着组织上的传承性，但我们亦不能忽视救济善会的重要性。救济善会与中国红十字会的起源——济急善局两者宣布成立的时间仅相隔十天左右，它们虽相互独立，但两者在很多方面所表现出的一致性以及它们之间“分工合作”的关系，使得救济善会的重要性因之而更为凸显。救济善会、济急善局及之前出现的中国施医局等救济组织，为其后成立的救护组织如东三省红十字普济善会、上海万国红十字会等施行救护活动在理论、实践等方面均提供了可资借鉴的宝贵经验。

救济善会、济急善局、东三省红十字普济善会等救护组织都带有红十字色彩，但分析它们的组织结构，我们可以说它们本质上仍属于中国本土的慈善组织。由上文分析我们将中国红十字会的起源由上海万国红十字会前推到东三省红十字普济善会，再由东三省红十字普济善会前推到济急善局，这可印证一种“嫁接”理论：红十字会虽系“舶来品”，但中国红十字会却是中国本土的慈善组织（具体来讲是指济急善局）“嫁接”红十字会逐渐长成的结果。这一“嫁接”过程可做如下解释：红十字传入中国之初，并没有马上在中国扎下根来自生自长，而是在中国上空飘荡游离着，为中国本土的慈善组织进行“嫁接”提供了可资“嫁接”的选择对象。甲午战争前后有关红十字会的启蒙宣传,开明人士的大力倡导,国际红十字会在中国实践红十字救护活动的影响等触动了中国本土慈善组织的"嫁接"情怀,并为其选择"嫁接"红十字会营造了良好的外部环境。但是,此时中国本土的慈善组织自身还没有非常强烈的"嫁接"需求,因此其"嫁接"红十字会的过程十分缓慢,且流于表面化(如中国施医局就是如此)。时局巨变特别是战争如庚子事变、日俄战争的爆发犹如一把锋利的斧头,斩断了中国本土的慈善组织自然生长的态势,造成了中国本土的慈善组织必须接受"嫁接"的局面——中国本土的慈善组织若想继续发挥救护功能,就必须主动把自己改造成适应时局(特别是战争)需要的组织,这就使中国本土的慈善组织面临着一个选择"最佳嫁接物"的问题。考查当时的时局状态和社会环境,"最佳嫁接物"已然存在,它就是早已在中国上空飘荡并得到中国人大力宣传、倡导的红十字会,因此,中国本土的慈善组织产生了自主"嫁接"红十字会的内在需要。内在的真正需要结合良好的外部环境,中国本土慈善组织"嫁接"红十字会的步伐就大大加快了,庚子事变中出现的既带有红十字色彩又带有中国本土慈善组织色彩的救护团体如救济善会,济急善局等,就是这种"嫁接"后所长成的"幼苗"。但这些"幼苗"在"嫁接"后的生长过程中还面临着一个是否会一直存活下去的问题,严信厚、施则敬、任锡汾等上海地方士绅的巨大影响力以及盛宣怀等政府官僚对他们的一贯支持与扶助等使济急善局这株"幼苗"得以拥有存活下来的"顽强生命力"。由济急善局到东三省红十字普济善会再到上海万国红十字会,它们组织结构上的传承关系证实了济急善局的这种"顽强生命力",同时也反映了中国红十字会逐渐成长的最初过程。

(与杨智芳合署,刊《湖南师范大学社会科学学报》2006 年第 4 期)

注　释

1　池子华:《红十字的起源及其在中国的传播——纪念中国红十字会诞生一百周年》,《合肥学院学报》(社会科学版)2004 年第 1 期,第 10 页。

2　周秋光:《晚清时期的中国红十字会述论》,《近代史研究》2000 年第 3 期,第 183 页。

3　关于中国红十字会得到红十字国际委员会的承认时间有"1904 年 7 月 8 日"之说(见《红十字国际委员会承认我国红十字会的时间探源》,《中华民国红十字会会刊》(台北)1999 年总第 15 期,第 21 - 22 页),亦有"1912 年 1 月 15 日"之说(见胡兰生:《中华民国红十字会历史与工作概述》,

原载1947年《红十字月刊》，选自中国红十字会总会编：《中国红十字会历史资料选编（1904－1949）》，南京大学出版社1993年，第500页）。对此，周秋光先生进行了纠正，他提出了"1912年1月12日"一说（见周秋光：《晚清时期的中国红十字会述论》，第184－185页）。池子华先生的观点与周秋光先生同（见池子华：《红十字与近代中国》，安徽人民出版社2004年版，第118－120页）。

4　池子华：《从中国救济善会到上海万国红十字会》，《史林》2005年第2期，第76页。

5　"民国时期的表述见《中国红十字会》，行政院新闻局印行，中华民国36年，第1页。新中国时期的表述见《红十字与我国》，中国红十字总会编，1981年，第30页；陈璋主编《红十字知识一百问》，湖南科学技术出版社1991年，第4页"。转引自朱浒：《中国红十字会的地方性起源》，《石家庄学院学报》2005年第4期，第28页；或朱浒、杨念群：《现代国家理念与地方性实践交互影响下的医疗行为——中国红十字会起源的双重历史渊源》，《浙江社会科学》2004年第5期，第175页。

6　闵杰先生在《近代中国社会文化变迁录》一书指出：中国施医局是开始"按照'红十字会章程办理'的慈善机构"；"中国救济善会是一个遵照国际红十字会的基本精神和行动惯例成立的一个团体"。（见刘志琴主编，闵杰著：《近代中国社会文化变迁录》（第二卷），浙江人民出版社1988年版，第184－185页。）此外，在朱浒、杨念群《现代国家理念与地方性实践交互影响下的医疗行为——中国红十字会起源的双重历史渊源》（《浙江社会科学》2004年第5期）一文及李文海、朱浒《义和团运动时期江南绅商对战争难民的社会救助》（《清史研究》2004年第2期）一文中均对救济善会、济急善局之红十字会性质有所论及。

7　《申报》有言："此次普济善会，特中国红十字会之先声耳。"（《中国宜入红十字会说》，光绪三十年正月十九日（上海）《申报》，第一万一千九十号）。此观点为周秋光先生所赞成（参见周秋光：《晚清时期的中国红十字会述论》，第138－140页）。

8　此观点由闵杰先生提出，并为池子华先生赞成（见刘志琴主编，闵杰著：《近代中国社会文化变迁录》（第二卷），第181页；孙柏秋主编：《百年红十字》，安徽人民出版社2003年版，第13页；池子华：《从中国救济善会到上海万国红十字会》，第76页）。

9　此观点由朱浒、杨念群先生提出（见朱浒、杨念群：《现代国家理念与地方性实践交互影响下的医疗行为——中国红十字会起源的双重历史渊源》，第172页）。

10　穆景元、毛敏修、白俊山编著：《日俄战争史》，辽宁大学出版社1993年版，第180页。

11　《东三省红十字会普济善会章程并启》，光绪三十年正月十七日（上海）《申报》，第一万一千八十八号。笔者认为，救济中的"南方情结"是一个极为重要的因素，不过这一点为目前学术界所忽视。

12　王芸生辑：《六十年来中国与日本》卷四，选自周谷城主编：《民国丛书》第三编V25，上海书店1991年版，第212－213页。

13　周秋光撰写：《第一章晚清时期》，张玉法主编：《中华民国红十字会百年会史：1904年－2003年》，（台北）"中华民国"红十字会总会2004年版，第32页。

14 《施君肇基笔译上海创设万国红十字支会会议大旨》,光绪三十年正月廿八日(上海)《申报》,第一万一千九十九号。

15 周秋光撰写:《第一章晚清时期》,张玉法主编:《中华民国红十字会百年会史:1904 年 - 2003 年》,第 28 页。

16 张玉法撰写:《绪言》,张玉法主编:《中华民国红十字会百年会史:1904 年 - 2003 年》,第 15 页。

17 朱浒、杨念群:《现代国家理念与地方性实践交互影响下的医疗行为——中国红十字会起源的双重历史渊源》,《浙江社会科学》2004 年第 5 期,第 173 页,第 174 页。

18 《记普济善会初次议事情形》,光绪三十年正月十八日(上海)《申报》,第一万一千八十九号。

19 顾长声:《传教士与近代中国》,上海人民出版社 1981 年版,第 289 页。

20 《施君肇基笔译上海创设万国红十字支会会议大旨》,(上海)《申报》。

21 李提摩太:《留华四十五年》,第 105 页。转引自顾长声:《传教士与近代中国》,第 292 页。

22 在《红十字与近代中国》一书中有言:"李提摩太……他是在华传教士中极具影响力的人物。1902 年,创办山西大学堂,并出任西学专斋总理(谷如墉任中学专斋总理),沈敦和则是山西大学堂督办(校长),与李提摩太交往甚密,时相过从。"(见池子华著:《红十字与近代中国》,第 22 页)。此外,李提摩太本人也曾特意提到:"我在太原府筹建山西大学的时候,他(即沈敦和)曾提供过帮助。"(李提摩太著,李宪堂、侯林莉译:《亲历晚清四十五年——李提摩太在华回忆录》,天津人民出版社 2005 年版,第 307 页)。

23 周秋光撰写:《第一章晚清时期》,张玉法主编:《中华民国红十字会百年会史:1904 年 - 2003 年》,第 33 页。

24 李宪堂:《铎巡中华:李提摩太和他的事业》,选自(英)李提摩太著,李宪堂、侯林莉译:《亲历晚清四十五年——李提摩太在华回忆录·附录》,第 371 - 172 页。

25 在《亲历晚清四十五年——李提摩太在华回忆录》一书中李提摩太提到:"得知同胞处于水深火热之中,一个中国道台,沈敦和(我在太原府筹建山西大学的时候,他曾提供过帮助)前来拜访我,问我是否愿意同他一起筹集救济金,帮助满洲的中国难民。我高兴地表示赞同。我们组成了一个国际红十字会组织,中国人、英国人、美国人、法国人、德国人,还有其他民族的人在这个组织里共同合作。沈先生任中方秘书,我任外方秘书。不同省份的中国官员以各种形式提供了捐助。"见(英)李提摩太著,李宪堂、侯林莉译:《亲历晚清四十五年——李提摩太在华回忆录》,第 307 页。

26 刘志琴主编,闵杰著:《近代中国社会文化变迁录》(第二卷),第 370 页。

27 刘志琴主编,闵杰著:《近代中国社会文化变迁录》(第二卷),第 371 页。

28 池子华:《红十字与近代中国》,第 32 页。

29 《东三省红十字会普济善会章程并启》,(上海)《申报》。

30 孙兴林:《吕海寰生平》,原载《中国红十字》1992 年第 3 期,转引自中国红十字会总会编:《中国红十字会历史资料选编(1904 - 1949)》,第 553 页。

31 《东三省红十字会普济善会章程并启》,光绪三十年正月十七日(上海)《申报》,第一万一千八十八号。

32　周秋光撰写:《第一章晚清时期》,张玉法主编:《中华民国红十字会百年会史:1904 年 - 2003 年》,第 46 页。

33　《电筹救护》,光绪三十年二月十七日(上海)《申报》,第一万一千一百十八号。

34　《记普济善会初次议事情形》,(上海)《申报》。

35　《施君肇基笔译上海创设万国红十字支会会议大旨》,(上海)《申报》;《二月初一日上海万国红十字会初次集议问答》,光绪三十年二月初五日(上海)《申报》,第一万一千一百六号。

注意:《中国红十字会历史资料选编(1904 - 1949)》一书在摘录《申报》时出现了一些错误,如《记普济善会初次议事情形》一文中将"曾君少卿"误作"鲁君少卿","姚君燕庚"误作"姚君蕉庚","席君子佩"误作"席君子保";而在《施君肇基笔译上海创设万国红十字支会会议大旨》一文中将"苏君宝森"误作"苏君实森"(见中国红十字会总会编:《中国红十字会历史资料选编(1904 - 1949)》,第 21 页,第 22 页)。这些错误为有些研究者所沿用,使用时需加以特别注意。

36　《东三省红十字会普济善会章程并启》,(上海)《申报》。

37　周秋光撰写:《第一章晚清时期》,张玉法主编:《中华民国红十字会百年会史:1904 年 - 2003 年》,第 29 页。

38　《照录中国施医局章程》,《中外日报》1899 年 5 月 5 日。转引自刘志琴主编,闵杰著:《近代中国社会文化变迁录》(第二卷),第 184 页。

39　池子华:《从中国救济善会到上海万国红十字会》,第 77 页。

40　《救济善会启》,光绪廿六年八月十六日(上海)《申报》,第九千八百四十二号。

41　《陆部郎禀李传相稿》,光绪廿六年八月廿八日(上海)《申报》,第九千八百五十四号。

42　《苦海慈航》,光绪廿六年闰八月廿三日(上海)《申报》,第九千八百七十九号。

43　李文海、朱浒:《义和团运动时期江南绅商对战争难民的社会救助》,《清史研究》2004 年第 2 期,第 24 页。

44　《济急善局公启》,光绪廿六年八月廿五日(上海)《申报》,第九千八百五十一号。

45　《救济会章程》中提到:"此举虽为救各国难民及受伤兵士起见,然中国之遭难者甚众,不得不略示区分。现拟派轮船往津,专济东南各省之被难官商。所有西北各省难民,恐有匪人溷迹其间,概不济渡。"见《救济会章程》,光绪廿六年八月十七日(上海)《申报》,第九千八百四十三号。

46　《济急善局公启》,(上海)《申报》。

47　阮清华:《非常时期的民间救济——以"庚子之变"后上海绅商义赈为例的探讨》,《华东师范大学学报(哲学社会科学版)》2005 年第 1 期,第 23 页。

48　《陆部郎禀李传相稿》,(上海)《申报》。

49　《照录李传相札文》,光绪廿六年八月廿八日(上海)《申报》,第九千八百五十四号。

50　《分头办理》,光绪廿六年八月廿九日(上海)《申报》,第九千八百五十五号。

51　李文海、朱浒:《义和团运动时期江南绅商对战争难民的社会救助》,第 22 页。

52　朱浒、杨念群:《现代国家理念与地方性实践交互影响下的医疗行为——中国红十字会起源的双重历史渊源》,第172页。

53 《分头办理》,(上海)《申报》。

54 《分头办理》,(上海)《申报》。

55 李文海、朱浒:《义和团运动时期江南绅商对战争难民的社会救助》,第24页。

56 《申报》在报道救济善会相关事项时曾提到“在沪办事者潘赤文、丁晓芳等诸董,及沈习之、廖纬笙等数君”字样(见《苦海慈航》,(上海)《申报》)。

57 《申报》上有言曰:“查明接济上海各协振所严君筱舫、席君子佩、杨君子萱、庞君莱臣、施君子英复经设立济急善局。”(见《分头办理》,(上海)《申报》)而严筱舫即严信厚,席子佩即席裕福,杨子萱即杨廷杲,庞莱臣即庞元济,施子英即施则敬。

58 参看《众擎易举》,光绪廿六年闰八月初三日(上海)《申报》,第九千八百五十九号;《济急公函》,光绪廿六年闰八月初七日(上海)《申报》,第九千八百六十三号;《济急第二号公函》,光绪廿六年闰八月初十日(上海)《申报》,第九千八百六十六号。

二十一　论早期红十字会在华诸问题

笔者在五年前所刊《晚清红十字会述论》(参见《近代史研究》2000 年第 3 期)一文中曾认定:中国红十字会的创立是建立在 1894－1904 年间政府和民间舆论的基础之上(现有研究对此尚未有超越)。但是随着研究的深入和一些中外文新资料的发现,笔者对原有的看法已有改变。认为:中国社会对于红十字会问题的讨论,早在 19 世纪 70 年代就已出现,19 世纪 80 年代一些人在一些地方还有所实践。更为重要的是,到了 19 世纪 90 年代中日甲午战争期间,中国的多个地区都出现了红十字会组织机构以及红十字会医院。正是这些事件和事项,直接导致了 1904 年中国红十字会的诞生,并且红十字会的这段早期实践经历,对于中国近代慈善事业的发展趋向也起了至为关键的作用。现就如上问题略作论证,以补现有研究之不足。

(一)

近代中国社会出现关于红十字会问题的讨论,以及试图筹设此类组织,比国际红十字会晚了整整 10 年。准确地说是在 1874 年 5 月,其时日本在中国台湾寻衅滋事,中日两国发生冲突,上海的《字林西报》与《申报》等讨论战争救护问题。《字林西报》是寓沪西人创办的英文报纸,其思想文化观念大多来自西方,其所刊一文大力宣介当时救治战争伤病的红十字会(只是未点出红十字会的名称,然其论域则全为红十字会规则),尤推崇红十字会的中立性:“(开)战后,不分彼此,两造所有受伤者,均令设法调治。”并以欧洲刚刚结束的普法战争为例,盛赞红十字会的救治善举:时“有一万三千人,不受俸而甘心协力于济治各伤病之士,既不分彼此,惟从中以济治也。则两军亦视为局外之人,而事不加扰。而此人之行善亦不可计算矣。”《申报》主笔了解到这种救护组织在战争中保全伤病员的巨大作用后,也撰文称道并希望中国能够效仿:“今我国何不亦召好善者,以效作此善举乎?然欲兴此举,须两面商妥,且约束诸兵,使不纵悍心猛气,而杀害局外善济之人。庶几有应召而来,发青囊以处于两军之中者。”[1] 如上两篇文章可说是近代中国公开讨论西方红十字会问题的最先声。

这里需要提到台湾,台湾是近代中国最先得风气的区域之一,有不少西方的医生与传教士居住在这里,也就为红十字会的传播以及战时医疗救护技术的实践提供了较为优越的条件。其中,英国人梅威令医生曾为之作出过突出的贡献。

在19世纪70、80年代,梅威令医生在台湾打狗地方开办了慕德医院,除日常施医救病外,还专门为中国培养战时可资应用的红十字医疗救护人员。梅威令认为,“临阵对敌,非死即伤。死者已矣,伤者必为之救拯,而中国则向无此法”。[2] 应当矫治这种漠视民命的现象。当时中国舆论界对于梅威令医生的这种苦心大为称赞:“泰西各国皆有随军医士,照万国公法之例,虽在两国交绥之时,而此辈随军医生自成一队,另有号衣,两军皆不得犯之。设有受伤倒地,无论为弁为兵,即由医士舁去敷治。此种随军医生有老有少,有男有女,皆能照顾病人,料理伤患,各国各军皆有之,中国独无。(梅威令)故发此心愿为中国创此未有之齐。”[3] 由此可见,西方以救治战争伤病为职志的红十字会组织及其精神已经逐渐地在中国传播并为中国人所接受。

梅威令医生的红十字医疗人才的教育培养工作,并不仅仅局限于台湾地区,而是自南向北地在当时的中国社会广为推动,因此也引起了部分清朝政府官员的赞赏与关注。在梅威令的慕德医院曾招收有中国学员4名,其中李荃芬、陈呈桀、吴杰模三人“乃专习西医而皆已成功者也”。另外一人叫林环璋,此人“不习医理,在院襄助事务9年”,对于医院管理事务则颇为擅长。[4]1887年,梅威令带领他的这些中国西医学生到天津晋见李鸿章,受到了李氏的嘉许。李特别致函刘爵帅省三和林帮办,嘱其帮助梅威令。[5] 次年,梅威令又到达上海,请中外著名医生和官绅对他的中国西医学生进行专业水平鉴定，获通过。其中学习西医的李荃芬等三人获得行医资格凭据，擅长医院管理的林环璋则被“授予办理医院事务之凭据”。当时的上海道对梅威令的工作给予高度评价，认为“中国之有西医自此而始，故视之若不胜郑重也”。[6]

但令人遗憾的是，当这些学有所成的中国西医于 1889 年到天津李鸿章处谋职请求为国报效的时候，却为人所阻，反被英国人聘用。当时《申报》有评论道：“此甚可惜之事也。”[7] 一直到甲午战时红十字会医院已在中国大陆设立，还有人重提此事，认为中国当局没有重用梅威令，从而错失了红十字会发展的良机：“昔年英医梅威令君曾设是会（按为红十字会）于台湾，招集学生悉心指授数年之久。技术已精，乃航海至申江，北赴津郡。诣中国某当轴，愿将学生分布各营，当轴者笑而却之。梅君无可如何，废然而返。噫，使当日而重用梅君，得以大展其长，广集生徒，授以奥妙，何至今日而受伤兵士皆借助于各西人哉？”[8]

（二）

19 世纪晚期，中国社会对红十字会虽然已经有所讨论和实践，但最终产生红十字会还是甲午战争的爆发所导致。不过，甲午战时所产生的红十字会组织和红十字会医院都是由外国在华人士（包括驻华领事、传教士、医生、工商业者等）所创办。

资料表明，甲午战争爆发之初，瑞士国际红十字会即有所举动，并向中国政府捐助药品钱物。战后直隶总督王文韶的一份奏折透露：“该会总董等闻信，即寄助药料三十箱，约值银三千余两。”[9] 由于当时中国和在华西人均不曾设有红十字会，故这里所说的“该会总董”当指瑞士国际红十字会主席无疑。由于当时国际红十字会与中国之间没有直接的会员关系，所以国际红十字会不可能出面为中国组织红十字会。倒是在华的西人后来肩负起了筹办红十字会的重任。

1894 年 12 月底营口率先筹建了红十字会医疗组织，其时存在两个创办主体，分属不同的系统。一个是在东北辽阳地区传教的联合长老会。他们获悉中日开战的消息后,即从内地教堂撤出。恰值金州战斗刚刚结束,中国受伤士兵无人救治,于是联合长老会的传教士们即与外国兵船人士联合在营口开设了一所红十字会医院。很快地,金州伤兵就挤满了该院。据联合长老会寄往本国的报告载:"中国军事当局没有向伤员提供任何可行的应急措施,既无医疗队,也无军医。"故联合长老会的教士就承担了救治中国伤员的重任。[10]又据《申报》载,旅顺战斗失败后,中国伤员急剧增多,医疗力量明显不足。于是寓沪西人即组建了红十字会医疗队,乘图南轮船前往东北救治。不料,随日本侵略军来华的日本红十字会组织赤十字社也收治中国的伤兵病员,于是,寓沪西人组建的这支红十字医疗队便准备返回。[11]上述情形表明,1894 年底外国人在华创办红十字医疗机构尚处于任意和自发的状态。

营口红十字会医院主要是由外国传教士和兵船人员所组成,其主事者为戴理医生和契雷斯特医生。刚开始时红十字会医院仅收治伤兵 8 人。[12]但随着战争的延续,红十字会医院的规模不断扩大,其在中国的影响也日益彰显。首先是中国受伤士兵对外国红十字医院的信任感增强。起初,中国士兵接受红十字会医院的疗治,完全是出于无奈。因为中国当局缺乏疗救的任何手段。但是,通过被治愈者的切身体验,人们很快改变了看法。契雷斯特医生在一份报告中称:"我们医院应诊的消息迅速传遍了全军。那些早期治愈出院的伤兵对于树立其后来者接受外国人治疗的信心起了很大作用,我们医院的伤兵数量也随着战争的继续而增加。"其次是中国军队指挥官也认识到红十字会医院在战争中的重大作用。起初,中国伤兵到红十字会医院诊治是零星与自发的,但后来一直到牛庄陷落前,当地中国军官都直接命令将伤员送交红十字会医院治疗,并与红十字会医院建立了直接的伤兵救治机制,并且尽其所能为红十字会医院提供帮助。再次是联合长老会人员都全力投入到中国伤兵的治疗之中。由于伤员数量剧增,联合长老会又租用其他几处当地旅馆开办红十字会医院。在 1895 年 1 月份,所有的医疗人员都上阵,每所医院配备的医生达到了 4 名。而其时从莫克顿赶来的契雷斯特医生的一些学生也付出了巨大努力。[13]

据戴理医生的报告,营口红十字会医院 1894 年 12 月创办时只有 1 所,到翌年 4 月份便已发展到 4 所,而且成绩可观,即在三个月内医治的中国伤兵已达近千名(1894 年 12 月金州战役中医治 50 名,1895 年 1 月盖州战役中医治200名；1895年2月营口东20里大战中医治600名）。当时有不少外国医生不断加入到红十字会医院中来。如英国斐礼勃伦兵船医生班尼就请求戴理准其办理红十字会医院，获准后，班尼即携其船上兵官2人、水手3人帮同护理，还承担了营口一所红十字会医院的救治工作。[14]

烟台红十字会医院的建立稍迟于营口，约在1895年1月份建成。2月中旬，上海汇丰银行即汇交烟台红十字会医院劝募经费达1100两。当山东沿海尚未发生战事时，即有从辽东战场上运来的大批伤兵，于是当地外国人就开始筹划伤兵救疗事宜。据《中国教会医疗杂志》记载，一位名叫达斯瓦特的教会医生前往拜见驻烟台的登莱青兵备道，建议设立红十字会医院以备战时治疗中国伤兵，需要道台提供一些必要的资金和物质支持。该建议得到批准，于是不久，“红十字会会旗即飘扬在医院的上空”。[15]由于烟台距离战地较远，所以烟台红十字会医院救助伤兵的成绩不及营口。1895年2月份，在院治疗者仅有百余人。至1895年4月底，随着战事的基本结束和中日两国和议的进行，烟台红十字会医院已处于收束状态。据当时该院医生统计，中国受伤士兵住院治疗者共计163人，“至伤势甚轻、敷治后即去者，更不可以数计”。在烟台红十字会医院收治伤兵的过程中，因伤重而死者4人，两腿俱被弹药击去者3人，另有27人尚在医院，“大都须装假腿假臂”。[16]此即是烟台红十字会医院的大致情形。

大约与烟台红十字会医院成立的同时，天津也组建了红十字会医院以及帮助治疗伤兵的其他医院。从天津红十字会医院的最终工作报告来看，其规模大大超过了营口，包括红十字会所属的医院以及医治伤兵的数量。在甲午战时，直隶地区并未发生战事，因此天津红十字会医院所救治的伤兵主要靠从辽东前线转运而来。当时天津的外国人酝酿成立了“独立红十字会”，并向营口派遣了一个红十字会医疗队。红十字会医疗队主要是在战地帮助非红十字会系统的医院工作，而天津的红十字联合会则负责红十字会医院的筹建、伤兵的治疗以及与各方面的协调等等。天津红十字联合会还在山海关设立了一个伤兵转运机构，由两名红十字会人员负责，将前线撤退的伤兵妥善安置，需要治疗的再运往天津。[17]

当时天津红十字会联合会下辖有5所伤兵医院，即伯尔医生负责的卫理公会女子医院、凯丽医生负责的女子医院、史密斯医生负责的伦敦会医院、弗莱滋医生负责的红十字会医院、尼尔医生负责的总督医院。这些医院治疗的伤兵人数在1400左右。[18]

从《申报》与《中国教会医疗杂志》对红十字会医院的记载来看,当时中国营口、烟台、天津等地所设立的红十字会医院多是自发形成,其间并不存在一个统一的协调机构。在工作联系方面,天津自成一系,而营口、烟台则多所交往。营口与烟台的交往主要是通过上海相维系,因为当时两地都经费支绌,红十字会医院难以为继,于是两地即联合通过在上海的外国领事与传教士向中外人士募集,所得之款,也两地统一支配。为此,寓沪的外国人在甲午战争时期还专门成立了一个红十字会。该红十字会实际是一个募捐筹款的机构,人员系由上海各外国领事、传教士、驻沪外国银行董事等组成,向营口、烟台的红十字会医院提供款项。上海红十字会实行董事制,其绅董主要有英国传教士慕威廉、汇丰银行副挡手爱地斯、前亚加剌银行挡手甘布尔、丰泰洋行主活母、英国驻沪总领事等。[19]与上海不同,天津红十字会医院主要由该地设立的具有独立性的红十字会联合会负责各方面的工作。

(三)

甲午战争期间,外国人在华所设红十字会机构与红十字会医院的经费筹措渠道计有三种:

一是由西人主持的民间筹资渠道,以上海传教士慕维廉为首向社会各界劝捐为代表,是面向公众的最早的筹资渠道。1895年2月初,营口红十字会医院由于盖州战中伤兵陡增,院内药料不敷,乃致函上海教士慕威廉,请代募善款。[20]由此而拉开红十字会医院民间筹款的序幕。

二是由中国人主持的民间筹资渠道,以申报馆协赈所和仁济善堂、丝业会馆筹赈公所的公开募劝为代表。自《申报》登出慕威廉为红十字会医院募款的公启后,申报馆与施善昌所领导的两个义赈公所积极响应,相继在《申报》刊发募捐启。这是中国义赈组织首次参与外国人的经费劝募活动。诚如申报馆在其劝捐启中所说,该项善事非寻常善举可比。[21]因为这之中既有不分畛域的跨国惠助,也有日益高涨的民族关怀。在申报馆和仁济善堂的倡导下，全国各地人民群众纷纷加入到捐募的行列中来。

三是外交途径。为了给战地红十字会医院筹措经费，英国驻沪总领事直接致函上海道，请其代为设法。署上海道刘麒祥接函后即电江督、苏抚等清廷大员，使该项募捐行动与外交联系起来。其上苏抚奎俊禀称：

抚宪钧鉴：英领事函，红十字会在牛庄设医院，自备资斧，治伤军至六百余名。近更概行送疗，用费已至万余两，出自西商。在沪西国官绅捐银五千余两。今接信催助，请详上宪宽筹接济，并遣翻译面商。事关善举，又系医治华军，除有道酌筹外，可否求饬司局酌拨闲款，汇沪并给，出自恩施。麒祥禀。[22]

两江督抚对此甚为关注，江督捐银10000两，苏抚捐银2000两。上海道宪意犹未尽，于同日（3月9日）又面谕上海著名义赈慈善家施善昌劝捐于民间，两日后施也筹助银1000两。各款在上海道署汇总后，转交英领事，再经汇丰银行解往红十字会医院。[23]可见外交途径的筹资成效亦十分显著。

（四）

甲午战时中国出现的由西人创办的有中国人参与的红十字会机构和红十字会医院，对中国近代慈善事业的发展趋向产生了重要的作用和影响，要之有二：

一是为当时中国慈善事业的发展指明了路径。晚清时期，中国传统慈善事业出现了近代转型，突出的表现是出现了全国性的义赈组织，代表了当时中国慈善事业发展的主流。然而，义赈组织的出现是为了防止和弥补官方赈济之弊病，本是权宜之计。并且由于长达二十余年的民间劝捐行为，已造成民间无钱可捐的局面。所以义赈组织在19世纪末期已面临着何去何从的两难抉择。正是西方红十字会组织的出现，成功地解决了当时中国慈善组织的这种两难局面，为其发展指明了方向，即由原来依托于某一经济组织的义赈组织，逐渐地过渡到独立的具有国际视野和背景的民间慈善组织（如中国红十字会、华洋义赈会、世界红卍字会等）。这是中国传统的以及近代慈善组织发展的总趋势。

二是为1904年中国红十字会的创立提供了直接的人员、制度、经验、示范等条件保障。这里面包括中西的融通,机制的运作,中国人与外国人、官方与民间的关系与地位的架构等等。其中最为关键的是,当时积极为西方在华红十字会医院募集善款的仁济善堂和丝业会筹赈公所,在1904年上海万国红十字会成立时也发挥了独特的作用。其中根本的原因,就是二者之间有着一脉相承的关系。当时主持两筹赈公所的便是施善昌与施则敬父子二人,而在1904年中国红十字会创立时起着核心作用的仍是施善昌的子侄辈,即施则敬、施肇基等人。因之可以说,甲午战争时期红十字会组织的出现,是后来中国红十字会产生成立的关键步骤。

(该文系与靳环宇合署,曾以《早期红十字会在中国的演变》为题,刊《光明日报》2006年2月21日11版"理论周刊")

注　释

1 《交战时宜预筹保护人命》,《申报》1874年9月7日。当时关于筹设红十字会性质的慈善组织的讨论最早发表于《字林西报》,该日的《申报》除翻译此文之外,并作有评述。

2 《论梅威令医生教习之认真》,《申报》1888年7月28日。

3 《书本报领凭志盛事后》,《申报》1888年8月7日。

4 《书本报领凭志盛事后》,《申报》1888年8月7日。

5 《论西医将行于中国》,《申报》1887年9月14日。

6 《书本报领凭志盛事后》,《申报》1888年8月7日。

7 《论人材之可惜》,《申报》1889年6月29日。

8 《劝助行营医院经费说》,《申报》1895年2月10日。

9 王文韶:《直隶总督王文韶奏为请奖泰西红十字会医士宝星匾额以昭激劝折》,戚其章主编:《中日战争》,中华书局1989年版,第3册第644页。

10 TheRedCrossHospital, TheChinaMedicalMissionaryJournal, 1895. 3, Vol. IX, No. 1.

11 《行军以医生为要论》,《申报》1894年12月19日。

12 《善会募捐》,《申报》1895年2月7日。

13 TheRedCrossHospital, TheChinaMedicalMissionaryJournal, 1895. 3, Vol. IX, No. 1.

14 《译营口红十字会致谢募费并述近状书》,《申报》1895年4月6日。

15 A. W. Douthwaite: RedCrossWorkInChefoo, TheChinaMedicalMissionaryJournal, 1895. 3, Vol. IX, No. 1.

16 《医院述闻》,《申报》1895年4月25日。

17 B. C. Atterbury: RedCrossWorkInTientsin, TheChinaMedicalMissionaryJournal, 1895. 12, Vol. IX, No. 4.

18 B. C. Atterbury: RedCrossWorkInTientsin, TheChinaMedicalMissionaryJournal, 1895. 12, Vol. IX, No. 4.

19 《劝募医伤经费》,《申报》1895 年 3 月 9 日。

20 《善会募捐》,《申报》1895 年 2 月 7 日。

21 《募捐小引》,《申报》1895 年 2 月 10 日。

22 刘麒祥:《署上海道员刘麒祥为请饬司局拨款支助红十字会致奎俊电》,戚其章主编:《中日战争》,中华书局 1989 年版,第 2 册第 480 页。

23 《收解声明》,《申报》1895 年 3 月 19 日。

二十二　晚清时期的中国红十字会述论

中国红十字会创始于1904年，迄今已近百年。但百年来学术界对于中国红十字会（下或简称中国红会）的研究尚未起步。本文拟对晚清时期的中国红十字会展开全面论述，具体分作四个部分：一是从纵向论述其历史进程；二是从横向剖析其运行机制；三是分类概述其所从事的各种救护与赈济活动；四是考察和透视其所参与的国际交往。通过这四个部分的论述，试图解析如下问题：其一，中国为什么会有红十字会；其二，中国红十字会如何维系自身的存在与发展；其三，中国红十字会在当时的中国社会充当了什么角色；其四，中国红十字会如何促使中国从封闭走向国际社会。本文尚属初步研究，缺失错误之处，敬祈方家指正。

（一）组织的成立及其演变

中国自古以来灾荒频仍，因救荒赈灾而成立的善会、善堂很多，而红十字会是舶来品，是中国学习西方的产物。中国红会酝酿成立的时间比较长。1904年日俄战争爆发后在上海成立的东三省红十字普济善会是其先声。其后中、英、法、德、美五国合办了上海万国红会。日俄战争结束后，上海万国红会解散，中国人乃自办红会。1910年，清廷任命盛宣怀为中国红会首任会长，并改中国红会为“大清帝国红十字会”。1911年，沈敦和等人对红会实行重大改组，成立万国董事会，红会名称恢复为“中国红十字会”。1912年万国董事会解散后，中国红会相继召开会员大会和统一大会，从此步入稳步发展的轨道。

1. 组织的酝酿

中国红会属于国际红会的分支。国际红会于1864年在瑞士日内瓦成立,创始会员国12个,其宗旨是发扬人道,对战争中的伤兵病员实施救护。国际红会成立后,各国纷纷申请加入。在1898年前,共有32个国家入会。

但是,中国在国际红会成立后的30年内,无论是官方还是民间,绝大多数人都对红会无知。虽然从19世纪60年代开始,中国已经开始学习西方,但当时学习西方的范围还停留在军事技术与器物制造的物质文化层面,对于像红会这种救死扶伤、发扬人道的属于精神文化层面的东西,中国人还不觉得其重要和需要,故仍表现出一种漠视的态度。

直到1894年中日战争爆发,中国人在战争中被日本红会组织——赤十字社的所作所为所打动,第一次感受到红会在战争救护中所具有的不可替代的作用:战争中我方士卒伤亡惨重,同时战争殃及许多平民,可是我方军医不敷调遣,将帅彷徨,束手无策,而此时的赤十字社赴辽东战场进行救护者多达数万人,他们严守中立,不分畛域,不仅救护日本人,也救护中国人。有记载称:"往昔日本会众,于营口设立医院,疗治病兵,中国人万目共睹,吾军士之受彼拯救者,难可缕数。"[1] 正是由于中日战争的这一经历,才使得中国人开始重视红十字会。战后,国内各大报纷纷刊登介绍和论述红会的文章。上海《申报》从1898年5月至1899年4月间刊登了《创兴红十字会说》、《红十字会历史节译》、《中国亟宜创兴红十字会说》三篇文章。《红十字会历史节译》一文赞扬国际红会"凡军士之受伤者,苟抛弃所持军器,则敌国红十字会亦一律疗治,盖以人之爱生恶死具有同情也"[2]。《创兴红十字会说》一文从中外比较的角度,指出中国若不设立红会,与其大国地位、声名文物极不相称。所谓"王者之师最重仁义,而坐令兵卒于效命疆场之际,断月豆折胫,惨怛呼号,而无人焉为之尽力扶持,拯其困苦,不特中心有所不忍,且不将贻四邻之笑,而鄙之为野蛮乎"![3]《中国亟宜创兴红十字会说》一文则介绍了红会的主要职能,澄清了一部分人对于红会的误解:"红十字会者何?泰西各国施医疗疾之善举也。人但知两国交争,例由红十字会中人奔赴沙场,医疗被创军士,开设临时医院,施以药饵,供其衣履糗粮,殊不知平日遇有疹疗天花,或则洪涛漭漭之中,轮船失事,会中人亦皆得施其神术,以拯生灵。”[4] 以上三篇文字,使中国的普通民众对于红会的基本情况有了初步了解,为红会在中国的创立铺垫了一定的社会基础。

与此同时,一位旅居日本的侨商通过清朝驻外使臣向总理衙门递交了请设红会的禀文。这位侨商名叫孙淦,字实甫,上海人,侨居日本大阪经商。他热心慈善救济,是中国红会事业的倡导者和积极推行者。1898 年初,他受国内维新思潮的影响,上书中国驻日公使裕庚,请转咨总理衙门上奏清廷,“仿行万国善举,创设红十字会,以赞军政”。孙淦在上书前已加入了日本赤十字社,他把日本赤十字社的章程译成汉文连同禀文一并呈上。在禀文中,孙淦列举了创设红会四利:“疾伤有恃,军士气壮,鼓行而前,图功自易,一利也;万邦善政,是则是效,结盟诸国,人不敢轻,二利也;国有病疫,大凶大札,会众疗治,保全必多,三利也;我国医学,讲求未精,此会若成,研究益易,四利也。”此外,孙淦对于日本赤十字社的情况也作了简要介绍,认为日本的做法可能最适合中国。裕庚接到禀文后,立即批示:“查红十字会,西文谓之RedCrossSociety,拯灾济众,最称善举,本大臣亦曾目睹。该禀所禀各节,具见心存利济。惟善举之设,事出众擎,允准之权,应听政府。仰候据情咨请总理衙门核夺,可否迟速,应俟复到之日,再行饬遵。”[5] 这表明,裕庚对于设立红会是支持的。并且他是最早把民间的这一呼声传递给清政府之人。

当时和裕庚一样主张设立红会的清朝官员还有驻俄使臣杨儒。杨儒1899 年 5 月奉命赴荷兰海牙出席俄国发起的减兵保和会,并代表清政府从众画押了几个条约文本,其中就有国际红十字会的《推广日来弗原议行之于水战条约》。1900 年 1 月 28 日他上清廷一折,极力主张设立红会:“红十字救生善会,各国俱重视。此举谓为教化中应有之仁义。现既从众画押,自宜及时筹办,以示善与人同。拟请仿日本捷便章程,由国家督率举行并赏颁恩款以为先导,再行广事劝募,聚少成多,出资者不甚为难,创始者方可持久,将来建造医院、购置船只、储备药材、教练侍役,试办于通商口岸,俾西法易于讲求。”杨儒在奏折中还就红会创立后如何开展工作提出了自己的意见和看法,并表示一旦“交替回华,深愿力任此事”。[6]

应当说,如果能照上述势头发展下去,中国创立红会当是指日可待的。但是,1900 年发生了义和团运动和八国联军侵华战争,内忧外患的双重压迫,使得清政府自顾不暇,于是红会酝酿的进程不幸而被打断。直到清末新政时期,一批有识之士上书言事,条陈政见,提出各种变革主张——也包括制度及社会心理方面的变革,于是沉寂了四年的创办红会的呼声再次在朝野和舆论界腾起。1904 年 3 月 5 日,《申报》刊登了题为《中国宜入红十字会说》的文章,呼吁中国应尽早成立红会。1904 年 3 月 28 日,御史夏敦复上奏清廷,请查照西例设立中国红会。[7]1904 年 5 月 15 日,清政府驻美使臣梁诚亦奏请设立红会。[8]

总之,从 1894 年到 1904 年,经过整整十年的酝酿,中国社会各阶层对于红会已有了比较充分的认识和心理准备,红会的成立可谓呼之即出了。

2. 东三省红十字普济善会

东三省红十字普济善会是中国红十字会的先声。

1904 年 2 月 6 日,日军向俄驻我旅顺口的舰队发动突然袭击,日俄战争爆发。战争爆发前,日本已用船只将其侨民载运回国。别国侨民也通过各种途径陆续撤离中国东北。交战双方的伤病兵员悉由两国的红十字会相互救护。惟有我东三省的同胞在战火纷飞、枪林弹雨之中迁徙流离,苦苦挣扎,欲哭无泪地承受着战争带来的灾难与痛苦。为此,直隶总督及山东巡抚也曾派船去旅顺等处接运受难同胞,但是俄国声称所有港口都已封闭,他国船只不得驶入。“直督、东抚诚恐阻格中国政府坚守中立之局,未便轻率举动”。[9]这样,想由官方出面拯救同胞的办法竟不能行。有鉴于此,上海记名海关道沈敦和、前四川川东道任锡汾、直隶候补道施则敬等人决定联络同志,“拟援万国红十字会例,力筹赈救北方被难民人之策”[10]。

1904 年 3 月 3 日,沈敦和等人聚集于上海英租界六马路仁济善堂,发起成立东三省红十字普济善会。会上,先由沈敦和简要介绍国际红会的基本情况,然后众人就东三省红十字普济善会的立会宗旨、运作思路与方法、组织构架及其他各有关方面展开讨论,最后形成共识:其立会宗旨,“专以救济该省被难人民为事”,“凡在北方之南人,既必一一救回,而本地居民,亦必扶同出险,赈抚兼施,医药互治,用符西国红十字会之本旨”。其运作思路与方法,决定由发起诸人“先筹垫十万金”,“延请中西大善董就近开办,在沪设立总局,专为筹款之所”,“另设分局于京津,招留救援出难之人,以期一气贯注救之之法”。凡参加救护人员,“左袂缀有红十字旗式,以便行军一望而知,其制均归一律”。凡“红十字旗所到之处,遇晚应即住宿,不得惊扰”。凡“遇胡匪马贼,应请西国行军保护,或自请中国兵队备御"。其救护方法,奉行分别轻重缓急、救生葬死并举的原则。对于"遇救诸人,无论在舟在车,男女必分别,老幼必扶持,不得稍有陨越,以示慎恤"。其组织构架,采用董事制。"公举才望夙著、熟悉中外以及北方情形大员为董事,总理局务"。"另举西董事与东三省教士联络举行,以免外人拦阻"。"中西董事外,应另举筹款董事数人"。[11]

东三省红十字普济善会试图按照红会的规则和方式来运作,可以说打上了红会的烙印。1904 年 3 月 5 日《申报》载文称:"此次普济善会,特中国红十字会之先声耳。"[12]但是,东三省红十字普济善会仍冠以"善会"二字,说明它还没有脱离传统的善堂模式,因此还不是真正意义上的红十字会,自然不享有红会所应该享有的权利。它要进入战地救护,就必须同交战双方进行交涉,而要借用红十字会旗帜符号,就得征求国际红十字总会的同意。可是这一切它都没有来得及去做,而仅仅存在了 7 天,就被另一个真正意义上的红会——上海万国红十字会取代了。

3. 上海万国红十字会

上海万国红十字会是原创立东三省红十字普济善会的一批人联合寓沪西国官商共同创办的临时性救护机构。日俄战争打响后,俄封锁各港口,东北境内交通严重受阻,"被难人民能出险者百不及一"。由于中国尚未加入瑞士国际红十字总会,刚成立的东三省红十字普济善会及官方的难民救济行动都遭到交战国的阻挠。上海官绅商等各阶层人士担心东北"官幕商民欲逃无路,欲行无门,即不死于刀兵,亦将成为饿殍……亟思设法援救"[13]。据载当时沈敦和与英国在华传教士李提摩太商量,以东三省外国传教士较多,日俄战争爆发后,他们中的绝大部分群集在牛庄避难,沈想借助于教士们在那里开展救护。李十分赞同,并即"电询牛庄教士可否助救难民,旋得复电,允向前施救且愿效力者甚众"[14]。这样,沈敦和等人就决定舍东三省红十字普济善会而另谋创设万国红十字会,试图"以国际公法迫使日俄两国同意中方的要求",允许中方以红会的名义进入战地实施救护。[15]

1904 年 3 月 10 日,中、英、法、德、美五国人士数十人会集于上海英租界公共工部局,商讨成立"上海万国红十字支会"。之所以名为"万国",是因为该会非中国一国所办;之所以名为"支会",是为了与瑞士国际红十字总会区分。但一星期后，创会者又把“支会”二字取消，定名为“上海万国红十字会”。

上海万国红会实行的是董事会制。3 月 10 日的成立大会上，推选出董事 45 人，其中西董 35 人，华董 10 人，又举办事董事 7 人，其中西董 5 人，华董 2 人（后增加为 3 人）。上海万国红会董事会的人员构成反映出：西董占主导地位，华董居其次。这与当时中国的半殖民地地位是相一致的。中国国势衰弱，为救援战争中的难民同胞，不得不借助中立国英、法、德、美的力量，以便对日俄施加压力。正是由于创立者的国际性，在成立大会上使用的正式语言是英语而非华语，会议的文字记录也是英文，经由施肇基转译成华语再“分送在场各华董及来探问情形者”[16]。

上海万国红十字会成立的第二天，施则敬便邀请诸华董在上海盆汤弄丝业会馆开会，商讨会务及救护事宜。与会华董商定先行筹垫白银 5 万两作为启动经费，然后“电禀各省大宪，拨助捐款”。同时“印捐册，分寄各省”。[17] 3 月 15 日，各西董亦集议劝募洋商捐款。3 月 29 日，由吕海寰领衔，盛宣怀、沈敦和、任锡汾、施则敬等人联署的募款通电（即元电）向全国发出。[18]各省督抚大员纷纷来电来函响应。那么清政府的态度又如何呢？其实，日俄战争制造了大批难民，传统的救护方式不能奏效，这时的清政府十分清楚，如果没有有效的救护措施，那么人民群众对政府的怨恨和抵触情绪就会加剧。故当时清廷下令在天津、奉化两处，由当地官方出面，设立救济机构，以便驰往战地救护。但由于中国“尚未加入瑞士国际红十字总会，无从享战地救难医伤之权利”[19]。于是清政府乃诏令驻沪商约大臣吕海寰、盛宣怀与会办电政大臣吴重熹，要求其与北洋大臣袁世凯、侍郎杨士琦等商量，发动上海的官绅商，与寓沪的英、法、德、美四中立国官商联办红会。吕、盛、吴三人得旨后，乃与沈敦和、任锡汾、施则敬及江西候补道任凤苞等联系，因此才有了后来沈敦和、李提摩太等中西合办之上海万国红会。可见，清政府对于红会的设立，是暗中起了推动作用的。在 3 月 10 日的成立会上，曾有德商禅臣行总理问及：“中国政府亦将合力办理否？”李提摩太答云：“中国政府未便与闻，盖恐违犯局外之义也！”[20]实际上，以吕海寰领衔发出的通电，也应当看作是清政府允许和支持的结果。到了 5 月 24 日，清廷对于万国红会的支持便公开和明朗化了。这天慈禧太后颁发懿旨：“此会医治战地受伤军士，并拯被难人民,实称善举。现经中国官绅筹款前往开办,深惬朝廷轸恤之怀,著颁发内帑银十万两,以资经费,传谕该员绅等,尽心经理,切实筹办。"[21]

上海万国红会成立后,各善会及报刊也纷纷发布文告公启,倡导民众从各方面援助红会。3月25日,杭州协德善堂在《申报》刊发《筹劝东三省救劫义捐启》,呼吁各省善堂协助上海万国红会筹募捐款,"共襄盛举"。又《申报》馆专门组织一"协赈所",从4月10日起多次刊登《劝捐万国红会经费启》,动员"寰中义士,海内仁人,各解囊金,拯民水火"。这些助赈宣传产生了良好的效果,不仅在短期内募集到相当的救济款项,而且也使国人得以加深对于红会事业的了解并踊跃投身于其中。上海万国红会的中方同人们对于自己所从事的这项事业也有一个自我评价:"溯自中外通商以来,万国一心,踊跃奔赴,能与我华合办大善事者,在上海当推此为第一伟举。"[22]

上海万国红会总部设在沪上,能广募捐资,更好地联系中西会董。可是,要去东三省救护,必须派出医疗救护队,其路途遥远,多方不便,人数也将受到限制。有鉴于此,上海万国红会依照《万国红十字会联合会规约》(1863年10月26日)第2条规定[23],在"所有附近战地之紧要地方,由总董会议遴延中西绅董,缮给凭信,前往添设分会"[24]。最早设立的分会是营口分会(即牛庄分会),4月6日由旅居牛庄的西国官商在教会牧师住宅宣布成立。此后山东烟台与江苏金陵以及奉天、辽阳、开原、海城、铁岭等处亦次第设立分会,这些分会在战地救护、难民安置、生产赈济等方面,可以说发挥了巨大的作用。

1905年9月5日,日俄两国最终签订了《朴茨茅斯条约》,战争结束。此时上海万国红会也已完成自己的使命,再加上会款所剩无多,于是就作逐渐收束与停顿的打算。

4. 大清帝国红十字会

正当万国红会准备结束停办之际,中国人自办红会的条件也已成熟。中国自办红会从1906年开始筹备,1907年请旨,1908年运作,1910年才正式开办。其进展的速度可谓相当迟缓。这大体上是清廷对于这一外来的新事物在如何办理上十分谨慎,再就是创办者在办理的过程中也面临着诸多困难。

日俄战争结束后,作为临时性质的上海万国红十字会以会款所存无多,本当收束解散。但1905年11月上旬,突然有招商局抄示外务部致北洋大臣电,谓海参崴发生乱事,华民住处被焚,饬即派轮前往救护云云。上海万国红会当即与招商局商派海定号轮船,由牛庄折赴烟台,装足药片食物,前往救济。此后,还有类似的情况发生,加之善后各有关问题需要处理,故万国红会得仍继续存在约2年之久,直到1907年7月21日吕海寰、盛宣怀等上奏请旨试办中国红会,1908年5月核定照准后,才结束解散。

在吕海寰、盛宣怀1907年向清廷请旨试办中国红会的奏折中,大致可以窥见他们创设中国红会的计划和打算:"查中国红十字会,事属创举,自无成案办法可援……臣等仰体德意,督率创行。""一面参考日本初创赤十字社情由,与西董订明,先就中国自筹之款酌拨以为基础,兼仿瑞士总会真奈瓦地方之意,在上海购地,采取各国医院、学堂、医船、医车之式样,筹措经费,次第仿办。另选聪颖华童,一面在沪附设医学堂,一面出洋学习会医,考求会医与军医之如何区别,本国看护人之如何储备招致,务期悉臻详备,以结万国红十字会之会局,即以巩中国红十字会之初基"。[25]

1908年8月,上海万国红会结束,中国红会开始运作。是月31日,办会同人沈敦和等在《申报》刊登《中国红十字会招考医学生广告》,在刊出招生广告的同时,沈敦和等人又用万国红会余款,在上海徐家汇购得地皮11亩多,请来技师工匠,设计图样,大兴土木,开始施工建筑中国红会的总医院、学堂与会所。

1910年1月,商约大臣吕海寰与前电政大臣吴重熹会奏结束上海万国红会而试办中国红会,并酌拟试办章程6条附呈。2月27日,清廷降旨同意,同时委派商约大臣盛宣怀担任红会会长。[26]

盛担任中国红会会长后,3月13日即咨行礼部,以中国红会遵旨筹设,应行奏请添铸"大清帝国红十字会"关防,以示郑重。4月30日,外务部咨复,告知"大清帝国红十字会"关防已缮模具奏,俟铸妥时再行知照派员请领。5月5日,盛宣怀札委山东补用直隶知州袁镒赍文专程赴京候领。16日,礼部将新添铸的该关防粘贴印花发交袁镒领取送往上海。6月5日,"大清帝国红十字会"关防正式启用。[27]

值得指出的是,当1910年中国红会具有相当规模时,清政府曾有过将其改隶政府管辖的意图。1910年2月清廷将吕海寰、吴重熹会奏试办中国红会请旨立案的奏折交军咨处详核。5 月 20 日军咨处详核后所上的奏折中便提出了这样的建议:“今我国红十字会,时当创始,自应由该会长认真经理,俟办有成效,应否采择各国成法,届时再行请旨办理。”[28]由此也可以想见,盛宣怀奉旨担任红会会长,请旨添铸的关防不名“中国红十字会”而名“大清帝国红十字会”,显然也包含迎合清政府的意图。总董沈敦和对此十分不满。1911 年 10 月 30 日,他在致吕海寰的一通电文中这样说:“沪红十字会系民捐民办,甲辰四月十二日两次奉旨嘉许实办善举,上年夏钦派盛宫保为会长,并拟改名大清红十字会,当经敦和力陈利害,案大清红会复归陆军部筹办,如遇战事,仅止随本国军队后救伤,与和等所办瑞士缔盟、万国承认之中立红会宗旨不同,且沪会系募中外捐款而成,殊难归并,业蒙盛公允商政府在案。”[29]也可能是因为沈敦和等人的抵制,清政府虽然把红十字会的名称改了,但实际上并没有把红十字会归并过去。据 1911 年英人苏玛利在红会研究大会上所云:“去年清政府确有将本会改隶政府管辖之意,因事属善举,且有中外捐款在内”,故得仍维持其“独立性质”。[30]当然,也许等待着某一天,清政府还是要将它收归政府管辖,或简派亲贵充当总裁,但是不等这一天来到,清政府就已经垮台了。

5. 中国红十字会万国董事会

1911 年 10 月 10 日,武昌起义爆发。官军与革命军鏖战武汉,“两军兵士出入于枪林弹雨之中,死亡载道。其被伤者类皆血飞肉裂,肢缺骸残”[31]。10 月 23 日,沈敦和接到由汉阳某国兵轮上发来的无线电报,“以两军死伤过多,请即亲率红十字会中西医队,迅速前来战地,普救同胞”[32]。

两军酣战,伤亡惨重,战地救护任务必将极其繁重,加之全国各省纷起响应武昌,战祸蔓延各地,当此之下,非有一个组织健全、实力雄厚、运转灵敏的红十字会救护团体,不能担此重任。其时国内虽有新立的大清帝国红十字会,但该会还不具备上述条件。该会虽然是中国自办的,可是体制尚未理顺,内部的组织机构和各项制度尚不健全和完善,也没有广泛征集会员和进行相应的宣传发动。自开办以来,因建造医院、学堂和制备会章等各项开销,已将原上海万国红会的余款用罄,此时经费告匮,新的捐款尚待筹募,面对突发的一场浩大的战祸,实在是难以应付。同时在沈敦和看来,即便有充足的经费,也还存在着人手不够的困难。“彼时若仅恃本会救护人员,断断不敷调遣”。[33]怎么办呢？已经有着多年办理红会经验的总董沈敦和觉得当此非常时期，必须采取非常手段。这就是变通现有大清帝国红十字会的非官非绅体制，仍如1904年日俄战时所组织的上海万国红会那样，“创立绅办红十字会”[34]，即在上海组织一个名为“中国红十字会万国董事会”的机构。沈敦和述说组织这一机构的理由云：“欲求部署神速，机关完备，而经费又可节省者，惟有借重各国教会西医，及各该处原有之教会医院，以为本会临时救护机关，庶几朝发一电，夕已成立，可收事半功倍之效。然欲联合教会，又非借重西董不为功。此本会万国董事会所由设也。”[35]

改变钦定的“大清帝国红十字会”名称而另组“中国红十字会万国董事会”，沈敦和的确是够大胆的！或许我们可以看作这是他对于前此清朝政府欲将红会收归官办不满的一种发泄。但无论如何，我们必须承认这是一种有效的应急措施，是一种正确的选择。

鉴于武汉战场上的伤兵病员等待着红会前往救护，情势万分紧迫，沈敦和当机立断，在接到武汉方面电报的第二天，即10月24日下午，就在上海大马路工部局议事厅里聚集了中外人士700多人，成立中国红十字会万国董事会。

中国红十字会万国董事会的成立，实际上是对大清帝国红十字会进行彻底的改造，最主要的是运作机制的改变，重新采用董事会制，由半官办改为完全绅办，由中国人独办改为中西合办，但又与原上海万国红会不同。原上海万国红会是国际性的，即五国合办，而现在的万国董事会前面则冠以“中国红十字会”，表明该会只属于中国一国，只不过中国实力不足，借用了外国的人力、财力、物力及其多方面的帮助而已。这种做法既是变通，也是创新，可以说为中国红会的创办在体制上提供了新的思路。

沈敦和的这种做法受到了两个外国人的高度赞扬。一位是英国人李提摩太。他在万国董事会成立会上的演说中称赞沈敦和“乃救苦救难之大元帅，救命军之大教主，组织此会必能完全无缺，深望中西善士随愿乐助，庶可扩大范围”。另一位是美国《纽约报》驻华代表唐乃而，他在演说中谓：“沈公成立之红十字会，不特为中国人士所欢迎，即泰东西各国，亦莫不馨视。鄙人当立电本报，报告成立，并募捐款。”[36]

但是，中国社会对此则反应低调，甚至还有指责漫骂之声。如在上海发起成立赤十字会的张竹君女士，在上海《民立报》上公开发表《致沈仲礼书》，指责沈敦和"窃慈善二字欺世盗名","今又将牛头马面之红十字会以混世人耳目"。说沈"善变",始则"以万国红十字会名义","未几而万国红十字会变为大清红十字会",及武汉事起,"又将大清红十字会变为绅办红十字会"。[37]对于张竹君的公开指责沈敦和在《申报》上进行公开反驳。其中反驳所谓"善变"一节云:"鄙人之办红十字会,始于光绪二十九年冬间俄日之战。其时,推举中西董事十二人,鄙人与其列,皆绅也。光绪三十年中国政府允鄙人与各绅士之请,遣使臣张德彝至瑞士缔盟入会,由是中国得援用日来弗条约,设立正式之红十字会,为总董者,鄙人与任逢辛、施子英两观察,皆绅也。中国之有红十字会,于今八年,国家承认,全球承认,而始终不离于绅办,本无所掩,更何所谓变乎?"[38]

虽然社会上不乏微辞与责难,然而清朝政府对于沈敦和却无任何兴师问罪的迹象,尽管沈敦和改组红十字会事先并没有向朝廷请旨,也没有征得会长盛宣怀的同意,清廷完全有理由对沈敦和加以申斥。但清廷却没有这样做。对于这种情形,或可以理解为清政府被革命军的炮火轰乱了阵脚,已无暇顾及沈敦和的做法正确与否了。

需要指出的是,此时作为大清红十字会会长的盛宣怀,由于坚持"铁路国有"政策,已引起国人的强烈反对,清政府为了平息民愤,于10月26日颁发谕旨,革除了其邮传部大臣和红十字会会长职。有趣的是,清廷革除盛宣怀红十字会长职后,并没有立即任命新会长,这个职务空缺了19天,到了11月13日,才任命前外务部尚书吕海寰担任。不过,这次任命的上谕中已不称"大清帝国红十字会"而称"中国红十字会",或可以看作是清廷对于沈敦和改组一事的默许。

大清帝国红会改组为中国红十字会万国董事会后,由于理顺了体制,中西董事通力合作,会务工作出现了兴盛的局面。一方面,在救护救济方面发挥了中坚和主力作用;另一方面,在会内建设上也做了一系列积极的努力。

然而由于中国红会万国董事会成立的初衷是在非常时期以非常手段联合中外力量对于武汉发生的兵灾实施救护,及战事结束,万国董事会认为已完成历史使命,没有继续存在的必要,遂于1912年7月16日召开全体会议,会上由万国董事会议长苏玛利报告董事会成立后开展工作和财务收支情况,最后宣布"中国战事已息,董事会全体辞退"。[39]但会上决定从旧董事中挽留数人经理会后的各有关事务，以便交接即将组织的民国时期的新的红会。

万国董事会只存在9个月的时间，却为辛亥时期的兵灾救护和中国红十字会的发展与创新作出了巨大贡献。万国董事会解散后，中国红十字会即进入新的历史发展时期。

（二）会内行政及其运作

晚清时期，中国红会处于草创阶段，各项制度很不完善，运作机制过于简单而不成体系，没有分工细致的各个专门的部门和管理人员。但此时期红会的任务较单一明确——主要是救护，总会与分会的关系也较容易理顺。

1.会内行政机制

上海万国红十字会采行的是董事会制，由董事会总理一切事务，每遇重大事情需要决策，就召集全体董事共同商讨，形成决议后交由办事董事执行。上海万国红会没有设立会长或董事会主席，而是在董事会开会时，临时推举主席。

其时，中西董事工作侧重点有所不同，办公地点也不在一起，可以说既分工又合作。华董的办公地点设在盆汤弄丝业会馆，他们的主要职责是“电禀各省大宪拨助捐款，一面先行筹款，仍刊印捐册，分寄各省好善官绅源源募助”[40]。洋董则另觅会所，“筹募洋款”[41]，“一面电商两战国，允准分会派人前往战地，将会中应办各事，妥为筹办”[42]。可以说，这种分工充分发挥了各自的优势，比较合理。例如，西董负责与日俄两交战国交涉，这正好利用美、英、德、法中立国的特殊地位向日俄施压；华董缺乏红会工作经验，但与国人贴近，则可以在国内多做些募集经费的工作。

为了有效地开展工作，办事董事初次集议时就选定了急需的专门办事人员。主席威金生提议“会中应举一书记官，专办文牍”。“款项出入，应举一收支人，以专责成”。[43]大家公举李提摩太和沈敦和为书记员，丰裕洋行葛雷掌管收支，银钱存入汇丰银行。

在东三省救护过程中，上海万国红会同设在关内外的各分会进行了较成功的合作。沪上红会主要进行多方交涉，扫除各种障碍，积极筹集经费和采购药品、食品。各分会则深入前线救护伤兵病员，赈济难民，其经费和必需物资完全由沪上红会供给。不过“办事仍由总董呈请中国钦差吕、盛、吴三大臣给发该分会华董印札，以专责成，而昭慎重”，“各分会或西董主持，华董襄理，或华董主持，西董襄理，皆与上海总董联络一气”。[44]

日俄战事结束后，红会转由中国人自办。自办之初先行准备，主要是购地修建会所、医院和学堂，进行一般性的施医赠药、培养医学人才等工作。后来因清政府任命盛宣怀为红会会长，打出了“大清帝国红十字会”的牌子，欲把红会收归政府管辖，造成体制上的不顺，引起了会内人士的不满，结果红会进入低效运行阶段，各地分会也名存实亡。

辛亥事起，沉闷、缺乏生气的大清帝国红十字会已难以胜任艰巨的救护任务，为此，沈敦和发起组织万国董事会，重新采用日俄战争时期的做法，实行中西合办的董事会制。这种做法较以前有明显进步：在各董事中推举董事长（或称董事部长、议长）负责召集会议，对重大活动实行督导；在董事会下成立理事部，负责日常事务，同时选出理事总长组织开展工作；在办事人员配备上，除原来的华洋文书记官、收支员外，还增设干事部长、经济干事，后来由于工作需要，又聘请“华文书记一名，专司文牍、函电；核算员一位，专司稽查账目及庶务”[45]。这样一来，红会工作分工便细致和专门化了。另外，它还一改过去分设两处办事机构的做法，只在上海三马路《新闻报》报馆楼上设立事务所。而且，从红会领导层人员构成看，中方董事的比重上升。

总体而言，民国以前，中国红会基本实行董事会制。董事会只在遇到重大问题时才召集会议研讨，平时则休会。但红会各项工作繁杂，随时需要决策，如果说，在红会草创阶段，这种体制尚能适应的话，那么当红会步入正常发展的轨道之后，这种董事会制就不相适应了。因此，在万国董事会解散不久召开的中国红会第一次全体会员大会上，按照国际通用的做法，由全体会员无记名投票选出常议员组成常议会作为红会常设的决策机构，再由常议会选出名誉总裁、会长和理事。这样，红会的体制便由董事会制转为议会制。这个转变是在 1912 年 10 月开始实现的。

2. 会章与会员

（1）会章

章程对每个社团组织都极为重要，它是该组织活动的行为规范、工作指南。它主要是从原则上对组织的基本宗旨、机构设置、权利义务以及注意事项等作出规定。中国红会从晚清到民国初年，先后制定过3个章程，即《上海万国红十字会暂行简明章程》、《中国红十字会试办章程》、《中国红十字会章程》。这些章程对中国红会的发展起了相当重要的作用，也反映出相应时期中国红会的状况。

1904年7月12日，正当东北救护紧张进行之时，上海万国红会制定了暂行简明章程8条[46]，分别就办会宗旨、体制、经费、救护办法及办事员绅职责等作了详细规定。

1910年1月，吕海寰和吴重熹会奏结束上海万国红会而试办中国红会，制定了《中国红十字会试办章程》6条。[47]该试办章程对中国红会的机构设置、关防使用、标识勋章、医院学堂、救护宗旨以及文字规范都作了原则规定，基本构架了中国人自办红十字会的体系模式。可以说既顾及了红会的长远发展问题，也注意到平时的各项准备工作。但是它只是粗线条的勾勒，对诸多细节问题没有涉及，因此难以操作。

试办章程实施的时间并不长，到1911年辛亥战事爆发，万国董事会成立后，它就不适应了。为此沈敦和决定"对此重行修改"[48]，"妥订章程"[49]。这个重行修订的章程即后来在1912年10月31日中国红会统一大会上正式通过的《中国红十字会章程》。

与前两个章程相比，《中国红十字会章程》内容最完善，形式也最规范，它完全符合国际上红会章程的通例，因而实施的时间也最长，直到1922年召开会员大会时才作修改。

（2）会员

中国红十字会征集会员是从1911年万国董事会组成后开始的。在此之前，尽管也有人提议按日本赤十字社做法征集会员，但未被采纳。这就使中国红会长期以来经费紧张，有碍各项工作开展，广大群众参与红会的热情也没有被充分调动起来。

武汉战事骤兴，救护任务颇重，而原来红会所剩银钱无几，在此情况下，万国董事会决定仿照日本赤十字社的做法，征集会员，以此来缓解经费问题。1911年11月1日，中国红会在《申报》上刊登《红十字会征集会员广告》，声称"援照红十字会万国条约"，中国红会"得征集名誉会员、特别会员、正会员三项,赞助会务”,但根据实际情况,“拟即先行征集特别会员、正会员”。“凡纳会费二百元以上作为特别会员,二十五元以上作为正会员”。凡愿入会者,只需向红会办事处索取介绍单式,按要求填好表格,再经“当地公正绅商一人介绍”,同时一次性交足会费,就可以取得正式的会员资格。凡是会员,都可得到“暂用徽章(以理事部及医队所用之金银徽章暂代)”,等到在欧洲加工制造的正式徽章寄来后,会员就可凭会费收条前去黄斗换。

征集会员广告打出后,广大群众纷纷申请加入。按规定,会员除缴足会费外,还必须有当地介绍人,以昭核实而免流弊。这种做法对上海埠内会员还相适应,但是外埠越来越多的人也要求加入,他们“以会员费兑汇不便,上海亦苦无熟人介绍”,纷纷陈请“变通定章”。中国红会就此作出答复:凡“外埠入会诸君经商会、学堂主任介绍,缮有商会学堂印章为凭,会费由邮政局保输信汇寄”,即可入会。[50]这就解决了外埠群众不便入会的问题。

在兵荒马乱的年代,人人都想寻求安全保障,红会佩章从某种意义上说就具有这种保护的功效。为了防止某些并不是真心支持红会事业的人利用红会会员名义去从事非法活动,中国红会曾多次提醒、警告会员要恪守规程,维护佩章信用和红会声誉:不能“顶替借用”,以免“自失信用,损害本会名誉”。[51]如有人“蓄意悬佩并带赴猥亵游戏之地”[52],就将丧失会员资格。

不过中国红会征集会员的办法还是遭到某些人的批评,认为捐纳会费25元即可取得会员资格并佩章,实有过于随意泛滥之嫌。有人指责:“红十字人员得有往来各处及深入战地之殊权,现在军事方殷,在在有汉奸踪迹,贵社徽章价廉名美,设有人利用之以售其奸……时局将蒙不可测之祸。”[53]红会就此作出回答,声称本会吸纳会员有一套严格的程序,并未发现会员利用佩章招摇撞骗。并言“会员入会之先须觅公正介绍人具介绍书,始得为本会会员。凡会员有违背博爱、恤兵之宗旨及干预战事、侦探军情,犯两敌国军律者,即失去会员之待遇”。[54]

从1911年11月1日到15日,中国红会首次征集特别会员7人,正会员184人。到1912年1月底,先后征集了3届会员。第一次会员大会召开时,人数已达近2000人,这其中包括“曾纳捐或经募捐款者”[55]。可见,会员发展速度还算较快,但与日本赤十字社拥有数十万会员相比,规模仍小得多。

3. 总会与分会

中国红会在日俄战争期间设立的分会有十余处,主要有牛庄、新民屯、辽阳、奉天、海城、铁岭、烟台、金陵、开原、沟帮子、山海关、塘沽等;辛亥时期设立的分会有65处,主要有武汉、常熟、厦门、无锡、苏州、长沙、宜昌、安庆、杭州、芜湖、九江、吴淞、沪宁铁路协赞会、南昌、上海城内、福州、扬州、清江等。

设立分会的原因是因为总会在救护时远水救不了近火。日俄战时,东三省灾难每天都在发生,同胞处于水深火热之中,因此,沪会总董决定商请当地中西绅商、传教士代为设立分会,或者由华总董遴派热心公益的华董会同西董前往设立分会。牛庄分会是“洋人之旅居牛庄者”接上海万国红会电报,“允许相助”后才成立的。[56]金陵、烟台分会是由沪会委托江南善后总局何诗孙、烟台招商局李载之创设的。而新民屯、沟帮子、山海关、塘沽等分会则是由袁世凯和沪会华总董遴派人员前去设立的。

辛亥时期,全国各地广设分会,其中有些是与总会取得联系后设立的,有的则根本未与总会联系,只是借用红会的名义,因此,各分会内部运作机制、规章制度参差不齐、五花八门。1911年10月26日成立的粤东红会和11月10日成立的天津红会都没有与总会联系,名称也未冠以“分会”字样。这就使得红会在公布第一届分会名单时只承认18个,这也是日后召开统一大会的原因之一。

总、分会的宗旨都是赈济救护难民,但彼此关系在不同时期出现过微妙变化。日俄战时,总、分会紧密配合,相互依赖。总会主要负责筹募经费、购置药品食品,与各方搞好交涉;而分会则从事设院施医、救护难民的一线工作,其物资、经费完全由总会提供。此时总、分会之间实行的是两级体制,各分会彼此地位平等,分会成了总会的派出机构或办事机构。辛亥时期,总、分会间的关系较松散,领导与被领导的关系不像日俄战时那样明显。一般来讲,经费和行政组织上联系相对松弛,分会除了总会拨款外还可自行筹集经费,也可选举自己的负责人,并制定办事章程,设立相应部门。各分会规模大小不一,彼此间也缺乏积极的配合,当然间接的配合与相互影响还是存在的。

在晚清时期,分会与总会的关系没有明文规定,从而出现多样化,这很不利于彼此协调工作。到1912年万国董事会解散后，中国红会组织召开了统一大会，会议通过的总会章程列有"分会"一章，同时还通过了《中国红十字会分会章程》，就分会的诸多方面加以规范，对总、分会的关系有较多约束："各分会概应名为中国红十字会某处分会"，"本分会须遵照总会章程办理"，"所订章程可由总会会员大会时修改，随时知照各分会办理"。[57]章程还规定各分会应协助总会工作，并对总会负责。分会应将所收会员会费至少半数按季汇交总会总办事处，并将办事情形、会员名册和财政收支按季向总办事处报告。分会所用旗帜、袖章等标识均由总会发给，且须尽力禁阻滥用。

这样一来，总会就强化了对分会的监控，也整肃了红会组织系统，以前那种各自为政的局面得以根本改变。

4. 会内经费收支

红会经费的来源主要有社会捐款、会员会费、政府拨款三种，其中以社会捐款为最多。

社会捐款来自海内外各团体、商会、会馆、驻外使节、海外华侨、政府官员、社会名流、普通百姓等团体和个人。个人中普通百姓的捐款数额一般较少，但分布范围很广，集中起来也是一笔较大的数目。这些人一般都怀着传统的积德行善的理念，或者希望通过捐款来消灾免祸，求得个人与家庭平安。当然，普通百姓中也有一些大额捐款如筵资移助或义卖义演等，据载当时"以寿诞筵资及各项移助者已指不胜屈"[58]。

与普通百姓相比，政府官员、社会名流以及各民间社团捐款的数目往往较大。特别值得提出的是身在异乡的海外华侨，他们心系祖国，考虑到国内"战事蔓延、同胞被难，伤者先宜医治，死者急待掩埋，分会愈推愈广"[59]，所需经费数额巨大，于是慨掷囊金，以为战争救护助一臂之力。华人社团也不遗余力地到处募捐，不断汇往国内。这样的团体包括小吕宋中华商会、神户中国慈善会、仁川中华会馆、三藩市中国少年同盟会、长崎华商商务总会、纽约中华公所等等。其中，长崎商会等华人团体"以红十字会成绩优美，进行甚速"[60]，还多次捐款。日俄战时，上海万国红会也将捐册寄给驻各国钦差及领事，请为劝募；而且，洋总董还分别在柏林、伦敦、巴黎等地为中国战地救护募捐。

除了直接募捐外,中国电报局、上海招商局等交通通讯部门还应允:"凡系红十字会办事公电,概不收费";"凡系红十字会办事人来往,均给免票"。[61]《中外日报》、《字林西报》、《申报》等大报为红会刊登广告、发布消息也一律免费。1912 年 10 月召开统一大会时,津浦铁路、沪宁铁路应允给外埠入会代表乘车半价优惠。

红十字会经费的第二种来源是会员会费。但这是从 1911 年万国董事会成立后才开始有的。每位特别会员、正会员分别收取会费 200 元和 25 元。例如从 11 月 4 日至 20 日,共吸收特别会员 6 人,正员 293 人,计会费洋达 8525 元。[62]到 1912 年 9 月底,会员已达近 2000 人,因此收受的会费数额也就较为可观。

红会经费的第三种来源是官款。1904 年 5 月 24 日,遵慈禧太后懿旨,清廷给红会拨了内帑银 10 万两。1906 年,又颁发内帑银 5 万两。1911 年 11 月 12 日,黎元洪代表湖北军政府赠给红会白银 1 万两。除此之外,全国绝大部分省府也都从当地财政中拨助红会部分款项。

红十字会筹措经费困难,但开销却如流水,因而往往捉襟见肘,入不敷出。红会经费支出主要有以下方面:战争救护、赈济、建造医院与医学堂、红会会所的日常开支。

战争救护和难民赈济,耗资最多。救护需要建构临时医院、养病所,购置药品,派遣医队。为防止疫病流行,则需出发掩埋队。这往往需要大笔开销。战争还造成大量难民,对难民需提供住宿、餐饮及加以遣送。由于难民人数众多,再加上战时物价暴涨,物资奇缺,经营栖流所和粥厂需款颇多。特别是日俄战时,东北冰天雪地,人民饥寒交迫,红会购制棉衣棉裤也是一笔不小的开支。无论日俄对仗还是辛亥构兵,都使广大地区田地荒芜,庄稼无收,房屋毁灭,百业凋零。战争停息后,要恢复重建,保证民众基本生活,仍需大笔资金。到来年,要想不误农事,红会还须给农民提供种子、耕牛、农具等生产资料,而且还要维持其生活,实行春赈。在 1905 年的春赈中,上海万国红会就"拨银四万两"。[63]晚清时期,战争救护、赈济所需经费占红会整个开支的 2/3。

日俄战后,中国红会开始从长远目标筹划,于是利用上海万国红会余款,在徐家汇路购地,开办医院、学堂及建会所。其中购地 1 亩多,花银1.64

万两。此外,还得购置药品、医疗器械、教学设备,并延聘教习,招致学生,"各项所需计非四五十万金无从开办"[64]。同时,红会还设立时疫医院、红会分医院,进行鼠疫检查防治,免费为贫者施医赠药,广种牛痘,这些工作也需要较大的费用。此外,红会的开支还包括出版有关方面的书籍和宣传品,以及办事人员的薪水、办公用品、协赈平常发生的水旱偏灾等方面。

晚清时期红会的经费收支状况大体如下:上海万国红会时期所得各款共银 64.19 万两,开支共银 57.74 万两,余银 6.45 万两。[65]这笔余款在 1906 年全国发生大水灾时,上海红会组织华洋义赈会拨赈了一部分。到 1910 年吕海寰、吴重熹请旨立案试办中国红十字会时,所剩余款为白银 13 万两,其中包括清廷 1906 年颁给的内帑银 5 万两和上海万国红会结束后华人新捐款若干。但到 1911 年辛亥战事发生,红会经费因造医院学堂等已告匮,难以为继,沈敦和从而另组万国董事会,另行募集经费。1912 年 7 月中国红会完成战时救护准备解散万国董事会时,尚有余款(具体数额不详),并仍由会计董事掌管。民国时期中国红会会员已有一定规模,外加多方筹募,其经济状况较之清末已逐步有所改观。

(三)慈善救护与赈济

红会的宗旨是"战时扶伤拯弱"、"平时救灾恤邻"。日俄战争和辛亥革命时期,中国红会全力以赴,积极投入战地救护,使灾难尽可能减少到最低程度。但凡遇到各种自然灾害,红会也一体赈助。平时则未雨绸缪,对各种疾病进行防治,并且还注重医学人才培养,作期施医赠药、治病救人的打算。

1. 日俄战时的救护与赈济

(1)救护

1904 年 2 月,日俄构兵,战火在东三省境内蔓延,人们猝遇兵难,流离转徙,缺衣乏食,苦不堪言。上海万国红会成立后,积极筹募资金,购置救济用品,并"电商营口同知谈国桓、英教士魏伯诗德,在辽阳、沈阳、开原、铁岭、安署河、吉林、沟帮子、新民屯等处的中西官绅教士,或就医院,或附铁道,设立分会"。与此同时,还派张庆桂、周传诫等一批地方善士前往东三省,"与俄官西董联络接洽”分头办理具体的救护事宜。[66]

最先的救护工作从牛庄分会开始，由英教士魏伯诗德负责。他假爱尔兰教会医院为总医院，由该院经理白兰德主其事。医院为医救伤病员做了充分准备，药物器械尽行备妥，并设专用床位50张，一旦开战，可医治重伤者50人，轻伤者100人。

牛庄分会的主要任务是救护难民，并资遣出险。它“备有中国大客寓一所，足敷容留难民四百人”。除为难民提供居处，还供给饮食。为减少开支，牛庄分会还与中国铁路办事人员商洽，给难民乘车票价予以优惠。后承梁总办鼎力相助，“难民坐车均给免票”。同时，牛庄分会根据具体情况，“将难民严定等差，分别无钱、无业、无路谋生以及妇人、孺子之类，或八十人一批，或一百人一批，派人照料送之渡河（指辽河）”。到5月底，“凡曾留宿给食者男女孺子已不下二千余人之多”。[67]至8月上旬，受牛庄分会资助者已达4250人。[68]至10月初，总数约在5000以上，均经遣送回各处原籍。[69]

8月下旬，日军包围了辽阳一线的俄军阵地，双方展开激战，难民骤增。在战斗中，辽阳有3个村庄被毁，400余间房屋遭焚，13人被杀，村民群至官衙求救。这就引起当地政府对难民问题的重视。辽阳知州鲜俊英考虑到战事逼近，必有难民涌入城中，“亟需预储粮食以待”[70]，遂将此意告知盛京将军增祺。增祺别无他法，只能求助于红十字会牛庄分会。但牛庄分会事务颇繁，不能派人前往援助。当此情形下，牛庄会分便邀英教士魏华司德为辽阳会董，设立辽阳分会。于是，魏与鲜知州会商，“租赁大屋一所作为医院”，名为英华同善会并备妥足敷栖息1000人的房屋一所。魏氏还把设立红会、开办救护的情况通报俄方官员，请予支持。[71]

城郊附近民众得知辽阳分会成立，并设有医院兼可保护安全，纷纷往迁，络绎于途。8月29日到9月10日之间，在分会医院就医者达300多人，栖流所留养的妇女儿童为800人。[72]

到10月上旬，辽阳分会救治伤员的工作有所好转，只是药物紧缺。但是，难民的救护安置工作则情势变坏。因为战线北推，居民房舍被毁，难民纷纷涌向城中，栖流所整个房舍只能容纳1000余人，而进城的难民已远远超过此数。为此，魏华司德“商准地方官，借用梧树院空场，约计三十亩”[73]建房，其造屋费用由各会馆共同支付。11月上旬，梧树院屋宇落成，该住处“最为洁净和暖,可供八百居住”[74]。

辽阳战后,俄军败退至奉天。从此,该地屡遭浩劫,情形日坏,“大段地方皆占为兵房,未割禾稻或被踏坏,或割喂驴马,已割粮食均已分用。木器取作柴火,不独门窗,竟至全屋俱焚”。“街道则为妇人、孺子所雍塞,多半踞地而坐”。[75]基于此,上海总会决定在奉天设立分会,救护的重点也转移到此。

奉天分会设有医院和栖流所各一所。10月下旬,由于日俄两军在距奉省省城三四十里的地方开战,难民纷纷涌入城中。除资遣及投靠亲友者外,“收养食粥者已至万余”[76],造成粮食供给紧缺。入城的难民中,极少数人带有细软,绝大多数是两手空空。栖流所中留养的妇女、儿童达750人,且还源源有人涌至。面对沉重的难民压力,红会与官方配合默契。“将军派道台知府各一员帮同照料”[77],并备有房屋多处作为难民栖息之所。

除牛庄、辽阳、奉天分会外,新民屯分会在救护中也起了至关重要的作用。新民屯“为往来沈、锦要道”,“关外铁路至此而止”。[78]大批从各地而来的难民,都由此乘车被送回关内,再资遣回原籍。可以说,新民屯是运送难民的交通枢纽。

在东三省的难民中,有许多是经商的关内人,还有大批受雇于俄人的华工,一般在铁路和煤矿工作,战事发生后,他们纷纷失业,谋生无路。此外,原来从事民船运输的大批船工也因俄人封港而无活可干。如何疏散、安置这些难民,成为当地政府感到头疼的大问题。随着难民的不断增加,奉省政府设立筹济局专门进行安抚。筹济局将难民分批,先派员护送至新民屯分会,然后再由新民屯分会“运送入关安插”[79]。9月上旬,有关方面告知,千金寨煤矿有上千人都已失业,急待出险。又风传哈尔滨地方铁路雇工大多是关内外穷民,欲归不能,已决定用专车运抵新民屯,再予以遣散。得知这一消息后,新民屯分会感到压力特大,主要是车辆不敷使用,免票不多,于是致电上海总会求助。上海总会又致电直隶总督袁世凯,希望“迅赐饬下路局山海关护送局迅调车辆赴屯,并将车票多备,发交该会员等收执”[80]。袁立即回复:“已饬铁路局调车备票,迅往运送,并饬陶守移新照料,商同会董妥办。”[81]至9月12日,新民屯分会已收到火车免费票8000张。考虑到难民太多,车辆不敷运送,宿店难以安插,恐滋事端,新民屯分会建议各车站派专车接送。上海总会则主张对已遣送回籍、无家可归、无亲可投者,应“分别发交关内各地方官安插”[82]。

(2)赈济

日俄战争使得东三省田园荒芜,房屋被毁,粮食财物遭劫,民众基本生活无法得到保障。为了避免出现更大的难民潮,红会决定对赤贫、生活无着落者予以赈济。

赈济分冬赈与春赈。急在目前的是冬赈。自9月上旬辽阳一战后,情况日益恶化,“现今奉天难民三万余人,均属嗷嗷待哺”。上海万国红会与奉省官方都感到在赈前需要对受灾区域进行查勘。9月初,奉省将军指派帮办红会事务的梁献臣太守和李伯陶参军从沈阳出发往营口,与牛庄分会西董密勒、魏伯诗德商量此事。然后又奔赴烟台,“商诸日本领事,请给金、复、岫、盖等处护照”。不久,由日本监督给发了赴鸭绿江的护照(该护照亦可通行金、复、岫、盖等处)。这样,派员前往上述各地查勘灾情的手续问题解决了。[83]

查勘灾情的任务由红会委托魏伯诗德承担。10月中旬,魏伯诗德乘坐当地骡车离开营口,“赴岫岩、海城、盖州一带查勘”。他首先抵达海城,再往东南行至岫岩,“择其遭难最重之区,逐村巡视,躬历兵祸之地,阅视村中稻场,访问乡人乡长暨地方官”。离岫岩后复向西行至盖州,再折而南行至大理寺、瓦坊店各处,完事后回海城,然后由“日本少佐约古拉允给往辽阳护照”。[84]抵辽阳后,魏伯诗德与魏华司德暨“本地查账委员晤商”[85],筹划冬赈的办法与措施。

魏伯诗德周历60余村,感觉到“岫岩之东、顺窑之南各处被害尚轻”,“残破最甚之区则在辽阳盖州中间铁路迤东至摩太岭与岫岩州牵连之直线为止”[86],该处山峦重叠,村庄散落,距离市区遥远,运粮艰难,耕地颇少,平时难以糊口,战后更不待言。

根据调查分析,魏伯诗德提出三条意见:“一,岫岩之东顺窑之南各属未曾受灾,无需拯济;二,盖州、海城各属被扰者有三百村,计遭难者八千四百家,约共男女五万名口;三,以上约三分之二尚能支持,暂时可以无忧,其余一分则冬季必需赈济也。”[87]就整个东三省言,秋收丰稔,西境无战事,北方又丰产,只有南境遭兵祸,荒歉相加,又交通阻塞,他处难以接济。魏伯诗德因此又提出两种方案:“一,请军宪于被难地方设立官米局数处,以资平粜;二,本会当承办赈济极贫之户，即在官米局散给（米）票，以便凭票领米也。”为顺利搞好冬赈，上海万国红会想方设法筹款汇寄东三省，购米放赈。奉天将军增祺也捐洋1.5万元，用于备粮。同时，沪会还寄出5000套棉衣，并在当地购料缝制，散给众人。到1904年12月，受红会赈济的当地难民已达2.5万人。[88]

冬赈完毕，接着便是春赈。1905年1月18日清廷电饬南洋大臣周馥："奉省兵灾，地广人众"，著转饬上海万国红会总办，应"多延员绅，速拨巨款，前往奉省，会同地方官，广施救济，以全民命"。[89]上海万国红会接旨后，迅筹银两，续派史善贻、陈艺、谢文虎、邓笠航等前往东三省，会同牛庄西董魏伯诗德等人办理，"并以新民屯分会为转运所，专司拨解银两，购运中西药物、棉衣、米麦等事"[90]。

史善贻等人抵达营口后，晤商魏伯诗德等人，约定沈南至辽阳的赈务，由刘芬等会同魏伯诗德负责办理，而沈阳附近及沈北一带，则由史善贻等人负责。商妥后，他们就在沈垣小西关设立了上海万国红会东三省协赈总局，所有赈款、赈粮、棉衣、药物等，都由上海总会筹备，先运送新民屯，再转运至沈。而新民屯转运处则由任锡琪负责。[91]

综计红会春赈散放的范围，共37处，分别为沈阳、承德、仁兴、辽阳、营口、新民屯、沟帮子、彰武、海城、盖平、开原、铁岭、昌图、怀德、奉化、康平、兴京、通化、怀仁、东平、西安、西丰、柳河、海龙、伊通、磐石和海参崴等。

春赈除散放粮食、棉衣、药物外，还购买麦种、耕牛、农具发放给广大农民，让其恢复春耕生产。同时，还补助难民一定银两，使能修复或重建房舍，以便有室可居。

据统计，各地先后被红会救济的难民总数达46.7万多人[92]，其中受赈者20多万[93]。红会的救护与赈济业绩，博得了社会各界的赞誉。

2. 辛亥战时的救援行动

武昌首义发生后，清廷即派重兵镇压，于是南北交锋，战祸重现。沈敦和等人夜不能寝，食不甘味。在10月24日中国红十字会万国董事会成立大会上，红会同人围绕战地救护献计献策，最后作出如下决定：上海总会积极募捐、采办药料食物；汉口宜设养病院；战地附近需设临时野战医院和绷带所；组织卫生队救护队；招募经验娴熟的救护员；药料、器械、担架、经费应准备充足。会议之后，大家各司其职、分头筹备。

10月23日，沈敦和接到从汉口传来的求援电报，要求派红会医队前往。沈立即延请中西医士、看护学生多人，组成甲、乙、丙三医队于26日从上海乘船出发，29日抵达汉口，次日到汉口俄租界，在刚刚落成的万国医院安顿，并把这所医院"作为战地本会事务部并养病院"[94]。医护人员将养病院稍作布置后，不顾旅途疲劳，立即携带担架、药品等奔赴火线，抢救伤兵。他们数十次往返于武昌、汉口之间。及汉阳开战后，又"备红十字小轮驶入襄河，于硝烟弹雨中争救伤残"[95]。后来由于汉口俄界养病院伤兵日多，人满为患，再以武昌伤兵抬送汉口，跋涉维艰，于是商借武昌仁济医院作为临时分医院。此后，又在汉阳设立医院，使"救护机关益臻完备"[96]。综计赴汉医队的救护成绩：在汉口医愈病兵576人，伤兵415人，病民31人，伤民106人；在武昌治愈病兵860人，伤兵562人，病民18人，伤民116人；在汉阳治愈病兵571人，伤兵120人。其中，因医治无效而死者，武汉三镇共计59人。[97]

在武汉救护中，红十字会与其他慈善团体精诚合作。中国红会与在上海成立的赤十字会尽管有着诸多分歧，但在救护前线却彼此只有一个心愿：多救民命，因而能相互协助。同时，"武汉普爱、同仁、普仁、仁济、天主堂等五医院专派代表来沪与本会联合"[98]，上海红会决定把它们作为分医院，"一力推广救护"[99]。而且，红会在救护中还得到当地教会、传教组织的大力支持。

南京开战后，"宁镇烽烟，生灵涂炭"[100]，中国红会也立即组织医队前往。同时，又与美国红会江安分会、旱西门金陵医院、螺丝湾格医院、鼓楼基督医院联合办理救护事宜。[101]此外，还与沪宁铁路总办朴爱德商妥，"特备红十字医车数辆，由宁镇一带往来驶救。一遇伤兵，即行抢救至伤车内，随到随医"[102]。统计在南京一带战役中，通过医车救治的伤兵达500多人。[103]

辛亥战事波及的范围很广，因而红会的救护也不仅仅限于武汉、南京两地。11月4日，起义军向上海制造局发动猛攻，双方伤亡颇重。沈敦和派出两辆汽车，并派亨司德、侯光迪、王吉民等医士赶赴现场。后经国民军方面许可，"特开制造局大厅作为红十字会临时医院"[104]，在上海，中国红会还把徐家汇路总医院及天津路分医院作为救急医院，同时，还续编医队驻沪，以便随时救护。

由于战线太长，要让红会总会全都派医队救护是不现实的。于是红会多方联系，在各省要隘广设分会和分会医院，以为协助。统计整个辛亥革命时期，先后共设立分会65处，分会医院30余处。[105]各分会在救护中都有出色的表现，如"宁、镇各分会医院种种良好效果"，得到社会各界交口称赞[106]；浙省光复时伤痍载道，杭州分会即组织两支救护队，一赴城西，一赴城东，治愈伤兵30多人。在华东，随着战线自南渐北，"津浦铁路自浦口起至山东之济南止，业由包医士(即宝琅)组织临时医院十二处，一有战事，随时施救"[107]。可以说，凡通都大邑军兴之地，皆设分会。红十字总、分会前后治愈的伤病兵民达1万多人。

辛亥时期广大民众饱受战争祸害，身在异域的海外学子心系祖国，纷纷以各种方式贡献力量，以拯民命。这里值得一提的是留学日本的医学生。他们特于11月16日在东京组织成立有140名成员的中国红十字会，并组成留日医学界红十字团，于18日由东京出发，19日从横滨乘"博爱丸"赴沪。11月26日，留日医学界红十字团一行人抵达上海，受到沈敦和的热情接待。他们分成甲、乙两队，一赴长沙，一赴浦口或九江。后来，甲队赴金陵，分驻临淮等处；乙队赴湖南，分驻京口、岳州和常德(因长沙已建有医院)。这批学生直到南北议和后，才返回日本继续学业。他们在救护中医愈兵、民达数千人。[108]

"伤者先宜医治，死者急待掩埋"。[109]汉、宁战役，军民积尸遍野，白骨嶙嶙，血肉狼藉，鸟啄犬食，蝇蚋聚集，惨不忍言，而且臭气薰蒸，极易滋生疫疠。同时，"热血男儿阵亡不葬，亦足灰勇士之心，隳从军之志"[110]。为此，上海中国红会在派出医队的同时，先后派出两支掩埋队分赴武汉和南京。

武汉自开战至11月下旬，"已集尸五六千具"，11月19日，红会在《申报》上刊登广告，从第一届征集会员内遴延年富力强、热心公益的会员为掩埋队干事，"川资、旅费、伙食、夫马悉由本会供应"。[111]次日，掩埋队员携款洋1万元，带好芦席、绳索、石灰酸、喷壶、铁铲、竹篓、抬杆等具共300多捆，乘坐日清公司"大元丸"轮船赴汉。与此同时，沈敦和致函湖北军政府都督黎元洪，"觅武昌隙地从事掩埋，事定之后，再行筑墙建塔以慰忠魂"[112]。25日，掩埋队抵达武汉。其时恰逢两军激战，火光烛天，掩埋队员无法投入工作，于是电请北京政府给予特别保护。后来清军统领给发了护照，并派员帮助。

掩埋队员遂将散于赫山、三山、汉家墩、大智门等处共计2200具尸体拖到一起择地埋葬，并对已埋葬、但因覆土过浅、暴露在外的尸体予以重埋，对未暴露者，则加土成冢。掩埋处，均树立木牌、石碑以为标记。

南京血战，伤亡甚众，忠魂义骨，暴露郊野。中国红会一方面电请宁督府、民政部及联军司令派专人驻宁办理掩埋之事，另一方面又从本会会员中“聘请年富力强、热心慈善之干事员十余人，克日成队赴宁”[113]。12月8日，南京掩埋队出发。该掩埋队在凤台关、皇城、紫金山顶、雨花台、一枝园等处共收葬改葬大约700具尸体，同样也在相应地方树立木碑、石碑，以留纪念。

除了救伤、葬死之外，红会还对重灾区进行赈济。“汉口自遭北军纵火焚烧，居民之无家可归、冻饿待毙者以千万计”。[114]南京开战后，“宁城难民坐困乏食，生计顿绝”[115]，针对这种情况，中国红会千方百计筹钱，购买粮食、衣服、被褥和其他用品，寄送灾区，统一放赈。面对南京战后严峻形势，沈敦和联系旅沪宁绅于12月20日晚成立“绅办南京急赈会”，专门从事宁城赈济。对汉口灾民，红会因为经费有限，工作重点主要放在救治伤病兵民和掩埋弃尸等方面，对赈济则有选择地进行。

辛亥战事蔓延范围广，红会工作头绪多，当时红会总会的主要工作是广泛募集资金，购送物资，做好后勤服务保障。由于中国红会遍设分会，广派医队、掩埋队，所需设备、药品颇多，因而经费吃紧，后勤保障只能勉强维系。

辛亥时期救护赈济与日俄战争时期的有所不同。其一，日俄战时，中国红会工作重点放在救护难民出险、资遣回籍及赈济上，而辛亥时期则侧重于救治伤兵、掩埋暴尸等方面；其二，伤兵病民救护的方式不同。日俄战时，这项工作主要由当地教会医院或分会医院代办，而辛亥时期则由总会派出医队与分会医院一道救护；其三，日俄战时，没有派出掩埋队，而辛亥时期掩埋成为一项重要的工作。

3. 平时的慈善活动种种

中国红会除了战时全力投入救护与赈济，平时也开展各种慈善活动，主要有如下四方面：一是培养医疗救护人才；二是为下层贫困者治病疗伤；三是进行疾病的救治与防治；四是参与各种自然灾害的赈助。这四个方面的活动是红会得以持久存在下去的基础。

在培养医疗救护人才方面。早在1908年，中国红会就开始招考医学生，只“因医院校舍尚未造竣”，暂时“附在同济德文医学堂”授课。在招生简章中，声明了这样的宗旨：“招选聪颖子弟教授医科，卒业后任凭充红十字会医员。”也就是说，培养医学人才是为医院救护服务的。

红会对于招考学员的要求是严格的，规定必须年在15至18岁之间、身体健康、英文及算学业已精通，华文能作简短论说，德文熟悉者优先。考试合格后，“除具保证书外，应由父母出具愿书，如有半途退学，除追偿修膳等费外，另外议罚”[116]。

1910年4月，红十字医学堂落成，内有学生讲堂、寄宿所、膳堂等，延聘总医院的医士柯师、峨利生、亨司德、王培元为教员，学生学习5年毕业，除学医外，兼习化学、西文、国文等附课。医学堂的宗旨是：“务使学生学识精深，确有实习，成为医学名家。”[117]中国红会除了培养医士，还设立护士学校，训练看护妇。通过开办学堂和护士学校，中国红会基本上解决了救护医务人员短缺的难题。

在为下层贫困者治病疗伤方面。1910年12月26日，沈敦和等人认为红会总医院偏处西乡，远离市区，适于养病而不便于施诊，于是在英租界大马路巡捕房后门天津路80号（此为上海时疫医院所在地）设立分医院，并与中国公立分医院商妥合办，经费分担，名之为“中国公立大清红十字会分医院”。此后，为便于城厢南部的居民就医，又于沪南十六铺设立了南市医院，并把在英租界的分医院作为北市医院。1911年6月中旬，因时疫医院开办在即，北市医院决定迁址，新址在北京路、浙江路转角处。南北分医院主要诊治普通疾病，遇有疑难病症则送往总医院。红会医院开办的目的是为贫困者治病疗伤。起初，基于会内经费支绌，规定“诊病给药，只收挂号费；病重者留院，酌量收费，贫者则免，极贫者膳费亦免”[118]。但辛亥军兴后，“来院就诊者军人实居多数”[119]，因此自1912年2月4日起，各院“无论军民医药一概免费”[120]。

在疫病救治和防治方面。上海作为国际大都市，人员复杂，每逢夏秋之季，极易发生疫情。为此，中国红会于1908年在天津路316号创设了临时救疫医院（又称上海时疫医院），专治各种时疫，开凡三四月，成绩突出，深得患者好评。以后每有疫情发生，连续开办，只是院址迁到了天津路80号。1911年夏，上海鼠疫流行，时疫医院积极参与检疫、防疫、治疫工作，异常忙碌。

从开办到停办共救治1435名患者，“其中危险之症居多”。[121]

红十字会各医院由于医士技艺精湛、设备齐全先进，许多重病患者基本能化险为夷，因而社会声誉极隆。

在各种自然灾害的赈助方面。1906年红会曾拨余款资助华洋义赈会赈灾。1910年，皖北洪涝大患，田产粮食，均遭漂没，饥殍载道，难民麇集，露宿风栖，灾情甚为严重。这时，中国红会先后集款70万元，购办救灾物资，前去办理急赈。大灾之后继以大疫，中国红会又组织甲、乙、丙、丁四支医疗队，奔赴灾区，防治血吸虫、痢疾等病症。在整个皖北水灾救济中，中国红会医疗队共治愈患者67580人。[122]次年，皖北再闹水灾，红会又派医队前往。

从日俄战争结束到辛亥革命爆发，中国灾荒连年不断。中国红会因以战争救护为主，对于平时所发生的灾害，由于经费奇绌，只能有选择地参与赈济，倒是办理红会各医院与防疫成了平时开展慈善救济活动的重头戏，不仅帮助许多患者摆脱了病魔的折磨，恢复了健康，而且也培养和锻炼出许多优秀的医学人才，在以后的救护中发挥了积极作用。

（四）国际交往与加入国际红会

根据1863年《万国红十字会联合会规约》，各国红会要得到国际红会的承认，所在国政府首先得以政府名义加入《日内瓦红十字会公约》成为国际红会会员国，然后再由瑞士国际红会将该会员国以及该会员国所成立的红会介绍给世界其他各会员国以及各该国的红会承认，尔后便可以进行国与国之间的交往。

清政府曾就中国是否加入日内瓦国际红会原约进行过充分的讨论和一系列的交涉；中国红会成立后，与他国红会也开展了一定的交往活动。然而直到进入民国后，中国红会才加入国际红会联合会。

1. 参加海牙减兵保和会

19世纪末，各帝国主义国家为争夺殖民地和世界霸权所进行的斗争已日趋白热化。为使这种局面稍许降温，俄国于1899年上半年在荷兰的都城海牙召开了旨在“限制兵数、禁用猛力军火”的减兵保和会。

会前中国政府对是否参加这次会议十分谨慎。1899 年 3 月 25 日，清廷电谕驻俄使臣杨儒："减兵保和，中国是否必须入会，有无裨益，著将如何减兵保和之处，先行明晰电奏，候旨遵行。"然不待杨儒回电，次日清廷又给总理衙门颁发一旨："减兵保和一事，昨已有旨电询杨儒，前据总署捡呈该大臣所寄俄外部来文览悉，既系准驳之权在我，著即派杨儒届时赴会，候会毕宣布后，是否与前文相符，有无窒碍之处，一并详晰电达总署代奏，请旨饬遵。"[123] 总理衙门得旨后，即电杨儒作好与会准备。

1899 年 5 月 11 日，杨儒率同参赞何彦升、胡惟德、翻译官陆征祥由俄启程赴海牙参加减兵保和会，15 日抵达。会议于 5 月 18 日在海牙的树安宫开幕。是会俄为会主，荷为地主，与会者凡 26 国。国所派文武官绅计 101 人，循例概作议员，逐日会议，各抒己见，驳诘推敲。会议开了 74 天，至 7 月 30 日始告结束。据杨儒报告：俄国创会本意专在限制兵数暨禁用猛力军火。各强国议员均谓碍难订入条约，于是会议将限制兵数一层叙入《蒇事文据》内，愿归下次续议；禁用猛力军火一层，改为声明文件，附于帙末以示变通。刊有会章定稿，首列《蒇事文据》，次列第一股《和解公断条约》，第二股《陆地战例条约》，第三股《推广日来弗原议行之于水战条约》，此即红十字会条约，第四股《禁用猛力军火：声明文件三件》。本拟照比利时所订《陆地战例》旧章，议员先行画押，至批准与否，仍候各国政府核夺。嗣经各议员公同商酌，谓此次如已画押，必须批准，爰定期限，以本年西历 12 月 31 日为止，"俾各政府从长计议，免致迫促为难"。杨儒说他当时只从众画押了《蒇事文据》，对于其他四项条约文件，"当即在会言明，亦须详告政府，再酌画押"。[124]

1899 年 7 月 31 日，杨儒一行离开海牙，8 月 3 日返抵俄京使署。杨儒很快便写下一份奏折，请总理衙门代呈清廷。在这份奏折中，杨儒除报告会议各情形外，特就会议中所议条约各款应否画押陈述了自己的意见：

奴才谨案会章第一股《和解公断条约》议设常川公断衙门，遇有争端，愿归公断与否仍听自便，第四股《声明文件：禁用汽球掷放炸药暨迷闷毒气、硬壳枪弹》。中国虽有制造局厂，尚未讲求此项猛力军火。此两股似与中国无甚窒碍。若第二股《陆地战例条约》，各国陆军同一训练，视章程为习见之端，此次意在精益求精。中国虽间改洋操，未必尽谙西例，设或准约，一旦与外邦开战，必须照约施行。第三股《推广日来弗原议行之于水战条约》，各国均有红十字会,此次不过由陆军推诸水战。中国各口岸尚无官设之西式医院暨西学医生执役人等,又无救伤船只,设或准约,一旦与外邦开战,或中国为局外之国,所有病伤军士亦必须照约施行。此两股似与中国究有窒碍。然以此两股轻重相较,陆地战例,非旦夕所克举办,窒碍良多,若日来弗约之红十字会,各国均视为最关文化之善举,即如日本向未入会,官倡民捐,办有成效,如不准约,必致独违善举,措词较难。如欲准约,似宜仿照日本捷便办法,以示中国善与人同,是虽有窒碍,即仍可免于窒碍。总之,此项与会为中国入会之始,倘概不画押批准,外人将疑中国显分畛域,遇有应入之公会,未必肯与我周旋。[125]

1899 年 10 月 15 日,总理衙门将杨儒的奏折呈递清廷,清廷降旨"著总署议奏"。总理衙门经过细致讨论,对杨儒的意见表示赞同。11 月 1 日由庆亲王奕劻领衔上奏的折子里这样说:"臣等复加查核",除《陆地战例条约》在"泰西各国陆军行之已久,于彼国俗军心称便,而施之中国陆军,恐窒碍难行","自应毋庸画押"外,其余的第一股《和解公断条约》、第四股《声明文件:禁用各项猛力军火》、第三股《推广日来弗原议行之于水战条约》,"似均无甚窒碍,可准予使臣会同画押"。该奏折特别提到"第三股推广日来弗原议,将在约各国所设红十字会推行之于水战,环球方均视为善举,日本亦办有成效,虽为中国水陆军向来所无,势难独异,不妨示以善与人同,好行其德之意"。

清廷阅此奏折后,还是不放心,当日传谕军机大臣:"所有拟准画押各款,究竟有无窒碍,著该衙门再行详慎覆核。"同时并谓:"所称红十字会系同等善举,一并查明具奏。"[126]

总理衙门奉旨后,又经过一番认真的讨论,于 11 月 24 日再次上奏。此次上奏维持上次奏折的说法,只不过以更为充分的理由,论证了除第二股《陆地战例条约》毋庸画押外,其余三个条约,均"查无窒碍"。其中对于红十字会,尤其作了详细的介绍与解释。其文云:

至第三股《推广日来弗原议行之于水战条约》,西人称为红十字,今日来弗即瑞士都城,始自同治三年,各国公议立约十条,大致遇有战事,在战地设立病院,救治伤病军士,两军当视作局外中立之人,公同保护。大抵泰西政俗与墨子兼爱之意相近,此次推广会章行之水战,详列十四款,添设救伤船只,意在广施医药,拯溺扶伤,故环球各国,均视为最要之善举。杨儒原奏内称:日本官倡民捐,著有成效,查日本名此约曰博爱社,平时习练人员宽采药物,为战时救护之需大都出自社员之醵资及有志者之助,不由官办。风气既开,未始不可仿照,以示仁爱之意。[127]

12 月 7 日,清廷朱批"依议"。次日,总理衙门电告驻俄使臣杨儒,著即前往荷都画押。

杨儒接奉总理衙门的电报后,即先行备文知照荷兰国外部,然后率同二等翻译官陆征祥和随员王祖同,于 12 月 24 日由俄国启程前往海牙。27 日抵达,遵旨画押。

既已画押,而画押中所包括的第三股《推广日来弗原议行之于水战条约》系秉"原约"——即 1864 年各国在日内瓦所订立的陆战条约《日内瓦红十字会公约》而来,今各国既画押了红十字会的"推广约",自然更应当画押红十字会的"原约"。因此,对于此次参加画押红十字会"推广约"而没有画押"原约"的国家,瑞士国提出应当补签,以免分歧。而中国恰恰是没有画押"原约"的国家之一。面对这一新的情况,杨儒赶紧向清廷请旨。

1900 年 1 月 28 日,杨儒上了一份长长的奏折。内容分三个部分:第一部分报告他代表中国政府在保和会上画押以及其他各国画押情形;第二部分谈他对于在荷都召开的保和会的看法与评价;第三部分便是专门请求清廷批准补签日内瓦原约并办理中国红十字救生善会(即中国红十字会)。关于请旨补签日内瓦原约之原委及其补签办法,杨儒在奏折中如是说:

奴才更有请者,和国外部面称第三股《推广红十字救生善会行之于水战条约》,实本瑞士国日来弗都城公会之原议,今推广条约既已画押,瑞士政府必须声请补签日来弗之原议,以免分歧。别国有允从现约而未与原议者,均已向瑞士补押。兹为中国筹一简便办法:不必另派专员,第于原议各国之中择一和好之国,给予该国外部代为补押全权文凭,即可转行该国派驻瑞士之公使,就近办理等语。奴才答以如请贵国代押,贵国愿否?外部称极愿效劳。奴才覆核日来弗原议,即此次第三股推广条约之发端,补押自不可缓。和国外部所筹简便办法,亦友邦效劳之通例。是否有当,应请下总理衙门核议具奏。如蒙俞允,准给和国外部转行驻瑞公使代为补押之权,当由奴才恭译谕旨作为文凭,照会和国外部转行驻瑞公使就近兼办,俾昭画一。[128]

然而此折上后，清廷尚未来得及批准办理，对杨儒在海牙画押的三个文件，也没来得及批准，国内便爆发义和团运动，这两件事便都拖延下来了。

2. 补签红十字原约与批准保和会画押三条约

1904年4月25日，外务部总理大臣奕劻上奏清廷，报告中、英、法、德、美五国合办上海万国红会情形，建议为使该会得到瑞士国际红会的承认，应请政府派驻英使臣张德彝前往瑞士补画红会原约。同时对1899年海牙保和会上中方代表杨儒业经画押的《和解公断条约》、《推广日来弗原议行之于水战条约》及《声明文件：禁用猛力军火各款》，亦请政府正式批准。显然，外务部是要将前此因义和团事件发生而中断了的两件外交上的未了之事都一并进行补办。

关于补办画押红会原约事，奕劻的奏折详述了应行补画的缘由及前此相与交涉的过程。他说：

臣等伏查保和会所寄《推广日来弗原议行之于水战》一条，泰西名为红十字会，创于同治三年。各国在瑞士日来弗都城公立陆战条约，后又推之于水战，救病扶伤，实为环球善举。现值日、俄事起，战地居民流离堪悯。本年二月十二日，御史夏敦复奏请查照西例设红十字会等语，奉旨“外务部知道”。迭经臣部会同商部电致上海绅董筹办。旋据电复，已议成中、法、英、德、美五国合办上海万国红十字会，各举总董，分筹款项。惟须转商日、俄两国政府，并须知照瑞士总会，方能承认等情。臣等当即电知驻日本使臣杨枢、驻俄使臣胡惟德，切商两国外部，尚未定议。适接瑞士来函，以中国应补画陆战条约为请，臣等以瑞士未经订约之国，拟由驻英使臣张德彝照会瑞士驻英公使作为入会之据。张德彝电称：“瑞士政府以该大臣办理此事，务须奉有补画该约之全权敕谕，方能照办。”臣等查中国与各国订约，颁给使臣全权字样，历经遵办在案。此次补画瑞士红十字会原约，自应奏请颁给，以昭慎重。谨拟敕谕一道，缮具清单，恭呈御览，发交驻英使臣张德彝遵照办理。[129]

关于补办批准前海牙保和会上由杨儒画押的三个条约一事，奕劻在奏折中主张：“应一并请旨批准，由臣部咨行驻俄使臣胡惟德，知照荷兰政府，以符前案。”[130]

两件未了之事，外务部奏请一派胡惟德补办，一派张德彝补办。办理的情形与结果如何呢?

先说补办批准海牙保和会上业经杨儒画押之三条约一事。对于外务部奏请由驻俄使臣胡惟德知照荷兰政府,清廷当日就降旨依议。胡交涉后于7月14日复电称:“原约载明,批准后寄储和兰政府。”即是说中国政府将三个画押的条约批准后,应请将画押的约本送至荷兰政府保管,再由荷兰政府知照各国公认。但是,杨儒画押的约本,外务部称“未据寄到,系于光绪二十六年经乱遗失”。怎么办呢?7月24日外务部上奏清廷,提出变通办法:“现经臣等商之和兰驻京使臣希特斯,就其使署所存约本,将中国画押之《公断条约》、《推广红十字会条约》及《声明文件》三件照缮法文,装成一册,咨送军机处,请用御宝,即由臣部发交胡惟德寄储和兰政府,作为批准入会之据。”当日奉旨依议。于是,外务部将缮就并经用御宝的约本寄给胡惟德,再由胡惟德寄送荷兰政府,海牙保和公会画押批准手续就这样办理完妥了。[131]

再说补办画押日内瓦红会原约一事。如前所述,外务部4月25日奏请派驻英使臣张德彝前往办理,清廷允准并下发敕谕,命张德彝为全权大臣,办理补画原约事宜。该敕谕称:“朕惟大瑞士国红十字总会为环球善举,实深嘉许。各国公议保和会内红十字会推广水战条约,已派前驻俄使臣杨儒画押,其陆战条约亦应一体允认。兹特命尔为全权大臣,办理入会事宜,会商大瑞士国驻英使臣,知照总会补行画押。尔其敬谨将事,毋负委任。”[132]

张德彝接奉敕谕后,尚未启程,6月3日,日内瓦国际红会会长穆业给中国外务部总理大臣奕劻发来一函。穆业从报纸上得知中国已经创设了上海万国红会,不知是否确切,特来投石问路。他说:“倾阅报章,知贵国现在创设红十字会,谅属不虚,本会深为欣幸。查本会宗旨,凡有以救济受伤军士为务者,均称为红十字会,谅亦贵大臣所素知。倘能令贵国运动此举者,与本会联络一气,尤为感纫。”然而,穆业也提醒中国政府必须按照《万国红十字会联合会规约》规定的程序办事,实际上也是对中国违背了程序提出善意的批评。他说:“贵国如立有红十字会,而欲与他国各会联络者,必须由本会为之介绍,盖凡新会附入老会,惟本会为能行进也。欲将中国红十字会注册列名,必须先将设立该会宗旨及经理人员知照本会,然后本会可以将会中应办事宜详为奉告,俾中国红十字会得以按照各国红十字会章程办理。”穆业在详述办会的程序后特别指出:“此次各会均非官办,亦不能径自附入1864

年8月22日日内瓦约款,此事惟政府能办之,前于正月十三号函内曾经道及。本总理望贵国政府迅即知会瑞士政府,将贵国附入日内瓦约款一节声明,并望见复为盼。"[133]

外务部收到穆业的来函后,觉得兹事体大,不可造次,于是赶紧与上海万国红会取得联系,将穆业函中所提各项一一认真准备妥当,又奏请清廷将中国附入日内瓦约款一节知会瑞士政府。接着便将所有准备好了的文书寄往驻英使臣张德彝,催张德彝赶快启程赴日内瓦补签原约。6月29日,张德彝在瑞士日内瓦按照1864年所订《日内瓦红十字会公约》补签画押,中国由此而加盟国际红会成为会员国。7月8日,瑞士政府将中国政府入会一事备文布告在约各国承认。7月17日,外务部致电上海万国红会吕海寰等人,告知接到驻英张大臣电,"准瑞使文称:贵政府请入红十字会,业经本政府照准,并已知会各国"。8月12日,日内瓦红会会长穆业、副会长欧第业联名为中国入会一事函告中国外务部总理大臣奕劻:"贵国附入日内瓦万国红十字会一节,事已成就,谅贵大臣必已得知照。瑞士联邦已按照万国公例,于七月八日备文将贵国入会一事,布告在约各国矣。"但穆业和欧第业紧接着希望中国应该尽快设立自办的红十字会,因为上海万国红会毕竟不是中国红会。穆业与欧第业还表示:中国一旦成立自办的红会,他们深愿介绍中国红会与其他各国的红会联为一气。函云:"目下本会仍如6月3号所致贵大臣函内所云,深望贵国设立红十字会。按照1864年8月22号所立之公约办理。凡新立之会,应由本会介绍,与各会联为一气。贵国如按政府许入公约之意,创此义举,本会深愿极力襄助。"[134]

最近有一种看法,认为我国红会于1904年7月8日便已得到国际红会的正式承认。因此,"我国红十字会取得红十字国际委员会认的时间应以1904年7月8日为准"[135]。这种说法否认了过去一直沿用的1912年被承认之说。1912年被承认说的出处来自中国红十字会总办事处1924年自编的《中国红十字会二十年大事纲目》一书所载:"1912年日本赤十字社介绍本会于瑞士万国红十字会联合会,加入联盟。"[136]这两种说法孰是孰非呢?严格讲,1904年说不确,1912年之说才是正确的。

1904年说之所以不正确,是由于作者对于红会入会程序等一些基本问题缺乏充分的了解。按照《万国红十字联合会规约》,各国红会获得国际红会承认,首先各该国政府得以政府名义加入《日内瓦红十字会公约》作为会员国,然后再将已设立的各该国红会之立会宗旨、经理人员知照日内瓦国际红会立案和报瑞士政府批准,最后由国际红会转告世界在约各国承认,便算是加盟了国际红会联合会。对照这一程序,1904 年 7 月 8 日中国只能说是以政府名义加入国际红会作为会员国,取得了创办红会的资格和使用红会标帜与徽章的权利,要说得到承认的话也只能说被承认作为会员国,仅此而已。因为 1904 年 7 月 8 日中国并没有设立自己的红十字会,何被承认之有?虽然 1904 年 3 月 10 日中国已有上海万国红会,但上海万国红会系中、英、法、德、美五国合办,非中国独办。且该会的创始人一开始就把该会作为临时性机构,更无意让它加入国际红会。同时从国际红会两次致中国外务部的函件来看,也并没有承认上海万国红会就是中国红会的任何说法,反倒是在知道已有上海万国红会存在的情况下,还"深望贵国设立红十字会"。由此可见,国际红会是不可能承认上海万国红会就是中国红会的。退一步说,国际红会怎么可能在承认中国红会的信中又"深望贵国设立红十字会"呢?

事实是,上海万国红会在日俄战争救护与赈济结束后,便作解散的准备,此后中国人自己试办中国红会,后改作"大清帝国红十字会"。1911 年 10 月,辛亥战事发生,沈敦和对大清帝国红十字会进行重大改组,成立中国红会万国董事会。由于当时全力投入救护,成绩出色,声名远播,旋由日本赤十字社社长松方侯爵于 12 月 26 日致函瑞士日内瓦国际红会联合会会长阿铎尔,介绍中国红会加入国际红会联合会。函云:"中国红十字会已开办,设总会于上海地方,该会组织完全,办理合法,愿具保结,请即知照万国承认,以利进行。"[137]

1912 年 1 月 12 日,瑞士日内瓦国际红会联合会会长阿铎尔致函中国红会沈敦和,谓中国红会已经国际红会承认,所有应享利益与各国红会一例优待。其函云:"俱征贵大臣善与人同,友谊克敦,遵即分电寰球入会各国,皆已一律承认,合电奉告。"[138]同时复函日本赤十字社社长松方侯爵:"谨凭贵会担任,遵将中国红十字会在上海设立总会等因,分咨各国红十字会总会查照联盟,并谢介绍盛情。"[139]

由上可见,中国红会正式加入国际红会联合会、得到世界各国红会承认的时间不是在 1904 年 7 月 8 日,而是在 1912 年 1 月 12 日。

3. 参与修订《日内瓦红十字会公约》

1906年年初，瑞士政府“因改良调护野战病伤兵之法则”[140]，拟商邀在约各国对1864年所订立之《日内瓦红十字会公约》10款（为第一次保和会第三股水战条约所自本）进行修订。中国作为刚刚加入国际红会的会员国也拟派代表出席。这是中国首次参与瑞士政府为红会事务所召集的会议，故清政府格外重视。

4月14日，清廷任命出使荷兰大臣陆征祥赴瑞士日内瓦参与修约。会议聚集了所有在约会员国，“共推瑞员为总议员，分四股开议。复公举主稿十五员，将原约十条改为九章，厘订三十三款。各国又以日后讲解该约未合，准归海牙公断衙门判断。旋从多数定议，允将此条另立一愿，列入蒇事文据，不随正约批准”。7月5日，所有修约事项全部议竣。6日，新约正式颁布，名为《日内瓦改正红十字条约》。各国与会代表均代表本国政府签约画押。新约的第32条规定：“凡属一千八百六十四年条约签押诸国，均得于本年十二月三十一日以前补行签押。上载诸国之中，如至一千九百零六年十二月三十一日不签押于此约者，许其后此加盟，加盟之国应行文瑞士国政府，通知其由，由瑞政府转告各签押国。其他各国亦得以同式文书求请加盟。但所要请，通知瑞士国之后，必须于一年以内，无瑞士及他签押之一国以反对文书答复者，始为有效。”[141]

新约签约画押后，仍要求各签押国政府对其批准，但不立批准期限。惟批准6个月内应即照约举办。

中国政府代表陆征祥在7月6日的会上以“中国入会签约在先，自应从众办理”，但考虑到“两国视约文为定本，设或全款遽允，遇有战事，必须照约施行”，而他发现“该约第六章公认红十字标准，中国未经沿用于前，即须酌议。第八章惩办违约一层，应参考中西通行例章，从详编辑。设如该约所定，五年限内尚未颁订就绪，亦不足昭示外人”，因此他在会上当众宣言：“以上二端暂缓允从，应俟祥陈政府再定”，“余俱从众画押”。得到会众的赞成。[142]

10月24日，陆征祥上奏清廷，陈述了自己对新约第6章和第8章的意见和看法，请示清廷“应否全行照允及赐批准之处，乞敕下外务部核议”，同时将新约的译稿和蒇事文据一并呈上。[143]清廷立即将此折发交外务部议奏。

外务部奉旨后,“以红十字标准及惩办违约办法两节关涉军事,当经钞录约款等件咨行陆军部查核办理”。陆军部于12月5日复称:1904年张德彝补画红十字会原约后,该部所设各医院及卫生等队人员物件均已照用红十字会徽章,“且前年日俄战时上海奏设之万国红十字会亦经照行”,因此,“该约第六章所载红十字标记似可照准”。至于该约的第8章27款所言应制订法律,“不准以红十字名称为商号牌记一节,亦可照准,请咨行农工商部及修订法律大臣会订专律办理”。此外,该约“其第二十八款严禁战时抢掠虐待一节,似指与战事无涉之财产及虐待病伤兵士而言,现正拟订各项军律,俾与该约融洽,届时另案奏咨。该约款有强夺军营徽章一语,是否指军镇协标营战斗人员所用之旗章而言,再不得擅用红十字旗帜及红十字袖章两语,是否指预防战员擅用红十字标记而言,请咨照该大臣将当时各国在会议员所发各种议论详为报告,并洋文原稿寄到,再行核议”。[144]

陆军部对于陆征祥心存顾虑不敢画押的新约中的两章条款已经三去其二地作了排解,仅仅剩下第8章第28款中一处疑问了。有了陆军部贡献的这番意见,外务部总理大臣奕劻便已胸有成竹,再经过一番细细的斟酌,基本上照搬陆军部的意见,又综合陆征祥的看法,于1907年1月15日上清廷一折。折云:“臣等详加查核,该大臣已经画押各款,如救护病伤兵士暨行军医所,建定医院之执事人员,及药材并运送病伤兵士之车辆船只等件,俱系原本旧约,力求美备,洵为环球善举。将海牙公断一愿列入葳事文据,亦系从众定议。兹据该大臣声明:此项文据不随正约批准,所议均尚妥协,应准如所请办理。至红十字标记未经画押,原为慎重徽章起见,现准陆军部咨复,可以照准,已由臣部咨行农工商部及修订法律大臣,将商号牌位禁用,红十字名称一节,会订专条办理。所有惩办违约办法,关系甚重,一经签约,即应按照五年期限,先期颁布。现在中西通例,一时尚未能编辑就绪,自未便预行画押,致与约定年限有所妨碍。此项约本并无批准限期,亦经臣部咨明驻和国大臣,将各国在会议员各种议论详行报告,一俟该大臣覆到及军律奏准之后,应即行知该大臣将未允两款补行画押,届时再由臣部请旨遵行。”[145]此折当日便得到清廷批准。

1907年4月29日,外务部致电保和会专使大臣陆征祥,嘱“将红十字会新约第六章补行画押”[146]。电文中没有提出将第8章的两款画押,是因为法律条文尚未订出，各方准备还不周全，故暂持谨慎态度。6月11日，陆征祥复函外务部，谓“查该约所载各节，业已于上年五月议毕之时，在瑞奉大部蒸电从众画押。所有待者，政府之批准。”[147]由于此项约本并没有规定批准期限，清廷就一直拖了下来，一直拖到它垮台，留给了新成立的民国政府去补办。

1906年7月6日颁布的《日内瓦改正红十字条约》（又名《陆战时救护伤病条约》）共9章33款。各章的名目依次为病伤兵、卫生上之编置及设营、人员、材料、病人救护队、符号、条约之适用及施行、禁止滥用及违背之行、附则。该条约的主要内容是规定了战时交战双方对伤病及红十字救护人员机构应承担的保护责任，也要求各会员国尊重红会的神圣性，不得滥用各种标识从事红会事业之外的各种活动。与1864年原约10款相比，原约过于简单，没有提及对红会标帜徽章的尊重、保护和防止滥用等问题。[148]而新约则内容更丰富，规定更细致，具有较强的操作性，适应了40年来世界红会事业发展的需要。

4. 与日本赤十字社的交往及加入国际红会联合会

中日两国一衣带水，近代历史发展轨迹大致相同。但是，日本在明治维新后脱颖而出，迅速壮大，而中国贫弱依旧。因此，中国的仁人志士纷纷把眼光转向日本，想借鉴其成功经验，日本赤十字社也成了中国人仿效学习的样板。

日本赤十字社原名博爱社，在“明治十年西南之役”中诞生，日后得到政府和社会各界的广泛支持，1886年加入国际红会。1898年初，大阪华商孙淦在奏请设立中国红会的呈文中，极力称赞日本赤十字社，希望仿效之。1910年，吕海寰和吴重熹在关于试办中国红会的奏折中称，“拟请仿照日本赤十字会办法，以醵资之多寡，为会员之阶级”[149]。1911年，中国红十字会首次征集会员，就是按照日本赤十字社的办法办理的。所以，中日两国红会的关系其实是学生与老师的关系。基于此，在与日本赤十字社的交往中，中国红会往往更多地是得到对方的帮助。1911年武汉构兵，长江流域在在可虞，中国红会理事总长沈敦和深感救护任务艰巨，于是借才邻国，向日本赤十字社求援。11月10日，沈敦和面恳日驻沪总领事电请日本赤十字社派医员看护等20余人到汉口合力救护。当日，日本赤十字社复电，允派员34人（内有医生

3人,制药师1人,看护妇等21人),定于12日启程赴汉口日本租界参与救护行动。日本赤十字社医队抵汉后,广施医药,治病扶伤,一定程度上减轻了中国红会的沉重负担。

除了派医队参与前线救护外,日本赤十字社还应理事总长沈敦和之请,派出富有外交经验的法学博士有贺长雄来上海,帮助中国红会制定章程与完善体制,并为加入国际红会联合会作准备。有贺长雄于1911年11月19日带着1名医生和1名理事,乘"博爱丸"从横滨启程赴沪。26日抵达上海,下榻礼查旅馆。据载从这天开始的十余天里,沈敦和几乎每日带着秘书、翻译前来讨教、咨询有关红会运作及其发展的详细办法。

有贺长雄在沪呆了半月,于12月11日回国。他对中国红会的帮助主要表现在使红会运作制度化和规范化,与国际接轨。据中国红会万国董事会议长苏玛利言,有贺长雄"驻沪旬日,本会应办诸端,多资其力,厚意深情,实可感激"[150]。在有贺长雄的帮助下,中国红会新订了章程草案,各种创制和规模日趋完善,这就使会中同人感到加入国际红会的时机已经成熟,于是沈敦和托松方侯爵介绍,申请加入国际红会联合会,这一愿望在1912年1月12日得到实现。从此中国红会就进入稳步发展的新时期。

晚清时期,中国红会处于草创阶段,国际方面的交往较少,即便有,也主要是围绕组织自身被国际社会承认的问题而展开。除日本外,未与别的国家的红会有过直接交往。当然,与他国红会间的相互支援也可以找到例子,这就是1906年有过对美国发生严重震灾捐款2万两白银的记录。同时也接受过美国红会在辛亥革命时期给予的援助,而且美国总统塔夫脱还曾经以红会会长身份向全美发出募捐援助中国的倡议。

总的来说,在晚清时期,中国红会与外界红会的接触只有瑞士日内瓦国际红十字会、日本赤十字社与美国红十字会,这说明处在封建时代的中国红会还没有从封闭的状态下走出来。

通过以上论述,可对晚清时期的中国红十字会作一个简短的小结。

其一,中国红十字会之成立,是内因与外因互动的结果,而内因尤为重要。中国自古以来便以积德行善为优良传统,存在着接受红十字会的思想与社会基础。甲午一役,中国人从日本人那里看到了红十字会的好处,于是就主动地去了解它、研究它,并在外国人的帮助下创立了相关组织。据此也可以说,中国红十字会的成立,是中西慈善文化相互融合的结果。

其二,中国红十字会之能维持其自身的存在与发展,究其根本,一是得力于清朝官方的重视和支持,二是得力于一批热心慈善事业并有识见、且能因时变革和创新的中外善士投身其中,三是得力于红会内部所奉行的一套完整、合理的不同于传统慈善事业且远比其更为进步的近代化慈善管理及其运作机制,这一点尤为重要。据此也可以说,中国红十字会以其自身的创制,推动了中国慈善事业由传统走向近代化。

其三,中国红十字会在当时以其所从事的各种慈善救护与赈济活动,充当了调节社会的重要角色。中国红十字会与其他各有关慈善团体发挥超越政府和国家的力量,无分中外、种族与国界,用善心呼唤个人与民间团体捐款捐物、相帮互助、扶贫济困、救伤葬亡,对于缓解当时的民生困苦与消除社会乱象,使社会从动乱、危机和崩溃之中得到回复,起了很大作用。据此也可以说,中国红十字会在当时的所作所为,其实是一种社会动力,一种调节社会不可缺少的手段。

其四,红十字会是一个国际性的慈善组织。中国既经加入这个国际性组织作为会员国,就不可避免地要开展各种国际性的交往以及参与一些国际性的事务。尽管当时的清政府主观上对外始终采取一种十分审慎的态度,但实际上早已事与愿违。当时的一批驻外使臣不时地要把有关红十字会的国际性问题提交给清朝政府决断,而清政府也不得不一次又一次地围绕红十字会的国际性问题发表意见和对策,并派人出席国际性的会议。据此也可以说,中国红十字会在促使清朝从封闭走向国际社会方面,无疑起了重要的推动作用。

(刊《近代史研究》2000年第3期)

注　释

1 《大阪华商孙淦呈请裕钦使转咨总署奏设红十字会禀》,中国红十字总会编:《中国红十字会资料选编》,南京大学出版社1993年版,第5页。

2 《申报》1898年5月30日。

3 《申报》1898年5月9日。

4 《申报》1899 年 4 月 10 日。

5 《大阪华商孙淦呈请裕钦使转咨总署奏设红十字会禀》,《中国红十字会资料选编》,第 5 页。

6 《使俄杨儒奏遵赴荷兰画押请补签日来弗原议并筹办救生善会折》,《清季外交史料》第 141 卷,文海出版社 1964 年版,第 20 页。

7 《光绪朝东华录》(五),中华书局 1958 年版,总第 5169 页。

8 《出使美国大臣梁奏拟请联约各国仿设红十字会折》,《东方杂志》第 1 卷第 11 期,1904 年 12 月。

9 《施君肇基笔译上海创设万国红十字支会会议大旨》,《申报》1904 年 3 月 14 日。

10 《普济群生》,《申报》1904 年 3 月 11 日。

11 《东三省红十字普济善会章程并启》,《申报》1904 年 3 月 3 日。

12 《中国宜入红十字会说》,《申报》1904 年 3 月 5 日。

13 《普济群生》,《申报》1904 年 3 月 11 日。

14 《施君肇基笔译上海创设万国红十字支会会议大旨》,《申报》1904 年 3 月 14 日。

15 闵杰:《近代中国社会文化变迁录》(二),浙江人民出版社 1998 年版,第 372 页。

16 《施君肇基笔译上海创设万国红十字支会会议大旨》,《申报》1904 年 3 月 14 日。

17 《普济群生》,《申报》1904 年 3 月 11 日。

18 《电筹救护》,《申报》1904 年 4 月 21 日。

19 军机处录副,中国第一历史档案馆藏(以下简称一档馆),3 - 146 - 7275(52)。

20 《施君肇基笔译上海创设万国红十字支会会议大旨》,《申报》1904 年 3 月 14 日。

21 《光绪朝东华录》(五),总第 5184 页。

22 《普济群生》,《申报》1904 年 3 月 11 日。

23 《万国红十字会联合会规约》(译文),《中国红十字会二十周年纪念册》,中国红十字会总办事处 1924 年自刊本,中国第二历史档案馆藏(以下简称二档馆)。

24 《上海万国红十字会暂行简明章程》,《申报》1904 年 7 月 29 - 30 日。

25 军机处录副,一档馆,3 - 146 - 7275(52)。

26 《大清宣统政纪》卷 30,第 9 页,沈云龙主编:《近代中国史料丛刊三编》(179),文海出版社印行,第 533 页。

27 外交部档案,二档馆,1039(2) - 590。

28 军机处录副,一档馆,3 - 146 - 7275(51)。

29 《沈敦和复吕海寰电》,《申报》1911 年 10 月 30 日。

30 《红十字会研究大会纪事》,《申报》1911 年 12 月 13 日。

31 《劝募红十字会捐启》,《申报》1911 年 10 月 23 日。

32 《红十字会医队定期启行》,《申报》1911 年 10 月 24 日。

33 《日本赤十字社社长来电》,《中国红十字会历史资料选编》,第 58 页。

34 《来函》(三),《申报》1911 年 10 月 23 日。

35 《日本赤十字社社长来电》,《中国红十字会历史资料选编》,第 58 页。

36 《红十字会大会志盛》,《申报》1911 年 10 月 25 日。

37 《张竹君至沈仲礼书》,《民立报》1911 年 10 月 26 日。

38 《沈仲礼驳张竹君女士书》,《申报》1911 年 10 月 28 日。

39 《红十字会报告大会详志》,《申报》1912 年 7 月 18 日。

40 《普济群生》,《申报》1904 年 3 月 11 日。

41 《普济群生》,《申报》1904 年 3 月 11 日。

42 《施君肇基笔译上海创设万国红十字支会会议大旨》,《申报》1904 年 3 月 14 日。

43 《二月初一日上海万国红十字会初次集议问答》,《中国红十字会历史资料选编》,第 24 页。

44 《上海万国红十字会暂行简明章程》,《申报》1904 年 7 月 29 –30 日。

45 《红十字会聘请书记核算员》,《申报》1911 年 11 月 30 日。

46 《申报》1904 年 7 月 29 –30 日。

47 《晚清关于红十字会开创之奏折》(二),《中国红十字会历史资料选编》,第 12 页。

48 《红十字会分送试行章程广告》,《申报》1911 年 11 月 5 日。

49 《红十字会之进行》,《申报》1911 年 11 月 2 日。

50 《红十字会致外埠入会诸君函》,《申报》1911 年 11 月 26 日。

51 《红十字会特告》,《申报》1911 年 11 月 26 日。

52 《致红十字会会员公函》,《申报》1911 年 11 月 17 日。

53 《姚勇忱君致沈仲礼君书》,《申报》1912 年 1 月 25 日。

54 《红十字会复协济会姚君函》,《申报》1912 年 1 月 27 日。

55 《中国红十字会第一次会员大会广告》,《申报》1912 年 8 月 7 日。

56 《万国红十字会牛庄分会来函》,《申报》1904 年 4 月 30 日。

57 《中国红十字会章程》,《中国红十字会历史资料选编》,第 226 页。

58 《巨款助会》,《申报》1904 年 11 月 1 日。

59 《红十字会理事总长沈敦和答谢启事》,《申报》1911 年 11 月 16 日。

60 《红十字会沈敦和、苏玛利答谢启事》,《申报》1911 年 12 月 14 日。

61 《二月初一日上海万国红十字会初次集议问答》,《中国红十字会历史资料选编》,第 25 页。

62 《红十字会经收会员入会费志谢》,《申报》1911 年 11 月 23 日。

63 《大清时期中国红十字会活动成绩》,《中国红十字会历史资料选编》,第 39 页。

64 《晚清关于红十字会开创之奏折》(二),《中国红十字会历史资料选编》,第 11 页。

65 《晚清关于红十字会开创之奏折》(一),《中国红十字会历史资料选编》,第 8 页。

66 《晚清关于红十字会开创之奏折》(一),《中国红十字会历史资料选编》,第 7 页。

67 《朱礼琦译营口红十字会总董魏伯诗德致李提摩太信》,《申报》1904 年 5 月 31 日。

68 《大清时期中国红十字会活动成绩》,《中国红十字会历史资料选编》,第 34 页。

69 《牛庄西董密勒、魏伯诗德致直督袁宫保信》,《申报》1904 年 10 月 2 日。

70 《牛庄西董致李提摩太函》,《申报》1904 年 9 月 8 日。

71 《西董魏伯诗德致李提摩太函》,《申报》1904 年 9 月 8 日。

72 《牛庄西董密勒、魏伯诗德致直督袁宫保信》,《申报》1904 年 10 月 2 日。

73 《朱礼琦译牛庄红十字分会西董魏伯诗德来函》,《申报》1904 年 10 月 31 日。

74 《牛庄西董魏伯诗德致李提摩太函》,《申报》1904 年 11 月 22 日。

75 《朱君礼琦节译牛庄西董魏伯诗德致上海万国红十字会信》,《申报》1904 年 10 月 5 日。

76 《述红十字会现在情形》,《申报》1904 年 10 月 28 日。

77 《朱礼琦译牛庄西董魏伯诗德来信》,《申报》1904 年 10 月 31 日。

78 《沈、锦红十字会护送难民事略》,《申报》1904 年 12 月 1 日。

79 《上海万国红十字会来函》,《申报》1904 年 9 月 17 日。

80 《述万国红十字会在东三省办理情形》,《申报》1904 年 9 月 7 日。

81 《上海万国红十字会来函》,《申报》1904 年 9 月 17 日。

82 《万国红十字会来函》,《申报》1904 年 9 月 16 日。

83 《大清时期中国红十字会活动成绩》,《中国红十字会历史资料选编》,第 36 页。

84 《译字林西报所登牛庄魏伯诗德致上海红十字总会函》,《申报》1904 年 12 月 19 日。

85 《大清时期中国红十字会活动成绩》,《中国红十字会历史资料选编》,第 37 页。

86 《译字林西报所登牛庄魏伯诗德致上海红十字总会函》,《申报》1904 年 12 月 19 日。

87 《译字林西报所登牛庄魏伯诗德致上海红十字总会函》,《申报》1904 年 12 月 19 日。

88 《译字林西报所登牛庄魏伯诗德致上海红十字总会函》,《申报》1904 年 12 月 19 日。

89 《大清时期中国红十字会活动成绩》,《中国红十字会历史资料选编》,第 38 - 39 页。

90 《红会续赴奉天办赈同人衔名单》,《申报》1905 年 3 月 13 日。

91 《大清时期中国红十字会活动成绩》,《中国红十字会历史资料选编》,第 40 页。

92 《大清时期中国红十字会活动成绩》,《中国红十字会历史资料选编》,第 40 - 41 页。

93 《晚清关于红十字会开创之奏折》(一),《中国红十字会历史资料选编》,第 8 页。

94 《劝募红十字会捐款》,《申报》1911 年 10 月 29 日。

95 《红十字会医队战地书》,《申报》1911 年 11 月 5 日。

96 《辛亥革命时期中国红十字会暨各分会活动成绩》,《中国红十字会历史资料选编》,第 288 页。

97 《理事长江趋丹君报告》,《中国红十字会历史资料选编》,第 275 页。

98 《辛亥革命时期中国红十字会暨各分会活动成绩》,《中国红十字会历史资料选编》,第 289 页。

99 《急募红十字会捐款启》,《申报》1911 年 11 月 25 日。

100 《急募红十字会捐款启》,《申报》1911 年 11 月 25 日。

101 《救苦救难之医车》,《申报》1911 年 11 月 21 日。

102 《急募红十字会捐款启》,《申报》1911 年 11 月 25 日。

103 参见《救苦救难之医车》,《申报》1911 年 11 月 21 日;《中国红十字会历史资料选编》,第 290 页。

104 《辛亥革命时期中国红十字会暨各分会活动成绩》,《中国红十字会历史资料选编》,第 290 页。

105 《红十字医队救伤》,《申报》1911年11月5日。

106 《中国红十字会谨告中外大慈善家》,《申报》1911年12月21日。

107 《红会之未雨绸缪》,《申报》1911年12月21日。

108 《留日医学界红十字会广告》,《申报》1911年12月4日。

109 《红十字会理事总长沈敦和答谢启事》,《申报》1911年11月16日。

110 《聘请掩埋队干事启事》,《申报》1911年11月19日。

111 《聘请掩埋队干事启事》,《申报》1911年11月19日。

112 《大慈大悲之掩埋队》,《申报》1911年11月21日。

113 《急聘南京掩埋队》,《申报》1911年12月4日。

114 《华洋义赈会劝募救济汉口急难捐启》,《申报》1911年12月1日。

115 《红会之未雨绸缪》,《申报》1911年12月21日。

116 《中国红十字会招考医学生广告》,《申报》1908年9月7日。

117 《上海中国红十字会医学堂添招新生》,《申报》1910年5月12日。

118 《晚清关于红十字会开创之奏折》(二),《中国红十字会历史资料选编》,第11页。

119 《中国红十字会总医院、分医院送诊免收医资广告》,《申报》1912年2月4日。

120 《红十字会分医院暂免药费告白》,《申报》1912年2月4日。

121 《时疫医院停办广告》,《申报》1911年9月16日。

122 《辛亥革命时期中国红十字会暨各分会活动成绩》,《中国红十字会历史资料选编》,第288页。

123 《旨寄杨儒著奏明减兵保和会宗旨并届时赴会电》,《清季外交史料》第137卷,第9页。

124 《使俄杨儒奏遵赴荷都保和公会蒇事返俄情形折》,《清季外交史料》第140卷,第17页。

125 《使俄杨儒奏遵赴荷都保和公会蒇事返俄情形折》,《清季外交史料》第140卷,第19页。

126 上均见《总署奏遵议杨儒赴保和会参酌情形以便画押折》,《清季外交史料》第140卷,第22页。

127 《总署奏遵查保和会各款并红十字会章程尚无窒碍折》,《清季外交史料》第141卷,第5页。

128 《使俄杨儒奏遵赴荷兰画押请补签日来弗原议并筹办救生善会折》,《清季外交史料》第141卷,第23页。

129 《光绪朝东华录》,总第5169－5170页。

130 《光绪朝东华录》,总第5169－5170页。

131 外交部档案,二档馆,1039(2)－590。

132 外交部档案,二档馆,1039(2)－590。

133 外交部档案,二档馆,1039(2)－590。

134 外交部档案,二档馆,1039(2)－590。

135 《红十字国际委员会承认我国红十字会的时间探源》,《中华民国红十字会会刊》总第15期,1999年,第21－22页。

136 《中国红十字会二十年大事纲目》,《中国红十字会历史资料选编》,第455页。

137 《中国红十字会特别广告》,《申报》1912年2月7日。

138 《中国红十字会特别广告》,《申报》1912年2月7日。

139 《日本赤十字社社长来电》,《中国红十字会历史资料选编》,第58页。

140 《改正红十字条约》,《外交报》1906年10月25日。

141 外交部档案,二档馆,1039(2)-590。

142 外交部档案,二档馆,1039(2)-590。

143 外交部档案,二档馆,1039(2)-590。

144 外交部档案,二档馆,1039(2)-590。

145 外交部档案,二档馆,1039(2)-590。

146 外交部档案,二档馆,1039(2)-590。

147 《保和会专使陆大臣致丞、参信一件》,《中国红十字会历史资料选编》,第16页。

148 《日内瓦红十字会公约》(原译为《真奈瓦红十字公会联约条款》),《东方杂志》第1卷第11期,1904年12月。

149 《晚清关于红十字会开创之奏折》(二),《中国红十字会历史资料选编》,第11页。

150 《红十字会报告大会详志》,《申报》1912年7月18日。

二十三　民国北京政府时期中国红十字会的组织与发展

1912年中华民国建立。刚刚在辛亥年间经历一场重大战事救护的中国红十字会得到了中华民国的承认并立案。这一年中国红会相继召开了第一次全国会员大会和统一大会，通过了《中国红十字会章程》和《中国红十字会分会章程》，创立了北京总会、上海总办事处和常议会等领导机构，开始实行三权分立的领导机制等等，所有这些标志着中国红十字会开始迈入稳步发展的历史进程。

红会虽然实行二元制领导，但实际管理重任全由副会长沈敦和一手操持，所以民国初期的中国红十字会深深打上了沈敦和的烙印。沈敦和以其呕心沥血、全身心的投入，推动了红会工作的全面发展。但1918年美国红十字会的介入，引起一场争执，沈敦和被卷入，结果被迫辞职，成为这场争执的牺牲品。

1919年5月，北京任命蔡廷干代沈敦和担任红会副会长。1920年10月，北京又任命汪大燮、吕海寰担任红会正会长。汪、蔡联手，在二十年代对中国红会实行整顿与改革，消除弊端，加强建设，推动中国红十字会进一步向前发展。

1927年4月18日，南京国民政府成立，中国红十字会又面临新一轮波折。其时国民革命军司令部下令设立“澈查上海红十字会委员会”，特派12人为调查委员。但一场澈查有惊无险，红会再以投入救护、勇于任事的实绩，被新政府所接受，从此又进入到一个新的发展时期。

（一）第一次会员大会及统一大会的召开

中华民国政府成立后，中国红十字会遇上了有利的发展时机。这主要表现在：一、由于辛亥战时积极有效地投入兵灾的救护且成绩卓著，中国红会的声望日高，群众基础雄厚；二、民国政府全力支持红会事业，立案承认红会是全国唯一合法的红十字组织；三、中国红会经由日本赤十字社社长松方侯爵介绍，已成为国际红十字联合会的正式会员，能享有国际红会约款规定的权利。但是，中国红十字会当时的状况却不容乐观，无法适应和利用这一有利形势。尽管已成为国际红十字联合会中的一员，但其机构设置、人员组成、工作开展等方面，都没有完全符合国际通例。同时，国内打着红会旗号的组织团体也大量存在，冒用红会名义为非作歹的事情时有发生，红会名誉和信用受到了严重损害。为了改变这种状况，中国红十字会决定就存在的问题召开会议，商讨解决办法。于是，在万国董事会解散后，中国红十字会就积极酝酿筹备，计划召开一次全国性的全体会员大会；并且在政府当局的支持下，又决定举行一次全国性的统一大会，以期规范红会的组织行为，协调关系，共谋发展大计。

1912 年 9 月 29 日下午 3 时，中国红十字会第一次会员大会在上海工部局议事厅开幕，出席会议者达 1352 人。会上散发了多种印刷品，如成绩表、万国红十字会及中国红十字会收支简册、红十字会征信录（正续 2 本）、会员题名录、会员意见书及演说稿等。会议开始后，首先由沈敦和宣布开会宗旨及袁世凯、黎元洪的贺词，接着发表了演说。沈在演说中指出："溯自去年开会，迄今甫及一载而已，有会员近二千人，纳捐善士数千人，捐款十五万五千二百七十余元，分会六十余处"，[1] 并言"今日开会正欲伸谢诸君之仁德，筹商进行方法并推举议员组成议会，以立永久之基础"。[2] 在此，沈概括了中国红会在辛亥战时的发展成绩及此次大会的主旨。同时，他还分析指出了新时期红会的工作目标和任务："今中国共和成立，首重人道，兵戈虽息，疮痍未复，顺直、温处等又复水灾频仍，乞赈之电纷至沓来。"[3] 继之，朱仲宾（礼琦）、王培元、柯师、施则敬、叶庚三先后就某个专题发表演讲。会议还推举英按察使苏玛利、日总领事有吉明、有贺长雄、李佳白为顾问；同时举定施则敬、江绍墀、朱佩珍、唐元湛、陈作霖、李厚裕、郁怀智、周晋镳、蒋辉、邵廷松、桂运熙、叶绍奎、施绍曾、谢纶辉、哈麐、余之芹、席裕福、童熙、张蕴和、金世和、汪龙标、贝致祥、狄葆贤、叶德鑫、袁嘉熙、洪毓麟、洪肇基、何守仁、何亮标、林志道、徐华清、丁榕、王勋、朱礼琦34人为常议员。次日下午召开了会员捐户恳亲会及各分会茶话会，又决定于10月30日召开各省联合大会，"以冀全国一致，昌大红会之慈善事业"。[4]

中国红十字会遵照国际红十字会章程，在全体会员大会选出常议员的基础上，由常议员公举总裁、会长，"以符定制而固基础"。[5]10月9日，常议会正式成立，公举袁世凯、黎元洪为名誉正、副总裁，吕海寰、沈敦和为正、副会长。次日，红会致电北京政府，要求"正式任命，昭示中外，策励将来"。[6]常议会还议决"总会仍设都城，沪会为总办事处暨理事部，悉遵京沪合并章程办理"。[7]10月15日，国务院奉袁世凯之令致电红会，内称红会同人"惨淡经营，成斯伟举，曷胜钦佩"，对吕、沈任正、副会长一事则作了"即如法宣布、昭示中外"的答复。[8]18日，北京红十字总会秘书长冯伯岩致电红会上海总办事处，转达总统正式派定吕、沈充任中国红十字会正、副会长的命令。20日，34位常议员联名致电在青岛的吕海寰会长，向他表示祝贺。

本次会员大会的召开在中国红十字会历史上具有重要意义。它是中国红十字会全体会员的首次集会，标志着红会规模不断扩大，也体现了中国红会的民主作风。这次会议选举了常议员，并由他们组成常议会，再由常议会选出名誉正、副总裁和正、副会长。这种做法完全符合国际通例，也标志着中国红十字会结束了中西共管的局面，走上了正规发展的道路。

中国红十字会是中华民国政府承认的国内唯一正式的红十字会组织。但是，当时存在许多以"红十字会"命名的组织，尽管它们的大旨都是进行救护赈济活动，弘扬人道精神，可是彼此的具体规程、运行办法各有差异。这就给人们造成这样的感觉：红会组织混乱，各自为政，步调不一。势必降低红会在人们心目中的位置，也势必对红会的发展带来严重的负面影响。为此，新成立的常议会感到很有必要召开一次统一大会，将各红会组织统一到中国红十字会旗帜下，采取一致行动，重塑红会形象，积极有效地开展工作。

在辛亥革命期间，各种红会组织如雨后春笋般涌现。如10月18日，张竹君女士在南市上海医院发起成立了赤十字会;22 日,四川恤济公会牵头组织了上海救恤公会;11 月 10 日,陈熊圃、徐静澜、孙实甫等人发起创设天津红十字会;10 月 26 日,戴谒天等人创兴了粤东红十字会。此外,还有中国赤十字会第二团、赤十字社、中国赤十字会第二团女子协助会、江西九江红字分会、武汉红十字分会等。在这些组织中,有些与中国红十字会曾经联系过,有的则没有;有的与中国红十字会在救护中协力合作,有的则相互指责,彼此对立。10 月 24 日,中国赤十字会会长张竹君公开致书沈敦和,大加指责,谓其"欺世盗名"、"以万国红十字会名义搜括资财"云云。[9]28 日,沈敦和公开复书张竹君,对其指责进行辩白,澄清诸多不实说法。可见,赤十字会与中国红十字会一开始就关系紧张。与此同时,一些不法之徒也利用红十字会的名义到处行骗,掠取钱财,使红会声誉大受损害。中国红十字会就此事多次刊登通告,予以澄清,指出"开办以来,并未派人在本埠外埠挨户募捐,亦无分赴内地及围场、车站逢人敛款情事",[10]敬告人们不要轻易上当。同时奉劝"凡未经入会诸团体,幸勿擅用红十字名义及旗帜、佩章,致蹈危机又损名誉"。[11]中国红十字会还要求本会会员洁身自好,"恪遵会章,束身自爱,严守中立",[12]"幸勿自失信用,损害本会名誉。入会诸君所得佩章、凭照,幸勿顶替、借用"。[13]

在此,人们不禁要问,为什么在辛亥战时会有那么多团体和个人打着红会旗号组织起相关团体呢?这一方面反映出广大民众充满爱心,对红十字会的特殊地位广泛予以认可;另一方面也说明,国内发生战争时不像两国交战,慈善团体进入战地救护无须繁琐的手续,这就为那些对红十字的神圣地位缺乏应有尊敬和别有用心的人滥用红会标志旗号提供了机会。

尽管中国红十字会作了多方努力,但这种混乱无序的状况仍未得到改观。在征得政府同意后,中国红十字会就决定召开全国红会组织统一大会,力图消除分歧,达成共识,解决问题。统一大会于 1912 年 10 月 30 日在上海汇中旅馆开幕。"黎副总统及外交、内务、海军、陆军四部,奉天赵都督、江苏程都督与各省分会均派代表到会",[14]出席会议者达数百人。会长吕海寰因病未出席,由秘书长冯伯岩代诵开会词。接着,副会长沈敦和宣布开会宗旨,"极言统一之万不可少"。[15]继之,各省政界代表致辞,冯伯岩报告本会规条及章程,部分红会组织代表及中国红十字会总办事处理事长江绍墀报告红会成绩。然后,分别由外交部、内务部、陆军部、海军部代表陈征宇、刘伯刚、汪植圃、谢卫臣等各就红十字会与本部之关系相继演说。最后,武昌赤十字会代表赵伯威提议研究章程草案,当场推定起草员7人修改章程交次日续会通过。

31日下午二时,统一大会继续进行,经修订的总会章程获多数通过。次由施则敬演说红十字会筹款办法,萧智吉演说红十字会应得医士之协助,陈征宇演说禁止滥用红十字会记章旗帜及袖章,汪植圃演说初级救伤之关于军士,王阁臣演说初级救伤之关于工艺厂工人,石美演说女界赞助本会并筹款法,朱仲宾演说分会组织法,童弼臣演说编辑红十字会印刷品鼓吹事业之发达,最后由陆军第十六师顾师长代表华拯黎提议筹款方法。

红会名誉副总裁黎元洪发来祝词,认为红十字会应是常设组织,平时经营,以备战时之需。吕海寰、沈敦和在宣布开会宗旨的书面讲话中,阐明了召开本次会议的原因、目的和议题。沈敦和说:"惟是本国各会办事条件,大半临时拟订,不无缺点。是以呈明大总统,特开此会,规定办事章程及应行筹备及推广各事,以固基础,以期统一。"[16]沈敦和认为,国内红会名目繁多、参差不齐的状况与国际通例不符。"求合乎世界大同,此本会之所以急谋统一也"。[17]"苟不谋统一,必至各自为政,办法分歧,既无团结之精神,即无巩固之基础,对内对外,能力薄弱"。[18]他在分析日本赤十字社的情况后,得出结论是,"合则益,分则损"。[19]

在两天的会议中,政府外、内、陆、海四部代表都谈了与红会的关系,并承诺为红会发展提供较好的外部环境,其他与会代表也纷纷为红会发展建言献策。外交部代表陈征宇认为"今中国红十字事业……已由慈善之事业,进而为世界平和之事业",因而与外交部发生职任上之关系,即国际上之手续、条约之履行、下次大会之提议都与外交部息息相关。内务部代表刘伯刚认为,红会"平时所举办之一切慈善事务,多与本部有关,此本部对于红十字会所应互相提携者也"。[20]他还就最近批准成立冠以红十字会名称的慈善组织作出解释,认为"本部但认其为慈善团体,决不认其为法定机关"。[21]因此,建议统一大会召开后,"各分会皆遵照总会规定之章程,各会员皆保守本会齐一之名誉"。[22]外交部代表陈征宇还就解决红十字记章滥用问题贡献了自己的办法:"(一)由中国红十字会提出禁止滥用红十字条约取所载之特别记章专律草案，请政府提出，于参议院通过公布之；（二）一面请政府将日来弗公约内第八章第廿七、八两条及保和会公约内日来弗推行于海战条约第廿一条补行画押，并依约定期限，将公布新律，经由瑞士政府通告各国。”[23]

中国红十字会统一大会的召开，标志着我国红十字事业进入了快车道，结束了过去的草创阶段。论者谓：“此统一大会实奠中国红十字会万年不拔之基”，[24]“斯中国红十字会统一大会乎，得全国之融洽，多士之伟论，从此日益宏大其事业”。[25]

从上海万国红十字会成立到中国红十字会统一大会召开，其间经历了风雨曲折的发展历程，组织机构、运作方式逐步完善，人们对红会的认识渐次提高，总体而言，是日俄战争和辛亥革命促成了中国红会的诞生和发展。清政府对红十字会这一新生事物基本上持欢迎态度，只是曾想把它收归政府监管。民国成立后，中国红十字会获得了绝好的发展机遇，一步步走向正轨。

第一次会员大会召开之前，中国曾两次借助外国绅商和教士力量共同经营红会，唯一区别是上海万国红十字会时西董占主导位置，中国红十字会万国董事会时则是中董唱主角。这种中西联手的作法对圆满完成战争救护发挥了重大作用，但从另一方面也反映出中国红十字会力量的弱小。也可以说，国际上真正意义上的中国红十字会是从第一次会员大会召开开始的。这之前相当长时间内没有会员，也没有会员表决通过的红会章程，组织模式变化无常。

这一状况在第一次会员大会，特别是统一大会召开后才发生根本性变化，所以说只有在此之后中国红十字会才进入稳步发展的阶段，并逐渐走向成熟。

（二）沈敦和掌会时期中国红十字会的发展

辛亥革命，不只是缔造民国的关键一役，也是推动中国红十字会摆脱封建旧体制，进入资本主义运作模式的重要一步。中国红会在 1912 年召开的全国会员大会和统一大会，表面上规定了中国红十字会的二元制体制，而在实际运作中,则处处突出了上海总办事处的地位,时人多目沈敦和为红会会首,使正会长吕海寰湮没无闻。正是由于中国红十字会领导体制的这一特点,才使得民国初年的红十字会深深打上了沈敦和的烙印,而红会的发展也与沈氏的活动息息相关。

从整个红会历史来看,沈敦和掌会时期正是中国红十字会告别草创进入到推广分会、发展会员、开展救护及宣传的上升期、以及由一区域性组织向全国拓展,并从机构、人员、设备等各方面奠定基本救护模式的新时期。下面分述之:

1. 红十字会与政府的关系

红十字会作为人道主义组织,从 1864 年建立开始即为一国际性民间团体。但是由于各国红十字会的设立以及加入国际红十字会都须经由本国政府的审查批准,以及红会的主要职责——对战争的救护又多为政府行为,所以红十字会较之其他民间团体,与政府的关系显得十分特殊。中国红十字会副会长沈敦和就认为:"本会半属国家的性质。"[26]虽然红会一贯自视为民间组织,但外人多目其为政府的附属机构。

首先,政府对红会负有审批及领导人员的任免权。日内瓦《万国红十字会联合会规约》规定:各国红会之建立,先须政府派代表签押加入《日内瓦红十字会公约》,该签押须经该国政府批准方为有效。晚清时期,中国政府两次派代表参加国际红十字会条约的签约画押,最终加盟了《日内瓦红十字会公约》与国际红十字会联合会。可见,中国红十字会从其成立伊始,就受着中央政府的制约。1912 年中华民国刚建立,中国红十字会又得禀请南京临时政府承认,孙中山批准立案的电文这样说:"该会热心毅力,诚无可表德之处,应即令由内务部准予立案,以昭奖劝。"[27]红会取得合法地位之后,其正、副会长的人选虽经会员大会选举,但须由中央宣布任命。这是 1912 年统一大会通过的《中国红十字会章程》所规定。在 1914 年 4 月中央公布的《中国红十字会条例》更明确了此点。该条例第四条称:"中国红十字会会长、副会长由总统派充,分会长由分会推举,经会长认可后,方得就任,并由会长报明内务部、陆军、海军各部;分会长就所在地范围内执行紧急职务时,得直接陈请于该地军事长官及地方长官,余均陈请总会转陈。"[28]后来中央节制红会的权力更加扩大,中央甚至不经过红会大会,而对红会领导人事进行干预。例如1914年会长因故辞职须报呈中央而不得批准。而1918年中央更未经任何手续便免去沈敦和副会长职并任命蔡廷干兼代。

其次，政府对红会负有维持、保护、监督之责任。政府对红会的这一职能，日内瓦《万国红十字会联合会规约》也曾予以规定。其中第三条称："各国红会，中央委员，预先与本国政府约定，每逢实行其事业之际，政府必当照所请允纳"。政府对红会的维持又包括两个方面：一是经济上的扶持。当红会进行大规模、长时间的救护时，经费往往不敷使用，中央及各地方政府即会鼎力相助，帮其度过难关。1913年和1914年红会救护"二次革命"和青岛兵灾时，袁世凯即命财政部拨款2万元，各省将军、巡抚也捐助数万元。二是维护红会的合法地位，取缔其他非法组织。作为世界统一的红十字会组织，中国红十字会是唯一合法机构，对于各地不同时期出现的一些善团，红会往往陈请政府取缔。例如1913年7、8月间，中央陆军部和黎元洪副总统分别致函中国红会，宣布将南京红十字女子救护团和汉口人道会予以取缔。另外，中央政府对中国红十字会的监督也包括两方面内容：第一是经济监督；第二是红会救济行为监督。《中国红十字会条例》第五条规定："中国红十字会之资产及帐簿，得由陆军部、海军部、内务部各就所管事项随时派员检查。"第一条规定："中国红十字会依陆军部、海军部之指定，辅助陆、海军战时卫生、勤务并依内务部之指定，分任赈灾、施疗及其他救护事宜。"[29]《中国红十字会章程》也规定红会"在战时应遵守本国海、陆军部定章，及临时军司令官命令"。[30]在1914年红会救护山东青岛的兵灾时，山东分会就曾出现销售红会旗帜会章等违反国际公约事件，终遭陆军部严令查办并予整顿。

再次，红会对政府行为构成补助。中国红十字会在二十世纪初应运而生，除了世界红十字运动的推动，更是中国社会的呼唤。近代中国处于半殖民地半封建境地，各地军阀分裂割据，政府软弱无力，加之频仍剧烈的各种灾患，使得社会严重失调，人民流离失所，苦不堪言。以救死扶伤为己任的红十字会，正可弥补政府行为之不足。即组织社会力量拯救灾黎，调节社会。每逢灾事发生，战争双方或政府都会函电红会，请求救护。例如"二次革命"爆发后，黄兴即致电红会："利国驿剧战愈烈，速派医队。"[31]黎元洪也电称："本会人道为重，应予组织医队，随时救应。"[32]其实历次重大灾事发生，红会都自觉进行救护，无分彼此，一视同仁，并且在救护中较之政府或其他组织都要强出许多。对此南北双方都有评论，如孙中山电称：“查民国军兴以来，各战地战士赴义捐躯，伤亡不鲜。均赖红十字会，救护掩埋，善功所及，非特鄂省一役而已，文实德之。兹接电示以该会前在武汉，设临时病院，救伤葬亡，厥功尤伟。”[33]袁世凯也说：“此次战事，承贵会联合中西会员，医伤收骸，仁声卓著，感佩同深。”[34]总之，红会与中央政府之间，既独立又归属。红会无论何事皆仰赖中央政府，而中央政府又不能事事都能达到和满足红会的要求，这样一来红会与政府之间就难免要发生矛盾和磨擦。这种矛盾和磨擦在以后红会的发展中越来越明显。

2. 红会各医院的缓慢发展

从1909年红会在上海徐家汇路购地创立总医院始，到辛亥救护完竣，除各分会外，总会直属的五大医院已具其四，即徐家汇路红会总医院、南市医院、北市医院和时疫医院，到1917年原归上海总商会管理的吴淞防疫医院纳入红会属下之后，红会五大医院最终形成并且一直持续到抗战前期。红会五大医院不但负责上海地区日常医疗和防疫事务，而且是全国各地历次灾变救护的医疗中坚，其中附属的医学校也为全国的医疗机构输送了不少医务人才。红会医院的医疗卫生和教育事业，对于冲破传统医疗模式在旧中国的统治地位，并促使中国医疗卫生走上近代化，都作出了积极的贡献。

(1)吴淞防疫医院的归属。吴淞防疫医院，本名中国防疫医院，创立于1904年。概因当时各通商口岸疫疠流行，轮船进口之时，洋医无论上下乘客都严厉查验。凡有病容或风尘疲乏之状都即须到吴淞口外二十里之外入医院隔绝诊治。而华人对院中食服异宜，尤多不便，致使行人视为畏途，且人言啧啧。上海总商会为消除这一尴尬，就由总理严信厚和会长朱佩珍(葆三)等呈禀南洋通商大臣批准，在吴淞口内北港嘴地方，由官商合力捐建中国防疫医院一所。这一具有地方公益性质的医院，当时便利了广大商民。该院常年经费时由外务部咨东南沿海各省或由藩运各司拨助。数量由白银1万两减至5千两，仍可敷用。但自辛亥光复以后，政体变更，经费无着，院费转挪腾借已达3836两2钱3分7厘，政府若不拯救，势必难以为继。为此，上海总商会即于1917年5月份向国务院呈交一书，陈述该事。很快得到回音，江海关监督奉财政部令致总商会一函，允准由该海关税务司代征码头捐下指拨，以维善举。除将不敷之3千余两归还外，其余常年经费5千元从下一季度开始酌分三期解付。此事本已接近尾声，但突又生变。总商会认为："本会系商业公共机关，事务繁重，而防疫医院于卫生、外交上均有关系，如仍由商会管理恐有顾此失彼之虞。查中国红十字会系属慈善事业而兼负防疫义务者，以该医院移交经管，庶几责任可专，名实相副。当经本会与中国红十字会会总沈敦和商榷，该会长热心公益，慨允担任，俟帐务结束即行移交接管。嗣后遇有重大事宜，本会仰体政府维持善举之盛意，仍当协同办理……。"[35]这样一来，防疫医院便由总商会移交给了中国红十字会管理。由于防疫医院的并入，中国红十字会的医院建设也向前跨进一步。

(2)红会总医院的联合办理。红会总医院于1909年在徐家汇路创办以来，即由沈敦和任院长并延请英国、丹麦、挪威等国内外科医生主持医政。而到民国建立，红会为便利总医院更好地发展，解决经费紧缺困难，屡有联办之意。最终于1912－1918年和1918－1921年同美国哈佛大学和美国安息会联合办理，共计十年之期。十年中，红会借助外力促进了红会总医院的医疗技术进步、设备更新和医学人才的培养。两次联办期满之后，红会总医院即由红会收回自办，直至南京国民政府成立。

红会创立总医院的根本目的，声称是"为造就医学人才起见"。[36]所以创立之始，院长沈敦和就注重医院基础设施建设，将医院与学堂联为一体，并延聘英国、丹麦、挪威等国内外科医生为教员并兼充医院医士。而到民国元年，美国哈佛大学拟在中国设立分校，因见红十字会总医院"院宇、器械并剖解室等一切设备适合医学堂调度"，[37]于是就请求与红十字会合办，"以成一完备之大医校"。沈敦和积极响应，征得常议会许可，即与美国哈佛订立七年合办合同。合同规定：哈佛每年补助银九万元以作经费；哈佛派胡医士为院长住院管理校务医务；沈敦和以副会长节制之。五年之后，情况有变。因1916年红十字会与哈佛的医学生已先后毕业，双方遂商定将医学堂停办，专办医院。经费除每年尚有3.7万余元的医费收入外，所缺部分，由美国煤油大王在慈善基金内如数拨助。到1918年下半年，红会总医院与哈佛七年合同期满之后，沈敦和即请美国安息会主持经理，并在红会总医院下附设区泽民纪念上海养身疗病院。两院于1918年10月6日在上海徐家汇路263号联合开幕。

此次与安息会联办，较前有两大起色。首先，沈敦和将总医院由原来的

"造就医学人才"一改为"意在创一极大医院"。[38]因此,沈氏深望各界乐善君子赞助此举,以期他日能有所成就。由于办院宗旨的转变,红会对此次联合极为热心。红会在两院联合开幕前,"即从事修葺一切,医药器械病室等均经重新布置"。红会并积极邀约上海各界名流来院参加开幕仪式,据载当日到会"中外来宾颇众,当地官绅若县知事沈蕴石,沪宁局局长任筱山,军警各长官均派代表,粤绅温钦甫、何永康、李一琴,前吉林省长朱子桥,洪文廷、哈少甫、沈鼎臣、胡耀庭及伍秩庸夫人等各女士等,均先后莅止"。[39]其次,是总医院医疗技术的改进。红会认为,医疗技术的先进程度,是其"创一极大医院"的关键。所以红会总医院"用理化学术疗治疾病以补药石刀圭之不逮"。这些采用电力治病的理化仪器,当时总医院颇多,且对于"肺、瘫痪、淋浊、风湿等病,为药石所不及者,无不卓著成效"。当时,红会总医院的这一改革,"在外洋虽已行之多年,而在我国尚为创闻"。[40]正是采用这一新的医疗技术,才使区泽民疗病院等很多"患病至剧者"得以痊愈,红会也因此而获得区氏的巨款捐助。红会总医院与安息会联办后,虽有诸多改进,但由于领导权等问题,最终于1921年5月合同期满后,未能再订续约,总医院遂由红会收回自办。

(3)红会南北市医院的发展。南北市医院早设。至1913年6月始确定名称,即以沪南十六铺马路第四医院为南市医院,以沪北天津路分医院为北市医院。既而北市医院迁至北京路英租界。该南市、北书两医院均为红会总办事处办理,为红会之永设机关。办理数年后,到1918年红会总办事处以兼顾不遑,乃商请本会特别会员龚子英、杨翼之二人承办北市医院,并签订草章12条,内容如下:

(1)医院由龚子英、杨翼之二君担任,全权承办,院名照旧(中国红十字会北市医院);(2)院内所有医药器具、生财、残缺不全,除点交可用各物登记外,另须添配应用各件,为数甚巨,先由红十字会赞助,以三千元为限,其余不敷之数,请由承办人自行筹助,添置之件随时登簿造报,以示大公;(3)红十字会总办事处补贴全年房金外,另助常年经费洋一万元,所有院内一切开支及药品等费如有不足之处,均请承办人自行酌筹,至贴助常年经费,由红十字会指存永亨银行,以便承办人随时支取,以清界限,存息归红会算取;(4)院内雇用人员,本承办人负完全责任;(5)院内现存药品,归红十字会收回;惟容瓶留交承办人接用;(6)承办人每逢月终,将院内出入账款及经过情形,用红十字会名义登入申、新两报,以昭征信;(7)院中登报费由红十字会担任,凡有印发传单等件,归承办人自理;(8)订定合约日起先行试办一年,如果满意则续办两年,嗣后两方同意准照原约蝉联办理;(9)承办人现就北市医院试办,实为协助进行,专济贫病,而局面太小时前,先于红十字会赁定日后总医院合同期满,如仍拟委人代办,须先尽承办人接办,以达推广慈善之意;(10)自承办人接办后,设有战事发生,有应尽襄助之职,当由总办事处指挥,如款项不敷,当由总办事处酌助;(11)红十字会总办事处函送三等病人到院医治,不取医药膳宿等费,不限人数;如指定头二等住院病人,每人每日须贴膳费洋一元,医药照免,其门诊号金归承办人补助开支;(12)此约经两方签字盖章后即生效力。[41]

该章程详细规定了双方的权限,交割事项及应承担的责任义务。这种办院方式,不仅使红会总办事处在不妨碍救护目的的前提下,从日常繁琐事务中解脱出来,也有助于北市医院医疗事业的发展。但这种承包的办法没有能够长期持续下去。到 1920 年,红会对于南北两市医院实行整顿,其做法是:先派员对两院的账目逐一清理,将原来院中所设之理事名目裁去,增换医生看护得力者,加给薪工,对怠玩者立予辞退。增设针治梅毒,收费极廉,方便贫者。两院所用药品,均由总办事处核明采办。并责成药长监管药料,不得损失浪费。门诊挂号簿,由总办事处编号分发医院堪用,逐日所收号金,每月底总结送会,不得自由移用。遇有善士到院捐款,由院掣给收据,按月列单送会转账,并将收据存根一并同缴备案。据载经过这番整顿,“两院开支日减,医务日求进步,半年以后,颇收效果”。[42]

1921 年底,北市医院自北京路迁至天津路。理事长庄录以 2 万金购新闸路地基,即卞德路与麦根路转角处,新建一北市医院,于 1922 年 12 月 18 日落成开诊。从此结束了北市医院屡次搬迁,长时租赁院址的历史,同时也更加方便了上海市民。

(4)红会时疫医院的完善。中国红十字会时疫医院创始于 1908 年夏秋之间,本为治疗当时突发性痧症、吐泻等症而临时设立,后因上海每到夏令都要发生时疫,且为“最危险之症,传染最速”,于是红会乃作长远打算,专门设立一所时疫医院,地址赁屋公共租界天津路 316 号(一度迁往英租界天津路 80 号)。每年开办三四个月,“自夏令开院,至秋冬时疫肃清闭幕。”[43]

入民国后,时疫医院专门订有《章程》[44]和《医病规则》,[45]对于医院的宗旨、体制、职责、治病规则、经费等都有明确规定。

其宗旨宣称时疫医院“纯乎慈善事业”。平时“造就医学人才,置办医务材料,赈济水旱偏灾,防护疫疠及他种危害”。“专治急痧、霍乱、吐泻、绞肠、吊脚,瘰等症,不诊别项”。凡来院“就医者,不论中外,不拘贫富,不论本埠外埠,男妇老幼”,其病情亦“无论如何危险,随到随治”。其体制和职责规定:由红会总办事处派出院长节制医院。“医院中推定医务主任及理事,分任医务及院务”。其职责分别是:“医务主任管理医药事宜,医生看护人等,由主任督责之,不分昼夜,轮流值班,如有延误,主任担其责任”。“凡遇急痧及危险不治之症,果病极危险、气尚未绝者,一经入院,随到随治。设病人无多,时疫未盛,医生他出,一经接到电话,应即赶到施治”。“医院理事,督率司事、看护、仆役、车夫,不分昼夜,轮流值宿。如有延误,理事担其责任”。“本埠病人,不论远近,一经病人家属报告,立遣病车,由家属伴送来院”。“医务主任与院务主任,各分责任。另由医务主任等妥订医药规则、病人规则。办事人应守规则”。对于不守规则或有意违犯者,又有如下处罚规定:“医院自医务主任以下,或送薪水,或赠津贴。如有托故不到,办事因循者,当以违背章程论罚”。“本医院雇用男女侍役之亲友,一概不准到病房接洽以免传染,如违,罚薪水一月”。“诊病室看护男女病房侍役,凡接班时延宕迟误者,罚薪水一月”。“凡遇病人痊愈出院,自愿赂赏酒资,临时送交账房收存,月底按份分派,不准向病人争论多少,亦不得向病人私索分文,倘隐匿不报者,查出议罚”。

其治病规则:“凡来院就诊病人,先赴挂号处报告姓名、年岁、籍贯、住址、门牌号数领取号票,陪送诊病室诊治”。“诊病室看护凡见有挂号病人,不论轻重,立刻知照医生诊治,随到随看。至交班接班时,若遇重症,切勿推诿”,“均应以慎重人命为主义”。医院“病房分头、二、三等,男女各别”。“凡住头等养病者,每人每日收养病费洋 3 元,住二等养疴者,每人每月收养病费洋 1 元,住三等病防免费”。“凡头二等陪病人之伙食,照本院定章,头等每人每月收洋四角,二等每人每月收洋二角,三等陪病人者概不预备”。凡收费“给以收条,并人捐款项下作正开支”。“病人施救无效,富者任其自由殡殓,贫者由本会给以相当之棺木,代为殡殓掩埋”。一切不取价值,应由理事会同家属妥为办理。

其经费收支:医院的经费来源以接受捐赠为主。不足部分由红会筹拨。规定“凡捐时疫医院捐款逾五十元以上,预送头等优待券一纸,许由捐款人介绍亲族朋友上等人病者一位,凭券入头等室,免收病费;捐念五元以上者,预送一等优待券一纸,准入二等病室,免收病费。惟非上等人(如仆役、车夫之类),虽有优待券,只能入三等病房,以符医院定章”。医院要求“每天将号簿日记、收支大略,医愈姓氏,逐日开单报告,由本会汇报常议会。闭幕后,当刊印征信录、成绩表,分送捐户病家”。红会时医院长时期由创办者沈敦和、朱佩珍、沈鼎臣三人担任正副院长。沈朱之后先推杨晟、王震、唐元湛三人继往,后唐元湛改由庄录接替。主治医生先后有柯师、亨司德、牛惠霖、王培元、张约瑟等人。

1918 年,时疫医院以每年夏秋间仅开设三四个月,而房租则需全年支付,医院闭幕,除堆什物外,别无所用,乃定议与“报本堂”订立合同,从阴历九月初一日把楼下租与报本堂应用,每月收回租金,藉节经费。迨夏秋之交,即阴历六七八三个月,收回自用。1921 年冬初时,北京路之北市医院因房舍为屋主收去,其时正值时疫医院闭幕,北市医院一时没有找到合适的地址,乃一度迁入天津路 316 号时疫医院,两所医院共一院址。到 1922 年夏间,时疫医院又将开幕,病室不敷。红会上海总办事处预为筹备,于 1922 年春间增建适用之病室,耗资 3 千元。事前登报劝捐,各界善士慷慨解囊,迅即集腋成裘,施工建造,在 7 月 16 日时疫医院开幕之前落成。1922 年底,北市医院迁往新闻路 22 号新址,时疫医院就更加宽敞了。

1922 年时疫医院刊印了《壬戌征信录》,内中有杨晟、王震、庄录三院长的序文,透过该序文可概见时疫医院创办以来的成绩之一斑:“本会时疫医院,创办至今,十五年矣!今年开幕,正本会召集全国会员大会之期,改良会务,协正章程。晟被选副会长,震被选常议会议长,录被公推理事长。时疫医院开幕后,天灾流行,就医人数之多,逾于往岁。上年来院就医者三千一百零五人,住院者六百四十一人,割症二百七十人。今年来院就医及医痊即去者,则有四千九百七十九人。重症住院者,八百十六人。又头、二等养疴者,一百八十五人,割症四百八十三人。其数皆逾于去岁,幸而所收捐数,亦略超过于去岁。去岁收捐银元八千余,今年到九千余。以入为出,不敷者有限耳。惟藉总办事处以为挹注。此可见上海本会总医院、南、北市医院、吴淞防疫医院之外,由总办事处担任困难者,时疫医院亦其一也。"[46]时疫医院是红会平时服务和救助社会民众最得力之医院。其业绩赢得了上海市民的交口称誉。但是该医院章程等级森严,明文规定凡仆役车夫等人虽捐款获得优待券,却不能入上等人病室,只能入三等病房,却是不可取的,与红会的人道主义精神原则是不尽相符的。

3. 红会的医学教育与人才培养

红会在1909年总医院设立之时,"为造就医学人才起见",就在院内附设医学堂,延聘英国、丹麦、挪威等国的内、外科医生充当医士兼教员,此为红会的医学教育之始。入民国后,红会的医学教育得到初步发展。其具体表现是:

一是与哈佛大学联办高等医学堂。如前所述,民国元年,红会总医院与哈佛大学达成联办协议,内中就包含医学教育。当时学校称为中国红十字会高等医学堂,校务由哈佛所派总医院院长管理,最终由中国红会副会长沈敦和节制。医学堂于1912年3月14日刊出首届招生广告,内称:"本校设徐家汇路七号,已历有年,现拟添招新生。凡英文精通、身体健壮,年在十八岁以上二十岁以下,愿习专门医学者,每日午后二点至三点钟望至苏州路39号柯师医生住宅面试,星期暂停。考取入校肄业,除每学期收膳金24元外,其余各费一概免收。"[47]学校于公历9月15号开学。该学校一直办至1916年停止,为红十字会培养了大批医学人才。

二是保送医学生赴高等院校深造。红会为获得高水平的医学人才,并不满足已办的学校,当时还向在上海由外人所创立的三大医学著名院校之一的同济德文医工大学联系保送学生深造。当时医学生在该医工大学学习的科目有:内科学、病理学、微生物学、公众卫生学、外科学、喉鼻耳科学、产科学、眼科学、花柳病学、皮肤病学、药物学、精神病学等。在1916年该医工大学第三届毕业生的11人中,红会保送去的学生即占7人,他们是董振民(浙江萧山)、朱恪臣(江苏川沙)、邵骥(浙江沼兴)、钱泰堃(江苏无锡)、陈鲁珍(江苏宝山)、朱寿田(浙江嘉兴)、邱仁高(浙江上虞)等。

三是创立救护学校。红十字会在培养高级医学人才的同时,也注意培养医务救护人员。历年的频繁救灾，使得红会颇感这方面人才的不足。于是在北市医院附设了“中国红十字会救护学校”。由本医院医员看护长，担任教授医学上之必要学术，“一俟办有成效，再行将校务扩充”。对入学生员要求“至少须高等小学毕业，曾读过英文一二年在十六岁以上二十岁以下、体格健全、身家清白、性情温善，志愿服务社会者”。学生面试合格后，还得请居住上海的保人填写保证书，并缴保证金10元，入校试验三个月，期满合格后，方能成为正式学员，由学校供给膳宿，另每月给予膏火津贴1元。学习努力者，还可增加奖励。学生绝对服从学校章程、师长教训，遵从红会调遣。在校学习三年，考试合格后再在红会医院实地练习一年，经医长考察认可，即由红会总会给予毕业文凭，如不及格，仍须留级补习直到能够毕业。[48]

救护学校的设立，可以说为红会在全国范围内组织大规模的救护工作提供了可靠的专业人员保障。为红会救护事业的发展作出了有益的贡献。

此外，红会在1913年“二次革命”的救护中，为弥补初级救护人员之不足，曾于该年的7、8月间设立过临时性的“中国红十字会初级救伤、救护、担架讲习所”，招募青年40名，聘请西医教授初级救伤、救护、担架等法，概不收费，实开红会临时、短期速成教育之先河。这种速成教育法，在战地救护中极具效力。

4. 防疫保赤机关的完善和正常化

多灾多难的中国留下一传统观念：大灾之后，必有大疫。它时刻警示着中国红十字会的领导者和医护人员，不仅要在各类灾赈中救死扶伤，更要对于未来的疫病防治有所措置，以期防患于未然。所谓“疫病之祸甚于刀兵水火，传染之速，捷于雷电影响，此西人视为无形之杀机，而积极防之者也”！应该说，对于这一点红会的同人们是有足够认识的。

“二次革命”发生于东南各省，当时死亡枕籍，酿疫堪虞。中国红十字会从一开始救护便“于掩埋手续煞费经营，疫疠幸未发现”。但是到了1913年底，由于“秋冬亢旱，雨雪未施，而赣、皖、宁、沪喉症、红痧、天花遂以盛行。嗟我同胞，不死于刀兵而死于疫疠，昊天降厄，抑何甚也”！中国红十字会沪上同人，有感于“沪地人烟稠密，号称二兆，预防疫疠，为本会唯一天职”，尤其“查天花一症，最不利于孩提，立防疫保赤机关”，保我赤子，“劝种牛痘，以免传染”。这便是防疫保赤机关设立的由来。

中国红十字会防疫保赤机关于1914年2月开始设立。机关开办伊始计有四处:第一机关设上海二马路26号望平街东首中国红十字会总会总办事处,由王培元医士任主任,沈石农副之;第二机关设天津路80号红会北市医院,由郁燕生任主任;第三机关设十六铺外滩红会南市医院,由陈杰初、李达夫医士任主任,江伟豪女士副之;第四机关设闸北沪宁东站对面,主任暂缺。四机关另立一总机关,设在总办事处内,与第一机关共处,由理事长江绍墀任主任,吴敬仲任总稽查。

在设立机关的同时,红会颁布了一个《防疫保赤机关简章》,该《简章》系经由红会常议会讨论通过的,内中21条:规定从1914年春季开种牛痘,自2月10日至4月25日止,除星期日休息外,每日下午一时挂号,二时至四时开种。除本会会员捐户优待券者免除号金外,无论何人来种牛痘,均须遵章纳挂号费铜元5枚。从前种过牛痘之人必须再种,以免传染天花,且能消除血毒。每逢星期六由各该机关将逐日开种号数号簿送交总稽查查核,并将所发牛痘苗核对以昭慎重。《简章》还有其他应该注意的各有关规定事项等等。[49]

起初颁布《简章》的时候,只定每年的春季开种牛痘一次。但到秋天时,红会副会长沈敦和以"现届秋令,寒暖不匀,天花又复发见,故已照常设立防疫保赤机关四处",定于10月5日开种牛痘。不过这次所设立的四处机关,与年初的四机关稍有变动:第一机关还是和总机关共于一处,即设于二马路26号总办事处内,主任和副主任照旧,仍为王培元与沈石农。第二机关仍设天津路80号北市医院,但主任则易为陈、董二医士兼任。第三机关仍设十六铺南市医院,但主任易为王、李二医士任之。第四机关由原闸北沪宁车站对面改设城内分会事务所,由原第二机关的主任郁燕生担任主任。[50]

红会自1914年春、秋两季设立防疫保赤机关和两次开种牛痘之后,便成为定制,从此每年都是照此办理。即夏季开办时疫医院,春秋则施种牛痘。由于种牛痘的技术并不困难复杂,红会的这一做法也由上海一地推广到全国其他各分会所在地,极大地提高了中国人民的健康水平,减少了因疫疠发生所造成的疾病与死亡,特别是保障了儿童的健康状况。时人评论红会的防疫保赤机关是"成绩优美,有口皆碑"。[51]

（三）沈敦和与美国红十字会之间的冲突

1. 冲突缘起

中国红十字会由于是从1904年中、英、法、德、美五中立国成立的万国红十字会辗转演变而来，所以从其成立就与美国红十字会有着深厚的渊源，加之在此后两国的历次重大灾祸中都互相捐助，所以中美两国红会关系一直都很融洽。但是，在1918年，由于美国红会意欲在中国设立分会并募集捐款以及推广会员等情事，受到了中国红会中沈敦和等人的抵制和反对，最终引发出一系列关于中国红十字会的争执。沈敦和与美国红会的这场冲突，涉及了中国红十字总会和各地分会的方方面面，震动了华盛顿美国红十字会、美驻华公使和驻上海总领事以及中国政府等两国高层官员，对中国红十字会的历史产生了重大的影响。

一切都显得理所当然，历史上的1918年将世界各国的距离缩短了。是年，第一次世界大战接近尾声，中国、美国也都因加入协约国对同盟国作战而列入同一阵营。于是美国红十字会，像当时中国上海官绅商各界名流所称的那样："其名虽曰美国红十字会，实则万国红十字会也。"[52]美国红会顺理成章地在1918年1月份到中国来募捐。此事事先曾由美国政府总领事萨门司与沈敦和接洽过。萨领事代表美国红十字会说明美国红会因为办理法国战事赈济而来华募捐，并拟在上海设立机关处以备购运绷带等品，因此想征求沈敦和的意见。沈敦和当时认为："英法等国红十字会在沪设立经理转运机关早有成例，自未便独阻美会；且其宗旨在于劝募华捐，俾可借美红会之设施，间接恤赈友邦，以为吾中国光荣；鄙见绝端赞成，不宁惟是，往年敦和曾办华洋义赈，颇承美红会之赞助，仁浆义粟，络绎遥领，今美红会以同等之慈善事业来相求助，在敦和似尤应竭诚襄赞，以尽报酬。"[53]基于上述考虑，沈敦和应允了此事。但不意次日便风云突变。萨门司于该日致沈敦和一函，内有"敝国红十字会深望在中国设立分会，不蒙反对，且得台端保证"，[54]敝人尤极愿将贵会"欢迎美分会在中国境内活动，并不论何地，对于美会办事员有价值的行动，贵会将予以辅助各情报告蔽会"等语。[55]萨氏在发出此信的同时，并在社会上大肆宣染，以致社会上都知美国红十字会将在中国设立分会，并以王正廷为会长。对于这一有损国家主权之事，中国政府、沈敦和和各地分会都立即作出反应。从此，中美红会之间，以能否在中国设立分会为端点，开始了长达1年多的争论。争论由点及面，不断升级，最终影响了中国红会的正常发展，并迫使沈敦和辞职。

2. 冲突的表面化与不断升级

在1918年1月份，美红会刚到中国募捐之时，中国官方、沈敦和和中国红十字会都持赞同的态度，而当美国流露出建立分会的企图时，则遭到中国官方和红会的一致反对。中国陆军部于4月底专门发出批文，明令禁止美国红会在中国建立红十字分会。

由于沈敦和在美红会初到时即持赞同意见，加之美红会的误导，使得沈氏受到会内一些人士的批评。他们认为"至若设立分会则与募捐性质迥不相同。国际主权，关系重大，断无迁就瞻徇之可言。查全球各国红十字会，向无甲国至乙国设立分会先例……"。[56]沈敦和也认为："设立经理转运机关为一问题，至若设立正式分会则为又一问题"，又因"敝会半属国家的性质"，处理此事也"非鄙人权力所及"，"敝人此时碍难置词"。[57]所以沈氏对这一事件持保持沉默，即使参加美红会举办的宴会，也不发一言。

美国红十字会面对这一局势，不得不改变自己的策略，一再申明本无在华建立分会之事，至于王正廷所任乃建设会会长，任美红会分会会长之说纯属误传。后又由美国红十字会在华代表、美公使馆商务参赞安立德专门予以澄清此事。安氏说："美国红会在华暂设临时机关，意在征集捐款，即在中国购买布疋，使侨华美国妇女手制绷带等物送往欧洲战地救护伤兵。此举非为美国，实为协约各国。中国亦对德宣战，度必乐助此举。至募款机关之名称，在英文本为'AmericanRedCrossinChina'，直译其意当为'美国红十字会在华办事处'，其性质与中国固有之红十字会大有差别，并无侵犯权限之处。"[58]

双方各自分辩之后，设立分会之争就显得十分荒诞可笑：原来——造成误会的竟是该机关之中英文翻译问题。最后经由沈敦和与上海总商会会长朱佩珍会同美国红会代表安立德及深通中文的美上海副领事丁君共同议定，将所设机关译为"美国红十字会筹备救护材料处"。正如沈敦和致内务、外交、陆军部电文所称："是与分会名目两不相涉。"[59]之后沈敦和将此事通电各地分会，指出"揆诸投桃报李之义，当由敝处捐助绷带一万条。盖该会现为欧战筹捐，纯属慈善性质，既不妨碍主权，自应尽情酬报，为特电达。如该会至贵处筹募，应请接洽并予赞助，以达前情，是所切盼"。[60]至此，中美之间设立分会之争，获得了圆满解决。

设立分会之争结束后，中美红会此后本该相安无事，可是，没想到前次的争执，还是引出了后来一系列变故。原来沈敦和对美国红会来华募捐，虽然曾表赞同，但是对美红会提出设立分会，持反对态度，所以在其后美红会在华的募捐和推广会员活动中，作为中国红十字会副会长的沈敦和，仅列名美红会在华募捐发起人，而未作任何实质性工作。对此，美国红十字会大为不满。美国红十字会驻华代表、公使馆商务参赞安立德在递交给本国红十字会的备忘录中写道："至于与美国红十字会合作的问题，以沈敦和为代表的中国红十字会做得最多的是阻挠、破坏美国红十字会而不是给予帮助和寻求合作。"并安认为沈敦和是一个"两面派"式的人物，说沈后来的行动证明了这一点。[61]基于对沈敦和的不信任，华盛顿美国红十字会就对中国红十字会从总会到分会的领导、管理和组织以及财政、救济医疗等活动都产生了怀疑。美国红十字会通过向萨门司、安立德、福开森等人咨询以及派卡尔特(Culte)和萨格(Sague)来中国调查，更坚定了他们的想法。萨格(Sague)认为，中国红十字会已变成为其领导人谋取私利的机构，完全背离了红十字会的精神和目的。[62]它被不正当的管理，已成为家喻户晓的事实，用一般的说法它已是一个贪污的组织。这一状况对中国民众的影响极大，也严重危及了红会的声誉。[63]总之，在当时美国红会人员来往的信件中，对中国红会不信任的言辞比比皆是。

美国红十字会通过对沈敦和及中国红十字会的一系列的了解，得出了这样的结论：由于沈敦和管理不善，致使中国红会声誉大大受损，存在诸多亟待解决的问题，并且沈敦和本人的人格和品质也很值得怀疑。为此，美国红会作出了出格的令人震惊的举措——派人对中国红十字会进行调查。当时，美红会的萨格(Sague)从上海回华盛顿后，就向美红会提出个人意见："应该组织一个有能力的调查团对中国红十字会进行调查，以提供足够的证据来证明完全解散现在中国红十字会的可行性。"[64]美国驻华公使馆商务参赞、红十字会代表安立德在给美国红十字会的备忘录中，历举中国红会的弊端，最后也提出建议："美国红十字会应该悄悄地派遣一个调查团对中国红十字会进行全面调查。"[65]于是美国红十字会就通过非官方的私人途径，以美红会驻华办事处一个名叫洛本斯蒂纳(Loenstdna)的名义，向分布于中国各地的美国教士和医生寄去了书信，要求他们调查当地红十字会与总会的关系、外国人与红十字会的关系，尤其要详细说明该会滥用红会名义和徽章、标志的细节。

这次调查，共收到回函20份。其中有7份是说当地没有红十字分会存在，或他们注意不到红十字会的问题。有2份说当地红会为教团所掌管，因此得到了积极有效的管理并获得了当地民众的信赖。而另11份则说，当地分会确实存在滥用红十字名义的坏现象。

应该说，红会处于发展之中，入民国后从上海走向全国，各地新成立的分会组织，还不健全完善，普遍存有问题甚至问题严重的确是不争事实。根据长沙、天津、上海、重庆、成都、福州、潮州等地的报告，红会存在的问题主要有如下四方面：一是红会徽章标识被滥用，直接损害了红会的信誉。例如在成都一有风吹草动，整条街道都会挂满红十字会旗帜。在万县，商人们为保护自己的财产都悬挂红十字会旗，并出售会旗与其他红会标识赚取大量钱财。潮州的调查员也说"有很多人佩带红十字会标识并装点他们的家庭，已使红会失去了它的意义。还有人告诉我有一队士兵以红十字会作掩护进行战斗突袭，红十字会在南北方军队眼里已得不到一点儿尊敬"。[66]二是各地分会对战争、自然灾祸等冷漠处理，救护不力。上海的调查员称，因为很多会员都在战争中替自已着想，所以就不会开展真正的红十字工作。杭州调查员也称，该分会的一大特点就是救护不积极。其内部会员自称，红会所做的一点点儿工作都不能证明它的存在。湖州红十字会则更是有过之而无不及。它的一个会员说："已经十年没有开展任何工作了。"[67]三是各地红会内部组织散慢、混乱，与总会关系也很松弛，大大妨碍了红会的正常工作。例如潮州红十字分会，总会派有代表，但并不受总会直接督理，仅成为会员间互利性的组织。据调查员报告，福州红十字分会好像与红会没什么联系，很多会员对他们所加入的组织不知为何物，并且也没有什么工作可做。宜昌分会则又属另一种情况，当地红会领导不原意和总会联系，就是想摆脱严格的规章约束和逃避对总会所负担的大量的经费。四是关于经费问题。各地分会所集经费一般分为两部分:一自留一交总会,或两部分都上交北京或上海。由于总会要求分会所交经费可能较多,致使各地分会多有怨言。

以上各种问题的出现,似有两种原因:一是部分地方分会领导及会员私心过重,不能发扬红十字会的救灾恤民的人道主义精神。民初各地分会领导多为本地著名绅商,颇有资财和号召力,但他们中有的私心过重,接受和创立红会已抛却了它的本义而把红会变为为自己谋私利和保护自己私有财产的工具。结果上行下效,前因后袭,一发而不可收。遇事置人民危难而不顾,把红十字会宗旨糟踏无遗,致使红会声誉在人们心中丧失殆尽。二是总会对各地分会管理不善。从组织领导,分会领导遴选,会员吸呐,经费筹措到灾祸的施救等都缺乏严格的行政措施,另外总会对各地会员也缺乏职业道德的教育和引导,致使各地分会自立门户,各自为政,任意行事,在他们的心中甚至不存在总会的概念。

以上的调查结果更加证实了美国红十字会的推断:中国红十字会现存的种种弊端以及由此造成的对红十字会声誉的玷污,都源于沈敦和的错误领导。为此,美国红十字会要越俎代庖,决定对沈敦和采取行动。

3. 无奈的结局

中美两国红十字会,虽都不属官办性质,但却都与政府有着十分紧密的关系。其主要成员多为政府领袖,所以,会务间的冲突与政府间的矛盾往往相互交织在一起。美国驻华公使馆商务参赞安立德和上海总领事萨门司都是美国红会在中国的代表和意志执行者,他们都具有双重身份,美国红会利用他们在中国的特殊地位,通过其驻华机构,向中国政府施压,以求实现其整顿和改造中国红会的目的。而中国在近代社会地位的低下,才导致这种怪现象的出现,也同时使得美国红会的获胜成为必然。

沈敦和的不幸遭遇来得太迅速了,其结局也简直令人瞠目。当美国红十字会秘密组织进行的调查刚刚结束不到一个月,5 月 1 日北京大总统就下发了免去沈敦和中国红十字会副会长的命令,改由蔡廷干继任。这种结局显然可以看作是中国政府对于美国红十字会的妥协,当然也可以看作是中国红十字会的一种悲剧。沈敦和作为红会的主要负责人,为红会工作的某些失误、特别是对部分地方分会管理不善承担责任,这是完全应该的。但是他却在外国的压力下而被免职,并且不是经过中国红会组织本身而是由政府直接进行干预,这种做法无论如何都是很不正常和极不应该的。

沈敦和突然被北京政府方面免职,告别自己用心血浇灌了十几年的中国红十字会的领导人的重要位置,他的内心是不平衡的。说实在的,他并不是贪恋红会副会长这个职务。他也曾经多次要求辞职,可是最终使他没有离职而去,是因为他不忍心放下这一尽瘁多年的救护事业,和那些需要他去救护的伤兵病员、苦难灾民。他在给别人的一封信中说过这样一段话:"敦和追随国际,无补时艰,衰朽余年,且荷重负,良以众志成城,不愿谢绝热心同志,独善其身。国无宁岁,更不忍抛案无告穹民,坐视不救。"[68]正是因为如此,多少年来他始终如一、兢兢业业、呕心沥血地为红会工作力事奔走,甚至奉命免职了,这年的夏天,目睹上海时疫流行,十分酷烈。他仍然一如既往地积极投身其中,自谓此次疫情"关系沪上安危,未便以告休退老之身,遽置民命安危于不顾"。[69]终使疫情又一次得到控制。

沈敦和的离职,使得中国近代一颗伟大的"博爱之星"很快陨落。也许是过分的刺激和劳累的缘固吧,沈敦和在他去职还不到一年,即1920年7月9日这天,便告别人间,撒手西去。沈敦和走了,但他所开创的业绩却筑起了一座历史的丰碑。他的名字永远与中国红十字会连在一起。沈敦和离职时,对自己手创的红十字会有过一段追述:"二十世纪以来,世界多故,残脏人道,干犯天和,水旱疫疠,兵祸颠连,十年五乱,政争党争,南北背驰。本会应时势之需要,尽匹夫之责任,摈绝权利,以尽义务,赤手空拳,成此基础。与斯世水深火热之灾黎,断肢折胫之疮疫争生存于旦夕,冒锋镝之凶,托沿门之钵,日处惊风怒浪之中,艰难之境,陨越堪虞。兹幸缔盟万国,遍设分会,设医学以备人才,开医院以拯疾苦,集三万会员,劝二兆善款,国内国外,天灾人祸,无役不从。"[70]可以说,中国红十字会的存在和发展,凝聚着沈敦和的全部心血。鉴于他对红十字会事业的杰出贡献,就在他被免职的第二天,红会常议会就"发起为沈君立碑或制铜像以志纪念"。[71]他去世后,同仁们为他举行追悼会,称颂他"仁风慈泽,浸浸乎达于瀛寰之表,摩日镜而荡月珠","论开创则百世不祧之祖,论慈善则万家生佛之宗"。[72]并赞扬"他的精神永在,在中国红十字会运动中长存"。[73]他的精神和业绩,赢得了世人的无比崇敬。

(四)二十年代初红会的整顿与改革

1.收归官办的企图

自从中美两国红十字会发生冲突和沈敦和被迫离职之后,中国红十字会即面临着向何处去的问题。北京政府和红会新任会长的一系列异于常规的举动,遂使"外间颇有误会为收回官办者"。[74]

第一大疑点是两位新任正副会长皆由政府命令发布,未经红十字会常议会选举。1912年统一大会所通过之《中国红十字会章程》规定:"大会时应公举会长、副会长及顾问、秘书长、理事长各职员,任期均以三年为限。"[75]此时尚无须报请中央政府审批公布。而1914年政府公布的《中国红十字会条例》则规定:"中国红十字会会长、副会长由大总统派充。"[76]此时,已见政府对红会的约束大大加强,但仍需红会选举才呈总统公布。而在1919年和1920年对蔡廷干和汪大燮的任免上(蔡代沈敦和、汪代吕海寰)则是总统直接发布命令,完全抛却了中国红十字会的内部选举一层。政府的这一措施成为外间产生收回官办疑虑的依据。对此,蔡廷干曾屡予辨白。1919年8月12日蔡在上海召集常议员大会,宣布"此次莅沪接任,一切概照向章办理,概无更张"。[77]并在另一次常议员会上解释道:"外间颇有误会收归官办者,须为剖明。应请各方释疑,疑者何?盖误疑此为商办事业,收回者有可几指用。夫公共组织之慈善团体,既无利可以觊觎,国家何乐于收回,此固无可疑虑者。"[78]然蔡氏的解释尚未使人们的疑虑完全被消除,而1920年10月2日上任的汪大燮又作出了增添人们疑虑的举措。1922年6月25日是红会常议会预定召开全国第二次会员大会的日子,在上海召开中国红十字会全国会员大会,拟在这次会上选举正、副会长、常议员和改良会务。红会曾屡兴开会之念,但由于连年战祸、灾荒频仍,红会施救不暇,而未果。但是,此次大会却遭到了红十字会正会长汪大燮的激烈反对。会前他向全国各分会通电阻挠他们与会。汪意认为,此次常议员期满照章选举,"嗣后常议会应设于总会所在地北京"。[79]其真实目的是企图把红会收为官办,惟政府之命是从。汪的这一意图遭到了上海总办事处及常议会的强烈反对和抵制。1922年6月21日，他们向北京汪大燮处去电诘问："尊处之通电，固藉条例规则以为词。查此项所谓条例规则，系于民国九年发现，未经本议会常会通过，即不为本会同人所承认。……尊处乃忽出此违众悖章非法武断之事，或非先生之本意，在同人何难故为缄默，乘此脱肩？惟思本会为全国人民公共慈善机关，外关国家之体面，内系国民之人格，中外注目，讵容紊乱。今谨以一言上质尊处，是否蓄意变更本会性质，推翻向来办法，不复募捐，纯以官款收回官办，应请克日明白示复，俾便布告中外，请求公论"。[80]总办事处与总会之间的这一争执，使处于中间的蔡廷干也一筹莫展，感到"似此情形，鄙人届期未便到会，以免有所歧误"。[81]所以中国红十字会第二次全国代表大会正副会长都未与会也未派代表代替，殊成一大怪事。

这一次形式上的管理权之争，在总办事处和常议会的坚持下，上海方面似乎取得了胜利。其实，从1914年《中国红十字会条例》由中央政府颁布实施以来，红会从会长任免到筹款、帐目支出、救济等一切活动，皆受政府之陆军部、外务部和内务部监督和管理，只具民间团体一躯壳而已。考之当时实际，北京政府也不可能将一庞大之红十字会收归官办，只是因为汪、蔡二人皆负京职，对上海总办事处领导不暇，所以才有将办事处和常议会迁至北京之意。确如蔡廷干所言，红会并非"商办事业"，毫无利益可途，"国家何乐于收回"。也正是因为如此，上海总办事处方面才能将此次所谓的红会官办之事化解于无形。

2. 汪、蔡的整顿和改革

1919年8月1日，蔡廷干到职正式视事。此时红会正会长仍为清末旧人吕海寰，且年事已高，袁世凯时期曾上书请辞未准，直到1920年10月2日，北京政府才颁发大总统令，准吕海寰辞职并派汪大燮继任。从此，汪、蔡开始共同执掌中国红十字会。

从表面上看，沈敦和和吕海寰都是以年事已高为理由而去职，其真实的原因是政府对红会目前工作之不满，另选新人，包含有除旧布新之意。沈敦和从蔡廷干接任之始就已洞悉个中端倪。察觉到政府"派员接替意在进行整顿，扩大范围"。[82]蔡廷干在抵沪当晚宴请上海绅商界时就已流露出改革的雄心。他说："十字会徽章系一十字，古语有'十目所视，十手所指'。廷干意今之红十字会当为万国所视，万国所指，我们应该做一轰轰烈烈的事业。"[83]

事实也证明,此后汪、蔡对红会所进行的一系列整顿和改革,的确是促进了红会事业的发展。

汪、蔡对中国红会的整顿改革主要有三个表现:一是注重国际交往,积极与美国红会谋求合作。蔡廷干荣膺红会副会长的职位,与美国红十字会有着紧密的联系。所以蔡氏在任期内,一直与美国红十字会谋求合作,并积极仿效美国红会的运作方法。他提出"举办红十字会学生会员"的措施,认为"'此事'有美国先例可循,于红会发展具有关系",[84]一反以前红会的三种会员资格模式,很好地推动了红会会员的迅速扩充。这一措施后来为第二次会员大会修改会章时所吸取,并列入修改章程。除此之外,在1923年元旦,中国红十字会在《申报》发表《本会之新年希望》,特将"关于国际者"列四点希望之首。文章认为:"今世界倘欲渐趋于大同之轨乎?其必导源红十字会无疑也。"[85]文章指出红十字会国际交往之重要性后,即列举美国红会所取得之巨大成就,谓中国与之相比则相形见绌,故宜急起直追。

二是部分改制,组织常议会下辖之会员委员会。此议初由常议员金伯屏提出:"提议组织常议员委员会分类担任,大致分交际、庶务、卫生、财政、救赈共五科,俾各事分任而易成。"[86]蔡廷干欣然采纳。但具体实施时改称"会员委员会",设股而不设科。股分四股:财政股:宋汉章、盛竹书、钱新之、陈光甫、李馥荪、虞洽卿;赈灾股:王一亭、朱佩珍、劳敬修、聂云台、汪汉溪、洪文廷、袁仲蔚、陆伯鸿;卫生股:牛惠霖、刁信德、胡宣明、唐乃安、侯逸如;交际股:金伯屏、庄录、张策云、曹银渍、蔡翔如、朱少屏、沈联芳、余旧章。庶务股没有设立。这种改制,使得红会在组织管理部门化和专门化方面向前迈出了一步。

三是积极推进红会医疗教育事业的发展。1921年12月经过一段酝酿之后,红十字会将徐家汇总医院收回自办,并不断更新和扩充设备;同时,对南北市医院进行整顿,对防疫医院加强建设(均见前文)。此外,红会仍然十分重视医疗教育,除继续培养高等医学人才外,还在总医院创设了护士学校。

1920年,随着红会业务的不断拓展,红会已觉"无规模完善之大医院",所以就在徐家汇总医院联办合同即将到期之时,红会决定收回自办。[87]经总办事处常议会多次议决,寄徐家汇总医院医务团一函,商量接管事宜。函云:“本会总医院……决实行收回自办,惟院务重要,医务人才尤为难得。除组织经济董事会专为赞募该院经常费外,夙稔贵团诸君,学识兼优,仁义素著。当经公决,敬请贵团承办本会总医院院务医务,救济民生。十里洋场,我华人多办一完善之大医院,本会之幸,亦国际之光。想贵团恻隐为怀,胞与在抱,定蒙俯允也。”[88]于是从1920年8月份开始,由牛惠霖博士主持院务,开始着手筹备。在1921年,牛惠霖主持设立总医院制药部,并在各繁华热闹市区设立总医院药房,“以惠病者”;与此同时,还延聘驻院医生二人,“并聘著名医生十二人为义务医生,如夏应瑞、俞凤宾等,皆在罗致中;看护长亦已聘定美国毕业之某女士”。[89]万事俱备,只等曾与外人签约之王培元博士回国,方能正式接收总医院。王医生归国后,终于在1921年12月5、6、7三日,“前往点收”,“大约一月一日(1922年)即可开幕”。[90]

红会总医院在汪、蔡任内收回自办后,到1924年以后,颜惠庆执掌红会时期,获得了较大的发展。据当时报载:“中国红十字会海格路(即徐家汇路)总医院自牛医生(惠霖)接办以来,成绩甚佳,病人日见增多。去年该院曾新建病房一所,足容五十余人;遇有传染病,则用隔离办法;男女日夜看护,甚为周到。今头二三等病房均已住满,乃设法将写字间腾出,亦改为病房;近又在大门处建造八上八下洋房为办事处,楼上为医生住宅,不日即可竣工。”[91]总医院发达程度,于此可见一斑。

中国红十字会向来重视医学教育也重视医护人才的培养。继“中国红十字会救护学校”之后,1922年,红会在收回自办的总医院中,又创设了“上海中国红十字会总医院护士学校”,并从该年6月招收第一届新生。该校聘请总医院看护长伍哲英为校长,伍曾在美国医学校护士科毕业,是医界著名人士。该校宗旨“专为女看护生而设”。[92]学制三年。“特聘欧美毕业医士教授内科、外科、妇科、产科、小儿科及临床看护等学术”。招生对象要求“年龄须在十八岁以上而未出嫁者或寡妇”,“身家清白、品行端正、具有中学相当之程度、身体健康而无嗜好者”[93]。入校后“先试学三月,在此期内学生可自决去留,若该生品行端正,操作勤俭,则定为正式学生而继续肄业,于三年后而无违规、旷课及考试合格者,本校则给与毕业文凭”。[94]当时学校开设之课程已相当完备,由基础知识到专门技能,由浅入深渐次进行。所学课程:第一年包括身体结构学及生理学、药性学、伦理学、查看护法则、绷带缠法、英文;第二年包括身体结构学及生理学、看护历史、饮食法、微菌学及验尿法、产科学、药性学及施药法要、看护法则、英文;第三年包括内科学、外科学、产科学及妇科学、小儿科学、揉捏法、看护法则、英文。到1926年,学校已有学生四十余人,分甲乙丙三班。更多的时间都在病房实习。甲班其时已届三年期满毕业,计有毕业生桑美元、金恩、梁马利、王荣美、鲍先启、项克庄、盛凰英、马欢贞等八名。由于她们成绩"均列优等",所以毕业趋向甚佳。其中桑、梁两女士还得陆文锦夫人介绍,往北京协和医院任职;马女士派往麦根路北市医院,其他女士仍在总医院服务。

(五)新政府下的中国红十字会

1. 南京国民政府对红会的澈查

中国红十字会由于与政府间有着十分特殊的关系,其运作的方方面面都仰赖政府之力,加之又具有庞大的全国性的组织机构,所以世人多将它目为官办或半官办性质。也正是因为红十字会的这种特殊性质和地位,才使它在政局变革之时处于两难之境:旧的靠山已经坍塌,而新的政府又视其为旧社会遗物。辛亥鼎革之际,红十字会面临着与旧政府和新政府的关系处理。1927年4月18日,南京国民政府成立,中国红十字会又面临着同样的问题,而此次要比1912年棘手复杂得多。

中心问题,就是新的南京国民政府对中国红十字会不信任。原来在国民革命军与孙传芳、张作霖两系军阀的作战中,红会不但不予救护,反而"置若罔闻",这就使得国民革命军总司令蒋介石大为恼火,认为中国红十字会办理不妥,特由国民革命军司令部下令:专门设立"澈查上海红十字会委员会",特派虞和德、张定潘、俞飞鹏、宋汉章、魏伯桢、杨杏佛、李稚身、李馥生、余岩、周佩箴、李孤帆、陈方之等12人为调查委员,专门负责对红会的调查整顿事务。[95]该委员会成立后,即在上海召开了第一次委员会,讨论进行办法。但由于当时总司令部军医处处长陈方之尚在南京,未参加会议,所以并未着手进行澈查工作。到8月12日,委员会又接蒋介石手谕:"务将红会历年会务迅予澈查,以清积弊,并特派军医处陈方之及杨委员杏佛来沪办理澈查事务。”[96]得令之后，澈查委员会即于13日假座中央银行三楼开第二次委员会。到会者除全体委员外，并邀集红十字会理事长庄录、医师王培元到会谈话，公推陈方之为大会主席。

陈方之首先发言指出：中央澈查红十字会原因有三：一是红会“历年积弊太深”。二是不遵命令，违反红会宗旨。在“此次前方救护工作”中，“不但不予协助，竟敢置若罔闻，殊失创办红会宗旨”。三是地位不合法。陈氏认为：“该会为北京政府立案成立，现在非由国民政府从新改革，决无良好组织。”陈氏希望各位“经验宏富”的委员，以“相当办法”，“改革红会”。后由杨杏佛发言，也指出红会工作之不足。他说：“于后方的南京、上海等处所见所闻，都是批评前方的情形，而对于后方的救济工作，简直无人主张。殊不知前方是牺牲性命，后方不过是牺牲精神而已。”所以后方的慈善机构“应将军医处力量不足的地方，设法扶助”。接着王培元报告，谓红会“对于前线救护上，有种种之困难情形”。红会理事长庄录则代表红十字会作出保证：“加入革命工作，准于最短期间，由红会先派救护队四队，每队约四十人，开拔前敌实行工作。”庄并要求委员会予以交通上之协助，得全体委员会允准转呈总司令部照办。[97]最后委员会设立常务委员会，由杨杏佛、李孤帆、陈方之、魏伯桢、余云岫五人担任常务委员，一面督促红会前方工作，一面另订澈查红会事宜之方针。[98]

中国红十字会在经过第二次澈查会议之后，情形较之以前大变。报载红会“自澈查委员会督促后，对于前方工作极尽努力”[99]。会后仅一星期即8月20日，红会便派出救护队第一队前往下关，全队医士工役等约40人，队长为傅维德。“该队久事战场救护，经验非常宏富”。[100]到8月27日，救护队第二队出发，第三队驻后方；28日，第四队也出发完毕。由于红十字会已经积极响应国民政府的意图，加上派出的各救护队在前方“日夜在四郊各处救护伤兵及人民工作，非常忙碌”且“成绩颇佳”。[101]所以澈查委员会也就未再作出什么对红会不利的重大举措和行动，喧嚣一时的澈查红会一事也就不了了之了。

2. 欣欣向荣之红会医疗事业

南京国民政府成立以后，红十字会医疗事业获得了迅速的发展。以代表红会最高水平的总医院为例，经过1927、1928不到两年的发展，已“直驾沪上外人医院”。[102]观其发展轨迹，经验大略有四：

一是聘用名医主理院务。总医院历任院长，皆为沪上名医。前任院长牛惠霖系医学博士，曾当选美国医学会会员，为中国医学界一大殊荣。后牛惠霖辞职，红会又聘定刁信德和张逢怡两位医学博士为正副院长。刁博士于沪上行医多年，经验宏富，享有盛名。张博士曾在协和医院门诊，后又任金陵大学医院副院长八年，有“外科剖割圣手”之称。[103]到 1928 年 8 月刁院长由于“事务繁冗，无暇兼顾院务”，不得已而辞职。[104]继任者也是声望卓著之人，由吴淞中央大学医学院院长颜福庆兼任。另外，红十字会总医院所聘各医师、与各有关医护人员，也是中西合璧，技艺精湛娴熟。红十字会正是凭借这一大批医术高超极具敬业奉献精神的人，才能使总医院历数十年而不衰，且呈上升之势。

二是集思广益，创设医务研究会。1927 年 7 月 1 日，刁信德与张逢怡正式与牛惠霖将院务交接完毕，担任总医院正副院长。红十字会总办事处即聘医学专家李清茂、徐逸民、古恩康、俞凰宾、黄琼仙、萧智吉、陆锦文、牛惠霖、牛惠生、王培元等十位医学博士组成医务研究会，附设于总医院，“以期集思广益之意”。[105]各会员“凭各人之学术经验，随时研究疑难诸症，阐发奥谛，透抉无遗”。[106]红十字会此举，使“入院病人日多”，“住院就疗者有久客忘归之劳”。[107]后来，总医院与中央大学医学院合作后，又设立医务委员会，由刁信德、萧智吉、黄琼仙、牛惠霖、牛惠生、陆锦文、倪逢生、王培元等医学博士组成，“赞襄一切”。[108]

三是谋求合作，力求发展。中国红十字会由于资金不足，民众见识未开，所以其救护行动的实施和医院等组织的建立和发展，大多仰赖外力或与人联合办理。这一方式已渐成传统。南京国民政府成立未久，红会总医院又有与人合作之机会。中央大学医学院在 1927 年借用吴淞前政治大学开办以来，专门资助“基本系一二年级学生”学习。但由于“以备临床教授”之医院尚未建成，故拟“暂借该会（红十字会）海格路（原徐家汇路）总医院为第一实习医院”。双方商定，除将该院充作中央大学医学院实习医院外，“仍然继续红十字会原有服务工作，救治疾苦”。合作协议由红十字会董事部代表庄录和医学院院长颜福庆于 1928 年 8 月 1 日签订。双方合作后，红会总医院又达到一个新的阶段，在新院长颜福庆领导下，“院内各部，正力求改进，添购各种应用器械药品；增设各科医师；非仅使该院医疗效能直驾沪上外人医院，兼期为临床教授之一重要地点”。[109]

四是改革旧章，开放办院。中国红十字会总医院，自8月1日与国立中央大学医学院合作以后，即着手“内部实行改进，种种设施，无不以病家为前提”[110]。首先是减低病人医费。“该院向例，本埠各名医送病人入院时，除由病人付住院费外，须另送医金”。[111]经过改革，“住院者均由该院各部医生主治，只付住院费及照章应纳之费，此外不另取费”。[112]其次允院外医师来院施诊并酌情收费。“病家原有之医师，得与该院接洽，咨送病人入院，住头等病室，由其自由主治，但以不收医金为原则。该院并为本埠诸名医便利临床诊治起见，各医师经该院认可者，得送病人入院，住头等病室，由其自行主治，收受医金。至于住院所享各种利益，如住院医生之助诊、看护之服务以及膳宿等事，均在住院费内，不另取资”。[113]

另外，红会总医院还有一显著特点，即重视教育，以自办人才补充医院实力。当时的总医院“看护百余人，皆系该院附设护士学校毕业”。她们“具有专门学识，且对于病人和蔼恳挚”，“使住院就疗者有久客忘归之劳”。[114]红会总医院除具有一流的护理人员，还有上海著名医师20多名（外国人三名），并且院内医科齐全，计有内科、外科、小儿科、妇科、产科、眼科和X光科。以上各点都为红会总医院取得上海一流医疗水平提供了坚实的保障。

结　语

综前所述，可以说民国北京政府时期是中国红十字会的组织系统和规模得以逐步完善并走上全面发展的时期。

1912年9月29日召开的中国红十字会第一次会员大会，标志着该会组织规模的不断扩大，也体现了该会的民主作风，使之结束了以前那种中西共管的局面，走上了正规发展的道路；而1912年10月30日召开的中国红十字会统一大会，则标志着该会消除了会内分布在全国各地的组织混乱、名目歧异、不相统属、各自为政的现象，从而结束了以往那种草创的局面，进入了发展的快车道。

民国北京政府时期中国红十字会的组织发展深深地打上了沈敦和的烙印。沈掌会时期(1912－1919)是红会告别草创进入到推广分会、发展会员、开展救护及宣传的上升期,以及由一区域性组织向全国拓展,并从机构、人员、设备等各个方面奠定基本模式的新时期。其时红会与政府的关系表现为:政府对红会负有审批、维护、保护、监督以及领导人员的任免等权限,而红会则在灾事的救护与赈济等方面成为政府的重要补充。虽然红会一贯自视为独立的民间组织,但外人多目其为政府的附属机构。这种既独立又归属的关系,长时以往就难免要发生矛盾与磨擦。为了维持其独立发展和适应救护与防疫的需要,红会上海总办事处先后建立了五所大医院,即吴淞口的防疫医院、徐家汇的总医院、沪南十六铺马路的南市医院、沪北天津路的北市医院、公共租界天津路的时疫医院。这五所医院成为全国各地历次灾变救护的医疗中坚,其中附属的医学校也为全国的医疗机构输送了不少医务人才。红会医院的医疗卫生和教育事业,对于冲破传统医疗模式在旧中国的统治地位,并促使中国医疗卫生走上近代化,都作出了积极贡献。特别是防疫保赤机关的完善和正常化,极大地提高了国人的健康水平,减少了因疫疠发生所造成的疾病与死亡,特别是保障了儿童的健康成长。

1918 年 1 月美国红十字会进入中国募捐,并企图在中国设立分会。对于外国在中国设立分会这一有损国家主权之事,中国陆军部发出批文,明令禁止。中国红会掌会人沈敦和亦极力反对和抵制。这种态度引起了美国红十字会对于中国红十字会特别是对于沈敦和的强烈不满。美红会擅自组织了一次对于中国红十字会的调查。调查结果认为中国红会管理不善,存在种种弊端,已构成对于红十字声誉的玷污,都源于沈敦和的错误领导。美红会通过美国驻华机构向中国政府施压,最终迫使北京政府下令免去了沈敦和的中国红会副会长职务。中国红会事业因沈敦的去职而大受损害。中美红会关系的历史因此而留下了遗憾的一笔。

沈氏去职后,1919 年与 1920 年,北京政府分别任命蔡廷干与汪大燮担任中国红会的副会长与正会长。其时政府亦有将红会收归官办的意图,但因上海总办事处与红会常议会的强烈反对和抵制而不果。汪、蔡在 20 年代对于红会进行了一番整顿与改革。主要是注重国际交往,改善与美红会的关系;部分改制,组织常议会下辖之会员委员会;积极推进红会医疗教育事业。除继续培养高等医学人才外,还在总医院创设了护士学校。汪蔡的联手推动了中国红会事业的向前发展。

1927年4月18日,南京国民政府成立。中国红十字会又面临新的一轮波折。由于中国红会与北京政府的特殊关系,其运作方方面面皆仰赖政府,加之又具有庞大的全国性组织机构,世人多目其为半官方性质,使得新成立的南京政府对之不信任。于是,特派出由虞和德等12人组成的调查委员会,对中国红会进行澈查。但一场澈查有惊无险。经过澈查之后,红会再以投入救护、勇于任事的实绩被新政府所接受,从此又进入一个新的发展时期。

(刊《近代中国》2003年总第13辑,上海社会科学院出版社2003年8月版)

注　释

1 《红十字会开会纪》,上海《申报》1912年9月30日。

2 《红十字会开会纪》,上海《申报》1912年9月30日。

3 《红十字会开会纪》,上海《申报》1912年9月30日。

4 《红十字恳亲会纪盛》,上海《申报》1912年10月2日。

5 《红十字会之公电》,上海《申报》1912年10月8日。

6 《红十字会之公电》,上海《申报》1912年10月8日。

7 《红十字会之公电》,上海《申报》1912年10月8日。

8 《红十字会之公电》,上海《申报》1912年10月8日。

9 《张竹君致沈仲礼书》,上海《民立报》1911年10月26日。

10 《红十字会致中外慈善家公函》,1911年12月9日。

11 《中国红十字会募捐广告》,1911年11月24日。

12 《红十字会特告》,1911年11月26日。

13 《红十字会特告》,1911年11月26日。

14 《红十字会统一大会纪事》,上海《申报》1912年10月31日。

15 《红十字会统一大会纪事》,上海《申报》1912年10月31日。

16 《正会长吕海寰君宣布开会宗旨》,中国红十字总会编:《中国红十字会历史资料选编》,南京大学出版社1993年版,第265页。

17 《副会长沈敦和宣布开会宗旨》,《中国红十字会历史资料选编》,第266页。

18 《副会长沈敦和宣布开会宗旨》,《中国红十字会历史资料选编》,第266页。

19 《副会长沈敦和宣布开会宗旨》,《中国红十字会历史资料选编》,第 266 页。

20 《内务部代表刘伯刚君演说词》,《中国红十字会历史资料选编》,第 268 页。

21 《内务部代表刘伯刚君演说词》,《中国红十字会历史资料选编》,第 268 页。

22 《内务部代表刘伯刚君演说词》,《中国红十字会历史资料选编》,第 268 页。

23 《外交部代表陈征宇君演说禁止滥用红十字记章问题》,《中国红十字会历史资料选编》,第 272 页。

24 《统一大会记》,《中国红十字会历史资料选编》,第 259 页。

25 《统一大会记》,《中国红十字会历史资料选编》,第 259 页。

26 《沈敦和致夏应堂函》,上海《申报》1918 年 5 月 7 日。

27 《中国红十字会历史资料选编》,第 57 页。

28 《中国红十字会条例》,上海《申报》1914 年 9 月 29 日。

29 《中国红十字会条例》,上海《申报》1914 年 9 月 29 日。

30 《中国红十字会章程》,《中国红十字会历史资料选编》,第 224 页。

31 《红会紧要会议》,上海《申报》1913 年 7 月 20 日。

32 《红十字会函电汇录》,上海《申报》1913 年 7 月 22 日。

33 《中国红十字会历史资料选编》,第 57 页。

34 《中国红十字会历史资料选编》,第 58 页。

35 《上海总商会致税务司函》,上海《申报》1917 年 7 月 11 日。

36 《中国红会总医院与哈佛合办缘起》,上海《申报》1918 年 1 月 24 日。

37 《中国红会总医院与哈佛合办缘起》,上海《申报》1918 年 1 月 24 日。

38 《红会总医院开幕纪事》,上海《申报》1918 年 11 月 8 日。

39 《中国红会总医院与哈佛合办缘起》,上海《申报》1918 年 1 月 24 日。

40 《中国红会总医院与哈佛合办缘起》,上海《申报》1918 年 1 月 24 日。

41 《承办红会北市医院之草章》,上海《申报》1918 年 8 月 24 日。

42 《中国红十字会历史资料选编》,第 474 页。

43 《中国红十字会时疫医院简章》,南京中国第二历史档案馆藏件。

44 《中国红十字会时疫医院简章》,南京中国第二历史档案馆藏件。

45 《中国红十字会时疫医院规则》,上海《申报》1915 年 7 月 26 日。

46 《中国红十字会历史资料选编》,第 487 页。

47 《上海中国红十字会高等医学堂招生广告》,上海《申报》1912 年 3 月 14 日。

48 《中国红十字会救护学校暂行简章》,南京中国第二历史档案馆藏件。

49 《中国红十字会防疫保赤机关简章》,上海《申报》1914 年 2 月 13 日。

50 《红十字会纪事》,上海《申报》1914 年 10 月 4 日。

51 《中国红十字会防疫保赤机关开种牛痘》,上海《申报》1914 年 10 月 1 日。

52 《介绍美国红十字会赞成员启》,上海《申报》1918 年 5 月 17 日。

53 《沈敦和致夏应堂函》,上海《申报》1918 年 5 月 7 日。

54 《沈敦和致夏应堂函》,上海《申报》1918 年 5 月 7 日。

55 《沈敦和致夏应堂函》,上海《申报》1918 年 5 月 7 日。

56 《夏应堂等致沈敦和函》,上海《申报》1918 年 5 月 7 日。

57 《沈敦和致夏应堂函》,上海《申报》1918 年 5 月 7 日。

58 《关于美红会在华募款消息》,上海《申报》1918 年 5 月 4 日。

59 《美红会译正在华募捐名称之报告》,上海《申报》1918 年 5 月 21 日。

60 《美红会译正在华募捐名称之报告》,上海《申报》1918 年 5 月 21 日。

61 《安立德致美国红十字会报告》(英文件),华盛顿美国国家档案馆藏件。

62 1918 年 10 月 3 日《备忘录》(英文件),华盛顿美国国家档案馆藏件。

63 《Sague 致 Culter 函》(英文件),华盛顿美国国家档案馆藏件。

64 《Sague 致美国红十字会函》(英文件),华盛顿美国国家档案馆藏件。

65 《安立德给美国红十字会的备忘录》(英文件),华盛顿美国国家档案馆藏件。

66 (英文件),华盛顿美国国家档案馆藏件。

67 (英文件),华盛顿美国国家档案馆藏件。

68 《中国红十字会历史资料选编》,第 557 页。

69 《沈敦和启事》,上海《申报》1919 年 8 月 29 日。

70 《沈敦和来函》,上海《申报》1919 年 7 月 18 日。

71 《中国红十字会历史资料选编》,第 557 页。

72 《中国红十字会历史资料选编》,第 555 页。

73 《中国红十字会历史资料选编》,第 557 页。

74 《中国红十字会全国大会纪(续)》,上海《申报》1922 年 6 月 27 日。

75 《中国红十字会章程》,《中国红十字会历史资料选编》,第 226 页。

76 《中国红十字会条例》,上海《申报》1914 年 9 月 29 日。

77 《红十字会常议员会纪事》,上海《申报》1919 年 8 月 13 日。

78 《中国红十字会全国大会纪(续)》,上海《申报》1922 年 6 月 27 日。

79 《红十字会今日开全国大会》,上海《申报》1922 年 6 月 25 日。

80 《红十字会今日开全国大会》,上海《申报》1922 年 6 月 25 日。

81 《中国红十字会全国大会纪》,上海《申报》1922 年 6 月 26 日。

82 《沈敦和来函》,上海《申报》1919 年 7 月 18 日。

83 《红会副会长宴会沪绅商纪》,上海《申报》1919 年 8 月 2 日。

84 《红十字会常议会纪事》,上海《申报》1919 年 8 月 13 日。

85 《本会之新年希望》,上海《申报》1923 年 1 月 1 日。

86 《红十字会常议员纪事》,上海《申报》1919 年 8 月 13 日。

87 《红会自办医院之筹备》,上海《申报》1920 年 8 月 16 日。

88 《中国红十字会总办事处致徐家汇总医院医务团函》,《慈善近录》,第22页。

89 《红会总医院收回自办之筹备》,上海《申报》1921年7月14日。

90 《红十字会收回徐家汇总医院》,上海《申报》1921年12月7日。

91 《红会总医院之扩充》,上海《申报》1926年2月5日。

92 《上海中国红十字会总医院护士学校章程》,《中国红十字会章程》,第14页。

93 《上海中国红十字会总医院护士学校章程》,《中国红十字会章程》,第14-15页。

94 《上海中国红十字会总医院护士学校章程》,《中国红十字会章程》,第14-15页。

95 《总司令部派员澈查红会》,上海《申报》1927年8月13日。

96 《总司令部派员澈查红会》,上海《申报》1927年8月13日。

97 《澈查红十字会昨日集会》,上海《申报》1927年8月14日。

98 《澈查红十字会昨日集会》,上海《申报》1927年8月14日。

99 《红会救护队今日出发》,上海《申报》1927年8月20日。

100 《红会救护队今日出发》,上海《申报》1927年8月20日。

101 《下关红会电请采购药品》,上海《申报》。

102 《红十字会与医学院之新合作》,上海《申报》1928年8月5日。

103 《外科剖割圣手张逢怡博士抵沪广告》,上海《申报》1927年6月14日。

104 《红十字会与医学院之新合作》,上海《申报》1928年8月5日。

105 《中国红十字会总医院设立医务研究会广告》,上海《申报》1927年6月14日。

106 《全沪医士参观红会总医院》,上海《申报》1927年10月4日。

107 《全沪医士参观红会总医院》,上海《申报》1927年10月4日。

108 《红十字会与医学院之新合作》,上海《申报》1928年8月5日。

109 《红十字会总医院之新组织》,上海《申报》1928年8月30日。

110 《红十字会总医院之新组织》,上海《申报》1928年8月30日。

111 《红十字会总医院之新组织》,上海《申报》1928年8月30日。

112 《红十字会总医院之新组织》,上海《申报》1928年8月30日。

113 《全沪医士参加红会总医院》,上海《申报》1927年10月24日。

114 以上所引资料参见《中国红十字会历史资料选编》,224-229页。

二十四　民国北京政府时期中国红十字会的会内宣传与经费筹措

（一）会内宣传

中国红十字会作为从西方传入的新事物，在一般中国人的心目中还是陌生的，正如1919年某传教士在对某地红十字分会调查中所言，会员有的竟“不知其为何物”。[1] 这一方面说明中国近代“民智不开”的现状，另一方面也说明了中国红十字会开展宣传工作的必要。

中国红十字会在清末初创时，仅局限于上海一隅，势单力薄，各项工作都未正常开展，宣传一项更是力不从心。民国以降，随着会内组织规模的逐步扩大，会员大会、统一大会的相继召开，各项章程的次第制定，促使中国红十字会步入正轨，走上了稳步发展的时期，从而中国红十字会的宣传工作也就常抓不懈，经年办理，并且形式日见灵活多样，内容生动活泼。这些宣传活动都大大推动了红十字会的“拓分会”、“征会员”和“恤兵救灾”等各项工作的进行。中国红十字会举办的宣传活动形式，大致有以下几种：

一是举办形式多样的文娱活动，增强人们对于红十字会精神、宗旨的了解。这些文娱活动主要有征文比赛、演讲比赛、足球友谊赛、演剧助赈等。在1913年到1914年内，中国红十字会常议员沈鼎臣、哈少甫、沈少庭、沈保叔、江绍墀等发起的中国红十字会会员集资征文社，连续三月举办了三次征文（每月一次，连办三次）。因为癸丑之役中，金陵一地“惨言铁血、人道废弛、强力扩张、溃军括余、暴匪继之、十室九空、满城似洗、财产继绝、生命奚存……”,所以征文“仅限于南京一隅”。[2] 作文分三等:“最优等十名,一名酬洋二十元,二三名酬洋十元,四至十名酬洋七元;优等二十名,前十名每名酬洋五元,后十名每名酬洋三元;中等无定额,每名酬洋一二元不等。”[3]1919 年 5 月底 6 月初,中国红十字会鉴于“红十字会之历史与事业,在欧美各邦,早已童雅皆知,惟在吾华虽提倡有年,除少数确有新知者外,鲜能道其究竟”。于是“特举行四分钟之演讲竞赛会,藉以明昌其宗旨,启发其事业,俾引起普通人民之注意”。[4] 红会还制定出《演讲竞赛会简章》八条,规定了参赛选手的资格、选题的范围、最后比赛之时间地点、评分标准、选手应操语言(官话或沪语两种)以及其他内容。奖品分三等:“第一名刺绣锻旗一面,约值洋十五元;第二名刺绣缎旗一面,约值洋十元;第三名刺乡缎旗一面,约值洋八元。”[5] 参赛者还必须填写报名单,内容包括:校名、地址、男校或女校、校长姓氏、与分竞赛之年级、各级演讲员姓氏、年龄、举行级数竞赛之日期、评判员姓氏、校长署名。另外还有红会或其他组织为红会筹款而举行的文娱活动,不但达到了筹款目的,也扩大了红会的影响。如 1927 年由中华全国体育协进会为红十字会总医院集款而举办的慈善足球赛,比赛双方为上海队和中西混合队,“俱多系海上有名球家”,观者“车水马龙,极形兴盛”,“凡有足球兴趣而关怀公德者,咸趋之若狂”,“一举二得,何乐不为”,“作壁上观者,约二千余人”,起到了很好的宣传作用。[6] 如上是上海总办事处组织开展的各种文娱活动,全国其他各地分会也多有如此办理的。例如 1918 年四川万县红十字会为筹款在大剧院组织演出,也达到良好的宣传效果。

二是创立红十字刊物,出版书籍,并以传统文学形式宣扬红十字精神。中国红十字会刊物的设立始于副会长沈敦和的创议。沈在 1913 年 1 月份即计划在“二、三月间月出杂志一册,刊各种图画并灾区灾民惨象铜板,延聘编辑员行中国唯一之慈善报章,以向社会藉资报告”。[7]1913 年 3 月出版《人道指南》第一册,5 月出刊《中国红十字会杂志》第一期,7 月出版中国红十字会临时增刊《兵事惨状录》,8 月出版《战地写真》、《人道指南》第二册和《战地纪念邮片(二十四种)》。1914 年又出版《纪念红会成立十周年纪念刊》,并编《好生之德》一书。1921 年 10 月——1923 年 6 月又出版了 23 期《中国红十字会月刊》。1924 年出版《中国红十字会二十周年纪念册》。[8] 红会在出版刊物的同时,总会及各地分会会员,海外华侨及报界记者等热心红会慈善者还经常撰写有关宣传红会宗旨、重要性以及如何防疫、救护、掩埋等医学常识的各种文章、诗词等在报刊发表,十分有助于国人对红会的了解和认识,对人们弃恶向善观念的树立也起到了良好的导向作用。

三是以举行会议、开幕式或组织参观等形式来扩大红会的影响。中国红十字会最重要的会议要算是会员大会和常议会。而这些会议除决定红会的发展方向、解决重大问题等作用之外,其兴师动众的规模和见诸报端的报道,都是对红会的一次很好的宣传,能使全国更多的人了解和熟悉红会及其事业。例如1922年6月召开的第二次全国会员大会,“使全国闻风向慕,庶精神团结魄力雄厚,将来筹款办事事半功倍”。[9] 所以这对红十字会的发展起着极其重要的推动作用,“则本会名誉事业蒸蒸日上,以与万国红十字会相抗衡,胥于此举卜之矣”。[10]红会的每次召开常议会,其所关问题、解决办法等都会在上海的《申报》等报刊刊登,也具有很好的宣传作用。红会各所属机关每逢创办或开办之时,必遍邀上海各界名流,以寻求支持。最显著的就是红十字会时疫医院。时疫医院每年一般夏至开办,秋分闭幕。而当其开幕时,红会都要打出广告或发函邀请行政首脑、“各国领事、中西绅商、医学各界、新闻记者”及其他知名人士参加仪式,并略备茶点款待他们。[11] 每次来宾都达二三百人。红会此举的根本目的一方面是寻求支持和募集开办经费,另一方面是通过在仪式上向来宾“分送卫生必读及时疫关系书籍”等,亦达到了宣传的功效。[12]另外,红会还经常组织各有关人士参观红会各医院,展示其优雅清静的房舍、先进齐全的设备、医务人员的尽职尽责等。例如1924年4月10日就有东三省南满医学堂中国医学旅行团前来参观红会总医院。该团由日本人松井太朗带队和第四学年医学生共计19人。同年4月26日又有南通医学专门学校留学监曹继难率领学生8名参观该院。[13]1927年10月红十字会遍邀上海名医来总医院参观“日见发达的医务和尤臻美善的设备”。[14]由此可见红十字会医疗设备之先进和社会影响之宽广。

四是刊印、赠送《征信录》、《会员录》,以求取信于人,扩大宣传功效。红十字会对于每年的救护捐款者和捐助医院经费者都要题名于书,赠发给个人,以示征信。全国各地会员征集调查之后,也汇集成册,邮寄本人。这样做除了使捐助者和会员得到一种荣誉感和对红会的事业感到可信、放心外,同时书录在社会上广泛流布，也势必引起人们对红十字会的关注，可望收取一举两得之功效。

综观以上所列红会的各种宣传活动，这些宣传活动都大大推动了红十字会的“拓分会”、“征会员”和“恤兵救灾”等各项工作的进行。概其类别和目的有二：一类是以宣传为根本目的，例如征文比赛、演讲比赛和出版刊物书籍等；一类是以募款为根本目的，但其所凭藉的方式却在客观上起到了宣传的作用。第一类活动是真正的并且为红会所倚重的宣传手段，其所包含的主要内容有：

一、介绍有关红会宗旨、救护之类的基本知识和常识。例如南京第三次征文题有《红十字会与宗教之关系》，山东黄县经纬老人所作《劝世白话》，安徽太和分会所作《红十字会白话浅说》，四川巫山分会所作《红十字会现身说法》，巫山县大昌分会所作《红十字会十大利益说》、《中国红十字会旗歌》等等。

二、阐明红十字会的重要性。美国华侨谭某作《告国人以中国红十字会之重要》，黎川分会理事长刘慎武作《对于总会二十周年之贡献》等。

三、劝人为善。第二次南京征文题有《止杀篇》、《拟白话募捐启》；第三次南京征文有《人道说》、《劝人为善》。有某记者所写《论热心赞助中国红十字会之福报》，还有某士所写《中国红十字会劝捐歌》等等。

四、普及疾病、卫生、防疫等方面的常识和防护措施。红会医院医士候光迪写有《夏令时疫之种种及其预防法》，常议员俞凰宾写有《花柳病之陷溺个人与危害群说》，吴淞防疫医院医生曹文贵写有《棚疫俗名鼠疫的历史》，红会著名医务专家王培元写有《时疫抉微》等。

五、记录和描写灾荒兵祸及红会不辞辛劳全力救护并抒发个人的情感。此类文字有《南京被劫记》、《苦兵吟》、《苦水吟》、《哀荆南》、《醴陵荒状之写真》、《鸦片烟》、《芷江荒年实情纪事杂咏二十四首》、《芷江逃难民白话歌》、《芷江荒年词》、《芷民饥饿歌》、《苦民吟》、《庚申七月朔赴清溪浦敌营即事》、《兵祸调寄蝶恋花》、《匪害调寄一丛花》、《饥荒调寄踏莎行》、《瘟灾调寄卜算子》、《浩劫歌》等等。另外还有各地红会会员唱和的关于红会具体工作内容的诗文多篇。兹录中国红十字会特别会员芷江分会文牍主任张熙和步韵诗一组：

《救护》炮火连声响半空，尸横遍地血流红。恤兵气迈千军勇，爱国恩施万姓雄。愿得临时金善果，奚图异日奏奇功。旗书十字遵盟约，救护伤亡息战戎。

《掩埋》争权夺利起狼烟，残害生灵下九泉。逞勇士兵亡旷野，立功将校落鞍鞯。地方有会当为善，畛域既分总结缘。效死疆场随埋掩，坟台碑记姓名镌。

《放赈》世变时迁起甲兵，农无栖地不归耕。男男女女成饥色，户户家家动哭声。军事未休仍旁午，灾民乏食竟呼庚。多捐义粟随时赈，趁此凶荒好救生。

《医院》医院重门大且深，缘防病疫反相侵。全凭手上施良剂，急救床中绝苦吟。多备泰西长命药，永存民国恤兵心。竭吾十字回生力，不望活人颂德音。

民初中国红十字会发展的两次高潮，都与其宣传密不可分。第一次高潮是在1913年以后几年内出现的。它是继1912年红会的第一次全国会员大会和统一大会召开之后，1913年沈敦和创刊红十字会杂志数册，向全国加强宣传力度并完善入会手续等，遂使红会人数骤增至数千人。第二次高潮是在20年代初出现的。红会在20年代初作出了几项重大举措，一是在1921年10月创办了《中国红十字会月刊》，二是在1922年6月召开了第二次全国会员大会，三是1924年刊印了《中国红十字会纪念增刊》，这些都在全国引起了很大反响并极大地推动了中国红十字会运动的发展，此时红会人数即达三万余人。红会的善举凭藉其宣传，已使红会逐渐为国人所接受，并在人们心中扎下了根。人们用传统文学中的诗、词、歌谣等形式来讴歌红会已经十分普遍，并且当时在上海《申报》还开辟了关于红会卫生、道德等方面的专栏，甚至还有以红会为背景的小说。

（二）经费筹措

中国红十字会从初创时的仅救护战争中的伤兵病员，到与之等量齐观地对各种天灾人祸实施救护和赈济，其所需经费自然浩繁无比。由于红会是慈善团体,各种救护皆属志愿义务,不谋取任何私利,于是能否获得经费对于红会实现其崇高的人道主义目标乃至关重要。那么,中国红十字会的财源在哪里呢?

不同国家的红十字会经费来源各有不同。但是依据传统的原则和各国政府的管理规定,大致以征收会费、募集捐款和接受其他公私协助(如遗产馈赠之类)为三大财源。最典型的即为美国。美国红十字会组织极为发达,会员占全国总人口的三分之二,包括普通会员、乐捐会员、维护会员、赞襄会员、永久会员、特别会员、护士会员、名誉会员共八种。正因为其会员人数众多,所以会费收入便成为其主要的经费来源。美国红十字会将永久会员和特别会员的会费作为基本金,不能任意动用,其他会费收入,则作为普通经费用于平时的业务开支。美国红十字会在募捐时,一般要说明原因并确定金额,募集专款并作专用。另外美国红十字会的经费情况还有一特点,即不接受政府的现金补助,但接受政府救济物质的委托办理。

中国红十字会的经费来源也包括会费、募捐、馈赠等数种,但又有自己的特点。首先是中国会员所缴会费不是经费的主要来源,因为中国红会会员无论种类或数量都不及美国,其所占人口比例还不到万分之一。其次,中国红会募捐虽说明缘由但一般不确定数额,随募随施,量体裁衣,若有剩余,多转作他用。民国时期,中国红十字会学习美国,也曾有召募基本金之举且有所实施,但成效甚微,直至抗战结束后,会长蒋梦麟仍有募集五十亿基本金之打算。另外,中国红会对于国内个人、华侨、本国政府、外国红会等无论何项捐赠都来者不拒,一概接纳。

中国红十字会的经费来源主要依靠募捐。其募捐方式一般是红会经由中央政府批准后,再向社会各界打出广告,并向各地军政首脑、商会等团体劝募;如果所需数额巨大,就会敦请政府,凭藉政府之力以为号召进行劝募。兹举两例:

其一,中国红十字会急募皖、豫两省匪灾赈款:

"天不厌祸,狼氛四扰,警电传来,多于雪片。综计被匪地点,河南则商城、横川、光山,安徽则六安、霍山、英山,境跨两省,地占六邑。繁盛市廛,焚掠一空,富豪巨室,蹂躏迨遍。尤可惨者,青年妇女奸淫之后,辄以枪毙,因而投河入井以求免者,累累皆是。骸骨满地,膏血殷渠,腥秽之气,远腾数里。少壮之民，幸免虏役，则流转四方，骨肉离散。老弱妇孺，穷无所归，则麇集呼号，嗷嗷待哺。败壁颓垣之畔，风雨交侵，茅檐草屋之中，炊烟久断。困苦颠连，哀哀莫告。甚有以数日不食，饥饿难忍，免割道旁陈尸，挥涕下咽者，实令人见者堕泪，闻之伤心。嗟我豫、皖同胞，抑何奇惨极酷，一至于斯耶。本会天职攸关，责无旁贷，业电固始分会，就近赶组医队，出发六安、霍山等处，尽力救护。除疗伤瘗亡之外，并请安徽旅沪同乡会公举张瑞臣君、朱星五君赴六安、霍山等处散放银洋衣米等物，以资急赈。一面专查被灾各邑人户确数、亟筹赈济方策。惟灾区既广，灾民众多，计非集筹巨款，不足以宏救济而起疮痍。本会经费竭蹶，心力相违，远望江云，弥深焦灼。敢申托钵之求，发棠之请。所冀薄海内外诸慈善家，笃念恫瘝，仁囊慨解，多施一金即多活一命，早惠一日即早救一人。谨代豫、皖两省数百万哀鸿九顿以俟，幸公鉴焉！上海二马路望街东首中国红十字总会总办事处沈敦和启。”[15]

其二，中国红十字会为“二次革命”兵灾善后致武昌黎副总统及山西、直隶、济南、开封、奉天、吉林、浙江、四川、云南、贵州等各省都督、民政长电：

“兵燹之余，生灵涂炭，救伤葬亡、防疫赈济及一切善后，天职罔在，无敢或懈。奉大总统命令，特捐二万金为本会经费，并责成海寰、敦和广为劝募，仰见大总统泽被疮痍、博爱慈祥之至意。惟商业凋敝，生计困穷，难民充斥，疫病乘之。皖、赣、宁、镇、淞、沪饥民遍野，除于沪南设妇孺留养院一所、蓬厂二所、平粜局三所、防疫医院二所以资救济而保孑遗外，其他战地救护队、医队、临时医院等四出拯救，双方并进，事巨款绌，来日方长。务祈通令行政军政各署、地方议会、商会、自治机关集款救济，迅赐电汇，至纫公谊，并候电复。中国红十字会吕海寰、沈敦和叩。寒。”[16]

红十字会除直接经理募捐外，有时还敦请商会或其他组织代为筹募。例如，1927 年 4 月中国红十字总会为募捐事就致函上海总商会，略谓：“本会前为筹划北京医院经费起见，业经开会议决，实一募捐，以资进行。素仰贵会热心公益，用特函送捐册一份，敬祈广为劝募，以成善举，不胜企盼。”[17]红会募捐除这一主要方式外，还有一些辅助方法。即由红会或其他组织通过演剧、举行开幕式和足球赛等手段募集经费。对这一集款形式，举办各方都很慎重，并且也使红会、剧院（或其他单位）和观众都为慈善事业尽了自己的一份责任，令各方都为满意。所以这一方式无论在总办事处或各地分会也都经常进行。在1913年红会开办时疫医院之时由于经费支绌，上海新舞台剧院曾义演为红会一次性筹款823元4角5分。红会时疫医院院长沈敦和特于7月7日和16日两次登报感谢“新舞台诸君”。[18]继之新舞台老板许少卿为感谢广大观众购买戏券，也登报“昭大信而扬仁风”，其文云：

“窃观泰西各国首重人道主义，故于卫生一道最为研究。无论城乡皆设立医院以济人，即西人在吾国通商口岸亦设立医院以救华人。吾国善堂中间有施医施药之举，但皆敷衍了事，视若具文，以致被外人讪笑。吾国不重道德，不讲卫生，不究医道，轻视人命。前年沪地因鼠疫盛行几起风潮，幸蒙吾乡沈仲礼、朱葆三二君与各商董发起创设公立医院，又分设时疫医院于天津路，遍请中西名医研究病情，无若旧时之施药可比。自始至今，医愈之人不可胜数。今年时疫医院因推广病房、添置治病器械，经费竭蹶，鄙人商明各股东演剧筹费，悉数充助，无奈尽年演剧，筹费势成弩末。幸小杨月楼、吴铁二童担任兜销，蒙各界急公好义，踊跃购助，竟有九百五十二元。当日由沈、朱二君派人监视收票。竟有一百十余张购而未来，藉此可见人心好善。务祈将此项票子送交时疫医院以查票根为祷。最难得者如旅沪各客帮，不分畛域，一视同仁。故今将购券各界各帮开列于后以昭大信而扬仁风，并望各处绅商亟起创设医院，以重卫生为幸。天津、烟台、营口、山东、旅顺、山西、金业、珠业、绸业、洋货业共购券六百余张。杉板厂四十七号何诚立先生购一百张、逐日顾曲各绅商一百七十张、门卖现洋七十二元七角、共计九百五十二元正。”[19]

剧院除自愿义务演剧筹款外，红十字会也主动烦请剧院义务演剧筹款。1915年1月23日中国红十字会在《申报》刊登《特烦竞舞台演剧助赈广告》，内称：“青岛兵灾，哀鸿遍野，待哺嗷嗷，而青年妇女蹂躏为虞，尤群求脱离苦海。本会赈救兼营，需款浩巨。兹承竞舞台夏君慨担义务，于腊月十三夜，即星期三演剧一天，看资每位一元，悉数充助赈款。为此登报广告，务祈绅商各界届期莅临，同襄义举，以惠灾黎，无任企祷。售券处：本会总办事处及竞舞台门首均有出售。”[20]到27日演出，销售票约二千余张，当晚红会秘书金兰荪和理事长赵芹波登台演说讲话，又募款五六百元，此次募款总计近三千元。另外红会以办开募式或体育活动募捐已见前文，此不赘述。

中国红十字会经费的具体来源大致有七个方面：

一是一些团体的常年捐。上海淮南四岸公所从1913年开始历年都向红会捐款，每年一万元，分二次或四次交清。从1927年起又有上海跑马场捐助红会常年捐，该跑马会于1927年6月21日即捐助本年春季常年捐一千元。[21]

二是会费。各地红十字会分会多向总会或总办事处交纳会费。例如，1916年3月5日，重庆分会向总办事处交来会费2500元，28日又交来1800元，4月19日许昌分会也交来会费500元。[22]另外，红会在募捐时，也按捐助人所捐款额，划定当属何级会员，因此所募之款即为会员会费。

三是中央及地方政府拨款。中国红十字会自初创起，就受到政府的大力支持。1904年，清政府就拨款给红十字会白银10万两。1913年为救护癸丑兵灾，袁世凯命财政部拨给红会2万元。同年9月份，黎元洪也命交通部汇解3000大洋给红会。除中央大力支持外，各地政府也鼎力相助。1922年汉口红会为救助湘、鄂战事，即请鄂督拨款20万元。[23]1913年8月，上海镇守使郑汝成代表当地政府派人去徐家汇总医院和天津路分医院慰问伤兵，不论南北军兵及民人，每人给养伤费4元2元不等。

四是官绅捐款。官绅捐款也是红会的主要经费来源。上自总统、副总统、都督、民政长，下至一般士绅，民国时期乐善好施、动辄捐以巨金者不乏其人。救护辛亥武昌战事时，黎元洪及其夫人，就到红会医院慰问并予捐款，以后癸丑之役、青岛兵灾等皆慨伸慈手。历届大总统也是如此。更难能可贵的是，那些达官显贵的夫人们也赞襄义举。如1915年4月28日上海《申报》刊登红会的谢捐广告内，便载有"大总统夫人捐款五百元，袁绍明太太捐洋三百元，前河南都督张镇芳夫人捐洋二百元，审计院孙院长夫人捐洋一百三十三元，陆军部段总长夫人捐洋一百元，陆军部徐次长夫人、内务部朱总长夫人、治格夫人各助洋二十元……"。[24]共计洋1300元。在红十字会历次重大救护中，各地政府长官也都积极热心，捐以巨款。最显著的例子，是1914年红会救护山东青岛战事时，各地军政长官联手输捐，在9、10月份达到高潮。兹开列一组捐款如次：

9月20号，福州许巡按使助银1000元，两浙盐运使慨捐银2万元，广东龙上将、李巡按使捐助银5000元。21号，浙江朱将军、屈巡按使助银1000元，河南督理军务田巡按使助银1000元。15号，直隶朱巡按使助银1000

元，广西陆将军、张巡按使助银1000元。16号，贵州戴巡按使助银500元。17号，黑龙江朱右将军捐助银1000元，湖北段上将军、吕巡按使助银500元。10月11号，安徽倪将军续助银1000元。22号，湖南汤靖武将军捐银800元。28号，迪化电报局监督捐银200元。11月2号，陕西陆将军、纽巡按使助银500元。[25]

在红会的捐款经费中，绅捐并不亚于官捐，并似有过之。因为官捐往往事起而发，次数少见。而绅捐不仅数额巨大，而且细水长流、源源不断。兹举几例，可见一斑。在红会的前二十多年发展中持之以恒赞助红会并屡捐巨款的全国知名绅士有丁梅、经纬老人、史量才等大善士。丁梅先生，是苏州著名绅士，他生前身后历年捐助的数目，据不完全统计有：1914年因抱恙慨助红会经费洋400元，10月30日又续助山东兵灾洋300元、宝塔捐洋100元，11月3日为永保平安续助银1000元，11月24日续助山东急赈洋600元、棉衣500件，12月9日续捐棉衣500件，12月10日续捐山东急赈棉衣200件，12月17日续捐新棉衣400件，12月21日续捐新棉衣200件，12月27日续捐新棉衣400件，1918年1月4日遗嘱捐助大洋200元、新棉衣200件、粤汉股票100股，12月9日，身后余资指捐江西急赈洋300元，12月31日，遗资拨助江西水赈洋200元，1916年1月21日，遗命续捐新棉衣200件。[26]丁梅君因比年乐善好施，“赞助良多”，而终成善果。当他仙归道山后不久，沈敦和就在入觐袁世凯时将他的事迹予以报告并“陈请奖叙”，袁则令内务部，“特予褒扬”。[27]

山东经纬老人也是乐善不倦。请看时人对他的评述：“山东黄县域内东门大街丁怀古堂：丁君毓，字子范。自民国四年一月加入中国红十字会，为正会员。嗣后，随时送捐，不拘多寡，寡则一元，多则千元。至六年四月四日推赠为名誉会员。凡遇救灾助赈，无役不从。中华民国七年国庆日，捐助红会银元千元，并介绍其夫人子女共十一人全体入会，皆为正会员。而逐年介绍他人入会者尤多。至今又寄捐款来，其次数已至一百十五度。真可谓乐善不倦者矣。”[28]由此可以看出，经纬老人诚心向善的意志是何等的坚定！自己如此，还带动家人和他人。更值得赞扬的是，经伟老人在力行善举的同时，还亲自撰写《劝世白话》一篇，大力宣传红会慈善、博爱、恤兵的宗旨。[29]老人慈善之心可谓极至矣。

另外,捐募巨款的士绅还有很多,例如慈善家史量才在1919年9月21日劝募银1000两、洋1480元,1914年11月20日安东居士捐洋2000元,1915年3月12日陈素芳女士捐洋2000元,1914年开始,杨士奎捐助5年之常年捐,一年100元等等。[30]兹不一一列举。

五是华侨捐款。华侨捐款,清末即已出现,而大规模地捐助是在辛亥救护之后。因此时传播手段先进,信息灵敏,有利于远距离筹募输捐。在救护辛亥、癸丑、青岛战事、乙卯水灾、1918年京直特大水灾,1920年华北五省旱灾等的过程中,红会都曾向各地华侨发出求援函电,得到了他们的积极响应,募款源源而来。红会副会长沈敦和在1913年1月因为救护京直灾事时就函电"英荷各属华侨各处,告急募捐"。[31]其文云:

"天祸中国,比年以来,灾荒兵燹,相继迭循。本会天职攸关,疗伤瘗死,济荒赈饥,无役不从。若日俄之战、徐淮之饥、辛亥之光复、温处、顺直之洪流,近且赣浔启衅,宁沪弄兵,愁云弥天,疮痍遍地。本会既作药作糜,施刀奏割之匆暇,更复引渡余生登之衽席,留养妇孺,教以女红,设粜以嘉惠流亡,给旅资以遄归故里。凡此设施饬糜巨万。赖我大善士之慷慨捐输,始克毋瘝厥职。今者徐州告饥、皖北苦旱、永定横流未已,而江西旱警又临。时事多艰,息肩奚望,则有竭其绵力。首先放赈赣徐,以克副我大善士之仁慈。惟是汲深绠短,进行为难,重以学堂、医学、治病、防疫,经费浩繁,呼苍天而弗应,图罗掘之无门。则惟有再作将伯之呼吁于我海内外同胞,幸念本会缔造艰难,继续匪易,亚东大陆,惟此一线慈光,而发起慈祥恺悌之心,节衣缩食,惠以义粟仁浆,俾本会藉以放振灾区,活群黎于涸辙,并可预备救护,庶绸缪于未雨,而有备于无虞。临风九顿,曷任迫切待命之至。上海二马路望平街东首中国红十字会正会长吕海寰、副会长沈敦和启。"[32]

于是,捐输款项纷至沓来。兹举数例:1913年8月6日,三藩市华侨电汇洋1000元;10月24日,横滨中华商务总会吴廷奎经募洋3039元。1915年1月10日,望加锡中华商务总会梁英武捐募和银1600盾,合规元1000两又洋425元。3月1日,新加坡中华商会林竹斋捐募白银2552元。3月10日,日本神户中华商务总会王敬祥捐募日银1160元,合规元1029两2分。4月29日,南洋望加褐中华商务总会经募洋150元,又募会费50元。[33]

六是外国红会捐款。中国红十字会受赐于他国者颇多。中国在有重大灾情时,也会向国际红十字会和各国红会发出求援电。1913 年,中国红会就曾向外国红会发出求援电两次:一是 1 月份救护顺直水灾,一是 7 月份救护癸丑兵灾。以后青岛兵灾、1918 年顺直水灾、1920 年华北五省旱灾等,中国红会全都向外求援。外国红会对中国襄助最多者,首推美国红十字会,次为日本赤十字社。美国红会在 1916 年安徽水灾中捐款 15 万元,为导淮工程捐款 10 万元,1917 年为顺直水灾捐款 25 万元等等,捐助次数之多,款额之大由此可见一斑。[34]日本赤十字社对中国灾事也时有补助。1911 年曾协助中国红会救护辛亥革命,1915 年沈敦和也曾与日本赤十字社协商办理山东兵灾善后事宜。[35]1918 年又捐助中国京直水灾日金 5000 元,合洋 3440 元,等等。

七是宝塔捐。宝塔捐是红会实行的一种常年的集款方法。一般是由好善之人挨门逐户劝捐,无论贫民富户,无论数额多少,悉数纳之交由红会登报鸣谢。红会并把捐户住址、数额、经募人等一一刊布,以资征信。宝塔捐各捐户一般都为平民,所捐数额极小,大都是小洋几角或钱几百文或洋一二元等等。但由于中国户家极多,所以积少成多,数量也还可观。

另外,红会自身也可获得少量收入,如红会大药房、制药部出售药物所得款项和红会各大医院所取号金以及各有关富户住头、二等病院所给费用等等,这笔收入总的来说数目不大,解决不了多少问题。

从红会经费的具体来源可看出,各输捐者分属于不同的阶级、阶层,具有不同的身份、地位和职业等。这也就决定了他们各自输捐存在着心理上的差异,当然,不能排除大多数都存在的乐施好善的共同心理。大致说来,各级政府和官方军政首脑应属一类,绅士和平民应属一类,华侨属一类,外国红会组织属一类。但是,即使在同一类中间也存在着差别。

先说政府和官僚。政府尤其是中央政府对红会予以经费等方面的扶助是理所当然的,这是它的职责所在,是份内之事。政府有管理国家、维持国泰民安与造福民众的责任,而中国红十字会之设,"意在辅助国家权力之不逮",[36]两者在此点其实是共同的。红会的救灾正是帮助、弥补或代替政府执行其天职。政府或因他事力不从心,借红十字会之力而稍助资金当是求之不得之事。所以政府对红会的态度是一贯肯定和支持的。至于官僚则是政府意志的制定者和执行者。就此点讲,他们对红会的态度应与政府一致。但是由于他们身处政界的特殊位置,则使他们在投身慈善事业时的动机各不相同。有的是本地被灾，自己职责所在，无所谓慈善之心。有的是用国家之钱或自己之钱投之于慈善来换取声名以为进身之阶，有的是真正出于悲天悯人之心而慨襄义举等等。总之，无论他们各自的主观动机如何，其客观效果都是造福于灾民和社会。所以就此而论，对于他们的行为都应该予以褒扬。

其次谈士绅和平民。士绅和平民的输捐心理大致是相同的，只是由于平民所捐数额不高，拙于文墨又不善言辞，因而其迹不彰。在红会的谢捐广告中，也往往是突出士绅。如果完全用慈善一词来涵盖所有捐输者的行为和心理，显然是不符合实际、也不科学的。因为当时多数输捐者既不具备西方文化中那种"博爱"、"人道主义"的人文意志，也不一定全都具有中国传统文化中的那种"幼吾幼及人之幼，老吾老及人之老"的道德素养。虽然不否认有少数真正的慈善家，的确思想境界很高，长年从事各种慈善义举而又不求回报。但是大多数的输捐者，可以说是受一种迷信的心理或因果报应的思想支配来进行捐款的。这里有一批捐款者材料可以说明这一点：1913 年 7 月 17 日，红会谨谢郑叔息君求病速愈洋 100 元，续捐转危为安洋 100 元。1914 年 10 月 24 日，红会谨谢沈景芳君经募翼周无名氏求家宅平安合捐洋 200 元。1914 年丁梅先生因偶患轻恙捐洋 400 元。10 月 30 日，病愈完愿续助洋 400 元。11 月 3 日，谨谢梅氏大善士求永保平安续助银 1000 元；谨谢杨清镜大善士因父病求速愈捐山东急赈洋 200 元。12 月 25 日，谨谢张宝记提庄主因病愈捐助老布棉袄 60 件。1914 年为消灾身健小儿强壮捐款。1915 年 1 月 3 日，敬谢唐凰墀为其文孙弥月酬谢各友延资移助洋元。3 月 12 日，敬谢陈素芳女士为其故夫名医陈莲舫徵君修资冥福助洋 2000 元。9 月 2 日，敬谢江都陈星五为妻病求愈助洋 10000 元。1927 年 6 月 21 日，潘国曾为先慈逝世二周年纪念捐赈洋 200 元，祈求超升仙界。[37]如此类事比比皆是，由此可知此类捐输者的迷信心理。

当然，还有些捐款者是既具迷信心理，但又的确是善心兼具的。这也有一些例证：如 1913 年 1 月，吴丙申女士因病愈捐助红会赈洋 100 元，且附一函送交红会，内称："敬启者，顺直、温处两地灾民，数逾百万，嗷嗷待哺，冻馁堪怜。丁此水雪交加、风餐露宿，其何以生？谁无父母，谁无兄弟，谁无子女，一为想念及之，何忍使其道殣相望。惜无郑侠流民图遍贴要道，无从感发。故居此乐土之人，对此非常灾患，仍有付之不见不闻者，往往以有用之金钱用于无谓之消遣，不肯为孙儿造福，失此善举殊为可惜。月前，母氏怜温处奇灾，心实不忍，勉助洋百元，余之疟疾由此小愈，以是知救人救己之言定为不诬，用特将自小积聚或取自亲友或授之父母并平日刺绣所人亦行凑洋百元，祈即汇解灾区散放为幸。明知杯水车薪，无济于事，聊尽国人一分子之义务，希冀病躯立健，以慰母心，藉消罪愆耳！"[38]通过该函可见，吴女士虽有体恤灾民，勇于捐输的善心，但也有将行善与"消罪愆"、"求病躯立健"、"为孙儿造福"等连在一起的迷信思想。

质言之，基于迷信思想而从事慈善事业，其出发点是自私的，是与慈善的本质相违背的。但在贫穷落后的近代中国，我们不能要求民智未能尽开的国人一下子达一完美的境界，即使在文明发达之邦，也未免就能够将迷信心理消除。值得重视的应当是效果，国民即便是在一种迷信心理支配下，能够发挥出善行，我们就应当予以充分的肯定。

再次谈华侨。中国遍及世界各地的华侨，无论其出国时的背景如何，但都心系祖国，根在故土。祖国的强盛与否与国际地位如何是他们最为关注的。因为心系祖国，根在故土，所以华侨对于祖国发生的天灾人祸，从来都积极捐助。爱国主义是华侨慈善心理的核心，因此华侨的慈善义举最大公无私、最持之以恒。在中国近代许多危急存亡的关头，华侨都贡献出了自己特有的力量。曾出任北洋政府第一任财长的熊希龄对华侨的这种精神体认颇深。他在1913年所作的《为振兴海外学校上袁世凯、赵秉钧书》中抒发了自己对华侨的崇高爱国慈善心的由衷赞佩之情。其文云：

"窃惟海外华侨，近十余年来眷念祖国之颠危，热心政治之改革，竭诚尽力，同心一致。未革命之先，既密输巨款以谋反正，已革命之后，又争购公债票，报效国民，捐以救国。希龄前在财政部任内，每当仰屋束手之时，乞援于各省官吏、人民，鲜有应者。独海外华侨屡寄捐款，源源不断，迄今年余，尚见各报载有华侨汇款之电。爱国血诚，实堪感佩。然华侨远商海外，贸易羁身，所期者祖国之富强，所尽者国民之义务，既未有丝毫权利之见，亦未有希图酬报之心，纯洁高尚，足为我国人民模范……"[39]

最后谈外国红会。各国红十字会都得秉承"博爱"、"恤兵"之宗旨，以人道主义为信仰，再有国际红十字会的统一管理，所以它们之间的协作、支持属于正常的业务范围,这也正体现了红十字精神,体现了救灾恤民不分畛域的国际性色彩。

中国红十字会根据所募款项的多少和捐助者支持红会的热心程度,还形成了一套嘉奖办法。首先是在红会内部,在会员类别上逐级递增,最高由常议员议决赠为名誉会员,比如山东黄县常年乐善好施的经纬老人。其次就是把其优异事迹呈报中央政府,由总统或内务部嘉奖。例如1915年受政府褒扬的苏州耆绅丁梅。1918年,义绅林义川、陈嘉庚、林文庆、张鸿南、刘安生、郭秉彝等因在救护京直水灾中均捐助巨款(皆在万元以上),由红会呈请大总统下令授与各员三、四等嘉禾勋章以资褒奖。[40]红会的这种奖励措施,对于激励捐户,募集经费是很起作用的。总的来说,中国红十字会的经费的募集和宣传是紧密联系在一起的。募集经费需要宣传,宣传或者就是为了募集捐款。所以红会的宣传和募集经费工作结合在一起,不但推动着中国红十字会不断向前发展,还为近代中国社会带来了一种新的风尚,改造和影响了相当一部分人们。

(刊《湖南师范大学社会科学学报》2004年第4期)

注　释

1　华盛顿:美国国家档案馆藏件(英文件),1919年。

2　沈鼎臣等:《中国红十字会会员征文》,《申报》1913年9月23日。

3　沈鼎臣等:《中国红十字会会员征文》,《申报》1913年9月23日。

4　申报记者:《红会筹备四分钟演讲竞赛》,《申报》1919年5月7日。

5　申报记者:《红会筹备四分钟演讲竞赛》,《申报》1919年5月7日。

6　申报记者:《昨日慈善足球赛志盛》,《申报》1927年1月24日。

7　申报记者:《红十字会之筹赈忙》,《申报》1931年11月12日。

8　参见中国红十字总会:《国红十字会历史资料选编》,南京大学出版社1993年版。

9　中国红十字总会:《通告各分会来赴会员大会启》,《中国红十字会历史资料选编》,南京大学出版社1993年版,第277页。

10　中国红十字总会:《通告各分会来赴会员大会启》,《中国红十字会历史资料选编》,南京大学出版社1993年版,第277页。

11　申报记者:《时疫医院开幕纪》,《申报》1913年7月8日。

12　申报记者:《时疫医院开幕纪》,《申报》1913年7月8日。

13 中国红十字总会:《本会总医院报告团体参观之两事》,《慈善近录》,第176页。

14 申报记者:《全沪医士参观红会总医院》,《申报》1927年10月4日。

15 《申报》1914年4月19日。

16 《申报》1918年3月15日。

17 申报记者:《红十字会函请总商会募捐》,《申报》1927年4月14日。

18 《申报》1913年7月7日、7月16日。

19 申报记者:《志谢购助时设医院戏券》,《申报》1913年7月16日。

20 《申报》1915年1月23日。

21 《申报》1927年6月21日。

22 以上分见《申报》1916年3月5日、3月28日、4月19日。

23 以上分见《申报》1913年9月7日、1915年8月6日、1922年6月25日。

24 中国红十字总会:《中国红十字会敬谢》,《申报》1915年4月28日。

25 以上均见当日《申报》。

26 以上据《申报》所刊红会答谢捐户广告统计。

27 申报记者:《红十字会请奖捐户》,《申报》1915年2月5日。

28 《经纬老人乐善不倦》,中国红十字会总办事处:《慈善近录》第1页。

29 《经纬老人乐善不倦》,中国红十字会总办事处:《慈善近录》第1页。

30 以上据《申报》所刊红会答谢广告统计。

31 《申报》1913年1月2日。

32 《申报》1913年11月15日。

33 据《申报》红会答谢捐户广告综合。

34 《申报》1918年5月9日。

35 《申报》1915年1月21日。

36 《常议会呈文》,中国红十字总会:《中国红十字会历史资料选编》,第283页。

37 据《申报》红会答谢捐户广告综合。

38 《申报》1913年1月16日。

39 周秋光编:《熊希龄集》,湖南人民出版社1996年版,第.601-602页。

40 《红会致直隶督军书》,1918年12月,中国第一历史档案馆藏件。

二十五　民国北京政府时期中国红十字会的国际交往

1864 年 8 月日内瓦《国际红十字会公约》的签订，标志着红十字会已成为一个国际性组织。国际红十字会的机构开始有设立在瑞士日内瓦的国际红十字委员会（亦称国际红十字总会，其常设机构为驻日内瓦总办事处）。但到后来，日益增多的各国红十字会感到有必要专门成立一个联合机构，以便加强各国红十字会之间的联系与交往，并开展一些相关活动，于是由美国红十字会倡首发起，于 1919 年 5 月在巴黎成立了国际红十字会联合会。该会于二次世界大战期间因巴黎沦陷而迁往日内瓦，与国际红十字委员会同居一地。国际红十字总会与国际红十字联合会的区别是：前者的成员是各个国家的政府，而后者的成员则是各个国家的红十字会。前者被称之为各国红十字会的保姆，具有红十字会的充分特点并推行红十字会的标准工作，赋有正式承认各国红十字会的权力和保障履行日内瓦红十字会公约的任务；后者只是联络各国红十字会的一个中心机构，是许多国家的红十字会交换和策定工作方针的一个总枢纽。[1] 有了这两个机构的存在，特别是国际红十字联合会的出现，世界各国红十字会之间便有了更多联系与交往的机会，因而红十字会工作便具有了国际性。中国红十字会作为如上两个机构下的分支机构，它的国际交往主要体现在参加国际性会议和参与国际性救护以及开展经常性的会际间的联络与交往。

(一)参加国际性会议

中国红十字会所参加的国际性会议,计分两类:一是由国际红十字会领导机构定期召开的、以红十字会工作为主要内容的、旨在加强各国红十字会之间合作交流与推介经验的会议;二是一些国际组织联合召开的关于医疗、卫生、灾荒等方面的与红十字会工作息息相关的会议。就数量和重要程度言,前者优于后者。

晚清时期,中国政府曾两次参加国际性的保和会议,开始涉足国际红十字领域。进入民国,中国红十字会首次参加的是1912年国际红十字总会在美国华盛顿召开的第九次联合大会。其时,中国红十字会特派驻美公使张荫棠、参赞荣揆、留美学生监督黄鼎以及本会顾问福开森4人作为代表出席此次会议。会议于5月7日下午在华盛顿的美洲统一会会所隆重开幕。会上黄鼎被推为会场书记。大会召开之前,中国代表团在中国使馆开会,就相关事项作出安排:由黄鼎宣读中国代表向大会呈递的报告;如需要对中国红会的具体情况作出解释或讨论有关问题,则由福开森发言。

会议期间,福开森代表中国红会,主要就如下三方面的问题表示意见:一、红会应否在平时也兼办各项慈善活动;二、某国发生战争,他国红会能否自由参与救护;三、在治外法权所在国内,他国设立的红会如何开展业务。大会讨论发言时,英国红会代表富尔理认为:“红十字会所办事宜,应限在战时勤力办事,不应于平时兼办各项善举。”与会代表大多不赞成他的观点。中国代表福开森起而驳之。认为红会在和平时期也大有用武之地。他列举了平时红会可办之善举并以中国红会近年来赈济灾荒的事例为证。另外,有代表提出红会绝无国际政治方面的用意,因此可自由参与他国国内的兵灾救护。福开森对此提出异议。他介绍了中国红会在辛亥救护中的作法,即“如遇某境内有战事,即嘱该境分会暂时便宜行事,无须请示于总会”,认为这样可以相机行事,方便快捷,运动自如。当大会讨论享有治外法权国家的红会在他国活动时应遵循什么样的原则时,福开森阐明中国红会的立场是:“该等分会只可在所居境内附托办事,并须听候所居国红十字会指示;倘有应与万国红十字会往来事件,应由所居国总会转递",从而避免慈善干预政治的现象出现。[2]

国际红十字总会开了九次联合会,但中国红十字会还是首次参加。为了向世界各国红会宣传介绍自己,会议期间,中国代表把有关中国红会的图片和医员救护情形的照片悬挂在会堂里面,供与会代表观览。福开森趁此机会也代表中国政府向曾经援助过中国灾赈的各国红会组织特别是美国红会表示谢意。通过这次会议,中国红十字会较好地树立了自己的国际形象。

1919 年 5 月 5 日,由美国红会倡首发起的国际红十字会联合会开成立会于法国巴黎。世界各国凡是设立了红十字会的都派代表出席。中国红会派通英文而又有着丰富红会救护工作经验的医学博士王培元赴会。这次会议除成立联合会领导机构和办事各部门,专门就红会如何开展国际性的合作与交流展开讨论,并为明年召开联合会第一次大会进行筹备。

国际红十字会联合会第一次大会于 1920 年 3 月 2 日至 9 日在瑞士日内瓦举行。中国红会仍派王培元代表出席。出席这次会议的共有 29 个国家的红会代表。大会主席为美国红会的戴维司。他在 3 月 2 日下午的开幕式上特别表述两点:"(一)、上次在法国康司筹备会所提议者今已达到目的;(二)、万国红十字联盟会与万国红十字总会表面上似有冲突,实则红十字联盟会宗旨专办兵灾善后各事,万国红十字总会宗旨仅救兵灾及其他关系各事。"[3]

这次大会所进行的内容。共有四项:一是选举联合会机构领导人员。由各代表公举瑞士名人拉白任联合会正主任;瑞典红会司丹勋司丹脱伯爵任副主任。下设两部:一为医药部;一为会务部。由比国迪罢司博士任医药部主任;美红会华令任会务部主任。二是由医药部和会务部两部主任分别报告该两部组织情形及进行事项。三是由各国红会分别介绍各自的组织工作情况并提出问题进行讨论、交流。四是由大会根据讨论形成的一些共同性问题进行规范性布置和安排。大会还组织全体代表参观了日内瓦各处的风物名胜。

会上王培元代表中国红会向各国红会代表报告了中国红会办理之现状及将来之计划。他讲了五个方面的内容:一、强健身体防免疾病。"敝会成立适值上海租界发生捡疫风潮,首先设立时疫医院及防疫医院于夏秋间,专治传染各症,风声所播,治愈中外人士岁以万计,而工部局因以租界捡疫事宜委托敝会专理其事,迄今每岁夏初开办,秋末闭幕,即所属全国各分会闻风兴起,亦均能遵照定章次第举办。成效既著,规定计划分年筹备,于强健身体防免疾病一事或能日起有功也”。二、增加会员。“敝会招募会员计分三等,除因功由常议会议决推赠者外,轮纳国币一千元者推赠名誉会员,二百元者推赠特别会员,二十五元推赠为正会员”。“拟援照美国红会先例,于普通会员之外另行组织学生部会员,俾青年学子亦得厕身于慈善之林。现正开办伊始,积有岁年,其成效当有可观也”。三、增加红十字会经济。“敝会以博爱恤兵为宗旨,故对于国内水旱偏灾亦均从事救恤。计自成立以来,募款将达二百余万元,而支出之款亦复称是。近经同人会议,以会中毫无预备基金,决非久远维持之道,爰商同政府各部,各就主管所辖机关代发捐册劝募捐款。今虽略有募集,然能否贯澈此伟大之计画尚宜稍需时日也”。四、本国红十字会组织之办法。中国红会自“缔盟加入日来弗条约,而内部各项章程亦次第编订,呈请政府批准公布。至组织之大要,则总会设于国都,以便交际,总办事处设于上海,以利交通,而全国各县设立分会,统隶属于总会及总办事处,以明统系。其分会之设置及一切办事规则,另订章程,俾有遵率。近者全国分会已达一百数十处”。五、和平时经济之用途。“敝会自成立至今,计用款达二百余万,而兵事以外之支出,实居其半,盖水旱疫疠之救护,为国民生命安宁之所寄。敝会实无役不从,有灾必赈者也。大别言之,战地疗伤必资医药,而并办设医校,置备器械,因此设立医院,则经常之岁出数乃不赀矣。又我国地大物博,天灾流行,每岁必有,十余年来用款亦达数十万,故论敝会对于和平时经济之用途,尤有岌岌不可终日之势”。[4]

据载当王培元讲到中国增加会员一节时,有联合会主任拉白扦话询问:“中国红十字会正会员何以极少,会费尚收二十五元,是否此项会费每年缴纳一次?”王培元答称:“中国人向未深明红十字会宗旨,故征求会员,凡能缴纳二十五元者,必系上等社会之人,况此项会费终身只缴一次,故会费虽巨,正所以坚入会之信心,终身止缴一次,更免零星缴费之繁琐。”众听后热列鼓掌。[5]

1920 年 3 月上旬由国际红十字联合会举办的第一次大会刚刚结束,3 月 30 日至 4 月 7 日,由国际红十字总会举办的第十次联合大会又接着召开。

地点也在瑞士日内瓦。原来国际红十字总会的第十次大会会期是订于1920年9月1日。1919年12月12日总会发给中国红十字会的第190号通知书和会议筹备处1920年1月5日与2月3日的第1号、第2号通知书上都明确地载明了这点。但是查国际红十字总会1921年4月28日发给中国红十字会的第204号通知书,内称"本年3月30日至4月7日举行之第十次万国红十字大会,深悉万国红十字会总办事处对于历来万国大会所付托之一切职务克尽厥职,妥善完备,其于平时所有设施,第十次大会亦无不赞成,而欣佩者也,是以该第十二次大会提出建议如左:……"。[6] 由此而知第十次大会的原订时间作了改变。改变的原因如何,因资料所限,不得而知,但可以作出推断:也许是为了方便和照顾各国与会代表起见。因为国际红十字联合会第一次会议所到的各国红会代表与国际红十字总会第十次大会所要到的代表基本相同,只是第十次大会还需增加政府方面人员而已。既然地点都在日内瓦,如果接着开会,可免这部分已到代表往返劳累之苦。

参加国际红十字总会第十次联合大会,中国方面派的代表是劳敬修与王培元。王培元自上年5月出席国际红十字会联合会机构在法国巴黎的成立大会以来就一直没有回国。接着参加联合会第一次大会,又参加此次会议。直到此次会议结束,于5月3日才回到上海。[7]

国际红十字总会第十次大会比原定10天会期缩短了一天。会议的主要内容是听取国际红十字总会办事处的报告以及讨论各种议案。第九次大会提交的报告议案不下90余件,此次会议的报告议案更多。粗略计之有6类21个方面:一、国际红十字总会办事处报告:1、关于欧局司大王后款项事;2、关于费欧多吴那皇后款项事;3、关于奈丁加功章事;4、关于朔根王后款项事。二、由战期所获阅历而产生的各种问题:1、关于修改日内瓦条约之请愿事;2、关于国际红十字会公约对俘虏问题的规定与各国的法律之规定相冲突事;3、战期平民被看留、被占土地、被强行运走等事;4、国际红十字会与国内内乱问题。三、红十字会相互间往来以及与政府间往来问题:1、确定红会公产以便保护事;2、在本国境内租借红十字会各分所事;3、红十字会省分会或殖民地分会的国际往来关系事;4、各国红十字会在战时与平时与其本国以及别国相互间往来及与被助国政府之间的关系事;5、红十字会在战时和平时之兼爱性善举与诸会之间的往来事。四、平时红十字会的勤务问题:1、因战直接受损者,包括兵目及其眷属、对于受伤者、被解剖者、有病者、体用义肢者、再造学问者等等之救济及终养费事,保险事、孤寡等事;遇战灾区及救济该区域之患难平民等事;2、天灾各事,包括旱灾、遇险、地震、水灾、火灾等事;3、社会预防协济事,包括传染病、社病、育婴、公共卫生等事。五、红会之救护人员战时与平时之造就问题:1、组织及服务、看护学校事;2、往个人往所充看护诸事。六、物品陈列问题:1、物品陈列的准备;2、陈列所;3、特别标本、常务会等事。[8]

如上的各种议事中,自然也包括中国红会的议案。但中国红会提案的具体内容,限于资料,不得而知。根据大会筹备处的通知,只知道凡与会各国一定得提交议案,对格式、文字都有严格规定:"仍按前九次各大会旧有格式(即大纸式或四分之一尺寸)","文字仍用法文,但用英、德、义、西班牙等文字,亦代照印"。[9]

1922 年,国际红十字联合会又发起组织了一次国际卫生大会。这次大会于 11 月 29 日在暹罗(泰国)的首都曼谷开幕。出席会议的有印度、荷属东印度群岛、日本、中国等国的红十字会,英、美、法三国东方红十字会支部,日内瓦国际红十字总会等处代表,另外还有热心东方卫生问题的各卫生机关和国际卫生组织代表。此次大会的议题大别有二:"一是决定最良之公众卫生教育制度,俾人民晓然于施行卫生方法后所得之利益,及注意个人卫生之必要;二是讨论各国施行所议决制度之最善机关、以外如东方蔓延最广之疾病及教导人民扑灭之方法、与脚气病、麻风病、瘴气、花柳病及各代表提出之问题。"[10]具体有四:一是"慈善教育";二是"养病院";三是"卫生法";四是"取缔毒物"。[11]围绕这四项具体议题,中国红会代表作了充分准备。中国红会此次会议派出的代表是刚刚当选的红会驻沪副会长杨晟和数次出席国际会议的王培元。杨、王二人此次代表中国红会与会,一方面是抱着学习别国在卫生方面的先进经验与作法;另一方面有向外宣扬中国红会的目的,以期"吾红会在国际上多得一些效果"。在启程前的欢送大会上,杨晟说:"查中国红会自创办以来,分会遍达全国,对慈善事业颇著劳绩。然较诸各国红会尚多逊色,故敝人列席之余,尚须加以考察,以人之长,补吾之短,以使吾中国红会事业益增发达。"[12]

中国红会为大会准备的提案,"共分教育、救护、办事、禁止吗啡、鸦片四项”。这里所谓教育,“与普通教育有异,目的在养成慈善性能”。杨晟认为此四项提案中,“尤以禁止吗啡、鸦片为主”,“诸君当忆鸦片之战,实留吾历史上之大污点,而吾中国积弱之因,实根于斯。故吾人须达彻底沌清之目的,总之,敝人有一分力量,尽一分责任,务使吾中国红会在国际上多得一些效果”。王培元表示此次与会,一方面向代表们“报告中国红会情况”;一方面“更当设法使旅外华侨,深印一祖国有红会之观念,藉为后日借助”。[13]

在会上,王培元代表中国红会作了重要发言。他宣称中国红会天职分为二部:一为战地服务;二为平时服务。对于战地服务,王谓:“虽近来未发现国际战争,但在国内局部小战事时,我红会严守中立,拯救伤死兵民。”对于平时服务,王分之为六个方面:一是医药部。包括设立医院,从事防疫、医病施药等事;二是救济各种天灾,包括水旱饥荒及其地震等等;三是赈济别国大灾。如辅助国际红十字总会,对俄罗斯、波兰及美国旧金山地震、日本鹿儿岛地震实施救助等等;四是组织青年红十字会;五是进行红会宣传教育;六是征求会员并募集捐款。王培元之演讲赢得了各位代表的热烈掌声。[14]中国红会参加此次会议取得了预期效果。

如上红会所参加的各次会议,都是国际红十字总会与国际红十字联合会分别举办的。这样的会议几乎每隔一二年就有一次。如1923年,国际红十字联合会在法国巴黎举行第三次大会(1922年暹罗曼谷会议疑为第二次);1924年,国际红十字总会在日内瓦举行第十一次联合大会;1925年,国际红十字总会在日内瓦举行十二次联合大会;1926年,国际红十字总会远东第二次大会等等,中国红会都派代表参加。有时也是中国请驻外使馆人员代替出席。如1923年的国际红十字联合会第三次大会就是请的中国驻法使馆秘书戴明辅代表出席。

除了上述国际红十字会本身组织的会议之外,中国红十字会还参加由一些国际团体机构组织的相关会议。如1927年8月在瑞士日内瓦召开的国际救灾协会大会。该会是国际救灾协会成立大会,共邀请42个国家的红会代表参加,但皆用政府的名义。国际红十字总会是大会组织者之一。中国红十字会委托中国驻瑞士使馆人员萧继荣代表参加。大会通过《公约》和《大纲》各一份。但由于各国代表意见不一,或因国际红十字会已经拥有救灾功能而不同意再成立该协会;或因协会所要求提供的经费过多而不愿承担,或表面同意而实际上不同意,采取敷衍手段,终使大会上的许多议案没有结果,《公约》与《大纲》不过一纸具文。[15]

总的来说,中国红十字会由于成立较晚,资金短缺,经验缺乏,眼界闭塞,经常参加一些国际性会议,有益于克服各方面的缺陷与不足,使自己走出狭隘、走出封闭、走向世界。

（二）参与国际性救护

以博爱恤兵为宗旨的红十字会,其救护是不分畛域和国界的。各个国家的红十字会都遵循这一原则,中国红十字会也不例外。中国红十字会不仅资助他国救灾款项,甚至还组织医队赴他国救护,充分体现出其"恤邻"的慈善胸襟。

北京政府时期,中国红十字会参与国际性救护成绩最显著者有三:

一是对第一次世界大战的救灾捐款和对被难德奥华侨的救护。第一次世界大战由于持续时间长,战区面积广,破坏程度大,死亡人数多,这也就给国际红十字会的救助增加了难度。中国红会对于一战灾难的救助,除对日德青岛兵灾实施救赈,另外还有两类救护方法和内容:一是直接向国际红十字会和其他受灾国捐款。如 1914 年 9 月 28 日中国红会的一封电报称:"京款万元,已兑往万国红十字联合会第一批助款英金五百镑。又塞尔维亚红会专电求助,亦兑往英金百镑。此事关于友邦信谊,是戋戋者已觉汗颜。现余不满三千,汇上两千元应用。"[16]至 1922 年,土耳其战事创伤仍未痊愈,灾民嗷嗷待哺,中国红会又捐赠 2000 法朗,"交彼国红新月会助赈,稍尽恤邻之谊"。[17]二是汇款给国际红十字总会,请代为救助德、奥受难华侨。一战时期,中国居留德国、奥地利两国华侨计有 2000 多人,内中有学生、商人,多半为工人。战争刚刚爆发时,他们即遭歧视,疑为德、奥之交战国侨民,多所凌侮。但因战事发生,交通隔绝,他们只有艰难度日。1917 年中国对德、奥宣战以后,"华侨困苦乃不可言喻矣"。他们"居乏糗粮,行无资斧,呻吟异域,告诉无门,颠沛流离,备尝艰苦",可说是"闻者伤心,见者流涕"。中国红十字会经与上海护军使卢永祥和上海总商会协商,即先筹垫 2 万元寄交瑞士国际红十字总会，请其就近调查中国华侨情况并散放赈款，“或则载归本国，或则渡送他国”。为了德、奥两国华侨的生命安危，红会还致电中外各商会募集捐款，并与各华侨亲友联系以便接济。[18]

二是对苏俄抗击协约国战争受难者救护。一战后期，英、美、日等协约国联合进攻苏俄，战争在西伯利亚海参崴一带进行得异常激烈，英、美、日等交战国都派出红十字会救护，由于伤兵过多，救助仍感不敷。中国红十字会以东北战机紧急，黑龙江及西伯利亚境内中、日、美、俄军队林立，国体主权所关甚巨，所以集议决定在秋末出发医队。“惟必须经各国政府承认方为周妥”，于是总办事处致电北京吕海寰会长转咨陆海军部。电文称：“天祸中国，内忧外侮迄无宁岁。本会丁兹多难之秋，责无旁贷。迩来东北风云扰攘，为主权民命所关。报章传述，美日兴师，战机日急，救护拯恤，义之所在，尤不容缓，亟将医药材料、医士看护，筹备练习，相机出发。特未奉海、陆军部预约，不知边疆真相，未敢冒昧轻于尝试。溯自癸卯日俄之战，救护东省难民，耗资百万，甲寅青岛之役，救赈兼施，以及美国地震协款，前岁欧战协助万国红会，近若东南兵祸、直隶水灾、湘省善后，兼筹并顾，心力交瘁。责望弥殷，担负愈重，息肩何望，欲罢不能。黑吉边远，转运甚难，北地苦寒，进行不易，事艰费巨，消息中阻，兼之华日美俄军队复杂，必须得各国政府之同意，以尽我救灾恤邻之天职，尤为国体主权所关系，不得不出诸郑重，未敢轻于出队。应请尊处咨请海陆军部、外交主任，集议善策，俾本会有所遵循，从事出发。边情紧迫，迅祈电示祗遵。”[19]后得陆军部及参战处复电照准，“令即实行出发，并派员赴京会商”。[20]经上海常议会讨论议决，派江趋丹进京会同会长吕海寰、顾问福开森商定出发手续，并请理事朱礼琦亲至满州里督师。最后议定由朱礼琦、徐俊臣带队，名之为边防医队，于11月24日出发，并委托中国红十字会北京女界分会在北方筹募接济。

边防医队经过十多天的行程，于12月8日到达双城子，拟在此驻停，后又得部令移驻海参崴。14日医队到达海参崴。理事朱礼琦幸与该地海陆军总司令林建章夙年同学，为总角之友，于是海军司令部“让出洋房数椽，为医队驻扎之所”，“并荷借给开办经费”。医队因此“得以即时雇工修理，布置一切，以成临时医院局面，其规模虽不如美，尚能与英、日红会相匹敌”。1919年2月1日，医队临时医院正式开幕，“踵门求诊，人数颇多”。[21]

边防医队从京城出发不久，沈敦和副会长就致电黑龙江鲍督军，请就近组织第二医队分驻齐齐哈尔、满州里等处。为便于救治伤病，该省创设红十字分会，上海总办事处赠助"西药三箱、器械一箱，由该省委员运回"。[22]后应该督军之请，北京女界红十字会又对该分会在资金、药物上予以资助。

边防医队从1918年11月出发到1919年8月全队撤回，共开销2万6千余元。[23]

中国红会对于此次苏俄战事，不仅出发边防医队疗治受伤兵民，而且还赈济西伯利亚俄国难民和救护俄属庙街华侨2000余人。1919年1、2月份，俄国西伯利亚遭受战争蹂躏的难民，衣不遮体，食不果腹，难以为生。中国红会即分电各省，乞为补助。后得捐助款2700元，旧军衣1500套，再加上红会之5000元，均委托美国红十字会驻沪办事处运往西伯利亚代为赈济。[24]

1920年7月，我国在庙街军艇、领事及全部华侨数千人，在离庙街四十俄里的麻盖地区避难，粮食断绝，并为别国士兵围困，情形凄惨。中国红十字会商准国务院、财政、交通等部，设法运粮救济。后议定派驻哈吉林分会组织30人的医队救护队，就近携带白面8000袋、小米2000袋、盐30石并药品等，租定戊通公司宜兴轮船，于8月9日出发，20日午后抵达麻盖。后为日军所阻，往返行驶，极尽刁难，到24日才得开回麻盖。施放赈济后，将华侨悉数运回，共计载运避难华侨2000余人，由滨江县及警察厅妥当安置。此次救护，红会共计支出国币56000余元。[25]

一战期间，美国为了募集100万条绷带之款以救济法国伤兵，特在中国设立了美国红十字会筹备材料处，积极推广各类会员，动员了各种宣传手段，还组织了规模宏大的募捐大游行，极一时之最。美国红十字会还将中国作为它救护西伯利亚和海参崴等地伤兵难民的后方基地。美红会由于人员不足，特在上海招募医生、看护多名，美红会还向中国商人定购大批衣物赈济俄属难民。[26]

总之，一战时期，由于东西开战，中国地区相对安定，又有靠近战地的优势，所以中国成了多国红会筹集资金、医药、衣物等品的大本营或中转站，使中国在世界红十字救护中，有着独特的地位和作用。

三是对日本震灾的救护。中国红十字会对日本震灾的救护，十年之内先后有过两次。第一次是1914年鹿儿岛发生地震。震情剧烈，遍地哀鸿。

"本会谊切同盟又为邻近,乃以国币二千元合当日时价日币一千元之约数,聊助急赈。事后承日本赤十字社惠赠银杯,以为纪念"。[27]第二次是1923年9月1日,日本东京、横滨等地发生地震,较之第一次猛烈数倍。地震之后又继以"水火风灾,亘古未有"。中国红十字会上海总办事处本救灾恤邻宗旨,决定"刻日组队,驰赴救援"。[28]并连日与上海各善团会议,发起组织"协济日灾义赈会"。该会于9月6日成立。

经常议会议决,上海总办事处决定由理事长庄录、医务长牛惠霖率领男女医员及看护生25人,携带药品、病床、帐蓬等一切必需品90余件,于9月8日出洋救护。临行前,总办事处与日本驻沪领事矢田七太郎联系接洽,9月6日曾致函称:"本会救护人员定于本月8日由沪附轮,驰赴神户,察看情形,换乘火车,进诣东京实施救恤。长琦县知事,仰荷台端知照接待,甚感。现在既拟直赴神户,所有神户县知事署,乞一并电知。"[29]其时上海护军使何丰林得知红会组队出洋救护,也来函勉励并捐款资助,内称:"此次日本地震奇灾,东京首都及横滨商埠,半成瓦砾,罹灾之重、死亡之多,匪独晚近所罕见,抑亦从古所未闻。凡属友邦,自应亟起拯救,藉表同情而尽天职。兹闻贵会集合沪上各善团,合组救灾大会,筹商赈灾事宜,先得我心,至深钦佩。除派本署陆秘书守经,业于昨日前往日总领事署代表慰问,并嘱加入救灾大会,共同进行外,特由敝处勉捐国币五千元,聊资涓滴之助,尚希贵会迅予筹划进行为荷。"[30]

总办事处各方面准备妥当后,即于9月8日晚七时登亚细亚皇后号轮船启程赴日,医队各人员计为理事长庄录,医务长牛惠霖,医生焦锡生、汤铭新、华阜熙、张信培,女医生刘美锡,日文顾问陆仲芳,会计沈金涛,英文书记李桐村,看护生杜易、朱继善、张惠理、陈威烈、史之芬、孙有枝、钱宝珍、孙文贤,女看护曾德光、刘振华、王秀春、钱文昭,以及队役4人。

红会医疗队于9月12日安抵神户,后又转至东京,在日本东京赤十字社对面居住。医队在日任务主要有二:一是救济日本各埠华侨(工学商),赈济衣食,疗治伤病,资遣返回祖国;二是协助日本赤十字社救护当地被灾难民。9月21日医疗队已在东京高树町麻布区设立临时医院,负责病榻40余号。当时救护日本震灾的外国红会仅有中国,所以医疗事务异常繁重。庄录于9月27日回国时,医疗队仍是坚持岗位认真工作,直到10月6日才从横滨启程归国。临别时，由于中日双方在工作中合作极洽，所以日本赤十字社医院人员均冒雨到车站欢送。中国红会救护队还把未用药物（约值5000元）和一张4000元支票赠给日本赤十字社，“俾赤社得于日后留治其他病人”。[31]

在救护队赴日救死扶伤的同时，上海总办事处每日也是忙于日灾救护事项。总办事处除为救护队筹措款项外，还作为联络中外的调度机构，负责将每日到沪的归国难民、伤病者送往红十字会各医院治疗，健康者给以衣食川资助其返乡，并派医生、看护随同护理。此次归国难民，以温州人居多，由红会直接派船及医生、看护送抵温境的就有7次。

此次中国红会派队赴日救护成绩，深得日本政府、民众各界称赞和敬佩。10月16日，神户商业会所致函庄录云：“此次敝国遭灾，乃蒙阁下亲临，代表贵国对于敝国实心体恤，极为诚挚，吾等不胜感激，且深悉此等美善之意，必使两国交谊更加亲密。惟阁下在敝国时，正值灾难忙乱之际，未遑款待以尽地主之谊，深抱歉忱。但深盼阁下他日重临，俾获良机，稍图报答。”[32]

当天，日本外务大臣也来电称谢：“前接震灾之报，立即委派救护队，与日本赤十字社救护部协力进行，从事恳挚之救护，是以帝国政府深为感谢。”[33]

此外，日本赤十字社社长平山成信、外务省各官、东京商会等都一一来电来函致谢。甚至，11月21日日本国民表谢团血井哲夫、铃木富久弥、砂四重政、半泽玉城等4人还专程到上海红会总办事处拜谢。血井等言“此次贵国人民，对于敝国震灾所给与伟大之同情，与贵会派遣医队之协助，殊足使敝国上下一致感动。此次来沪，敬表谢意，极希望此后中日两国国民益臻亲善之意”。此表谢团并于11月30日晚在上海新卡尔登饭店设宴答谢中国红会救护人员，足证其感激之诚。[34]中国红十字会赈救日本1923年震灾用款共计17217元有奇。[35]

中国红十字会除了上述三个方面显著的国际性救护外，也还有其他一些零星的国际救护事项。如1922年，为救助春季俄国旱灾，募集捐款，中国红会也加入由俄灾赈济上海分部组织的游行运动队，“尽国民外交义务，为灾民请命，出水火而解倒悬”。[36]又如1922年底1923年初，俄国白党避难舰队15艘驶入上海港，上海中外善团悉关心难民生计，由中国红十字会总办事处主持救济，共集款2万元，购备煤炭、粮食、面粉、饼干、茶砖、盐、葡萄干等资遣其出境。[37]

（三）开展经常性会际间的联络交往

各国红十字会作为国际性组织的一分子，除遇重大灾事进行相互救助，在日常工作中也需要进行交流与合作。

中国红十字会在20世纪的第一个十年才刚刚创立和起步，第二个十年又有长达4年之久的第一次世界大战，所以直到第三个十年才算是进入到国际交往的黄金时期。

中国红十字会的会际联络交往表现在两个方面：一是与国际红十字总会、国际红十字联合会的联络交往；二是与各国红十字会的联络交往。

在20世纪20年代，中国红十字会与国际总会、联合会之间主要开展两大事务的联络交往：一是总会、联合会在各成员国开展"调查救护、改良卫生、防止疾病"等方面的工作；二是代觅他国失踪人员和澄清战后德、奥战俘是否"被卖为奴"等问题。这两大事务的交往都持续长达5、6年之久。"一战"结束后，国际红十字总会、联合会两大机构（即日内瓦国际红十字总会与巴黎国际红十字联合会）和其他一些国家的红会开始对于战争中的救护进行反思，感到在救护、卫生、防疫等方面都还存在着种种问题。于是在此后的十余年里，国际红十字会连续召开几次重大会议，如1912年国际红十字总会的第九次大会；1919年国际红十字联合会的第一次大会；1920年国际红十字联合会举办的康诺医学会议和同年由各国政府联合召开的万国死亡会议以及同年间由国际红十字总会召开的第十次大会等等，都是把卫生和防疫作为大会的重要议程，以期找到改善、推广、普及卫生医疗的门径。为此，国际红十字总会、联合会以及各会员国都作出了种种努力。

1920年6月，国际红十字联合会在各会员国之间发起一次对于"一战"时期救护工作的调查。当时的战后各国虽然已不需要再去进行救护，但是卫生却成了大问题。"各国人士佥以卫生之事应该加以研究，且于救护一节尤须视为重要，其非战争之国，亦有发展卫生之念"，所以联合会"不得不向各国详细调查救护情形，以便采集其裨益者，报告各国红十字会"。[38]为了将调查的情况及时收集,国际红十字联合会还请各国红会代为聘请卫生通讯员。联合会1920年4月19日致中国红十字总会的函中称:“本联合会医学总部卫生司司长乐与熟悉贵国卫生情形之科学人士互相联络,藉通消息,如荷贵会同意,拟聘此项人士充当本联合会卫生通讯员。”[39]中国红十字会配合办理,当即开给联合会卫生通讯员名单3名:彼特博士(DrW. W. Peter)、全医士(Dr. S. H. Chuan)、周象贤。除上三人外,北京总会还另开列3人作为候补。[40]

除救护、卫生调查与聘请卫生通讯员,国际红十字联合会同时办理的还有:组织各国红会派出人员学习卫生护育专科,以达到改良卫生之目的。1920年5月14日,联合会致函中国红十字总会:“现在邀请所入联合会之各国红十字会委任女看护员一人或一人以上,入伦敦国家妇女大学校学习卫生、护育专科,业经与该校接洽妥协。此项学费如养给费、修金及船费等项,拟均由各国红十字会拨给,本联合会已另存款项,足以供给少数学员学费。”函中特别强调:“各国不可不派其女看护员。今此妇女团于伦敦是为重要。虽然看护员能在就近各国可得同等之教育,而以应尽之义务而言,贵会似亦赞成本会所拟之举,其女看护员由高等学校毕业而经验甚深者,须鼓励他国之看护员益加振作,非与之同事而辅助之不可,否则无从将万国新发明之护育精神传达。”并且“各国妇女乘此机缘会集,交换意见,如有难点可以商酌,则于其知识不无加增,而亦可藉此鼓励彼此进取之心,故请贵会赞同此事”。[41]

中国红十字总会对于国际联合会的这一举措正是求之不得,当然表示赞同。由于联合会与伦敦商定护育生入学的时间是1920年10月1日,因此联合会请中国红十字会迅速确定推荐之女看护员名单并通知其在9月底起赶往伦敦。然而没有想到的是:中国红十字会与此次机缘竟失之交臂。当北京总会将此一事情函告上海总办事处后,总办事处经过积极努力,“历询沪上各界,非惟程度无相当之人,即自愿备费留学者亦不可得”。[42]无奈,理事长唐元湛7月22日将实情报告北京总会,总会再又转告巴黎国际红十字联合会,表示遗憾。

但是联合会并不灰心。在1921年,又制订出一办法,即对于中国考取赴伦敦学习的第一名看护生,联合会愿出津贴膏火一年以为资助。同时国际红十字总会为纪念南丁格尔诞生100周年,特于1920年授予各国功勋最高之看护妇"南丁格尔奖",鼓励各国红会之出类拔萃看护人员。这些对于中国红会还是很生激励的。此后不久,中国红会就有了出国留学的看护生。如1922年在红会总医院担任看护长的伍哲英女士,便是从美国医学校护士科毕业出来的。并且中国红会在1922年也专门设立了"护士学校",培养专门看护人才,以便为输送出洋深造者奠一初基。

在进行上述一系列事项的同时,1920年,国际红十字联合会还特设医学通告机关。该机关的职能一方面是咨询,"如有查询事项,可随时致函该机关";另一方面就是将联合会医药部所研究之各种卫生、防疫、治病成果寄送各国的红十字会,并征询其应用效果。1920年8月,联合会特寄中国红十字总会一函,就有关卫生防疫等项提出要求:"其熟中国之健体、卫生及防病医术者,或国家及地方卫生局之总办,或其他教员具有健体术,或与防病医学或传染病(如瘟热症、胆热症、寒热症等类)、肺痨症、孩童体育法术、生理学、看护学、花柳及瘴气等症之知识者,敬请贵会将其姓名开示;其在中国之医士、科学家,曾办卫生及防病医术,或前项疾症事务者,亦请一并将其姓氏住址开列;贵会卫生局或地方卫生团所出书籍、表册及其他著作关于前述各症与其他卫生事项,都请贵会早日赐寄本联合会。"总之,"贵会对于卫生一途所有具体办法,本联合会亟欲知之"。当然,"关于卫生及防病医术事项者,贵会或在中国之人有所查询者,本联合会自当专心从速办理;本会所出之《万国卫生报》,一经出版,即行寄达贵会察阅"。[43]

在1920年较短的时间内,联合会即寄给中国红会《防止环球疫疠之患各办法》、《卫生论说》、《卫生新论说》等各资料,供中国红会学习应用。中国红会总会很重视这些内容,曾分别致函内务部和上海总办事处讨论其应用之法。此后的几年中,中国红会与国际红会联合会以及意大利、美国、荷兰等国红会时相讨论、交流卫生改进事宜,有效地推动了各国红会医疗卫生事业的发展。

1926年5月份,国际红十字总会为改良会务并推动各国红会事业,在各国红会间实施了两大举措:一是于秋季在日内瓦开办卫生物品展览会,陈列抬床、吊床、器具、敷伤药以及受伤者之牌照等件;二是调查各国红十字会人员的组织情形,"即征集各国境内义勇卫生队消息而公布之"。这样可以取得两种积极成果:一是能“组织一种国际竞赛”;二是“使各国红十字会可以利用别国所得之经验与进步”。[44]

总会的第一项措施,虽经迭次来函催问,中国红会无所回应。但第二次措施则由中国红会转呈海军部予以答复。1926年9月,海军部就国际红十字总会关于中国境内义勇卫生队情况的询问书答复如下:

一、本国现有之义勇卫生队有红十字会、红卐字会、双红十字会、金卐字会、黄十字会、蓝十字会、黑十字会、女红十字会等,于战时组织之队员男女均有,员数无定,编(制)亦无定。二、此项义勇队属于红十字会、红卐字会、金卐字会者,原经政府承认为辅助陆海军卫生机关及其他卫生机关。三、属于红十字会者,其经费乃仰给于红十字会,其他则各会自行筹款。四、其现有之会员暂设少数,需要时再行临时召集。五、总事务处在北京、上海设分事务处,各省多有之。五、服务年龄限制无定,大概由二十至四十。六、会员于军役之地位未定。七、此项义勇队服务期限无定。八、服务时须由所在地军事长官发给护照。九、训练之时期并非强制的。十、大概比英美式的训练为多。十一、训练完毕时当给以执照。十二、并无循序之实习。十三、受本会之管理。十四、此项义勇队于战时当负出发救伤之责。十五、遇战时由队长准备出发。十六、平和时彼等并无职守。十七、平和时代亦无整备出动。十八、战时或平时整备出动时亦无强制方法。十九、此项义勇队员有薪资,遇险受伤时亦有相当恤金。二十、此项义勇队并无特殊性质。二十一、各队均未设经常紧急救护之职司、材料。二十二、各卫生队设有战时救济药箱及裹扎等目。二十三、此次材料由各处斟酌情形自行购备。二十四、未详。二十五、不由陆海军机关支配。二十六、如陆海军卫生机关之材料敷余时义勇队亦可请求支配。二十七、各队于平时并无支配陆海军卫生机关材料之必要。二十八、卫生队所用药物之式样与陆海军机关所用者无甚分别。

以上是中国红十字会与总会及联合会之间关于救护、卫生、防疫等方面事务的交往情形,下面则是中国红会在20年代与国际红十字总会交往的另一项事务,即代觅他国失踪人员和澄清战后中国是否购买德、奥战俘为奴事件。

“一战”时期及战后,局势混乱,国际流动人员常有失踪,于是寻找国际失踪人员成为国际红十字总会和各国红十字会的任务。1919年初,国际红十字总会曾致函中国红十字总会，请为查询德国人 Jlrgoda 的踪迹。会长吕海寰即询以新关税务司，该司回复称该德人现已不在差次。吕在该年 2 月 22 日又致函内务部查核，仍是音讯杳无。1924 年 4 月份，国际红十字会又来信让中国红十字会代为寻找俄国人梅勒尼托夫。但这一年则牵涉到“一战”战俘问题。该年 10 月 31 日，国际红十字总会来函称，有一奥人柏利木，在“一战”中被俘，旋于 1919 年被送往北京，该人断一足且患痨疾，请代为查讯，遣其归国。中国红十字会得信后，即于 12 月 2 日和 31 日分别致函陆军部和京师警察厅：“请查明奥俘柏利木现在踪迹。”[45]

1925 年 1 月 7 日，京师警察厅复函称：

“查本厅前于欧战期内曾设有临时检查所暨部设之放侨移居管理处，均系专为办理德、奥旅京侨民事务。至于俘虏收容事项，另由陆军部在海甸等处设有收容所派员办理。兹准前因案查前旅京德、奥侨暨遣送名册内，并无该柏利木其人，应请回函陆军部查询。”[46]

1 月 10 日，又得陆军部来函，内称：“贵会函开万国红会调查奥俘柏利木踪迹请查复等因，查本部前此所收奥俘名册内并无柏利木名字，是否系该俘华文姓名前后译音不同，无从查核，但本部前收奥俘久经陆续遣送回国在案，相应函复。”[47]

于是，北京总会函复国际红十字总会查无此人。

关于“一战”后德、奥两国战俘被卖中国为奴问题起因于南斯拉夫。该国外交部在 1924 年 11 月 18 日致函国际红十字会请予调查此事，其函称：

“本部接到驻纽约本国总领事署报告之消息，据称约有本国人民一千名被卖在中国作奴隶。内有一人其名为龙麻田者，曾于欧战时在第二十七军队从军供职，其通信之实在住址系中国北京第十五六七军营龙麻田。此项消息乃由壁西先生（Mr. ardrewCecsi）告本总领事署。壁君寓居 1337，SercmanCownave. Shiladelphia. Pa 等语。本部用特函达贵秘书查照，希即查明壁西先生所陈各节是否属实，并将其的确情形从速见复为荷。”[48]

该函和一份外报所载《战争之俘虏被卖在满洲为奴隶》一文被国际红十字总会交由燕京大学华嘉斯女士于 1925 年 3 月 5 日转来。文章称一名叫佐士夫需雷的德、奥兵离家 11 年后返国。其实于 1915 年为俄国俘虏，后与其僚友被俄人以每人 65 金卢布的价格卖给中国，过着牛马般的生活。后他幸遇一德国货船主，带其逃离归国。他说现在满洲“尚有五万人之谱充作奴隶，各国或国际联合会均无人发起怜恤之心”，极言此乃“二十世纪极可耻之事也”。“环球各文明国应急起而拯救此等不幸人民脱离苦海，免受锁禁如曾之痛苦，及遣送彼等还乡，得以安居乐业，是所厚望焉”。[49]

中国红十字会对此事极为重视，认为“该会所述各节究竟有无其事，本会莫由查探，殊难置答”。故北京总会于1925年3月19日和24日分别致函外交部和内务部“请代饬查见复”。

1925年5月2日，红会北京总会接外交部公函，内称“据燕大学华嘉士女士函称：现接瑞士日内瓦由红十字会寄来文件二纸，其中关于欧战俘虏被卖满洲为奴一事，希饬查见复等因。当经本部据函东三省地方长官查明去后，兹准复称；查欧战时期所有收容之人，各国俘虏均从优待遇，业于八、九两年先后派员悉数遣送，经各国委员接收并分咨在案。至收买奴隶之习惯，对本国人尚裁制甚严，岂有对于外籍人民为此残酷野蛮之举！且东省交通便利，华洋杂居，果有五万俘虏被卖为奴及虐待之情事，竟如该报之所载，当早已腾播友邦、宣传世界，何待今日以一二私人函件始行破露。似此向壁虚造，任情诬蔑之谣传，实于我国名誉关系匪轻，应请转饬更正等语。查我国在欧战时各地收容俘虏均待遇宽厚，前在吉林省被收容之德国武官麦牙氏于其回国后，曾将中国优待俘虏情形登诸德国报章，表示谢意，经驻京荷兰公使将该报函送本部备案，何至有虐待俘虏情事，相应将东省查明各情函达贵会查照，并摘译抄送荷使函送之德报藉明真相，即希迳复该会可也”。[50]

外交部的这一信函，义正辞严地驳斥了强加给中国的所谓“买俘为奴”的不实之词，驱散了密布一时的阴霾，维护了祖国的尊严。中国红十字会在个中起了很好的中介作用。

以上是中国红十字会与总会之间的主要事务往来。除此之外还有许多其他方面的内容，如1920年5月，国际红十字总会函告中国红十字会其新一届领导成员名单。同年7月，国际红十字总会与中国红会讨论怎样保存国际红十字总会所募存款永远保值，不致贬损。同年8月，国际红十字会寄中国红会第200号通知书，要求该会保护红十字旗帜及红十字会名义。1920年初，国际红十字总会拟于本年3月、4月内举行第十次大会，函请中国红会资助，得中国捐款2000法朗。1921年3月，国际红十字总会特派员代表国联官员楠森博士来华考察,中国红会予以优待,并引见晋谒中国总统。该年4月,国际红十字总会迭次致函中国红会声明国际红会总会与国际红会联合会存在隔阂并要求澄清总会垄断各国红会事。1926年9月国际红会总会致函中国外交部并转中国红十字会,寄送1925年国际红十字总会第十二次大会所通过的关于化学及细菌战争的议案一份。该年,国际红十字总会会长斐恩到中国考察访问等等。

中国红会与其他各国红会之间的交往主要有三个方面的内容:

一是通报各国红会的重大讯息。各国红会之间,除遇重大灾事时请求别国红会捐款或援救外,平时各会也都通报一些其他重要讯息。例如1920年4月19日,中国红会收到智利红会寄来的其中央办事处的职员表一份。该年7月份,中国红会又收到土耳其红月牙会中央新职员表一份。该年10月和11月,又收到日本赤十字社知照中国红会函,告知其正副社长已换新人。该年11月巴西红十字会致电中国红十字会,因比利时国王阿尔伯第一赴巴西访问,被推为巴西红十字会名誉会长。1921年3月,中国红会收到罗马尼亚红十字会中央职员表一份。

二是各国红会之间更多进行的是红十字工作的业务交流,多是在救护、医疗卫生等方面的取长补短,互通有无。1919年底,美国红十字会迭次来函,"请补送1914年以来所有中国红十字会之重要报告,以及中国红十字会所出之报告书册"。[51]1920年6月16日,中国红十字会收日本领事差府汉文参赞西田井一送来日本赤十字社委托转交的一本名为《关于病院设立目的及经营方法概要》的书和小册子多本。计为《日本赤十字社病院规则》、《日本赤十字社病院处务细则》、《日本赤十字社支部病院规则》、《日本赤十字社救护员养成规则》等。1921年2月10日,中国红会收到日本赤十字社杂志一份。该年4月6日,美驻华公使参赞芮德克转来函件一份,言"美国奖章博学会求取中国红会会员章程并徽章条例"。[52]中国红会当日即回函寄送。该年11月土耳其红月牙会寄来土国文字发刊期报一份,并希望中国红会将"一切刊布书报或其他印刷品寄示为感"。[53]1921年11月24日赛国(Serbian)红会寄来1920年会务报告一份,中国红十字会寄回月刊四本。1922年4月德国红会委托德驻华公使文学顾问卫礼贤送中国红会"最新出版之红十字会公报三份并会函一件"。[54]1923年捷克斯拉夫青年红十字会来函多次,

“请中国青年赞成此举，速组青年红十字会，发展在人道正谊上应尽之慈善事业”。[55]1925 年 12 月 9 日中国红会收到荷兰卫司博士来函，言及荷兰新发明以报章宣传卫生及避免危险之方法成绩甚佳，盼望各国仿照而行。同月，中国红会复荷兰京城《环球卫生报》函，并随寄《中国红十字会二十周年纪念册》一本。[56]中国红十字会除用这种函电及寄送刊物进行交流外，还亲自派员出国考查。1913 年 9 月，中国红十字会顾问福开森赴欧美等国考察红会举办事宜。1914 年中国红会应美国红会之邀请，将中国红会各种图式、照像、印刷品寄往巴拿马展览。[57]1921 年中国红十字会总会“特派黄君金、陈君宗璜调查美国各埠及英属加拿大红会进行事宜”，“俾资仿效而期发展”[58]。

三是各国红会之间的友好往来。各国红会以及总会、联合会在正常的业务工作交流之外，还经常相互拜访、问讯。1921 年中国红会出国考察人员陈宗璜特会同中国驻美使馆人员钟某亲到美国红十字会拜谢其会长，尤其是“代谢美红会近日救济北省灾民之意”[59]。1925 年 12 月 4 日，美国红十字会副会长别克奈尔氏夫妇莅沪，红会庄录、王培元和牛惠霖等人陪同参观总医院并设宴欢迎。[60]同月，中国红会还致电暹罗（泰国）王室，恭贺该国红十字会副会长继任新王。[61]等等。

总之，中国红十字会与国际红会以及各国红会之间的多层面、全方位的交往，不断锻炼和提高了中国红十字会的各项业务水平，并且促进了中国与各国人民的友好往来，开拓了诸多新的服务领域，使其在旧中国走出了一条独特的值得肯定的平等外交道路。

（刊《湖南师范大学社会科学学报》2002 年第 4 期）

注　释

1 胡兰生：《红十字会的面面观》，《红十字月刊》，1946 年第 2 期；袁可尚：《十字会联合会之组织与工作》，《红十字月刊》，1946 年第 6 期。

2 中国红十字总会：《中国红十字会历史资料选编》，南京大学出版社 1993 年版，第 390－392 页。

3 《万国红十字联盟会赴会代表王培元报告》，中国第二历史档案馆藏件。

4 《万国红十字联盟会赴会代表王培元报告》，中国第二历史档案馆藏件。

5 《万国红十字联盟会赴会代表王培元报告》，中国第二历史档案馆藏件。

6 《万国红十字总会来函译件》，中国第二历史档案馆藏件。

7 《红会欢迎欧回国代表预记》,《申报》1920 年 5 月 3 日。

8 《万国红十字总会来函译件》,中国第二历史档案馆藏件。

9 《万国红十字总会来函译件》,中国第二历史档案馆藏件。

10 《暹京举行万国卫生大会消息》,《申报》1922 年 7 月 20 日。

11 《红会欢送赴暹代表纪》,《申报》1922 年 11 月 6 日。

12 《红会欢送赴暹代表纪》,《申报》1922 年 11 月 6 日。

13 《红会欢送赴暹代表纪》,《申报》1922 年 11 月 6 日。

14 《万国红会在暹开会之报告》,《申报》1922 年 12 月 23 日。

15 《国际救灾协会大会经过沪闻》,《申报》1927 年 8 月 17 日。

16 《红十字会之救灾恤邻》,《申报》1914 年 10 月 1 日。

17 中国红十字总会:《中国红十字会历史资料选编》,南京大学出版社 1993 年版,第 486 页。

18 《中国红十字会劝募救济居留德奥华侨捐款》,《申报》1919 年 3 月 1 日;《中国红十字会敬告现在德奥两国华侨家族亲友》,《申报》1919 年 3 月 1 日。

19 《红十字会出发边疆之请示》,《申报》1918 年 9 月 14 日。

20 《红会参战医队出发之预备》,《申报》1918 年 10 月 17 日。

21 《朱礼琦致吕海寰函》,中国第二历史档案馆藏件。

22 《内务部致北京女界红十字会分会函》,中国第二历史档案馆藏件。

23 中国红十字总会:《中国红十字会历史资料选编》,南京大学出版社 1993 年版,第 469 页。

24 中国红十字总会:《中国红十字会历史资料选编》,南京大学出版社 1993 年版,第 469 页。

25 中国红十字总会:《中国红十字会历史资料选编》,南京大学出版社 1993 年版,第 475 页。

26 美红会译:《正在华募捐名称之报告》见《申报》1918 年 5 月前后几个月该报。

27 中国红十字总会:《中国红十字会历史资料选编》,南京大学出版社 1993 年版,第 462 页。

28 中国红十字总会:《中国红十字会历史资料选编》,南京大学出版社 1993 年版,第 492 页。

29 中国红十字总会:《中国红十字会历史资料选编》,南京大学出版社 1993 年版,第 417 页。

30 中国红十字总会:《中国红十字会历史资料选编》,南京大学出版社 1993 年版,第 417 页。

31 中国红十字总会:《中国红十字会历史资料选编》,南京大学出版社 1993 年版,第 530 页。

32 中国红十字总会:《中国红十字会历史资料选编》,南京大学出版社 1993 年版,第 432 页。

33 中国红十字总会:《中国红十字会历史资料选编》,南京大学出版社 1993 年版,第 432 页。

34 中国红十字总会:《中国红十字会历史资料选编》,南京大学出版社 1993 年版,第 439 – 441 页。

35 中国红十字总会:《中国红十字会历史资料选编》,南京大学出版社 1993 年版,第 493 页。

36 中国红十字总会:《中国红十字会历史资料选编》,南京大学出版社 1993 年版,第 481 页。

37 中国红十字总会:《中国红十字会历史资料选编》,南京大学出版社 1993 年版,第 481 页。

38 《万国红十字会关于救护、改良卫生、防止疫病等文件》,中国第二历史档案馆藏件。

39 《万国红十字会关于救护、改良卫生、防止疫病等文件》,中国第二历史档案馆藏件。

40 《万国红十字会关于救护、改良卫生、防止疫病等文件》,中国第二历史档案馆藏件。

41 《万国红十字会关于救护、改良卫生、防止疫病等文件》，中国第二历史档案馆藏件。

42 《万国红十字会关于救护、改良卫生、防止疫病等文件》，中国第二历史档案馆藏件。

43 《万国红十字会关于救护、改良卫生、防止疫病等文件》，中国第二历史档案馆藏件。

44 《万国红十字会关于救护、改良卫生、防止疫病等文件》，中国第二历史档案馆藏件。

45 《万国红十字会查找俘虏、捐款问题文件》，中国第二历史档案馆藏件。

46 《万国红十字会查找俘虏、捐款问题文件》，中国第二历史档案馆藏件。

47 《万国红十字会查找俘虏、捐款问题文件》，中国第二历史档案馆藏件。

48 《万国红十字会查找俘虏、捐款问题文件》，中国第二历史档案馆藏件。

49 《万国红十字会查找俘虏、捐款问题文件》，中国第二历史档案馆藏件。

50 《万国红十字会查找俘虏、捐款问题文件》，中国第二历史档案馆藏件。

51 《万国红十字会查找俘虏、捐款问题文件》，中国第二历史档案馆藏件。

52 《万国红十字会查找俘虏、捐款问题文件》，中国第二历史档案馆藏件。

53 《万国红十字会查找俘虏、捐款问题文件》，中国第二历史档案馆藏件。

54 《万国红十字会查找俘虏、捐款问题文件》，中国第二历史档案馆藏件。

55 《万国红十字会查找俘虏、捐款问题文件》，中国第二历史档案馆藏件。

56 《万国红十字会关于救护、改良卫生、防止疫病等文件》，中国第二历史档案馆藏件。

57 中国红十字总会：《中国红十字会历史资料选编》，南京大学出版社 1993 年版，第 463 页。

58 《万国红十字会查找俘虏、捐款问题文件》，中国第二历史档案馆藏件。

59 《万国红十字会查找俘虏、捐款问题文件》，中国第二历史档案馆藏件。

60 《红会与各国之交际》，《申报》1925 年 12 月 14 日。

61 《红会与各国之交际》，《申报》1925 年 12 月 14 日。

二十六　民国北京政府时期中国红十字会的慈善救护与赈济活动

中国红十字会以发扬人道主义为己任,以"博爱"、"恤兵"为宗旨,以救死扶伤为天职。它"战时扶伤拯弱","平时救灾恤邻",自1904年创会以来,即尽最大的努力,从事各种灾事的救护与赈济。本文概述民国北京政府时期中国红十字会(下简称红会)所从事的各种慈善救护与赈济活动,用以说明慈善是一种社会动力,是调节社会不可缺少的重要手段。

(一)兵灾的救护与赈济

民国成立后,各种战事时有发生。据1922年红会第二次会员大会总结所言:"此十年中杀机大开",首有"癸丑革命,继以蒙匪南犯,豫匪白狼之纵横,又继以直、皖两系之称兵,又继以滇、黔、川、湘、粤、桂之交哄"。[1] 红会每役必与,蹈锋镝,冒奇险,扶伤而瘗亡,几于智力俱困。这里有选择地介绍红会在兵灾救护与赈济中的活动情况,以概见其在整个北京政府时期兵事救护与赈济之全貌。

1. 1913年"癸丑之役"中的救赈

1913年7月12日,李烈钧占江西湖口宣布独立,"癸丑之役"发生。袁世凯调兵南下,东南一带生灵涂炭。赣事发生后的第6天,红会召开第6次常议会,商决战事救护办法,要点有四:一是筹款。红会上海总办事处除向社会各界劝募外,并"电泰东西红十字同盟各国协助"。二是组派救护医队、掩埋队等。因战祸起于赣,上海总办事处即“电九江分会、教会出发救护队疗伤葬亡”。同时亦“组织本会医队数队随时出发”,“赶发掩埋队以免腐尸为疫”,并“急练救护担架队教授初级救伤法四十人,招集青年子弟在本会教授”。三是禀请交战各方一体保护。四是增设各省分会及临时医院并联合社会力量共同施救。中国红十字会分会及临时医院每因灾事发生便有所设。此时上海总办事处主要要求江西、安徽、江苏等地多设分会及临时医院,以便救护。除此之外,总办事处并“邀集寓沪东西绅商、医药界组织万国红十字协会协助进行”。再基于以往教训,还特别重申:“凡红十字徽章禁止滥用,并严禁以红十字(会)为作战机关。”[2]

癸丑战事呈此伏彼起之势,所以红会的救护也随战争的发展而由南向北推进,大致可分为四个中心,即九江、上海、南京、徐州。红会的安排是:九江方面,主要由当地分会及教会主持;上海方面,以柯师及王培元医士为救护队长,邓笠航负责红会机关,临近地区镇江则由苏州教会医生柏乐文、惠庚生及镇江教会医生白廉,组织沿沪宁路救护队并苏、镇临时医院;南京由分会长余少彰和宋培元、陈履源等组织应付一切;徐州方面,由南京宝琅医生组织沿津浦南段救护车及救护队,往来徐州、浦口一带,并请段少沧、朱星齐等组织徐属五县分会,扶助进行。另外,在南京、浦口、滁州、临淮、怀远、颖州至徐州一带,加派掩埋救护队。当九江、上海等地战事结束后,红会又组织两地其他分会力量奔赴南京和徐州救护。

“癸丑之役”若论战斗之激烈程度、持续时间之长、死伤人数之多,则莫过于南京和徐州两地。所以红会在后期对两地投入相当大的精力。而上海由于是关系中外的通商大埠,救护也显得极为重要。整个癸丑救护中,上海一地设医院5处,共医治受伤军民947人(不治者11人),耗费15000元;为救护队救护900余人,耗费约2600元;设立留养院3处,留养男、妇、婴、孺3300余人,耗费4700元;为救护难民出险,红会派江绍墀、王培元租用“大通”号轮船赴宁运送难民共5000余人,耗费约万元;上海湾吴淞等战地,埋尸371具,耗费1200元;设平粜局3处,开办50日,采办米粮5213石有奇,计价洋24530元,除收入平粜价外,耗费5283元。另外,购置施放防疫治病药料、药水约千元,赈给露宿难民面包、食物、饼干、痧药约3000元,资助伤军难民溃勇败兵回籍10400人,花费5500元等。[3]

南京兵灾极重，除上海总会前来救护外，战事中间分会所辖医院南京鼓楼医院、基督医院、金陵医院等救护治疗受伤兵民计1900余人，耗费8000余元。南京分会还掩埋尸体7350具。另外，镇江、徐州等属，救伤葬死，花费不下数万元。

值得提及的是，红会在"癸丑之役"的救护中，为使工作开展有序，忙而不乱，还制订了有关章程。例如沪地战事结束后，红会于8月9日在上海南市新舞台旧址设立临时妇孺留养院，特制订《中国红十字会临时妇孺留养院简章》，对办院宗旨、院制和人事设置、经费来源、收录范围以及管理体制等等，均作了明文规定。又红会8月23日租用英商太古行之"大通"号轮船载运南京、镇江之难民出险，也专门制订了《中国红十字会救护医船大通草章》，对开船的日期、地点，载运的范围，行船的路线，难民伤兵上船后的管理等等，都有详细的规定。这表明红会正在尝试着规范内部的各种行为，实行制度化管理和建设，尽可能使一切有章可循。

红会在"癸丑之役"的救护中，不但严格奉行"恤兵"的宗旨，还发扬"博爱"精神，充当和平的使者，在上海战事中对南北两军居中调停。7月23日上海战事以南军攻打制造局而拉开战幕，当日午前南军死亡20余人，伤兵50余人已入红会医院救护，而北军方面情况尚不明朗。战争发生当夜，红会即要求双方停战。据载当时红会代表"力劝两军，声泪俱下"[4]。经红会副会长沈敦和与柯师医生的努力说服，"两军允红十字会之请休战八小时，拯救伤兵伤民"[5]。24日，沈敦和与柯师为调停战事，又"往来两军总司令处，足不停趾，欲达博爱恤兵目的"，最后在25日得允"城南闸北及华洋交界且热闹之区"，两军"勿用炮火"，并允"于今晨（25日）六时休战十小时，决计不伤民众、向热闹处射击"。[6]

如果说，在制造局之战中，红会未达到使两军罢兵的目的的话，在吴淞之战中，则取得了这一成绩。在吴淞炮台之战中，南军总司令钮永建体恤军民已有不战之意，加之沈敦和与柯师医生往来调停，即先与红会达成一协议，允与北军谈判，提出如果北军答应己方条件，则愿交还轮船，撤出炮台。8月12日下午沈敦和派柯师赴吴淞面见钮永建，陈说利害，得钮氏复言，谓"为保全民命及部下兵士起见，愿从忠告"。随即作书一封，言明撤退条件，托柯师转致"海圻"巡洋舰上的北京政府海军总长刘冠雄。到13日下午4

时吴淞炮台内有兵2000人悉已解甲投戈,归红会调和中立人管领,炮闩归红十字会执管,狮子林、石塘炮台上高悬红十字旗,暂时为红十字会全权执管,“联鲸”兵船作为红十字会医船归孟纳司暂管,红会调停战事达到了目的。[7]

参加1913年癸丑救护的红会遍及东南各省,计有上海、江苏、江西、安徽、广东、天津、山东等地20余处分会。远离东南战场的湖南红十字分会也积极行动,于7月底由分会理事粟戡时会同雅礼医院组织野战医队,以都督谭延拨助之5000元经费购置药品等物,前往岳阳一带救护(该医队由军医长1名领导,辖医生4名、医员10名、助医20名,并拟招募野战队100名“以便随时照料”)。[8] 在整个“癸丑之役”救护中,红会共得捐款洋165700余元,共支出132300余元。[9] 红会对受伤兵民、流离难民积极开展救护。在国内战争中,只有中立性质的红十字会才能起到政府和其他民间组织所不能起到的作用。在救护中和战事结束后,红会不断受到南北军方和政府的表扬,1914年,政府还专门嘉奖了一批“癸丑之役”的救护工作者。

2.1913年救护张家口伤兵

热河向多动乱,蒙边不靖。自民国成立以来,虽然历任热河都统均派兵靖乱,但总是不能消除隐患。1913年3月15日,热河都统熊希龄曾致电上海中国红十字会,请筹款赈济蒙灾。然红会当时并未给熊希龄以回应。1913年11月28日,红会北京总会秘书冯恩昆致上海总办事处沈敦和、江绍墀一电,谓“据张家口教会医院报告,该处有北来受伤华兵三四百名,寄寓剧园,无人调治,呻吟痛苦,惨不忍闻。该医院力量薄弱,且少医生,日难兼顾,应请本会速派医队星夜前往,抚此颠连”。冯说:“查伤兵如许之多,断难漠视。现捡从前北京原有之医队物具,尚不敷用,迅速添补,即可成行。其医生均系从前在汉口出力之旧队,亦无牵制。惟此行至少须预筹万数千元方敢动身。昨电陈吕会长,亦以总会无此巨款,嘱昆先向钧座电商筹拨,以便集事,特此电请查核。如蒙允许,即电复,款由汇丰兑京交昆签收。”[10]

沈、江二人接电后,即于次日召开红会第7次常议会,会上沈敦和向常议员们介绍“蒙边交兵,华军失利,业由北京总会出发医队,日内起程赴张家口医治”,请拨款接济诸情形。当即议决:“先汇路费二千元,以后陆续劝募再汇。”[11]

路费迅速电汇至北京。1913年12月2日,北京总会所组织之医队启程。3 日即抵达张家口。据医队给北京总会的回电称:他们到达张家口后,查实"现有伤兵一百三十名",但距张家口外 90 里的什巴尔台地方尚"有伤兵八十余名,此外多伦地方有多数伤兵尚未运到,无合宜房屋,颇难医治"。加之时在隆冬,救护工作较之内地艰难数十倍。医护人员不无伤感地说:"环顾同胞,痛苦惨酷,言之泪下,赈救尤为急急。"[12]

为了准备充足的款项以救此伤兵病员,沈敦和于 12 月 11 日向海内外同胞发布《急募张家口救护善捐广告》,谓:"口外苦寒,救护队奔驰沙漠,抢救伤残,雪地冰天,困苦万状。且一应医药饮食等,需经费浩繁。敝会担负甚重,西顾增忧。务乞薄海内外诸大善士,笃念,解囊慨助,共维恤兵义举,曷胜企祷之至。"[13]

在沈敦和募捐筹款的同时,蒙边的救护工作在极为艰难的环境中紧张进行着。据载伤兵 300 余人中,重伤者几及百人,大都流血过多。救护队所采用的初级救伤法完全是中国旧法,对于那些伤口腐烂者来说,钳取枪子是一件至为困难而又十分痛苦的事情。医生和看护人员皆昼夜不眠,精疲力竭,人手与药料以及食品都急待补给,故求援的电报不断向上海发来。为此,红会上海总办事处乃又赶紧派出甲、乙两医队到蒙地,"一驻喇嘛庙,一驻兴和城",药品和食物悉数补给,"随到随运",并且还给以"皮袄食饮,庶免冻毙"。[14]这场救护一直进行到第二年的春天,其时又发生较大规模武装冲突,造成张家口等处再次"伤亡枕藉"的悲惨情形。中国红十字会始终坚持救死扶伤,"疗治受伤兵民为数尤众"[15]。直到将所有的救护工作进行完毕,方才撤离。

3. 1914 年救护皖、豫两省兵灾

1914 年 1 月,爆发已经 1 年多的白朗起义其势愈烈,波及豫、皖等省。北京政府调集大军镇压。中国红十字会派往张家口去的救护队尚未撤回,又面临着新的救护任务。

白朗起义军 1 月 11 日即攻陷了河南的光山,26 日连陷安徽的六安、霍山两县。接着,河南商城、潢川,安徽寿州相继失陷。据载白朗军"所过之处,奸淫焚杀,惨无人道"[16]。1 月下旬,红会副会长沈敦和连接河南、安徽两省各地分会来电,报告情况,请示方针。沈敦和以救济拯恤为红会天职,于 2 月 2 日分电固始、颍州、庐州、正阳、临淮等地红会分会,请即星夜派员前往救济。各分会奉命而行,但困难重重。

2月21日固始分会发来急电,报告当地20日一战,“积尸遍野,受创兵民呼号痛苦,医不暇给,且大兵云集,已逾万人,大战在即,医药银钱均甚缺乏”[17]。又安徽六安、颍州、寿州报告:“六安全城被焚,几无完土。焚死被杀及自轻者达二千五六百人。被难居民达八万人。逃往山中乡下者悉无人色。而正阳关红十字会员刘君驰赴救济受伤民人,设临时救伤机关。讵料白狼党徒犹敢勒索银钱,甚将刘君严刑拷逼,刀折其腿,弹穿左目,幸遇匪魁释放,护送至庐州医治,可保性命。惟遍地饥民,负伤抱病者尤居多数。非有巨款,曷克救济?且徐州江北,春荒已成,兵燹余生,急待救援。”[18]面对如此严重的情形,红会上海总办事处采取的措施是:一方面四出募捐,一方面组织医疗、救济队克日前往。

3月14日,沈敦和以中国红十字会总办事处的名义,向安徽河南同乡暨海内外善士发布了《劝捐公启》,呼吁两省同乡和海内外善士“慨解仁囊,源源惠助”[19]。4月12日,再次发布《急募赈启事》,言词更为凄切动人:“惟灾区既广,灾民众多,计非集筹巨款,不足以宏救济而起疮痍。本会经费竭蹶,心力相违,远望江云,弥涂焦灼,敢申托钵之求,发棠之请,所冀薄海内外诸慈善家,笃念,仁囊慨解,多施一金,即多活一命,早惠一日,即早救一人。谨代豫、皖两省数百万哀鸿九顿以俟,幸公鉴焉。”[20]

沈敦和的两次劝捐产生了很好的效应,各方捐款源源而来。特别值得一提的是前红十字会会长盛宣怀。盛在上年“癸丑之役”红十字会租赁英商太古行轮船装运南京难民时,即主动捐赠租船费银4500两。此次听说豫、皖两省兵灾严重,沈敦和等人正在四出托钵,即首倡捐银1万两,为海内外捐户作出了表率。

红会募集了相当款项,救护和赈济便有恃无忧了。救护之地因与上海相隔遥远,故红会上海总办事处没有再专门组织医队前往只是电饬固始等地分会就近赶组医队和掩埋队,前往六安、霍山等处,既疗伤又瘗亡,经费与药品由总会供给。而总会则专门办理赈济事项。鉴于皖豫两省旅沪同乡在此次兵灾中捐款不少,红会特请安徽旅沪同乡会公举张瑞臣、周谷生、朱量五3人携款2万元并衣米等物,赴六安霍山等处散放急赈,同时又专门派调查员到受灾之地调查被灾各邑人户确数,筹措赈济方策。据载红会所派人员与安徽旅沪同乡会的张、周、朱3人于四五月间前往受灾各地会同官绅分投施放，“计分福、禄、寿三项”[21]，“全活数万人”[22]。皖、豫两省的救护赈济完毕，因白朗“北窜陕甘数十州县，人民房屋牲畜俱遭蹂躏”[23]，红会迭接该地的请赈函电后，遂由总办事处分电陕甘各受灾之地的教士调查灾情，然后组织款项和物资，进行了有效的施赈。

红会对白朗起义所造成兵灾的救赈，到7月底全部告竣。

4.1914年山东兵灾的救护

1914年7月份传来了第一次世界大战爆发的隆隆炮声，日本乘德国鞭长莫及，东西难于兼顾，即出兵中国山东，企图取代德国，夺取在华权益，而置中国人民的生命财产于不顾。北洋政府软弱无能，心存侥幸，宣布严守中立，对两国在中国交战亦置若罔闻，任其发展。中国红会再次担负起救助被难同胞的重任。

从8月初起，中国红会上海总办事处即开始进行青岛兵灾救护的筹备工作。

鉴于经费对红会万般紧要，经与政府和国际红十字总会联络交涉，总办事处从月底起多次发出广告，向海内外同胞劝捐。与刊发劝捐广告同时进行的是组织培训救护医队和电请政府及交战双方对红会的救护人员安全予以保护。在8月21日的常议会上，考虑到山东青岛兵灾救护的特殊性，准备组建海、陆两支救护队。于是总办事处一面“招集惯历风潮之人，编成海面救护队，教以初级救伤法，以便将来在水上救护”，一面致电经过战事的各省数十处红会分会，“请素有经验之人来会，以便集合一大团体”。[24]并且在《申报》连续多次刊登启事，延请红会前在汉、沪、宁战地曾经出力医员队员，迅至二马路红会总办事处与王培元医博士接洽，俾得刻日成队出发。[25]

为了发扬救护宗旨，严肃救护纪律，规范救护行为，避免可能出现的弊端，红会特地为救护队制订了《临时章程》和《临时要则》，在救护队出发前组织学习并颁布。

上述一切准备妥当，红会即进入战地救护阶段。9月1日，青岛风云急迫。沈敦和将已经组织起来的救护队分为陆路、水路两组，陆路组于9月1日派出，行进不远，忽然接到来自胶州的电报，谓“即墨一带大雨旬日，积水盈渠，途中淤泥三尺，不便进行”[26]。是故，刚派出的医队只好折回。于是，沈敦和将原已分组的陆路、水路重新合为一队，直到9月10日，才由沪港乘“新济”号轮船直赴烟台，拟由烟台转往逼近青岛之海阳地方待命。

此次出发的救护医队总人数43人，队长系由沈敦和亲自提名的南市医院医生陈杰初担任，副队长为吴丽山与邓笠航。另以金幼香为掩埋队长，吴凯为担架队教练员，金汉声等3人为医员。医队还有药剂师、书记、庶务、日文翻译及初级救伤员等，各司其责。出发前，沈敦和假座群雅菜馆为之饯行，“以人道主义及博爱、恤兵等旨为临别赠言”[27]。出发时，救护队全体“整队登轮，队员制服全系黄色，臂系红十字袖章，由陆军部长及该会会盖关防以为识别。队员之等级以帽上金线之道数及阔狭为区别，并均执有证书，且悬救护徽章，随带药料、医具、食物等项不下二百余件”。[28]

救护队于9月16日到达烟台。与日领事接洽，嘱驻扎平度。是日乃由烟台乘小船至虎头岸起陆，18日抵平度。到平度后，救护队即开始联络部署各项。据副队长邓笠航致沈敦和电称：“该处道路可通骡车，已请道尹电饬知事在虎头岸雇车，一俟部署妥当，即行就道。赈务事，候新铭二十号到烟，笠即行动身。”[29]

红会上海总办事处在派出救护队的同时，也加紧在山东各地扩组分会。分会工作由一直居住在山东青岛的红会正会长吕海寰坐镇领导，调度一切。据载扩组分会多处。“已推定烟台分会理事长陈绮垣，青岛分会理事长尉礼贤，莱州平度分会理事医长傅雅谷，黄县分会理事医长艾体伟，海阳临时分会医长顾林森，济南理事长庄钰。其余在战线接近之处，由各该分会分驻救护医队”。[30]

总之，中国红会上海总办事处对于这次青岛兵灾的救护工作布置得十分周密，准备得特别认真，概因想通过这次救护，在国际舞台上一展中国红会的新形象。由于准备工作做得充分，自然就有好的效果。据红会自己所称：“由沪出发救护队，设临时医院于胶州各区，会同日本赤十字社赴战地，且于青岛平度即墨等县设分会，并设临时医院，又于高密大一丁村一带分设救护机关。死亡载道，孑遗之民，为状至惨，济南分会，会同救护，济渡灾民以数千计。”[31]

5.1916年“护国战争”中的救护活动

1915年12月12日袁世凯宣示承受帝位，恢复帝制。12月25日蔡锷在云南宣告独立,兴兵讨袁。1916年1月,护国战争打响。

中国红会自滇事发生,北京遣师前往,就断定"滇边各省必有战事",因此立即致电成都、梧州各分会,要他们"召集医队,并分组涪州、泸州、重庆、叙州、荣县、雅州、自流井、南宁等处临时救护机关及固定医院",早作救护准备。

基于以前办理救护工作的经验,以及红会本身存在的实际困难,中国红会决定此次救护采取与以往不同的办法。即总会不再专门派医队到救护地,救护队主要由各分会自行组织,同时决定基本上固定设立机关,不外出抢救。战地救护的实际工作主要由各地分会担任,总会的职责主要是进行筹款与解决给养等问题。1916年2月10日红会上海总办事处特将此改变电告北京总会转咨陆军部电云:"此次滇事猝起,谣诼繁兴,且闻中央三路遣师,诚恐干戈蔓延。本医队追随鞭镫,实力未逮,且稍有不慎,尤易滋生流弊。兹本会为杜渐防微起见,拟通电各处一律就地备设救护机关及固定医院,万一当地起有战事,均由该军就近送往医治,本会各救护队概不出发,以昭慎重。"[32]

红会这一救护方式的改变对于本身来说是有好处的:一是总分会分工明确,各司其责,可以更充分地发挥各自的作用,特别是发挥分会的作用;二是不派救护队赴战地,可以节省人力与开支便于集中精力搞好医治;三是救护人员不上战地,可以减少意外的伤亡,也可以杜绝别有用心的人利用红会旗号标志干出非法之事;四是固定设立医院有利于救护之前做好各方面准备,使伤病救护更有保障。

由于中国红会这一救护方式的改变,特别是通电各处一律就地备设救护机关及固定医院,近滇各省没有分会的纷纷请求设立分会,已设立分会的赶紧请求组织机关,筹备救护。一时间出现设分会和立机关的热潮。截至3月7日,红会下属救护机关已经遍布四川、湖南、贵州、广西、云南5省。

各地分会所设立的救护机关都积极地开展了救护活动。据四川自流井、泸州、荣县,湖南麻阳等处西教士电称:"各该机关就治伤兵均有五六百名之多,医院满塞,几不能容。而麻阳一埠,伤兵亦众,每日以船转载至铜仁疗治者络绎不绝,以致柯慕林君应接不暇,电促加派医员为之助理,并分请运汇药款。"[33]当时各机关因为救护伤病人员特多,"经费浩繁,需款尤广",纷纷致电红会上海总办事处,“请速接济”[34]。有些尚未发生战事的地方,因需预先准备,也来请款。如长沙分会,“亦以战事日紧,分筹救护用款浩繁,请先接济巨款,俾应急需”[35]。

面对各地的请款函电,上海总办事处丝毫不敢怠慢。其实从2月15日开始,沈敦和便刊出了《急募兵灾救护经费广告》,谓:“近日以来,血薄肉飞之众,断臂折足之俦,运送至院就医者已络绎不绝,大有坑谷皆满之概。值兹欧战影响,百物俱昂,即东西各药品,其价值亦日进而不已,需款之巨,已可概见。且战区弥广,分会繁多,既负担之甚重,亦肆应之维艰,茫茫四顾,曷胜杞忧,为敢普告薄海内外仁人君子,笃念伤病,宏施救拯,相与慨解仁囊,源源接济,俾本会得以实力进行。”[36]3月7日又以上海总办事处名义刊登劝捐启事。[37]3月10日又特地致函南洋各华侨。经广为劝募,各处汇款十分踊跃。如重庆分会魏翊丞介绍会员一次性就交来会费洋2050元;浙江宁波槐廷居士捐款洋100元;吴伯琴善士捐助洋200元;经纬老人捐洋100元;杨妙珍女士捐洋200元;李云程善士捐银20两等等。当时《申报》几乎每天都刊有中国红十字会敬谢各捐户的征信广告。正是因为有了源源不断的捐款接济,各地分会的救护工作才能进行下去。据红会自己记述:一场护国之役,“凡战事所经之地,各医院无不伤痍满院,药物为罄,函电交驰,请药请款本会者,无日无之。未几而粤战又起,复电广东分会即日出队救护,疗伤瘗亡,厥功尤著。是役也,本会分设机关多至数十处,用款至十余万元。”[38]护国之役的救护,中国红十字会取得圆满的成功。

6. 其他各种兵灾的救赈

中国红会除对上述各次重大兵灾进行救护与赈济外,还有其他许多救赈行动。限于篇幅,下面只作简略介绍。

1917年7月,张勋复辟,段祺瑞讨伐张勋而由天津进兵北京。红会对于这次兵灾的救护,由北京总会会同天津分会合力进行,成绩斐然。

同年9月到次年所发生的护法战争,红会仍照护国之役的办法,分电各战区分会召集医队出发救护,并设立临时医院治疗受伤兵民,同时还创办妇孺救济所收容难民。当时战地之重庆、常德、岳阳、通城、樊城、襄阳、潜江、汉口及广东等各分会都来电响应。其时红会已参与北方顺直之特大水灾救助,本已不堪重负,但天职所在,仍四出募款,并派遣医员,携带款项与药品等前往战争受灾各区域进行救助。[39]

护法战争中湖南战事最烈，兵灾最重。红会对于湖南所给的援助，截止1918年7月底，已两次汇寄长沙赶办急赈款洋9000元，宝庆平粜款洋6000元。同时红会上海总办事处还专门组建了湘赈干事部，该部在7月底购买四号大包麦粉1万件，暑药、银洋、铜元、饼干、挂面一百数十项，于8月底特地赶往湘省放赈。计赈株洲面粉2000包、醴陵面粉3000包，共值洋6000元。又现洋4000元，拨赈宝庆2060元，湘阴100元，电汇衡山洋1600元、寒衣1000件。以后该湘赈部继续募集款项物资，随募随赈。[40]

1918年9月，粤军进攻福州，闽粤战事发生。红会福州分会致电上海总办事处，请将各种救护物资从速寄闽。上海总办事处立即应允。

1920年6月，湖南又发兵祸。新宁、宝庆、湘潭、岳阳等战区红会分会，积极出动，救伤葬亡。但因经费奇绌，电上海总办事处筹募。同年七八月间，闽粤继续开战，岭东分会电请上海总办事处知照交战双方对红会一体保护。其时汕头分会和番禺分会都组织起救护前往战地救护。7月间，中国红会还组织对直皖战事的救护。北京女界红十字会参加了这次救护行动，并设妇孺救济会、妇孺收容所等，制订有《妇孺救济会简章》、《收容所规则》和《救护队简章》，表现十分突出。[41]

1922年3月，红会继续救护湖南兵灾。先是由林伯翘将南海、番禺、顺德3分会合组为"广东全省联合救护队"赴湘救护，并电请红会上海总办事处转请湘省司令赵恒惕一体保护。当时，湖南耒阳"适当冲要，以弹丸黑子之乡，为枪林弹雨之地，人民之颠沛流离，已属呼号遍野，而数百年之常平仓谷，供给军需，颗粒无存，十室九空，元气尽丧"[42]。红会即电耒阳分会会长谢炳彝调查一切，与总办事处妥商救护办法。后来，还是由红会"广东全省联合救护队"分组3个大队赴湘救护发挥作用，使湖南的兵灾救济得到缓解。

与广东红会分会对湖南战事进行救护的同时，贵州红会分会洪江、赤水两处，对本省袁祖铭之定黔军与贵州陆军因政见不合造成的战祸兵难进行救护。3月20日战事发生之初，洪江分会即医治伤兵数十名。[43]赤水分会在4月初也加入救护行列。[44]

与南方红会进行战事救护的同时，北方红会从4月份开始，对直奉战争造成的河北、河南两省的灾事进行了救助。4月28日，红会保定分会筹备了救济会21处,救护队2队,当日开赴霸县。所有经费均由红会上海总办事处设法补助。第1队于29日到达霸县,救护伤兵80余名。第2队于5月4日在东路任城一带救护伤兵300余名。因交通不便,遂送交军医院180余名,余下150余名在救护队临时治疗所医治。[45]

5月11日,红会上海总办事处致电河南铁路沿线之安阳、许昌、信阳、开封、洛阳、河阴各分会,请"克日出队,救死扶伤",参与对豫省范围内的兵灾救护,并致电河南督军赵倜、冯玉祥,"传谕前路官兵一体知照优待"。[46]

5月下旬,赣省又发生战事,红会上海总办事处致电赣州、吉安、南昌、吴城等分会组织救护,这些分会组织救护队、临时医院与妇孺救济会,都要求上海总办事处"分电南北交战军事长官,照约保护"[47]。其时湖北红十字分会也参与了赣省的救护。

1922年11月与12月间,红会广西桂林、梧州等分会与吉林长春分会分别对于本省发生的战事兵灾匪患实施了救护。[48]

1923年2月,红会广东高要、番禺、南海、顺德、汕头分会与江西的赣州分会分别对于粤战实施救护。3月,红会四川隆昌、江北、渠县、华阳、重庆、达县、垫江、梁山、郫县、成都、罗江、万县、宜都、新都等分会救护渝蓉剧战的兵难。川省各分会的救护一直持续到1924年。[49]1923年8月有红会湖南常德、醴陵等分会救护湘西战事;12月有红会陕西西安分会救护高陵兵灾。[50]

1924年9月,红会上海总办事处与沪城分会合力对江浙战争的兵难实施救护。9月4日,红会总办事处组织医队30余人开赴战地,以天津路时疫医院为救护所,并用火车两辆、商务印书馆运货大车两辆运送伤兵。沪城分会会长殷受田也派人前往战地救护视察,并筹设难民收容所。因战事剧烈,伤兵日多,"所有救护工役不敷派遣",总办事处即招募专项工役,"专司扛抬伤兵"。[51]为方便救护,总办事处救护队在昆山设驻扎所,并将昆山医院改为临时治疗所。[52]苏州之吴县分会积极救护,成立童子军服务团协助红会救治伤兵,并"特商借学校、教堂及公共场所,分组临时收容所"计86处。[53]到10月初,总办事处派驻昆山救护第一队已救护伤兵病民达千人以上,收容妇孺3372人。[54]

1925年12月初,奉天张作霖与郭松龄开战,红会朝阳分会致电上海总办事处,谓已在锦县设立病院及妇孺收容所,请声明内务部转饬保护。总办事处复电称“已电请张、郭两司令，饬属妥为保护，由内务部转饬无益”[55]。

1926 年 1 月，山西建国军与晋军交战，红会山西黎城分会筹备医队前往救护。在辽州战场上救得民人 30 余名，医治伤兵 35 名，掩埋死尸 20 具。又掩埋骡马 60 余具。[56]

3 月，红会汉口分会赴河南信阳掩埋积尸。[57] 6 月，红会组织救护北伐战事兵灾。15 日，国民党妇女部组织随军红十字队，政府月拨 3000 元以为经费。[58]北伐中，两湖战场战事激烈，红会汉口分会积极发挥救护作用。自湘鄂军兴，该分会即派救护队赶赴岳州。随着战事的不断北移，该分会又组织第二医队出发汉阳等地救护，并在汉阳、夏口等地设立妇孺救济所多处，又将后城马路孤儿院改设临时医院，收诊伤兵。截至 9 月 12 日，该会已设立妇孺救济所 44 处，收容 3 万余人。临时医院收诊伤兵亦达 420 余名。[59]

1927 年 3 月，松江、上海突遭兵祸。松地之城厢内外及附近街区大半都遭抢劫，兵匪肆虐，难民如潮。虽在松之红会分会、红会第 5 疗养所及各分所收容了避难妇孺 5000 余人，基督教妇孺救济会及各分会收容了 4000 余人，红会分会各收容所亦收容了 4000 余人，但经松江被灾城乡各处计之，所收容入所者不过难民总数的 1/10。而那 9/10 的灾民有家已破，无处谋生，情形堪忧。为了救济这些乡民，红会松江分会第 5 疗养所主任陆规亮及红会常议员王一亭等人于 3 月 30 日发起组织“松沪丁卯兵灾善后救济会”。并制订了《救济会章程》。[60]于 4 月 5 日召开第一次会议，以红会松江分会第 5 疗养所为该会驻松办事处，经过数月的努力，终使松江难民善后救济安置的问题得到基本解决。

8 月，红会总办事处救护沪宁战事兵难，先后组织 4 支医队分赴战地救护。第 1 队 40 余人于 8 月 20 日前往南京，拟由南京转赴浦口、下关等处前线工作。[61]第 2 队 20 余人，于 27 日开赴常州救治。第 3 队 27 日出发，暂驻后方。第 4 队 24 人于 30 日前往镇江。9 月 10 日，红会增派第 5 救护队前往南京。[62]红会在派出医队赴前线救护的同时，“布置后方疗治伤兵医院”，由理事长庄录指定天津路 316 号为救护队总机关，由总队长王培元常驻办事，分设各科，派员担任一切工作。各队救护之伤兵除前方就地入临时医院治疗外，运沪分往该院治疗者，即以天津路为伤兵总医院，同济路为第 1 分院，海格路为第 2 分院，南市十六铺为第 3 分院，北市新闸路为第 4 分院。[63]后来由于伤兵日多,又添设2所分院,共达7所伤兵医院。据载7所医院所收伤兵病员,截至9月14日,共计421人,住院375人。[64]除抢救伤病员,红会还组织掩埋队赴战地。据载红会掩埋的尸体有1万余具。[65]筑坟989座,立碑1063面。对于以前掩埋不够深、到次年暴露者,红会又再组织重新掩埋。[66]

(二)水旱各灾的救护与赈济

红会因恤兵而设,其主旨本系专门救护兵灾,但基于人道主义精神和原则,对于各种自然灾害也都一体救护。下面再就此一方面略作介绍。

1. 水旱之灾的救赈

民国时期,红会首先遇到顺直和浙江温处两起特大水灾并为之施济。1912年夏季,顺直地方阴雨连绵,山水暴涨。始则永定、北运、大清等河,继则滹沱、子牙、减水等河,先后漫溢。"成口、畿南一带竟成泽国,诸大河同时泛决,实为十余年未有之惨灾"。"数百里间一片汪洋"。"其距河近者,田庐冲损,人畜漂流,固已惨不忍言;其距河稍远者,又因雨水积潦,田禾淹没,颗粒无收"。灾民遍地,"露宿风餐、无所栖止者有之;扶老携幼、一任流离者有之。指日隆冬,嗟彼灾民,其将何以卒岁!有心人闻之,未有不为之落泪者也"。[67]大灾发生之后,红会天津分会拟予施救。然据查勘灾情,受灾之处达44州县、7480余村。倘以每村平均100户,每户平均约3口半,每口仅按发给铜元96枚计算,就需银大约1742200余元。红会天津分会认为政府"国库空虚,筹赈已难为力",而"以如此巨款由地方自行筹措,更属力不从心"。不得已,只好向红会上海总办事处求援。10月下旬红会统一大会召开之前,天津分会代表杨宝恒、卞荫昌、刘家桢、刘孟杨4人特联名致函上海总办事处沈敦和等人,自称"敝代表等奉直隶都督之委任来与红十字会统一大会,兼协商筹赈事宜,并承顺直水灾义赈局之推举,与旅沪顺直同乡会及奉直鲁协会诸公接洽,以便广募捐资,拯救灾民之生命"。[68]

红会上海总办事处对于顺直水灾十分重视,统一大会结束后,沈敦和专程赶赴北京,商讨顺直救灾办法。[69]并"亲往顺直灾区,调查月余"。"尚有未到之处",又"请代表朱静波、姚廷薰亲历调查"。[70]返沪后,即"分电各省团体、英荷各属华侨、万国红十字会等处告急募捐。而常议员赞助团亦分头劝募,不遗余力”。并以棉衣6万套,粮食数万石暂充急赈。[71]以后继续募款进行春赈。

浙江温处的水灾发生在1912年秋天。报载“温处沉灾,为数百年来未有之浩劫”。红会副会长沈敦和“然悯之”,特发起组织救疫医院,电请前皖北救疫熟手黄子静医士负责。奈黄为步兵第三团冷司长所坚留,于是又特举陆军第一军军医司长柏栋臣医士为队长,陈士芬医士为副队长,又看护、药剂师等20余人组成救护队;同时还组织掩埋队,以沈石农为队长,“专埋沙掩水冲及暴露之尸骸”;组织查赈队,以杨柏荪为总干事,携棉衣二千数百套,白米数百石,洋银数千元,“为医赈兼施之需”。复又敦请赈务专家10余人义务组成“中国红十字会协济青田义赈局”,带旧棉衣1万余套,小包面粉2万袋,定于11月5日前往温处拯救灾民。[72]

红会对于顺直、温处两地的水灾赈济一直持续到1913年的春末。顺直因为灾区太广,上海总办事处只能以筹募的款项和物资作有限的补救;但在温处则取得较好的成效。1913年1月下旬沈敦和欢宴派往温处救赈归来的3队全体人员,称“前往温处灾区放赈救疫,活人无算,掩埋尸身得千数百具”[73]。

1914年,红会在救护山东兵灾的同时,又遇上发生在该省的一场特大水灾。水灾遍及六七县,人民的生命财产损失甚巨,“水势之大较之三年前皖灾尤烈,哀鸿嗷嗷待哺”。红会山东各分会和地方政长官纷纷来电乞赈。在9月22日红会召开的第9次常议会上,常议员们认为“应即筹募捐款,酌量放赈”,水灾、兵灾一并兼顾。沈敦和当场倡捐200元,其他各常议员如蒋曼阶、江绍墀等亦相继捐款以资赈需。[74]9月28日,沈敦和以红会总办事处的名义刊出了《急募山东水灾赈捐并新旧棉衣广告》。

为了充分掌握山东水灾情况,便于施赈,红会专门派出水灾调查员邓笠航,对受灾各县的情形进行调查。据邓笠航10月15日刊布的《鲁省水灾之调查报告》,“连日黄、掖等县百姓因避兵至潍县者络绎不绝,然值昌邑一带水势未退,遍地汪洋,其颠沛流离之状令人伤心惨目,不忍闻睹。铁路两旁尽成泽国,老幼妇女呼号之声不断于耳,自东来者均用小摇车节节而至,水灾之最甚者以胶县、昌邑、潍县为更烈,淹没已百余村。平度、高密等县次之,淹没村庄亦至数十。综计东西三百余里、南北百有余里,田园庐舍均付诸洪水澎湃之中矣。潍县东关外之广文学堂,系教会所立,亦遭波及;南门外一望皆水,该处天主堂露出水面只数英尺,主教及教士数人辟居最高楼上。现在水势虽已渐退,而砖泥房屋多遭冲坍,财产什物均漂没一空。潍城一大沙地系市集之所,骤变为一片空地,店铺数百家不知去向,店中人亦多溺毙,尸骸满路,棺木一空。北地苦寒,深秋已甚,灾后余生,既无御寒之具,又无果腹之粮,朝啼夕号,行道酸鼻,若不设法施放急赈,吾恐灾民不死于水,亦必无生全之望也"。[75]

山东赈务与别处不同。有人指称:"山东赈务之发起,原因于水灾者半,原因于日德之战事者半。"[76]此种既兵又水、兵水相连的情形无疑增加了办赈的难度。

当时办理山东赈务的团体有三:一为中国红十字会会长吕海寰在天津创立的筹赈总局;一为山东地方绅董发起的红十字会赞助团;一为上海红会总办事处。以表面观之,三者皆为红会系统,其实差别颇大。吕氏虽为红会会长,但他此时所创立的筹赈总局却"兼有督办行辕意味"[77]。红十字会赞助团虽由地方绅董发起,但发起者如张介礼(前省议会议长)、丁惟沛(将军行署参谋)、董毓梅(教育会长)、张肇铨(济南商会总理)等人却与官方联系密切。赞助团方面由于景仰吕海寰,曾几次派人赴京谋求合作。但未久便因一些细微末节而起暗潮,致不欢而散。真正在山东赈务中发挥作用的还是中国红会上海总办事处。

如前所载,红会虽已在沪筹募捐款赈济山东,但是稍后"青岛难民纷函乞赈,至有宁为他乡之犬莫作青岛之民等语"[78],所以沈敦和亲携款1万元并棉衣5000件赴鲁赶放急赈,并实地调查灾情。至鲁后,沈敦和发现灾区广大,灾民众多,"所携赈款十不逮一",当即决定进京商讨善后办法。由于沈氏"不远数千里奔走呼号于冰天雪地之中,且又自垫巨款以为之倡","至诚足以动人",终使大总统命令财政部会议特别筹划,并得陇海铁路督办施省之和交通银行行长任振采"慨然允代筹募"。[79]在往山东陆续汇寄赈款的同时,沈敦和又与中国红会顾问有贺长雄筹商,"拟与日本赤十字社协办,俾利进行"[80]。

到1915年2月份,红会赈济基本结束。据红十字会放赈员报告:山东此次兵灾水灾,被灾村庄共144处,其中最重者1547户,次重者8599户,较轻者3237户,损伤人口共177名。受灾各处"均已一律放讫"。[81]此次山东水灾赈款1.5万元,棉衣1.8万件,共合洋3.2万余元。[82]

1915年夏秋之交,全国范围内普遍发生水灾,而以广东、浙江、江西为最重。红会广泛地向社会筹募捐款,前往灾区接济。是年8月,浙江省衢州之大水淹灌开化、常山、龙游等县,灾民6万余人。被灾难民衣食无着、耕耨无望,荡析流离,凄苦万状。浙省民政长官巡按使屈映光函电红会求助。上海总办事处即派员携款2.4万余元驰赴灾区,"分别轻重,核实散放急赈"。[83]

同年秋末,江西赣江大水泛滥,平地陡涨数丈,淹没田庐无数。万安县完全被水吞没。泰和、吉安、清江樟树镇以及丰城、进贤、南昌诸县,均被水受灾,灾民亦各愈万。赣省民政长官巡按使戚杨向红会求救,红会即筹巨款并赶制棉衣运往急赈。又筹巨款在灾区以工代赈,"修筑堤圩,俾图永安之策"。[84]

1916年夏末秋初,江苏、安徽又发大水。据载:"自江淮一带,上而豫之固始、光县;皖之阜阳、颖上、霍邱、寿县、凤台、怀远以迄于临淮、五河、盱眙等县,汪洋千里,一望无际,而沿村庐舍、大地禾黍,悉浸入洪涛骇浪之中,累累浮尸,触目皆是,甚者森森树木,竟如沿岸芦柴飘摇水面,孑余穷黎,无家可归,无食可觅,类却穴山巢树,露宿风餐,号哭之声,昼夜不绝。"[85]受灾各县的电报,不断发往红会上海总办事处,请前往赈救。安徽省省长倪嗣冲亦屡次来电催促。[86]8月13日,红会上海总办事处登出《救募江皖水灾急赈公启》,沈敦和首先捐洋1百元以为之倡,捐款者十分踊跃。其中盛宣怀之子特捐2万元公益彩票专救皖灾。红会还与旅沪安徽同乡会组织的安徽义赈会联合办理江皖救灾,于9月17日组织联合会干事部,沈敦和、余诚格、李经方担任干事部长。[87]该联合会在救护江皖水灾中起了至关重要的作用。

1917年夏秋,皖北大水,数十县人民被灾。红会仍会同上年所组织的安徽义赈会联合办理灾赈,举沈敦和、余诚格、李经方为联合会会长。派员赴灾地勘查灾情并施放急赈,使10余万灾民受惠得救。[88]

同年夏秋,顺直又发大水,比1912年的灾情更为严重。红会先后在天津杨柳青、石家庄、徐北、文安、东光、沧县施放急赈,后又续放冬赈。共计散放赈款11.2万余元,棉衣10.4万余件,共合洋22万有奇。[89]顺直的赈济持续到第二年的春天。

1918年5月下旬，湘省“大雨连降，平地水深八尺，长沙、醴陵、株洲、宁乡、湘阴、湘潭各县皆成泽国”。“家舍漂摇，牲畜殆尽”。红会从6月4日起即登报劝募捐款，并筹垫洋2.5万元拨交长沙分会赶速查放急赈。[90]其时湘人熊希龄亦电请红会汉口分会赈济湖南。汉口分会以灾情不仅湖南一处，“即鄂省西边一带，亦遭惨痛”，经与汉口总商会、汉口慈善会联合，“决定组织两湖义赈会，以示湘鄂统筹兼顾之意”。[91]因为当时湘省是兵灾与水灾两相赈济，红会上海办事处还专门组织了湘赈干事部，多次汇寄款项物资，助湘省灾民渡过难关。

1919年8月，“湖北各属大水成灾”，红会上海总办事处即电“湖北各属分会调查实况以凭散放”。并请南洋烟草公司先行“筹垫洋一万元汇鄂，以应急赈”。[92]

是年，江苏、浙江、安徽亦同时发生水灾，红会乃与上海各界慈善团体合办赈济。

1920年7月，湖北沙市再闹水灾，8月31日，沙市分会电上海总办事处求救。总办事处得电后募款赶办急赈。

同年秋直、鲁、豫、陕、晋发生特大旱灾，其灾情较之1917年的顺直水灾尤甚。灾区广约9万平方英里，饥民达3500万人。据估计，欲办此赈济，最少“亦须有二万万元”。[93]红会尽自己的最大努力，派遣救济队数支开赴灾区，并开设诊疗所3处：北通州临时诊疗所、保定临时诊疗所、大名临时诊疗所。各所每日诊治灾民甚多并施种牛痘。此外，红会并在上海筹募捐款和救灾物资，计款数万元、棉衣数千件交由北京总会转给各慈善团体联合组成的“国际统一救灾会”统一散放。[94]

1921年夏、秋，红会赈救安徽、江苏、湖北、浙江4省水灾。主要是汇去赈款，间派医队与寄药品。7月20日，由上海总办事处汇洋5000元并汇空白照章20份由分会征收会费；7月25日，汇安徽正阳洋500元；8月19日，汇安徽寿县洋500元，又于10月组织医队前往疗救疫病；8月19日，汇安徽太和洋500元；8月间，寄安徽泗县空白照章40份，由分会劝募会费以充赈济；寄江苏建阳洋500元，空白照章50份并为该处登报募捐；寄湖北樊城洋500元；寄浙江宁波洋500元；10月，寄江苏阜宁空白照章30份；11月，寄常州水灾药品;12 月,寄江苏盐城洋 500 元。是年红会上海总办事处还赈济湖南耒阳、平江两处旱灾。8 月 30 日,给湖南耒阳寄洋 500 元,空白佩章凭照 10 份;寄平江洋 500 元,又空白佩章凭照 20 份。[95]

1922 年,红会上海总办事处再次救护浙江温处水灾兼风灾。于 9 月 23 日派救护队携带药品前往。是年,还派医队前往广东南海、汕头、澄海、番禺各县救护水灾,当地的分会积极配合施救。红会还向政府提议,请拨汕头附税 10 万元充赈款,得到允准。

1923 – 1924 年,红会上海总办事处或汇款,或寄棉衣、赈粮,或收容难民,先后对湖南沅江、河南汜水、安徽颖上、奉天安东、河南南阳等地的水灾实施了救护。

2. 其他各灾的救护

这里所讲的其他各灾是指风灾、震灾、火灾、疫灾、荒灾等。

1915 年 7 月 27 日夜,沪上东北风大作,延至 28 日仍未减弱,吹倒树木房屋不计其数。红会上海总办事处当即派队分赴受灾各处救护,并携带粮食、药品到各处散放。计设立平粜局 2 所,酌给各茅棚之倾覆者每棚 4 元。[96]从 8 月 2 日开始,一连 3 日散放急赈。据载第一天受赈灾民便达 4000 余口。[97]

1918 年 2 月 13 日,广东潮、梅各属"惨遭地震,房屋圯塌十之六七,而人民死伤尤不可胜数"[98]。潮梅镇守使刘志陆 2 月 18 日即电红会上海总办事处求助。沈敦和于 21 日一面拨垫银 2000 元赶汇刘镇守使先放急赈,一面电嘱汕头分会调查详细灾情,并设法劝募,冀集有巨款,以谋善后。[99]26 日,沈敦和以上海总办事处的名义向外刊发募捐广告。[100]

同年入秋以来,浙江省宁波、绍兴等地发现一种时疫。该疫十分剧烈,"初起时类似伤风,如带咳嗽,命尚可延,否则一经腹泻,旋即毙命"。地方固无良医,又无病院,遇到此症,只有"坐以待亡"。当时宁、绍地方,便出现"一村之中十室九空;一家之中十人九死"的现象。死者之中以贫苦之户最居多数,"哭声相应,惨不忍闻"。"自发现是役以来,死亡人数已占百分之十,棺木石板,所售一空,枕尸待装,不知其数"。[101]10 月 24 日,红会派医队携济生会所制"济生丹"3000 瓶前往医治。[102]该医队以王培元为总干事,至浙后计分 4 组:一至上虞,治愈 2000 余人;一至余姚,治愈 1987 人;一至湖州,治愈

1200人;一至宁波,治愈1000余人。[103]其时,安徽祁门也患时疫,"症初则乍寒乍热,继则头痛咳嗽,死亡相率"。祁门公益维持会致函红会上海总办事处求救。沈敦和接函后,遂寄去"济生丸"100瓶,"避疫丸"200粒,又《防疫方法说明书》1份。[104]

1920年9月中旬,浙江南浔"霍乱盛行,死亡日众"。红会南浔分会9月15日致电上海总办事处,请"速组临时救疫队莅浔施救"。总办事处接电后,当天即调北市医院徐兆蓉医士率同救护员崔希漠、李耐雷、张妙兴及工役人等,备齐药料用品,附轮前往南浔施救。[105]

1921年12月12日,上海闸北大火,被灾者多系贫民,红会迅即散放急赈,分给银元棉衣,又登报劝募款项,从事一切善后事宜。[106]

1922年3月下旬,上海虹口分水庙及胡家木桥两处发生火灾。起火后因风势狂猛,灾事剧烈,沪上中西救火车数十部迅即赶来施救,将火扑灭。是役被灾各户,分水庙计共77家,男女大小341口;胡家木桥共103家,男女大小477口。红会上海总办事处按名逐一放赈,共计发放现银2000余元。[107]

该年夏秋,上海总办事处还派蚌埠分会组织医队救治皖北亳县、涡阳县等处霍乱疫症。[108]从该年底至次年底,红会河南北宛、汝郏、许昌、灵宝、南宛、洛宁、襄城与安徽阜阳、蚌埠等分会救赈当地匪灾。各分会或派救护队或设粥厂拯救灾民,并设义冢掩埋死者。[109]

1923年2月,红会河南南宛分会救助当地荒灾。5月至6月,红会上海总办事处派出救护队救护山东临城劫车事件。是年5月6日,大股土匪于津浦路沙沟至临城段劫持火车上人质多名。红会获悉后即电交通部拟选派医队前往临城、枣庄一带驻扎以资救护。5月28日,红会救护队在山东中兴煤矿建一新医院,救护难民,于6月18日结束救护返回上海[110]。8月,红会上海总办事处会同澄海分会(即岭东分会)救护潮汕"八·二"风灾。[111]9月,红会贵阳分会救赈当地时疫。[112]

是年12月,红会上海总办事处救护苏州阊门外横马路火灾。理事长庄录派职员赴苏调查灾情,拨棉衣400件救助。[113]

是年红会四川灌县分会急赈该县小南门街大火;又红会西安分会救赈本地荒灾。[114]

1924年1月,红会上海总办事处救赈上海闸北邢家大火。湖北枣阳分会救赈当地匪灾,樊城分会协助救赈。蚌埠分会救治皖北蒙城一带疫灾。3月,江苏涟水分会救治当地天然痘、喉痧、鼠疫等症。广东顺德分会救护大南沙风灾。重庆分会救赈当地火灾。4月,郫县分会赈济当地火灾灾民。[115]

1928年,红会救赈安徽六安匪灾。[116]

3. 平时的各项救助

中国红会作为一个专门性的慈善机构,除了对上述各种天灾人祸进行救赈外,在平时,也本着人道主义精神,积极开展医疗、卫生、赈济等多种社会公益事业。简言之,有以下数项。

1. 经年开办医院,救死扶伤,救治时疫,施种牛痘。民国初年,红会上海总办事处所辖医院计有5所:徐家汇总医院、南市和北市院。红会依靠这些医院,对当地居民救死扶伤,一般只取药费不取医资,对贫困者则分文不取。所以每年红会各医院不但不能盈利还需募捐维持。红会医院除医治病人,还办理两项业务。一是每年秋医治时疫,尤其是红会时疫医院专司此职,每年夏至开办,秋分停诊。二是施种牛痘。规定每年的春秋两季施种,不取分文。红会对此项工作相当重视,副会长沈敦和曾一连几年在报上刊登启事宣传用新法接种牛痘,以改善和增强人民体质。

2. 自愿为一些公共活动提供救护、医疗和卫生服务。例如1914年6月,江苏省为筹备赴巴拿马赛会举办展览会,红会即以"现当夏令,天气渐热,正疫疠发生之际。会场观览人多,自宜注意清洁",故派员驻会,并招募工役时常洒扫,喷施防疫药水。[117]1915年5月,上海举办远东运动会,沈敦和考虑会有"跌伤情事",即派救护队加入该会"以备不虞",连续几天治愈受伤运动员多名。[118]1924年4月,上海平民教育社在租界举行游行运动,红会派出救护队前往,救护十数人,受到平民教育社的赞扬。

3. 救护日常交通事故。1922年11月10日,红会总办事处发出《救护马路上车辆伤人通告》,内称:"上海为万国通商巨埠,中外官绅以及士商人民居留南北两市者,不下数百万,终日车驰马骤处处往来,俨如梭织,行人稍不留意,时被撞倒,轻则压伤,重则立毙……嗣后各路如有行人被汽车、电车、马车、人力车撞跌者,无论受伤轻重,当事者或不免惊惶无措,本会总办事处特组织救急队常驻会中,务请沿途商号、居户人民,随时电话通知。"[119]

4. 每年临届年关,赈济贫民。近代中国社会贫民极众,每到年关,贫民往往缺衣乏食,难以卒岁。中国红会总会往往在年节前准备各种米粮食品施放冬赈,以惠灾黎和无告之民。另外,红会吴淞防疫医院还允各埠入沪尸柩常年停放,既方便他人又防止疫病。

上举红会历年经办之突发性和平时性救赈工作,以红会上海总办事处活动为主线,各地分会业务与总会大致相同,故不赘述。

民国北京政府时期,人民多灾多难,社会百孔千疮,各种不可抗拒的自然灾害(包括水、旱、风、震、火、疫、荒各灾)与人为的社会灾害(包括兵燹、匪患等等),严重地困扰着当时的社会和民众。这些灾害的发生,在很大程度上是军阀政治的黑暗腐败所造成的。政府既然充当了战争的元凶与灾祸的制造者,因此很难指望它能安定社会与救助人民,实际上它也无力承担这一重任。

与此形成鲜明对照的是,以中国红十字会为代表的民间慈善团体与个人在相当程度上担负起了安定社会与救助人民的重任。政府制造灾祸,民间救灾办赈,成为民国北京政府时期的奇特现象。中国红十字会是当时最大的民间慈善救护团体,它不仅在战争中救护伤兵难民,对于平时发生的各种自然灾害也一体救助。此外,还采取各种公共卫生防护与服务措施,免费为下层贫困者施医赠药,治病疗伤。中国红十字会的种种慈善救护与赈济活动,发挥了巨大的作用,我们完全有理由说:慈善也是一种社会动力,是调节社会不可缺少的手段。

(刊《近代史研究》2000 年第 6 期)

注　释

1 中国红十字总会编:《中国红十字会历史资料选编》,南京大学出版社 1993 年版,第 280 页。

2 《红会紧要会议》,《申报》1913 年 7 月 20 日。

3 据《申报》有关报道与《中国红十字会历史资料选编》第 294 - 305 页资料综合。

4 《中国红十字会临时通告二》,《申报》1913 年 7 月 25 日。

5 《中国红十字会临时通告二》,《申报》1913 年 7 月 25 日。

6 《中国红十字会临时通告》,《申报》1913 年 7 月 26 日。

7 《吴淞炮台就降捷报》,《申报》1913 年 8 月 14 日。

8 据 1913 年 8 月 8、13 日《民立报》综合。

9 《中国红十字历史资料选编》,第305页。

10 《张家口伤兵待救》,《申报》1913年11月30日。

11 《红会第七次常议会纪事》,《申报》1913年12月2日。

12 《西北救护医队出发》,《申报》1913年12月9日。

13 《急募张家口救护善捐广告》,《申报》1913年12月11日。

14 《张家口救护医队之报告》,《申报》1913年12月30日。

15 《中国红十字会历史资料选编》,第462页。

16 《救济兵祸之急迫》,《申报》1914年2月4日。

17 《红会救护之困难》,《申报》1914年2月24日。

18 《红会救护之困难》,《申报》1914年2月24日。

19 《劝捐公启》,《申报》1914年3月14日。

20 《急募皖豫两省匪灾赈款启》,《申报》1914年4月12日。

21 《中国红十字会历史资料选编》,第462页。

22 《六霍放赈员回沪》,《申报》1914年6月1日。

23 《急募皖豫两省匪灾赈款启》,《申报》1914年4月12日。

24 《红十字会纪事》,《申报》1914年8月25日。

25 《红十字会启事》,《申报》1914年8月22日。

26 《救护队开往平度之电音》,《申报》1914年9月21日。

27 《红十字会医队出发》,《申报》1914年9月13日。

28 《红十字会医队出发》,《申报》1914年9月13日。

29 《红十字会纪事》,《申报》1914年9月6日。

30 《红十字会在鲁消息》,《申报》1914年9月18日。

31 《中国红十字会历史资料选编》,第463页。

32 《红十字会之审慎》,《申报》1916年2月12日。

33 《中国红十字会总办事处沈仲礼启事》,《申报》1916年3月7日。

34 《红十字会募捐通函》,《申报》1916年3月12日。

35 《中国红十字会总办事处沈仲礼启事》,《申报》1916年3月7日。

36 《中国红十字会急募兵灾救护经费》,《申报》1916年2月15日。

37 《中国红十字会总办事处沈仲礼启事》,《申报》1916年2月15日。

38 《红十字会募捐通函》,《申报》1916年3月12日。

39 《中国红十字会敬募川湘鄂粤兵灾救护伤兵济渡银经费启事》,《申报》1918年2月6日。

40 《红十字会湘赈进行》,《申报》1918年7月28日;《中国红十字会急募湖南兵灾捐款》,《申报》1918年7月31日。

41 《本地设法赈救湖南耒阳奇灾》,中国红十字会总办事处编:《慈善近录》,1924年刊行,第24页。

42 《北京红十字会附设妇孺救济会简章》,《顺天时报》1920年7月21日;《女红十字会妇孺救济会纪事》,《顺天时报》1920年7月22日。

43 参见《慈善近录》,第43－46页。

44 参见《慈善近录》,第29－35页。

45 《中国红十字会总办事处去电》,《慈善近录》,第27页。

46 《保定分会来电》,《慈善记录》,第28页。

47 《赤水分会报告救护黔战详细情形函》,《慈善近录》,第25页。

48 《洪江分会救护兵灾来函》,《慈善近录》,第25页。

49 《张部战事之救护》,《申报》1925年12月6日。

50 《驻昆红会救护纪》,《申报》1924年10月4日。

51 《地方通讯》,《申报》1924年9月14日。

52 《昆山红十字会救护情形》,《申报》1924年9月12日。

53 《红会之救护消息》,《申报》1924年9月4日;《救护伤兵与难民》,《申报》1924年9月8日。

54 参见《慈善近录》,第107－109页。

55 参见《慈善近录》,第56－105页。

56 《松沪丁卯兵灾善后救济会贷款局缘起》,《申报》1927年4月2日。

57 《汉口红分会救护战事之报告》,《申报》1926年9月13日。

58 《粤闽军讯》,《申报》1926年6月19日。

59 《汉口红会掩埋信阳积尸情形》,《申报》1926年3月30日。

60 《红会报告救护辽州之经过》,《申报》1926年1月13日。

61 《红会昨赴龙潭继续埋尸》,《申报》1928年2月23日;《掩埋龙潭尸骨之报告》,《申报》1928年2月28日。

62 《红十字会消息汇志》,《申报》1927年9月10日。

63 《红会收容伤兵统计》,《申报》1927年9月15日。

64 《红总会昨又派救护队赴镇江》,《申报》1927年8月31日。

65 《红总会昨又派救护队赴镇江》,《申报》1927年8月31日;《红十字会消息汇志》,《申报》1927年9月10日。

66 《红会救护队今日出发》,《申报》1927年8月20日。

67 《红十字队员救灾热》,《申报》1912年12月12日。

68 《顺直乞赈函》,《申报》1912年11月11日。

69 《顺直乞赈函》,《申报》1912年11月11日。

70 《红十字会定期欢宴队员》,《申报》1913年1月24日。

71 《红十字会温处赈务纪》,《申报》1912年11月5日;《红十字会定期欢宴队员》,《申报》1913年1月24日。

72 《红十字会之筹赈忙》,《申报》1913年1月12日。

73 《报告灾区惨状》,《申报》1913年1月16日。

74 《山东赈务之枝节》,《申报》1914 年 11 月 10 日。

75 《鲁省水灾之调查报告》,《申报》1914 年 10 月 15 日。

76 《红十字会常议会纪事》,《申报》1914 年 9 月 24 日。

77 《红会沈副会长报告办赈情形电》,《申报》1915 年 1 月 21 日。

78 《红十字会筹赈之进行》,《申报》1915 年 1 月 18 日。

79 《中国红十字会谨募青岛兵灾善后济度妇女急赈》,《申报》1915 年 1 月 11 日。

80 《山东赈务之枝节》,《申报》1914 年 11 月 10 日。

81 《中国红十字会敎募江皖水灾急赈》,《申报》1916 年 8 月 13 日。

82 《中国红十字会历史资料选编》,第 464 页。

83 《中国红十字会历史资料选编》,第 463 页。

84 《中国红十字会历史资料选编》,第 463 页。

85 《红十字会放赈报告》,《申报》1915 年 2 月 17 日。

86 《组织两湖义赈会》,《申报》1919 年 6 月 27 日。

87 《中国红十字会敬募湘省水火刀兵之急赈》,《申报》1918 年 6 月 4 日。

88 《中国红十字会历史资料选编》,第 466 页。

89 《中国红十字会历史资料选编》,第 466 页。

90 《中国红十字会安徽义赈会通告成立谨募急赈》,《申报》1916 年 9 月 20 日。

91 《皖省待赈孔亟》,《申报》1916 年 8 月 25 日。

92 《中国红十字会历史资料选编》,第 475 页。

93 《筹赈声中之面面观》,《申报》1920 年 10 月 4 日。

94 《红十字会筹办鄂赈》,《申报》1919 年 8 月 26 日。

95 《中国红十字会历史资料选编》,第 464 页;《中国红十字会筹办上海风灾贫民急赈募捐广告》,《申报》1915 年 7 月 29 日。

96 《中国红十字会历史资料选编》,第 476 - 480 页。

97 《红会拨垫地震赈款》,《申报》1918 年 2 月 23 日。

98 《沪滨大风记》,《申报》1915 年 8 月 3 日。

99 《安徽祁门报告患疫》,《申报》1918 年 11 月 7 日。

100 《中国红十字会历史资料选编》,第 468 页。

101 《红十字会纪事三则》,《申报》1918 年 10 月 25 日。

102 《绍属时疫剧烈之来函》,《申报》1918 年 10 月 19 日。

103 《中国红十字会敬募广东潮梅地震急赈》,《申报》1918 年 2 月 26 日。

104 《红会拨垫地震赈款》,《申报》1918 年 2 月 23 日。

105 《慈善近录》,第 53 - 93 页。

106 《亳县知事谢救疗来函》,《慈善近录》,第 40 页;《涡阳县公署留蚌埠分会救疫团来函补录》,《慈善近录》,第 47 页。

107 《中国红十字会总会总办事处放赈上海虹口分水庙及胡家木桥两处火灾》,《慈善近录》,第21页。

108 《中国红十字会历史资料选编》,第480页。

109 《红会医士赴南浔》,《申报》1920年9月16日。

110 《中国红十字会总办事处敬谢》,《申报》1928年10月9日。

111 分见《慈善近录》第150、152、155、153、168、170、172、175页。

112 《中国红十字会历史资料选编》,第489页。

113 《专助苏州阊门外火灾贫民棉衣四百件》,《慈善近录》,第139页。

114 《贵阳分会医疗所救护时疫》,《慈善近录》,第110页。

115 《中国红十字会总办事处会同澄海分会救潮汕灾》,《慈善近录》,第82页。

116 中国红十字总会总办事处编:《中国红十字会救护临城车劫记事本末》,1924年刊行,第1-9页。

117 《中国红会救护车辆伤人之通告》,《申报》1922年11月11日。

118 《红会组织运动会场之救护队》,《申报》1915年5月21日。

119 《展览会已开幕矣》,《申报》1914年6月1日。

二十七　沈敦和与中国红十字会

前　言

近十年来，中国红十字会研究取得突破性进展，一批颇有学术价值的论著相继问世，尤以 Reeves、周秋光、池子华、张建俅等人的研究成果最为引人注目。[1] 尽管这些相关论著在论述中国红十字会的创立及发展情形时，对于其创始人沈敦和、施则敬、盛宣怀和吕海寰等人的活动都有所揭示，然而又多语焉不详，缺乏深入细致的、系统全面的专门研究。或许，这与研究资料零散、收集不易有关。目前，可资利用的仅有清末出版的一本介绍性小册子，[2] 然也只能略知沈氏的身世，对其创建中国红十字会亦未详载。另外，沈敦和主持中国红十字会会务十余年也没有留下相关文集。这就给研究带来了很大困难。因此，本文研究主要以《申报》及红十字会档案为主要史料，勾沉爬梳，试对沈敦和与中国红十字会的关系作一全面勾勒。本文除前言、结论外，主体部分共有两节，分别探讨沈敦和在清末时期参与创建中国红十字会的前后历程、民国初年执掌会务后推动中国红十字会发展的举措，进而揭示出沈氏对中国红十字会创立和发展所作的贡献。

在讨论之前，先略微介绍一下沈敦和的身世、生平，甚有必要。沈敦和(1866－1920)，字仲礼，浙江宁波人，出身于茶商家庭。其父沈雄曾充崇厚文案，随之办理五口通商事宜而始迁居上海。沈父十分重视敦和的早期教育，曾延师教习英文，及长又送之游学英、美等国。沈敦和曾肄业于英国剑桥大学,回国后因办理美国传教士江宁租地案深得两江总督刘坤一的赏识,由此进入仕途。而后,在维新运动期间,沈敦和任江南水师学堂提督、吴淞口自强军营务处总办,协助刘坤一、张之洞在宁沪两地办理交涉、练兵各项洋务。20世纪初,任上海记名海关道。由于沈氏曾留学英美,又办理洋务多年,具有与外人交涉的丰富经验,在官场亦颇有名望,清末时人视之为"江南第一红道台"。[3] 由于沈敦和的籍贯、家世背景及其个人资历、能力,他在上海与江浙商人、外籍人士和官府均有相当熟络的人脉,易与后三方取得联系,获得他们的支持。这就为清末民初沈敦和登上慈善界舞台创设中国红十字会并执掌、发展其会务提供了有利的社会活动空间。

(一)清末:创设红会,筹谋发展

1.酝酿东三省红十字普济善会与上海万国红十字会,赈济东三省难民

中国红十字会组织酝酿于19世纪末甲午战争期间,通过舆论宣传与实践尝试并重,有着悠久慈善传统的中国社会对红十字会已开始由陌生转向认同。日俄战争爆发后,创办中国红十字会的呼声在沉寂数年之后再次响彻于朝野上下。

1904年2月,日俄两国在中国东三省开仗,战火迅速蔓延。交战双方伤兵悉由两国的红十字会救护,唯有我同胞在枪林弹雨之中迁徙流离,饱受摧残。有鉴于此,上海记名海关道沈敦和、前四川川东道任锡汾、直隶候补道施则敬等人义愤满怀,"拟援万国红十字会例,力筹赈救北方被难民人之策"[4],决定联络同志,发起成立救济善会。1904年3月3日,沈敦和、施则敬、任锡汾、曾铸等22人聚集于上海英租界仁济善堂集会开东三省红十字普济善会成立大会。会上,沈敦和首先简要介绍国际红十字会的基本情况,随后众人讨论筹设该会事宜,最终议决"特先筹垫十万金,……延请中西大善董就近开办。在沪设立总局,专为筹款之所,另设分局于京津,招留救援出难之人,以期一气贯注救之之法。凡在北方之南人,既必一一救回,而本地居民,亦必扶同出险,赈抚兼施,医药互治,用符西国红十字会之本旨"。[5] 同日,创会同人在上海《申报》刊出《东三省红十字普济善会章程并启》,以便让

外界对它有所了解。该《章程并启》共 39 款，对于该会成立的缘由、宗旨、运作办法和思路、组织构架和其他各有关方面作了详细的阐明。[6]3 月 5 日，《申报》刊发一篇论说，希望东三省红十字会能成为中国红十字会的先声，尽早成立中国红十字会，在日俄战事结束后能够继续办理下去，成为常设组织，并获得国际红十字会的承认；主张“仿效日本章程，变通尽善，首设医学校，教以泰西疗疾医伤诸技术……，次筹常年捐款，积之于平日，庶免取办于临时”。[7] 舆论的鼓吹与战局形势的演变，也迫使东三省普济善会改弦更张。因为，东三省红十字普济善会仍冠“善会”二字，即表明它尚未脱离传统善堂善会模式，还不是真正意义上的红十字会。然既以“红十字”相号召进行战地救护，就须求得国际红十字总会同意使用其徽帜，而当时中国政府并没签署日内瓦公约，自然还不属其中一员，刚成立的东三省红十字普济善会的难民救济行动也就遭到交战国的阻挠，“徒以事权不属，办理为难”[8]，“即假其名，难得实际”[9]。在此情形之下，沈敦和等人只好寄希望于国际协助，以中外合办的形式创设红十字会会。此时，恰好原在东三省的外国传教士因避兵灾群集牛庄，沈敦和遂想借助教会力量来开展救护，于是前往广方言馆同李提摩太商议。李十分赞同，即“电询牛庄教士可否助救难民，旋得复电，允向前施救且愿效力者甚众”。[10]同时，在获得商约大臣吕海寰、盛宣怀与会办电政大臣吴重熹等人的赞同、支持后，沈敦和还进一步通过李提摩太与英、德、美、法等四国驻沪领事、官员取得联系，“各国官商及总董以战祸方殷，慨允在上海设立万国红十字分会”[11]。这样，沈敦和等上海绅商决定舍东三省红十字普济善会而另谋创设万国红十字会，试图借国际公法迫使日、俄两国同意中方以红十字会的名义进入战地实施救护。[12]

1904 年 3 月 10 日，中、英、法、德、美五国人士在上海英租界公共工部局召开会议，商讨成立“上海万国红十字支会”。一开始李提摩太即申述成立此会的缘由，接着由沈敦和报告东北难民遭遇惨状，亟需救援，希望各国人士能合力举办，最后讨论通过董事及办事董事名单。成立大会上，众推选西董 35 人，华董 10 人，沈敦和与施则敬、朱佩珍等即名列其中；又推举办事董事 7 人，其中华董沈敦和、施则敬 2 人和李提摩太等西董 5 人。[13]次天，沈敦和、施则敬诸华董在上海盆汤弄丝业会馆开会，商议会务及救护事宜。与会华董商定先行筹垫白银五万两作为启动经费，然后电请各省拨助捐款，并着手“刊印捐册，分寄各省”，而“英、法、德、美各官商亦当另设会所，筹募洋款”。[14]3月17日，上海万国红十字支会召开中西各办事董事会议，巴伦、李提摩太、沈敦和、施则敬等七人出席。此次会议，将组织名称正式确立为“上海万国红十字会”，决定由李提摩太、沈敦和主持日常会务，商请汇丰银行经办往来帐目结算，并公举工部局学堂李杰为书记官，专司文牍。会上，还增补任锡汾为办事华董。

为了尽快募集捐款，3月29日，由吕海寰领衔，沈敦和、任锡汾、施则敬等人联署，向全国各省发出《劝募筹款救护东北难民通电》（即元电）。该通电宣称上海万国红十字会已获政府承认，希望社会各界积极支持，开展赈济救护工作。元电发出后，各省督抚大员纷纷来电来函响应，愿意捐款或先行垫款。函电还对上海万国红十字会的善举大为赞赏，或云“创立红十字会，救护被难华人，鼎力宏愿，为德为民，裨益大局，佩服无量”[15]；或云“倡办善举实为救急良法，钦佩殊”。[16]上海《申报》馆还专门组织“协赈所”，频刊《劝捐万国红十字会经费启》，动员“寰中义士，海内仁人，各解囊金，拯民水火”。[17]沪上各善会及报刊也纷纷发布文告公启，倡导社会民众从各方面援助红会工作。这些助赈宣传收到了良好效果，在短期内就募集到相当的救济款项，并加深了国人对红十字会事业的了解并踊跃投身于其中。

当然，对于红十字会的设立，清政府也暗中起了推动作用。在筹设之初，清政府曾谕令吕海寰、盛宣怀、吴重熹、杨士琦等官员与上海官绅商议，由此他们也曾与闻其事，予以若干协助。这就使得沈敦和与李提摩太等中西合办上海万国红十字会进展十分顺畅。

上海万国红十字会成立后，就积极筹募资金，购置救济用品，并准备“所有附近战地之紧要地方，由总董会义遴延中西绅董，缮给凭信，前往添设分会”。[18]很快，上海万国红十字会在营口设立了最早的分会，亦即牛庄分会。接着，为便于东三省难民乘民船潜渡又设立烟台分会。随着战争的发展、战线的转移，又“电商营口同知谈国桓、英教士魏伯诗德，在辽阳、沈阳、开原、铁岭、安署河、吉林、沟帮子、新民屯等处的中西官绅教士，或就医院，或附铁道，设立分会”[19]。与此同时，上海万国红十字会中西会董沈敦和、李提摩太还遴派出张庆桂等人前往东三省，与外国传教士分头办理具体的救护事宜，并“辗转筹设医伤救难之法，以副中国圣旨、英法德美同心联合、特行创办之义举”。[20]这些分会在战地救护、难民安置、生产赈济等方面，发挥了重大作用。据统计，至1905年9月日俄战争结束，各地先后被救济的难民总数达46万7千多人[21]，其中受赈者20多万[22]。战争给东三省民众带来了沉重灾难，而上海万国红十字会应时诞生并积极进行救护和赈济，又减轻了众多难民的痛苦。在难民救济中，沈敦和偕上海万国红十字会同人全力以赴，众志成城，救护赈济并举，业绩显著，博得了社会各界广泛的称誉。

2. 筹建红十字总医院和医学堂，培养红会医护人才，参与疫病救治

日俄战事救护结束后，上海万国红十字会的使命宣告完成，中国人自办红十字会遂提上了议事日程。

1907年，商约大臣吕海寰、盛宣怀向光绪帝上《沥陈创办红十字会情形并请立案奖叙折》。在奏陈创办上海万国红十字会经过及请奖之余，更趁机希望清廷筹办中国红十字会，拟“一面参考日本初创赤十字社情由，与西董订明，先就中国自筹之款酌拨以为基础，兼仿瑞士总会真奈瓦地方之意，在上海购地，采取各国医院、学堂、医船、医车之式样，筹措经费，次第仿办。另选聪颖华童，一面在沪附设医学堂，一面出洋学习会医，考求会医与军医之如何区别，本国看护人之如何储备招致，务期悉臻详备，以结万国红十字会之会局，即以巩中国红十字会之初基”，并请“敕部立案”。[23]清廷虽表赞允，但并未即刻恩准，而是降旨“著徐世昌查明具奏”[24]。次年1月，徐折呈上，亦极力称颂创立中国红十字会的计划，然对于如何办理红十字会并无具体意见。1910年1月，吕海寰、盛宣怀与吴重熹三人再次上奏，并酌拟中国红十字会试办章程六条附呈。奏折一再强调此时设立中国红十字会之必要：“惟念中国与友邦联合成会，得此基础，颇费艰难，似宜设法保全，俾无失坠。”“中国暨设此会，又值海军新立，陆军已有成效之时，允宜及早规划完备”。并请求清政府：“惟会务头绪繁多，关系中外交涉，可否简派大臣作为会长，以昭郑重。如蒙俞允，即由会长督率该董等妥为筹办。”[25]接到三人联名会奏后，清廷随即予以采纳，并于2月27日颁旨盛宣怀为中国红十字会会长。[26]随后，盛宣怀以中国红十字会遵旨筹设，奏请添铸“大清帝国红十字会”关防，以示郑重。6月5日，“大清帝国红十字会”关防正式启用。[27]此时，朝野对吕、盛所提出的红十字会章程及清政府欲将红十字实行官办的做法，纷纷表示不同意见。1911年10月30日，总董沈敦和致吕海寰的一通电，即表明了上海

方面甚为不满的态度:“沪红十字会系民捐民办,……上年夏钦派盛宫保为会长,并拟改名大清红十字会,当经敦和力陈利害,案大清红会复归陆军部筹办,如遇战事,仅止随本国军队后救伤,与和等所办瑞士缔盟、万国承认之中立红会宗旨不同,且沪会系募中外捐款而成,殊难归并。”[28]清政府虽然更改了中国红十字会名称,但设立分会、推广会员等各项会务却无从展开,又因沈敦和及上海方面的抵制,所谓官办“大清红十字会”实际上形同虚设。

相对于清廷官方毫无切实举措的迂谈空言与纸上任命,沈敦和在上海推动中国红十字会成立及发展所需设施的建设取得了明显成效。上海万国红十字会结束后,沈敦和便从长远目标筹划,为中国红十字会的正式开办作了一系列的充分准备。

第一,购地修建会所、医院和学堂。1908 年,经吕海寰、吴重熹奏请清廷,沈敦和即利用上海万国红十字会余款,在上海徐家汇购地 11 亩多,请来技师工匠,设计图样,大兴土木,开始施工建筑中国红十字会的总医院、学堂与会所。经过一年多的规划、施工,到 1910 年 4 月,红十字会总会医院及其附设医学堂在上海徐家汇竣工落成,皆为西式建筑。总医院设解剖房、爱克司电光房、配药房、储药房、发药房、化学房、病房、议事厅、殡殓所等,“一切特别房间、仪器、无不齐备”[29]。而医学堂内有学生讲堂、寄宿所、膳堂等,精美适用。这样,红十字会就有了自己的活动场地,于是会所暂设总医院,由沈敦和任总董,开始购置药品、医疗器械、教学设备,并延聘著名西医柯师、峨利生、亨司德和王培元四人担任医院内外各科医师与学堂教员。总医院是大清红十字会的大本营,但它偏处郊区,宜于养病而不便于施诊。1910 年底,沈敦和与各会董商议后决定在英租界内另设分医院,与中国公立医院合办,经费分担,名之为“中国公立大清红十字会分医院”,董事为沈敦和、任锡汾、施则敬。此后,为便于城厢南部的居民就医,又于沪南十六铺设立了南市医院,并把在英租界的分医院作为北市医院。南北分医院主要诊治普通疾病,遇有疑难病症则送往总医院。

第二,培养医学人才。在着手购地建医院和学堂的同时,1908 年 8 月,沈敦和还以中国红十字会名义在《申报》刊登招考医学生广告,称本会系各省官商捐助并蒙朝廷发帑兴办,拟招收 15 - 18 岁聪颖子弟十名,因医院校舍尚未造竣暂附读于同济德文医学堂;八年卒业,在读学费、膳费由会提供津贴，“卒业后任凭充红十字会医员”。[30]概言之，沈敦和已长远计，着眼于培养医学人才为红十字医院救护服务了。及至1910年春红十字会总医院和医学堂竣工，5月3日，沈敦和与同人即正式以大清红十字会医学堂的名义刊登告白，开始招收新学堂第一期医学生。次年1月19日，医学堂发布第二期招生广告。除培植医士，中国红十字会还设立护士学校，训练看护妇。通过开办医院学堂和护士学校，培养出许多优秀的医学人才，基本解决了中国红十字会救护医务人员短缺的问题，并在以后的救护中积极发挥作用。

第三，开展施医赠药、救治时疫等慈善活动。红十字会的宗旨是“战时扶伤拯弱”、“平时救灾恤邻”。由此，除了施医送药培养医务人才，中国红十字会平时也参与疫病救治和灾荒赈济等公益慈善救济活动。上海为四方杂处之地，每逢夏秋，极易发生疫情。为此，中国红十字会于1908年在天津路创设临时救疫医院（又称上海时疫医院），专治各种时疫，开办凡三、四个月，深得患者好评。以后每有疫情发生，连续开办。1911年夏，上海鼠疫流行，时疫医院积极参与检疫、防疫、治疫，从开办到停办共救治1435名患者，“其中危险之症居多”。[31]同时，红会还免费为贫者施医给药，广种牛痘。红十字会各医院由于医士技艺精湛、设备齐全先进，帮助许多患者祛除了病痛，恢复了健康，因而社会声誉极隆。

从上海万国红十字会结束到中国红十字会的筹备、运作及开办这一过程，沈敦和实际上完全担负了筹设组织工作，并在1910年（即吕、盛、吴三人会奏试办中国红十字会时）已具有相当的规模。

3. 创设中国红十字会万国董事会，主持辛亥战时的救援行动，修订红十字会章程

1911年武昌起义甫发，清廷即调兵遣将镇压革命军，由此战火重现，兵燹惨酷。沈敦和闻讯后，十分焦急，救人如救焚，于是积极准备，以便早日实施救护。10月23日，沈敦和接到汉阳来电，“以两军死伤过多，请即亲率红十字会中西医队，迅速前来战地，普救同胞”[32]。情势万分紧迫，不容迟缓。沈敦和当机立断，决定翌日开会商议救济事宜。24日，上海大马路工部局议事厅聚集中外人士700多人，参加中国红十字会万国董事会成立大会，沈敦和主持了这次“特别大会”。会上，首由沈敦和报告开会宗旨，接着组设甲、乙、丙三医队赴武汉方面实施救护，然后成立万国董事会。会上由公众推举

沈敦和与英人苏玛利为总董，举古柏、包克松、爱德华医生、施则敬、任逢辛、丁榕14人为董事（又称会董），以施则敬、任逢辛为领袖董事，李佳白、金兰荪、吴敬仲、朱仲宾为华洋文书记，倪玉、朱葆三为会计员。董事会下又设理事部，由沈敦和兼任理事长，江绍墀、杨仲言等任理事。同时，会议还决议通过了新成立的万国董事会设事务所于上海新闻报馆；筹备上海总会进行劝募捐款、采办药物食品；筹设汉口养病院及于战地附近设临时野战病院、绷带所；组织卫生队及救护队，募集有经验之救护员；筹措充足经费及药料器械、担架等9项应急的救护举措。最后，沈敦和还重申了红十字会宗旨，要求众人战场救护"不分革军、官军"，凡伤病者应一律救治。[33]

中国红十字会万国董事会的成立，实际上是对大清帝国红十字会进行彻底改造，变半官方为完全绅办，变中国人独办为中西合办，并重新采用董事会制。这不仅是名称的变更，更主要的是运作机制的改变。即万国董事会之前冠以"中国红十字会"，表明该会只属于中国，只不过暂借外国人力、财力、物力及其多方面的帮助以提高救护效率，这与上海万国红十字会由五国合办、具有国际性是不同的。沈敦和的这种做法既是变通也是创新，可以说为中国红十字会的创办在体制上提供了新的思路。因此，受到该会外国董事的高度赞扬。英国人李提摩太成立会上演说称赞沈敦和"乃救苦救难之大元帅，救命军之大教主，组织此会必能完全无缺，深望中西善士随愿乐助，庶可扩大范围"。另一位美国会董则谓："沈公成立之红十字会，不特为中国人士所欢迎，即泰东西各国，亦莫不馨视。鄙人当立电本报，报告成立，并募捐款。"[34]

然而中国社会却对此反映低调，甚有指责漫骂之声。如赤十字会发起人张竹君女士即在上海报刊上向沈敦和发难，指责其"窃慈善二字欺世盗名"，"今又将牛头马面之红十字会以混世人耳目"。[35]面对微辞，为保全个人和红十字会的名誉以获得上海商界支持起见，沈敦和也发表公开信予以回应和澄清。[36]尽管沈敦和改组红十字会事先并没有向清廷请旨，也没有征得会长盛宣怀的同意，然朝廷却无申斥之意。而此时，盛宣怀因铁路国有之策已成为众矢之的，清政府遂于10月26日下谕将他革职永不叙用，同时也免去其红十字会会长职。11月13日，新任命吕海寰为红十字会会长。然这道谕旨已不称"大清帝国红十字会"而称"中国红十字会"，或许可视为清廷对沈敦和改组一事的默许。

中国红十字会万国董事会成立后，由于体制顺畅，中西董事通力合作，会务工作出现了兴盛的局面，尤其在救护救济方面发挥了中坚和主力作用。从10月26日开始，便组织甲乙丙三医队，由柯师医生领队，会同峨利生、班纳德、王培元及男女看护30余人，乘招商局特派轮船驰赴汉口。设临时医院于俄租界，后因伤兵日多，又商借武昌仁济医院作为临时分医院，并在汉阳增设医院，从此“救护机关益臻完备矣”[37]。在救护的同时，还分别派掩埋队掩埋死者尸骸。综计赴汉医队的救护成绩：在汉口医愈病兵576人，伤兵415人，病民31人，伤民106人；在武昌治愈病兵860人，伤兵562人，病民18人，伤民116人；在汉阳治愈病兵571人，伤兵120人。[38]不久，南京开战。中国红十字会也立即组织医队前往，并与旱西门金陵医院、鼓楼基督医院等联合办理救护事宜。南京一役，通过医车救治的伤兵共计500多人。[39]辛亥战事波及的范围很广，并不仅仅限于武汉、南京两地。除派医队赴汉、宁外，中国红十字会还多方联系，在各省要隘广设分会和分会医院，采取了其他救护措施，以为协助。据统计，整个辛亥革命时期，先后计共设立了65处分会，另设立有分会医院30余处。[40]可以说，凡通都大邑军兴之地，皆设分会。红十字总、分会前后治愈的伤病兵民达1万多人。而就在武昌战火纷飞之际，清政府也组织了一个慈善救济会命吕海寰负责筹办，可是吕茫然无措，只好致电沈敦和求助。[41]这也表明沈敦和及其组织的中国红十字会万国董事会在辛亥救护工作中具有举足轻重的位置和作用。

在派遣医队参与前线救护、广设分会和征求会员的同时，沈敦和还十分重视会内组织建设，关注会章的修订工作，决定“重行修改”[42]，“妥订章程”[43]。为此，沈敦和主动与日本赤十字社联系，邀请曾手订日本赤十字社章程、对国际红十字会情况非常熟悉的有贺长雄来华，帮助中国红十字会按国际惯例订定章程，以便早日加入国际红十字联合会。日本赤十字社慷慨允诺。1911年11月26日，有贺长雄抵沪，此后十余天里，沈敦和几乎每日偕翻译前来请教、咨询有关红会运作及其发展的详细办法。27日，有贺长雄“先将条约缔盟与万国红十字会联合之故详细说明”[44]，沈敦和闻之茅塞顿开。后来，沈将中国红十字会的试办章程递给有贺长雄，求请修订。有贺称日中两国国情不同，中国红十字会“不必依中央集权制度，似宜仿效欧洲办法,自为中央委员”[45]。在有贺长雄的帮助下,沈敦和新订了中国红十字会章程草案(该章程在1912年7月16日大会上受到重视,并作为临时通过),各种创制和规模日趋完善,会中同人感到加入国际红十字会的时机已经成熟,于是就托日本赤十字社社长松方侯爵介绍,申请加入国际红十字会联合会。1912年1月12日,这一愿望实现。

1912年7月16日,中国红十字会万国董事会召开全体会议,先由议长苏玛利报告万国董事会成立后开展工作的情况、财务收支状况,随后宣布董事会解散。同时亦决定留董事沈敦和、李佳白、倪玉、施则敬等7人经理中国红十字会会后的日常事务,以便交接即将组织的民国时期的新的红十字会。[46]此后,中国红十字会又进入到一个新的历史发展时期。

(二)民初:执掌红会,恢弘会务

武昌起义不但直接肇建了中华民国,而且促成了参与这场重大战事救护的中国红十字会获得了新政府的承认并立案。1912年,中国红十字会相继召开了第一次全国会员大会和统一大会,通过了中国红十字会章程及其分会章程,创立了北京总会、上海总办事处和常议会等领导机构,开始实行三权分立的领导机制等等,所有这些标志着中国红十字会开始迈入稳步发展的历史进程。红会虽然实行二元制领导,但实际管理重任全由副会长兼常议会长沈敦和一手操持,所以民国初期的中国红十字会深深打上了沈敦和的烙印。沈敦和以其呕心沥血、全身心的投入,推动了红会工作的全面发展。

1.召集、主持中国红十字会第一次会员大会及全国统一大会

民国成立后,中国红十字会因参与辛亥救护声望日高,群众基础雄厚;并得到民国政府的立案承认与支持,成为全国唯一合法的红十字组织;同时还加入国际红十字联合会成为正式会员,享有国际红会公约的权利。这为中国红十字会发展迎来了有利时机。然而,中国红十字会的现状却不容乐观,其机构设置、人员组成、工作开展等方面,都没有完全符合国际通例,因

此无法适应、利用这一有利形势。此外,国内打着红会旗号的组织团体也大量存在,滥冒名义,损害了红会名誉和信用。为此,中国红十字会决定召开会议,商讨解决办法。其实,万国董事会解散后,沈敦和等人就已积极酝酿筹备,计划召开一次全国性的红十字会全体会员大会;后因北京政府的支持,京沪双方决定举行一次全国性的统一大会,以期规范红会的组织行为,协调关系,共谋发展大计。

1912 年 9 月 29 日,中国红十字会在上海召开第一次全国会员大会,出席会议者达 1352 人。会上,首先由沈敦和宣布开会宗旨并发表演说。沈在演说中指出:"溯自去年开会,迄今甫及一载而已,有会员近二千人,纳捐善士数千人,捐款十五万五千二百七十余元,分会六十余处。"[47]并言"今日开会正欲伸谢诸君之仁德,筹商进行方法并推举议员组成议会,以立永久之基础"。[48]在此,沈概括了中国红会在辛亥战时的发展成绩及此次大会的主旨。同时,他还分析指出了新时期红会的工作目标和任务:"今中国共和成立,首重人道,兵戈虽息,疮痍未复,顺直、温处等又复水灾频仍,乞赈之电纷至沓来。"[49]继之,王培元、施则敬亦先后发表专题演讲。会议还推举施则敬、江绍墀、朱佩珍等 34 人为常议员。又决定于 10 月迅速邀集各省代表召开统一大会,"以冀全国一致,昌大红会之慈善事业"。[50]10 月 9 日,第一次常议会召开,公举袁世凯、黎元洪为名誉正、副总裁,吕海寰为会长,沈敦和为副会长兼常议会长,江绍墀为理事长,并电请北京政府予以正式任命,昭示中外。常议会还议决总会仍设首都,沪会为总办事处暨理事部,悉遵京沪合并章程办理。18 日,北京政府正式公布吕、沈分任中国红十字会正、副会长的命令,[51]表示对总会新人事的承认。

10 月 30 日,中国红十字会全国统一大会在上海开幕。北京政府外交、内务、海军、陆军四部,以及副总统黎元洪、奉天都督赵尔巽、江苏都督程德全等官员与各省分会代表数百人到会(会长吕海寰因病缺席)。副会长沈敦和首先宣布开会的宗旨和议题,即因国内红会名目繁芜、参差不齐,多与国际通例不符,"求合乎世界大同,此本会之所以急谋统一也","苟不谋统一,必至各自为政,办法分歧,既无团结之精神,即无巩固之基础,对内对外,能力薄弱",[52]故特开此会以规定办事章程及应行筹备及推广各事,以固基础,以期统一。继之,各省政界代表致辞,冯伯岩报告红会规条及章程,总办事处理事长江绍墀及部分红会组织代表报告红会成绩。然后，分别由外交部、内务部、陆军部、海军部代表各就红十字会与本部之关系相继演说。最后，还研讨章程草案并推定7人修改章程交次日续会通过。

此次全国统一大会的召开，具有十分重要的意义，一是讨论通过了《中国红十字会章程》及其分会章程，其内容完善，形式规范，由此确立起中国红十字会内部的制度；二是整合了京沪及其他各省红十字会团体，完成中国红十字会的合并，进而在形式与实质上都实现了中国红十字会内部的统一。时人称："此统一大会实奠中国红十字会万年不拔之基"，"斯中国红十字会统一大会乎，得全国之融洽，多士之伟论，从此日益宏大其事业"。[53]

由此，红十字事业在全国陆续展开，并逐渐走向成熟。

2. 执掌会务，发展各项会务

1912年召开的中国红十字会全国会员大会和统一大会，表面上规定了中国红十字会的二元制体制，而在实际运作中，则处处突出了上海总办事处的地位，时人多视沈敦和为红会会首，使正会长吕海寰湮没无闻。由于中国红十字会领导体制的这一特点，红会的发展也与沈氏的活动息息相关。这样，中国红十字会在民国初年进入"沈敦和时代"。在沈氏执掌之下，中国红十字会各项会务有了较大进展，结束了草创阶段而进入稳步发展的阶段。下面分述之。

首先，扩充发展红十字会各医院。

一是联合办理红会总医院。中国红十字会总医院清末创办于徐家汇路，其目的即"为造就医学人才起见"[54]。因此，自创立之始，院长沈敦和就注重医院基础设施建设，将医院与学堂联为一体，并延聘英国、丹麦等国内外科医生为医士兼教员。民国后，红会为谋求总医院更好地发展，解决经费紧缺困难，屡有联办之意。而此时美国哈佛大学也欲在中国设立分校，因见红会总医院"院宇、器械并剖解室等一切设备适合医学堂调度"，于是就请求与红十字会合办，"以成一完备之大医校"。[55]沈敦和积极响应，征得常议会许可，即与美国哈佛订立七年合办合同。合同规定：哈佛每年补助银九万元以作经费；哈佛派胡医士为院长住院管理校务医务；沈敦和以副会长节制之。1916年，因医学生已先后毕业，遂商定将医学堂停办，专办医院。1918年，七年合同期满，沈敦和即请美国安息会主持经理，并附设上海养身疗病院。此时,沈敦和已意欲将总医院创设宗旨由“造就医学人才”改为“意在创一极大医院”,[56]并积极采取先进的医疗技术,“用理化学术疗治疾病以补药石刀圭之不逮”,这“在我国尚为创闻”,[57]因而此次联办较前次有较大起色。这样,1912－1918年和1918－1921年,中国红十字会先后同美方两次联合办理,共计十年之期。期满之后,即收回自办。十年中,红会借助外力促进了红会总医院的医疗技术进步、设备更新和医学人才的培养。

二是完善红会时疫医院。中国红十字会时疫医院创始于1908年夏秋之间,本为治疗突发性痧症、吐泻等症而临时设立,后因上海每届夏令都有时疫发生,红会乃作长远打算,专门设立一所时疫医院,每年开办三四个月,“自夏令开院,至秋冬时疫肃清闭幕”。[58]入民国后,时疫医院专门订有《章程》和《医病规则》,对于医院的宗旨、体制、职责、治病规则、经费等都有明确规定。其宗旨宣称时疫医院“纯乎慈善事业”,平时“造就医学人才,置办医务材料,赈济水旱偏灾,防护疫疠及他种危害”[59]。凡来院“就医者,不论中外,不拘贫富,不论本埠外埠,男妇老幼”,其病情亦“无论如何危险,随到随治”。[60]医院的经费来源以接受捐赠为主,不足部分由红会筹拨。红会时疫医院长时期由创办者沈敦和、朱佩珍、沈鼎臣三人担任正副院长,成为红会平时服务和救助社会民众最得力之医院,其业绩赢得了上海市民的交口称誉。

三是接收吴淞口中国防疫医院。该医院创立于1904年,原为方便中国商民进出口港检验检疫而由官商合力捐建,具有地方公益性质。该院常年经费,清末由东南沿海官府拨助,辛亥光复后曾一度无着,1917年5月,上海总商会呈向国务院允准由江海关税务司代征码头捐下指拨,以维善举。后来,总商会以为本系商业公共机关,事务繁重,恐有顾此失彼之虞,而“查中国红十字会系属慈善事业而兼负防疫义务者,以该医院移交经管,庶几责任可专,名实相副。当经本会与中国红十字会会总沈敦和商榷,该会长热心公益,慨允担任,俟帐务结束即行移交接管”[61]。这样一来,防疫医院便由总商会移交给中国红十字会管理。由于防疫医院的并入,中国红十字会的医院建设也向前跨进一步。

从1909年中国红十字会在上海购地创立总医院迄至辛亥救护完竣,除各分会外,总会直属的五大医院已具其四,即徐家汇路红会总医院、南市医院、北市医院和时疫医院。到1917年吴淞防疫医院纳入红会属下之后,红会五大医院最终形成并且一直持续到抗战前期。红会五大医院不但负责上海地区日常医疗和防疫事务，而且是全国各地历次灾变救护的医疗中坚，其中附属的医学校也为全国的医疗机构输送了不少医务人才。红会医院的医疗卫生和教育事业，促使中国医疗卫生走上近代化，都作出了积极的贡献。而在这一过程中，沈敦和为红会医院发展、完善之功不可湮没。

其次，发展红会的医学教育，培养专门的医护人才。

红会总医院设立之时，"为造就医学人才起见"，就在院内附设医学堂，延聘外籍医生兼充教员，此为红会的医学教育之始。民国后，沈敦和十分重视红会的医学教育，由此得到初步发展。其具体表现有三：其一，与哈佛大学联办中国红十字会高等医学堂。如前所述，民国元年(1912)，红会与哈佛联办协议中即含医学教育。医学堂于1912年开始招生，1916年停办，为红十字会培养了不少医学人才。其二，保送医学生赴高等院校深造。红会为获得高水平的医学人才，并不满足自办学校，还向外人在沪创立的三大医学著名院校之一的同济德文医工大学联系保送学生深造。在1916年该大学第三届毕业生的11人中，红会保送去的学生即占7人。其三，创立救护学校。红十字会在培养高级医学人才的同时，也注意培养医务救护人员。历年的频繁救灾，使得红会颇感护理人才的不足。于是在北市医院附设了等"中国红十字会救护学校"，由该院医员看护长担任教授。[62]救护学校的设立，可以说为红会在全国范围内组织大规模的救护工作提供了可靠的专业人员保障，为红会救护事业的发展作出了有益的贡献。

再次，组织红会救护与赈济兵灾、水旱各灾。

中国红十字会以发扬人道主义为己任，以"博爱"、"恤兵"为宗旨，以救死扶伤为天职。民国以后，中国红十字会及其分会组织参与了全国各地的各种救护与赈济，如突发的兵燹、水旱各灾以及平时的各种救助活动等。其荦荦大端者，有1913年"癸丑之役"中的救赈；1914年张家口、山东兵灾及皖豫兵灾的救护；1915年护法战争与1917年护国战争的赈济。而水旱之灾的救赈，则有1912－1913年施济顺直、浙江温处两起特大水灾以及1917年救赈皖北水灾。[63]为救济皖北水灾，红会还与安徽义赈会联合办理灾赈，沈敦和亲任联合会会长。[64]在平时，中国红十字会也本着人道主义精神，积极开展医疗、卫生、赈济等多种社会公益事业，如开办医院，救治时疫、施种牛痘等。

以上所举红会历年经办之突发性和平时救赈工作，主要以上海总办事处活动为中心，沈敦和为此不辞辛劳，事必躬亲，呕心沥血地组织动员参与发挥了不容忽视的作用。

第四，设立防疫保赤机关，防疫措施制度化、经常化。

俗语言：大灾之后，必有大疫。它时刻警示着中国红十字会的领导者和医护人员，不仅要在各类灾赈中救死扶伤，更要对于未来的疫病防治有所措置，以期防患于未然。对于这一点，沈敦和与红会同仁是有足够认识的。

1913 年“二次革命”发生，中国红十字会从一开始救护就很注重防疫，东南各省幸未成疫。但因这年秋冬亢旱，雨雪未施，“赣、皖、宁、沪喉症、红痧、天花遂以盛行”。沈敦和以及中国红十字会沪上同人有感于上海人烟稠密，“预防疫疠，为本会唯一天职”，而“天花一症，最不利于孩提”，于是筹设防疫机关，保我赤子，“劝种牛痘，以免传染”。[65]1914 年 2 月，中国红十字会防疫保赤机关开始设立，计有四处：中国红十字会总会总办事处、红会北市医院、红会南市医院、闸北沪宁东站对面。四机关另立一总机关，设在总办事处内。同时，红会还订立《防疫保赤机关简章》，规定每年春季开种牛痘一次，并酌收号金。[66]到秋天，红会副会长沈敦和以“现届秋令，寒暖不匀，天花又复发见，故已照常设立防疫保赤机关四处”，定于 10 月 5 日再次开种牛痘。[67]于是，红会自 1914 年春、秋两季设立防疫保赤机关和两次开种牛痘之后，便成为定制，从此每年都依例办理。即夏季开办时疫医院，春秋则施种牛痘。中国红十字会的这一做法很快由上海一地推广到全国其他各分会所在地，极大地提高了中国人民的健康水平，减少了因疫疠发生所造成的疾病与死亡，特别是保障了儿童的健康状况。

3. 中美红十字会间的冲突与沈敦和的离职

1918 年，第一次世界大战接近尾声。美国红十字会因办理法国战事赈济而来华募捐，为此，由美国总领事萨门司代表美国红十字会与中国红十字会副会长沈敦和接洽，拟在上海设立机关处以备购运绷带等品，并征求中方意见。沈敦和当时认为：“英法等国红十字会在沪设立经理转运机关早有成例，自未便独阻美会；且其宗旨在于劝募华捐，俾可借美红会之设施，间接恤赈友邦，以为吾中国光荣；鄙见绝端赞成，不宁惟是，往年敦和曾办华洋义赈，颇承美红会之赞助，仁浆义粟，络绎遥领，今美红会以同等之慈善事业来相求助，在敦和似尤应竭诚襄赞，以尽报酬。”[68]基于上述考虑，沈敦和应允了。不料，萨门司次日致函沈敦和，内有“敝国红十字会深望在中国设立分会，不蒙反对，且得台端保证”，并称中国“欢迎美分会在中国境内活动”[69]等语。同时，萨氏并将此在社会上大肆宣染，以致众人咸知美国红十字会将在中国设立分会。对于这一有损国家主权之事，中国政府、沈敦和、各地分会都立即作出反应。从此，中美红会之间，以能否在中国设立分会为端点，开始了长达1年多的争论。

设立分会之争结束后，美红会开始在华的募捐和推广会员活动。作为中国红十字会副会长的沈敦和，原来对美国红会来华募捐虽曾表赞同，但是对美红会提出设立分会，持反对态度，故仅列名美红会在华募捐发起人，而未作任何实质性工作。对此，美国红十字会大为不满。基于对沈敦和的不信任，美国红十字会就对中国红十字会从总会到分会的领导、管理和组织以及财政、救济医疗等活动都产生了怀疑，进而做出惊人的越权之举——对中国红十字会进行秘密调查。根据长沙、天津、上海、重庆、成都、福州、潮州等地的报告，各地分会存在着红会徽章标识被滥用、救护不力、内部组织散慢混乱与经费使用不当等四方面的问题。以上调查结果更证实了美国红十字会的推断：中国红十字会现存的种种弊端以及由此造成的对红十字会声誉的玷污，都源于沈敦和的领导。于是，美国红十字会决定要越俎代庖，对沈敦和采取行动，即令驻华公使馆商务参赞安立德和上海总领事萨门司利用其双重身份及在华的特殊地位，向中国政府施压，以求实现其整顿和改造中国红会的目的。当美国红会调查刚刚结束不到一个月，1919年5月1日，北京大总统就下令免去沈敦和中国红十字会副会长之职，改由蔡廷干继任。沈敦和作为红会的主要负责人，对红会工作的某些失误、特别是对部分地方分会管理不善承担责任，这是应该的。但是他却在外国压力下而被免职，并且不经过中国红会组织本身而由政府直接干预，这种做法无论如何都是很不正常、极不应该的。这结局无疑是中国红十字会的一种悲剧。

沈敦和突然被免职，即将告别自己用心血浇灌多年的中国红十字会，内心是不平衡的。说实在的，沈敦和并非贪名恋栈，此前他也曾请辞红十字会副会长职务，可他终未离职而去，终不忍心放下这一尽瘁多年的救护事业以及那些亟需救护的伤兵病员、苦难灾民。正如他的辞副会长及议长函所言：

“敦和追随国际，无补时艰，衰朽余年，日荷重负，良心众志成城，不愿谢绝热心同志，独善其身；国无宁岁，更不忍抛弃无告穷民，坐视不救。”[70]正缘于此，他十余年来始终如一、呕心沥血地为红会工作力事奔走，即便免职后，仍为上海突发时疫操劳，自谓此次疫情“关系沪上安危，未便以告休退老之身，遽置民命安危于不顾”，[71]又一如既往地积极投身其中，终使疫情得到控制。也许是过分刺激和劳累的缘故，在去职不到一年，1920 年 7 月 9 日，沈敦和病逝，近代中国一颗伟大的“博爱之星”陨落了。

结　论

1919 年 7 月，沈敦和离职时，对自己手创的红十字会有过一段追述：“二十世纪以来，世界多故，残贼人道，干犯天和，水旱疫疠，兵祸颠连，十年五乱，政争党争，南北背驰。本会应时势之需要，尽匹夫之责任，摈绝权利以尽义务，赤手空拳成此基础。与斯世水深火热之灾黎、断肢折胫之疮疫，争生存于旦夕，冒锋镝之凶，托沿门之钵，日处惊风怒浪之中，艰难之境，陨越堪虞。兹本缔盟万国，遍设分会，设医学以备人才，开医院以拯疾苦，集三万会员，劝二兆善款，国内国外天灾人祸，无役不从。”[72]可以说，中国红十字会的存在和发展，凝聚着沈敦和的全部心血。鉴于他对红十字会事业的杰出贡献，就在他被免职的第二天，红会常议会就“发起为沈君立碑或制铜像以志纪念”[73]。沈敦和去世后，中国红十字会同仁们为他举行追悼会，称颂他“仁风慈泽，浸之乎达于瀛寰之表，摩月镜而荡月珠”，“论开创则百世不祧之祖，论慈善则万家生佛之宗”。[74]并赞扬“他的精神永存，在中国红十字会运动中长存”。[75]沈敦和走了，但他无私奉献的精神赢得了世人崇敬，他所开创的业绩筑起了一座历史的丰碑。

综观沈敦和一生，其生涯最重要的转折莫过于在日俄战争期间发起创办东三省红十字普济善会和上海万国红十字会，救济东北遭遇兵灾的无辜难民。沈敦和以其官场经历、交涉经验、外语特长、江浙绅商家世等个人资历背景，在筹办红十字会及其赈济过程中脱颖而出，并扮演了极其关键的角色，发挥着灵魂与台柱的作用。在上海万国红十字会工作结束后，沈敦和又参与上海时疫的防治工作,由此开始重视培养医学人才,1909 年开始创办红十字会总医院和医学堂。武昌首义后,他又积极筹划,联合外人新立中国红十字会万国董事会,派遣救护队驰往武汉、南京各地展开战地救援。民国成立后,京沪红十字会之间出现领导权纷争。沈敦和以大局为重,双方经过协商最终完成合并统一。在 1912 年全国会员大会和统一大会之后,沈敦和出任副会长兼常议会议长,直至 1919 年。沈敦和实际上是缔造中国红十字会初期北京总会、上海总办事处和常议会三权分立、正副会长各司其职的二元领导机制的核心人物,是推动中国红十字会运动的开拓者。清末民初,他主持红十字会实际工作达 16 年之久,先后于上海创设红十字会总医院、分医院、中国公立医院、南市医院、北市医院,自任总分医院和中国公立医院总理,培养医护人才,组织动员兵燹救济,历尽艰辛。沈敦和为中国红十字会的创立和发展做出了突出贡献,是当之无愧的中国红十字会创始人。

(与曾桂林合署,刊《史林》2008 年第 6 期)

注　释

1　目前有关红十字会研究的论著已经比较丰富,专著有 Reeves, CarolineBeth. Thepowerofmercy: theChineseRedCrossSociety, 1900 – 1937 (Ph. D), HarvardUniversity. AnnArbor, Mich.: UMI, 1998;池子华等:《百年红十字》,安徽人民出版社 2003 年版;池子华:《红十字与近代中国》,安徽人民出版社 2004 年版;张玉法主编、周秋光、张建俅等撰:《中华民国红十字会百年会史(1904 – 2003)》,台北:红十字会总会 2004 年刊印;张建俅:《中国红十字会初期发展之研究》,中华书局 2007 年版;周秋光:《红十字会在中国》,华中师范大学出版社 2008 年版。重要论文有周秋光:《晚清时期的中国红十字会述论》、《民国北京政府时期中国红十字会的慈善救护与赈济活动》,分别刊于《近代史研究》2000 年第 3、6 期;杨智芳、周秋光:《论中国红十字会的起源》,《湖南师范大学学报》2006 年第 4 期;张建俅:《中国红十字会的起源(1904 – 1912)》,(台北)《政大史粹》第 2 期,2000 年 6 月;《中国红十字会经费问题浅析(1912 – 1937)》,《近代史研究》2004 年第 3 期;《近代中国政府与社团关系的探讨:以中国红十字会为例(1912 – 1949)》,(台北)《中央研究院近代史研究所集刊》,2005 年 3 月;池子华:《抗战初期中国红十字会的战事救护》,《江海学刊》2003 年第 4 期;《从中国救济善会到上海万国红十字会》,《史林》2005 年第 2 期;朱浒、杨念群:《现代国家理念与地方性实践交互影响下的医疗行为——中国红十字会起源的双重历史渊源》,《浙江社会科学》2004 年第 5 期;等等。

2　茗水外史:《沈敦和》,集成图书公司 1911 年版。

3 苕水外史:《沈敦和》,集成图书公司1911年版,第4-5页。

4 《普济群【众?】生》,上海《申报》1904年3月11日。

5 《东三省红十字普济善会章程并启》,上海《申报》1904年3月3日。

6 《东三省红十字普济善会章程并启》,上海《申报》1904年3月3日。

7 《中国宜人红十字会说》,上海《申报》1904年3月5日。

8 《普济群【众?】生》,上海《申报》1904年3月11日。

9 《电牍照登·杨士琦致商部电》,《申报》1904年3月20日。

10 《施君肇基笔译上海创设万国红十字支会会议大旨》,上海《申报》1904年3月14日。又见中国红十字总会编:《中国红十字会历史资料选编(1904-1949)》,南京大学出版社1993年版,第21-23页。

11 《普济群【众?】生》,上海《申报》1904年3月11日。

12 闵杰:《近代中国社会文化变迁录》(二),浙江人民出版社1998年版,第372页。

13 《施君肇基笔译上海创设万国红十字支会会议大旨》,上海《申报》1904年3月14日。

14 《普济群【众?】生》,上海《申报》1904年3月11日。

15 《万国红十字会电文》,上海《申报》1904年4月4日。

16 《万国红十字会电文》,上海《申报》1904年4月6日。

17 《劝捐万国红十字会经费启》,上海《申报》1904年4月10日。

18 《上海万国红十字会暂行简明章程》,上海《申报》1904年7月29日-30日。

19 《中国红十字会历史资料选编》,南京大学出版社1993年版,第7页。

20 《上海万国红十字会暂行简明章程》,上海《申报》1904年7月29-30日。

21 《中国红十字会历史资料选编》,第40-41页。

22 《中国红十字会历史资料选编》,第8页。

23 《军机处录付》,北京中国第一历史档案馆藏件。

24 《军机处录付》,北京中国第一历史档案馆藏件。

25 《军机处录付》,北京中国第一历史档案馆藏件。

26 《大清宣统政纪》卷三十,第9页,见沈云龙主编:《近代中国史料丛刊》三编第18辑,台北:文海出版社。

27 《外务部档案》,北京中国第一历史档案馆藏件。

28 《沈敦和复吕海寰电》,上海《申报》1911年10月30日。

29 《上海中国红十字会医学堂添招新生》,上海《申报》1910年5月12日。

30 沈敦和:《中国红十字会招考医学生广告》,上海《申报》1908年8月31日。(9月7日,8月29日皆有。)

31 《时疫医院停办广告》,上海《申报》1911年9月16日。

32 《红十字会医队定期启行》,上海《申报》1911年10月24日。

33 《红十字会大会志盛》,上海《申报》1911年10月25日。

34 《红十字会大会志盛》,上海《申报》1911 年 10 月 25 日。

35 《张竹君至沈仲礼书》,上海《民立报》1911 年 10 月 26 日。

36 《沈仲礼驳张竹君女士书》,上海《申报》1911 年 10 月 28 日。

37 《中国红十字会历史资料选编》,第 288 页。

38 《中国红十字会历史资料选编》,第 275 页。

39 《救苦救难之医车》,上海《申报》1911 年 11 月 21 日。《中国红十字会历史资料选编》,第 290 页。

40 《红十字医队救伤》,上海《申报》1911 年 11 月 5 日。

41 《外务部档案》,北京中国第一历史档案馆藏件。

42 《红十字会分送试行章程广告》,上海《申报》1911 年 11 月 5 日。

43 《红十字会之进行》,上海《申报》1911 年 11 月 2 日。

44 《中国红十字会历史资料选编》,第 447 页。

45 《中国红十字会历史资料选编》,第 447 页。

46 《红十字会报告大会详志》,上海《申报》1912 年 7 月 18 日。

47 《红十字会开会纪》,上海《申报》1912 年 9 月 30 日。

48 《红十字会开会纪》,上海《申报》1912 年 9 月 30 日。

49 《红十字会开会纪》,上海《申报》1912 年 9 月 30 日。

50 《红十字会开会纪》,上海《申报》1912 年 9 月 30 日。

51 《红十字会之公电》,上海《申报》1912 年 10 月 18 日。

52 《副会长沈敦和宣布开会宗旨》,见《中国红十字会历史资料选编》,第 266 页。

53 《统一大会记》,《中国红十字会历史资料选编》,第 259 页。

54 《中国红会总医院与哈佛合办缘起》,上海《申报》1918 年 1 月 24 日。

55 《中国红会总医院与哈佛合办缘起》,上海《申报》1918 年 1 月 24 日。

56 《红会总医院开幕纪事》,上海《申报》1918 年 11【10?】月 8 日。

57 《中国红会总医院与哈佛合办缘起》,上海《申报》1918 年 1 月 24 日。

58 《中国红十字会时疫医院简章》,南京中国第二历史档案馆藏件。

59 《中国红十字会时疫医院简章》,南京中国第二历史档案馆藏件。

60 《中国红十字会时疫医院【病】规则》,上海《申报》1915 年 7 月 26 日。

61 《上海总商会致税务司函》,上海《申报》1917 年 7 月 11 日。

62 《中国红十字会救护学校暂行简章》,南京中国第二历史档案馆藏件。

63 周秋光:《民国北京政府时期中国红十字会的慈善救护与赈济活动》,《近代史研究》2000 年第 6 期。

64 《中国红十字会历史资料选编》,第 466 页。

65 《中国红十字会防疫保赤机关简章》,上海《申报》1914 年 2 月 13 日。

66 《中国红十字会防疫保赤机关简章》,上海《申报》1914 年 2 月 13 日。

67 《红十字会纪事》,上海《申报》1914 年 10 月 4 日。

68 《沈敦和致夏应堂函》,上海《申报》1918 年 5 月 7 日。

69 《沈敦和致夏应堂函》,上海《申报》1918 年 5 月 7 日。

70 《沈仲礼来函》,上海《申报》1919 年 7 月 18 日。

71 《沈敦和启事》,上海《申报》1919 年 8 月 29 日。

72 《沈仲礼来函》,上海《申报》1919 年 7 月 18 日。

73 《中国红十字会历史资料选编》,第 557 页。

74 《中国红十字会历史资料选编》,第 557 页。

75 《中国红十字会历史资料选编》,第 557 页。

二十八　关于近代中国慈善研究几个问题的思考

（一）中国红十字会研究的估量问题

大陆中国红十字会的研究，从上个世纪90年代末开始有人涉足，到如今还只有十几年的历程，但取得的成果则是可观的：已经有了一批著作出版（将近10部）和论文发表（约30余篇），对于中国红十字会的研究其实已经全方位地展开[1]。特别是2009年4月苏州"红十字运动与慈善文化"国际学术研讨会的召开，与会论文共44篇，将中国红十字会的研究推上了高潮。概括苏州会议论文内容：一是对红十字会和慈善一般问题的探讨。诸如公民社会、人道主义、公信力建设、灾害学研究、心理救援、志愿服务风险防范、红十字精神与实践、慈善组织筹资能力等；二是对从晚清到民国时期红十字会一些专门问题的研究。诸如沈敦和与美红十字会的冲突、盛宣怀担任红十字会长的原因、红十字会的立法、红十字医疗事业、红十字会的组织建设与社会救助、红十字运动的历史经验、红十字的救护与防疫工作、红十字会的社会服务、旅沪浙商的慈善活动等；三是对建国以来红十字会一些专门问题的研究。诸如以红十字会章程为路径的考察、防治传染病及其成效、协助日侨和日本战犯归国、对日外交、抗美援朝时期的活动、青少年组织的建设与管理、无偿献血工作、筹资途径、能力建设等；四是对美国红十字会的研究，即美国红十字会历史上的主要救援活动；五是对从清代到民国时期的相关的慈善救助事业研究。诸如一些慈善人物(潘曾沂、赵朴初、美国传教士)与地方慈善事业及其社会变迁(江南地区、宁波)、义葬与地方社会、城市慈善事业(天津)、慈善团体与机构(济良所、世界红卍字会)、南京大屠杀难民等。与以前的红十字会研究相比较,这次会议论文在三个方面有较大进展:一是拓宽了研究的视域和面向。有些研究都是以前没有或较少探讨的,如红十字会的公信力建设、灾害学研究、心理救援、红十字会的立法、志愿服务风险防范、慈善组织筹资能力、无偿献血工作、红十字运动的历史经验、以红十字会章程为路径的考察、慈善人物潘曾沂、义葬与地方社会、慈善团体与机构济良所、红卍字会等;二是对已有研究作了更进一步的深入探讨。如红十字精神与实践、盛宣怀担任红十字会长的原因、红十字医疗事业、红十字会的组织建设与社会救助、红十字的救护与防疫工作、红十字会的社会服务、防治传染病及其成效、地方慈善事业及其社会变迁、天津城市慈善事业、南京大屠杀难民、浙商的慈善活动等;三是延伸了研究的时间和范围,加强了建国以来的红十字会研究;同时注重了历史研究的现实性,使历史研究用于为现实提使借鉴和启示。然而反观这次会议论文,我认为对于红十字会和慈善研究涉及不够或今后还有待加强的也有如下三个方面:一是应当加强红十字运动和慈善事业的理论研究。池子华教授有建立"新红学"(红十字学)的倡议。而"新红学"的建构我认为主要应是理论的建构。我曾经有建立一门"慈善学"的想法和思考,具体就是要解决慈善研究中各种困惑与理论问题。这需要全体慈善研究同仁共同作出努力;二是要加强区域的红十字运动、区域的慈善事业,尤其是实证方面的研究(包括组织、机构、人物、事件、活动、运作方式、绩效、作用和影响等等)。要更深入地发掘各种一手的档案、报刊和文献资料,尤其是外文资料,因为红十字会是国际的,不全面地掌握和占有资料,研究就无法深入;三是要加强国际红十字运动与慈善事业的横向对比研究,不能孤立地仅仅只研究本国本省或局部一隅,而要具有全球化的多维视野的境界。

（二）慈善事业中的官办与民办问题

早在1999年香港中文大学召开的“历史上的慈善服务与社会动力”学术研讨会上，对于慈善事业的界定，我曾提出要与政府的救济行为相区别。认为历史上凡是由官方出面办理的各种灾赈及其救助事项，均是政府忧悯民间的应有举措，不能看作是慈善。当时这样提出问题的目的主要就是为了说明慈善不是政府行为。在2006年出版的《中国慈善简史》一书中，我进一步论述了这个问题：“虽然中国社会从古代到近现代，的确有过政府和官方设立的官办慈善机构，有过官方组织开展慈善活动并办理慈善事业的诸多例证，但是严格地说，慈善却并不能被看作是政府行为。为什么？因为政府救人扶贫，是其应尽的一项职责。之所以是其应尽的职责，最大的理由就是因为政府征收了人民缴纳的税金，就自然、理所当然地要保护纳税人的生命财产及其安全。质言之，政府的责任就是尽可能地减少各种灾害的发生，一旦灾害发生，则尽可能地去进行救济与救治，将灾区灾情及其受灾人的痛苦与损失减少到最低的限度。当然，政府要维护自身的和社会的稳定，平日则需要通过建立和实施社会保障制度，以此来减轻与减少需要救助的人群的疾苦，同时也需要通过举办一些社会福利事业，如残疾院、敬老院、孤儿院等等，以此来收容社会上的无告之民。但是，政府的能力也是有限的。倘若社会中需要救助的人群广大，特别是发生像1998年那样的特大洪涝灾害，就不是政府独力所能担负的，更不是某一个地区独力所能承担的，它需要民间的个人与社团通过开展慈善活动来帮助政府解决问题，渡过难关。从这层意义上说，慈善其实乃可以看作是政府行为的一种补充，即政府主导下的社会保障体系的一种必要的补充。确切地说，慈善是一种社会行为，是指在政府的倡导或帮助与扶持下，由民间的团体和个人自愿组织与开展活动的、对社会中遇到灾难或不幸的人，不求回报地实施救助的一种高尚无私的支持与奉献行为。”[2] 但是如今，我对以前的看法已经有所修正和补充。我觉得虽然慈善的确不是政府行为，但是却不能完全排除政府行为在慈善事业中的作用；慈善虽然是政府行为的一种补充，但是反过来政府行为也同时能成为慈善事业发展的助力。纵览历史上和现实中的慈善活动情形,我们会发现众多的巨大的灾赈救助,往往都是政府和民间共同参与,密不可分;官办和民办同时并举,一以贯之。就政府方面来说,我们可以明显地看到的有这样两种行为:一种是从国库调拨钱粮物资实施救济,这当然是纯粹的政府救济,不能看作是慈善;但是另一种却是有时也出面组织设立一些官办慈善机构,吸收民间的资力来实施赈济,对这样的一种做法,我们恐怕就不能简单地仍称之为政府行为了。因此,我如今提出修正补充的看法是:应当承认历史上以来的慈善事业,可以分作官办慈善与民办慈善两种类型。对于那些由官方出面兴办,而以吸收民间善款为主要面向的慈善事业,可称之为官办慈善事业;而对于那些没有官方背景,纯由民间社会团体与个人出面兴办,并以民间善源为主要面向的慈善事业,则可称之为民办慈善事业。这两种类型的慈善事业,决定其慈善性质的唯一依据其实就是善款来源,而并不在乎是由谁去兴办。官办和民办的慈善事业,在历史上和现实中,都一直是客观存在的,像中国红十字会这个中国最大的慈善组织,在1949年以前,可以说是民办慈善性质;而在1949年以后,则可以说是官办慈善性质了。还有当今中华慈善总会和全国各省市(包括部分县)所设立的慈善会或基金会,也可以说是官办慈善的性质。至于官办、民办慈善组织应当如何评价,我觉得它们的存在首先是因为社会的需要,特别是官办慈善事业,故都要肯定其存在的合理性。但严格地讲,官办慈善不代表慈善发展的趋向。慈善发展的趋向应当是民营化(非政府化)、法制化、系统化、专业化、普及化。在某些特殊的历史场景下,社会需要官办慈善发挥作用,官办慈善的存在就是合理的;但当社会更需要民办慈善事业健康发展的时候,官办慈善就应当退出,如不退出,就会影响和制约民办慈善事业的发展,成为整个社会慈善事业发展的障碍,古今中外慈善事业发展的历史,都清楚地表明了这一点。

(三)慈善事业的民族性问题

在2007年8月新疆乌鲁木齐召开的“晚清以降的经济与社会——第二届中国近代社会史国际学术研讨会”上,我在分组发言中曾提出慈善事业应具有民族性的问题,受到一位来自日本的华裔学者的质疑。这位学者认为慈善事业发扬人道、救死扶伤、赈灾济贫,救助的范围和对象无分地域和人种,怎么会有民族性呢?从表面上看,这种说法似乎有道理。但是仔细推敲,就会发现这种说法是不完整和有缺陷的。因为尽管慈善救助的范围和对象无分地域和人种,可是要知道慈善救助的对象都是生活在一定地域环境(国家和地区)里的人,而这些人不会不具有一定的其本民族的慈善意识和良知。他们被救助之后,本能地产生一种知恩图报的心理,所谓"滴水之恩,涌泉相报",任何民族的有良知的人概莫能外。这种被人救助之后,想到要去报答别人;或者不再坐待别人救助,而是争取自救;或者在能够自救之后,也要去救助他人。如此等等,可以说就是慈善民族性意识和良知的具体表现。这种慈善意识和良知在其本民族文化的作用和影响下,在一定的历史场景的促动下,也往往会升华成为一种民族文化精神,产生巨大的作用和影响力,成为慈善民族性的生动体现。我们中华民族慈善文化发展到近代,其慈善民族性就曾经焕发出一种强烈的民族精神,慈善事业在这种精神的激励下,成为增强民族凝聚力,彰显国格和人格的重要手段与途径。例如1904年红十字在中国成立,这种来自西方的救死扶伤的人道主义精神就感动了一大批有良知的中国善士,他们同时在中国传统慈善文化的促动下,将中西慈善文化融合,居然在1922年也创立了一种与红十字会颇相类似的组织,名曰"世界红卍字会"。名称的取义就体现了中华慈善事业的民族性:"世界二字揭示普及全球,无人无我,无界无域,无一切歧视之真意也;红卍字云者,红色取其如赤子之心,且具有光华灿烂之景象也;卍字则取其四围上下无不普遍,无不圆通,运动不滞,周流不息,所以形成为天下大同之鹄的也;会为集合共同意志,经营共同事业之对外公开之一种表示。"[3] 该会成立后,以"救济灾患,促进世界和平,并以发扬人类互爱互助之美德为职志"。[4]在国内外救灾办赈,为慈善救济事业作出了巨大贡献。该会成立所透露的信息是:中华民族不只是接受外来的救助,也能够自救,而且也可以去救助世界各国需要救助的人群。担任世界红卍字会中华总会会长的熊希龄在1928年这样称道:"连年以来,国内外各项灾祲以及迭次战争发生,本会均竭力设法救济,并组织救济队开赴前方救护伤兵难民,设立收容所,救济妇孺,并于各处被灾区域随时散放急赈,以救垂毙灾黎。"总之是"灾患何时发生,本会即何时赈济”。在平时不发生灾患的时候,便开设和办理“残废院、育婴堂、盲哑院、卍字医院、施诊所、平民工作所、平民贷济处以及平民学校、冬季粥厂、冬赈棉衣等等。用意均在辅助政府,救济平民”。[5] 所有上述,应该说是以世界红卍字会为代表的中华慈善事业发扬人道、无人无我、无界无域,无一切歧视之意,互爱互助,救济中国和世界灾患的真情表白,唯其如此,便充分地体现了中华慈善事业所具有的民族性及其文化精神。

(刊《史学月刊》2009 年第 9 期)

注　释

1　参见曾桂林:《近 20 年来中国近代慈善事业史研究述评》,《近代史研究》2008 年第 2 期。

2　参见周秋光、曾桂林:《中国慈善简史》,人民出版社 2006 年版第 6 页。

3　《世界红卍字会宣言》,中国第二历史档案馆藏件。档号:二五七 952

4　熊希龄:《呈请世界红卍字会继续立案文》(1928 年 10 月 26 日),中国第二历史档案馆藏件。档号:二五七 952

5　熊希龄:《呈请世界红卍字会继续立案文》(1928 年 10 月 26 日),中国第二历史档案馆藏件。档号:二五七 952

后记

收录在这部论稿中的29篇文章(一篇代序),是我研究近代中国慈善事业的部分论文成果。成果的内容大致包括慈善研究的基本问题、慈善的思想渊源、近代慈善思想的形成与发展、近代慈善事业的内容与特征、中国慈善事业的近代化、慈善事业与近代中国社会变迁、慈善家人物熊希龄、从晚清到民国北京政府时期的中国红十字会、近代中国慈善研究的问题思考等项。这些成果都曾经分别在国内外一些重要学术刊物和论文集上发表过(每篇都在篇末注明了出处和时间)。最早的一篇发表于1988年《湖南文史》第2辑,题为《熊希龄的救灾办赈活动》,大概是大陆较早的慈善方面的文章了。从1993年到1999年发表了4篇。其中《近代中国的慈善教育——熊希龄与香山慈幼院》刊美国一家有影响的英文刊物《民国》杂志1993年11月号,即"Modern Chinese Educational Philanthropy:Xiong Xiling and the Xiang shan children's Home"(Translated by EdwardA. Mc Cord) Republica China (Volune XIX - issueI Nov. 1993);《民国时期社会慈善事业研究刍议》刊《湖南师范大学社会科学学报》1994年第2期;《论熊希龄的社会慈善观》刊台湾中华会1995年出版的《两岸文化交流》一书;《积极发展慈善事业》刊《光明日报》1999年1月29日"理论与实践"栏(又以《关于慈善事业的几个问题》为题,刊《求索》1999年5期)。从2000年到2009年发表的有24篇。这24篇文章分别刊登在《光明日报》、《近代史研究》、《道德与文明》、《史学月刊》、《近代中国》、《史林》、《湖南师范大学社会科学学报》、《湖南师范大学教育科学学报》、《西南交通大学学报(社会科学版)》、《贵州师范大学学报(社会科学版)》、《福建师范大学学报(哲学社会科学版)》、《曾国藩研究》

(第1辑)、《近代中国的城市与乡村》、《晚清以降的经济与社会》、《招商局与中国现代化》等报、刊与论文集中。这24篇论文中又有16篇是我和我的学生合作署名(凡合署者也都在篇末一一作了注明),其中与曾桂林合署11篇;与徐美辉合署2篇,与靳环宇、杨智芳、赵红喜合署各1篇。是故本论稿中也包含了合署者的辛勤劳动(以曾桂林为最多),在这里是要特别为之作出说明的。

文章一经发表便已成为过去。这部论稿只能是我及其合作者在过去研究探索的一份记录。学术的研究探索是永无止境的。学术的生命力也只有在不断的研究探索中才能够青春常在和永不枯竭。我希望这部论稿能成为我和我的学生们继续研究探索的一个新起点,也希望今后这个领域的研究探索能够是对本论稿的批判、继承和超越,倘能如愿,这部论稿也就获得了它应有的意义、价值和作用了。

特以志之。识者正之。

周秋光

2009年7月21日盛夏於长沙大河西先导区八方小区

图书在版编目(CIP)数据

近代中国慈善论稿/周秋光 著.
-北京:人民出版社,2009年
(《中国慈善研究丛书》/张秀平策划)
ISBN 978-7-01-008547-0
Ⅰ.近… Ⅱ.周… Ⅲ.慈善事业—中国—近代—文集
Ⅳ.D693.66-53
中国版本图书馆CIP数据核字(2009)第229002号

近代中国慈善论稿
JINDAI ZHONGGUO CISHAN LUNGAO

作　　者:周秋光
责任编辑:张秀平
装帧设计:徐　晖

人民出版社 出版发行

地　　址:北京朝阳门内大街166号
邮政编码:100706　www.peoplepress.net
经　　销:新华书店总店北京发行所经销
印刷装订:北京昌平百善印刷厂
出版日期:2010年4月第1版　2010年4月第1次印刷
开　　本:787毫米×1092毫米　1/16
印　　张:34
字　　数:570千字
书　　号:ISBN 978-7-01-008547-0
定　　价:85.00元

人民东方图书销售中心电话:(010)65250042　65289539